서주한어어법연구

西周漢語語法研究

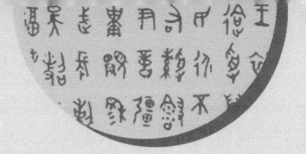

서주한어어법연구

西周漢語語法研究

張玉金 지음

김성중 · 김신주 · 박원기 · 윤순일 · 이소동 옮김

學古房

　한국의 박원기 교수, 이소동 교수, 김성중 교수, 김신주 교수, 윤순일 교수로부터 졸저 《서주한어어법연구》를 한국어로 번역한다는 소식을 듣고 필자는 매우 기뻤다. 이 책이 한국에서 번역출판되는 것에 적극적인 지지를 보내는 바이다. 이 책은 주로 서주 시대의 난해한 자료로 구성이 되어 있어 설사 중국학자라 하더라도 쉽게 읽을 수가 없다. 중국학자도 이러할진대 하물며 외국학자는 어떠하겠는가? 그런 면에서 위의 다섯 분의 학자들이 과감하게 이 책의 번역에 도전함은 곧 그들의 용감한 도전정신을 반영하는 것이며 다른 한편으로 그들의 깊이 있는 학술적 역량을 피력하는 것이라 하겠다.

　이 책은 중국 국가사회과학기금 프로젝트의 일환으로 이루어진 연구 성과이다. 2001년 〈서주 전래 및 출토문헌 어법 시대구분(시대별) 연구〉라는 프로젝트가 선정된 후, 2년여에 걸친 작업을 통해 완성된 결과물이 《서주한어어법연구》라는 제목으로 2004년 상무인서관에서 출판된 것이다.

　이 책의 서술은 사실상 필자의 거대한 연구 계획의 일부라 할 수 있다. 필자는 석사과정 시절부터 상고한어어법사에 큰 관심을 갖고 있었다. 필자의 석사논문은 〈선진한어 '唯'자연구〉로, 허사인 '唯'와 '惠'에 대해 은상시기부터 전국시기까지의 발전변화를 고찰한 것이다. 그렇다면 상고한어어법사를 어떻게 연구해야 하는가? 필자는 먼저 시대를 구분하여 서술한 후 통시적 고찰을 진행하고자 한다. 우선 상고시대를 殷商(253년), 西周(275년), 春秋(294년), 戰國秦代(269년), 西漢(231년)의 5대 시기로 나누고, 통일된 어법이론틀로써 각 시기별로 어법 체계를 기술한다. 그런 다음 '史'적인 실마리를 가지고 이것들을 꿰어 은상시기부터 서한시기까지의 어법체계의 변화를 고찰함과 동시에 그 변화의 원인과 기제, 규칙 등을 토론하고자 한다. 시기별로 설명할 때는 기술어법학의 이론방법, 그리고 서주 출토문헌 및 서주 전래문헌을 이용하고, 특히 서주 출토문헌 속 동시대 자료를 기본자료로 삼는다.

　《서주한어어법연구》는 서주라는 특정 시기의 어법체계에 대한 연구로, 상술한 계획의 일부일 뿐이다. 즉 이것은 일종의 공시적 연구이다. 이 책에서 필자는 서주시대 한어의 실사,

허사, 구, 문장성분, 단문, 복문 및 문형의 상황을 전면적으로 묘사하였다. 이것은 곧 상고한어어법의 통시적 연구를 위한 하나의 기초가 된다.

　서주한어어법의 연구는 전래문헌 뿐 아니라 출토문헌도 이용해야 한다. 전래문헌에는 《周易》의 卦辭와 爻辭, 《詩經》의 〈周頌〉, 〈大雅〉, 〈小雅〉, 그리고 《尚書》14편과 《逸周書》9편 등이 포함된다. 한편, 출토문헌에는 서주의 金文과 甲骨文이 해당된다. 이러한 자료들은 매우 난해하여 이를 이용한 서술이 용이하지 않았다. 특히 '어떤 자료가 서주시기의 자료인가?' 즉, '어떤 자료가 서주시대에 형성된 것인가?'라는 물음은 답하기 매우 곤란한 문제였다. 대체로 출토문헌의 경우는 확정하기가 상대적으로 쉬운 편이나 전래문헌은 그렇지 않다. 본서에서는 각 분야 관련 학자들의 관점을 종합하고 신빙성 있는 서주 출토문헌을 기준으로 하여 각종 문헌에 대해 선별작업을 진행하였다. 이 가운데 출토문헌은 원래 언어의 면모를 보존하고 있으나, 전래문헌은 여러 차례 刊刻을 거친 터라 오류가 불가피하고 후대 언어의 침투현상 또한 피할 수 없는 상황이다. 바로 이 때문에 필자는 출토문헌을 특히 더 중시하였다.

　세심한 語料 선별작업을 진행하였기에, 본서에서 묘사해 낸 어법현상이 분명한 서주시대의 것임은 확실히 보증할 수 있다. 예를 들어, 판단문을 보면, 본서에서는 서주시대의 판단문 형식을 아래와 같은 몇 가지로 개괄해내고 있다.

S + V名

S + 維(惟、佳) + V名

S + 伊 + V名

S + 維伊 + V名

S + 斯 + V名

S + 非(匪) + V名

이러한 판단문 형식은 춘추시대 및 전국시대의 판단문과도 다른 양상을 보여준다.

　서주한어어법의 연구는 그 자체로 한어어법사 연구의 중요한 과제라 할 수 있다. 그러나 기존에는 이렇게 시대를 구분하여 진행한 연구가 없었다. 바로 이러한 측면에서 본서는 한어어법사 연구 분야의 공백을 채운 셈이라 할 수 있으며 상고한어어법사의 연구에도 중요한 기초를 제공하고 있다. 즉, 위의 판단문을 다시 예로 든다면, 서주시기 판단문에 대한 묘사 없이는 상고한어 판단문 발전사의 연구는 더 이상 논할 수 없게 될 것이다.

본서는 이미 언어학계를 넘어서서 역사학이나 고전문헌학 분야에까지도 중요한 영향을 미치고 있다. 서주사를 연구하는 이들은 이미 본서를 중요한 참고서로 활용하고 있다. 그 이유는 본서에서 다룬 서주시대 문헌의 선택, 관련 문헌의 해독, 어법에 대한 묘사 분석 등이 서주 역사 연구에 도움이 되기 때문이다. 그리고 고전문헌학을 연구하는 학자들은 본서에서 진행한 서주시대의 실사, 허사 및 문형의 공시적 연구 성과를 중요시하여 이것을 고문헌 형성시대를 판별하는 하나의 기준으로 취급하기도 한다.

"海內存知己, 天涯若比隣(세상에 나를 알아주는 벗이 있다면 하늘 끝도 이웃처럼 가깝다)"라고 하였거늘, 생각지도 못하게 한국의 박원기교수 등 다섯 분의 전문가들이 서주한어어법에 대해 연구를 하고 있었고, 아울러 《서주한어어법연구》를 한국어로 번역하고 있다. 이 책이 한국에서 출판된다면 보다 많은 한국의 전문가들이 서주한어어법 및 상고한어어법에 대해 관심을 가질 것이며 더 깊이 있는 연구를 진행할 것이라 믿어 의심치 않는다. 바로 이렇게 서주한어어법과 상고한어어법의 연구는 앞으로도 지속적인 발전을 이룰 것이라 기대한다.

2021년 5월13일

　본서의 역자들은 모두 상고한어 전문가로 구성되어 있다. 이들은 모두 한국 중국언어학계의 상고한어 어법 전문가로서, 상고한어의 제 영역에 관심을 가지면서 심도 있는 연구를 진행하고 있다. 연구를 진행하는 동안 역자들은 항시 국내 연구를 진작시킬 수 있는 상고한어 어법 이론서를 찾곤 하였다. 물론 지금까지도 이미 많은 상고한어 어법서들이 시중에 나와 있고 일부는 번역 소개되기도 하였다. 그러나 역자들은 그들과 차별화된 보다 새로운 이론서에 목말라 하고 있었다. 그러던 차에 張玉金 선생의 《西周漢語語法研究》라는 저서를 발견하게 되었다. 역자들은 본서를 마주하고 깊은 감동을 받았으며 충분히 한국의 연구자들에게 번역 소개할 만한 가치가 있다고 여기고 번역을 결심하였다. 도대체 이 책이 어떠한 면에서 다른 책들과 다른 가치를 지니는 것인가? 그 이유는 아래의 몇 가지 측면으로 설명할 수 있다.

　첫째, 상고한어 전래문헌 연구의 스펙트럼을 확대시켰다. 일반적으로 상고한어라 언급되는 문헌들을 보면 대개 《좌전》, 《논어》, 《맹자》, 《장자》 등과 같은 춘추전국시대의 문헌을 떠올리게 된다. 그것은 그만큼 이들 문헌이 이른바 '古文'으로 일컬어지는 한문의 대표적 문체를 제공하기 때문이다. 물론 상고한어라는 개념이 한문과 완전히 일치하지는 않지만 사람들은 대체로 이 둘을 동일시하는 경향이 있다. 그런데 사실 상고한어라는 범위에는 이러한 춘추전국시대의 문헌 외에도 《尙書》, 《詩經》, 《逸周書》 등과 같은 西周시대의 글을 포함한 문헌도 존재한다. 그런데 《尙書》, 《詩經》, 《逸周書》 등을 보면 그 문체가 東周시대의 것과 사뭇 다른 것을 발견하게 된다. 특히 낯선 한자가 많이 보이고 허사들도 동주시대의 그것과 많이 다르다. 그래서 일반적으로 전형적인 고문의 범주에 잘 포함시키지 않기도 하는데, 이렇게 이들 문헌이 위의 동주 문헌과 다르게 나타나는 가장 큰 이유는 무엇보다 시간적인 차이 때문이라 할 수 있다. 이렇듯 상고한어는 그 범위가 매우 넓어 전래문헌의 상황으로만 봐도 기원전 1100년 즈음의 문헌부터 서기 200년 정도의 문헌까지 무려 천여 년이 넘는 넓은 스펙트럼을 가진다. 그러나 현재까지 학계에서는 상고한어 연구의 주요 대상을 동주 문헌에 초점을 맞추어 왔으며 동주와는 다른 서주한어만의 독특한 체계에 대해서는 등한시하는 경향이 있어왔다. 그런데 張玉金 선생의 《서주한어어법연구》는 바로 이러한 한계를 극복하고 아주 전문적으로 서주시기에 한정하여 그 시기 한어어법을 연구한 결과물이라 할 수 있다.

둘째, 출토문헌에까지 범위를 넓혀 서주의 金文을 연구대상에 포함시켰다. 금문은 고대 중국에서 '鼎'과 같은 청동기에 새겨진 글을 말하는데, 전래문헌이 주로 후대에 기록된 後時性 문헌인 것에 비해 철저한 同時性 문헌이므로 그 언어학적 가치가 매우 높다. 이러한 금문은 그렇지 않아도 부족한 서주시기의 문헌자료를 큰폭으로 보충해주고 있어 매우 높은 가치를 지니고 있다. 현재까지 수많은 문자학자들의 노력을 통해 다수의 서주시기 금문 자료가 해독되어 왔으며, 이 자료들은 서주한어 연구의 귀중한 자료가 되고 있다. 그러나 금문 자료는 사실 그 해독이 완벽하지 않은 상태가 많으며 설사 해독된 것이라 해도 매우 다양한 해석이 이루어지고 있다. 이처럼 복잡하고 난해한 자료이기 때문에 이것을 대상으로 어법 연구를 진행하는 것은 상당히 어려운 일이 아닐 수 없다. 그런데 張玉金 선생은 전래문헌 외에도 이러한 출토문헌을 과감히 연구대상으로 삼아, 서주한어 자료의 신빙성을 높이고 그 연구의 정확도를 드높였다. 바로 이러한 점에 있어 張玉金 선생의 본서는 기존 상고한어 어법 저작과는 차별화된다고 할 수 있다.

본서가 바로 이러한 장점을 가진 만큼 역자들의 번역 작업은 상대적으로 어려울 수밖에 없었다. 그것은 무엇보다 서주 금문 자료의 해독이라는 최대의 관문이 기다리고 있었기 때문이다. 그런데 다행히도 이 분야 전공자인 김신주 교수가 참여함으로써 이 문제를 해결할 수 있게 되었다. 김신주 교수는 기꺼이 장장 1년이 넘는 시간을 들여 본서의 모든 금문 예문을 한국어로 해석하고 각 예문에 대한 해설까지 첨부하였다. 김신주 교수를 비롯한 역자 모두가 주옥같은 한문 독해 능력을 발휘하여, 난해한 서주 시기 한어를 번역하는 고통스러운 작업을 마다하지 않고 기꺼이 완수함으로써 본서의 번역은 무사히 마무리될 수 있었다. 이 자리를 빌어 역자 모두의 노력에 대해 위로와 자축의 박수를 보내는 바이다.

서주한어 어법에 대한 연구는 사실 아직 일천한 상태이다. 물론 중국의 대륙과 국내외의 대학에서 학위논문을 포함한 각종의 연구논문이 쏟아져 나오고 있지만 상고한어의 성격이 워낙 복잡하기 때문에 그 진실된 면모를 파헤치기 위해서는 더 혁신적인 연구가 필요하다. 본서는 바로 그러한 새로운 관점의 연구를 진행하기 위한 중요한 기초 자료가 될 것이다. 본서의 번역을 통해 한국의 상고한어 연구 분야에 조금이나마 보탬이 될 수 있다면 역자들로서는 더 없는 영광이 아닐 수 없을 것이다. 그런 측면에서 한국 상고한어어법학계에 낯설

기만 한 서주시기의 문헌과 금문자료 등을 가지고 치밀한 귀납작업을 진행하여 귀중한 이론서를 저술한 저자께 깊은 경의를 표한다. 마지막으로 어려운 출판 현실에서도 기꺼이 본서를 출판해주신 도서출판 학고방 사장님과 직원 여러분께도 이 자리를 빌어 감사의 말씀을 전하는 바이다.

2022년 8월 역자 일동

제1장 서론

제1절 서주한어 어법의 단일시기 연구에서의 자료 문제 ……………………… 17

제2절 서주한어 어법 연구의 회고와 전망 ……………………………………… 33
  1. 서주한어 어법학의 연구 성과 / 34   2. 서주한어 어법학의 학술 배경 / 36
  3. 서주한어 어법학의 연구 재료 / 37   4. 서주한어 어법학의 연구 방법 / 37
  5. 서주한어 어법학의 전망 / 43

제2장 서주한어 실사

제1절 서주한어 명사 …………………………………………………………………… 47
  1. 명사의 종류 / 47   2. 명사의 어법특징 / 49
  3. 명사의 통사기능 / 50   4. 다른 품사에서 명사로의 전환 / 53
  5. 명사의 활용 / 55

제2절 서주한어 동사 …………………………………………………………………… 60
  1. 동사의 종류 / 61   2. 동사의 어법특징 / 62
  3. 동사의 통사기능 / 63   4. 동사의 결합가 / 69
  5. 다른 품사에서 동사로의 전환 / 72   6. 동사의 활용 / 75

제3절 서주한어 형용사 ………………………………………………………………… 78
  1. 형용사의 종류 / 78   2. 형용사의 어법특징 / 79
  3. 형용사의 통사기능 / 82   4. 다른 품사에서 형용사로의 전환 / 87
  5. 형용사의 활용 / 90

제4절 서주한어의 부사 ………………………………………………………………… 93
  1. 부사의 종류 / 93   2. 부사의 어법특징 / 112
  3. 부사의 활용 / 117

　　제5절 서주한어 수사와 양사 ·· 117

　　　　1. 수사 / 117　　　　　　　　　　2. 양사 / 129

　　제6절 서주한어 대사 ·· 134

　　　　1. 인칭대사 / 134　　　　　　　　2. 지시대사 / 160
　　　　3. 의문대사 / 180

　　제7절 서주한어 의음사 ·· 194

　　　　1. 감탄사 / 195　　　　　　　　　2. 의성사 / 202

제3장 서주한어 허사

　　제1절 서주한어의 전치사 ·· 209

　　　　1. 시간을 이끄는 전치사 / 209　　　2. 처소를 이끄는 전치사 / 217
　　　　3. 범위, 방면을 이끄는 전치사 / 228　4. 대상을 이끄는 전치사 / 229
　　　　5. 피동작주를 이끄는 전치사 / 235　　6. 행위주를 이끄는 전치사 / 239
　　　　7. 수반자를 이끄는 전치사 / 241　　　8. 도구를 이끄는 전치사 / 245
　　　　9. 근거를 이끄는 전치사 / 251　　　10. 원인을 이끄는 전치사 / 252

　　제2절 서주한어의 접속사 ·· 257

　　　　1. 비문장접속사 / 257　　　　　　2. 문장접속사 / 271

　　제3절 서주한어의 조사 ·· 291

　　　　1. 구조조사 / 291　　　　　　　　2. 접사조사 / 301

　　제4절 서주한어의 어기사 ·· 307

　　　　1. 문미어기사 / 307　　　　　　　2. 문중어기사 / 318

제4장 서주한어의 구

　　제1절 서주한어 구의 구조유형 ·· 321

　　　　1. 주위구 / 321　　　　　　　　　2. 술목구 / 322
　　　　3. 관형어수식구 / 323　　　　　　4. 부사어수식구 / 323
　　　　5. 보충구 / 324　　　　　　　　　6. 대등구 / 325

7. 연동구 / 326
8. 겸어구 / 326
9. 동격구 / 327
10. 방위구 / 328
11. 수량구 / 329
12. 전치사구 / 329
13. 조사구 / 330

제2절 서주한어 구의 층위유형 ·· 331
  1. 단층구 / 332
  2. 다층구 / 333

제3절 서주한어 구의 기능유형 ·· 337
  1. 명사성구 / 337
  2. 용언성구 / 345
  3. 부사성구 / 356

제5장 서주한어 문장성분

제1절 서주한어 주어와 위어 ·· 361
  1. 주어의 구성 / 361
  2. 주어의 의미 유형 / 366
  3. 주어의 위치 / 369
  4. 위어의 구성 / 371
  5. 위어의 의미 유형 / 381

제2절 서주한어 술어와 목적어 ·· 383
  1. 술어의 구성 / 384
  2. 목적어의 구성 / 386
  3. 목적어의 의미 유형 / 393
  4. 목적어의 위치 / 398

제3절 서주한어 관형어와 중심어 ·· 401
  1. 관형어의 구성 / 401
  2. 관형어의 의미 유형 / 410
  3. 관형어·중심어 사이의 조사 / 415
  4. 다층 관형어 / 417
  5. 관형어의 위치 / 421
  6. 관형어에 상대되는 중심어 / 423

제4절 서주한어 부사어와 중심어 ·· 425
  1. 부사어의 구성 / 426
  2. 부사어의 의미 유형 / 433
  3. 부사어와 중심어 사이의 조사와 접속사 / 442
  4. 다층 부사어 / 444
  5. 부사어의 위치 / 449
  6. 부사어에 상대되는 중심어 / 453

제5절 서주한어 보어와 중심어 ·· 458

1. 보어의 구성 / 458　　　　　　　　2. 보어의 의미 유형 / 464

3. 보어와 중심어 사이의 조사 / 467　　4. 보어의 위치 / 468

5. 보어에 상대되는 중심어 / 471

제6절 서주한어의 독립어 ·· 474

1. 호응성분 / 474　　　2. 감탄성분 / 475　　　3. 의성성분 / 476

제6장 서주한어 단문

제1절 서주한어 주위문 ··· 479

1. 주위문의 기본 상황 / 479　　　2. 이중목적어문 / 488

3. 처치식 / 498　　　　　　　　　4. 피동문 / 500

5. 존재문 / 502　　　　　　　　　6. 병렬문 / 505

7. 연동문 / 514　　　　　　　　　8. 겸어문 / 524

9. 판단문 / 540　　　　　　　　　10. 주위위어문 / 546

제2절 서주한어 비주위문 ·· 549

1. 명사성비주위문 / 549　　　　　2. 형용사성비주위문 / 551

3. 동사성비주위문 / 551　　　　　4. 감탄사성비주위문 / 552

제3절 서주한어 생략문 ··· 553

1. 주어 또는 위어의 생략 / 555　　2. 술어 또는 목적어의 생략 / 556

3. 전치사 또는 전치사 목적어의 생략 / 559

4. 겸어의 생략 / 560　　　　　　　5. 관형어 또는 중심어의 생략 / 560

6. 부사어 또는 중심어의 생략 / 562　7. 보어 중심어의 생략 / 563

제4절 서주한어 변형문 ··· 563

1. 주위도치문 / 564　　　　　　　2. 목적어전치문 / 568

3. 관형어후치문 / 578　　　　　　4. 부사어전치/후치문 / 586

5. 보어전치문 / 587

제7장 서주한어 복문

제1절 서주한어 대등복문 ·· 589

    1. 병렬복문 / 589   2. 순접복문 / 597   3. 해설복문 / 606

    4. 술평복문 / 606   5. 점층복문 / 607

제2절 서주한어 종속복문 ·· 610

    1. 역접복문 / 610   2. 조건복문 / 614   3. 가설복문 / 616

    4. 인과복문 / 622   5. 목적복문 / 634   6. 시간복문 / 635

제3절 서주한어 다중복문 ·· 636

    1. 다중대등복문 / 637   2. 다중종속복문 / 641

제4절 서주한어 긴축복문 ·· 647

    1. 병렬긴축문 / 647   2. 순접긴축문 / 647   3. 점층긴축문 / 647

    4. 역접긴축문 / 648   5. 조건긴축문 / 648   6. 가설긴축문 / 648

    7. 인과긴축문 / 649   8. 목적긴축문 / 650

제8장 서주한어 문장의 유형

제1절 서주한어 진술문 ·· 651

    1. 어기사를 사용하지 않은 진술문 / 651   2. 어기사를 사용한 진술문 / 652

    3. 이중 부정 진술문 / 653

제2절 서주한어 의문문 ·· 655

    1. 일반의문문 / 655   2. 반어문 / 660

제3절 서주한어 명령문 ·· 664

    1. 명령청유문 / 664   2. 금지만류형 / 666   3. 종합명령문 / 666

제4절 서주한어 감탄문 ·· 667

    1. 단어 표지가 있는 감탄문 / 668   2. 단어 표지가 없는 감탄문 / 670

일러두기

1. 본 역서는 원서의 모든 예문을 한국어로 번역하였다.

2. 본 역서는 고유명사(중국의 인명, 지명, 서적명 등)를 기본적으로 한자로 표기하였다.

3. 본 역서의 일반 단어 중 한자 표기가 필요한 경우, 이를 한자로만 표기하였다.

4. 본 역서는 한어어법 용어에 한 해 '한글(한자)' 병기를 원칙으로 하였다. 그중 일부는 아래와 같이 한글발음과 한자가 동일할 수 있다.

   예) 허사(虛詞), 대사(代詞) 등

5. 본 역서의 일부 어법 관련 용어는 '한국어순화용어(중국어용어)'로 표기하기도 하였다.

   예) 이중목적어구문(雙賓式), 형태론(詞法) 등

6. 청동기 명문 관련 부분은 아래와 같이 처리하였다.

   1) □는 잘 보이지 않거나, 원래 존재하지만 拓本에서 잘 보이지 않는 글자를 뜻한다.

   2) 해당 글자가 청동기 銘文에서 어떻게 읽히는지는 ( ) 안에 표시한다.

   3) 隸定하기 어려운 고문자 자형은 拓本에 있는 본래 자형 그대로 표시한다.

   4) 청동기 명문의 해석은 아래의 문헌을 참고하여 작업을 진행하였음을 밝힌다.

〈참고 인용 문헌〉

郭沫若 《兩周金文辭大系圖錄考釋》, 上海書店出版社, 1999年.

唐蘭 《唐蘭先生金文論集》, 紫禁城出版社, 1995年.

李先登 〈禹鼎集釋〉, 《中國歷史博物館館刊》, 1984年.

李學勤 〈師𩵋鼎剩義〉, 《新出青銅器研究》, 文物出版社, 1990年.

馬承源 《商周青銅器銘文選》, 文物出版社, 1988年.

方濬益 《綴遺齋彝器款識攷釋》, 北京圖書館出版社, 2004年.

徐難于 〈燹公盨銘: "乃自作配鄉民"淺釋—兼論西周"天配觀"〉, 《中華文化論壇》, 2006年 第2期.

楊樹達 《積微居金文說》, 中華書局, 1997年.

于豪亮 〈陝西省扶風縣強家村出土虢季家族銅器銘文考釋〉, 《于豪亮學術文存》, 1985年.

張政烺 〈"奭"字說〉, 《甲骨金文與商周史研究》(張政烺文集), 中華書局, 2012年.

陳劍 〈說慎〉, 《甲骨金文考釋論集》, 線裝書局, 2007年.

陳英傑 《西周金文作器用途銘辭研究》, 線裝書局, 2008年.

崔恒升 〈"歲鼎克𡖞夙有商"考釋〉, 《安徽大學學報》, 1981年 第1期.

洪家義 《金文選注釋》, 江蘇教育出版社, 1988年.

제**1**장

서론

제**1**절 西周漢語 어법의 단일시기 연구에서의 자료 문제

西周漢語 어법 연구에 사용된 코퍼스(자료)는 두 가지 유형이 있다. 하나는 이른바 전래 문헌(傳世文獻)이고 다른 하나는 바로 출토문헌(出土文獻)이다. 전래문헌으로는 《周易》 (卦爻辭), 《詩經》(雅頌), 《尚書》(周書)·《逸周書》(부분)가 있고, 출토문헌으로는 西周金 文, 西周甲骨文과 출토된 《周易》·《詩經》·《逸周書》 등이 있다.

그렇다면 전래한 《周易》(卦辭, 爻辭 포함)은 도대체 어느 시대 저작일까? 이에 대해서 는 학계에 다음과 같은 여러 견해가 있다.

1. **文王 시기설**. 이것은 전통적인 견해이다. 예전 사람들은 伏羲가 八卦를 그렸고 周 文王 이 八卦를 발전시켜 六十四卦를 만든 동시에 卦辭와 爻辭를 썼다고 생각했다. 예컨대, 司馬遷은 "문왕은 구금되어 《周易》을 풀어냈다.(文王拘而演周易)"[1]라고 말했다.
2. **西周 초기설**. 예를 들어 楊伯峻은 "《卦辭》·《爻辭》는 西周 초기에 만들어졌다."[2]라 고 하였다. 張傳璽는 "經인 卦辭와 爻辭는 오랜 기간 축적된 占筮자료라 생각되며, 대략 西周 초기에 편찬되었을 것으로 추정된다. 傳인 7종 10편[3]의 성문(成文) 시기는

---

1) 漢 司馬遷 《報任安書》. 《漢書·司馬遷傳》과 《昭明文選》에 보인다.
2) 楊伯峻 《楊伯峻學術論文集》(1984), 10쪽.

戰國시대 혹은 늦어도 秦漢시대 즈음으로 추정된다."4)고 하였다.

3. **西周 말기설**. 예를 들어 李鏡池는《周易》이 "西周 말기의 저작일 것."이라고 하였고5), 宋祚胤은 "《周易》이 西周 말기에 이루어졌다고 한다면 설득력이 있을 듯하다."6)고 말하였다.

4. **戰國 시기설**. 이것은 郭沫若이 제시한 견해이다. 그의 근거는《周易》爻辭에 등장하는 '中行'이라는 단어다. 郭沫若은 春秋시대 晉나라의 中行氏 荀林父가 바로 '中行'이라고 여겼다.7)

이 가운데 오늘날 郭沫若의 견해를 지지하는 학자는 없는데, 그의 근거가 설득력이 없는 주요 원인은 다음과 같다.《周易》에서의 '中行'은 모두 '中途'의 의미이며 '中行氏'를 가리키지 않는다. 또《周易》이 文王 시기에 지어졌다는 설도, 현재에는 지지하지 않는 경우가 많다. 唐代 孔穎達의《周易正義》에서 이미 "卦爻辭는 대부분 文王 이후의 일"이라고 지적한 바 있다. 이처럼 '文王 시기설'과 '戰國시대설'이 모두 성립할 수 없다면,《周易》(卦爻辭)은 西周시대의 작품일 가능성이 있다. 이렇게 본다면, 西周漢語의 어법을 연구할 때《周易》을 하나의 자료로 삼는 것은 큰 문제가 없을 것이다. 다만,《周易》이 西周 초기의 작품인지 西周 말기의 작품인지에 대해서는 여전히 의문이다. 이에 대해, 우리는 후자를 지지하는 편이다. 이미 작고하신 역학자(易學者) 宋祚胤이 이에 대해 일찍이 논증한 바 있는데, 다음과 같이 말하였다. "《周易》의 언어는《尚書·周書》와 비교할 때 훨씬 이해하기 쉽다.《周書》처럼 심오하여 이해하기 어려운 형태가 아니다. 가령 屯卦六二에 '女子貞不字, 十年乃字(여자가 정도(貞道)를 지켜서 생육(生育)을 하지 않다가 10년이 되어서야 비로소 생육을 하도다)'나 損卦六三에 '三人行則損一人, 一人行則得友(세 사람이 갈 때에는 한 사람을 잃게 되고, 한 사람이 갈 때에는 벗을 얻게 된다)', 歸妹上六에 '女承筐, 無實, 士刲羊, 無血(여자는 광주리를 받드나 담긴 것이 없으며 남자는 양을 벰에 피가 없다)' 등은 모두 후대 春秋시대의 서면어와 비슷하다. 그러므로《周易》이 西周 초기에 완성

---

3) [역주] 10편이라 함은 단전(彖傳)上下, 상전(象傳)上下, 계사전(繫辭傳)上下, 문언전(文言傳), 설괘전(說卦傳), 서괘전(序卦傳), 잡괘전(雜卦傳) 등을 말한다.

4) 張傳璽《中國歷史文獻簡明教程》(1990), 10쪽.

5) 李鏡池《周易通義》, 2쪽, 中華書局, 1981년.

6) 宋祚胤《周易》, 2쪽, 岳麓書社, 2000년.

7) 郭沫若〈周易的制作年代〉,《青銅時代》, 新文藝出版社, 1951년 新一版.

되었다고 하기보다 西周 말기에 완성되었다고 보는 편이 합당하다."8) 이처럼《周易》이 西周 말기에 완성되었다고 보는 宋祚胤의 관점은 믿을 만하다. 그러나《周易》은 한 시기에 완성된 것이 아닐 수 있으며 일정한 형성 과정을 거쳤을 것으로 추정된다. 아마도《周易》의 형성이 西周에 시작하여 西周 말기에 최종적으로 완성되었을 것으로 보는 것이 가장 타당하다.

현전하는《詩經》에는 총 305편의 시편이 있다. 이 시편들은 통상 다음과 같이 분류된다. 1. 風에는 十五國風이 있고, 2. 雅에는 小雅와 大雅의 구분이 있으며, 3. 頌에는 周頌·魯頌·商頌의 구분이 있다. 305편 시편의 창작 시기에 대해서는, 오늘날 학술계에서 대체로 일치하는 관점이 있다. 학자들 대부분은 시편들의 창작시기가 위로는 西周 초기까지 거슬러 올라가고 아래로는 春秋 중기까지 내려간다고 파악한다. 가령 陰法魯는 다음과 같이 말한다. "중국의 최초의 시가집은《詩經》이다. 수록 시편은 위로는 西周 초기(기원전 11세기)부터 시작해 아래로는 책으로 완성되는 春秋 중기(기원전 6세기)에 이르기까지 약 500년의 기간에 걸쳐 있다."9) 金啟華는 또 다음과 같이 말하였다. "《詩經》에 반영된 역사 시기는 기원전 11세기부터 약 기원전 6세기까지, 즉 西周 초기부터 春秋 중기에 이르기까지 500년이다."10) 程俊英은 다음과 같이 말하였다. "《詩經》은 모두 周나라 때의 시다.《詩經》의 발생 시기는 대략 위로는 西周 초기부터 시작해 아래로는 春秋 중기에 이르기까지 500여 년의 기간에 걸쳐 있다."11) 張傳璽는 다음과 같이 말하였다. "《詩經》은 중국 최초의 시가집으로, 총 305편의 周代의 시가를 수록하였다. 시기는 위로는 西周 초기부터 시작해 아래로는 春秋 중기 전후에 이르기까지 대략 500여 년이다."12)

그렇다면 구체적으로 볼 때, 어떤 시편이 西周시대의 것이고 어떤 시편이 春秋시대의 것인가? 이에 대해서도 학자들이 논의한 바가 있다. 앞에서 이미 언급한 바 있듯,《詩經》의 시편들은 風·雅·頌 세 가지의 대유형으로 구분할 수 있다. 그리고 각각의 대유형은 다시 몇 개의 소유형으로 나뉘는데, 각 유형별로 시편의 창작 연대가 다르다. 陰法魯는, "시편의 발생 시기에 대해 말하자면, 대체로 다음과 같이 배열할 수 있다.《周頌》·《大雅》·《小雅》·《商頌》·《魯頌》·《國風》. 다만, 각 유형 내 시편들의 창작 시기는 교차된다."13)라고 하였

---

8) 宋祚胤《周易》, 1~2쪽, 岳麓書社, 2000년.
9) 陰法魯〈詩經〉,《經書淺談》, 29쪽, 中華書局, 1984년.
10) 金啟華《詩經全譯》, 1쪽, 江蘇古籍出版社, 1984년.
11) 程俊英《詩經譯注》, 1쪽, 上海古籍出版社, 1985년.
12) 張傳璽《中國歷史文獻簡明教程》(1990), 22쪽.

는데, 그의 관점은 믿을 만하다. 왜냐하면 이 관점은 출토문헌의 증거를 확보하였기 때문이다. 이미 발표된 上博簡(1994년 上海博物館이 홍콩 골동품시장에서 구매한 죽간(竹簡))에 《孔子詩論》[14] 부분이 있다. 《孔子詩論》중 각 유형별 시편의 배열순서는 《訟》(頌)·《大夏》(夏와 雅는 통용된다)·《小夏》와 《邦風》(한유(漢儒)들은 劉邦의 이름을 피휘(避諱)하여 '邦'을 '國'으로 고쳐 썼다)이다. 이 순서는 분명 시대의 선후에 따라 배열한 것이다. 金啓華는 또 다음과 같이 말하였다. "《國風》의 작성 시기는 《詩經》이 반영하는 전체 시대를 관통하고 있다. 《周頌》은 西周 전반기에 발생했고 《大雅》는 西周 시기에 발생했으며 《小雅》는 西周 말기, 東周 초기에 발생했고 《魯頌》과 《商頌》은 東周 春秋 시기에 발생했다."[15] 張傳璽는 다음과 같이 말하였다. "시간의 각도에서 보면, '大雅'는 전부 西周 시대의 시편이고 '小雅'에는 春秋시대의 시편이 포함되어 있다……'周頌'은 모두 西周 초기의 시편으로 周나라 민족의 기원과 周나라 선왕의 업적 및 周왕실의 文治와 武功을 기리는 것이 주요 내용이다. '魯頌'과 '商頌'은 모두 春秋시대 전중기(前中期)에 발생하였다."[16] 中國社會科學院 文學研究所에서 편찬한 《中國文學史》에서는 다음과 같이 말하였다. "《頌》과 《大雅》의 일부는 西周 초기에 속하며 《大雅》의 대부분과 《小雅》는 西周 말기에 속한다. 《國風》은 대체로 東周 시기에 속한다."(해당 책 第一冊 23면 참조)

상기한 각 학자들의 서술을 살펴볼 때, 학자들 간에 비교적 일치하는 관점은 다음과 같다. 《周頌》은 西周 초기 또는 전반기의 시편이라는 점; 《大雅》의 창작 시기는 西周시대라는 점; 《小雅》는 西周 말기에 지어졌다는 점(春秋시대 시편이 포함되었을 수 있음); 《國風》은 春秋시대에 발생했다는 점(西周시대의 시편이 포함되었을 수 있음); 《魯頌》과 《商頌》은 春秋시대에 속한다는 점이다. 이에 의거할 경우, 西周漢語의 어법을 연구할 때에는 《周頌》, 《大雅》 및 《小雅》를 자료로 삼을 수 있다. 다만, 《小雅》와 같은 자료를 사용할 때에는 신중을 기해야 하는데, 그 가운데 일부 시편은 春秋시대의 것이기 때문이다.

현전하는 《尙書》의 유통은 우여곡절을 겪었다. 오늘날 우리가 볼 수 있는 《尙書》판본은 오직 劉宋 시기에 등장한 僞《孔傳古文尙書》이다. 이 책은 朝代의 순서에 따라 《虞書》·《夏書》·《商書》·《周書》네 부분으로 나뉘어 있으며 총 58편이다. 이 58편 가운데는 진서

13) 陰法魯 〈詩經〉, 《經書淺談》, 31쪽, 中華書局, 1984년.
14) 이와 관련해서는 《上博館藏戰國楚竹書研究》(上海書店出版社, 2002년 3월) 참조.
15) 金啓華 《詩經全譯》, 1쪽, 江蘇古籍出版社, 1984년.
16) 張傳璽 《中國歷史文獻簡明敎程》(1990), 10쪽.

(眞書)도 있고 위서(僞書)도 있다. 이를 아래의 표로 나타낼 수 있다.

	總 篇數	僞古文	眞古文
虞書	5	1	4
夏書	4	2	2
商書	17	10	7
周書	32	12	20
合計	58	25	33

이 가운데 위고문(僞古文) 25편은 당연히 西周漢語 어법을 연구하는 자료로 사용할 수 없다. 나머지 진고문(眞古文) 33편의 경우, 오늘날 학자들은 대부분 28편으로 병합하여 伏生이 전한《尚書》28편의 숫자와 맞추었다. 28편 문장의 창작 시기에 대해서는 많은 학자들이 논의한 바 있다.

梁啟超에 따르면,《尚書》중의《堯典》(금본(今本)《舜典》을 포함함)·《皐陶謨》(금본(今本)《益稷》을 포함함)·《禹貢》·《甘誓》편은 모두 周나라 사람이 서술한 것이다. 상기 네 편 외에,《湯誓》에서부터《微子》에 이르기까지는 商書라 하며,《牧誓》에서부터《秦誓》에 이르기까지는 周書라고 하는데, 여기에 대해서는 眞僞에 대해 전혀 문제가 되지 않는다. 창작 시기는 종래의 설을 따라 商周 시기의 작품으로 볼 수 있다.[17] 顧頡剛은《尚書》의 각 편을 세 개 조로 나누었다. 第1組는 총13편으로《盤庚》·《大誥》·《康誥》·《酒誥》·《梓材》·《召誥》·《洛誥》·《多士》·《多方》·《呂刑》·《文侯之命》·《費誓》·《秦誓》등이다. 그는 이 부분이 사상과 문자면에서 모두 진품으로 믿을 만하다고 보았다. 第2組는 총12편으로《甘誓》·《湯誓》·《高宗肜日》·《西伯戡黎》·《微子》·《牧誓》·《金縢》·《無逸》·《君奭》·《立政》·《顧命》등이다. 그는 이 부분에 대해, 어떤 편은 문체가 평이하고 매끄러워 古文 같지 않고 어떤 편은 人治 관념이 강하여 그 당시의 사상 같지 않기에, 어쩌면 후세의 위작이거나 史官의 追記이거나 아니면 번역의 과정을 거친 진고문일 가능성이 있다고 보았다. 그러므로 이 부분은 東周 시기의 작품으로 추정된다. 第3組는 총3편으로《堯典》·《皐陶謨》·《禹貢》등이다. 그는 이 부분은 戰國시대부터 秦漢 사이의 위작임이 틀림없으며 당시 諸子學說과 서로 이어지는 관계가 있다고 보았다. 顧頡剛은 자신의 이러한 구분에 대해서 완전히 확신하지는 못하여 다음과 같이 말했다. "내가 비록 이와 같은 구분을 제시는

---

17) 梁啟超《古書眞僞及其年代》, 105-107쪽, 中華書局, 1955년.

하였지만 아직 공식화하기는 어렵다. 第3組에 대해서는 내가 사실에 의거해 거짓됨을 변별할 수 있지만, 第1組와 第2組의 경우는 아직 이들을 구분할 수 있을 정도로 확실하게 장악되지 않았다. 古文法을 연구해 문법의 각도에서 이들의 차이를 변별하고 싶지만, 이는 장래의 일이다."[18] 陳夢家는 今文《尙書》에 대해서 그 시대를 분별해야 한다고 보았다. 그는 今文《尙書》의 각 편을 아래의 다섯 가지 유형으로 구분하였다. 제1유형은 西周 초기의 命書다. 여기에는 《康誥》·《酒誥》·《洛誥》·《君奭》·《立政》·《梓材》·《無逸》·《多士》·《多方》·《康王之誥》·《召誥》·《大誥》 등이 포함된다. 제2유형은 西周 중기 이후의 명(命)·서(誓)류다. 여기에는 《呂刑》·《文侯之命》·《秦誓》 등이 포함된다. 제3유형은 대략 西周시대의 기록이다. 여기에는 《金縢》·《顧命》·《費誓》 등이 포함된다. 제4유형은 戰國시대에 擬作한 서(誓)류다. 여기에는 《甘誓》·《湯誓》·《盤庚》·《牧誓》 등이 포함된다. 제5유형은 戰國시대의 저작이다. 여기에는 《堯典》·《舜典》·《皐陶謨》·《益稷》·《禹貢》·《高宗肜日》·《西伯戡黎》·《微子》 등이 포함된다.[19] 劉起釪의 관점은 顧頡剛의 것과 기본적으로 동일하다.[20] 馬雍은 《虞書》와 《夏書》 각편이 모두 虞代와 夏代 당시의 역사 기록이 아니며 戰國시대, 심지어는 秦代에 이르는 작품이라고 보았다. 이 가운데 《甘誓》 한 편만이 戰國 전기 학자인 墨子의 저작에 보이므로 내원이 비교적 이른 것으로 보아 적어도 戰國시대 이전에 이미 존재했을 것으로 추정했다. 《商書》의 각 편 가운데, 《湯誓》만이 후대에 追述한 역사 전설로 여겨지며 나머지는 비교적 직접적인 문서라고 파악했다. 《周書》의 각 편은 대체로 모두 믿을 만한 사실적인 문서로 보았다. 그 가운데 오직 《洪範》 한 편만은, 箕子가 武王에게 대답하는 담화를 기록하였는데 내용이 전부 五行學說이므로 戰國시대 五行學家가 흥기한 이후의 작품으로 추정했다. 그러나 또한 학자에 따라서 오행학설의 기원이 매우 이르다고 보고 《洪範》을 곧 그 연원으로 삼는 경우도 있다. 그는 이 한 편은 논외로 하고 나머지 19편은 모두 西周 역사를 연구하는 데 중요한 역사 자료라고 파악했다.[21] 張傳璽는 다음과 같이 말하였다. "《虞書》와 《夏書》 두 부분은 모두 후세에 작성된 것이다. 《商書》 가운데 商朝 遺文이 있는지 없는지에 대해서는 아직 서로 다른 견해가 있다. 그러나 그 가운데 적지 않은 편이 후세에 擬作한 문장임에 있어서는 모두 공인하는

---

18) 顧頡剛 〈論今文尙書著作時代書〉, 《古史辨》, 第1冊, 201쪽, 中華書局, 1955년.

19) 陳夢家 《尙書通論》, 112쪽, 商務印書館, 1957년.

20) 劉起釪 《尙書與古史硏究》序言). 李民 《尙書與古史硏究》(增訂本), 中州書畫社, 1981년, 21쪽에 보임.

21) 馬雍 《尙書》史話》, 76-77쪽, 中華書局, 1982년.

바이다. 《周書》의 대부분은 당시의 작품이다. 전체적으로 보면, 연대가 이르면 이를수록 문장이 작성된 시기는 도리어 비교적 늦어져 일반적으로 戰國시대에 追記한 작품으로 본다."22) 裘錫圭 또한 일찍이 《尚書》각 편의 작성 시기를 논의하여 다음과 같이 말하였다. "西周 春秋시대 청동기 銘文과 대조할 경우, 《尚書》중 《周書》의 대부분(《大誥》이하의 각 편)이, 비록 끊임없이 베끼고 판각하는 과정에서 이미 적잖은 문자상의 오류가 발생했다 하더라도, 대체로 '원문서(原件)'의 면모를 지니고 있다. 《商書》의 경우, 어휘 구사나 문장 서술의 습관이 종종 甲骨 卜辭와 불일치한다. 가령 《盤庚》편에서는 '民'자가 자주 사용되지만 卜辭에서는 아직 동일한 용법으로 쓰인 '民'자를 발견하지 못했다. 그러나 《商書》각 편에 반영된 사상 및 일부 제도들은 卜辭와 서로 부합된다. 이렇게 볼 때, 이들 작품은 (《湯誓》는 아마도 제외해야 할 것이다) 아마도 商代의 底本을 근거로 삼았지만 이미 周代 사람들의 대대적인 수정을 거쳤을 것이다. 《虞夏書》각 편의 경우는, 분명 후대 사람들의 擬作이다."23)

이상 각 학자들의 논술을 종합적으로 살펴보면, 학자들 모두가 《尚書》중 《周書》의 전체 또는 대부분을 周代의 것으로 여겼음을 확인할 수 있다. 梁啟超와 張傳璽는 모두 《周書》각 편의 진위에 대해서는 전혀 문제되지 않는다고 하였다. 陳夢家와 馬雍은 《周書》의 대부분이 모두 원시문헌자료라고 보았지만 陳夢家는 《牧誓》를 배제했고 馬雍은 《洪範》을 제외했다. 顧頡剛과 劉起釪는 모두 매우 신중하였다. 그들은 단지 12편의 《周書》만이 사상과 문자면에서 진품으로 믿을 만하다고 여겼고 《牧誓》·《洪範》·《金縢》·《無逸》·《君奭》·《立政》·《顧命》(《康王之誥》포함)편을 배제했다. 裘錫圭는 《周書》중의 대부분(《大誥》이하)은 원시 문건으로 믿을만하다고 보았지만 《牧誓》·《洪範》·《金縢》3편은 제외했다. 본서는 裘錫圭의 설을 따랐는데 그 이유는 두 가지다. 첫 번째는 裘錫圭설의 제시는 과학적인 비교에 기초한 것이기 때문이다. 즉, 《周書》를 西周 春秋시대의 金文과 비교하였으므로 모호한 감각에 기초한 것이 아니기 때문이다. 두 번째는 《周書》를 읽을 때, 《無逸》·《君奭》·《立政》·《顧命》(《康王之誥》포함) 각 편과 《大誥》·《康誥》등의 작품이 언어문자의 측면이나 사상 내용의 측면에서 결코 뚜렷한 차이가 없다는 이유에서다. 이러한 까닭에 본서는 아래에 열거한 《周書》각 편을 西周漢語 어법을 연구하는 자료로 삼는다:

---

22) 張傳璽 《中國歷史文獻簡明敎程》(1990), 18쪽.
23) 裘錫圭 〈談談地下材料在先秦秦漢古籍整理工作中的作用〉, 《古代文史研究新探》, 46쪽, 江蘇 古籍出版社, 1992년.

《大誥》·《康誥》·《酒誥》·《梓材》·《召誥》·《洛誥》·《多士》·《無逸》·《君奭》·《多方》·《立政》·《顧命》(《康王之誥》포함)·《費誓》·《呂刑》.《文侯之命》과 《秦誓》는 비록 믿을 만한 周代의 원시 문헌이지만 그 시대가 春秋시대이므로 제외해야 마땅하다.

　　현전하는 《逸周書》는 宋代 이래 많은 사람들이 戰國시대 또는 '戰國秦漢 사이'의 작품이라고 추정했다. 그러나 근래의 출토 자료와 비교하는 과정을 통해 《逸周書》 가운데 믿을 만한 문헌이 있음이 증명되었다. 裘錫圭는 다음과 같이 말하였다. "(《逸周書》에는) 戰國시대 사람들이 의탁한 작품들이 상당량 있을 뿐 아니라, 일부 믿을 만한 西周시대 문헌도 있다. 가령 《世俘》·《商誓》 두 편은 周初에 완성된 것으로 추정되며 그 가치는 결코 周初에 완성된 《尚書》 중의 몇 편보다 낮지 않다."[24] 李學勤은 다음과 같이 말하였다. "《逸周書》의 각 편은 한 사람에게서 나온 것이 아니며 연대도 다르다. 朱右曾은 '《克殷》편에서 서술한 내용은 친히 목도한 사람이 아니면 서술할 수 없는 것이며, 《商誓》·《度邑》·《皇門》·《芮良夫》편은 今文《尚書》와 매우 유사해서 僞古文이 흉내낼 수 있는 경지가 아니다.'라고 하였다. 郭沫若 선생은 《中國古代社會研究》에서 '《逸周書》 가운데 周初의 문자로 믿을 만한 작품은 단지 2~3편에 지나지 않는다. 《世俘解》편이 그 중 하나로 가장 믿을 만하며 《克殷解》와 《商誓解》편이 그 다음이다.'라고 하였다. 지금 살펴보면, 《世俘》·《商誓》·《皇門》·《嘗麥》·《祭公》·《芮良夫》 등의 편이 모두 西周 때의 작품으로 믿을 만하다."[25] 楊寬은 일찍이 《逸周書》에 대해 전문적으로 논술한 저술을 편찬한 바 있다. 그는 《逸周書》가 《尚書·周書》의 逸篇적인 성격을 지니며 그 가운데 다량의 진실된 西周 때의 역사 문서를 보존하고 있다고 보았다. 그는 淸代 唐大沛가 《逸周書》는 '진짜 자료와 거짓 자료가 서로 섞여 있으며 순정하고 섞인 정도가 일정하지 않다.'라고 한 斷言에 동조하였다. 唐大沛는 《商誓》·《度邑》·《皇門》·《嘗麥》·《祭公》·《芮良夫》 등의 訓告書와 《克殷》·《世俘》·《作雒》 등의 記事書가 모두 眞古書라고 보았는데, 楊寬도 이를 믿을 만하다고 보았다.[26] 이상 각 편의 眞古書의 내용에 대해, 楊寬은 다음과 같이 개괄하였다. "《世俘解》는 《武成》편과 동일한 내원을 지닌 서로 다른 篇章이며 《克殷解》 또한 믿을 만한 기록이다. 《商誓解》는 周武王이 商을 이긴 후 殷의 귀족에게 행한 연설로, 현전하는 武王의 연설 가운데 가장 완정한 작품이다. 《度邑解》는 武王이 東都 洛邑을 건설하고자 한

---

24) 같은 논문, 47쪽.

25) 李學勤 《逸周書彙校集注》序言). 黃懷信 等 《逸周書彙校集注》(上海古籍出版社, 1995년), 2쪽에 보임.

26) 楊寬(1999), 857-870쪽. 또한 《中華文史論叢》, 1989년, 제1기에도 관련 내용이 실려 있다.

일을 기록하였는데, 이는 역사적 사실에 해당한다. 훗날 周公이 東征에서 승리한 이후에 洛邑을 세운 것은 바로 武王의 유언을 집행한 것이다.《作雒解》에서 洛邑 건설의 규모와 구조를 서술한 부분 또한 중요하다.《皇門解》에서 기록한, 周公이 '群門'(大宗族長)을 회견할 때의 연설,《祭公解》에서 기록한, 祭公謀父의 임종 시 穆王에 대한 勸誡,《芮良夫解》에서 기록한, 芮良夫의 厲王에 대한 간언은 기본적으로 믿을 만한 것이다."[27]《嘗麥解》에 대해, 그는 세 단락의 내용이 서로 다른, '쪼개진 죽간(斷簡)'을 연결하여 완성된 작품으로 보았다. 제1단락은 孟夏에 太祖의 祭典에서 새로 수확한 보리를 맛보는 일을 설명했고 제2단락은 大正(官名)에게 刑書를 수여하는 典禮를 설명했으며 제3단락은 비바람 등에 祭祀 지내는 상황을 설명했다.[28]

이상의 세 학자들 모두《逸周書》가운데 믿을 만한 西周 문헌에 대해 언급하였다. 그들의 관점을 아래의 표와 같이 제시할 수 있다.

	世俘	商誓	皇門	嘗麥	祭公	芮良夫	度邑	克殷	作雒
裘錫圭	+	+							
李學勤	+	+	+	+	+	+			
楊 寬	+	+	+	+	+	+	+	+	+

위의 표에서 볼 수 있듯, 楊寬이 제시한 신뢰할 만한 西周 문헌의 편목이 가장 많으며, 裘錫圭·李學勤 두 선생이 제시한 편목은 적다. 그러나 楊寬은 그의 전문 연구(《論〈逸周書〉》)에서 이 문제에 대해 논의했다. 즉, 楊寬은 이 문제에 대해 전문적인 연구를 진행하였지만 裘錫圭·李學勤 두 선생은 단지 다른 저술에서 겸사로 이 문제를 논의한 것이기에 이 분들이 열거한 편목은 예시적인 성격을 지닌다. 그러한 까닭에 본서는 楊寬의 설을 따라 그가 제시한 9편의 글을 西周 어법을 연구하는 자료로 삼는다.

西周와 관련한 출토문헌 가운데 수량이 가장 많은 것은 金文이다. 金文 자료는 원래 완정하게 수집하기 어렵다. 그러나《殷周金文集成》[29]이 출판된 이후 상황이 크게 달라졌다.《殷周金文集成》에 수록된 절대 다수는 모두 金文의 원시 자료인 탁본으로, 총 18책으로 구성되어 있다. 제1책은 1984년에 출판되었으며 제18책은 1990년에 출판되었다. 작자는

---

27) 楊寬(1999), 8-9쪽.

28) 楊寬(1999), 869쪽.

29) 中國社會科學院考古研究所編(1984-1990) 제1-18책.

《編後記》에서 다음과 같이 말하였다. "각지에서 새로 출토된 器銘의 수록은 일반적으로 각 分冊이 출판되는 시점에서 이미 발표된 것과 파악된 것을 범위로 삼는다. 대부분의 分冊은 1985년 말을 범위로 하였다. 이 이후에 수집된 자료에 대해서는 補編을 엮어 따로 출판하고자 한다." 그러나 현재까지는 아직 補編이 출판되지 않았다. 《殷周金文集成》이 출판된 이후의 새로운 자료들은 대부분은 《考古》·《文物》·《考古與文物》·《古文字研究》 등의 학술지에 집중적으로 발표되어 찾아보기에 편리하다.[30] 《殷周金文集成》 중의 《編輯凡例》에서는 다음과 같이 말하였다. "이 책은 殷周시대의 銘文이 있는 청동기 자료에 대한 集成적인 성격을 지닌 彙編이다. 연대의 하한선은 秦 통일 이전까지다." 《殷周金文集成》에서 수록한 청동기 銘文의 시대 범위는 殷代부터 戰國 말기에 해당한다. 이 책은 탁본을 수록하였을 뿐 아니라 銘文에 대한 설명 부분도 있다. 銘文 설명에는, 해당 銘文과 관련한 각종 주요 정보를 담고 있으며 특히 시대를 나타내는 표시도 담고 있다. 이와 같은 까닭에, 《殷周金文集成》 중의 '銘文 說明' 부분을 보면, 어떠한 청동기 銘文이 西周시대 것인지 알 수 있다. 西周 어법 연구 시 바로 이러한 西周 金文을 자료로 삼을 수 있다.

西周 金文의 이러한 자료를 선택할 때, 비록 《殷周金文集成》의 시대 구분을 주로 의거했지만 기타 저술도 참고하였다. 참고한 주요 저술로는 아래와 같은 것들이 있다. 먼저 郭沫若이 저술한 《兩周金文辭大系》[31]가 있는데, 이 책의 上編에는 西周시대 銘文이 있는 청동기 162건이 수록되어 있다. 陳夢家가 저술한 《西周銅器斷代》[32]는 夷王 때를 하한선으로 정하여 98건의 청동기 명문을 수록하였다. 그리고 일본의 白川靜이 저술한 《金文通釋》[33]의 경우, 앞의 세 권에서 西周 金文 총 198건을 考釋하였다. 또한 唐蘭이 저술한 《西周青銅器銘文分代史徵》[34]은 西周 金文 총 290건을 수록하였고, 馬承源이 주편한 《商周青銅器銘文選》[35]의 경우, 卷三에 西周 銅器 512건을 수록하였으며, 張長壽 등이

---

30) 華東師範大學 中國文字研究與應用中心에서 편찬한 《金文引得》(殷商西周卷)은, 2001년 廣西教育出版社에서 출판되었다. 《金文引得》에서는 새로 출판된 자료를 보충하였는데, 2001년 이전까지의 자료를 수록하였다.

31) 郭沫若 《兩周金文辭大系圖錄考釋》, 科學出版社, 1957년 新一版.

32) 陳夢家 《西周銅器斷代》, 일찍이 1955, 1956년에 《考古學報》에 부분 내용이 연재되었고, 후에 미발표된 유고와 함께 考古研究所의 학자들에 의해 정리되어, 中華書局에서 1999년 출판됨.

33) [日本]白川靜 《金文通釋》(全六卷八冊), 발행처 白鶴美術館, 인쇄소 中村印刷株式會社, 昭和 41년 6月부터 昭和 59년 3月까지 인쇄, 발행.

34) 唐蘭 (1986)

35) 馬承源 主編 《商周青銅器銘文選》, 文物出版社, 1988년.

저술한 《西周青銅器分期斷代研究》[36]의 경우, 西周 청동기 가운데 전형적인 자료 352건을 수집하였다. 이 밖에 특정 청동기의 시대에 대해 의문이 발생할 경우, 다방면으로 참고하고 논증하여 자신의 견해를 제시한 저술도 있다.[37]

西周 甲骨文의 출토 지점은 모두 다섯 군데이다. 각 지점에서 출토된, 有字甲骨(문자가 새겨진 甲骨)의 수량은 일정하지 않은데 아래의 표와 같이 제시할 수 있다.

출토 지점	출토 시기(연도)	片數(片)	字數(字)
山西 洪趙 坊堆村	1954	1	8
陝西 長安 張家坡	1956	3	30
北京 昌平 白浮	1975	4	13
陝西 岐山 鳳雛	1977	292	903
陝西 扶風 齊家村	1979	6	102
합 계		306	1056

西周 甲骨文의 출토 이후, 특히 陝西省 岐山 鳳雛 지역에서 西周시대 '有字甲骨'이 출토된 이후부터 학계에서 그 연구가 진행되었다. 이 甲骨 문자 기록 시기에 대하여, 학자들이 다음과 같이 논의한 바 있다.

李學勤은 鳳雛甲骨 가운데 분명 文王 때의 것이 있다고 보았다. 가령 H11:1·82·84·112號 네 片은 西周 甲骨文 연대의 상한선에 해당한다. 鳳雛甲骨 가운데 연대가 가장 늦은 것은, 아마도 H11:108·131·135·172·188號 5片일 것인데, 卜甲의 연대가 昭王때보다 앞서지는 않을 것으로 추정되며 이것이 西周 甲骨文 연대의 하한선에 해당한다. 李學勤은, 鳳雛甲骨이 발견되었을 당시, 이 甲骨을 周文王 때의 것으로 보는 학자들도 일부 있었지만, 나중에 진일보한 정리와 연구를 거쳐 대부분의 卜辭들이 결코 이렇게 이른 시기가 아님을 발견하였다.[38] 王宇信은 다음과 같이 말하였다. "周原 鳳雛甲骨의 절대 다수는 武王·成王·康王 시기의 유물이지 결코 '절대 다수가 모두 文王 시기의 유물'이 아니다."[39] 그는 西周시대 有字甲骨 289片 가운데 식별할 수 없는 49片을 제외하고 240

---

36) 張長壽, 陳公柔, 王世民 著 《西周青銅器分期斷代研究》, 文物出版社, 1999년.

37) 劉啟益은 최근에 《西周紀年》(廣東教育出版社, 2002)을 출판하였고 彭裕商은 《西周青銅器年代綜合研究》(巴蜀書社, 2003)를 출판하였는데, 모두 계통적으로 西周 青銅器의 시대 문제를 논의하였으므로 참고할 만하다.

38) 李學勤 〈序《西周甲骨探論》〉. 《西周甲骨探論》(中國社會科學出版社, 1985년)에 보임.

片 정도가 판독이 가능한데, 이 240片의 有字甲骨 가운데 帝乙·帝辛 시기의 商甲骨은 8片, 文王 때의 周甲骨은 15片, 武王·成王·康王 때의 甲骨은 217片이라고 지적했다. 徐錫臺는 다음과 같이 말하였다 "周原 甲骨文의 시기 문제는 필자가 일찍이《周原卜辭 十篇選釋及斷代》40)라는 논문에서 초보적인 분석을 진행한 바 있으며, 후에 周原 甲骨文 의 모든 문자와 殷墟卜辭·西周 초기 金文을 대조해보고 字形對照表를 작성하면서 다음 과 같은 결론을 도출하게 되었다. 周原에서 출토된 甲骨 자료 가운데 일부는 周 王季41) 후기 또는 文王 초기에 해당하고 대부분의 卜甲은 文王 중·후기에 해당하며 극소수의 卜甲이 武王 시기와 周公 섭정 시기에 해당될 수 있다."42) 陳全方은 西周 甲骨文의 시대 는 상한선이 周文王에 이르고 하한선은 周穆王에 이르며 대체로 周初와 西周 초기 두 시기, 즉 周武王이 商을 이기기 이전과 商을 이긴 이후의 두 시기로 나눌 수 있다고 보았 다. 이에 대해 그는 예를 들어 설명했다. 가령 H11:3·22·31·68·82·84·112·174號와 H13:3·4·5號 등의 卜甲은 周文王시기에 해당하고 H11:1·9·15·17·20·102號와 H31:2 號 등의 卜甲은 周武王 또는 周成王 시기에 속할 것으로 추정하였다. 그리고 H11:131 ·135號 卜甲은 시대가 가장 늦어 穆王 때에 속한다고 보았다.43) 朱歧祥은 다음과 같이 말하였다. "殷卜辭와 周原 甲骨의 관계는 매우 밀접하다. 여기에 반영된 것은 동일한 언어의 문자 기록일 것이다. 周原 甲骨의 발생 시기는 殷 말기 卜辭와의 거리가 멀지 않을 것이다. 현재까지는 周原 甲骨이 岐山에서 출토되었기 때문에 많은 학자들이 西周시대 周나라 사람들의 문자라고 판단했다. 그러나…(중략)…이 자료들이 周나라 지역에서 출토 되었다 하더라도 필시 早周 시기의 문물일 것이다."44)

이상에서 우리는 발표 시간의 선후 순서에 따라 각 학자들의 관점을 나열해 보았다. 이들 의 서로 다른 관점들은 대체로 두 가지로 구분할 수 있다. 하나는 西周 甲骨文 대부분이 西周 초기의 문물이라는 관점으로 가령 李學勤說, 王宇信說, 陳全方說이 이에 해당한다. 다른 하나는 西周 甲骨文 대부분이 早周 시기(즉, 商나라 말기)의 문물이라는 관점으로 가령 徐錫臺說, 朱歧祥說이 이에 해당한다. 우리는 周原 甲骨文의 언어 상황에 의거하여

---

39) 王宇信 (1985), 248쪽.
40) 이 논문은《古文字研究》第六輯, 中華書局, 1981년판에 수록되어 있다.
41) [역주] 文王의 아버지, 즉 季歷.
42) 徐錫臺《周原甲骨文綜述》, 154쪽, 三秦出版社, 1987년.
43) 陳全方《周原與周文化》, 148-149쪽, 上海人民出版社, 1988년 7월.
44) 朱歧祥《周原甲骨研究》(1997), 106쪽.

李學勤·王宇信 선생 등의 관점에 동조하며 西周 甲骨文의 시대는 대부분 西周 초기에 속한다고 보았다. 이러한 까닭에 西周 甲骨文도 西周漢語를 연구하는 하나의 자료로 삼았다. 그러나 이러한 자료를 활용할 때에는, 그 시대가 어떤 경우 무周 시기에 속할 수 있음에 유의해야 한다.

　西周시대 출토문헌은 西周 金文과 西周 甲骨文 외에도 출토된《周易》·《詩經》·《逸周書》를 거론해야 한다. 이 가운데 출토《周易》은 주로 3종이 있다. 하나는 帛書《周易》이다. 1973년 11월에서 12월 사이 長沙 馬王堆 三號 漢墓에서 출토된 것으로 비교적 완정하다. 두 번째는 竹書《周易》이다. 1977년 7월에서 8월 사이 安徽省 阜陽 雙古堆 漢墓에서 출토된 것으로 著龜家本에 속하며 파손이 심각하다. 세 번째는 上博簡《周易》이다. 1994년 上海博物館이 홍콩의 골동품 시장에서 구매한 것으로 竹書이다. 세 가지 중 가장 참고 가치가 높은 것은 馬王堆帛書《周易》과 上博簡《周易》이다. 帛書《周易》은 문자의 파손이 적고 古文字學 전문가의 연구를 통해 문자 해독에 이미 큰 문제가 없게 되었다. 上博簡《周易》은 현재까지《周易》판본 가운데 가장 오래되고 가장 원시적인 판본이자 기록이 비교적 믿을 만한 판본이다. 그러나 이 자료는 이제 막 발표된 까닭에 아직은 고문자학 전문가의 고증이 필요하다. 西周漢語를 연구할 때에는 現傳《周易》과 출토《周易》을 상호 비교, 상호 參證해야 한다. 이렇게 해서 이끌어낸 예시라야 비로소 믿을 만하게 된다. 한편, 출토된《詩經》은 竹書로 1종만이 있다. 1977년 7월에서 8월사이 安徽省 阜陽 雙古堆 漢墓에서 출토된 것으로, 이와 함께 동시에 출토된 竹書《周易》(앞에서 서술한 바와 같다)도 있다. 출토된 竹書《詩經》은 파손이 심각한 데다 모두《國風》이다.《國風》의 창작 시기는 대부분 春秋시대다. 이러한 까닭에 이 자료는 西周漢語를 연구하는 데 있어 의의가 크지 않다. 주목할 만한 것은, 上博簡 가운데《孔子詩論》부분이다.《孔子詩論》의 내용은 주로 孔子가 어떻게 제자들에게《詩經》및《詩經》이외의 佚詩를 강론했는가에 대해서다. 이 자료는 現傳《詩經》의 함의를 이해하는 데 매우 큰 도움을 준다. 우리는 現傳《詩經》을 인용할 때《孔子詩論》에 의거해서 例句의 신빙성과 이해의 정확성을 검증하고자 하였다. 그리고 출토된《逸周書》도 1종만 있으며 竹書다. 1987년 6월 湖南省 慈利縣 石板坡 36號墓에서 출토되었다. 출토된《逸周書》도 파손이 매우 심하며《大武》한 편만 있다. 그래서 이 자료는 西周漢語 어법을 연구하는 데 가치가 크지가 않다.

　예전의 학자들은 西周漢語 어법을 연구할 때 대부분 전래문헌(傳世文獻)을 이용했으며 출토문헌의 이용은 드물었다. 출토문헌을 이용해 西周시대의 한어를 연구하는 데 주의를 기울이지 못한 점은 유감이 아닐 수 없다. 그것은 바로 출토문헌이 전래문헌에 비해 강점을 지니고 있기 때문이다. 裘錫圭는 일찍이 출토문헌의 우열에 대해 깊고 예리하게 논술한 바 있다. "古文字資料(본서에서의 출토문헌에 상당함)는 언어 연구 대상으로 분명 일정한 결점이 있다. 가령 자료가 종종 비교적 영쇄하고 아직까지 판독하지 못하는 문자가 상당히 많으며 일부 자료에서는 중복되는 말이 자주 등장한다(예컨대, 甲骨文에는 비오기를 빌거나 풍년을 비는 卜辭가 많고 金文에는 복을 구하는 투식어가 많다). 그러나 다른 한편으로는, 古文字資料는 분명 전래문헌보다 뛰어난 부분이 있다. 첫 번째, 적지 않은 고서의 연대 문제는 의견이 분분하기 때문에 그에 기록된 언어의 시대 또한 문제가 된다. 이에 비해 지하에서 발견된 古文字資料는 연대면에 있어 대부분이 비교적 명확하다. 당시에 傳寫된 고서를 제외하면, 그에 기록된 것들은 일반적으로 당시 언어. 傳寫된 고서도, 傳寫 시기가 비교적 이르기 때문에 시기 문제 또한 현전하는 다량의 고서처럼 심각하지 않다. 심지어 어떤 古書는 지하에서 古寫本이 발견된 덕분에 시기 문제를 초보적으로 해결하기도 하였다. …… 두 번째, 고서는 여러 차례 傳寫와 판각을 거치면서 오류가 많아지게 된다. 어떤 경우는 고쳐 쓰거나 장절을 삭제하여 원래의 형태를 거의 찾아보기 어렵기까지 하다. 이에 비해 지하에서 발견된 古文字資料는 傳寫한 古書 외에는 이러한 문제가 매우 적다. 傳寫된 고서라 하더라도 일반적으로는 현전하는 판본보다 더욱 眞本에 가깝다. 세 번째, 고서에 보전된 商代·西周·春秋시대의 작품들은 매우 희소하다. 특히 商代의 작품은 수량상으로도 지극히 적을 뿐 아니라 후대 사람들의 상당히 큰 수정을 거친 것이 분명하기 때문에 商代 언어의 진실된 면모를 대표할 수 없다. 古文字資料 가운데 많은 수량의 商代 후기의 甲骨文과 西周·春秋시대의 金文이 있어 고서의 이러한 부족함을 보완할 수 있다. 네 번째, 현재까지 전해진 고서의 거의 대부분은 고래로 줄곧 봉건사대부에게 중시되었던 典籍이다. 이에 비해 지하에서 발견된 古文字資料는 종류가 비교적 가지각색이어서 고서에서는 보기 어려운 내용들이 종종 포함되어 있다. …… 이러한 자료들은 때로 일부 고서에서 비교적 보기 어려운 언어자료를 제공해줄 수 있다. …… 상기한 여러 원인으로 인해 古文字資料는 고한어 연구에 매우 큰 중요성을 지닌다."[45] 裘錫圭의 이 논의는 우리를 깊이 성찰하게 하고 전래문헌에 대해 지나치게 신뢰해서는 안 됨을 짚어준다. 전래문헌은, 발생한 시점으로부터 오늘날까지 전해지는 과정에서 이미 원래의 모습을 보존하기 어렵게 되었다. 그러나 우리는 또한 이러한 이유로 전래문헌이 전혀 맞는 부분이 없다거나 전혀 신뢰할 가치가 없다고 결론지어서는 안 된다. 이와 같이 한다면 또 다른 극단으로 향하는 것이다.

---

45) 裘錫圭 《談談古文字資料對古漢語研究的重要性》, 《中國語文》, 1979년 제6기.

현전하는 《周易》과 帛書 《周易》은 개별 用字 상의 차이를 제외하고는 기본적으로 차이가 없다. 帛書 《周易》은 漢代의 墓葬에서 출토된, 戰國 말기에서 西漢 초기 사이의 傳寫本이다. 당시부터 지금까지 전해지면서 《周易》은 기본적으로 원래 모습을 유지하였다. 《周易》이 이러하다면, 《尚書》·《詩經》과 같은 漢代에 경전으로 일컬어진 유가 저술들도 이와 같을 것이다. 그러한 까닭에 裘錫圭는 우리들이 "맹목적으로 古本을 존숭하고 今本을 배척해서는 안 되다."[46]고 말하였다. 앞에서 언급한 바와 같이, 西周시대의 자료를 크게 두 가지 유형, 즉 전래문헌과 출토문헌으로 나누어, 연구 과정에서 양자의 차이에 주의를 기울일 필요가 있다. 양자의 차이를 비교할 때, 다음의 세 가지 상황이 있을 수 있다. 첫 번째, 특정 어법 현상이 출토문헌과 전래문헌에서 모두 확인되는 경우, 두 번째, 특정 어법 현상이 출토문헌에만 확인되고 전래문헌에서는 확인되지 않는 경우, 세 번째, 특정 어법 현상이 전래문헌에만 확인되고 출토문헌에서는 확인되지 않는 경우. 만약 첫 번째와 두 번째 상황이라면, 西周시대에 존재했던 어법 현상으로 판정할 수 있다. 만약 세 번째 상황이라면 비교적 복잡해진다. 西周시대 특정 어법 현상이 이미 존재했는데 출토문헌에 아직 등장하지 않은 것일까? 아니면 특정 어법 현상이 西周 시대에 전혀 존재하지 않았는데 후대 사람들이 고쳐 쓰는 과정에서 西周시대 전래문헌에 등장하게 된 것일까? 이 문제를 해결하려면 반드시 여러 측면에서 고찰해야 한다. 특히 어법 현상에 대해 통시적인 고찰을 해야 하며, 이 기초 위에서 신중하게 결론을 내야 한다.

西周시대 언어 자료는 문체, 내용면에서 서로 다른 유형으로 구분할 수 있다. 즉, 유형이 다르면 특징도 다르다. 그 가운데 특히 《詩經》(雅頌)이 다른 자료와 가장 명확하게 다른 점은, 《詩經》은 韻文이고 다른 자료는 散文이라는 점이다. 운문은 산문에 비해 어법상에서 고유한 특징을 갖게 마련이다. 그러한 까닭에 《詩經》 자료에 의거해 결론을 내릴 때에는 이 점을 주의해야 한다. 만약 특정 어법 현상이 《詩經》에만 등장하고 다른 자료에서는 확인되지 않는다면, 이는 아마도 西周시대 운문의 어법 특징일 수 있다. 앞에서 언급한 바와 같이, 우리는 西周漢語 어법을 연구할 때, 《詩經》 중의 《周頌》·《大雅》·《小雅》를 자료로 삼는다. 《周頌》은 종묘제사에 쓰이던 樂歌로, 周나라 민족의 기원과 周나라 선왕의 업적 및 周왕실의 文治와 武功을 기리는 것이 주요 내용이다. 이 부분의 작품이 시대가 가장 이르며 비교적 잘 보존된 것이라 할 수 있다. 《大雅》·《小雅》는 왕실 궁정과 京畿 일대의

---

46) 裘錫圭, 《考古發現的秦漢文字資料對於校讀古籍的重要性》, 《古代文史研究新探》, 江蘇古籍出版社, 1992년.

樂歌로 대부분이 귀족의 작품이고 소수가 민간가요다. 이 부분은 당시의 구어(특히 민간가요)를 비교적 잘 반영했다고 할 수 있다.

《周易》과 周原 甲骨文은 하나의 유형으로 묶을 수 있으며 모두 점을 쳐 예측하는 내용과 관련되어 있다. 西周시대 어법을 연구할 때는, 주로 《周易》 중의 卦爻辭를 자료로 삼는다. 卦辭는 卦의 의미를 설명하고 爻辭는 각 爻의 의미를 설명한다. 卦爻辭에는 비록 신학이라는 종교적 색채가 한 겹 덮여 있지만, 내용 중에 역사적인 사건을 서술한 부분, 사회의 풍습을 기록한 부분, 생산 활동과 생활 경험을 총괄한 부분들이 있기 때문에, 당시의 구어를 반영한다고 할 수 있다. 만약 《周易》을 筮辭라고 말한다면 周原 甲骨文은 卜辭다. 양자를 하나로 합쳐야 당시 사람들이 점을 쳐 예측할 때 말하던 패턴을 보다 완벽하게 반영할 수 있다. 西周 甲骨文 또한 당시의 구어를 반영할 수 있지만 이러한 자료는 수량이 적으며 어구를 통독하는 면에서 어려움이 있다.

《尚書·周書》와 《逸周書》(부분)는 한 유형으로 묶을 수 있는데 대부분 西周시대의 역사 문서이다. 《尚書·周書》에서 기록한 것은 대다수가 군주가 臣民을 교도하거나 近臣이 군주를 勸誡하는 말이며 소수가 서사적인 작품이다. 《逸周書》의 내용도 이와 비슷하다. 양자 모두 정치적 성격을 띤 문체이기에 필시 당시의 모범적인 서면어를 사용하여 典雅함을 추구했을 것이다. 또한 《逸周書》의 많은 篇章들은 주로 말을 기록하고 있기 때문에 당시의 구어를 반영했을 수 있다. 그러나 《尚書·周書》의 상황은 《逸周書》와는 또 다르다. 《尚書·周書》는 西漢시대부터 經書가 되면서 역대로 사람들의 중시를 받아왔으며 이를 연구하고 주석하는 사람들이 많아 비록 '난삽하여 읽기 거북'하기는 하더라도 대체로 통독할 수 있다. 《逸周書》는 과거에 "孔子가 논한 百篇의 나머지"로 여겨져 그리 중시를 받지 못했다. 그러한 까닭에 책에 脫字·衍文·誤字·錯簡 등의 많은 오류가 있는 데다 《逸周書》를 연구하고 주석하는 사람들도 《尚書》를 연구하고 주석하는 사람들만큼 많지 않으며 통독할 수 없는 부분도 비교적 많다.

西周 金文은 일종의 비교적 특수한 진귀한 자료다. 西周시대의 사람들(주로 귀족)은 그들이 기념할 만한 명예로운 사건이 있을 때에는 청동기를 주조해 새겨 기록해 두었다. 西周 金文은 일반적으로 모두 주조해 넣은 것이어서 문자가 정교하다. 이러한 까닭에 전래문헌에서처럼 피치 못할 오류가 절대 발생하지 않는다. 銘文을 주조해 넣은 청동기는 종묘에 올려져야 하므로 金文은 전아함을 추구하며 단어의 선택과 문장 구성 방면에 있어서도 비교적 보수적이다. 게다가 金文의 말투는 이미 고정적인 형식을 갖추었으며 후대 사람들이 金文을 주조할 때 앞 사람들의 형식을 원용하였을 가능성이 있는데, 이는 일종의 관습이다.

이러한 까닭에 金文은 당시의 구어를 잘 반영하기 어렵다. 이에 대해서는 唐鈺明이 지적한 바 있다. "銘文은 일종의 書面化 정도가 상당히 높은 문체이다. 이러한 종류의 문체는 종종 언어의 옛 성질의 퇴출이 비교적 늦고 언어의 새 성질의 진입이 비교적 느리다. 그러한 까닭에 周代의 실제 구어와 거리가 멀 뿐만 아니라 周代의 文告體(가령《尚書》)·詩歌體 (가령《詩經》)·語錄體(가령《論語》)와 비교할 때 옛 것에 얽매이는 경향, 보수적인 데 치우치는 경향을 면하기 어렵다. …… 비록 古文字 자료 내부와 上古시대 전적 내부에는 모두 어느 정도 문체의 차이가 있지만, 전반적인 경향으로 보았을 때, 상고시대 전적 자료가 고문자 자료보다는 비교적 구어에 가깝다는 점을 인정해야 한다."[47] 따라서 아마도 다음과 같은 상황이 존재할 듯하다. 특정 어법 현상이 당시 구어에 이미 등장하였지만 西周 金文에는 아직 반영되지 않은 상황이다. 그러므로 이러한 자료를 활용할 때에는 이 점에 주의를 기울여야 한다. 西周 金文에 특정 어법 현상이 아직 등장하지 않았다고 해서 그 어법 현상이 西周시대에 존재하지 않았다고 단정할 수는 없다. 또 경우에 따라서는, 특정 어법 현상이 西周 金文에 등장했다고 해서 西周시대에 존재했다고 단정을 지어서도 안 될 듯하다. 종합적으로 살펴 漢語 어법 발전사의 각도에서 보아야 할 뿐만 아니라 기타 자료를 살펴 신중하게 결론을 내려야 한다.

제2절　西周漢語 어법 연구의 회고와 전망

　본 소절에서 회고하고자 하는 대상은 西周漢語 어법을 전문적으로 연구한 논저(논문·저술 포함)다. 이러한 논저들은 두 가지 유형으로 분류할 수 있다. 하나는 전문자료(專書)에 대한 어법 연구(특정 자료에 대한 전문 연구를 포함함)다.[48] 여기에는 〈詩經語法研究〉[49]·《西周金文語法研究》[50] 등이 해당한다. 다른 하나는 단일시기(斷代史) 어법 연구

---

47) 唐鈺明 《其、厥考辨》,《中國語文》, 1991년 제4기.

48) 연구대상이 되는 전문자료는 西周漢語코퍼스(자료)를 포함하고 있어야 한다. 서주한어 어법을 연구할 때 사용하는 코퍼스(자료)의 상황은 제1절을 참조.

49) (台灣) 戴璉璋, 〈詩經語法研究〉,《中國學術年刊》 제1기(1976년 2월)

의 유형이다. 이 유형의 논저는 다시 '느슨한 유형[寬]'과 '엄격한 유형[嚴]' 두 가지로 나눌수 있다. '엄격한 유형'은 논저의 제목에 '西周' 또는 '周初'라는 문자가 표기된 경우로 〈西周·春秋時代漢語構詞概論〉[51] 등이 이에 해당한다. '느슨한 유형'은 논저의 제목에 '兩周'·'殷周'·'先秦'·'上古'·'遠古' 등의 문자가 표기된 경우로, 《先秦語法》[52]·〈上古漢語指示代詞書面體系的再研究〉[53] 등이 이에 해당한다.

이제부터 西周漢語 어법 연구의 전문 논저에 대해 간략하게 회고하고자 한다. 여기에서의 회고는 고대한어 어법학사의 흐름을 따라 진행된 것이다.

1 西周漢語 어법학의 연구 성과

고대한어 어법학사는 대체로 두 단계로 구분할 수 있다. 제1단계는 전통 小學 단계의 고대한어 어법 연구이며 제2단계는 중국 현대 언어학 단계의 고대한어 어법 연구다. 이 두 단계의 분수령은 19세말 20세기초에 출판된 《馬氏文通》[54]이다. 제1단계에서는 진정한 의미에서의 고대한어 어법 연구 논저가 없었으며 西周漢語 어법 연구에 관한 전문 논저는 더더욱 없었다. 제2단계에는 다시 두 시기로 나눌 수 있다. 첫 번째 시기는 《馬氏文通》 출판부터 1949년 10월 1일 신중국이 성립된 시기까지이며, 두 번째 시기는 신중국 성립이후부터 현재까지다. 이 두 시기 모두 西周漢語 어법 연구에 관한 전문 논저가 등장했다. 제2단계의 첫 번째 시기에는 전문적으로 西周漢語 어법을 연구한 논저가 많지 않았다. 대표작으로 何定生의 〈尙書的文法及其年代〉[55]·丁聲樹의 〈詩經式字說〉[56]·容庚의 〈周金文中所見代名詞釋例〉[57]·沈春暉의 〈周金文中之"雙賓語句式"〉[58] 등이 있다. 제2단

---

50) 管燮初, 《西周金文語法研究》, 商務印書館, 1981년.

51) 黃志強, 〈西周·春秋時代漢語構詞槪論〉, 《求是學刊》, 1986년 제1기.

52) 易孟醇, 《先秦語法》, 湖南教育出版社, 1989년.

53) 洪波, 〈上古漢語指示代詞書面體系的再研究〉, 《語言研究論叢》, 제6집, 南開大學出版社, 1991년.

54) 馬建忠의 《文通》은 앞 6권이 1898년, 뒤 4권이 1900년에 출판되었다. 이 책은 후인들에게 《馬氏文通》이라 일컬어진다.

55) 《語歷所周刊》, 제5집 제49, 50, 51기 합간(1928), 1-189쪽.

56) 《史語所集刊》, 6本 4分(1936), 487-495쪽.

57) 《燕京學報》, 제6기(1929), 1041-1046쪽.

58) 《燕京學報》, 제20기(1936), 375-408쪽.

계의 두 번째 시기에는 전문적으로 西周漢語 어법을 연구한 논저가 비교적 많다. 아래에서 분류하여 소개하고자 한다.[59]

1) 단일시기(斷代) 연구 논저

대표작으로는 郭錫良의 〈先秦漢語名詞、動詞、形容詞的發展〉[60], 朱德熙의 〈關於先秦漢語裏名詞的動詞性問題〉[61], 潘悟云의 〈上古漢語使動詞的屈折形式〉[62], 周生亞의 〈論上古漢語人稱代詞繁複的原因〉[63], 馬眞의 〈先秦複音詞初探〉[64], 周光午의 〈先秦否定句代詞賓語位置問題〉[65], 唐鈺明 등의 〈論上古漢語被動式的起源〉[66] 등이 있다.

2) 전문자료(專書) 연구 논저

이 유형은 특정 先秦 典籍에 대한 연구뿐만 아니라 특정 자료에 대한 연구를 포함한다. 주로 다음의 몇 가지 종류가 있다.

1. 《詩經》 어법 연구. 대표작으로는 向熹의 《詩經語言研究》[67], 王顯의 〈詩經中跟重言作用相當的有字式、其字式、斯字式和思字式〉[68], 裘錫圭의 〈卜辭"異"字和詩書裏的 "式"字〉[69]・俞敏의 〈詩"薄言"解平議〉[70], 李維琦의 〈雅、頌中語法歧義〉(上・下)[71] 등이

---

59) [역주] 아래의 기존연구자료 소개는 이 책이 출간된 2004년을 기점으로 조사된 것이며, 그 이후 현재까지 서주한어 어법 연구 관련 단행본, 석박사 학위논문, 소논문이 다수가 출간된 상태이다.

60) 《中國語文》, 2000년 제3기.

61) 《中國語文》, 1988년 제2기.

62) 《溫州師院學報》, 1991년 제2기.

63) 《中國語文》, 1980년 제2기.

64) 《北京大學學報》, 1980년 제5기.

65) 《語法論集》(三), 中華書局, 1959년.

66) 《學術研究》, 1985년 제5기.

67) 四川人民出版社, 1987년.

68) 《語言研究》, 1959년 제4기.

69) 《中國語言學報》(一), 商務印書館, 1982년.

70) 같은 논문집

71) 《湖南師院學報》, 1982년 제2기, 제4기.

있다.

2.《尙書》어법 연구. 대표작으로는 錢宗武의《今文尙書語言硏究》[72], 戴連璋의〈尙書句首句中句末語氣詞〉[73] 등이 있다.

3.《周易》어법 연구. 이 분야의 논저는 단지 裵孌君의〈周易"~若(如)"結構考〉[74], 趙振興의〈周易的複音詞考察〉[75] 등이 있다.

4. 西周金文 어법연구. 대표작으로는 管孌初의《西周金文語法研究》[76], 唐鈺明의〈其、厥考辨〉[77], 裵錫圭의〈說金文引字的虛詞用法〉[78], 張振林의〈先秦古文字材料中的語氣詞〉[79], 楊五銘의〈西周金文被動句式簡論〉[80] 등이 있다.

5. 周原 甲骨文 어법 연구. 이 분야의 논저는 매우 적다. 朱歧祥의〈由虛詞的用法論周原甲骨斷代〉[81], 張玉金의〈周原甲骨文"囟"字釋義〉[82] 정도만 있다.

2 西周漢語 어법학의 학술 배경

西周漢語 어법의 단일시기 연구는 아래에서 서술할 세 개의 학문 분과를 학술 배경으로 삼는다. 첫 번째, 傳統小學(文字·音韻·訓詁 연구를 포함함). 두 번째, 古文字學. 세 번째 漢語 어법학. 상술한 세 개의 학문 분과가 만약 각자 독립하여 상호 소통할 수 없다면 西周漢語 어법 연구에 대한 전문 논저는 등장하지 못할 것이다. 이러한 성과가 등장하기 위해서는 반드시 이 세 분과의 결합을 이루어야 한다. 최초로 이 결합을 이루어낸 학자는 何定生이다. 그는 1928년에〈尙書的文法及其年代〉를 발표하였는데 논문에서 金文에 보이는

---

72) 岳麓書社, 1996년.
73) 李佐豐의《二十世紀的古漢語語法學》에 보이며,《二十世紀的中國語言學》(北京大學出版社, 1998년)에 실려 있다.
74)《古漢語語法論集》, 語文出版社, 1998년.
75)《古漢語研究》, 2001년 제4기.
76) 商務印書館, 1981년.
77)《中國語文》, 1991년 제4기.
78)《古漢語研究》, 1998년 제1기.
79)《古文字研究》, 제7집, 中華書局, 1982년.
80)《古文字研究》, 제7집, 中華書局, 1982년.
81)《古漢語語法論集》, 244-263쪽, 語文出版社, 1998년 6월.
82)《殷都學刊》, 2000년 제1기.

대사(代詞)를 개별적으로 언급했다. 1929년, 容庚이 〈周金文中所見代名詞釋例〉를 발표하였는데 이것이 바로 중국 최초의 西周 출토문헌 어법연구에 대한 전문 논저이다.

③ 西周漢語 어법학의 연구 재료

西周漢語 어법 연구는 단일시기 연구이자 記述 성격의 연구이다. 이것의 이상적인 연구 방법은 다음과 같다. 먼저 자료에 대해 시대 구분을 해서, 출토문헌과 전래문헌 가운데 西周시대의 자료를 선별해야 한다. 다음으로는 西周 시대의 자료에 대해 기술 연구를 진행하여 西周시대 漢語 어법의 면모를 묘사해낸다. 기술 과정에서는 전면적인 定量 분석법을 활용해야 하며 기술과 해석을 결합하거나, 기술과 전문 주제 연구를 결합해야 한다. 西周漢語 어법을 기술한 자료들은 다음 표에서 제시한 바와 같다.

출처	전적 또는 자료	세부 항목
전래 문헌	《周易》	卦辭, 爻辭
	《詩經》	《周頌》, 《大雅》, 《小雅》
	《尚書》	《大誥》, 《康誥》, 《酒誥》, 《梓材》, 《召誥》, 《洛誥》, 《多士》, 《無逸》, 《君奭》, 《多方》, 《立政》, 《顧命》, (含《康王之誥》), 《費誓》, 《呂刑》
	《逸周書》	《世俘》, 《商誓》, 《皇門》, 《嘗麥》, 《祭公》, 《芮良夫》, 《度邑》, 《克殷》, 《作雒》
출토 문헌	《周易》	卦辭, 爻辭
	西周 金文	《殷周金文集成》에서 '西周'로 표기된 銘文; 《殷周金文集成》 출판 이후에 새로 출토된 西周金文에 대해서는 《金文引得》(殷商西周卷) 참조
	西周 甲骨文	山西省 洪趙 坊堆村, 陝西省 長安 張家坡, 北京 昌平 白浮, 陝西省 岐山 鳳雛, 陝西省 扶風 齊家村의 다섯 지점에서 출토된 西周 甲骨文. 단 이 가운데 15片의 文王 시기 甲骨은 제외함.

상술한 바와 같이 西周시대의 자료를 확정하면, 기술언어학적인 방법으로 연구를 진행할 수 있다.

④ 西周漢語 어법학의 연구 방법

연구 방법은 점차 과학화, 다양화되었다. 이를 개괄하면 다음 몇 가지로 논의할 수 있다.

1) 訓詁學 분석법

중국 어법학 이론은 19세기말 20세기초에 탄생했다. 그 이전의 학자들은 西周漢語 자료에서의 허사(虛詞)를 고찰할 때 일반적으로 모두 훈고학적 방법을 사용했다. 예컨대, 王引之의 《經傳釋詞》가 이에 해당한다. 그가 허사를 연구하는 구체적인 방법은 다음과 같다.[83] 1. 一聲之轉[84]으로 虛詞의 同義관계를 판단했다. 그는 '用'자 조항에서 다음과 같이 말하였다. "'以'와 '用'은 一聲之轉이다. 《春秋公羊傳》의 《經》을 풀이한 부분에서 모두 '何以'라 한 것을 《穀梁傳》에서는 혹 '何用'이라고 했는데, 사실 하나나 다름없다('以'用', 一聲之轉. 凡《春秋公羊傳》之釋《經》, 皆言'何以'; 《穀梁》則或言'何用', 其實一也)." 2. 互文으로 虛詞의 同義 관계를 판단했다. 王引之는 卷1에서 다음과 같이 말하였다. "《禮記‧禮運》편의 '이러한 까닭에 陰謀가 이로부터 생겨나고 전쟁이 이로부터 일어난다.'에서 用은 由다. 互文일 뿐이다. (《禮記‧禮運》曰: '故謀用是作, 而兵由此起'. '用', 亦'由'也. 互文耳.)" 3. 異文으로 虛詞의 同義 관계를 판단했다. 王引之는 卷2, '謂'자 조항에서, "謂는 爲와 같다. 《左傳》莊公 22년에 '이것이 나라의 빛을 봄이 된다(是謂觀國之光)'라는 구절에 대해, 《史記‧陳杞世家》에서는 '是爲'라고 되어 있으니, 이것이 그 증거다(謂, 猶爲也. 莊二十二年《左傳》:'是謂觀國之光.' 《史記‧陳杞世家》作'是爲', 是其證也)."라고 말하였다.[85] 4. 다량의 문헌 증거를 들어 의미를 귀납했다. 王引之는 卷5, '今'자 조항에서 孫炎의 《爾雅‧釋詁》注에서 "卽은 今과 같다."고 말한 자료에 근거하여 "今은 卽으로 訓釋할 수 있다(今卽可訓爲卽)."고 보았으며, 뒤이어 '今'이 '卽'으로 훈석될 수 있는 11개의 예시를 들었다. 이러한 훈고학적 연구 방법은 중국 어법학이 탄생한 이후에도 일부 학자들이 여전히 즐겨 사용하는 방법이다.

2) 전통 어법학 분석법

전통 어법학 이론은 시대마다 다르나 대체로 형태론(詞法)과 통사론(句法) 두 부분으로 나눌 수 있다. 전통 어법학의 이론 방법으로 西周漢語 자료를 연구하는 것은, 실제로 西周漢語 자료 중의 형태(품사‧조어법)와 통사(구‧문장성분과 구문) 방면 등의 양상을 분석하

---

83) 何九盈 《中國古代語言學史》, 417-418쪽, 廣東敎育出版社, 2000년 6월.

84) [역주] 聲母가 서로 같거나 유사한 상황에서 韻母의 轉變으로 발생한 단어의 파생 및 분화 현상.

85) [역주] 《左傳》의 '是謂觀國之光'이 《史記》에는 '是爲觀國之光'으로 되어 있다는 의미임.

는 것이다. 漢語 어법 이론은 후대로 갈수록 漢語의 실제 상황에 더욱 잘 부합하게 되었는데, 西周漢語 자료를 연구하는 학자들도 이렇듯 갈수록 漢語의 실제 면모에 더 잘 부합하는 어법 이론을 이용하여 西周漢語 자료를 연구하였다. 楊合鳴의《詩經句法硏究》는 바로 그러한 사례다. 이 책의 제2절에서 그는 '이중목적어구문(雙賓式)'을 논의한 바 있는데 이 개념에 대해 다음과 같이 풀이했다. "술어 뒤에 두 개의 목적어를 지니는 구문이다. 일반적으로 앞의 목적어는 사람을 가리키며 간접목적어라 한다. 뒤의 목적어는 사물을 가리키며 직접목적어라 한다." 이러한 서술은 선험적인 것으로 저자가 이 책을 서술할 당시 학술계에서 통용되던 어법 체계에서 비롯한 것이다. 저자는 연구 당시 귀납법을 운용해《詩經》의 이중목적어구문을 세 가지 유형으로 나누었다. 첫 번째는 '授予義' 술어가 이중목적어를 지니는 유형, 두 번째는 '告示義' 술어가 이중목적어를 지니는 유형, 세 번째는 기타 술어가 이중목적어를 지니는 유형이다.[86] 이러한 연구 방법은 비교적 전통적이기는 하지만 오히려 가장 기본적인 것이자 오늘날에도 여전히 현실적인 의의를 지니는 것이다.

3) 전면적인 定量 분석법

전통 어법학에서 어법 문제를 논의할 때는 일반적으로 모두 '예증법'을 사용한다. 먼저 서술성 언어로 어떠한 어법 현상과 규칙이 존재하는가를 서술하고 그 다음에 예시를 거론하는 방식이다. 그러나 어법 현상의 복잡성으로 말미암아 다른 사람은 그와는 상반된 예증들을 거론하여 그 오류를 증명하기도 한다. 예를 들어, 丁聲樹가 일찍이 〈釋否定詞"弗"和"不"〉이라는 저명한 논문을 발표한 적이 있는데, 그 논증이 견고하여 당시에 큰 반향을 일으켰다. 그러나 周光午가 다른 예증들을 수집하여 이 논문의 결론을 뒤집고자 하였다. 周光午의 관점은 적잖은 사람들이 동조하였다. 그러나 王力은 그가 소수의 예를 들어 다수를 부정하고, 특수한 사례로 일반적인 사례를 부정한다고 보았다. 이렇게 되자, 사람들은 예증법에 한계가 있음을 깨닫게 되었다. 이러한 배경 하에, '전면적인 定量 분석 방법'이 시대에 부응하여 등장하게 되었다. 이러한 방법은 예증법보다 훨씬 과학적이다. 통계로부터 수량의 많고 적음을 파악하고 수량의 많고 적음을 통해 양적 차이인지 질적 차이인지를 파악하게 된다. 연구 대상 코퍼스가 확정되면, 전면적인 定量 분석을 더욱 필요로 하기에 자주 사용된다. 예컨대, 管燮初의《西周金文語法硏究》가 이에 해당한다. 그는 字數가 비

---

86) 楊合鳴《詩經句法硏究》, 53-58쪽, 武漢大學出版社, 1993년.

교적 많은 208편의 銘文을 연구 자료로 삼았다. 저자는 책 뒤에 이 銘文들의 篇目을 제시해 두었다. 자료의 범위를 한정한 다음, 저자는 西周金文 어법을 기술할 때에 종종 전면적인 定量 분석법을 사용했다. 이러한 연구 방법은 기술언어학에 있어 더욱 필요하다. 이러한 연구 방법이 있게 된 후, 사람들은 특정 어법 현상과 규율이 존재함을 파악할 뿐만 아니라 그것이 존재하는 양을 파악할 수 있게 되었다. 이러한 연구 방법은 역사언어학에 있어서도 필요하다. 이 방법을 사용하여 특정 어법 현상의 서로 다른 시대에 존재하는 양적 차이를 파악할 수 있고 그렇게 함으로써 漢語 어법의 변천을 고찰할 수 있는 것이다.

4) 역사적 변천 분석법

이는 역사언어학에서의 연구 방법이지만 기술언어학에서도 사용할 수 있다. 그 이유는 두 가지다. 첫째, 기술언어학과 역사언어학은 칼로 자른 듯이 명확히 구분될 수 없으며 기술하는 과정에서 마주하는 일련의 문제에 대해 경우에 따라서는 역사적 변천의 각도에서 분석할 필요가 있고, 또 역사적 변천의 고찰은 정확하게 기술하는 기초 위에서 진행되어야 하기 때문이다. 둘째, 기술언어학은 '시대 구분'의 기반 위에서 진행되어야 하는데 시대 구분에는 길고 짧음의 문제가 있다. 예전의 학자들은 '先秦'·'上古'와 같은 시대 구분 개념을 사용하길 원했지만, 이러한 개념은 분명 지나치게 긴 시간에 걸쳐 있다. 필자가 西周漢語 어법을 연구할 때에는, '西周'를 역사의 횡단면으로 삼는다. 그러나 '西周'라는 시대 또한 초기·중기·말기의 구분이 있으며 서로 다른 시기의 자료는 어법면에서 일정한 차이가 있게 마련이다. 이러한 차이 또한 역사적 변천 분석법을 사용해야 한다.

역사적 변천 분석법과 전면적인 정량 분석법은 결합될 수 있다. 양자를 서로 결합한 연구 방법에 대해, 唐鈺明은 '橫과 縱이 교차'하는 체계적인 연구 방법이라고 일컬은 바 있다. 여기서 '橫'은 공시적인 자료에 대해 체계적이고 전면적인 연구를 진행함을 가리키고, '縱'은 통시적인 자료에 대해 상하를 관통하는, 추적 방식의 연구를 진행함을 가리킨다. 唐鈺明은 이러한 연구 방법을 사용하여 '其'자와 '厥'자를 연구했다.[87] 그는 '其'자와 '厥'자는 본래 경계가 분명한 두 개의 단어, 즉 '其'자는 부사(副詞), '厥'자는 대사(代詞)의 서로 다른 단어였는데, 후대에 '其'자가 점차 '厥'을 대신하게 되었음을 발견했다. 그는 또한 도표를 사용하여 이러한 대체 과정을 제시했다. 이 연구 방법은 의심할 바 없이 과학적이며 정확하

---

87) 《中國語文》, 1991년 제4기.

므로 西周시대 어법의 역사적 변천을 연구할 때 그 응용 가치가 높다.

5) 변환 분석법

변환은 일종의 어법 분석 방법이다. 이는 주로 同義적인 구문(同義句式) 간의 관계 및 중의적인 구문(分化歧義句式)을 설명하는 데 사용된다. 현대한어를 연구할 때는 이 방법이 자주 사용되는데, 연구자가 스스로 예시문을 만들 수 있어 매우 편리하기 때문이다. 하지만 이 방법으로 고대한어를 연구할 경우에는 일정한 한계가 있다. 현대 사람들은 고대한어 문장을 스스로 만들 수 없기 때문이다. 비록 그렇다 하더라도 여전히 일부 학자들은 이 방법을 사용해 고대한어 구문을 연구한다. 가령 唐鈺明의 〈古漢語被動式變換擧例〉[88]는 이 방법으로 연구한 것이다. 그는 때로 예시를 들어 능동문(主動句)과 의미상피동문(意念被動句) 사이에 변환 관계가 존재함을 설명하기도 했다. 두 가지를 예를 들면 다음과 같다. (1) 王姒賜保侃母貝('保侃母壺')(王姒가 保侃母에게 貝를 하사하다) = 保侃母賜貝於庚宮('保侃母簋')(保侃母가 庚宮에 의해 貝를 하사받다) (2) 帝乃錫禹玄圭(《史記·夏本紀》) (帝가 禹에게 玄圭를 하사했다) = 禹錫玄圭(《尚書·禹貢》) (禹가 玄圭를 하사받았다). 때로는 의미상피동문(意念被動句)과 피동문 사이의 변환 관계를 예를 들어 설명하기도 했다. 예를 들면, 侯賜麥金('麥盃')(侯가 麥에게 金을 하사했다) = 麥賜赤金('麥鼎')(麥이 赤金을 하사받았다) = 麥賜金於辟侯('麥尊')(麥이 辟侯에게 金을 하사받았다). 변환 분석법은 唐鈺明이 한 것처럼, 구문 사이에 존재하는 변환 관계를 설명하는 데 사용되는 외에 고대한어에서 중의적인 구문을 설명하는 데에도 사용될 수 있다. 하나의 구절에 몇 가지 분석이나 몇 가지 다른 해석이 존재할 수 있는 경우, 변환 분석법을 활용하여 해당 문장과 변환 관계에 있는 문장으로부터 분석을 해낼 수 있다. 이렇게 하면 문제 해결에 도움이 된다.

6) 전래문헌과 출토문헌 허사(虛詞)의 대조 분석법

西周시대 전래문헌과 西周시대 출토문헌은 동일한 시기의 문헌이다. 그러나 문헌이 다르기 때문에 동일한 허사에 대해 다른 표기 방식이 있을 수 있다. 이때 두 종류의 문헌에

---

88) 《古漢語研究》, 1988년 제1기.

있는 허사를 상호 비교하면 다르게 표기된 허사의 동일성을 발견할 수 있다. 가령 裘錫圭는〈說金文"引"字的虛詞用法〉[89]에서, 金文 가운데 일종의 허사 용법에 해당하는 '引'자를 열거했다. 예를 들어, "'師𩰚鼎'의 "用乃孔德, ■純乃用心, 引正厥辟安德(그대의 아름다운 덕을 갖추고, 그대를 경건하게 하는 데 마음을 다하며, 또한 그대의 군주를 바로잡아 덕을 즐기게 하라)"(《文物》1975년, 61쪽 그림3 참조)[90] 毛公鼎의 "丕顯文武, 皇天引厭厥德(참으로 英明하신 문왕 무왕이여, 하늘도 그 덕을 흡족해하셨다.)"… 등이다." 이에 대해 裘錫圭는, 이러한 용법의 '引'은 사실 《尙書》 등 문헌에서 '矧'으로 기록된 것과 동일한 단어라고 지적했다. 한편, 張玉金은〈〈詩經〉〈尙書〉中"誕"字的研究〉[91]라는 논문에서 金文 중의 허사 용법 '延'이 실제로는 《詩》·《書》 중의 동일한 용법 '誕'자와 동일한 단어의 다른 표기 형식임을 증명했다.

7) 동근어(同源詞)를 연계하여 분석을 진행하는 방법

이 분석 방법은, 특정 허사를 연구하고자 할 때 해당 허사와 동일기원 관계에 있는 단어를 연계하여 그들 사이의 공통된 의미를 고찰하는 것이다. 이렇게 하면 해당 허사의 기본 의미를 정확하게 파악하는 데 상당한 도움이 된다. 예컨대, 高島謙一은 金文의 '眔'(*dəp)자를 연구할 때 執(*tjəp)·疊(*diəp)·拾(*diəp)·踏(*thəp) 등의 동근어를 연계하였는데, 이 단어들은 음이 서로 비슷할 뿐만 아니라 '연계하다, 함께 두다'라는 공통된 의미를 갖고 있는 것이다. 이에 의거하여 그는, '眔'의 핵심 의미가 '及(미치다), 到(이르다)'가 아니라 '연합하다', ' ⋯⋯ 와 같이'라는 결론을 도출했다.[92]

---

89) 《古漢語硏究》, 1988년 제1기.

90) [역주] '口'는 현재 많은 학자들이 '璱'으로 보고 있으며, 원서에는 '引正' 뒤의 글자가 '厥'로 표기되어 있으나, '乃'로 바로 잡는다. 끊어 읽기는 원서에서 裘錫圭의 견해를 따라 위와 같이 제시하였으나, '用乃孔德璱(遜)屯(純), 乃用心引正乃辟安德'으로 끊어 읽는 견해도 다수이다. 해석은 위와 같이 끊어 읽기를 한 학자 중 于豪亮(〈陝西省扶風縣强家村出土虢季家族銅器銘文考釋〉,《于豪亮學術文存》, 1985年, 9쪽과 李學勤(〈師𩰚鼎利義〉,《新出靑銅器硏究》, 文物出版社, 1990年, 95쪽)의 의견을 참고하였다.

91) 《古漢語硏究》, 1994년 제3기.

92) 《古籍整理硏究學刊》, 2002년 제1기.

8) 티베트어(藏語)를 연계하여 분석을 진행하는 방법

漢語와 티베트어는 기원을 같이하여 공통된 원시 모어(母語)를 지닌다. 이러한 까닭에 고대한어, 특히 西周漢語를 연구할 때 티베트어를 연계하여 분석을 진행하는 것은 의심할 나위 없이 과학적인 방법이다. 예를 들어, 俞敏은 원시한어(遠古漢語)가 중국-티베트어족의 기타 언어와 유사해서 대사(代詞) 목적어뿐만 아니라 모든 목적어가 애초에 동사 앞에 놓일 수 있다고 지적했다.[93] 俞敏은 또한 《詩經》에 등장하는 '彼其之子'(및 그 變體인 '彼己之子')의 '彼其'를 티베트어의 'p'agi'와 상호 비교하여, 周나라 사람들이 '彼其'를 하나의 단위로 파악했으며 '彼其之子'가 티베트어의 'p'agi mi adi'(그 사람)에 해당한다고 추정했다.[94] 티베트어를 연계하였기에 俞敏의 관점은 참신성과 신뢰성을 지니게 되었다.

이상의 내용을 통해 기존에 西周漢語 어법을 연구할 때 사용되던 방법들이 다양했으며, 그 중 일부는 매우 과학적이었음을 알 수 있다.

5 西周漢語 어법학의 전망

앞으로의 西周漢語 어법 연구를 전망하기 위해서는 다음의 몇 가지 작업이 필요할 것이다.

1) 西周漢語 어법연구 자료에 대한 선별 작업을 잘 해야 한다.

西周漢語 어법 연구는 일종의 단일시기 記述연구이다. 이러한 연구를 진행할 때의 기본 전제는 바로 어법연구 자료의 선별이다. 西周漢語 어법 연구 자료는 크게 전래문헌과 출토 문헌 두 유형으로 나뉘며 두 유형은 모두 일련의 구체적인 문헌을 포괄한다. 자료의 선별은 매우 중요한 기초 작업으로, 이 작업을 제대로 수행하지 못하면 그 다음 작업도 의미를 잃게 된다. 자료를 선별할 때는 선별한 자료가 분명 西周시대 것인지에 주의를 기울여야 하며 다른 시대의 자료를 포함해서는 안 된다. 뿐만 아니라 선별한 자료는 西周시대 당시의 진본 문헌이어야 하며 후대 사람들의 고쳐 쓰는 과정을 거쳐 후대의 언어 성분이 첨가된 것이어서는 안 된다. 자료 선별 작업은 말로는 쉬워도 실제 수행 과정이 녹녹치 않은데,

---

93) 《語言研究》, 1981년, 창간호.
94) 《燕京學報》 VO1 37, 75-94쪽, 1949년.

그것은 기존 학자들이 이 문제에 대해 일찍이 논의한 바가 있다 해도 의견들이 자못 상이하기 때문이다. 이러한 상황에서는 결국 연구자 개인이 판단을 내려야 한다. 다만, 개인의 판단은 주관성을 지닐 수 있으므로 만약 근거가 없다면 설득력을 확보하기 어렵다. 그런데 다행히도 출토문헌의 시대는 상대적으로 확정하기가 쉬워서 이 기준점이 설정되면 전래문헌의 시대에 대해서도 결론을 내릴 수 있게 된다.

2) 선별한 西周漢語 어법 연구 자료에 대해 정리 작업을 잘 해야 한다.

西周시대 전래문헌에 대해 신중한 교감 작업을 해야 한다. 학계의 관련 연구 성과를 수용할 때는 西周시대 전래문헌의 오자·脫文·衍文들을 모두 교감해야 하며 錯簡이 있는 곳에 대해서도 특히 주의해야 한다. 일부 전래문헌(가령 《周易》)은 새로 출토된 텍스트가 있어서, 이 텍스트로 전래문헌 텍스트를 교감하면 그 안의 오류를 가장 낮은 수준으로 낮출 수 있다. 교감한 다음에는 우수한 주석본을 참고하여 문헌내의 각 문장들이 지닌 함의를 파악해야 한다. 西周시대 전래문헌에 대해서는 기존에 많은 학자들이 주석을 한 바 있다. 그런데 주석한 학자에 따라 의미에 대한 해석도 종종 차이가 발생하게 된다. 이 경우에는 취사선택을 잘 해야 하는데, 서로 다른 견해 가운데 과학적인 견해를 선별해야 하고, 때로는 자신의 견해를 갖고 있어야 한다. 특히 金文 등의 西周시대 출토문헌은 탁본에 의거해 정확하게 문자 고증을 해야 한다. 출토문헌은 전래문헌에 비해 뛰어난 부분이 있다. 바로 출토문헌은, 전래문헌과 달리 전승 과정에서 발생하는 오류들이 없다는 점이다(물론 출토문헌의 탁본도 殘缺 문자나 字跡이 모호한 부분은 있다). 그러나 출토문헌에도 문자에 대한 고증·분석상의 어려움이 있다. 다행히도 고문자학계에서 이미 이 방면에 대해 많은 연구를 진행하여, 그 성과를 충분히 흡수할 수 있게 되었다. 고문자학 전문가들은 출토문헌에 대해 문자의 고증·분석 연구뿐 아니라 어구의 전체 독해 연구도 진행하였고, 이는 우리가 어법을 연구하는 데 지대한 편의를 제공해준다. 그렇지만 동일한 한 편의 銘文에 대해 학자들 간에 종종 다른 해석을 내는 경우가 있다. 즉, 문장의 고증·분석상에 이견이 발생하거나 어구의 전체 해독이 불일치하기도 한다. 이때에는 어법 연구자 자신이 선택을 해야 한다. 분분한 견해 가운데 선택을 한다는 것은 쉬운 일이 아니다. 때로는 연구자가 기존의 각종 견해들이 만족할 정도가 아니라고 느낄 수도 있는데, 이때는 연구자가 자신의 견해를 내세워야 한다. 자료 정리 작업에는 이와 같은 각종의 어려움이 도사리고 있다. 그러나 아무리 큰 어려움을 만난다 하더라도 반드시 잘 수행해야 어법 연구를 진행할 수 있다. 특히 오늘날에는 이를 잘 수행할 수 있는 각종의 조건이 잘 갖추어져 있으니 이들을 잘 활용하여 수행해야 한다. 만약 이를 잘 수행하지 못한다면 어법 연구를 논할 방도가 없다.

3) 선진적인 어법학 이론과 방법론을 적용하여 연구를 진행해야 한다.

세계 어법학은 끊임없이 발전하고 있어서 새로운 이론과 학설이 계속해서 등장하고 있다. 고대한어 어법을 연구하는 사람은 세계 어법학의 발전에 발맞추어 나가면서 과학적이고도 漢語에 적합한 이론과 방법론을 도입해 적절하게 적용해야 한다. 또한 현대한어 어법학의 발전에도 관심을 기울여야 한다. 현대한어 어법학 연구는 자료면에서는 큰 어려움이 없는 까닭에 연구 이론과 방법상의 새로운 변화를 중시한다. 중국의 현대어법 전문가들은 한편으로는 세계 어법학 연구의 새로운 성과를 적극 흡수하고 다른 한편으로는 漢語의 실제에 의거해서 끊임없이 새로운 견해를 제기하고 있다. 우리는 특히 현대한어 어법학의 발전에 주의를 기울여서 그 중 선진적인 이론과 방법론을 도입해야 한다. 이는 두 측면에서 매우 중요한 의미를 지닌다. 한 측면은 현대한어 어법학자들의 새로운 이론·방법의 도입과 새로운 성과의 제출이 참고할 만한 가치가 있기 때문이다. 이는 우리를 위해 기초 작업을 해준 것으로 고대한어 어법 연구에 시간을 절약하게 해준다. 다른 한 측면은 上古漢語와 현대한어 사이에 시대적인 차이가 있기는 하지만, 결국은 동일한 언어이기 때문이다. 현대한어 어법을 연구할 때 사용된 이론과 방법론이, 실천·적용 과정에서 유효하다고 판명되면, 고대한어를 연구하는 데 있어서도 충분히 유효할 수 있다. 이전에 일부 학자들이 상고한어를 연구할 때 이미 이러한 연구 방법을 사용한 바 있다. 이 방법 가운데 일부는 보완을 거쳐 아직까지 활용할 수 있다.

4) 西周漢語 어법에 대해 共時적인 전문 주제 연구를 진행한다.

앞에서 언급했듯이 西周漢語 어법을 연구하는 것은 사실 西周시대를 하나의 역사 횡단면으로 삼아 기술 연구를 진행하는 것이다. 이러한 연구는 共時적인 것으로, 이때 서주시대의 품사 체계, 서주시대의 구문 체계, 서주시대 문장의 유형 체계 등, 적잖은 과제들이 우리 앞에 놓이게 된다. 이러한 공시적 성격의 전문 주제에 대한 연구는, 西周漢語 어법학을 연구하는 데 필수적인 부분이자 중요 구성 부분이라 할 수 있다. 뿐만 아니라 이것은 漢語 어법학사 연구에 중요한 기초를 다지는 일이기도 하다. 공시적인 전문 주제 연구를 진행할 때, 적잖은 난제를 마주할 수 있다. 이에 대해 하나하나 검토하고 해결해 나간다면 한어 어법학의 발전을 크게 촉진할 수 있을 것이다.

5) 필요한 통시적 고찰을 진행한다.

이는 두 가지 방면의 함의를 지닌다. 첫 번째 함의는 다음과 같다. 비록 연구 대상이 西周시대 한어 어법이지만, 이에 대해 명확히 파악하기 위해서는 위아래로 연계하지 않을 수 없다. 먼저, 위로는 殷商시대 한어 어법과 연계해야 한다. 殷商시대 한어 어법과 서주시대 한어 어법의 관계는 비교적 복잡하여, 양자의 차이는 시간적인 요소 외에 지역적인 요소가 있을 수 있다. 그러나 어쨌든 殷商시대 한어 어법이 서주시대 한어 어법의 원류가 되기 때문에 서주시대 한어를 고찰할 때, 원류를 탐구하는 일은 의심할 나위 없이 반드시 필요하다. 그 다음 아래로는 春秋戰國시대 한어 어법과 연계해야 한다. 春秋戰國시대 한어 어법은 서주시대 한어 어법을 원류로 삼는다. 만일 서주시대 한어 어법 내에서 명확하지 않은 것이 있는 경우 아래로 내려가면서 탐구하여 그 흐름을 살펴본다면 때로 계발되는 바가 있어 의외의 효과를 거둘 수 있다. 두 번째 함의는 다음과 같다. 서주시대도 기간이 비교적 길어서 西周시대를 초기·중기·말기 세 단계로 나누어 서로 다른 세 시기간의 변화를 살펴볼 수 있다. 西周 漢語 어법을 연구할 때 그 중심은 일종의 공시적 기술 연구이긴 하지만 필요한 통시적 연구도 진행해야 한다. 일부 어법 현상은 서주시대 안에서도 통시적 변화가 발생하기 때문에 만약 통시적 연구를 진행하지 않는다면 어법 규칙을 제시할 수 없다. 이러한 까닭에 공시적 기술 연구와 통시적 변천 연구를 결합하되 공시적 기술 연구를 중심으로 삼아야 한다.

마지막으로, 앞 사람들이 이미 이 영역에서 수많은 연구를 진행했으며 적잖은 연구 성과를 제기했다는 점을 짚어두고자 한다. 이러한 연구 성과를 잘 계승한 뒤에야 서주한어 어법 연구는 앞으로 발전할 수 있다. 업적을 이룬 앞 사람들의 어깨 위에 섬으로써 보다 훌륭한 업적을 이루어 낼 수 있으리라 기대한다.

제2장

서주한어 실사

본장에서는 주로 西周漢語의 실사(實詞)에 대해 논의한다. 이른바 실사란 문장성분(句子成分)이 될 수 있는, 비교적 실질적인 의미가 있는 품사를 가리키며, 명사, 동사, 형용사, 수사, 양사, 대사, 부사, 감탄사 등을 포함한다.

제1절 서주한어 명사

명사는 사람, 사물, 처소, 방위, 시간 등을 나타내는 단어이다. 서주한어에는 많은 명사가 존재한다.

1 명사의 종류

1) 인칭명사(稱人名詞)

사람을 나타낸다. 인칭명사는 아래의 두 종류로 세분할 수 있다.

① 보통인칭명사(普通稱人名詞) : 예를 들면, '小子', '人鬲', '工師', '士', '下民', '大夫', '大史', '大保'등이다.[1]

② 고유인칭명사(專有稱人名詞) : 예를 들면, '周穆王', '明保', '賢' 등이다. 서주한어에서 고유인칭명사는 대부분이 '夫'와 같은 단음절이다. 때때로 '小子夫'처럼 인명 앞에 관직명이나 작위명이 오기도 한다.

2) 사물명사(指物名詞)

사물을 나타낸다. 예를 들면, '弓', '木枋', '牛', '毛', '手', '斤', '水' 등이다. 사물명사 또한 두 종류로 나눌 수 있다.
　① 구체적인 사물 : 예를 들어, '冊', '典', '庭' 등.
　② 추상적인 사물 : 예를 들어, '命', '服', '德' 등.

3) 처소명사(處所名詞)

처소를 나타낸다. 처소명사도 두 종류로 나눌 수 있다.
　① 보통처소명사(普通處所名詞) : 예를 들어, '中廷', '內國', '公室', '西宮', '宅邑', '宗' 등.
　② 고유처소명사(專有處所名詞) : 예를 들어, '宗周', '師錄宮', '鎬京', '康宮', '康寢', '康 昭宮', '康穆宮' 등.

4) 방위명사(方位名詞)

방위를 나타낸다. 두 종류로 나눌 수 있다.
　① 단음절 : 예를 들어, '東', '西', '南', '北', '逆', '中', '上', '下', '內', '外', '左', '右' 등.
　② 다음절 : 이때는 모두 복합사이다. 예를 들어 '左右', '上下', '西南', '東北' 등.

5) 시간명사(時間名詞)

시간을 나타낸다. '年', '月', '日', '時', '哉生魄', '初吉', '既望', '既生霸', '既死霸' 등.[2]

---

1) [역주] 人鬲은 '노예', 工師는 '목수', 下民은 '백성'을 의미한다.

2 명사의 어법특징(語法特徵)

명사는 어법적으로 두 가지 방면에서 중요한 특징을 가진다.

1) 결합능력(組合能力) 방면의 특징

명사는 수사 혹은 수량사의 수식을 받으나, 부정부사의 수식을 받지 않는다.

  (1) 隹七年十月既生霸, 王在周般宮.(《七年趞曹鼎銘》) 칠년 시월 既生霸 때에 왕께서 宗周의 般宮에 계셨다.

  (2) 易朱市(紱)、悤黃(衡) …… 二鈴.(《番生簋銘》) 붉은색의 蔽膝, 푸른색의 腰帶 …… 銅鈴 두 개를 하사하셨다.

  (3) 賜汝弓一、矢束、臣五家、田十田, 用從乃事.(《不其簋銘》) 그대에게 활 하나, 화살 한 束, 노예 다섯 가구, 경작지 십 田을 하사하노니, 그대의 직책에 충성하여라.

  (4) 蘇賓章、馬四匹、吉金,³⁾ 用作將⁴⁾彝.(《史頌鼎銘》) 蘇가 玉璋, 말 네 필, 질 좋은 銅을 史頌에게 주었다. 이에 (이를 기념하고자)肆祭⁵⁾에 사용될 祭器를 제작하였다.

명사는 부정부사의 수식을 받지 않는다. 만약 부정부사의 수식을 받는다면, 그 명사는 이미 성질이 바뀌었거나, 용언(謂詞)으로 활용(活用), 혹은 겸류사(兼類詞)로 바뀐 것이다.

  (1) 皇天引厭厥德, 配我有周⁶⁾, 膺受大命, 率懷不廷方.(《毛公鼎銘》) 하늘은 그(文王과 武王의) 덕을 흡족해 하사 우리 주나라를 天命에 합한 나라로 세우셨고 (문왕과 무왕께서는)천명을 받아 朝見하러 오지 않는 方國들을 회유하셨다.

---

2) [역주] '哉生魄(음력 매월 16일)', '初吉(음력 초하루)', '既望(음력 15일)', '既生霸(음력 8, 9일에서 14, 15일 사이)', '既死霸(음력 23, 23일에서 월말 사이)'

3) [역주] 원서에서는 '吉金' 뒤에 모점(、)을 표시했으나, 문장의 의미상 쉼표(,)가 되어야 하므로 수정하여 제시한다.

4) [역주] '將'으로 표기된 글자는 정확하게는 '𤔲'이나, 여기서는 원서의 자형을 따르기로 하겠다.

5) [역주] '肆祭'는 희생물을 해체하여 올리는 제사를 뜻한다.

6) [역주] '配我有周'에 대한 해석에 관해서는 徐難于(《𤔲公盨銘: "乃自作配鄉 民"淺釋》, 《中華文化論壇》, 2006年 第2期, 21쪽), 陳英傑(《西周金文作器用途銘辭研究》(上), 線裝書局, 2008年, 496-497쪽), 洪家義(《金文選注釋》, 江蘇敎育出版社, 1988年, 459쪽)의 의견을 참고하였다.

(2) 生芻一束, 其人如玉. *毋金玉爾音, 而有遐心.*(《詩經·小雅·白駒》) 꼴 한 다발을 주노니, 옥처럼 아름다운 사람이여! 당신의 소식을 아껴서(금옥으로 여겨) 나를 멀리 하는 마음 갖지 마소서[7]

2) 통사기능(句法功能) 방면의 특징

명사는 주어, 목적어가 될 수 있다.

(1) 乙亥, 王誥畢公, 乃賜史䀠貝十朋, 䀠由[8]于彝, 其于之[9]朝夕監.(《史䀠簋銘》) 乙亥일에 왕께서 畢公을 훈계하시고, 史䀠에게 貝 십 朋을 하사하셨다. 史䀠은 이 일을 彝器에 기록하고 여기에서 아침저녁으로 살펴 면려할 것이다.

(2) 包無魚.(《周易·姤卦》) 부엌에 고기가 없다.

명사는 또한 종종 전치사의 목적어가 된다. 위에서 예(1)의 '彝'는 바로 전치사 '于'의 목적어이다.

3 명사의 통사기능(句法功能)

명사의 통사기능은 두 가지 방면으로 설명할 수 있다.

1) 명사는 절(小句)에서 문장성분이 된다.

위에서 언급했듯이, 명사는 절에서 주어, 목적어, 전치사의 목적어가 될 수 있다. 이외에 명사는 아래의 기능을 가진다.

---

7) [역주] 여기서 '金玉'은 명사이나 '금옥처럼 아끼다'로 동사로 활용되었다.
8) [역주] 이 글자는 '由', '召', '占', '古' 등으로 考釋하는 견해가 있으며, 원서에서도 '由', '召', '占'을 혼용하고 있다.
9) [역주] 제5장 제4절의 동일 예문에서는 '于之'를 처소를 나타내는 전치사구로 보고 있으며, '이로써, 이 일로써'로 해석하는 견해도 있다.

① 관형어(定語)로, 소유, 재료 혹은 속성을 나타낸다.

    (1) 朕辟天子, 櫨[10]伯命厥臣獻金車, 對朕辟休, 作朕文考光父乙, 十世不忘. 獻身在畢公家, 受天子休.(《獻簋銘》) 나의 군주이신 天子와 櫨伯께서 그 신하인 獻에게 銅車를 하사하셨으니, 나의 군주의 은덕을 찬양하고, 文德을 겸비한 나의 先父이신 영화로운 父乙을 위한 祭器를 제작하노라. 獻이 畢公의 가문에 있던 것과 천자의 은덕을 입었음을 십대 동안 잊지 않겠노라.

② 부사어(狀語)로, 방식, 시간, 처소, 방위 등을 나타낸다.

    (1) 王乎内史尹[11]冊令師兌疋師龢父司左右走馬、五邑走馬.(《師兌簋銘》) 왕께서 内史 尹을 불러 策命書로써 師兌가 師龢父를 보좌하여 左右走馬와 五邑走馬를 관리하도록 명령을 내리게 하셨다.

    (2) 頌其萬年無疆, 日揚[12]天子顯[13]令.(《史頌簋銘》) 頌은 만년토록 영원할 것이며, 천자의 빛나는 명령을 매일 찬양할 것이다.

    (3) 唯武王旣克大邑商, 則廷[14]告于天.(《何尊銘》) 武王께서 商을 이기신 후, 中庭에서 上帝께 아뢰었다.

    (4) 王令吳白曰: 以乃師左比毛父.(《班簋銘》) 왕께서 吳伯에게 명령하여 말씀하시길 "그대의 군대를 이끌고 좌측에서 毛父를 도와주라"고 하셨다.

주의할 점은 인칭명사, 사물명사는 단지 소수만이 부사어가 되지만, 처소명사, 방위명사는 부사어에 충당되는 능력이 비교적 강하며, 더욱이 시간명사는 부사어가 되는 것이 그 기본적인 기능이다. 서주한어에서는 단일한 시간명사이든 아니면 시간명사구든 종종 문두에서 부사어가 된다.

    (1) 甲戌, 王令毛伯虜虢成公服, 粤王立(位).(《班簋銘》) 甲戌일에 왕께서 毛伯에게 명령하시어 虢城公의 직무를 이어받아 왕위를 보위하게 하셨다.

---

10) [역주] 이 글자의 원래 자형을 隸定하면 '櫨'로, 일반적으로는 '楷'로 본다.
11) [역주] 원서에서는 '尹'이 누락되었으므로 보충하였다.
12) [역주] '揚'의 원래 자형은 '遷'으로, '揚' 외에 '匡', '臧', '將', '迓', '遹', '肆'로 읽는 견해도 있다.
13) [역주] '顯'의 원래 자형은 '親'으로, '顯' 외에 '頟', '睍', '耿', '景'의 의미로 해석하는 의견도 있다.
14) [역주] 원서에서는 '廷'을 장소를 나타낸다고 보지만, '侹'으로 읽고 '敬'의 의미로 해석하거나 '筳'으로 읽고 대나무를 쪼개 점을 친다는 뜻으로 풀이하거나 혹은 '歸'의 뜻으로 보는 견해 등도 있다.

(2) 隹(唯)__九月既望庚寅__, 櫨[15]白(伯)于遘王休[16], 亡尤.《獻簋銘》 구월 既望 때 庚寅일에 櫨伯께서 가서 왕을 알현했는데, (行禮에 있어서)훌륭하였도다! 실수가 없었도다.

③ 위어(謂語)로, 분류, 특성 등을 나타낸다.

(1) 女(汝)有隹(唯)__小子__, 余令女死我家, 幷[17]司我西扁(偏)東扁(偏)僕馭百工牧臣妾, 東裁內外, 毋敢否善.《師獸簋銘》 비록 그대가 젊으나 나는 그대가 우리 집안일을 주관하고, 동쪽 교외(王畿의 동쪽)와 서쪽 교외(王畿의 서쪽)의 마부 노예·각종 匠人·牧人·남녀 노예를 함께 관리하며, 안팎의 일을 감독하고 결정하는 것을 명하노니, 실수가 있어서는 안 될 것이다.

(2) 巳! 汝惟__小子__, 乃服惟弘王.《尙書·康誥》 아! 그대는 소자로다, 너의 일은 임금이 덕을 넓게 하는 것이다.

(3) 瑚生則__堇圭__[18].《五年瑚生簋銘》 瑚生은 알현할 때 사용하는 圭를 바쳤다.

④ 겸어(兼語)로, 인물을 나타낸다.

겸어가 되는 명사는 일반적으로 인칭명사에 의해 충당된다.

(1) 武王則令__周公__舍宇, 于周卑處.[19]《史墻盤銘》 무왕께서는 이에 주공에게 명령하셔서 烈祖에게 거처를 주어 주나라에 살게 하셨다.

(2) 王乎(呼)__尹氏__冊令師馘.《師馘簋銘》 왕께서 尹氏를 불러 策命書로써 師馘에게 명령을 하

---

15) [역주] 이 글자의 원래 자형을 隸定하면 '櫨'로, 일반적으로는 '楷'로 본다.
16) [역주] 원서에서와 같이 '櫨白(伯)于遘王休, 亡尤'로 끊어 읽는 견해도 있으나, '櫨白(伯)于遘王, 休亡尤'로 보는 의견이 다수이며, 여기서는 후자를 따랐다.
17) [역주] 이 글자의 원래 자형은 '𪓙'으로, '幷'으로 보는 견해 외에도 '繼', '畯', '駿', '姘', '㣇', '攝', '攀', '纘' 등으로 考釋하는 견해도 있다.
18) [역주] '堇'을 '覲'으로 읽어서 '堇(覲)圭'를 알현 용도의 圭로 보는 견해도 있지만, '堇'을 '瑾'으로 읽어 '堇(瑾)圭'를 아름다운 옥으로 만든 圭로 해석하기도 한다.
19) [역주] 원서에는 '武王則令周公舍宇于周, 卑處甬'으로 제시되어 있으나, 동일 예문을 제2장 제4절에서는 '武王則令周公舍宇, 于周卑處'로 읽고, 제7장 제3절에서는 '武王則令周公舍宇于周'로 끊어 읽고 있다. 이 문장의 끊어 읽기와 관련해서는 역대로 네 가지 정도의 의견이 제시되었으나, 유사한 구문이 보이는 㝬鐘 명문과 史墻盤 명문 전체의 내용과 구조로 볼 때, '甬'은 뒷구문에 붙여 읽는 것이 자연스러우며, 여기서는 '武王則令周公舍宇, 于周卑處'의 독법을 채택해 원래 예문을 수정하여 제시한다.

달하게 하셨다.

(3) 天乃大命<u>文王</u>殪戎殷, 誕受厥命越厥邦厥民.(《尙書·康誥》) 하늘이 이에 문왕을 크게 명하여 강성한 은나라를 쳐서 멸망하게 하셨다. 그 명을 크게 받으시니 그 나라와 백성들은 질서가 잡혔다.

(4) 王命<u>作冊逸</u>祝冊, 惟告周公其後.(《尙書·洛誥》) 왕이 作冊인 逸에게 명령하여 축문을 책에 기록하였는데, 주공이 뒤에 남아 낙읍을 다스릴 것을 고하였다.

2) 명사는 단독으로 절이 된다.

서주한어에서 일부 명사들은 특수한 어기를 가지고 명사성비주위문(名詞性非主謂句)을 이룬다.

(1) 王若曰: <u>頌</u>!(《頌簋銘》) 왕께서 이렇게 말씀하셨다. "頌이여!"

(2) 王曰: 嗚呼, <u>公</u>!(《逸周書·祭公解》) 왕이 말했다. "아! 공이여!"

(3) 乃子作父辛寶尊彝. <u>先冊</u>[20].(《乃子作父辛甗銘》) 乃子가 先父이신 辛께 제사를 올리는 데 사용할 귀중한 祭器를 先冊이 제작하였다.

(4) <u>蒙</u>.(《周易·蒙卦》) 몽매함이다.

4 다른 품사에서 명사로의 전환

일부 단어는 원래 명사가 아니었지만, 뒤에 의미가 바뀌면서 동시에 품사도 명사로 바뀌었다. 예를 들어 '明'자는 자형의 구조로 볼 때, 당연히 형용사이며, 의미는 '밝다(明亮)'가 된다. 하지만 후에 의미가 '낮(白天)'으로 바뀌면서 품사 또한 명사로 바뀌게 되었다. '明'과 같은 단어를 일반적으로 겸류사(兼類詞)라고 부른다. 그러면 어떻게 하나의 단어가 다른 품사에서 명사로 바뀌었는지 단정할 수 있을까? 여기에는 3가지 조건을 만족해야 한다. 첫째, 의미의 변화가 있어야 한다. 예를 들어, 어떤 단어의 원래 품사가 형용사나 동사였다면, 지칭화(指稱化), 특히 변환지시(轉指)화하여 의미가 변해야 한다. 이러한 의미의 변화는 사전상에 보통 반영이 되어 있다. 즉, 변화한 후의 의미가 이미 하나의 의미항목으로 세워진 것이다.

---

20) [역주] 族名이다.

둘째 어법특징에 있어, 이미 명사의 어법 특징을 구비해야 한다. 예를 들어, '밝다'의 '明'은 일반적으로 형용사의 어법특징을 나타내지만 '낮' 의미의 '明'은 명사의 어법특징을 나타낸다. 셋째, 의미상의 지칭화, 어법특징에서의 명사화가 이미 자주 발생하여 고정된 것이어야 하며, 임시적 현상이 아니어야 한다. 즉, '특정의미(言語義)'에서 '일반의미(語言義)'로의 변화가 일어남을 말한다. 그러면, 그 전환이 이미 자주 일어나 고정되었음을 어떻게 알 수 있을까? 이는 통계자료로 설명할 수 있다. 일반적으로 출현빈도가 5회에 이르면 전환이 이미 완성된 것으로 간주하며, 5회에 미치지 못하면 활용(活用)으로 간주할 수 있다.

1) 동사에서 명사로의 전환

하나의 단어가 원래 동사였다가 뒤에 명사로 전환된 경우이다. 예를 들어 '立'이 있다. '立'의 자형은 사람이 땅 위에 정면으로 서 있는 모습으로, 본의는 당연히 '서다(站立)'의 의미로, 동사이다. 서주 金文을 찾아보면, '서다'의 동사의미를 가진 '立'이 40회 출현한다.

> (1) 司土(徒)毛叔右此入門, 立中廷.(《此簋銘》) 司徒 毛叔이 此를 인도하여 문에 들어와 中廷에 섰다.
>
> (2) 井白(伯)入右趞曹, 立中廷.(《七年趞曹鼎銘》) 井伯이 들어와 趞曹를 인도한 후, 中廷에 섰다.

사람이 설 때는 항상 위치가 있다. 그래서 '立'은 파생하여 '자리(位)'의 의미를 가지게 되었다. 이러한 의미는 서주시대 이미 고정되어 '일반의미'가 되었으며, 품사 역시 명사가 되었다. 통계에 의하면, 이러한 '立'은 서주 금문에서 50여 차례 출현한다.

> (1) 榮伯右衛内(入), 即立.(《衛簋銘》) 榮伯이 衛를 인도한 후, 제자리에 섰다.
>
> (2) 死(尸)[21]母(毋)童(動)余一人在立.(《毛公鼎銘》) 영원히 나의 왕위가 흔들리지 않게 하라.

이러한 '立'자는 나중에 '位'로 표기하게 되었다.[22]

---

[21] [역주] '死(尸)'는 앞 구문에 붙여 읽는 견해도 있고, 원서와 같이 뒤 구문과 연결해서 보는 의견도 있다. 원서에서 제시한 바와 같이 뒤 구문에 붙여 읽을 경우, '항상', '영원히'와 같이 부사로 해석하거나 동사로 보아 '지키다'로 해석한다. 여기서는 전자의 견해를 따랐다.

2) 형용사에서 명사로 전환

어떤 단어가 본래 형용사였는데, 뒤에 명사로 전환한 경우이다. 서주 금문에서 '休'자가 이러하다. '休'는 원래 형용사로 '아름답다(美)', '선하다(善)'의 의미로, 서주 금문에서 아주 많이 보인다. 통계에 따르면, 출현 빈도가 40여 회에 이른다.

(1) 王令員執犬, 休善.(《員方鼎銘》) 왕께서 員에게 개를 관리하도록 명하셨는데, 員이 잘하였다.

(2) 休[23]王賜效父呂三, 用乍厥寶尊彝.(《效父簋銘》) 위대하신 왕께서 效父에게 鋁 세 덩이를 하사하시니 (이를 기념하고자) 이 귀중한 祭器를 제작하였다.

'休'는 서주시대 이미 명사로 전환하여 명사의 어법특징을 구비하였고, 의미도 지칭화하여 '아름다운 뜻(美意), 은택'이라는 의미를 나타내었다. 이러한 의미의 '休'는 서주 금문에서 더욱 자주 보이는데, 220여 차례나 출현한다.

(1) 余其敢對揚天子之休, 余用作朕文考大仲寶尊彝.(《羲駒尊銘》) 나는 삼가 천자의 은택을 찬양하며, 위대하신 先父 大仲께 제사를 올리는 데 사용할 귀중한 祭器를 제작하였다.

(2) 余其永萬年寶用, 子子孫孫其帥井(型)受茲休.(《象伯戒簋銘》) 나는 장차 영원히 만년토록 귀중하게 사용할 것이며, 자손들은 조상을 본받고 따라서 이 은택을 이어받을지어다.

5 명사의 활용(活用)

서주한어 명사의 활용(活用)을 논하기에 앞서, 명사 활용(活用)의 의미에 대해 알아야 한다. 먼저 짚고 넘어갈 것은 명사가 부사어, 관형어, 판단문의 위어(謂語)가 될 때는 결코 활용(活用)이 아니라는 것이다. 현재 고대한어 수업교재에서 명사의 활용에 대해 논의할 때, 종종 명사가 부사어로 쓰이는 경우를 포함하는데, 이는 잘못된 것이다. 위에서 서술한

---

22) [역주] '立'과 '位'의 파생관계에 대해 金理新(《上古漢語形態導論》 2021)에 의하면, 立(*rep), 位(*g-reps)로 각각 재구할 수 있다고 한다. 여기서 *-s접미사는 명사화표지로서 동사를 명사로 변화시킨다. 그렇게 동사 '立'은 '서다'의미에서 '자리'란 명사가 되었고 나중에 글자도 따로 '位'로 만들게 되었다.

23) [역주] '休'를 동사로 보아 '찬양하다'로 해석하는 의견도 있다.

바, 시간명사의 기본 기능 중 하나가 바로 부사어가 되는 것이며, (또 하나의 기본 기능은 관형어가 되는 것) 처소명사, 방위명사 또한 부사어가 되는 경우가 아주 많다. 따라서 시간명사, 처소명사, 방위명사가 부사어가 되는 경우는 활용(活用)으로 간주해서는 안 된다. 인칭명사, 사물명사가 부사어가 되는 경우도 활용(活用)으로 간주해서는 안 되는데, 이 두 명사류는 현대한어에서도 부사어가 될 수 있다.

(1) 要曆史地評價作家及其作品. 작가와 그 작품을 역사적으로 평가해야 한다.

(2) 他本科畢業. 그는 학부를 졸업했다.

고대한어, 특히 서주한어에서는 전치사가 비교적 적기 때문에, 명사가 부사어가 되는 경우는 더욱 흔하다. 따라서 명사가 부사어가 됨은 마땅히 명사의 통사기능으로 보아야 한다 (하지만 명사의 어법특징은 아니다). 과거에 일부 어법학자들은 관형어가 되는 명사는 이미 형용사로 전환한 것으로 여겼으나, 현재 절대다수의 학자들은 그렇게 보지 않는다. 상고한어에서는 판단동사(判斷動詞)가 없다(혹은 보통 판단동사가 필요치 않다고 말한다). 판단문의 위어는 일반적으로 명사, 혹은 명사성구(名詞性短語)로 충당된다. 심지어 판단문을 '명사위어문(名詞謂語句)'이라고 칭하기도 한다. 따라서 명사가 판단문의 위어가 될 때도 활용(活用)이 아니다.

그러면, 어떤 경우에 명사가 활용(活用)했다고 할 수 있을까? 다음의 세 가지 조건을 구비해야한다.[24] 첫째, 의미의 전환이다. 하나의 단어가 원래 명사이면, 그 의미는 '지칭(指稱)'이다. 하지만 특정한 전후문맥에서 그 의미가 '진술(陳述)'로 전환하는 경우가 있다. 간단히 말하자면, 명사의 의미가 진술화(陳述化)한 것이다. 둘째 용언(謂詞)의 어법 특징을 구비해야 한다(용언은 동사, 형용사를 포함한다). 셋째, 명사 의미의 진술화, 어법 기능상 용언화(謂詞化)는 모두 고정되고 자주 발생하는 것이 아닌 임시적인 것이어야 한다. 즉 '일반의미(語言義)'가 아닌 '특정의미(言語義)'인 것이다. 의미의 변화가 임시적이라는 것을 어떻게 알 수 있는가? 이 역시 통계에 의존해야 한다. 일반적으로, 하나의 명사가 우연히 용언의 어법 특징을 나타낸다면 이는 활용(活用)이다. 소위 우연이라는 것은 용언이 되는 횟수가 5회를 넘지 않음을 말한다.[25]

---

24) 세 가지 조건 가운데 앞의 두 가지는 명사의 겸류 현상과 동일하며, 나머지 하나는 명사의 겸류 현상과 다르다.

위에서 서술한 활용의 기준에 따라 서주한어 명사의 활용 유형에 대해 귀납하면 다음과 같다.

1) 명사가 일반동사로 활용

殷商시대에 명사의 일반동사 활용은 자주 보이지 않는다. 하지만 서주시대 이러한 현상은 증가하는데, 아래에 열거하는 것은 단지 일부분이다.

(1) 采菽采菽, 筐之筥之.(《詩經·小雅·采菽》) 콩을 따네. 콩을 따네. 모진 광주리 둥근 광주리에 담네.

(2) 篤公劉, 于豳斯館.(《詩經·大雅·公劉》) 후덕하신 공류, 豳 땅에 관사를 정하시어.

(3) 無妄之疾, 勿藥有喜.(《周易·無妄》) 무망의 병이니 약을 쓰지 않아도 기쁨이 있으리라.

(4) 武王乃手太白以麾諸侯, 諸侯畢拜, 遂揖之.(《逸周書·克殷解》) 무왕은 太白의 기를 손에 들고 제후들을 향해 흔들었고, 제후들이 예를 마치자 무왕이 읍으로써 답하였다.

(5) 皇天引厭厥德, 配我有周, 膺受大命, 率懷不廷方.(《毛公鼎銘》) 하늘은 그(文王과 武王의) 덕을 흡족해 하사 우리 주나라를 천명에 합한 나라로 세우셨고 (문왕과 무왕께서는)천명을 받아 朝見하러 오지 않는 方國들을 회유하셨다.

(6) 王令辟井侯出坏[26]侯于邢, 雩若二月[27]侯見于宗周, 亡尤.(《麥尊銘》) 왕께서 군주 邢侯에게 坏地를 떠나 邢地에서 제후가 되라고 명하셨다. 이월에 邢侯께서 宗周에 가서 왕을 알현하였는데, 실수가 없었다.

'筐'은 본래 명사이며, 의미는 '네모난 광주리'이다. 《詩經》에서 '筐'은 모두 7회 출현하며, 그 중 6회는 모두 명사이다. (1)의 '筐'은 동사로 쓰인 것이며, 의미는 '광주리에 담다(以筐盛)'이다. 이러한 용법의 '筐'은 《詩經》에서 단지 1회 출현하며, 기타 서주 문헌 중에도

---

25) 이것은 일반적인 경우이며, 통계 시에는 아주 많은 구체적 상황이 나올 수 있으니 마땅히 구별해서 처리해야 한다.

26) [역주] 이 글자의 원래 자형은 '𡉚'으로 학자에 따라 '坏', '坏' '砵'로 隷定하기도 하며, 제5장 제1절의 동일 예문에서는 '坏(坏)'로 표기하고 있다.

27) [역주] '二月'을 저자는 '元'으로 표기하였는데, 다수의 학자들이 '二月'로 보고 있으며, 저자 또한 동일 예문이 출현하는 다른 세 곳에서는 모두 '二月'로 쓰고 있으므로, 이곳의 '元' 역시 '二月'로 수정한다.

보이지 않는다. 따라서 활용(活用)으로 봄이 마땅하다. '筥'는 본래 명사로 '원형의 광주리'이다. 《詩經》에서 '筥'는 모두 3회 출현하며, 두 번은 명사로 사용되었다. 예(1)의 '筥'는 동사로 사용된 것인데, 의미는 '광주리에 담다(用筥盛)'이다. 이러한 용법의 '筥'는 서주시대 단 1회 밖에 없다. '館'도 본래 명사로, 의미는 숙소이다. 《詩經》에서 '館'은 모두 4회 출현하며, 그 중 3회는 명사용법이다. 예(2)에서 '館'은 동사로 쓰인 것인데, 의미는 '집을 짓다(建築房屋)'이다. 이러한 용법의 '館' 역시 1회 밖에 없다. '藥'은 본래 명사이나, 예(3)에서는 동사로 '약을 먹다(吃藥)'의 의미로 쓰였다. 서주시대 이러한 용법의 '藥'은 단지 1회이다. '手'는 본래 손의 모양으로 본의는 '사람의 손'이며, 명사이다. 서주 金文 중에 '手'는 20회 출현하는데, 모두 명사로 사용되었다. 예(4)에서 '手'는 동사용법으로, '손으로 들다(用手拿)'의 의미이다('太白'은 일종의 깃발 명이다). 이러한 동사용법의 '手'는 서주시대에 아주 드물어, 예(4) 외에 단지 아래의 예만이 있다.

> (예) 賓載手仇, 室人入又(《詩經·小雅·賓之初筵》) 손님이 손으로 술을 뜨니, 주인도 들어와 다시 더하네.[28]

'廷'은 본래 명사로 '朝廷'의 의미이며, 제왕이 정령을 내리고 조회를 받는 곳이다. 이러한 용법의 '廷'은 서주 금문에서 모두 50회 출현한다. 예(5)의 '廷'은 '不'의 수식을 받아 이미 동사로, '조정에서 조회하다(到朝來朝見)'의 의미이다. 이러한 용법의 '廷'은 아주 드물다. 서주 금문에 겨우 2회 보이니, 마땅히 활용으로 보아야 한다. '侯'도 본래 명사로, '제후' 혹은 관작의 명칭을 의미한다. 명사용법의 '侯'는 서주 금문에서 아주 흔하며 모두 150회 정도 출현한다. 하지만 예(6)에서 '侯'는 동사용법으로, 의미는 '후로 칭하다(稱侯)', '후가 되다(作侯)'의 의미이다. 이러한 '侯'는 아주 드물며, 서주 금문에서 겨우 3차례 보인다. 따라서 마땅히 활용으로 보아야 한다. 서주시대 명사에서 동사로의 활용 현상은 비교적 자주 발생하는데, 위의 예들은 단지 일부에 불과하다.

2) 명사의 의동(意動)용법

殷商시대에 이미 명사의 의동용법이 보인다. 서주시대에 와서도 여전히 이러한 예가 있

---

28) [역주] '仇'는 '斛(구)'와 같으며, '뜨다'의 의미이다.

지만 자주 보이지는 않는다.

(1) 時邁其邦, 昊天其子之.(《詩經·周頌·時邁》) 때에 맞게 나라를 순행하네, 하늘이 나를 아들로 여기실까?

(2) 契契寤歎, 哀我憚人. 薪是穫薪, 尚可載也.(《詩經·小雅·大東》) 근심, 걱정에 자다 깨어 탄식하노니, 슬프도다! 우리 수고로운 백성들. 마른나무를 땔나무로 여긴다면 실어 갈 수 있겠네.[29]

(3) 毋金玉爾音, 而有遐心.(《詩經·小雅·白駒》) 당신의 소식을 아껴서(금옥으로 여겨) 나를 멀리하는 마음 갖지 마소서.

예(1)에서 '時邁其邦'의 의미는 '그 나라를 순시하다'이다. '昊天其子之'는 '하늘이 나를 아들로 여긴다'의 의미이다. 여기서 '子'는 분명한 의동용법이다. '子之'는 '以之爲子'로, '나를 아들로 여긴다'의 의미이다. 이러한 용법의 '子'는 《詩經》 중에 단지 1회이다. '子'는 본래 명사로 '아들(兒子)' '아이(孩子)'의 의미이며 이러한 '子'는 《詩經》에 아주 자주 보인다. 예(2)의 첫 번째 '薪'은 의동으로 쓰였으며, 의미는 '~를 땔나무로 여기다'이다. '薪是穫薪, 尙可載也'의 의미는 '만약 네가 마른나무를 땔나무로 여긴다면 그것들을 싸서 가도 된다'의 의미가 된다. 이러한 용법의 '薪'은 《詩經》에서도 아주 드물다. 예(3)에서 두 구의 의미는 '후일에 너의 소식을 아껴서 나를 멀리하는 마음을 갖지 마라'의 의미이다. '金玉'은 여기서 명사의 의동용법으로 '~를 금옥으로 여기다'의 의미이며 '귀중하다'로 번역할 수 있다.

3) 명사의 사동(使動)용법

殷商대에는 아직 명사의 사동용법이 보이지 않는다. 서주시대에 나타나지만 아주 드물게 보이며 보통명사가 아닌 방위명사들이다.

(예) 我疆我理, 南東其畝.(《詩經·小雅·信南山》) 내 큰 경계를 만들고 도랑을 만들어, 이랑을 동남쪽을 냈다.

여기서 '疆'은 본래 밭의 경계를 의미하며, '理'는 밭의 도랑을 가리킨다. 두 글자는 여기

---

29) [역주] '契契'는 근심하고 괴로워하는 모양이다. '憚'은 '수고롭다'이다.

서 일반동사로 쓰였다. '我疆我理'의 의미는 '우리는 밭의 경계를 나누고 도랑을 판다'이다. '南東' 두 글자는 병렬관계이며 모두 방위명사의 사동용법으로 '南 혹은 東으로 향하게 하다'의 의미이다. '南東其畝'의 의미는 '그 밭을 남 혹은 동으로 향하게 하다'이다.

4) 명사의 위동(爲動)용법

위동용법의 '爲'는 마땅히 [wéi]로 읽어야 한다. 만약 명사가 동사로 활용되어 '爲(wéi) …… 名詞'가 되면 이 명사는 동사로 쓰인 것이다.

(1) 食之飮之, 君之宗之.(《詩經·大雅·公劉》) 먹이고 마시게 하며 그들의 군주가 되고 그들의 족장이 되다.

(2) 命汝嗣訓, 臨君周邦.(《尙書·顧命》) 너(康王)에게 가르침을 이으라 명하시니, '너(강왕)는 주나라에서 군주가 되어라.

예(1)에서 '君', '宗'은 본래 모두 명사로, '君'은 '군주', '宗'은 '족장'을 가리킨다. 하지만 여기서 두 단어는 모두 동사로 활용되었다. 예(1)에서 '之'는 분명히 周나라 사람, 周族 사람을 가리킨다. '君之'의 의미는 '爲之君', 즉 '그들의 군주가 되다', '宗之'는 '爲之宗' 즉 '그들의 족장이 되다'의 의미이다. 예(2)에서 '臨'은 '다스리다'의 의미이며 '君' 역시 명사가 동사로 쓰인 것이다. '君周邦'의 의미는 '爲周邦之君', 즉 '주나라의 군이 되다'이다. 서주시대 '君'은 일반적으로 명사로 쓰였으며, 동사로 쓰인 용례는 매우 드물다.

제2절 서주한어 동사

동사는 행위, 존재, 변화, 소실 및 심리 활동을 나타내는 품사로, 문장에서 핵심위치에 놓인다.

1 동사의 종류

기본 의미에 따라 동사를 아래와 같이 분류할 수 있다.

1) 행위동사(行爲動詞)

사람의 행위를 나타낸다. 행위타동사(行爲他動詞)와 행위자동사(行爲自動詞)로 양분할 수 있다.

① 행위타동사 : 행위가 다른 사람에게 미치며, 목적어를 가질 수 있다.
  (예) '保', '報', '秉', '比', '卑', '配', '匹', '命', '付', '伐', '對', '令', '即', '從', '易', '事' 등.

② 행위자동사 : 일반적으로 목적어를 가지지 않으며, 행위가 다른 사람에게 미치지 않는다.
  (예) '函', '還', '拜手', '敬', '祀', '戍', '中', '冬' 등.

2) 심리동사(心理動詞)

사람의 심리 활동을 나타낸다.
  (예) '哀', '愛', '怛', '憚', '悼', '吊', '忍', '惡' 등.

3) 존현동사(存現動詞)

존재 혹은 부재, 출현 혹은 소실을 나타낸다.
  (예) '在(대개 '才'로 표기)', '有', '亡', '無', '出', '喪' 등.

4) 비유동사(像似動詞)

비유 의미를 나타낸다.
  (예) '如', '似' 등.

5) 능원동사(能愿動詞)

일종의 보조동사로 동사 혹은 형용사 앞에서 가능, 필요, 소망을 나타낸다.

(예) '能', '敢', '可', '克', '義', '龕(戡)', '肯' 등.

은상시대에는 능원동사가 아주 드물어서 단지 '克' 하나였으나, 서주시대에 이르러 대폭 증가하였다.

2 동사의 어법특징

동사는 어법상 두 가지 방면에서 중요한 특징을 가진다.

1) 결합능력 방면의 특징

부사의 수식을 받으나 일반적으로 정도부사의 수식은 받지 않는다. 대부분의 동사가 목적어를 가진다.

(1) 厥父母勤勞稼穡, 厥子乃不知稼穡之艱難, 乃逸, 乃諺.《尙書·無逸》 부모가 농사를 짓느라 고생하는데도, 그 자식들은 농사의 고생을 모르고서 편안하게 생활하고, 속된 말을 한다.

(2) 天惟純佑命, 則商實. 百姓王人罔不秉德明恤.《尙書·君奭》 하늘이 철저히 보호하고 명하여 商나라가 번성하였다. 백성과 王人이 덕을 잡고 긍휼을 밝히지 않음이 없었다.

(3) 公旣定宅.《尙書·洛誥》 주공께서 살 곳을 정했다.

(4) 人無於水監, 當於民監.《尙書·酒誥》 사람은 물에서 살피지 말고, 마땅히 백성에게서 살펴야 한다.

2) 통사기능 방면의 특징

위어(謂語) 혹은 위어의 중심이 된다.

(1) 唯王禱30)于宗周, 王姜使31)叔使于太保, 賞叔鬱32)鬯、白金、芻33)牛. 叔對太保休,

---

30) [역주] '禱'의 원래 자형을 隸定하면 '𥷕'으로, 이 글자가 전래문헌 상의 어떤 글자인지에 관해서는 여러 견해가 있으나, 본 예문과 같이 '𠃔'와 호응하여 사용된 경우 그 의미는 '祈'나 '求'와 유사함을 알 수 있다.

用作寶尊彝.(《叔簋銘》)34) 왕께서 宗周에서 禱祭를 거행하셨고, 王姜께서는 叔을 太保에게 사신으로 보내셨다. 太保가 叔에게 울창주와 銀35), 송아지를 하사하셨다. 叔은 太保의 은덕을 찬양하며, (이를 기념하고자) 귀중한 祭器를 제작하였다.

(2) 封! 予惟不可不監, 告汝德之說于罰之行.(《尙書·康誥》) 봉아! 나는 살피지 않을 수 없기에, 너에게 덕의 말로 벌을 시행함에 대해 말하겠다.

(3) 汝念哉! (同上) 너는 유념하거라!

하나의 단어가 위의 두 가지 특징을 구비하고, 또한 그 개괄적 의미가 동작의 행위를 나타내면 그 단어는 동사이다(단, 주의할 것은 자동사는 일반적으로 목적어를 가지지 않는다는 것이다).

❸ 동사의 통사기능

위에서 언급했듯이, 동사는 위어 혹은 위어의 중심이 될 수 있다. 이는 동사의 가장 기본적인 통사기능이다. 이 외에 동사는 아래의 몇몇 통사기능을 가진다.

1) 주어(主語), 목적어(賓語)가 된다.

이전에 학자들은 동사(형용사도 포함)가 주어, 목적어가 될 때 이 동사는 명사화한 것이라 여겼다. 하지만 최근에는 절대다수의 학자들이 동사가 주어, 혹은 주어의 중심, 목적어 또는 목적어의 중심이 될 수 있다고 여긴다. 그러면 모든 주어, 목적어 위치에 출현하는

---

31) [역주] '使'의 원래 자형은 '史'이며, 사역을 의미하는 '使'로 해석하기도 하나, '史官'의 뜻으로 보는 의견도 있다.

32) [역주] 원서에서는 '鬱'을 '椅'로 표기하고 있으나, 이 글자는 '鬱'로 보는 것이 일반적이며, 제6장 제1절의 동일 예문에서도 '鬱'로 쓰고 있다.

33) [역주] 원서에서는 '芻'의 자리에 '□'로 표시되어 있으나, 다른 탁본을 참고해보면 '芻'임을 알 수 있다. 제6장 제1절의 동일 예문에도 '犓(芻)'로 표기되어 있으며, '芻'는 학자에 따라 '物'나 '雛'로 읽는다.

34) [역주] 원서에서는 《叔卣銘》으로 표기되어 있으며, 다소 독특한 기물 형태로 인해 복수의 기물명이 있다. 가장 보편적으로 쓰이는 것은 叔簋로서, 원서에서 이 명문이 인용된 다른 두 곳에서도 叔簋로 표기되어 있으므로, 여기서도 叔簋로 고친다.

35) [역주] '白金'을 '錫(주석)'으로 해석하는 견해도 있다.

동사를 여전히 동사로 간주할 수 있을까? 그렇게 볼 수는 없다. 최소한 서주한어에서는 그렇지 않다. 동사가 주어, 목적어 위치에 출현할 때 두 가지 상황으로 나누어 보아야 한다.

첫째, 동사가 다른 단어나 구를 동반하여 전체 동사구가 주어, 목적어가 될 때이다. 이때는 동사의 진술 의미가 변하지 않으며, 동사의 성질도 변하지 않는다. 이는 다시 두 가지로 나눌 수 있다. 먼저, 동사에 '其', '厥'이 붙은 후, 주어 혹은 목적어가 될 때이다.

    (1) 鴥彼飛隼, 其<u>飛</u>戾天.(《詩經·小雅·采芑》) 휘익 나는 저 새매, 날아 하늘에 이르네.36)

    (2) 其<u>泣</u>喤喤, 朱芾斯皇.(《詩經·小雅·斯干》) 그 울음소리 우렁차고, 붉은 슬갑 휘황찬란하네.37)

    (3) 兄弟鬩于牆, 外禦其<u>務</u>.(《詩經·小雅·常棣》) 형제는 담장 안에서 싸우기도 하지만, 밖으로는 업신여김을 막는다네.

    (4) 肆不殄厥慍, 亦不隕厥<u>問</u>.(《詩經·大雅·緜》) 이에 그들의 분노를 끊을 수 없었지만, 또한 자신의 명예를 실추시키지 않았네.

    (5) 天立厥<u>配</u>, 受命既固.(《詩經·大雅·皇矣》) 하늘이 그의 배필을 세우시어, 받으실 천명 굳어졌도다.

예(1)에서 '戾'는 '이르다'의 의미이며, '戾天'은 '其飛'를 형용한 것이다. '飛'의 의미와 동사의 성질은 모두 변하지 않았으며, '其飛戾天'은 새매가 날아서 하늘에 이르는 것을 말한다. 나머지 예문도 이와 동일하다. 주의할 점은 동사에 '其', '厥'이 붙은 다음 주어나 목적어가 될 때, 또 두 가지 경우로 나눌 수 있다. 그 하나는 이 동사가 이미 명사로 활용한 것이다.

    (1) 其<u>釣</u>維何, 維魴及鱮.(《詩經·小雅·采綠》) 낚은 놈이 무엇일까? 방어와 연어라네.

    (2) 其<u>贈</u>維何? 乘馬路車.(《詩經·大雅·韓奕》) 그 선물은 무엇인가? 승마와 노거라네.

    (3) 不失其<u>馳</u>, 舍矢如破.(《詩經·小雅·車攻》) 치구법을 잃지 않았고, 화살을 쏘아 적중하였다.

    (4) 屢顧爾僕, 不輸爾<u>載</u>.(《詩經·小雅·正月》) 자주 너의 마부를 돌아보면, 너의 짐을 떨어뜨리지 아니하리.

---

36) [역주] '鴥'은 새가 빨리 나는 모양이다.
37) [역주] '喤喤'은 어린아이의 우렁찬 울음소리를 나타낸 의성사이다.

예(1)중의 '釣'는 '낚시한 고기'를 말한다. (2) 중의 '贈'은 '증정한 물건'을 말한다. (3)의 '馳'는 '달리는 법'을 말한다. (4)의 '載'는 '실은 물건'을 가리킨다. 다른 하나는 겸류사이다.

(예) 不事王侯, 高尚其事.(《周易·蠱卦》) 왕후를 섬기지 않고 그 일을 높이 숭상하도다.

예시에서 앞의 '事'는 동사이며, 뒤의 '事'는 명사이다.
다음으로, 동사에 목적어가 결합된 동사성구(動詞性短語)가 주어, 목적어가 되는 경우이다.

(1) 豈弟君子, 求福不回.(《詩經·大雅·旱麓》) 즐겁고 편안한 군자, 복을 구함이 사악하지 않네.
(2) 出話不然, 爲猶不遠.(《詩經·大雅·板》) 나오는 말 맞지 않고, 계책이 원대하지 못하다.
(3) 執爨踖踖, 爲俎孔碩.(《詩經·小雅·楚茨》) 부엌일을 공손히 하니, 俎 제기에 담아온 음식 매우 좋구나.[38]
(4) 祈年孔夙, 方社不莫.(《詩經·大雅·雲漢》) 한해의 수확을 기도한 것이 매우 빨랐고 사방에 제사 지내며, 토지신에 제사 지낸 것이 늦지 않았네.

예(1)에서 '回'는 분명 '邪'의 의미로, '求福不回'는 '복록을 구함에 사악하지 않다'의 의미이다. 여기서 '求'는 동사이며, 나머지 예시도 동일하다. 주어가 되는 동사구가 명사화하더라도 그 중의 동사는 여전히 성질이 변하지 않는다.

(예) 倉庚喈喈, 采蘩祁祁.(《詩經·小雅·出車》) 꾀꼬리 꾀꼴꾀꼴 울며, 쑥 캐는 이 많기도 하여라.[39]

'采蘩'은 '采蘩者'와 같으며 '采蘩하는 아가씨'를 가리킨다.
둘째, 동사가 단독으로 주어, 목적어가 될 때이다. 이러한 경우는 비교적 복잡한데, 구체적으로 아래의 3가지로 나눌 수 있다.
첫 번째는 동사가 명사로 활용되어 주어, 목적어가 되는 경우이다. 이때, 이 명사는 전후 문장에서 이미 임시로 명사의 어법특징을 구비하고 그 의미도 지칭화 된다.

---

38) [역주] '踖踖'은 공손하고 정성스러운 모양이다.
39) [역주] 喈喈는 아름다운 소리를 나타내며, 祁祁는 많은 모습을 나타낸다.

(1) 唯七月, 王在鎬40)京. 辛卯, 王漁于敏41)池, 乎井從漁, 攸賜<u>漁</u>. 對揚王休, 用作寶尊鼎.(《井鼎銘》) 칠월에 왕께서 鎬京에 계셨다. 辛卯일에 왕께서 敏池에서 漁禮를 거행하셨고, 井을 불러 시종을 들게 하셨다. (잡은)생선을 하사해주셨으며, 왕의 은택을 찬양하며 (이를 기념하고자) 귀중한 제사용 鼎을 제작하였다.

(2) 唯周公于征伐東尸(夷), 豐白42)、尃古, 咸殺43). 公歸, '𩰫'44)于周廟. 戊辰, 飮秦<u>飮</u>45), 公賞𩰫貝百朋, 用作尊鼎.(《𩰫方鼎銘》) 周公께서 東夷를 정벌하러 가셔서 豐伯과 薄姑를 모두 멸하셨다. 周公이 돌아와서 宗周의 종묘에서 𩰫祭를 거행하셨다. 戊辰일에 秦地의 淸酒를 마셨고, 周公께서 𩰫에게 貝 백 朋을 하사하셨으며, (이를 기념하고자) 귀중한 제사용 鼎을 제작하였다.

예(1)에서 '漁'는 본래 동사로 '고기를 잡다'의 의미이다. 예(1)에서 앞의 두 '漁'가 바로 그러하다. 이것 외의 다른 예는 "呼漁于大池"(《遹簋銘》) 불러서 (辟雍의) 큰 못에서 漁禮를 거행하게 했다.)가 있다. 세 번째 '漁'는 이미 명사로 전환하여, 가리키는 대상이 '잡은 생선과 새우' 등이다. 즉, '乎井從漁, 攸賜漁'는 '井'이라는 사람으로 하여금 따라가 고기를 잡게 한 후에 잡은 고기 등을 井에게 하사함을 말한다. '漁'의 명사용법은 아주 드물다. 서주시대 문헌 중 겨우 하나의 예가 있을 뿐이니, 이는 활용에 해당한다. 나머지도 이와 같다.

두 번째 경우는 동명(動名) 겸류사가 주어, 목적어가 되는 경우이다. 몇몇 단어들은 동사에 속하기도 하고 명사에 속하기도 한다. 이러한 부류에는 3가지가 있다. 먼저, 원래 명사가 동사로 전환한 경우, 둘째 원래 동사가 명사로 전환한 경우, 셋째 원래 명사, 동사 겸류사인 경우의 세 가지이다. 여기서 논의할 것은 두 번째 경우, 즉 원래의 동사가 명사로 전환하여

40) [역주] '鎬'의 원래 자형을 隸定하면 '葊'이며, 청동기 명문 중에 보이는 '葊京'이 전래문헌상의 '鎬京'인지에 대해서는 아직 정론이 없다.

41) [역주] '敏'의 원래 자형은 '[illegible]'으로 일반적으로 '[illegible]'로 隸定하며, 정확한 해석은 아직 없다. 여기서는 원서를 따라 '敏'으로 표기한다.

42) [역주] '白'이 원서에서는 '公'으로 표기되어 있으나 오타로 보인다.

43) [역주] '殺'의 원래 자형은 '[illegible]'이며, '捷', '[illegible]', '芟', '[illegible]', '截', '殺', '翦', '斬', '剿' 등 그 견해가 매우 분분하다.

44) [역주] 저자는 이 글자를 '[illegible]'로 표기하고 있으나 일반적으로는 '𩰫'로 隸定하므로 이를 따르기로 하겠다.

45) [역주] '秦飮'이 첫 번째 '飮'의 목적어가 아니라 '飮至禮'를 뜻하는 것으로 보는 견해도 있다. '秦飮'이 술의 종류인지 아니면 典禮 자체를 의미하는 것인지는 명확하지 않으나, '飮秦飮'이 묘사하는 상황은 음주가 동반된 향연임은 분명하다.

겸류사가 된 경우이다. 이러한 겸류사가 주어, 목적어가 될 때, 동사가 명사로 활용하여 주어, 목적어가 될 때와 동일하게 동사 신분으로 주어, 목적어가 되었다고 여겨서는 안 된다.

    (1) 惟天降命.(《尚書·酒誥》) 하늘이 명을 내리사.

    (2) 執訊獲醜, 薄言還歸.(《詩經·小雅·出車》) 적의 첩자를 잡고 병졸들을 포획하여 돌아오셨네.46)

    (3) 貞吉, 悔亡.(《周易·咸卦》) 바르면 길해서, 후회가 없어진다.

예(1)에서 '命'은 본래 동사이며 의미는 '명령을 내리다'이다. 이러한 '命'은 아주 자주 보인다.

    (1) 王命南仲, 往城于方.(《詩經·小雅·出車》) 왕께서 남중에게 명하시어 삭방에 나가 성을 쌓으라 하셨지.

    (2) 貽我來牟, 帝命率育.(《詩經·周頌·思文》) 우리에게 보리를 주어, 상제가 두루 기르게 하셨네.

후에 '命'은 또한 명사로도 쓰이는데, 그 의미는 바로 '명령'이다.47) 이러한 '命' 역시 아주 자주 보이므로 마땅히 겸류사인 것이다. 나머지도 이와 같다.

세 번째 경우는 동사가 주어, 목적어로 쓰이는 경우인데, 아래의 3가지 조건에 부합해야 동사 자체가 주어, 목적어가 되는 경우라 할 수 있다. 첫 번째는 해당 동사가 여전히 동사의 성질을 가지고 있어야 한다(단, 통사위치의 제약으로 정상적인 경우와는 상당 부분 다를 수 있음은 당연하다). 두 번째 조건은 해당 동사의 기본적 의미가 바뀌지 않아야 한다(비록 지칭화는 발생했지만 단지 자기지시(自指)의 변화만 발생하고, 변환지시(轉指)는 발생하지

---

46) [역주] '執訊'에서 '訊'은 원래 '소식을 전하다'라는 동사이다. 그러나 여기서는 '소식을 전하는 사람' 즉 '첩자'의 의미로 쓰였다.

47) [역주] 사실 '命'이 명사인가 동사인가 하는 문제는 최초의 자형부터 살펴봐야 한다. '命'은 원래 '令'에서 파생된 단어로, '令'은 동사이다. 즉, 동사 '令'에 '口'가 붙어 '命'란 글자가 만들어졌고, 그 과정은 동사에서 명사로 파생되는 것으로 볼 수 있다. 金理新(《上古漢語形態導論》 2021)에 따르면, '令'은 *liŋs이고, '命'은 *m-liŋs이다. 원래 동사인 '令'에서 접두사 *m-이 붙어 *m-liŋs로 바뀌고 글자도 '命'으로 썼으며 명사를 전문적으로 나타내었다(즉, 동사에서 명사로 파생). 그러다가 나중엔 다시 동사로도 쓰였다.

않음을 말한다). 세 번째 조건은 동사가 주어가 될 때, 뒤의 위어는 일반적으로 뚜렷한 동작성을 가지지 않고 종종 묘사 혹은 판단적 성격을 가져야 한다. 동사가 목적어가 될 때, 앞의 위어 동사는 일반적으로 '용목동사(謂賓動詞)', 즉 용언성 목적어를 가질 수 있는 동사이다.

(1) 履錯然, 敬之, 無咎.(《周易·離卦》) 길을 갈때 망동하니, 공경하면 허물이 없으리라.

(2) 稼穡維寶, 代食維好.(《詩經·大雅·桑柔》) 농사짓는 것이 보배로우며, 祿食을 대신함이 좋은 일이로다.

(3) 怨不在大, 亦不在小.(《尚書·康誥》) 백성들의 원망은 큰데 있지 않으며 또한 작은데 있지도 않다.

(4) 悔亡, 失得勿恤. 往, 吉, 無不利.(《周易·晉卦》) 뉘우침이 없을 것이니, 잃고 얻음을 걱정하지 말아야 하니, 가면 길해서 이롭지 않음이 없으리라.

(5) 豈不懷歸, 畏此反覆.(《詩經·小雅·小明》) 어찌 돌아갈 마음이 없으리오마는, 도리어 이가 뒤집어씌울까 두렵구나.

(6) 豈敢憚行, 畏不能趨.(《詩經·小雅·縣蠻》) 어찌 감히 가기를 꺼리랴? 두려워 빨리 가지 못할 뿐이지.

예(1)에서 '履'는 '길을 가다'의 동사 의미이며 '錯然'은 망동함이다. '履錯然'은 '길을 갈 때 망동함'을 나타낸다. '履'는 동사로 주어이다. 나머지도 동일하다.

요컨대, 동사는 주어, 목적어가 될 수 있으나 이처럼 조건이 필요하다.

2) 관형어(定語)가 된다.

동사는 관형어로도 쓰이는데, 이는 동사의 통사기능 중 하나이다. 이전에 관형어 위치의 동사에 대해 이미 성상화(性狀化)가 되어 형용사로 전환한 것으로 보는 견해가 있었으나, 지금은 절대다수의 학자들이 그렇게 보지 않는다. 관형어 위치에서의 동사는 여전히 동사이다.

(1) 九五, 飛龍在天, 利見大人.(《周易·乾卦》) 九五는 나는 용이 하늘에 있으니, 대인을 보는 것이 이롭다.

(2) 肆皇天亡斁, 臨保我有周, 不巩先王配命.(《毛公鼎銘》) 이에 하늘이 버리지 않으시고, 우

리 주나라를 굽어살펴 보우하시어 선왕께서 하늘의 뜻에 합한 명령을 크게 공고히 하시게 되었다.

(3) 對揚朕宗君其休, 用作朕剌(烈)祖召公嘗簋.(《六年琱生簋銘》) 종실 君長의 은덕을 찬양하며, (이를 기념하고자) 나의 열조이신 김公을 위한 가을 제사용 簋를 제작하였다.

(4) 王射于射盧.(《遣曹鼎銘》) 왕께서 활쏘기를 연습하는 곳에서 활쏘기를 연습하셨다.

예(1)의 '飛'는 '龍'의 관형어이다. '飛龍'은 '나는 용'의 의미이다. 나머지도 이와 같다.

3) 부사어(狀語)가 된다.

일반 동사가 부사어가 되는 경우는 드물다. 비교적 흔한 경우는 능원동사가 부사어가 되는 경우이다. 먼저 일반동사가 부사어가 되는 용례는 다음과 같다.

(1) 奔走事厥考厥長.(《尙書·酒誥》) 부지런히 아버지와 형을 섬겨라.
(2) 侯甸男邦采衛百工播民和見.(《尙書·康告》) 侯와 甸과 男邦과 采와 衛와 百工[百官]이 백성들에게 화합하게 보기를 알렸다.
(3) 唯十又二[48)]月初吉丁卯, 召啟進事, 旋走事皇辟君, 休.(《召卣銘》) 십이월 初吉 丁卯일에 召가 처음으로 등용되어 직무를 맡은 바 힘을 다하여 위대하신 군주를 섬겼고, 그 결과가 좋았다.
(4) 今余隹或司命女.(《諫簋銘》) 이제 내가 다시 (선왕의 명을) 계승하여 그대에게 명하노라.

예(1)의 '奔'과 '走'는 모두 '跑(달리다)'의 의미이며, 결합하여 '事(일하다)'의 부사어가 되고 있다. 예(1)의 의미는 '달려가듯이(분주히) 너희들의 부형을 모신다'가 된다. 나머지도 이와 같다.

4 동사의 결합가(價)

동사를 중심으로 하는 문장에서 위어의 중심이 되는 동사가 핵심원소(핵어)가 된다. 핵어

---

48) [역주] 원서에서는 '二'가 '三'으로 표기되어 있으나 오타로 보인다.

가 되는 동사는 일가동사(一價動詞), 이가동사(二價動詞), 삼가동사(三價動詞), 그리고 영가동사(零價動詞)가 있다.

1) 일가동사(一價動詞)

하나의 동사가 단지 하나의 강제 성분(이하 주요논항(主元)이라 함)을 가지면, 이 동사는 일가동사이다. 일가동사가 가지는 주요논항은 일반적으로 행위주(施事)이다.

(1) 王朝<u>步</u>自周, 則<u>至</u>于豐.(《尙書·召誥》) 왕이 아침에 周 鎬京으로부터 걸어서 豐 땅에 이르렀다.

(2) 予小子其<u>退</u>.(《尙書·洛誥》) 나 어린 사람은 물러날 것이다.

(3) 君子于<u>行</u>, 三日不食.(《周易·明夷》) 군자가 가는데, 삼일을 먹지 않았다.

(4) 唯正月甲申, 榮<u>各(格)</u>.(《榮簋銘》) 정월 甲申일에 榮이 이르렀다.

(5) 昔我<u>往</u>矣, 楊柳依依.(《詩經·小雅·采薇》) 옛날에 내가 떠날 때, 버드나무가 푸르렀지

위의 예시에서 '步', '至', '退', '行', '各', '往'은 일반적으로 목적어를 가지지 않는 자동사로, 일가동사이다.

2) 이가동사(二價動詞)

하나의 동사가 두 개의 주요논항을 가지면 이 동사는 이가동사이다. 이가동사는 두 개의 주요논항을 가지는데, 하나는 행위주(施事)이고 다른 하나는 피동작주(受事)이다.

(1) 予惟小子, 不敢<u>替</u>上帝命.(《尙書·大誥》) 나 소자는 감히 상제의 명령을 바꾸지 않을 것이다.

(2) 周公初基, <u>作</u>新大邑于東國洛.(《尙書·康誥》) 주공이 비로소 터를 잡아 새로운 大邑을 東國인 洛에 건설하였다.

(3) 厥子乃不<u>知</u>稼穡之艱難.(《尙書·無逸》) 그 자식들은 농사의 고생을 모른다.

(4) 呦呦鹿鳴, <u>食</u>野之蘋.(《詩經·小雅·鹿鳴》) 꺽꺽 사슴이 울며, 들판의 쑥을 뜯네.

(5) 薄言<u>采</u>芑, 于彼新田.(《詩經·小雅·采芑》) 쓴 나물 뜯기를 저 新田에서 하고.

(6) <u>履</u>虎尾, 不<u>咥</u>人, 亨.(《周易·履卦》) 호랑이 꼬리를 밟아도, 사람을 물지 않아 형통함이라.

예시에서 동사 '替', '作', '知', '食', '采', '履', '唑'은 모두 이가동사이다.

3) 삼가동사(三價動詞)

하나의 동사가 3개의 주요논항을 가지면, 이 동사는 삼가동사이다. 삼가동사가 가지는 3개의 주요논항은 행위주와 2개의 피동작주이다. 2개의 피동작주는 보통 하나는 사람, 다른 하나는 사물을 가리킨다.

(1) 王易(賜)圖[49]貝, 用作寶尊彝.(《圖甗銘》) 왕께서 圖에게 貝를 하사하셨으니, (이를 기념하고자) 귀중한 祭器를 제작하였다.)

(2) 燕侯賞復冖、衣、臣、妾、貝, 用作父乙寶尊彝.(《復尊銘》) 燕侯가 復에게 두건, 의복, 남녀 노예, 貝를 하사하셨으니, (이를 기념하고자) 先父 乙께 제사를 올리는 데 사용할 귀중한 祭器를 제작하였다.

(3) 余其舍女(汝)臣三十[50]家.(《令鼎銘》) 내가 그대에게 노예 삼십 가구를 하사하겠노라.

(4) 予大降爾四國民命.(《尙書·多士》) 나는 너희 사방 백성들에게 목숨을 크게 내려 주었다[살려 주었다].

위의 예에서 '易(賜)', '賞', '舍', '降'는 모두 삼가동사이다. 삼가동사를 중심으로 하는 문장은 보통 이중목적어구문이다.

4) 영가동사(零價動詞)

하나의 동사가 주요논항을 가지지 않을 때 이 동사를 영가동사라고 한다.

(1) 雨我公田, 遂及我私.(《詩經·小雅·大田》) 우리 公田에 비를 내리고 나서, 우리 私田에까지 미치게 하소서.

(2) 有鳥高飛.(《詩經·小雅·菀柳》) 새가 높이 날면

---

49) [역주] '圖'은 '圍', '囶' 등으로 隸定하기도 한다.

50) [역주] 명문에는 '三十'이 '卅'으로 쓰여 있다.

위에서 '雨', '有'는 모두 영가동사이다. 동사의 결합가는 동사절의 문형 또는 구문과 관련이 있다. 뒤에서 문형, 구문을 논의할 때 또 언급하기로 한다.

5 다른 품사에서 동사로의 전환

일부 단어들은 원래 다른 품사였지만 후에 동사로 전환되기도 한다. 그러면 하나의 단어가 다른 품사에서 동사로 전환했다는 것을 어떻게 단정할 수 있을까? 이것은 아래의 세 가지 조건에 부합해야 한다. 첫째, 그 단어의 의미가 이미 진술화(陳述化) 되어야 한다. 다시 말하면, 그 단어의 본래 의미가 무엇이든, 그 의미가 이미 변하여 일련의 동작 행위를 나타내어야 한다는 것이다. 둘째 어법특징에 있어, 그 단어는 이미 동사의 어법특징을 구비해야 한다. 셋째 그 단어의 의미상 진술화, 어법특징상 동사화가 이미 자주 발생하여 고정되어야 한다. 이는 통계 수치상 그 단어가 동사로 사용된 횟수가 한두 번이 아니라 5회 이상이라는 사실을 통해 확인할 수 있다.

1) 명사에서 전환된 동사

어떤 단어가 원래 명사였는데, 후에 동사로 전환하였고, 이미 전환이 완성된 것이다. 예를 들어 '臣'이 그러한데, '臣'자는 한쪽의 세로 눈의 모습을 하고 있으며, 본의는 '노예'이다. 파생하여 '신료(臣僚)', '신하(臣屬)', '신자(臣子)'의 의미를 가진다. 이러한 의미의 '臣'은 모두 명사이다. 서주 금문에서 '臣'은 모두 100여 회 출현하며, 그중 80여 회는 모두 명사이다.

(1) 丁卯, 王令靜司射學宮, 小子眾服眾小臣眾尸僕學射.(《靜簋銘》) 丁卯일에 왕께서 靜에게 學宮에서의 활쏘기를 관장하는 업무를 명령하셨고, 귀족 자제들과 관리들 및 하급 관리, 오랑캐 출신의 奴僕이 활쏘기를 배웠다.

(2) 余令女(汝)死(尸)我家, 拜[51]司我西扁(偏)束扁(偏)僕馭百工牧臣妾.(《師獸簋銘》) 나는 그대가 우리 집안일을 주관하고, 동쪽 교외(王畿의 동쪽)와 서쪽 교외(王畿의 서쪽)의 마부 노예·각종 匠人·牧人·남녀 노예를 함께 관리할 것을 명하노라.

---

51) [역주] '拜'에 대해서는 제2장 제1절의 [역주] 17 참조.

명사 '臣'은 뒤에 동사로 전환하여 '신하로서 군주를 섬기다'의 의미를 갖는다. 이러한 용법의 '臣'은 명사의 활용이라고 볼 수 없으며, 마땅히 겸류사로 보아야 한다. 왜냐하면 이러한 '臣'이 서주시대 이미 아주 자주 보이기 때문이다. 서주 금문에서 이러한 용법의 '臣'은 모두 20여 회 출현한다. 이러한 출현빈도는 '臣'의 동사용법이 임시가 아님을 의미한다. 예를 들어, 다음과 같다.

(1) 俞其蔑歷, 日賜魯休. 俞敢對揚天子不(丕)顯休, 用作寶, 其萬年永保, 臣天子.(《師俞簋銘》) 俞는 (앞으로도 왕의) 격려를 받을 것이며, 매일 큰 은택을 하사받을 것이다. 俞는 삼가 천자의 크게 빛나는 은택을 찬양하며 귀중한 기물을 제작하니, 만년토록 영원히 소중히 다루며 천자를 섬길 것이다.

(2) 不(丕)顯皇祖考, 穆穆異異(翼), 克哲[52]厥德, 農臣天子, 得純亡敃.(《梁其鐘銘》) 찬란히 빛나시고 영명하신 先祖先父께서는 위엄과 덕망을 갖추시고 경건하게 덕행에 힘쓰셨도다. 천자를 지극히 섬기는 데 있어 완벽하며 하나의 오차도 없으셨다.

(3) 唯五月初吉壬申, 梁其作尊鼎, 用享考(孝)于皇祖考, 用祈多福, 畯臣天[子], 其百子千孫, 其萬年無疆, 其子子孫孫永寶用.(《梁其鼎銘》) 오월 初吉 壬申일에 梁其가 귀중한 제사용 鼎을 만들었으니, 위대하신 先祖先父께 제사를 올리고, 많은 복을 기원하는 데 쓸지어다. 오래도록 천자를 섬기며 자손이 번창하고 만수무강을 기원하며, 자자손손 이 기물을 영원히 보배롭게 다룰지어다.

(4) 王曰: 克, 余唯經乃先祖考克令臣先王 …… (《師克盨銘》) 왕께서 말씀하셨다. "克이여, 나는 그대의 先祖先父가 선왕을 훌륭히 섬겼던 것을 기억한다."

(5) 此其萬年無疆, 畯臣天子, 靈冬(終), 子子孫永寶用.(《此鼎銘》) 此는 만년토록 무강할 것이며, 오래도록 천자를 섬기다가 天壽를 누리다 편안한 죽음을 맞을 것이다. 자자손손 이 기물을 영원히 보배롭게 다룰지어다.

(6) 王曰: 師䣄! 女(汝)克膧乃身, 臣朕皇考穆王 …… (《師䣄鼎銘》) 왕께서 말씀하셨다. "師䣄여! 그대는 그대를 헌신하여 나의 위대하신 先父이신 穆王을 섬겼다."

2) 형용사에서 전환된 동사

하나의 단어가 원래 형용사였는데, 후에 동사로 전환한 것으로, 이러한 예는 쉽게 찾아볼

---

52) [역주] 이 글자는 陳劍(〈說愼〉,《甲骨金文考釋論集》, 線裝書局, 2007년)이 '愼'으로 考釋한 이래, 많은 학자들이 이 견해를 따르고 있다.

수 있다. 예를 들어 '明'이 이러하다. '明'은 회의자로 '日'과 '月'이 합쳐진 것이다. 본의는 '밝다(明亮)', '빛나다(光明)'가 되며 파생되어 '혁혁한(顯赫)', '드러나는(顯著)', '아름다운(美好)', '깨끗한(潔淨)' 등의 의미를 가진다. 이러한 의미도 모두 형용사이다.

(1) 朕復53)子明辟.(《尙書·洛誥》) 저는 그대 밝은 임금께 보고 드립니다.

(2) 保受王威命明德.(《尙書·召誥》) 왕의 위엄 있는 명령과 밝은 덕을 받들어 지키려고 합니다.

(3) 祀事孔明, 先祖是皇.(《詩經·小雅·楚茨》) 제사 일이 매우 밝으니, 선조가 아름답게 여기네.

(4) 爾邑克明.(《尙書·多方》) 너희 읍이 밝을 수 있다.

예시에서 밑줄 친 '明'은 모두 형용사이다. 특히 예(3)에서 '明'은 정도부사 '孔'의 수식을 받아 품사적 특성이 더욱 부각된다. 형용사 '明'은 뒤에 동사로 전환되기도 하는데, '밝게 다스리다(修明)', '밝게 펴다(申明)', '명확하게 하다(明確)', '분명히 들다(明擧)', '명확하게 관찰하다(明察)', '분명히 알다(明曉)', '보우하다(保佑)' 등의 의미를 가진다. 동사용법의 '明'은 단지 眞文獻《尙書·周書》에서만 12회 나타나고 있다. 마땅히 겸류사로 분류해야 한다.

(1) 敬明乃罰.(《尙書·康誥》) 삼가 너의 형벌을 밝게 펴라.

(2) 明乃服命.(《尙書·康誥》) 너의 복명을 밝히며.

(3) 公明保予沖子.(《尙書·洛誥》) 주공은 나 어린 사람을 밝히고 보호하십시오.

(4) 惟天不畀, 不明厥德.(《尙書·多士》) 하늘이 도와주지 않는 것은 자신의 덕을 밝히지 못했기 때문이다.

(5) 罔不秉德明恤.(《尙書·君奭》) 덕을 잡고 긍휼을 밝히지 않음이 없었으며.

(6) 多士大不克明保享于民.(《尙書·多方》) 선비들이 백성들을 보존하고 누림을 밝게 펼 수 없었다.

예(1)의 '明'은 '밝게 펴다(申明)'의 의미이며 '明乃罰'은 '너의 형벌을 밝게 펴다'가 된다. 나머지도 이와 같다.

---

53) [역주] '復'은 '復命'으로, 임무를 完遂하고 나서 그 결과를 보고 하는 것이다.

6 동사의 활용(活用)

동사의 활용을 논하기 전에 먼저 분명히 해야 할 것은 동사가 위어 혹은 위어의 중심이 될 때는 활용이 아니라 동사의 가장 기본적인 어법기능이라는 점이다. 이 외에 동사가 관형어, 부사어가 될 때도 활용이 아니라 역시 동사의 어법기능이라 할 수 있다. 동사가 주어, 목적어가 될 때도 때로는 활용이 아닐 수 있는데, 이미 앞에서 언급한 바 있다.54)

동사의 활용에는 두 가지 경우가 있다. 하나는 품사 간의 전환인데, 예를 들어 동사에서 명사로의 활용이 그러하다. 다른 하나는 동사 내부에서의 전환인데, 동사의 사동용법이 그러하다. 아래에서 나누어 토론하기로 한다.

1) 동사에서 명사로 활용

어떤 동사가 명사로 활용되려면 동시에 3가지 조건에 부합하여야 한다. 첫째 그 동사의 의미가 이미 지칭화, 특히 변환지시화(轉指化) 되어야 한다. 둘째, 이미 명사의 어법특징을 구비하여야 한다. 셋째 이러한 전환은 임시적이어야 한다. 즉 출현빈도가 낮아야 하는데, 5회를 넘지 않아야 한다. 앞에서 이미 아래에서 인용하는 두 동사의 명사 임시전환 예시를 든 바 있다.

(1) 唯七月, 王在鎬京. 辛卯, 王漁于敏池, 乎井從漁, 攸賜漁. 對揚王休, 用作寶尊鼎.55)(《井鼎銘》) 칠월에 왕께서 鎬京에 계셨다. 辛卯일에 왕께서 敏池에서 漁禮를 거행하셨고, 井을 불러 시종을 들게 하셨다. (잡은) 생선을 하사해주셨으며, 왕의 은택을 찬양하며 (이를 기념하고자) 귀중한 제사용 鼎을 제작하였다.

(2) 唯周公于征伐東尸(夷), 豐白, 尃古, 咸殺. 公歸, '䘏'于周廟. 戊辰, 飲秦飲, 公賞䘏貝百朋, 用作尊鼎.56)(《䘏方鼎銘》) 周公께서 東夷를 정벌하러 가셔서 豐伯과 薄姑를 모두 멸하셨다. 周公이 돌아와서 宗周의 종묘에서 䘏祭를 거행하셨다. 戊辰일에 秦地의 淸酒를 마셨고, 周公께서 䘏에게 貝 백 朋을 하사하셨으며, (이를 기념하고자) 귀중한 제사용 鼎을 제작하였다.

---

54) 여기에는 3가지 조건이 있는데, 첫째 그 동사가 동사의 특성을 유지하고 있는 경우, 둘째 의미의 변화가 없는 경우, 셋째, 뒤의 위어가 동작성이 없거나 앞의 동사가 용목동사(謂賓動詞)인 경우이다.

55) [역주] 제2장 제2절의 [역주] 40, 41 참조.

56) [역주] 제2장 제2절의 [역주] 42, 43, 44, 45 참조.

동사가 명사로 활용되는 예시는 흔히 보인다.

(1) 四黃旣駕, 兩驂不猗, 不失其馳, 舍矢如破.(《詩經‧小雅‧車攻》) 네 마리 누런 말에 멍에를 매니, 두 마리 곁말이 기울지 않네. 치구법을 잃지 않았고, 화살을 쏘아 적중하였다.

(2) 仲幾父事(使)幾事(使)于者(諸)侯、者(諸)監, 用厥賓(儐)作丁寶簋.(《仲幾父簋銘》) 仲幾父(仲幾의 부친)께서 幾를 제후와 제감으로 파견하시고, 선물을 하사해주셨기에, 丁께 제사를 올릴 때 사용할 귀중한 簋를 제작하여 이를 기념하노라.

예(1)의 '馳'는 본래 동사로 '말을 달리다'의 의미이다. 예컨대 다음과 같다.

(예) 君子之馬, 旣閑且馳.(《詩經‧大雅‧卷阿》) 군자의 말이 길들어져 잘 달리도다.

단, 예(1)에서는 '馳'가 명사로 쓰였는데, 朱熹의 해석에 의하면 '달리는 법(馳驅之法也)'의 의미이다. '달리다'에서 '달리는 법'으로 변화한 것으로, 의미가 전환하였다. 단 이러한 변화는 임시적 전환으로 자주 발생하지 않는다.《詩經》에서 '馳'는 모두 9회 출현하는데, 그 중 8회는 동사이며, 단지 1회가 명사이다. 예(2)에서 '賓(儐)'은 금문 중에 동사의 용법이 있는데, '증송하다'의 의미이다. 예컨대 다음과 같다.

(예) 唯十又九年, 王在厈. 王姜令作冊睘安尸(夷)白(伯), 尸白賓睘貝布.(《作冊睘卣銘》) 십구 년에 왕께서 厈에 계실 때, 王姜께서 作冊 睘으로 하여금 夷伯에게 안부를 묻게 하셨다. 夷伯이 睘에게 貝와 布를 선물로 주었다.

이러한 동사 용법의 '賓'은 서주 금문에서 비교적 자주 보인다. 모두 14회 출현한다. 단 예(2)에서 '賓'은 동사가 명사로 활용된 것으로 의미는 '증송한 물품'이다. 이러한 용법의 '賓'은 서주 금문에서 단지 1회 보이며, 기타 서주 문헌 중에도 보이지 않는다. 이는 분명 활용이다. 위에서 인용한 것은 모두 동사가 목적어자리에서 명사로 활용된 용례이다. 아래의 예시는 동사가 판단문의 위어에서 명사로 활용된 것이다. 고대한어, 특히 상고한어에서 판단문의 위어는 모두 명사 혹은 명사구로 충당이 된다. 만약 하나의 동사가 판단문의 위어가 된다면 마땅히 명사로의 활용으로 보아야 한다(조건은 출현횟수가 아주 적을 때이다). 예를 들어, 다음과 같다.

(예) 貝唯賜, 用作父乙尊彝.(《貝父乙觚銘》) 貝는 하사품이다. (이를 기념하고자) 父乙께 제사를
올릴 때 사용할 彝器를 제작하였다.

예에서 '貝唯賜'의 의미는 '조개껍질이 하사품이다' 혹은 '조개껍질은 하사한 것이다'의
의미이다. 여기서 '賜'는 분명 명사이다. 이러한 '賜'는 서주 금문에서 겨우 3회 보인다.
'賜'의 절대다수 용례가 동사로 쓰이고 있기 때문에 여기서 '賜'는 활용으로 보아야 한다.

2) 동사의 사동(使動)용법

동사가 사동으로 쓰이는 것으로 품사 간의 활용이 아니라 동사 내부의 전환이다. 동사의
용법은 동사의 일반용법, 사동용법, 의동(意動)용법 등이 있다. 동사는 대부분이 일반용법
으로 쓰이며, 만약 동사가 사동용법으로 쓰였다면 이는 동사 내부의 활용으로 보아야 한다.

(1) 王子剌公之宗婦郜娸, 為宗彝將彝[57], 永寶用, 以隆大福, 保薛郜國.(《宗婦郜娸盤銘》)
王子 烈公의 宗婦인 郜娸은 종묘 祭器와 肆祭[58]에 사용될 祭器를 제작하였으니, 이를 영원
히 귀중하게 사용함으로써 큰 복을 내리게 하여 郜國을 보우하고 잘 다스릴 수 있기를 기원하
노라.

(2) 寧肇諆(其)作乙考尊簋, 其用各百神, 用妥多福, 世孫子寶.(《寧簋蓋銘》) 寧이 先父 乙
께 제사를 올릴 때 사용할 簋를 제작함으로써 여러 신들을 이르게 하고 많은 복을 내려주시길
기원하니, 세세토록 자손들은 이 기물을 보배롭게 간직할지어다.

(3) 用追孝、敦[59]祀、邵[60]各、樂大神.(《癲鐘銘》) 이 기물을 사용함으로써 추모하고 제사를 지
내며 大神을 성심으로 감응시켜 강림하시게 하고 기쁘게 해드리는 데 사용할 것이다.

(4) 唯用妥福, 虩前文人, 秉德共(恭)屯(純). 余其用各我宗子雩(與)百生(姓), 余用匄
屯(純)魯雩邁(萬)年, 其永寶用之.(《善鼎銘》) 이로써 복을 내려 주시어 文德이 혁혁한 선
조를 본받아 덕을 갖추는 데 경건하게 마음을 다할 것이다.[61] 나는 이 기물로써 문중 사람들

---

57) [역주] '將'에 관해서는 제2장 제1절의 [역주] 4 참조. 또, 원서에서는 '宗彝將鼎'으로 표기되어 있으
나 '鼎'은 '彝'의 오타로 보인다.

58) [역주] '肆祭'에 관해서는 제2장 제1절의 [역주] 5 참조.

59) [역주] '祀' 앞의 글자의 자형은 '𣪘'이며, '敦'으로 考釋한 것은 周法高의 견해로, '厚'의 뜻으로
해석했다.

60) [역주] 원서에서는 '邵'로 표기했으나, '卲'로 보는 것이 일반적이다.

과 백관을 오게 할 것이며, 큰 복과 장수를 기원할 것이니, 이 기물을 영원히 귀중히 사용할지어다.

(5) 鐵[62)]者作旅[63)]鼎, 用匄俌魯福, 用妥福祿, 用作文考宮伯寶尊彝.(《鐵者鼎銘》) 鐵者는 旅祭에 사용할 鼎을 제작함으로써 큰 복을 빌고, 복록을 내려주시기를 기원하며, 文德이 빛나는 아버지 宮伯께 제사를 올릴 때 귀중한 祭器를 제작하였다.

(6) 三公! 予維不起朕疾.(《逸周書·祭公解》) 삼공아! 내가 생각하기에 나의 병이 좋아지지 않을 것 같구나.

예(1)에서 '降'은 본래 '내려오다'의 의미이지만 여기서는 사동용법으로 '내려오게 하다'가 되며 '降大福'은 '대복을 내려오게 하다'의 의미가 된다. 나머지도 이와 같다.

제3절 서주한어 형용사

형용사는 성질이나 상태를 나타내는 품사로, 위어가 될 수 있기 때문에 동사와 함께 용언(謂詞)에 속한다. 형용사는 명사, 동사와 함께 문장을 이루는 중요한 요소이나 형용사의 수량은 명사, 동사만큼 많지 않다.

1 형용사의 종류

형용사는 아래 두 종류로 나눌 수 있다. 즉 성질형용사와 상태형용사이다.

---

61) [역주] '共(恭)屯(純)'을 술목구조로 보는 견해도 있다.

62) [역주] 이 글자에 대해서는 '或', '國', '戎', '戜' 등으로 考釋하는 견해도 있다.

63) [역주] 기물명 앞에 쓰이는 '旅'의 의미에 대해서는 견해가 분분하며, 각 주장과 관련해서는 陳英傑 (《西周金文作器用途銘辭研究》)(上), 線裝書局, 2008년, 250-257쪽)을 참고할 수 있다.

1) 성질형용사(性質形容詞)

사물의 형상과 성질을 나타낸다. 이러한 형용사는 殷商시대에 이미 탄생하였으며, 서주 시대 대량으로 증가한다.

예컨대, '白', '飽, '卑', '薄', '明', '艾', '隘', '敖', '暴', '悲', '悖', '比', '敝', '博' 등.

2) 상태형용사(狀態形容詞)

사물의 상태를 묘사하는데 쓰인다. 상태형용사는 다양한 형식이 있는데, 단음절, 중첩식, 쌍성첩운식, 접두접미사가 붙은 형식 등이 있다.

예컨대, '苞', '苾', '哀哀', '藹藹', '安安', '奔奔', '怲怲', '觱沸', '觱發', '蔽芾', '賁然', '沃若', '有泌', '有椒', '有驛' 등.

2 형용사의 어법특징

형용사는 2가지 중요한 어법특징이 있다.

1) 결합능력 방면의 특징

정도부사의 수식을 받을 수 있으나 목적어를 가질 수 없고 중첩할 수 있다. 서주한어에서 두 개의 중요한 정도부사로 '孔'과 '大'가 있다. 일반적으로 정도부사의 수식을 받을 수 있다면 형용사로 간주할 수 있다.

(1) 我有嘉賓, 德音孔<u>昭</u>.(《詩經 · 小雅 · 鹿鳴》) 내게 아름다운 손님 있어, 德音이 크게 밝으시니

(2) 以洽百禮, 降福孔<u>皆</u>.(《詩經 · 周頌 · 豐年》) 百禮가 구비되어, 복을 내리심이 심히 두루 하도다.

(3) 王曰: 白父, 孔<u>顯</u>又光.(《虢季子白盤銘》) 왕께서 말씀하셨다. "白父(子白)여! 그대의 공로가 혁혁하고 빛나는 도다."

(4) 元鳴孔<u>皇</u>.(《沇兒鐘銘》) 길게 울리는 종소리가 매우 맑고 크도다.

(5) 彼譖人者, 亦已太<u>甚</u>.(《詩經 · 小雅 · 巷伯》) 저 참소하는 사람, 너무 심하구나.

(6) 旱旣大<u>甚</u>, 則不可推.(《詩經 · 大雅 · 雲漢》) 가뭄이 이미 너무 심하여, 가히 밀칠 수가 없구나.

형용사는 목적어를 가질 수 없다. 만약 목적어를 가진다면, 더 이상 형용사가 아니며 동사 혹은 동사로 활용된 것이다. 예를 들어 '哲'자가 이러하다. '哲'은 일반적으로 형용사로 '명철하다'의 의미이다.

(1) 既明且哲, 以保其身.(《詩經·大雅·烝民》) 이미 밝고 또 명철하니, 이로써 자신의 몸을 보존하게 되었구나.

(2) 哲夫成城, 哲婦傾城.(《詩經·大雅·瞻卬》) 명철한 지아비는 나라를 이루거늘 명철한 아녀자는 나라를 기울인다.

하지만 목적어를 가질 때, 성질이 변한다.

(1) 顯淑文祖、皇考, 克哲[64]厥德.(《井人佞鐘銘》) 찬란히 빛나시고 어지시며 文德이 혁혁하신 先祖와 위대하신 先父께서 경건히 덕행에 힘쓰셨도다.

(2) 不(丕)顯皇考究公穆穆克盟厥心, 哲[65]厥德.(《師望鼎銘》) 찬란히 빛나시고 영명하신 先父 究公께서는 경건하게 그 마음을 밝히시고 덕행에 힘쓰셨다.

형용사, 특히 상태형용사는 중첩이 가능한데, 일반적으로 AA식으로 중첩이 되며, 쌍음절 형용사는 AABB식으로 중첩이 된다. 예를 들면 다음과 같다.

穆 → 穆穆, 皇 → 皇皇, 烈 → 烈烈, 青 → 青青, 戰戰兢兢, 穆穆翼翼.

2) 통사기능 방면의 특징

관형어가 될 수 있으며, 위어 혹은 위어의 중심이 될 수 있다.

(1) 帝謂文王, 予懷明德.(《詩經·大雅·皇矣》) 황제가 文王에게 말하길, 나는 밝은 덕을 좋아한다.

(2) 好言自口, 莠言自口.(《詩經·小雅·正月》) 좋은 말도 입에서 나오고, 나쁜 말도 입으로 하네.

(3) 唯四月既生霸己丑, 公賞作冊大白馬.(《作冊大鼎銘》) 사월 既生霸 己丑일에 公께서 作

---

64) [역주] '哲'에 대해서는 제2장 제2절 [역주] 52 참조.
65) [역주] '哲'에 대해서는 제2장 제2절 [역주] 52 참조.

冊 大에게 백마를 하사하셨다.

(4) 弔(叔)向父禹曰: 余小子司朕皇考肇帥井先文祖, 共66)明德, 秉威義, 用緟慾67)奠
保我邦我家.(《叔向父簋銘》) 叔向父禹가 말했다. "小子인 나는 나의 위대하신 先父를 계승
하고 文德이 혁혁하신 선조들을 본받아 明德을 받들고 위엄을 갖춤으로써 (왕명을)거듭 받들
어 우리나라와 우리 가문을 안정시키고 보위할 것이다."

이상의 형용사는 모두 관형어 용례이며, 아래는 형용사가 위어 혹은 위어의 중심이 되는
용례이다.

(1) 人有小罪, 非眚, 乃有終. 自作不典式爾. 有厥罪__小__, 乃不可不殺.(《尚書·康誥》) 사람
이 작은 죄가 있더라도, 재앙으로 인한 죄가 아니면, 故意로 한 것이다. 스스로 법에 어긋난
짓을 저질러서 그렇게 된 것이니, 그 죄가 작더라도 죽이지 않을 수 없다.

(2) 我有大事__休__(《尚書·大誥》) 나에게 큰일이 있는데 길할 것이다.

(3) 天保定爾, 亦孔之__固__.(《詩經·小雅·天保》) 하늘이 우리 임금을 안정시키사 매우 견고히 하셨네.

(4) 隰桑有阿, 其葉有__沃__.(《詩經·小雅·隰桑》) 습지의 뽕나무 아름답고 그 잎이 미끈매끈.

(5) 四黃旣駕, 兩驂不__猗__.(《詩經·小雅·車攻》) 네 마리 누런 말에 멍에를 매니, 두 마리 곁말이
기울지 않네.

(6) 不(丕)顯皇祖考__穆穆__, 克哲68)厥德.(《番生簋銘》) 찬란히 빛나시고 영명하신 先祖先父께
서는 경건하게 위엄을 갖추시고 덕행에 힘쓰셨다.

일반적으로 위의 두 개 어법특징을 구비하거나 의미상 성질이나 상태를 나타내는 단어는
형용사로 볼 수 있다.

---

66) [역주] 원서에서는 '卞'으로 표기되어 있으나 오타로 보인다.
67) [역주] '緟慾'의 원래 자형을 隸定하면 '䲹𧱏'으로 이 글자들의 해석에 관해서는 아직 정론이 없다.
'䲹'에 대해서는 '緟'이나 '中'으로 읽으며, '𧱏'는 명문 중의 유사 文例들을 비교해볼 때 '恭', '敬'의
의미로 지닌 것으로 파악하고 있다. 또, 이 어휘가 쓰인 다른 금문 문례에서는 뒤에 왕이나 왕명을
의미하는 목적어가 동반되는 것으로 보아 여기서도 '䲹𧱏' 뒤에 유사한 의미의 목적어가 생략된 것으
로 보는 것이 합리적이다.
68) [역주] '哲'에 대해서는 제2장 제2절 [역주] 52 참조.

❸ 형용사의 통사기능

위에서 언급했듯이, 형용사는 관형어, 위어, 위어의 중심이 될 수 있다. 이 외에 형용사는 다른 문장성분이 될 수도 있다.

1) 주어, 목적어가 된다.

형용사가 주어, 목적어 위치에 출현하는 경우는 3가지 경우이다.

첫째, 형용사가 다른 성분을 동반하여 구를 형성한 후 주어, 목적어가 되는 경우이다. 보통 형용사 앞에 '其', '厥' 혹은 기타 형용사가 붙어 관형어수식구(定中短語)를 형성한 후 목적어가 되는 경우이다. 이런 경우, 일부 형용사는 여전히 형용사로 보아야 하며, 일부 형용사는 이미 기타 품사로 전환하였거나, 활용된 것으로 보아야 한다. 먼저 여전히 형용사로 보아야 하는 경우이다.

(1) 周道如砥, 其<u>直</u>如矢.(《詩經 · 小雅 · 大東》) 주나라 길은 숫돌 같아, 화살처럼 쭉 뻗었었지.

(2) 其<u>崇</u>如塘, 其<u>比</u>如櫛.(《詩經 · 周頌 · 良耜》) 그 높이가 담과 같고, 그 늘어선 것은 빗과 같네.

(3) 旣見君子, 其<u>樂</u>如何?(《詩經 · 小雅 · 隰桑》) 군자를 보게 되면, 즐거움이 어떨까?

(4) 道之云遠, 我<u>勞</u>如何?(《詩經 · 小雅 · 縣蠻》) 길이 멀다고 하네. 내 고생은 어떨까?

(5) 鞙鞙佩璲, 不以其<u>長</u>.(《詩經 · 小雅 · 大東》) 패옥이 치렁치렁하지만, 길다하지 않네.69)

(6) 尹逸笑曰: 殷末孫受, 德迷先成湯之<u>明</u>, 侮滅神祇不祀.(《逸周書 · 克殷解》) 尹逸이 책문을 낭독하였다. "殷 말의 자손은 악덕으로 成湯의 영명을 미혹되게 하고 조상신들을 업신여기고 멸시하여 제사를 지내지 않았다."

예(1)에서 '其'는 '周道(대도)'를 가리키고 '其直如矢'는 '대로가 곧아 마치 화살대와 같다'고 한 것이다. 나머지도 이와 같다. 일부 '관형어가 있는 형용사'가 주어, 목적어가 될 때는 반드시 다른 품사로의 전환 혹은 활용으로 보아야 한다.

(1) 四<u>黃</u>旣駕, 兩驂不猗.(《詩經 · 小雅 · 車攻》) 네 마리 누런 말에 멍에를 매니 두 마리 곁말이

---

69) [역주] '鞙鞙'은 패옥이 드리워진 모양이다.

기울지 않네.

(2) 四國無政, 不用其良.(《詩經·小雅·十月之交》) 사국에 정사가 없어, 善人을 등용하지 않네.

(3) 匪用其良, 覆俾我悖.(《詩經·大雅·桑柔》) 좋은 사람 쓰지 못하고 반대로 우리에게 그릇된 일 하는 자들 쓰네.

(4) 迨我暇矣, 飮此湑矣.(《詩經·小雅·伐木》) 내 한가하면, 이 거른 술을 마시리라.70)

(5) 商紂不改夏桀之虐, 肆我有周有家.(《逸周書·芮良夫》) 상의 주왕은 하왕 걸의 잔학함을 고치지 않아, 비로소 우리 주나라와 여러 나라가 이르렀다.

(6) 弗敬恤爾執, 以屏助予一人, 集天之顯, 亦爾子孫, 其能常憂恤乃事.(《逸周書·嘗麥解》) 너희들의 맡은 직무를 삼가 근심하여 나 한 사람을 도와 하늘의 드러난 명을 이루지 않는다면, 너희들의 자손이 어찌 항상 너희들의 일을 근심하겠는가?

예(1)에서 '黃'은 본래 형용사로, '황색'을 가리키지만 여기서는 그 의미가 전환하여 '黃馬'를 가리킨다. '黃'은 앞에 '四'의 수식을 받는데, '四黃'은 피동작주 구문의 주어가 된다. 나머지도 이와 같다.

둘째, 두 개의 형용사가 연합하여 하나의 병렬구를 구성한 연후에 주어, 목적어가 된다. 이때 두 개의 병렬된 형용사의 의미는 일반적으로 모두 변환지시화(轉指化) 된 것이며, 그 품사도 명사로 전환 혹은 활용된 것이다. 예를 들어, 다음과 같다.

(1) 賢智箝口, 小人鼓舌.(《逸周書·芮良夫》) 현명한 선비들에게는 입을 막아 화를 피하게 하였고, 소인들로 하여금 입을 놀려 이익을 취하도록 하였다.

(2) 旣醉旣飽, 小大稽首, 神嗜飮食, 使君壽考.(《詩經·小雅·楚茨》) 실컷 마시고 배불리 먹고서, 젊고 늙은 모든 사람들이 머리를 조아리며, 귀신들이 음식을 즐겼으니, 君을 장수케 하려 하심이네.

(3) 來方禋祀, 以其騂黑, 與其黍稷.(《詩經·小雅·大田》) 와서 사방에 禋제사를 드리네. 붉은 소와 검은 소, 그리고 기장과 피로 제물을 바치네.

(4) 天壽平格.(《尙書·君奭》) 하늘은 공평하고 하늘에 통하는 사람을 장수하게 한다.71)

---

70) [역주] '湑'의 경우, '술을 거르다'라는 동사도 있고, '걸러서 맑아진'이란 형용사도 있으며, 여기서는 '걸러서 맑은 술'의 의미를 나타낸다.

71) [역주] '平格'이란 '공평하다, 하늘에 통하다'라는 두 형용사가 '공평하고, 하늘에 통하는 사람'으로 전환된 것이다.

(5) 靖共爾位, 好是正直.(《詩經·小雅·小明》) 네 지위를 바르고 공손히 하여, 정직한 사람을 좋아하여라.

(6) 哿矣, 富人! 哀此惸獨.(《詩經·小雅·正月》) 괜찮도다, 부자들이여! 이렇게 홀로 근심하는 사람들 참으로 애처롭도다.

예(1)에서 '賢智'는 원래 모두 형용사이다. '賢'은 재덕이 출중함을 나타낸다. 예컨대,

(예) 賢哉, 回也.(《論語·雍也》) 현명하구나 회여!

'智'는 총명함을 나타낸다. 예컨대,

(예) 人之少也愚, 其長也智.(《呂氏春秋·貴公》) 사람이 어릴 때는 어리석지만, 크면 지혜롭다.

그러나 예(1)에서 '賢智'의 의미는 변환지시화하여 '현명하고 지혜로운 사람'이 된다. 나머지도 이와 같다. 때때로 두 개의 형용사가 연합하여 목적어의 중심이 되지만 그 의미는 기본적으로 변화하지 않는 경우가 있다. 이때는 두 형용사가 명사로 전환 혹은 활용되었다고 할 수 없다. 예를 들어 '不知稼穡之艱難'(《尙書·無逸》) 뿌리고 거두는 일의 어려움을 모른다)에서 '艱'과 '難'은 모두 형용사로 '힘들다(艱難)', '고생하다(苦難)'의 의미이다. 《爾雅·釋詁》에서 "간은 난이다(艱, 難也)."라 하였고, 《詩經·王風·中穀有蓷》의 '嘅其嘆矣, 遇人之艱難矣(탄식하여 한숨짓는 것은 이 사람이 어려움을 만나서라네)'구에 대해 毛亨은 "간은 또한 난이다(艱亦難也)."라고 주하였다. 위의 예에서 '艱難'은 《詩經》에서 인용한 '艱難'의 의미와 품사가 모두 같다. 비록 목적어 자리에 왔지만, 의미상으로 볼 때, '힘들다', '고생하다'라는 의미를 나타내므로 의미에 기본적인 변화가 없다. 적어도 변환지시화가 발생하지 않았다고 할 수 있다. 용법 방면에서 보면, '艱難'은 앞에 관형어를 가지고 목적어가 된 형태지만 그 앞의 동사는 '知'이다. '知'는 명사성성분을 목적어를 가질 수도 있고 동사성성분을 목적어로 가질 수도 있다. 그러니 형용사성목적어를 가지는 것도 당연히 문제가 없다.

셋째, 형용사 단독으로 주어, 목적어가 되는 경우로, 두 가지 경우가 있다.

첫 번째 경우는 주어, 목적어가 되는 형용사의 의미가 이미 변환지시화 되고, 그 품사도 이미 명사로 전환 혹은 활용된 경우이다. 예컨대 다음과 같다.

(1) 非佞折獄, 惟良折獄.(《尙書·呂刑》) 말 잘하는 자가 옥사를 결단할 것이 아니라, 선량한 자가 옥사를 결단해야 한다.

(2) 惟聖罔念作狂, 惟狂克念作聖.(《尙書·多方》) 성인이라도 생각하지 않으면 바보가 되고, 바보라도 생각하면 성인이 된다.

(3) 泰, 小往大來, 吉亨.(《周易·泰卦》) 泰는 작은 것이 가고 큰 것이 오니, 길해서 형통하니라.

(4) 民至億兆, 后一而已, 寡不敵衆, 后其危哉!(《逸周書·芮良夫》) 백성이 십만, 백만에 이르더라도 군왕은 한 사람뿐이니, 소수로 다수를 상대할 수 없으니 군왕이 위험할 것이다.

(5) 弗造哲, 迪民康.(《尙書·大誥》) 명철함으로 나아가 백성을 편안하게 인도하지 못하였다.

(6) 惇大成裕 汝永有辭.(《尙書·洛誥》) 큰 것을 돈독히 하고 너그러움을 이룬다면, 그대는 영원토록 좋은 평판이 있을 것입니다.

예(1)에서 '佞'과 '良'은 본래 모두 형용사이다. '佞'은 '말을 잘함'의 의미이고 '良'은 '선량하다'는 뜻이다. 하지만 예(1)에서 두 단어의 의미는 모두 더 이상 성질, 상태를 나타내지 않고, 이러한 성질, 상태를 가진 사람을 가리킨다. 즉, '佞'은 '말 잘하는 사람', '良'은 '선량한 사람'의 의미이다. 예(1)에서 '折獄'은 '안건을 심문하다'의 의미로 비교적 강한 동작성을 가지며 주어로 명사가 요구되는 형태이다. 나머지도 이와 같다.

두 번째 경우는 주어, 목적어가 되는 형용사의 의미가 기본적으로 바뀌지 않았으며, 그 품사도 여전히 형용사로 볼 수 있는 경우이다. 단지 이러한 경우에서만 형용사가 주어, 목적어가 된다고 보아야 한다. 예컨대 다음과 같다.

(1) 惟厥罪無在大, 亦無在多.(《尙書·康誥》) 그 죄는 큰 데 있지 아니하고 많은 데도 있지 아니하다.

(2) 肆予沖人永思艱.(《尙書·大誥》) 그러므로 나 어린 사람은 길이 어려움을 생각할 것이니

(3) 典獄非訖于威, 惟訖于富.(《尙書·呂刑》) 옥사를 맡음은 징벌하는 것에 목적이 있지 아니하고, 그들을 잘 살게 하는 데 있다.

(4) 維其開告予于嘉德之說, 命我辟王小至于大.(《逸周書·皇門解》) 그들은 아름다운 덕행의 이야기를 나에게 들려줬고, 나 군왕으로 하여금 덕의 작음에서 큼으로 성장할 수 있도록 하였다.

예(1)의 의미는 '그들의 죄가 큼에 있지 않고 또한 많음에 있지 않다'이다. 여기서 '大'와 '多' 두 개의 형용사는 비록 목적어이지만 그 의미는 모두 변화하지 않았다. '大'와 '多'

앞의 동사는 모두 '在'로 존재동사이며 동작성이 강하지 않아 동사성성분이 목적어가 될 수 있다. 나머지도 이와 같다.

2) 부사어가 된다.

앞에서 서술했듯이, 형용사는 보통 관형어나 위어(위어의 중심을 포함)가 된다. 특별한 조건 하에서 주어, 목적어가 될 수도 있으며, 이 외에 부사어가 될 수도 있다. 부사어가 되는 형용사는 부사로 오인되기 쉬워 주의해서 구별해야 한다. 만약 형용사가 관형어, 위어, 그리고 부사어가 될 뿐만 아니라, 부사어가 될 때 그 의미가 변화하지 않으면(관형어와 위어가 될 때와 동일하게), 이는 '형용사가 부사어로 쓰인 것'으로 보아야 한다(즉, 부사로 전환된 것이 아님).

- (1) 余用匄屯(純)魯霝萬(萬)年, 其永寶用之.(《善鼎銘》) 나는 이 기물로써 큰 복과 장수를 기원할 것이니, 이 기물을 영원히 귀중히 사용할지어다.
- (2) 不顯天子, 天子其萬年無疆, 保辥周邦, 畯尹四方.(《大克鼎銘》) 찬란히 빛나시고 영명하신 천자시여! 천자께서는 만년토록 영원할 것이며, 주나라를 보우하고 다스리시고 천하의 모든 나라를 오랫동안 통치하시리라.

예(1)에서 '永'을 혹자는 '형용사가 부사어로 쓰인 것'으로 보고, 혹자는 '부사'로 보는데, 어떤 의견이 더욱 타당할까? 이를 위해서는 위의 서술을 토대로 판단해야 한다. '永'은 周代에 형용사로 쓰여 공간과 시간의 '김'을 의미하였다. 공간의 '김'을 나타내는 예로는 '江之永矣, 不可方思(강은 길어서 뗏목을 탈 수도 없네)'(《詩經·周南·漢廣》) 등이 있고, 시간이 '김'을 나타내는 예로는 '來歸自鎬, 我行永久(호에서 돌아왔네, 우리가 길을 떠난 지 오래되었다네.)'(《詩經·小雅·六月》)가 있다. 위에서 인용한 예 가운데 '永'은 위어 혹은 위어의 일부분으로 사용되는 것이며, 아래에서 인용할 몇 예에서의 '永'은 형용사가 관형어가 되는 용례이다.

- (예1) 降克多福, 眉壽永命.(《克盨銘》) 克에게 많은 복과 장수와 영원한 생명을 내려주시다.
- (예2) 用禬72)壽匄永福.(《衛鼎銘》) 장수를 빌고, 영원한 복을 구한다.

---

72) [역주] 제2장 제2절의 [역주] 30 참조.

(예3) 於乎皇考, 永世克孝.(《詩經·周頌·閔予小子》) 아, 빛나는 아버지께서는 종신토록 효도할
　　　수 있으셨구나.

이러한 관형어가 되는 '永'은 대부분이 시간의 김을 의미하여 '장구하다'라는 의미를 나
타낸다. 또 주대에 '永'은 부사어로 쓰이기도 하는데, 예(1) 외에도 많은 용례가 있다.

(예1) 孝子不匱, 永錫爾類.(《詩經·大雅·既醉》) 효자는 다함이 없으니, 길이 그대에게 복을 주리
　　　라.
(예2) 假寐永嘆, 維憂用老.(《詩經·小雅·小弁》) 잠이 드는 둥, 마는 둥하여 오래도록 탄식하고,
　　　근심만 하니 늙는구나.
(예3) 永言保之, 思皇多祜.(《詩經·周頌·載見》) 영원히 보전하여, 아름다운 복을 많이 받았네.

이렇게 부사어가 되는 '永'과 관형어, 위어가 되는 '永'은 같은 의미이며, 모두 시간의
'김', '장구하다'의 의미를 나타낸다. 다만 어법위치 관계로 인해 '永'이 '장구하게(長久地)'
로 번역될 뿐이다. 고대의 주석가들은 이 점에 대해 철저히 이해하였으며, 모두 같은 품사
의 다른 어법위치에 사용된 '永'으로 풀이하였다. 예를 들어, 앞에서 들었던 '江之永矣'에
서 '永'과 '永錫爾類'의 '永'에 대해 鄭箋에서는 모두 '길다(長)'로 풀이하였다. 따라서 부
사어가 되는 '永'은 마땅히 형용사인 것이다. 예(2)에서 '晙'은 '駿'으로 통가된 것이며, '長
久'의 의미로 문장에서 부사어가 된다(위어동사는 '尹'인데, '다스리다'의 의미이다). 이 '晙
(駿)'은 마땅히 형용사가 부사어로 쓰인 형태로 볼 수 있는데, 서주시대 '晙'은 관형어도
될 수 있기 때문이다. 관형어가 되건, 부사어가 되건 그 의미는 기본적으로 동일하다. 예를
들어, '駿命不易(긴 명은 바꾸기 쉽지 않다)' 중의 '駿'(관형어)과 '駿奔走在廟(오랫동안
묘당에서 분주하네)' 중의 '駿'(부사어)을 《毛傳》에서는 모두 '길다(長也)'라 하였다. 종합
하면, 예(2)의 '晙' 역시 형용사가 부사어로 쓰인 것이다.

4 다른 품사에서 형용사로의 전환

명사, 동사, 형용사가 서로 전환할 수 있음은 아주 쉽게 이해할 수 있다. 명사는 사람을
나타내고, 사람은 움직이며 성질과 상태를 가지므로, 삼자는 서로 관련되어 있어 서로 전환
할 수 있다. 여기서는 주로 다른 품사(주로 명사, 동사)에서 형용사로의 전환에 대해 논의하

기로 한다.

다른 품사에서 형용사로의 전환은 다음의 3가지 조건이 구비되어야 한다. 첫째, 단어의 의미가 변화되어야 한다. 더 이상 인물 혹은 동작행위가 아닌 성질, 상태를 나타내어야 한다. 둘째, 형용사의 어법특징을 구비해야 한다. 예를 들어, '孔'의 수식을 받는다든지, 관형어 혹은 위어가 되는 것 등이다. 셋째, 이러한 전환이 임시적인 것이 아닌 자주 발생하고 고정적이어야 한다. 다시 말하면, 통계상에 있어 일정한 비율을 차지해야 한다.

1) 명사에서 전환된 형용사

일부 단어는 원래 명사였지만, 후에 형용사로 전환되기도 하는데, 비교적 흔히 보인다.

(1) 文考遺寶責(積), 弗敢喪, 旅[73]用作父戊寶尊彝.(《旅鼎銘》) 文德이 혁혁하신 先父께서 귀중한 재물을 남기셨으니 감히 잃지 않을 것이다. 旅는 先父 戊께 제사를 올릴 때 사용할 귀중한 祭器를 제작하였다.

(2) 田車旣好, 四牡孔阜.(《詩經·小雅·吉日》) 사냥수레 견실하고, 사마는 매우 장대하네.

(3) 盜言孔甘, 亂是用餤.(《詩經·小雅·巧言》) 도적의 말은 매우 달콤하니, 어지러움은 이로 인해 진행되네.

(4) 苕之華, 芸其黃矣.(《詩經·小雅·苕之華》) 능초꽃 시들어 노래졌네.

예(1)에서 '寶'는 본래 명사로 '보물'의 의미이다.《說文解字》에서 "寶는 보배이다(寶, 珍也)."라 하였고,《詩經·大雅·崧高》의 '錫爾介圭, 以作爾寶(그대에게 큰 홀을 내리니, 그대의 보물로 삼으라.)'에서 '寶'에 대해《毛傳》에서는 '瑞也(보물)'라고 풀이하였다. 그러나 예(1)에서 '寶'는 이미 형용사로 바뀌어, '보귀하다'의 의미를 나타낸다. 이러한 의미의 '寶'는 서주 금문 중에 자주 보이므로 활용(活用)이 아닌 겸류사로 보아야 한다. 예(2)의 '阜'는 본래 명사로 '큰 흙산'의 의미이다.《詩經·小雅·天保》의 '如山如阜, 如岡如陵(산과 같고, 언덕과 같고, 능선과 같고 구릉과 같네)'구에 대해《毛傳》에서는 "높고 평평한 것이 陸이고, 큰 陸이 阜이며 큰 阜는 陵이다(高平曰陸, 大陸曰阜, 大阜曰陵)."이라 하였으며,《韓詩》에서는 '阜'를 "흙이 쌓여 높고 큰 것(積土高大)"이라고 풀이하였다. 그러나

---

73) [역주] 원서에서는 '旅'로 표기되어 있으나 이 글자는 '旅'로 보는 것이 일반적인 견해이다.

예(2)에서 '阜'는 '孔'의 수식을 받아 품사가 이미 형용사로 바뀌어 '크다', '많다', '융성하다'의 의미로 변하였다. 이러한 형용사 용법의 '阜'는 周代에 비교적 흔하다. 통계에 의하면 《詩經》에서 명사 용법의 '阜'는 겨우 2회 나타나지만 형용사 용법의 '阜'는 6회 나타난다.74) 따라서 '阜'는 명사에서 형용사로의 전환이 이미 완성된 것이다. 예(3)의 '甘'은 본래 명사로 '단맛', '좋은 맛'의 의미이다. 《詩經·鬱風·穀風》의 '誰謂茶苦, 其甘如薺(누가 씀바귀가 쓰다고 했는가? 냉이처럼 달기만 하구나.)'구에서 '甘'이 바로 이러한 의미이다. 그러나 예(3)에서 '甘'은 '孔'의 수식을 받아 명사에서 형용사로 전환되었는데, 통계에 의하면 형용사 '甘'은 《詩經》에서 모두 6회 출현했다('甘棠'의 '甘'도 '달콤하다'의 의미인데, 왜냐하면 이러한 나무의 과실 맛이 달콤하기 때문이다). 따라서 '甘'은 주대 이미 형용사가 된 것이다.75) 예(4)에서 '黃'은 본래 명사로 '璜'의 본자이며 '黃玉'의 의미이다. 《詩經·齊風·著》의 '俟我於堂乎而, 充耳以黃乎而(당에서 나를 기다리네. 황옥으로 귀를 막고서.)'구에서 '黃'이 바로 본의로 사용된 것이다. 하지만 예(4)의 '黃'은 형용사로 '황색'을 의미한다. 이러한 형용사의 '黃'은 《詩經》에 아주 자주 보이는데, 통계에 의하면 30회 출현하다. 따라서 주대에 '黃'은 이미 형용사의 용법이 생긴 것이다.

2) 동사에서 전환된 형용사

일부 단어들은 원래 동사였으나 뒤에 형용사로 바뀌는 경우가 있는데, 비교적 흔히 발생한다. 예컨대 다음과 같다.

(예) 淑人君子, 其德不回.(《詩經·小雅·鼓鍾》) 착한 군자, 그 덕이 사악하지 않네.

'回'는 본래 동사로 '선회하다'의 의미이다. 《詩經·大雅·雲漢》의 '悼彼雲漢, 昭回于天(밝게 빛나는 저 은하수, 그 빛이 하늘을 따라 도는구나)'에서 '回'가 바로 이러한 용법이다. 하지만 여기서의 '回'는 형용사로 전환하였는데, 그 의미는 '사악하다'가 된다. 이러한 의미의 '回'는 《詩經》에 모두 7회 출현한다. 따라서 주대에 이미 형용사를 겸하게 되었다.

---

74) 《詩經》의 '阜螽'을 혹자는 고유명사로 작은 메뚜기, 여치류의 일종으로 보기도 하지만 혹자는 그 중의 '阜'를 '크다'의 의미로 보아 '阜螽'을 '큰 메뚜기'로 보기도 한다. 만약 후자설이 맞다면 형용사 '阜'는 《詩經》 중에 모두 8회가 출현한다.

75) '苦'도 명사에서 형용사로 전환된 것이다.

5 형용사의 활용

형용사의 활용은 두 가지로 나눌 수 있는데, 하나는 형용사가 명사로 활용되는 것이고 하나는 형용사가 동사로 활용되는 것이다.

1) 형용사가 명사로 활용

동시에 다음 3개의 조건을 만족해야 형용사가 명사로 활용된다고 할 수 있다. 첫째, 형용사가 명사의 어법특징을 구비해야 한다. 둘째, 형용사의 의미가 더 이상 성질, 상태를 나타내지 않고 변환지시화가 발생해야 한다. 셋째, 형용사의 명사적 특징이 임시적이어야 하고, 자주 그리고 고정적이지 않아야 한다. 다시 말해 그 출현빈도가 높지 않아야 하는데, 통상 5회를 넘지 않는 경우이다. 서주시대 형용사의 명사로의 활용은 비교적 흔한 경우이다. 예컨대 다음과 같다.

(1) 來方禋祀, 以其騂黑, 與其黍稷.(《詩經·小雅·大田》) 와서 사방에 禋제사를 드리네. 붉은 소와 검은 소, 그리고 기장과 피로 제물을 바치네.

(2) 有椒其馨, 胡考之寧.(《詩經·周頌·載芟》) 그 향기 나는 것이 후추라네. 선조들이 편안하게 여기시네.

(3) 靡明靡晦, 式號式呼.(《詩經·大雅·蕩》) 밝음도 없고 어둠도 없어, 부르고 소리치네.

(4) 迨我暇矣, 飲此湑矣.(《詩經·小雅·伐木》) 내 한가하면, 이 거른 술을 마시리라.

예(1)에서 '黑'은 본래 형용사로 '墨'과 같은 검은색을 말한다. 하지만 여기서 '黑'의 의미는 이미 변환지시화하여 '흑색의 돼지, 양'을 가리킨다. 이때 '黑'은 목적어의 중심으로, 앞에 관형어가 있다. 이러한 용법의 '黑'은 《詩經》에서 겨우 1회 나타나며 다른 서주 문헌 중에도 보이지 않는다. 따라서 여기서의 '黑'은 형용사가 명사로 활용된 것이다. 나머지도 이와 같다.

2) 형용사가 동사로 활용

동시에 다음의 세 개 조건을 만족해야 동사로 활용된 것으로 본다. 첫째, 형용사가 동사의 어법특징을 구비해야 한다. 둘째, 형용사의 의미가 이미 변화하여 더 이상 성질, 상태를 나타내지 않고 동작, 행위를 나타내야 한다. 셋째, 형용사의 의미와 어법특징의 변화가 단지 임시적이어야 하며, 자주 그리고 고정적인 것이 아니어야 한다. 다시 말해 이러한 형용사의 출현횟수는 극히 적어야 하는데, 일반적으로 5회를 넘지 않아야 한다.

형용사가 동사가 되는 경우는 모두 3가지이다. 첫째는 형용사가 일반동사가 되는 것이며, 둘째는 형용사의 사동용법, 셋째는 형용사의 의동용법이다.

① 형용사의 일반동사화

형용사가 동사로 활용될 때, 사동용법이나 의동용법이 아닌 경우가 여기에 속한다. 예컨대 다음과 같다.

(1) 何草不黃, 何日不行.(《詩經·小雅·何草不黃》) 어느 풀인들 시들지 않겠는가? 어느 날인들 지나가지 않겠는가?

(2) 脊令在原, 兄弟急難.(《詩經·小雅·常棣》) 척령이 언덕에 있으니, 형제가 어려움을 구하도다.

예(1)에서 '黃'은 본래 형용사로 '황색'을 가리킨다. 《詩經·邦風·綠衣》의 '綠衣黃裏(녹색 저고리에 노랑색 안감)'구에서 '黃'이 그러하다. 그러나 여기서 '黃'은 색깔을 가리키는 것이 아니라 '황색으로 변하여 말라 죽음'을 의미한다. 王引之는 이 구절을 해석하기를 "玄, 黃 역시 병이다. 죽지 않는 풀이 없고, 마르지 않는 나무가 없다고 말한 것이다(玄, 黃亦病也. 猶言無草不死, 無木不萎也)."라 하였다. 이러한 동사용법의 '黃'은 《詩經》에 겨우 3회 나오니, 활용(活用)에 해당한다. 예(2)에서 '急'은 본래 형용사로 '마음속으로 긴장하고 조급함'을 나타낸다. 《詩經·小雅·六月》의 '玁狁孔熾, 我是用急(험윤 오랑캐들 매우 험악하여 내 이로써 급하게 여기니.)'구에서의 '急'이 바로 그러하다. 하지만 예(2)에서 '急'의 의미는 이미 모종의 행위로 전환하였다. 高亨은 예(2)의 '急難'을 해석하기를 "急難은 형제에게 재난이 있어 서로 구함에 급하다(急難, 兄弟有災難就急於相救)."이라 하였다. 따라서 예(2)에서 '急'은 '마음속으로 긴장하며 서로 구제한다'는 의미를 가리키며, 여기서 '急'의 품사 성질은 이미 동사로 전환된 것이다. 다만, 이러한 '急'은 《詩經》에 겨우 1회 출현하니, 마땅히 활용으로 보아야 한다.

② 형용사의 사동(使動) 용법

형용사가 동사로 쓰이면서 '목적어로 하여금 어떻게 하다(목적어로 하여금 어떤 성질,

상태를 갖도록 하다)'의 의미를 가질 때, 이 경우 바로 형용사의 사동용법에 해당한다. 예컨 대 다음과 같다.

(1) 燕及皇天, 克昌厥後.(《詩經·周頌·雝》) 편안히 황천에 이르러, 그 자손을 번창하게 하시네.

(2) 皇天改大殷之命, 維文王受之, 惟武王大克之, 咸茂厥功.(《逸周書·祭公解》) 하늘이 큰 은나라의 명을 바꿈에, 문왕이 이어받고, 무왕이 은을 멸망시켰으니, 모두 그 공을 풍성하게 하셨다.

(3) 視爾友君子, 輯柔爾顔.(《詩經·大雅·抑》) 네가 군자와 벗할 때를 보니, 너의 안색을 온화하 고 부드럽게 하였네.

(4) 不弔昊天, 不宜空我師.(《詩經·小雅·節南山》) 살피지도 않는 하늘이여, 우리의 태사 그대로 두면 옳지 않도다.

(5) 念茲戎功, 繼序其皇之.(《詩經·周頌·烈文》) 선인들의 큰 공을 생각하여, 잇달아 크게 발전 시키기를.

(6) 載燔載烈, 以興嗣歲.(《詩經·大雅·生民》) 고기를 굽고 꼬치에 끼워 구워서, 해를 일으키며 잇도.

예(1)에서 '昌'은 본래 형용사로 '창성', '번성', '왕성', '아름다움' 등의 의미이다. 그러나 여기서의 '昌'은 목적어를 가지는 동사로 쓰이고 있다. '昌'의 의미는 더 이상 어떤 성질을 나타내지 않으며 '使~興旺(~하여금 흥성하게 하다)'의 의미를 나타낸다. 이러한 동사용법의 '昌'은 《詩經》에서 겨우 1회 보인다. 따라서 마땅히 활용에 해당하며 나머지도 이와 같다.

③ 형용사의 의동(意動) 용법

형용사가 동사로 쓰일 때, '목적어가 어떠하다고 여기다(즉 목적어가 어떤 성질 상태라고 여기다)'란 의미를 가지면 형용사의 의동용법에 해당된다. 예컨대 다음과 같다.

(1) 不顯成康, 上帝是皇.(《詩經·周頌·執競》) 더없이 밝으신 성왕과 강왕, 상제께서 어여삐 여 기시네.

(2) 彼醉不臧, 不醉反恥.(《詩經·小雅·賓之初筵》) 저 취한 이의 추태를, 안 취한 이가 도리어 부끄럽게 여기네.

예(1)에서 '皇'은 본래 형용사로 '위대하다', '아름답다'의 의미이다. 예를 들어, '思皇多士, 生此王國(아름다운 많은 선비들, 이 나라에서 나왔네)'(《詩經·大雅·文王》) 중의 '皇'이 그러하다. 그러나 여기서 '皇'은 목적어 '是'를 동반한 동사이다.[76] '皇'의 의미는 더 이상 성질, 상태를 나타내지 않고 행위성을 띠어 '~가 아름답다고 여기다(認爲~美好)' 혹은 '~를 아름답다고 여기다(以~爲美好)'를 나타낸다.[77] 이러한 의동용법의 '皇'은 《詩經》 중 겨우 1회 보이며 이는 활용된 것이다. 예(2)의 '恥'는 본래 형용사로 '수치', '치욕'의 의미이다. 하지만 여기서의 의미는 '~가 수치스럽다고 여기다(認爲~羞恥)'가 된다. 高亨은 '恥'를 '以~爲恥辱(~를 치욕으로 여기다)'으로 풀이하여 '恥'를 분명한 동사의 의동용법으로 보고 있다. 이러한 용법의 '恥'는 《詩經》에서 겨우 1회 보여 활용으로 보아야 한다.

제4절   서주한어의 부사(副詞)

부사는 위어의 수식성분이 되는 품사를 가리킨다. 부사가 문장성분에 충당되는 능력은 명사, 동사, 형용사보다 약하며, 일반적으로 정도, 범위, 시간, 빈도 등의 의미를 나타낸다.

1 부사의 종류

서주한어의 부사는 9종류로 나눌 수 있는데, 아래와 같다.

1) 정도부사(程度副詞)

정도를 나타내는 부사이다. 아래의 예에서 밑줄 친 부분이 모두 정도부사이다.

---

76) 대사 '是'가 목적어이나 전치되어 있다.
77) 嚴粲은 '上帝是皇'을 '上帝用是皇美之(상제가 그를 아름답게 여기다)'로 풀이하였는데, '皇美之'는 '以之爲皇美(그를 아름답다 여기다)'의 의미이다.

(1) 彼讒人者, 亦已大甚!(《詩經·小雅·巷伯》) 저 남을 참소하는 자여 또한 너무 심하도다.

(2) 亂亂四方, 大從(縱)[78]不靜.(《毛公鼎銘》) 혼란한 천하가 매우 방종하여 불안정하다.

(3) 我有嘉賓, 德音孔昭.(《詩經·小雅·鹿鳴》) 내게 아름다운 손님 있어, 德音이 크게 밝으시네.

(4) 王曰: 伯父, 孔顯有光.(《陽白盤銘》) 왕께서 말씀하셨다. "伯父여! 그대의 공로가 혁혁하고 빛나는 도다."

(5) 篤敘乃正父, 罔不若予, 不敢廢乃命.(《尙書·洛誥》) 그대 正父(武王)의 도를 철저하게 펴되, 내가 한 것처럼 하지 않음이 없으면, 감히 그대의 명령을 폐하지 않을 것이다.[79]

(6) 終踰絶險, 曾是不意.(《詩經·小雅·正月》) 끝내 극히 험한 곳을 넘어갈 것이나, 일찍이 예상 외로 수월하리라.

(7) 其風肆好, 以贈申伯.(《詩經·大雅·崧高》) 그 소리도 매우 좋으니, 이를 신백에게 주노라.[80]

(8) 昊天已威, 予愼無罪.(《詩經·小雅·巧言》) 하늘이 아무리 위엄이 있어도 내가 살펴보건대 아무 죄가 없다.

(9) 民亦勞止, 汔可小康.(《詩經·大雅·民勞》) 백성들 또한 수고로우니, 바라건대 조금 쉬게 해야지.

(10) 曷云其還, 政事愈蹙.(《詩經·心雅·小明》) 언제나 돌아갈 수 있으려나? 政事가 더욱 급박하구나.

(11) 天降割于我家, 不少延.(《尙書·大誥》) 하늘이 우리집안에 재앙을 내림에, 조금도 기다려주지 않으셨다.

(12) 公稱丕顯德.(《尙書·洛誥》) 공은 크게 뛰어난 덕을 말하였다.

(13) 乃汝盡遜.(《尙書·康誥》) 너는 끝까지 겸손해라!

(14) 大有元亨.(《周易·大有》) 대유는 크게 형통하니라.[81]

(15) 則皇自敬德.(《尙書·無逸》) 당신은 크게 스스로 덕을 삼가[신중히]하라!

2) 범위부사(範圍副詞)

범위를 나타내는 부사이다. 아래의 예에서 밑줄 친 부분이 모두 범위부사이다.

---

78) [역주] '虞'의 古文과 유사한 글자로 보고, '譁'나 '嘩'로 읽는 의견도 있다.
79) [역주] '篤'은 부사로 '심히, 매우'의 의미이다.
80) [역주] '肆'는 부사로 '참으로, 매우'의 의미이다.
81) [역주] '元'은 부사로 '크게'의 의미이다.

(1) 諸父兄弟, 備言燕私.(《詩經·小雅·楚茨》) 모든 친척들, 다 함께 연회를 베푸네.[82]

(2) 麾之以肱, 畢來旣升.(《詩經·小雅·無羊》) 팔뚝으로 부르니, 모두 와서 다 우리로 올라가네.

(3) 戲狄(逖)不恭.(《戲狄鐘銘》) 불경한 자를 모두 멀리 쫓아내다.[83]

(4) 羣黎百姓, 徧爲爾德.(《詩經·小雅·天保》) 군중과 백관들이 두루 너의 덕을 행하네.

(5) 旣醉而出, 並受其福.(《詩經·小雅·賓之初筵》) 이미 취해서 나가니, 모두가 복을 받겠네.

(6) 民之無辜, 並其臣僕.(《詩經·小雅·正月》) 백성들은 무고한데, 모두 臣僕이 되었구나.

(7) 凡今之人, 莫如兄弟.(《詩經·小雅·常棣》) 무릇 지금 사람은 형제만한 이가 없구나.

(8) 豔妻煽方處.(《詩經·小雅·十月之交》) 예쁜장한 마나님 선동하며 사방으로 다니네.

(9) 旁作穆穆.(《尙書·洛誥》) 널리 화목하게 되고.[84]

(10) 罔敷求先王, 克共明刑(《詩經·大雅·抑》) 널리 선왕의 도를 구하여 밝은 법을 집행하지 않는구나.[85]

(11) 舍彼有罪, 旣伏其辜(《詩經·小雅·雨無正》) 저 죄지은 사람들은 그냥 내버려 두어 죄를 모두 받는 셈 치더라도.[86]

(12) 羣公旣皆聽命.(《尙書·顧命》) 여러 공이 모두 명을 들었다.

(13) 跋跋周道, 鞠爲茂草(《詩經·小雅·小宛》) 평평한 큰길, 온통 무성한 풀이 자라겠지.[87]

(14) 報孳[88]乃遣間[89]來逆邵[90]王, 南尸、東尸其見, 廿又六邦.(《胡鐘銘》) 報孳는 이에 間을 파견하여 왕을 맞아 알현하였으며, 南夷와 東夷도 모두 朝見하니 스물여섯 개의 방국이었다.

(15) 我聞殷述(墜)令, 唯殷邊侯甸, 雩殷正百辟, 率肄于酉(酒), 故喪師巳[91].(《大盂鼎銘》)

---

82) [역주] '備'는 부사로 '모두, 함께'의 의미이다.

83) [역주] '戲'는 '盡'의 뜻이고, '狄'과 '不'은 각각 '惕'과 '丕'로 읽어, '몸가짐을 조심하고 경건히 하다'의 의미로 해석하는 견해도 있다.

84) [역주] '旁'은 부사로 '널리'의 의미이다.

85) [역주] '敷'는 부사로 '두루, 널리'의 의미이다.

86) [역주] '旣'는 부사로 '모두'의 의미이다.

87) [역주] '鞠'은 원래 '가득 차다'란 의미에서 '모두'의 의미가 됨.

88) [역주] 첫 번째 글자의 원래 자형은 '＄'으로, 원서에서는 이를 '報'로 읽고, '報孳'를 인명으로 본 듯하다. 그러나 다수의 학자들이 '＄孳'를 '服子'으로 읽어 '服國의 군주'로 해석하기도 한다.

89) [역주] '間'을 중간 역할을 하는 사신으로 보는 견해도 있다.

90) [역주] '邵'에 대해서는 제2장 제2절 [역주] 60 참조.

91) [역주] 원서에서는 '純祀'로 표기되어 있으나, 다른 쪽의 동일 예문에서는 '喪' 뒤의 글자를 '師'로 표기하고 있으므로 이를 따른다. 郭沫若의 주장에 따르면 '純祀'는 왕위를 뜻하며, '喪自(師)巳'로

내가 듣기에 殷이 천명을 잃어, 殷 외곽지역의 侯服·甸服과 조정의 大小官員이 모두 술에 빠진 까닭에 군대를 상실했다고 한다.

(16) 悉率左右, 以燕天子.(《詩經·小雅·吉日》) 좌우를 모두 데리고, 천자를 즐겁게 하네.

(17) 公大史咸見服于辟王, 辨于多正.(《作冊魖卣銘》) 公太史가 왕께 알현을 모두 마치고 여러 관장들과 만났다.

(18) 其在於今, 興迷亂於政.(《詩經·大雅·抑》) 지금은 정치가 거의 혼란함에 빠졌네.92)

(19) 爾之遠矣, 民胥然矣, 爾之敎矣, 民胥傚矣.(《詩經·大雅·角弓》) 그대가 멀리하면, 백성들이 따라서 서로 그리고, 네가 가르치면 백성들이 서로 본받는다네.

(20) 秉心宣猶, 考慎其相.(《詩經·大雅·桑柔》) 마음을 잡아 두루 획책하여, 그 좌우의 신하들을 신중히 살피네.93)

(21) 載馳載驅, 周爰咨諏.(《詩經·小雅·皇皇者華》) 말을 달리고 말을 몰며, 두루 물어 보네.

(22) 降此蟊賊, 稼穡卒癢.(《詩經·大雅·桑柔》) 이 해충들을 내려서, 농사가 모두 병들었네.

(23) 儀刑文王, 萬邦作孚.(《詩經·大雅·文王》) 文王을 본받는다면, 만방이 모두 믿고 따를 것이다.94)

(24) 我二人共貞.(《尙書·洛誥》) 우리 두 사람이 함께 의로울 것입니다.

(25) 盡執拘, 以歸于周.(《尙書·酒誥》) 모두 잡아들여 주나라로 돌아오라.

(26) 厥亂爲民.(《尙書·梓材》) 그 다스림이 백성을 위해서이다.95)

(27) 官有渝, 貞吉, 出門交有功.(《周易·隨卦》) 주장해서 변함이 있으니, 바르게 하면 길하니 문 밖에 나가면 서로 공이 있으리라.

(28) 商庶百姓咸俟于郊, 群賓僉進.(《逸周書·克殷解》) 상나라의 여러 백성은 모두 교외에서 기다렸으며, 여러 빈객들은 모두 앞으로 나아가 경하였다.

(29) 武王遂征四方.(《逸周書·世俘解》) 무왕은 두루 사방을 정벌하였다.96)

(30) 乃維其有大門宗子勢臣, 罔不茂揚肅德, 訖亦有孚.(《逸周書·皇門解》) 그것은 큰 가문의

考釋하는 경우 '訖'는 대개 어기사로 본다.

92) [역주] '興'에 대해 정현은 '숭상하다'의 동사 의미로 풀었지만, 만약 '興'을 범위부사로 본다면, '盛'의 의미에 따라, '대부분', '거의'로 풀이해야 한다.
93) [역주] '宣'은 '널리, 두루'의 의미이다.
94) [역주] '作'은 '모두'의 의미이다.
95) [역주] 여기서 '亂'은 '다스림'으로 해석되며, 저자의 오류로 보인다.
96) [역주] '遂'는 '두루, 널리'의 의미이다.

적자와 중신들이 권면하고 분발하여 덕을 공경히 하지 않음이 없었기 때문이니, 모두 진실로 믿을만하다.97)

(31) 今余旣一名典, 獻白氏.(《六年琱生簋銘》) 지금 나는 문서에 모두 서명하였고, 이를 白氏(召伯虎)에게 바쳤다.

(32) 哀我征夫, 獨爲匪民.(《詩經·小雅·何草不黃》) 슬프다! 우리 장정들만 유독 백성이 아니란 말이던가?

(33) 成不以富, 亦祗以異.(《詩經·小雅·我行其野》) 진실로 부유해서가 아니라, 또한 단지 달라서라네.98)

(34) 無唯正昏99), 引其唯王智, 乃唯是喪我或(國).(《毛公鼎銘》) 어리석음을 바로 잡지 못하고 더군다나 왕의 지혜만 따른다면 이런 이유로 우리나라가 망하게 될 것이다.100)

(35) 無拳無勇, 職爲亂階.(《詩經·小雅·巧言》) 힘도 없고 용기도 없으면서, 오직 어지러움을 향해 섬돌을 놓는 일을 하는구나.101)

(36) 爾不克敬, 爾不啻不有爾土, 予亦致天之罰于爾躬!(《尚書·多士》) 그대들이 근신하지 못한다면, 그대들은 그대들의 땅을 가지지 못하게 될 뿐 아니라 나 또한 하늘의 벌을 그대들의 몸에 시행할 것이오.

3) 시간빈도부사(時間頻率副詞)

시간과 빈도를 나타낸다. 아래의 예에서 밑줄 친 부분이 시간빈도부사에 해당한다.

(1) 彼譖人者, 亦已太甚.(《詩經·小雅·巷伯》) 저 참소하는 사람아! 이미 너무 심하지 않느냐!

(2) 女旣靜京師, 釐女, 易女土田.(《多友鼎銘》) 그대가 이미 京師 지역을 안정시켰으니 그대에

---

97) [역주] '訖'을 '모두, 다'의 의미이다.
98) [역주] '祗'는 '단지'의 의미이다.
99) [역주] '昏'으로 표기된 글자의 원래 자형은 '聞'이다.
100) [역주] '無唯正聞, 引其唯王智'에 대한 해석은 분분한데, '正'을 '正長'(각 급의 우두머리)으로 보고, '聞'을 '(일과 관련하여)들어서 알다, 즉 보고를 받아서 파악하고 있다'의 뜻으로 보아, 이 구문을 '각 급의 우두머리들이 (일과 관련하여)들어서 알고 있는 것이 없는데, 하물며 왕이 알겠는가?'로 풀이하는 견해도 있다. 관련 논의는 裴錫圭(〈說金文"引"字的虛詞用法〉,《古漢語硏究》, 1988년 第1期)를 참고할 수 있다.
101) [역주] '職'은 '오로지, 단지'의 의미이다.

게 상을 내리고자 하여 경작지를 하사하노라.

(3) 癸未, 史獸[102]獻工(功)于尹. 咸獻工, 尹賞史獸裸[103].(《史獸鼎銘》) 癸未일에 史獸가 尹에게 업무 보고를 하였고, 업무 보고를 모두 마쳤다. 尹께서 史獸에게 裸禮를 베풀어 주셨다.

(4) 昔我往矣, 黍稷方華.(《詩經·小雅·出車》) 옛날에 내가 떠날 때, 서직이 한창 컸었는데.

(5) 誕置之平林, 會伐平林.(《詩經·大雅·生民》) 숲속에 버려두니, 마침 나무를 베러 온 자가 거두어주며.

(6) 寧適不來, 微我弗顧.(《詩經·小雅·伐木》) 차라리 때마침 (일이 있어) 오지 못하더라도, 내가 (그들을) 생각하지 않은 것은 아니라네.

(7) 有豕白蹢, 烝涉波矣.(《詩經·小雅·漸漸之石》) 돼지들 하얀 발굽인데, 떼지어 물결 헤치며 강 건너간다.[104]

(8) 今民將在祇遹乃文考.(《尙書·康誥》) 이제 백성들은 장차 네 문덕이 있는 아버지를 공경하여 따르는 것에 달려 있다.

(9) 行歸於周, 萬民所望.(《詩經·小雅·都人士》) 장차 호경으로 돌아가니, 만백성이 우러러보네.[105]

(10) 王敦伐其至[106], 戡伐厥都.(《胡鐘銘》) 왕의 토벌이 이르렀고 그 수도를 공격하였다.

(11) 誕彌厥月, 先生如達.(《詩經·大雅·生民》) 달을 채워, 처음으로 낳으니 염소처럼 쉽게 낳으셨네.[107]

(12) 其基作民明辟.(《尙書·洛誥》) 그 기틀이 백성들의 明辟이 될 만 했습니다.[108]

(13) 周公初基作新大邑于東國洛.(《尙書·康誥》) 주공이 비로소 동쪽 땅 낙읍에 터전을 닦고, 새로운 도읍지를 만들었다.

(14) 王肇遹省文武勤疆土.(《胡鐘銘》) 왕인 나는 맨 먼저 문왕과 무왕을 본받고 살펴서 강토를

---

102) [역주] 원서에는 '獸'가 '狩'로 표기되어 있는데 오타로 보인다.
103) [역주] 원서의 동일 예문에서는 이 글자를 '瓚', '福', '裸'으로 각각 다르게 표기하고 있다. 원래 자형은 일반적으로 '祼'로 隸定하며, 이 글자가 전래문헌 상의 어떤 글자에 해당하는가에 대해서는 아직 정론은 없으나 의미상 '裸'과 밀접한 관련이 있다는 것이 주류 의견이다.
104) [역주] 여기서 '烝'은 '떼지어, 많이'라는 의미로 시간부사로 해석하기엔 다소 무리가 있다.
105) [역주] '行'은 '장차'라는 시간부사 의미가 있다.
106) [역주] 원서에서는 '王敦伐'을 主謂句로 봤으나, '至'를 '국경'의 의미로 보아 '왕께서 그 국경을 치셨다'는 뜻으로 해석하는 견해도 있다.
107) [역주] '誕'은 어조사이며, '彌'는 '채우다', '끝마치다(終)'의 의미로, '彌厥月'은 10달을 채운다는 뜻이다. '先生'은 처음 낳다(首生)의 의미이며, '達'은 염소(小羊)이다.
108) [역주] '基'는 '기초, 터전'의 의미로, 시간부사로 해석하기에는 무리가 있다.

다스리는 데 애썼다.

(15) 同人, 先號咷而後笑, 大師克相遇.(《周易·同人》) 뜻이 같은 사람이 함께하여 처음에는 목 놓아 울고 나중에는 웃는다. 큰 군대가 이겨서 서로 만나게 된다.

(16) 入于穴, 有不速之客三人來, 敬之, 終吉.(《周易·需卦》) 목적지로 나아감은 청하지 않은 세 명의 손님이 찾아오는 때이니, 그들을 공경하고 받들면 마침내 길하다.

(17) 不自爲政, 卒勞百姓.(《詩經·小雅·節南山》) 스스로 정사를 돌보지 않아, 끝내 백성들을 수고롭게 하네.

(18) 鞫人忮忒, 譖始竟背.(《詩經·大雅·瞻卬》) 사람을 곤궁하게 하여 해치고 변덕스러워, 처음에 거짓말하였다가 결국에 (말과 실제가)맞지 않네.

(19) 雖則劬勞, 其究安宅.(《詩經·小雅·鴻雁》) 지금 비록 수고롭지만, 마침내는 안택할 수 있다네.

(20) 王用奄有四鄰遠土, 丕承萬子孫, 用末被先王之靈光.(《逸周書·皇門解》) 군왕께서 이로써 사방의 이웃과 먼 곳까지 소유하였으니, 만천 자손들이 이로써 영원히 선왕의 영광을 입게 될 것이다.

(21) 爾乃職禍釃災, 遂非不悛, 余未知王之所定, 矧乃小子.(《逸周書·芮良夫》) 그대들은 재난에 대해 듣지 않고 재난을 소홀히 하며 끝내 잘못이 있어도 고치지 않는다. 나는 왕을 안정시킬 바도 모르겠는데, 하물며 너희 같은 젊은이들은 어떻겠는가?

(22) 乃同召太保奭.(《尙書·顧命》) 이에 태보인 석을 함께 불렀다.

(23) 嗟爾君子! 無恒安處.(《詩經·小雅·小明》) 아! 너 군자야! 영원히 평안한 곳은 없도다.

(24) 征夫捷捷, 每懷靡及.(《詩經·大雅·烝民》) 정부들이 민첩하니, 매번 생각함에 미치지 못할 듯이 하는구나.

(25) 譬若衆畎, 常扶予險, 乃而予于濟.(《逸周書·皇門解》) 만약 모두 사냥을 가서 내가 위험에 처했을 때 늘 나를 도와주어야만 내가 위험을 건널 수 있다.

(26) 霝處宗室.(《井人鐘銘》) 영원히 종묘를 지킨다.

(27) 如彼飛蟲, 時亦弋獲.(《詩經·大雅·桑柔》) 저 나르는 벌레를 때로 주살로 쏘아 잡는 것과 같다네.

(28) 適爾, 旣道極厥辜, 時乃不可殺.(《尙書·康誥》) 우연히 그렇게 된 것이니, 이미 그 죄를 다 말하면, 죽이지 말아야 한다.

(29) 素履, 往無咎.(《周易·履卦》) 본래 밟은 대로니, 가서 허물이 없으리라.

(30) 其汝克敬以予監于殷喪大否, 肆念我天威.(《尙書·君奭》) 그대는 삼가 나와 더불어 은나라 멸망의 큰 화를 거울로 삼으시오. 항상 우리 하늘의 위엄을 유념하시오.[109]

(31) 引吉, 無咎, 孚乃利用禴.(《周易·萃卦》) 오래도록 길해서 허물이 없으리니, 미덥게 하여야 간략한 제사를 올림이 이로우리라.110)

(32) 爾乃尙有爾土, 爾乃尙寧幹止.(《尙書·多士》) 너희들은 곧 너희들의 토지를 소유할 것이고, 너희들은 곧 일과 거주지에서 편안하게 지낼 것이다.

(33) 天降喪亂, 饑饉薦臻.(《詩經·大雅·雲漢》) 하늘이 재앙을 내리시어, 기근이 거듭 이르네.111)

(34) 君子屢盟, 亂是用長.(《詩經·小雅·巧言》) 군자께서 자주 맹세하시니 어지러움은 이 때문에 더해지네.

(35) 頻復, 厲, 無咎.(《周易·復卦》) 자주 회복함이니, 위태하나 허물이 없으리라.

(36) 雖無老成人, 尙有典刑.(《詩經·大雅·蕩》) 비록 노성한 사람은 없으나, 아직은 떳떳한 법이 있구나.

(37) 相彼鳥矣, 猶求友聲.(《詩經·小雅·伐木》) 저 새도 오히려 벗을 구하느라 우는구나.

(38) 毋童(動)余一人在位, 引唯乃智112).(《毛公鼎銘》) 나의 왕위가 흔들리지 않게 하고, 오래도록 그대의 지혜를 발휘하라.

(39) 元惡大憝, 矧惟不孝不友.(《尙書·康誥》) 큰 죄악은 크게 미워하는 바이니, 하물며 효도하지 않고 우애롭지 못함에 있어서랴!

(40) 陟則在巘, 復降在原.(《詩經·大雅·公劉》) 올라가 산마루에 계시며, 다시 내려와 언덕에 계시니.

(41) 昭明有融, 高朗令終. 令終有俶, 公尸嘉告.(《詩經·大雅·旣醉》) 똑똑함이 매우 뚜렷하니 높고 밝아 잘 마치겠구려. 잘 마침도 시작이 있으니 공의 시동 좋은 말씀 고하누나.113)

(42) 我又卜瀍水東.(《尙書·洛誥》) 저는 또한 瀍水의 동쪽을 점쳐 보니.

(43) 在昔上帝割申勸寧王之德.(《尙書·君奭》) 옛날에 상제께서는 어찌하여 문왕의 덕을 거듭 권면하시어.

---

109) [역주] '肆'는 '항상'의 의미이다.

110) [역주] '引'은 '오래도록'의 의미이다.

111) [역주] '薦'은 '다시, 거듭'의 의미이다.

112) [역주] '引唯乃智'에 대한 해석은 매우 분분하며, 원서에 제시된 예문처럼 '引唯乃智'로 끊어 읽기도 하지만, 뒤에 이어지는 '余非'까지를 하나의 구문으로 보는 학자도 다수이다. 저자의 의도에 따라 '引'을 시간부사로 해석한다면 '長久'를 뜻하는 것으로 볼 수 있으나, '引'을 '矧'로 읽고 '亦'이나 '又'의 의미로 본다면, '引唯乃智余非'는 '또한 그대가 나의 잘못을 안다'의 의미가 된다. 楊樹達(《積微居金文說》(增訂本), 中華書局, 1997년, 16쪽)을 참고할 수 있다.

113) [역주] 여기서의 '有'는 '있다'의 동사로 보이며 시간부사로 보는 데는 다소 무리가 있어 보인다.

(44) 作其卽位, 乃或亮陰.(《尙書·無逸》) 고종이 왕위에 올라서는 亮陰[양암]에 늘 계셨다.[114]

(45) 如彼飛蟲, 時亦弋獲.(《詩經·大雅·桑柔》) 저 나르는 벌레를 때로 또한 주살로 쏘아 잡는 것과 같다네.

4) 긍정부사(肯定副詞)

긍정을 나타내는 부사이다. 아래의 예에서 밑줄 친 부분이 긍정부사이다.

(1) 必尚卑(俾)處厥邑, 田厥田.(《智鼎銘》) 반드시 그 封邑에 거하게 하고 그 경작지를 농사짓도록 해야 한다.

(2) 度其夕陽, 豳居允荒. (《詩經·大雅·公劉》) 석양을 헤아리니, 빈 땅에 거주하는 것이 참으로 넓기도 하구나.[115]

(3) 成不以富, 亦秖以異.(《詩經·小雅·我行其野》) 진실로 부유해서가 아니라, 또한 단지 달라서라네.

(4) 是究是圖, 亶其然乎.(《詩經·小雅·常棣》) 이를 연구하고 도모하면, 진실로 그러할 것이다.

(5) 及爾如貫, 諒不我知.(《詩經·小雅·何人斯》) 너와 서로 연결되어있는 것과 같은데, 진실로 나를 모른다고 하는구나.

(6) 昊天已威, 予愼無罪.(《詩經·小雅·巧言》) 하늘이 아무리 위엄이 있어도 내가 살펴보건대 아무 죄가 없다.

(7) 枝葉未有害, 本實先撥.(《詩經·大雅·蕩》) 가지와 잎이 아직 상함이 없으나, 뿌리가 실로 먼저 뽑힌다네.

(8) 申伯信邁, 王餞於郿.(《詩經·大雅·崧高》) 申伯이 진실로 가니, 왕이 郿 땅에서 전송하네.

(9) 昭事上帝, 聿懷多福.(《詩經·大雅·大明》) 상제를 밝게 섬겨, 마침내 많은 복이 찾아왔네.

(10) 余審貯田五[116]田.(《五祀衛鼎銘》) 나는 분명히 경작지 다섯 田을 넘겨주기로 했다.

5) 부정부사(否定副詞)

부정을 나타내는 부사이다. 아래의 예에서 밑줄 친 부분이 부정부사이다.

---

114) [역주] '或'은 '늘, 항상'의 의미이다.
115) [역주] '允'은 '참으로'의 의미이다.
116) [역주] 원서에서는 '五'가 누락되었으므로 보충하였다.

(1) 豈不爾受, 既其女遷.(《詩經·小雅·巷伯》) 어찌 너의 참소를 받아들이지 않으리오만, 참소가 이미 네게로 옮겨간 듯.

(2) 望肇帥井(型)皇考, 虔夙夜出納王命, 不敢不分不規[117].(《師望鼎銘》) 望은 위대하신 先父를 따라 본받아 삼가 아침저녁으로 왕의 명령을 출납하며, 감히 본분을 지키지 않고 법도를 따르지 않음이 없을 것이다.

(3) 子弗祗服厥父事.(《尙書·康誥》) 아들이 아버지의 일을 공경하거나 복종하지 않는다.

(4) 女(汝)毋弗帥用先王乍明井(刑).(《毛公鼎銘》) 그대는 선왕께서 만드신 현명한 법도를 준수하지 않음이 없도록 하라.

(5) 勿祀, 其若報, 凶正?(周原甲骨文 H11: 114) 하지 말아야 할까요? 순응하면 징조가 들어맞을까요?)

(6) 敦彼行葦, 牛羊勿踐履.(《詩經·大雅·行葦》) 빽빽이 자란 저 길가의 갈대, 소와 양이 밟지 않네.[118]

(7) 毋金玉爾音, 而有遐心.(《詩經·小雅·白駒》) 당신의 소식을 아껴서(금옥으로 여겨) 나를 멀리 하는 마음 갖지 마소서.

(8) 其自今日, 孫孫子子母(毋)敢望(忘)伯休.(《縣妃簋銘》) 오늘부터 자자손손 伯의 은택을 감히 잊지 말지어다.

(9) 猶之未遠, 是用大諫.(《詩經·大雅·板》) 계책이 원대하지 못해, 이 때문에 크게 간하노라.

(10) 溥天之下, 莫非王土 ; 率土之濱, 莫非王臣.(《詩經·小雅·北山》) 넓은 하늘 아래 왕의 땅 아닌 데 없고 땅의 물가를 따라가면 왕의 신하 아닌 자 없구나.

(11) 班非敢覓, 唯乍邵[119]考爽[120]益曰大政.(《班簋銘》) 나 班이 삼가 바라 마지않는 바는 영명하신 先父께 大政이라는 諡號가 내려지는 것이다.[121]

(12) 唯歸, 揚[122]天子休, 告亡尤, 用龏義寧侯顯考于井侯[123].(《麥尊銘》) 封國로 돌아와 천

---

117) [역주] 원서에서는 郭沫若의 견해를 따라 '不分不規'로 보았다. 이 부분을 대개는 '不豲不喪'으로 隸定하지만, 그 해석에는 이견이 많다.

118) [역주] '敦'은 갈대가 모여 있는 모양이다.

119) [역주] '邵'에 대해서는 제2장 제2절 [역주] 60 참조.

120) [역주] '爽'으로 보기도 한다.

121) [역주] 해석이 매우 분분한 명문 중의 하나이다. '乍(作)'을 '以…爲…'의 의미로 보아, '諡號가 大政이신 영명하신 先父를 사표로 삼는 것이다.'로 풀이하기도 한다.

122) [역주] '揚'에 대해서는 제2장 제1절 [역주] 12 참조.

123) [역주] 원서에서는 '侯'가 누락되었으므로 보충하였다.

자의 은택을 찬양하고 실수가 없었음을 고하였다. 공경함으로 邢侯를 편안하게 하고, 邢侯께 충심을 다하였다.

(13) 圂敷求先王, 克共明刑.(《詩經·大雅·抑》) 널리 선왕의 도를 펴고 구하여, 밝은 법을 집행하지 않는구나.

(14) 神圂時怨, 神圂時恫.(《詩經·大雅·思齊》) 신령들은 이를 원망하지 않고, 신령들은 이를 애통히 여기지 않네.

(15) 休旣有功, 折首執訊, 無誰徒馭.(《師袁簋》) 훌륭하게 이미 공을 세웠으니, (적을) 참수하고 포로로 잡았으며, (노획한) 보병과 전차병은 셀 수가 없다.

(16) 敬天之怒, 無敢戲豫. 敬天之渝, 無敢馳驅.(《詩經·大雅·板》) 하늘의 노여움을 경계하여 감히 안일하지 말며, 하늘의 변함을 경계하여 감히 날뛰지 말지어다.

(17) 國步蔑資, 天不我將.(《詩經·大雅·桑柔》) 국운이 망하려 하여 서글픈데, 하늘은 우리를 길러주지 않네.

(18) 文王蔑德降于國人.(《尙書·君奭》) 문왕도 그의 덕이 國人에게 내려짐이 없었을 것이다.

(19) 人亦有言, 靡哲不愚.(《詩經·大雅·抑》) 사람들이 또한 말하길 철인이면서도 어리석지 않음이 없다고 하네.

(20) 靡瞻匪父, 靡依匪母.(《詩經·小雅·小弁》) 우러러볼 사람은 아버지 아님이 없고, 의지할 사람은 어머니 아님이 없다.

(21) 先王旣命女(汝)井124) 司王宥(囿)125), 女某(靡)126)否127)𦔮128), 母(毋)敢不善.(《諫簋銘》) 선왕께서 과거에 그대에게 왕실의 정원을 전체적으로 관리하는 것을 명하셨었는데, (직무를 수행함에 있어) 그대는 지혜롭지 못한 것이 없었고, 잘하지 못함이 없었다.

(22) 寧適不來, 微我弗顧(《詩經·小雅·伐木》) 차라리 때마침 (일이 있어) 오지 못하더라도, 내가 (그들을) 생각하지 않은 것은 아니라네.

(23) 溥天之下, 莫非王土. 率土之濱, 莫非王臣.(《詩經·小雅·北山》) 넓은 하늘 아래 왕의 땅

---

124) [역주] '井'에 대해서는 제2장 제1절 [역주] 17 참조.

125) [역주] '囿'의 의미로 쓰인 '宥'가 諫簋 명문에만 보인다는 점과 西周 金文에서 '家'의 '豕' 윗부분을 '又'로 쓰는 자형이 있다는 점을 근거로 '宥'가 아닌 '家'로 보는 견해도 있다.

126) [역주] '無'로 읽기도 한다.

127) [역주] 명문의 탁본에 근거하면 '不'로 수정되어야 한다.

128) [역주] 원래 자형은 '聞'으로, 원서에서는 '𦔮'과 通假되는 것으로 보아 '𦔮'으로 직접 표기되어 있다. 그러나 '聞知'의 뜻으로 보아 '某不聞'을 '모든 것을 들어서 알고 있다' 즉 '직무와 관련한 일들에 있어 파악하지 못함이 없다'로 해석하는 의견도 있다.

아닌 데 없고 땅의 물가를 따라가면 왕의 신하 아닌 자 없네.

(24) 人知其一, <u>莫</u>知其他.(《詩經·小雅·小旻》) 남들은 하나만 알지, 다른 것은 모른다네.

(25) 凡此飲酒, 或醉或<u>否</u>.(《詩經·小雅·賓之初筵》) 무릇 이같이 술을 마셔도, 어떤 이는 취하고 어떤 이는 안 취하네.

(26) 師出以律, <u>否</u>臧凶.(《周易·師卦》) 군사가 율령으로 나가니 그렇지 않으면 좋더라도 흉하다.

서주한어에서 부정사는 그 성질에 따라 몇 가지로 나눌 수 있다. 첫째는 부정부사로 '不', '弗', '弱', '勿', '毋', '未', '非', '微' 등이 있으며, 가끔 '罔', '無', '靡', '莫', '否'도 부정부사가 되기도 한다. 둘째, 부정동사와 부정용언(謂詞)인데, 전자는 '亡', '蔑'과 '罔', '無', '靡'가 있고, 후자에는 '否'가 있다. 세 번째로 부정성의 부정대사(無定代詞)인 '莫'이 있다.

6) 양태부사(情態方式副詞)

태도나 방식을 나타내는 부사이다. 아래의 예에서 밑줄 친 부분이 양태부사이다.

(1) 王欲玉女, 是用<u>大</u>諫.(《詩經·大雅·民勞》) 임금님은 그대들을 중히 여기시니, 이 때문에 크게 간하는 것이네.

(2) 王<u>大</u>耤農于諆田.(《令鼎銘》) 왕께서 諆田에서 성대하게 藉田 의식을 거행하셨다.

(3) 長子維行, <u>篤</u>生武王.(《詩經·大雅·大明》) 장녀를 시집보내오니, (하늘이) 후하게 대하여 무왕을 낳게 하셨네.

(4) 胡不自替, <u>職</u>兄斯引.(《詩經·大雅·召旻》) 어찌 스스로 물러나지 않는가? 오로지 창황해 이에 길게 늘이노라.[129]

(5) 小子惟一, 妹土嗣爾股肱, <u>純</u>其藝黍稷.(《尚書·酒誥》) 소자들이 한결같이 하도록 하라! 매토의 백성들아! 너희들의 팔과 다리를 계속 놀려(움직여), 전념하여 黍稷을 가꾸도록 하라.

(6) 不<u>自</u>爲政, 卒勞百姓.(《詩經·小雅·節南山》) 스스로 정사를 돌보지 않아 결국 백성들을 수고롭게 하네.

(7) 王<u>親</u>令克遹涇東至于京師.(《克鐘銘》) 왕께서 친히 克에게 涇水 동쪽에서 京師까지 따를 것을 명하셨다.

---

129) [역주] '職'은 여기서 '오로지'의 뜻임. '兄'은 음이 '황'이며, 況의 뜻으로, 恍悅한 기분을 나타낸다. '引'은 '늘인다'라는 뜻인데, 여기서는 슬프고 황망한 마음을 길게 늘인다는 의미이다.

(8) 初九, 已事, 遄往, 無咎, 酌損之.(《周易·損卦》) 初九는 일을 마치고 **빨리** 가야, 허물이 없으리니, 참작하여 드느니라.

(9) 奄觀銍艾.(《詩經·周頌·臣工》) 갑자기 낫으로 수확함을 보게 될 것이다.

(10) 百川沸騰, 山冢崒崩.(《詩經·小雅·十月之交》) 시냇물이 들끓고, **삐쭉삐쭉한** 산꼭대기가 내려앉아.

(11) 予不敢不極卒寧王圖事.(《尙書·大誥》) 나는 감히 영왕이 계획한 일을 끝까지(완전히) 마치지 않을 수 없다.

(12) 初九, 無交害, 匪咎, 艱則無咎.(《周易·大有》) 초구는 서로 해로움이 없으니 허물이 아니나, 어렵게 하면 허물이 없으리라.

(13) 太保暨芮伯咸進相揖, 皆再拜稽首.(《尙書·康王之誥》) 太保와 芮伯이 모두 나아가 서로 읍하고 모두 두 번 절을 하고 머리를 조아리다.

(14) 舍爾介狄, 維予胥忌.(《詩經·大雅·瞻卬》) 너의 큰 오랑캐는 내버려 두고 나만 서로 꺼리는구나.

7) 겸양부사(謙敬副詞)

겸손, 공경을 나타내는 부사이다. 아래의 예에서 밑줄 친 부분이 겸양부사이다.

(1) 予小臣敢以王之讎民百君子越友民, 保受王威命明德.(《尙書·召誥》) 이 작은 신하는 감히 임금에게 원한이 있는 백성들과 모든 관원들과 우호적인 백성들과 함께 왕의 위엄 있는 명령과 밝은 덕을 받들어 지키려고 합니다.

(2) 敢敬告天子. 皇天改大邦殷之命, 惟周文武誕受羑若, 克恤西土.(《尙書·康王之誥》) 감히 천자께 공경히 아룁니다. 황천이 큰 나라인 은나라의 명을 바꾸시자, 주나라의 문왕과 무왕이 크게 羑若을 받아, 서쪽 지방을 구휼하였습니다.

(3) 克拜稽首, 敢對天子不顯魯休揚.(《克盨銘》) 克은 拱手하고 땅에 댄 후 그 위에 머리를 조아리는 예를 행하며, 삼가 천자의 혁혁하시고 크신 은택을 찬양하노라.

(4) 予小臣良夫, 稽首謹告.(《逸周書·芮良夫》) 저 신 良夫는 머리를 조아려 삼가 고합니다.

8) 어기부사(語氣副詞)

어기를 나타내는 부사이다(단지 《詩經》에서만 보이는데, 일부는 배음(衬音) 작용을 한다).130) 아래의 예에서 밑줄 친 부분이 어기부사이다.

(1) <u>薄</u>伐玁狁, 以奏膚公.(《詩經·小雅·六月》) 험윤을 정벌하여, 큰 공적을 올렸네.

(2) <u>丕</u>自乍(作)小子131), 夙夕尃132)由133)先且烈德, 用臣皇辟.(《師𩰣鼎銘》) 小子(된 나)는 아침저녁으로 선조의 빛나는 덕을 열심히 좇아 행함으로써 위대하신 왕을 섬겼다.

(3) 凡周之士, <u>丕</u>顯亦世.(《詩經·大雅·文王》) 주나라의 신하들도 대대로 빛나도다.

(4) <u>誕</u>受厥命. 越厥邦厥民.(《尙書·康誥》) 천명을 받아 그 나라와 백성이 (이에 펴져서).

(5) 爾還而入, 我心易也. 還而不入, <u>否</u>難知也.(《詩經·小雅·何人斯》) 그대 돌아가다 들어온 다면 내 마음 기뻐질 것이로다. 돌아가다 들어오지 아니하니 들어오지 않음을 알기 어렵구나.

(6) <u>侯</u>作侯祝, 靡屆靡究.(《詩經·大雅·蕩》) 속이며, 저주함이 끝이 없고 다함이 없도다.134)

(7) <u>式</u>夷<u>式</u>已, 無小人殆.(《詩經·小雅·節南山》) 공평한 마음으로 (소인들을) 그만두게 하고, 소인 때문에 위태롭게 되지 말기를).

(8) 誰能執熱, <u>逝</u>不以濯.(《詩經·大雅·桑柔》) 누가 뜨거운 물건을 쥐고서, 손을 씻지 않겠는가?

(9) <u>思</u>文後稷, 克配彼天.(《詩經·周頌·思文》) 문덕이 있는 후직이여, 저 하늘에 짝하시도다.

(10) 彼路<u>斯</u>何? 君子之車.(《詩經·小雅·采薇》) 저 길에 무엇이 있는가? 군자의 수레로구나.

(11) <u>隹</u>(唯)武王旣克大邑商, 則廷告于天.(《何尊銘》) 武王께서 商을 이기신 후, 中庭에서 上帝께 아뢰었다.

(12) 如彼流泉, <u>無</u>淪胥以亡.(《詩經·大雅·抑》) 저 흐르는 샘물처럼, 빠져서 망하지 않겠는가?

(13) 豈曰不極, <u>伊</u>胡爲慝.(《詩經·大雅·瞻卬》) 어찌 '법도가 아니다'라고 하겠는가? 어찌 나쁜 짓이라 하겠는가?

(14) 蟊賊蟊疾, 靡有夷屆. 罪罟不收 <u>靡</u>有夷瘳.(《詩經·大雅·瞻卬》) 곤충들의 해침으로, 끝남이 없으며, 죄 그물을 거두지 않아, 나아짐이 없네.

(15) 有客有客, <u>亦</u>白其馬.(《詩經·周頌·有客》) 손님이 오네, 손님이 오네, 그 말은 흰색이라네.

---

130) [역주] 아래의 일부 부사('薄' 등)는 전체 구가 네 글자가 되게 만드는 역할을 하고 특별한 의미는 없다.

131) [역주] '不自乍'에서 끊어 읽고, '小子'를 뒤의 구문과 붙여 읽는 독법도 있다.

132) [역주] '尃'를 '勉'의 뜻으로 해석하기도 하지만, '敷'나 '普'의 의미로 본다면 '두루' 혹은 '널리' 등의 의미로 볼 수 있다.

133) [역주] 원서에서는 '由'가 아닌 '古'로 표기되어 있는데, '由'로 보는 것이 합리적이다.

134) [역주] '作'은 여기서 '詛(저)'로, 저주하다의 의미이다.

(16) 烏乎! 效不敢不邁(萬)年夙夜奔走揚公休, <u>亦</u>其子子孫孫永寶.(《效卣銘》) 오호라! 效는 삼가 만년토록 아침저녁으로 분주히 애쓰고 公의 은택을 찬양하며, 자자손손 이 기물을 영원히 소중히 할지어다.

(17) <u>抑</u>此皇父, 豈曰不時.(《詩經·大雅·十月之交》) 이 황보가 어찌 때가 아니라고 말하리오.

(18) <u>曷</u>云其還, 歲聿云莫.(《詩經·小雅·小明》) 언제나 돌아갈 수 있으려나? 해가 저물었다네.

(19) 文王有聲, <u>遹</u>駿有聲.(《詩經·大雅·文王有聲》) 文王은 명성이 있으시니, 크도다, 그 명성이!

(20) 訊圄武王, <u>遹</u>征四方.(《史墻盤銘》) 용맹스럽고 강인하신 무왕께서는 천하를 정벌하셨다.

(21) 樂彼之園, <u>爰</u>有樹檀.(《詩經·小雅·鶴鳴》) 즐거운 저 정원에 박달나무가 심어져 있네.

(22) 載見辟王, <u>曰</u>求厥章.(《詩經·周頌·載見》) 벽왕을 뵙고 법도를 구하였네.

(23) <u>曰</u>古文王, 初盭龢于政.(《史墻盤銘》) 옛날 문왕께서는 정치를 처음으로 안정시키고 화합을 이루셨다.

(24) 人之<u>云</u>亡, 邦國殄瘁.(《詩經·大雅·瞻卬》) 善人도 없다 하니, 나라가 끊어지고 병들리로다.

(25) <u>允</u>王維後.(《詩經·周頌·時邁》) 진실로 주나라 왕이 천하의 군주일세.

(26) <u>又</u>惟殷之迪諸臣惟工.(《尙書·酒誥》) 또 은나라가 악으로 인도한 여러 신하들과 벼슬아치들이.

(27) 洪<u>惟</u>圖天之命, 弗永寅念于祀. 惟帝降格于夏.(《尙書·多方》) 천명을 사사로이 헤아려 (멸망에 이르러), 길이 제사를 신중히 생각하지[마음속에 두지] 않았다. 상제가 하나라[桀]에 재앙을 내리고 바로잡았다.

(28) 文王惟克<u>厥</u>宅心.(《尙書·立政》) 문왕이 삼택의 마음을 잘 알아.

(29) <u>丕</u>惟曰爾克永觀省.(《尙書·酒誥》) 크게 말씀하시기를, 너희들은 길이 살피고 반성하여라.

(30) <u>若</u>古有訓.(《尙書·呂刑》) 옛날에 가르침이 있었다.

(31) <u>若</u>翼日丁未, 王乃步自于周征伐商王紂.(《逸周書·世俘解》) 다음날 정미일에 무왕은 병사를 데리고 宗周에서 와서, 상왕 주를 정벌하러 갔다.

(32) 率乂于民棐彝.(《尙書·呂刑》) 백성을 다스려서 변치 않는 본성을 도왔다.

(33) 白懋父承王令(命)易師, <u>率</u>征自五齵貝.(《小臣謎簋銘》) 伯懋父는 왕의 명령을 받아 군대에 (물품을) 하사를 했는데, (그 하사품이) 五齵로부터 탈취한 貝이었다.

(34) <u>爽</u>惟天其罰殛我.(《尙書·康誥》) 하늘이 나에게 벌을 주어 죽이실 것이다.

(35) <u>越若</u>來三月惟丙午朏.(《尙書·召誥》) 오는 3월 병오 초사흘

(36) <u>雩</u>武王旣殺[135]殷, 微史剌且乃來見武王[136], 武王則令周公舍宇, 于周俾處.(《史墻盤銘》) 무왕께서 殷을 멸망시킨 후, 微國의 사관인 列祖께서 무왕을 알현하러 오셨고, 무왕께서

는 이에 주공에게 명령하셔서 微氏 일가에게 거처를 주어 주나라에 살게 하셨다.

(37) 申敢對揚天子休令, 用乍朕皇考孝孟尊簋, 申其萬年用, 子子孫孫其永寶.(《申簋蓋銘》) 申은 삼가 천자의 은혜로운 명령을 찬양하며, 나의 위대하신 先父 孝孟께 제사를 올리는 데 사용할 簋를 제작하였다. 申은 만년토록 이 기물을 사용할 것이며, 자자손손 영원히 소중히 할지어다.

(38) 予不惠若茲多誥.(《尙書 · 君奭》) 내가 이와 같이 많이 고하지 않겠는가.

(39) 右闢四方, 叀弘[137]天令(命), 女肇不墜[138].(《豝伯𢦚簋銘》) (그대의 조상들은) 사방의 강토를 개척하는 것을 도왔고, 천명을 널리 폈으며, 그대는 (직무를 수행함에) 태만하지 않았다.

(40) 君子所其無逸.(《尙書 · 無逸》) 군자가 자리함에, 安逸함이 없도다.

(41) 攸介攸止, 烝我髦士.(《詩經 · 小雅 · 甫田》) 廬舍와 그 머무르는 곳에, 우리 빼어난 선비들을 나아가게 하네.[139]

(42) 羲爾邦君越爾多士尹氏禦事綏予, 曰無毖于恤, 不可不成乃寧考圖功.(《尙書 · 大誥》) 의리상 너희 방군과 너희 많은 군사와 尹氏와 禦事가 나를 도와, '구휼하는 것에 대해 근심하지 마십시오. 당신 寧考의 계획한 공을 이루지 않을 수 없다.'라고 말하라.

(43) 亂爲四輔.(《尙書 · 洛誥》) 四輔가 되십시오.

(44) 我征徂西, 至於氐野. 二月初吉, 載離寒暑.(《詩經 · 小雅 · 小明》) 나는 서쪽으로 가서 구야에 이르렀지. 2월 초하루에 집을 떠나 온갖 추위와 더위를 겪었구나.

(45) 夫自敬其有斯天命, 不令爾百姓無告.(《逸周書 · 商誓解》) 이 천명을 소유한 것을 스스로 삼가서, 너희 백성들로 하여금 고할 바가 없게 하지 말라.

(46) 永言配命, 自求多福.(《詩經 · 大雅 · 文王》) 영원히 천명에 부응하는 것이 스스로 많은 복을 구하는 것이니라.

(47) 豈不懷歸, 王事靡盬, 我心傷悲!(《詩經 · 小雅 · 四牡》) 어찌 돌아감을 생각지 않겠나마는 왕사를 멈출 수 없노라. 내 마름이 상하고 슬프도다.

---

135) [역주] '殺'에 대해서는 제2장 제2절 [역주] 43 참조.

136) [역주] '史'를 '使'로 읽어 '高祖 微가 그의 아들 烈祖로 하여금 무왕을 알현하게 했다'라는 뜻으로 해석하기도 한다.

137) [역주] '弘'으로 표기된 글자의 원래 자형은 '畜'으로, '宏', '弘', '宖' 등으로 읽어야 한다고 보는 견해와 이 글자를 '敳'으로 보고 '當', '長' 등과 통한다고 보는 견해가 있다.

138) [역주] '墜'로 표기된 글자의 원래 자형은 '夳'으로, 학자마다 '豺(墜)' · '象(弛)' · '象(惰)' 등으로 考釋한다.

139) [역주] '介'는 '舍'로, 농사일을 하다가 쉬는 廬舍를 의미한다. '烝'은 나아가게 하는 것이다.

(48) 民亦勞止, 迄可小康.(《詩經·大雅·民勞》) 백성들 또한 수고로우니, 바라건대, 조금 쉬게 해야지.

(49) 庶無罪悔, 以迄于今.(《詩經·大雅·生民》) 거의 죄와 후회가 없어서, 지금에 이르렀도다.

(50) 庶幾夙夜, 以永終譽.(《詩經·周頌·振鷺》) 바라건대, 아침저녁으로 열심히 해서 영원토록 명예롭기를.

(51) 爾尙克羞饋祀.(《尙書·酒誥》) 너희들은 거의 饋祀를 올릴 수 있다.[140]

(52) 殆弗興弗悟.(《尙書·顧命》) 거의 일어나지도 깨닫지도 못하게 되었다.

(53) 式遏寇虐, 憯不畏明.(《詩經·大雅·民勞》) 寇虐하는 자와 밝음을 두려워하지 않는 자를 막기를.

(54) 上帝不寧, 不康禋祀, 居然生子.(《詩經·大雅·生民》) 상제께서 편안히 보살펴 주시고 정결한 제사를 기뻐하사 의젓하게 아들을 낳도록 하셨다.

(55) 民之訛言, 寧莫之懲.(《詩經·小雅·正月》) 백성들의 거짓말을 아무도 징계하지 않는구나.

(56) 皐皐訿訿, 曾不知其玷.(《詩經·大雅·召旻》) 고집 세고 오만하며, 비방하는데, 그들의 결함을 알지 못하네.[141]

(57) 乃別播敷, 造民大譽. 弗念弗庸瘝厥君.(《尙書·康誥》) 별도로 가르침을 전파하고 펼쳐, 백성들에게 큰 명예를 얻어, 왕을 생각하지 않고 법을 사용하지 않아 왕을 병들게 함에 있어서랴!

(58) 胡逝我梁, 祇攪我心.(《詩經·小雅·何人斯》) 어찌 내 어량에는 가는가? 내 마음만 혼란하게 하는구나.

(59) 姑惟教之.(《尙書·酒誥》) 우선 가르쳐라.

위에서 열거한 절대다수가 어기부사 단독으로 쓰였으며, 일부는 어기부사가 연용하여 쓰이기도 한다. 예를 들어, 예(27)의 '洪惟', 예(29)의 '조惟', 例(34)의 '爽惟', 例(35)의 '越若', 例(59)의 '姑惟'등이다. 이외에도 어기부사가 연용된 예는 다음과 같다.

(1) 薄言采芑, 于彼新田.(《詩經·小雅·采芑》) 쓴 나물 뜯기를 저 新田에서 하고.

(2) 誕惟民怨.(《周書·酒誥》) 백성들이 원망하였다.

(3) 朕話言, 自一言至于十話言, 其惟明命爾.(《逸周書·商誓解》) 나의 말은 하나에서 열까지

---

140) [역주] '饋祀'는 酒食으로 鬼神에게 제사지내는 것을 의미한다.
141) [역주] '皐皐'은 고집 세고 오만한 모습이며, '訿訿'는 비방하는 모양이다.

너희들에게 밝게 명하는 것이다.

(4) 非不用明刑, 維其開告予于嘉德之說.(《逸周書·皇門解》) 밝은 법을 사용하지 않음이 없었고, 그들은 아름다운 덕행의 이야기를 나에게 들려줬다.

(5) 予小子旦非克有正, 迪惟前人光施于我沖子.(《尙書·君奭》) 나 소자 旦은 바로잡으려는 것이 아니라, 오직 옛 분들의 빛을 우리 어린 분에게까지 미치게 할 뿐이오.

(6) 率惟玆有陳.(《尙書·君奭》) 이에 진열한 功이 있었다.

(7) 雩若二月, 侯見于宗周.(《麥尊銘》) 이월에 邢侯께서 宗周에 가서 왕을 알현했다.

9) 연결부사(關聯副詞)

단어 혹은 구 사이에서 연결 작용을 일으키는 부사이다. 아래에서 밑줄 친 부분이 관련부사에 해당한다.

(1) 旣之陰女, 反予來赫.(《詩經·大雅·桑柔》) 이미 그대를 비호해 주려 하였는데 도리어 내게 노여워하는구나.

(2) 其車旣載, 乃棄爾輔.(《詩經·小雅·正月》) 수레에 짐을 싣고 가다가 짐판을 떼어 버렸네.

(3) 不懲其心, 覆怨其正.(《詩經·小雅·節南山》) 그들은 마음을 바로잡지 않고 도리어 올바른 이들을 원망하네.

(4) 將安將樂, 女轉棄予.(《詩經·小雅·穀風》) 편안해지고 즐거울 만하니, 너는 오히려 나를 버리는구나.

(5) 喪亂旣平, 旣安且寧.(《詩經·小雅·常棣》) 상란이 평정되어, 편안하고 안정되었네.

(6) 神之聽之, 終和且平.(《詩經·小雅·伐木》) 신이 그것을 들어주어 마침내 화평하게 되느니라.

(7) 虫翰戲揚.(《沈兒鐘銘》) (종소리가) 크고 높이 울려 퍼진다.

(8) 彼有旨酒, 又有嘉殽.(《詩經·小雅·正月》) 저들에겐 맛있는 술이 있고 또 좋은 안주도 있네.

(9) 昭明有融, 高朗令終.(《詩經·大雅·旣醉》) 밝음이 매우 뚜렷하니 높고 밝아 잘 마치겠구려.

(10) 旣立之監, 或佐之史.(《詩經·小雅·賓之初筵》) 이미 주감을 세우거나 혹은 주사가 보좌하더라도.

(11) 雩武王旣殺[142]殷, 微史剌旦乃來見武王[143].(《史墻盤銘》) 무왕께서 殷을 멸망시킨 후,

---

142) '殺'에 대해서는 제2장 제2절 [역주] 43 참조.

微國의 사관인 列祖께서 무왕을 알현하러 오셨다.

(12) 旣備乃奏, 簫管備擧.(《詩經·周頌·有瞽》) 이미 갖추어져 연주하니, 퉁소와 피리가 모두 연주되네.

(13) 大侯旣抗, 弓矢斯張.(《詩經·小雅·賓之初筵》) 큰 과녁을 이미 들어 올리고, 활과 화살을 이에 벌여 놓았도다.

(14) 厥旣命殷庶, 庶殷丕作.(《尙書·召誥》) 殷의 백성에게 명령하자 많은 은의 백성들이 크게 일하였다.

(15) 帝謂文王, 無然畔援, 無然歆羨, 誕先登于岸.(《詩經·大雅·皇矣》) 상제께서 문왕께 말씀하시기를, 그처럼 인심이 떨어져 나가게 하지 말고, 그처럼 탐내는 일 없게 하며, 먼저 송사를 공평하게 하도록 하라.

(16) 弓矢斯張, 干戈戚揚, 爰方啓行.(《詩經·大雅·公劉》) 활과 화살을 넉넉히 장만하시고 방패와 창과 도끼를 들고, 비로소 길을 떠나셨네.

(17) 雨我公田, 遂及我私.(《詩經·小雅·大田》) 우리 公田에 비를 내리고 나서 우리 私田에까지 미치게 하소.

(18) 敎誨爾子, 式穀似之.(《詩經·小雅·小宛》) 네 자식들을 가르치길, 착하고 불초하지 않게 하여라.

(19) 是究是圖, 亶其然乎?(《詩經·小雅·常棣》) 연구하고 도모하면, 진실로 그러할 것이다.

(20) 不明爾德, 時無背無側.(《詩經·大雅·蕩》) 그대의 덕이 밝지 않으니 등 뒤에도 옆에도 신하가 없고.

(21) 戎車旣安, 如輊如軒.(《詩經·小雅·六月》) 전차들은 안정되어 있어서, 앞으로 숙인 듯, 뒤로 젖혀진 듯.

(22) 鋪敦淮濆, 仍執醜虜.(《詩經·大雅·常武》) 회수 가에 두터이 진을 펴서, 거듭하여 오랑캐를 잡았네.

(23) 其惟王勿以小民淫用非彛, 亦敢殄戮用乂. 民若有功.(《尙書·召誥》) 임금께서는 小民들이 법도에 어긋나는 짓을 지나치게 하였기 때문에 또한 감히 죽여 버리지 말아야 합니다. 백성들은 이렇게 하면 공이 있을 것입니다.

이상은 연결부사가 단독으로 사용된 예들이다. 이 외에 연결부사는 연용하여 사용되기도 한다. 예컨대, 아래와 같다.

───────────────

143) 제2장 제4절 [역주] 136 참조

(1) 我其克灼知厥若, <u>不乃</u>俾亂.(《尚書·立政》) 우리는 (그들의 마음속에서) 무엇이 가장 타당하다고 여기는지(厥若) 분명히 알아서, 크게 다스려지게 해야 한다.

(2) 王阜(不)良乃惟不順之言, 于是人斯乃非維直以應, 維作誣以對, 俾無依無助.(《逸周書·皇門解》) 왕이 착하지 않으면 이에 순하지 않은 말을 쓰게 되니, 이에 사람들이 정직하게 응하지 않을 뿐만 아니라 거짓을 만들어 답하여 군주가 의지할 데가 없게 하고 도움이 되지 못하게 한다.

연결부사는 또한 접속사와 연용하기도 한다. 예를 들어 다음과 같다.

(1) 無皇曰今日耽樂. 乃非民攸訓, 非天攸若. 時人<u>不則</u>有愆.(《尚書·無逸》) 한가롭게 여기고 "오늘 마음껏 즐기겠다."고 말씀하지 마십시오. 이는 백성들이 본받을 바도 아니며, 하늘이 따르는 바도 아닙니다. 이 사람들에게 허물이 있게 될 것입니다.

(2) 嗚呼, 天子三公! 監于夏商之既敗, <u>不則</u>無遺後難.(《逸周書·祭公解》) 아 천자 삼공아! 夏, 商의 멸망을 거울삼아 후환을 남기지 말아라.

(3) 既誕. <u>否則</u>侮厥父母曰: 昔之人無聞知.(《尚書·無逸》) 시간이 지나고 나면 그 부모를 업신여기며 말하길, '옛사람들은 듣는 것도 아는 것도 없다'라고 한다.

2 부사의 어법특징

'결합능력'과 '문장구성기능(造句功能)' 방면에서 살펴볼 수 있다.

1) 결합능력 방면의 특징

주로 용언(謂詞)을 수식한다. 이른바 용언(謂詞)은 동사와 형용사를 말한다. 부사가 동사와 형용사를 수식함은 기본적인 결합능력이다. 예를 들어, 다음과 같다.

(1) 天<u>乃</u>大命文王殪戎殷誕受厥命. 越厥邦厥民.(《尚書·康誥》) 하늘이 이에 문왕을 크게 명하여 강성한 은나라를 쳐서 멸망하게 하셨다. 그 명을 크게 받으시니 그 나라와 백성들은 질서가 잡혔다.

(2) 多友<u>乃</u>獻俘馘訊于公, 武公<u>乃</u>獻于王.(《多友鼎銘》) 多友가 노획한 (적군의) 왼쪽 귀와 포로들을 武公에게 바쳤고, 武公이 다시 왕께 헌상하였다.

(3) 有大艱于西土. 西土人<u>亦</u>不靜, 越茲蠢.(《尙書·大誥》) '西土에 큰 어려움이 있으니, 西土
사람은 안정되지 못하리라'라 하였는데, 지금에 와서 蠢動하는구나.

(4) 敢弗于從, 率寧人有指疆土, 矧今卜幷吉. 肆朕誕以爾東征.(《尙書·大誥》) 감히 따르지
않겠는가? 앞사람을 따르며 강토를 지정해 주는데, 하물며 지금 점괘조차 모두 길하니 내가
너희들과 함께 동쪽으로 정벌하는 것이니.

부사는 때때로 명사나 명사구의 앞에 출현하는데, 이때는 2가지 조건이 있다. 첫째, 명사
가 주어가 될 때 일부 부사는 그 앞에 올 수 있다. 둘째, 명사가 위어가 될 때 부사가 그
앞에 올 수 있다. 예컨대, 다음과 같다.

(1) 洪<u>惟</u>我幼沖人嗣無疆大歷服[144].(《尙書·大誥》) 널리 보면, 나는 나이 어린 사람이었는데
끝없고 큰 장구한 사업을 계승했다.

(2) 又<u>惟</u>殷之迪諸臣惟工, 乃湎于酒, 勿庸殺之, 姑惟敎之.(《尙書·酒誥》) 또 은나라가 악으
로 인도한 여러 신하들과 벼슬아치들이 술에 빠지거든 죽이지 말고 우선 가르쳐라.

(3) 予<u>惟</u>小子若涉淵水. 予惟往, 求朕攸濟.(《尙書·大誥》) 이 어린 나는 깊은 물을 건너는 것
과 같았으니 내가 오직 나아가 내가 건널 곳만을 찾고 있었구나.

(4) 爾<u>惟</u>舊人, 爾丕克遠省. 爾知寧王若勤哉.(《尙書·大誥》) 그대들은 옛 관리로, 크게 멀리
살필 수 있으니, 그대들은 문왕께서 얼마나 근면하셨는지 알 것이다.

2) 문장구성기능 방면의 특징

부사는 '순부사어성(純狀語性)'을 가진다. 다시 말하면, 어떤 한 단어가 단지 부사어로만
충당이 되면, 이 단어는 분명 부사이다. 예를 들어, '또한(현대한어의 也나 又)'의 의미가
있는 '亦'이 바로 이러하다. 예컨대, 다음과 같다.

(1) 潛雖伏矣, <u>亦</u>孔之炤.(《詩經·小雅·正月》) 물속에 잠기어 있어도 매우 뚜렷이 드러나네.

(2) 如彼飛蟲, 時<u>亦</u>弋獲.(《詩經·大雅·桑柔》) 저 나르는 벌레를 때로 주살로 쏘아 잡는 것과
같다네.

---

144) [역주] '幼沖'은 연령이 낮음을 말한다. '歷服'에서 '歷'은 '歷數', 즉 역수가 돌아 왕이 될 차례를
말하고, '服'은 '五服'으로 천하를 말한다.

(3) 執我仇仇, <u>亦</u>不我力.(《詩經・小雅・正月》) 나를 붙잡기를 마치 원수처럼 하고, 또한 나를 등용함에 힘쓰지 않는구나.

(4) 肆不殄厥慍, <u>亦</u>不隕厥問(《詩經・大雅・縣》) 따라서 지금 그들의 분노를 끊을 수 없었지만, 또한 자신의 명예를 실추시키지 않았다.

(5) 旣右烈考, <u>亦</u>右文母.(《詩經・周頌・雝》) 文王을 높이며, 또 태사를 높이게 하시네.

부사의 문장구성기능을 분석할 때는 '동의성(同義性) 원칙'을 지켜야 한다. 다시 말하면 의미가 다르나 자형이 같은 단어와 혼동해서는 안 된다. 예를 들어, '畢'자의 본의는 '옛날 사냥할 때 쓰는 긴 채그물'이며 여기서 파생하여 별자리 이름 즉 '天畢'을 가리키기도 한다.

(예1) 有捄天畢, 載施之行.(《詩經・小雅・大東》) 길게 뻗은 천필 별들, 줄을 지어 벌려 있네.[145]

'畢'은 그 본의에서 파생하여 '긴 채그물로 새를 잡다'는 의미를 가진다.

(예2) 鴛鴦于飛, 畢之羅之 (《詩經・小雅・鴛鴦》) 원앙이 날아가네. 畢그물로 덮고 羅그물을 치네.

'畢'은 또한 '완성하다'의 의미를 가진다.

(예3) 予曷敢不于前寧人攸受休畢.(《尙書・大誥》) 내가 어찌 옛 영인이 받은 아름다운 천명을 끝마치지 않겠는가?

'畢'은 또 '都(모두)', '盡(전부)'의 의미도 있는데, 이는 '완성하다'의 의미에서 허화된 것이다. '畢'을 분석할 때, 먼저 의미에 주의해야 하며 다른 의미의 '畢'과 혼동해서는 안 된다. 분명히 해야 할 것은, 단지 의미가 '都(모두)', '盡(전부)'의 의미인 '畢'만 부사이며 이 의미의 '畢'만 부사어가 된다는 것이다.

(1) 麾之以肱, <u>畢</u>來旣升.(《詩經・小雅・無羊》) 팔뚝으로 부르니, 모두 와서 다 우리로 올라가네.

(2) 允乃詔, <u>畢</u>桓于黎民般.(《逸周書・祭公解》) 아주 지당하십니다. 당신의 조서는. 모두 백성들의 안녕을 고려한 것입니다.

---

145) [역주] '捄'는 길게 뻗어 있는 모습이다.

(3) 惟民其畢棄咎.(《尙書·康誥》) 백성들이 모두 허물을 버릴 것이며.

(4) 惟新陟王畢協賞罰.(《尙書·顧命》) 새로 승천하신 성왕께서 상과 벌을 모두 조화롭게 하여.

　기타 의미의 '畢'은 모두 부사가 아니다. '사냥할 때 쓰는 긴 채그물', '天畢'의미의 '畢'은 명사이며, '긴 채그물로 새를 잡다', '완성하다' 의미의 '畢'은 동사이다. '사냥할 때 쓰는 긴 채그물', '天畢'의미의 '畢'이 주어, 목적어가 되고, '긴 채그물로 새를 잡다', '완성하다' 의미의 '畢'이 위어가 된다고 해서, '都', '盡'의미를 가진 '畢'이 부사임을 부정할 수는 없다.

　의미의 동일성이라는 전제하에 하나의 단어가 만약 순부사어성을 가진다면 바로 부사이고, 그렇지 않으면 부사가 아니다. 여기서 부사와 기타 품사가 부사어가 되는 경계를 분명히 할 필요가 있다. 먼저, **명사가 부사어가 될 때는 부사가 아니다.** 이 경우는 일반명사, 방위명사, 시간명사가 부사어가 될 때를 말한다.

(1) 經始勿亟, 庶民子來.(《詩經·大雅·靈臺》) 설계하여 시작함을 급하게 하지 말라 했지만, 서민들은 아버지의 일에 자식이 오듯이 했다네.

(2) 滮池北流, 浸彼稻田.(《詩經·小雅·白華》) 유유히 못이 북으로 흘러서, 저 벼밭을 적시네.[146]

(3) 儀式刑文王之典, 日靖四方.(《詩經·周頌·我將》) 文王의 전칙을 본받아 날로 사방을 안정시키니

(4) 昔爾出居, 誰從作爾室.(《詩經·小雅·雨無正》) 옛날 그대들이 나가 살 때, 누가 따라가 그대들의 집을 지어 주었는가?

　위의 예에서 밑줄 친 부분을 혹자들은 부사라고 여기지만(莊穆 주편의《詩經綜合辭典》참고), 사실 잘못된 것이다. 예(1)에서 '子'는 보통명사가 부사어가 된 것으로, '자식 같이'의 의미이다. 이러한 '子'와 명사 '子'는 기본적으로 의미가 같다. 의미의 미세한 차이는 양자가 위치하는 어법위치가 다르기 때문이다. 따라서 예(1)에서 '子'는 여전히 명사이다. 나머지도 이와 같다.

　다음으로, **동사가 부사어가 될 때도 부사가 아니다.** 예를 들어 '凡百君子, 敬而聽之.(모든 군자는 공경하며 듣기를)(《詩經·小雅·巷伯》)'에서 '敬'은 '警'과 같고 '警惕(경계하다)'의 뜻이며 '警惕地'로 번역되어 동사가 부사어가 된 것이지 부사는 아니다. 이러한 의미의

---

146) [역주] '滮'는 물이 흐르는 모양이다.

'敬'은 위어의 중심이 될 수도 있다. 예컨대, 다음과 같다.

(예1) 我友敬矣, 讒言其興.(《詩經·小雅·沔水》) 우리 친구들이 경계한다면, 참소하는 말이 일어날까?

(예2) 旣敬旣戒, 惠此南國.(《詩經·大雅·常武》) 신중하고 경계하여, 이 남국을 은혜롭게 하셨다.

또한 형용사가 부사어가 될 때도 부사가 아니다. 예를 들어 다음과 같다.

(1) 還而不入, 否難知也.(《詩經·小雅·何人斯》) 돌아오더라도 들리지 않으니, 진정 알기 어렵구나.

(2) 淑愼爾止, 不愆于儀.(《詩經·大雅·抑》) 네 행동거지를 선하게 하고 삼가 威儀에 허물이 없게 할지어다.

(3) 永言保之, 思皇多祜.(《詩經·周頌·載見》) 영원히 보전하여, 아름다운 복을 많이 받았네.

(4) 民之靡盈, 誰夙知而莫成.(《詩經·大雅·抑》) 백성들이 자만하지 않으면, 누가 일찍 알았는데도 늦게 이루겠는가?

예(1)에서 '難'은 '쉽지 않다(不容易)', '어렵다(難于)'의 의미이다. 이러한 의미의 '難'은 위어의 중심이 될 수도 있다. 예를 들어, '爲君難, 爲臣不易'(《論語·子路》) 임금 되기가 어렵고 신하 됨이 쉽지 않다)가 있다. 따라서 예(1)에서 '難'은 형용사가 부사어가 되는 것이지, 부사가 아니다. 나머지도 이와 같다.

마지막으로, 의문대사가 부사어가 될 때도, 부사로 간주해서는 안 된다. 예를 들면 다음과 같다.

(1) 樂只君子, 遐不眉壽!(《詩經·小雅·南山有臺》) 즐거운 군자여 어찌 눈썹 세도록 장수하지 않으리오?

(2) 周王壽考, 遐不作人!(《詩經·大雅·棫樸》) 文王께서 장수하시니, 어찌 백성들을 진작시키지 않으리오.

인용한 두 예에서 '遐'는 '何', '豈'의 의미이다. 이러한 '遐'는 부사가 아니라 의문대사이다. 《詩經》에 '視爾友君子, 輯柔爾顔, 不遐有愆'(네가 군자와 벗할 때를 보니 너의 안색을 온화하고 부드럽게 하여 어떤 허물도 있지 않았다)(《大雅·抑》)란 구가 있는데, 高亨의 주에, "遐는 何와 통한다(遐, 通何)."라고 하였다. 이에 따르면 두 예의 '遐'는 마땅히 부사가 아니다.

3 부사의 활용(活用)

부사는 일반적으로 활용이 발생하지 않는다. 따라서 관련 예는 아주 드물다. 서주시대 문헌 중에는 단지 부사가 동사로 활용된 하나의 용례만을 찾을 수 있었다. 예컨대, 다음과 같다.

(예) 弗躬弗親, 庶民弗信.(《詩經·小雅·節南山》) 몸소 하지 않고, 직접 하지 않으니, 백성들은 믿지 않네.

'躬'과 '親'은 본래 부사이나 여기서는 동사로 활용되었다. 이 둘 모두 그 의미가 '몸소, 친히'에서 '몸소(친히) 일을 하다'로 바뀌었다. '親'의 부사 용례로는 '韓侯受命, 王親命之.(한후가 명을 받았는데, 왕이 친히 명하였다)'(《詩經·大雅·韓奕》) 같은 것이 있다.

제5절 서주한어 수사(數詞)와 양사(量詞)

본 절에서는 서주한어의 수사와 양사에 대해 논의한다. 이 두 품사는 보통 함께 사용되므로 같이 논의하기로 한다.

1 수사(數詞)

수를 세는 작용을 하는 품사이다. 서주한어에서 보통 단독으로 사용되며, 양사와 결합하여 함께 수량을 나타내기도 하였다.

1) 수사의 종류

① 기수사(基數詞)

수량의 많고 적음을 나타내며 3가지 종류로 나눈다.

a. 한자리수(個位數) 형식 : 십보다 작은 수 형식이다. 서주한어에서 '一', '二', '三', '四', '五', '六', '七', '八', '九' 등이 있다. 서주한어에서 '乘'은 때때로 4와 동일한 수를 표시한다. 예를 들어, 다음과 같다.

(예) 乘馬在廄, 摧之秣之.(《詩經·小雅·鴛鴦》) 4마리 말이 마구간에 있으니, 꼴을 먹이고 곡식을 먹이네.

여기에서 '乘馬'는 '四馬'의 의미이다. '乘'은 본래 고대에 4마리가 끄는 수레인데, 이 때문에 '乘'을 빌려 '4'를 나타내게 되었다. 주의할 것은 단지 말의 수량을 나타낼 때만 '乘'을 사용한다는 점이다. 서주 초기 '兩'은 양사로 사용되었으며 후대의 '輛'과 같았다. 후에 수사로 바뀌면서 '서로 짝이 되는 두 개'를 가리켰다. 예컨대, 다음과 같다.

(1) 四黃既駕, 兩驂不猗.(《詩經·小雅·車攻》) 네 마리 누런 말에 멍에를 매니, 두 마리 곁말이 기울지 않네.
(2) 師黃賓兩章[147]一馬兩.(《兩簋銘》) 師黃이 兩에게 玉璋 하나와 말 두 마리를 주었다.
(3) 伯錫小臣宅畫冊戈九、易金車、[148] 馬兩.(《小臣宅簋銘》) 伯懋父께서 小臣 宅에게 채색이 된 방패, 세모창, 紅銅 장식의 수레, 말 두 마리를 하사하셨다.

서주 후기에 이르러 '兩'은 '二'의 의미를 가지게 된다. 예를 들면 다음과 같다.

(예) 兩罍兩壺.(《函皇父簋銘》) 罍 두 개와 壺 두 개

이러한 의미의 '兩'은 東周시기에 자주 나타난다.

(1) 兩壺八鼎.(《洹子孟姜壺銘》) 壺 두 개와 鼎 여덟 개
(2) 並驅從兩狼兮.(《詩經·齊風·還》) 나란히 달리며 두 마리 이리를 쫓았는데

'再'는 서주시대에 여전히 '두 번째', '2회'의 의미였다.

---

147) [역주] 원서에서는 '章'이 '童'으로 표기되어 있는데 오타로 보인다.
148) [역주] 원서에서는 쉼표로 표기되어 있으나, 모점으로 수정한다.

(1) 至于再至于三.(《尙書·多方》) 2~3번에 이른다.

(2) 王再拜.(《尙書·顧命》) 왕이 재배하였다.

하지만 동주시대 '再'는 간혹 '二'와 같은 의미로 쓰였다.

(예) 唯廿又再祀.(《㯲羌鐘銘》) 이십이 년

서주시대 이미 '壹'자가 있었으나 '一'과 같은 의미가 아니라 다른 의미였다. 예를 들면 다음과 같다.

(예) 彼昏不知, 壹醉日富.(《詩經·小雅·小宛》) 저 어리석고 무지한 사람은 마실 때마다 취하고 또 날로 심해지네.

혹자는 여기서 '壹'은 동사 앞에 쓰여 하나의 동작 혹은 상황이 출현한 뒤 바로 다른 동작이나 상황이 발생함을 나타낸다고 하였다. 혹자는 '聚'의 의미라 여겼고, 혹자는 어조사라 여겼다. 요컨대, 그 의미는 '一'과 무관하다. '貳'는 서주 때 보이나 '二'와 같은 글자가 아니라 일반적으로 동사로 쓰여 '두마음, 의심을 품다', '전일하지 않다' 의 의미를 나타내었다. 예를 들어 다음과 같다.

(예) 上帝臨女, 無貳爾心.(《詩經·大雅·大明》) 상제가 그대에게 임하셨으니, 그대는 의심하는 마음 갖지 마시오.

《毛傳》은 뒤 구에 대해 해석하기를 '言無敢懷二心也(감히 두 마음을 갖지 않음을 말한다)'이라 하였다. 일부 '貳'는 '二分'의 의미를 띠었다.

(예) 公宕[149]其參, 女則宕其貳; 公宕其貳, 女則宕其一.(《五年琱生簋銘》) 公室에서 三分을 갖게 되면 그대는 二分을 갖고, 公室에서 二分을 갖게 되면, 그대는 一分을 가진다.

'參'은 '三分'의 의미이며, 예가 이미 앞에 보인다.

---

149) [역주] '宕'에 대해서는 '방탕하다', '금액이 초과하다', '부담하다', '양보하다', '없애다', '확장하다', '확장하여 취하다', '등기하다', '차지하다' 등 그 해석이 매우 분분하다.

b. **단위수(段位數) 형식** : 수사의 결합에 있어 10단위로 구분 작용을 하는 형식이다. 서주한어에서 '十', '百', '千', '萬', '億' 등이 있으며, '旬'자도 있는데, '10일'을 가리켰다.

c. **복합수사(複合表數) 형식** : 한자리수 형식과 단위수 형식이 복합되어 이루어진 수사형식을 말한다. 한자리수 형식과 단위수 형식의 결합은 2가지의 기본형식이 있다. 하나는 한자리수 형식이 단위수 형식의 앞에 나오는 경우인데, 이는 곱의 관계이다. 예컨대 다음과 같다.

(예) '三十', '五十', '七百', '七千', '八萬' 등

이때 양자의 결합은 비교적 강해서 중간에 접속사 '有'자가 올 수 없다. 따라서 이러한 결합을 여전히 하나의 단어로 볼 수도 있다(주대 금문에서는 '卄', '三十', '四十', '五十', '八十', '二百', '五百', '六百', '三千' 등의 합문을 볼 수 있는데, 이들의 결합관계가 아주 긴밀함을 보여준다). 다음으로, 한자리수 형식이 단위수 형식의 뒤에 나오는 경우이다. 이때는 합의 관계이다. 예를 들면 다음과 같다.

(예) '十二', '十有二', '十有八' 등

이때 양자의 관계는 느슨한데, 그 사이에 접속사 '有'가 올 수 있었다. 따라서 이러한 결합은 구로 볼 수 있다. 복합수사형식은 다음의 몇몇 종류로 나눌 수 있다.

ⅰ. 단위수 형식인 '十'을 포함하는 형식. 여기에는 또 다음과 같이 세분할 수 있다. 먼저, '十' 앞에 한자리수 형식이 나오는 경우로, '三十', '四十', '五十' 등과 같다. 다음으로, '十' 뒤에 한자리수 형식이 나오는 경우로, 이때는 '十'의 뒤에 접속사 '有'가 올 수도 있고 오지 않을 수도 있다. '十二', '十有二', '十有八' 등과 같다. 또 '十'의 전후에 한자리수 형식이 나오는 경우로, 이때는 '十'의 뒤에 종종 접속사 '有'가 온다. 예를 들어 '二十有二', '九十有九', '四十有六' 등이 있다.

ⅱ. 단위수 '十'과 '百'을 포함하는 형식. 10자리의 숫자가 '零'일 때 '十'은 생략할 수 있다. 이때도 아래와 같이 세분할 수 있다. 백자리, 십자리, 일자리에 모두 숫자가 있는 경우인데, 이때는 종종 '十' 뒤에 접속사 '有'가 온다.

(1) 六百五十有二.(《逸周書·世俘解》) 육백오십이

(2) 三百五十有二.(《逸周書·世俘解》) 삼백오십이

(3) 七百二十有一.(《逸周書·世俘解》) 칠백이십일

(4) 百五十有一.(《逸周書·世俘解》) 백오십일

(5) 百一十有八.(《逸周書·世俘解》) 백십팔

또한 '百'과 '十' 뒤에 '有'가 오는 경우도 있다.
(예) 二百有九十有九.(《輪鎛銘》) 이백구십구

백자리, 십자리에는 숫자가 오지만 일자리에는 숫자가 없는 경우가 있다. 이때는 종종
접속사 '有'를 사용하지 않는다.

(1) 三百五十.(《逸周書·克殷解》) 삼백오십

(2) 三百六十.(《逸周書·度邑解》) 삼백육십

백자리, 일자리에는 숫자가 있지만 십자리에는 숫자가 없는 경우, 이때는 일자리 수
앞에 '有'가 있기도 하고 없기도 하다.

(1) 八百三.(《逸周書·世俘解》) 팔백삼

(2) 五百有四.(《逸周書·世俘解》) 오백사

iii. 단위수 '十', '百', '千'을 포함하는 형식. 십자리 숫자가 '零'일 때 십자리 수는 생략할
수 있으며, 다음과 같이 세분할 수 있다. 천자리, 백자리, 십자리, 일자리가 모두 숫자
가 있는 경우 종종 일자리 앞에 접속사 '有'자를 붙인다.

(예) 五千二百三十有五.(《逸周書·世俘解》) 오천이백삼십오

천자리, 백자리, 일자리 모두 숫자가 있고 십자리에 숫자가 없는 경우.

(1) 三千五百有八.(《逸周書·世俘解》) 삼천오백팔

(2) 二千七百有一.(《逸周書·世俘解》) 이천칠백일

(3) 四千八百[有]二.(《小盂鼎銘》) 사천팔백이

천자리, 십자리에 숫자가 있고 백자리, 일자리에 숫자가 없는 경우.

(예) 千有五十.(《大盂鼎銘》) 천오십

iv. 단위수 '萬', '千', '百', '十'을 포함하는 형식. 모 단위에서의 숫자가 '零'일 때 이 단위형식은 생략가능하다. 예를 들어 다음과 같다.

(1) 萬三千八十一.(《小盂鼎銘》) 만삼천팔십일
(2) 萬四千.(《逸周書·世俘解》) 만사천

v. 단위수 '億', '萬', '千', '百', '十'을 포함하는 형식. 모 단위에서 숫자가 '零'일 때, 이 단위의 수는 생략할 수 있다. 예를 들어 다음과 같다.

(1) 億有七萬七千七百七十有九.(《逸周書·世俘解》) 십칠만칠천칠백칠십구[150]
(2) 三億萬有二百三十.(《逸周書·世俘解》) 삼십만이백삼십
(3) 億有八萬.(《逸周書·世俘解》) 십팔만

② 서수사(序數詞)

순서의 전후를 나타내는 수사이다. 현대한어에서 서수의 기본형식은 '第＋기수사'이다. 하지만 서주시대에는 아직 이러한 형식이 없었다. 이때는 기본적으로 기수사를 사용하여 표현하였다. 서주시대의 서수는 아래의 경우들이 있다.

a. '日'의 앞에 쓰여 '며칠'을 나타낸다. 예컨대, 다음과 같다.

(1) 越五日, 甲子朝, 至接于商.(《逸周書·世俘解》) 오일이 지난 갑자일 아침에 상에 이르렀다.
(2) 越六日庚戌, 武王朝至于周.(《逸周書·世俘解》) 6일이 지난 경술일에 무왕은 아침에 주에 이르렀다.

한편, 서주시대에 둘째 날은 보통 '二日'이라 하지 않고 '翼日'이라 하였다.

---

150) [역주] 고대에는 '億'이 '십만'을 나타내기도 하였다.

b. 月의 앞에 쓰여 '몇 월'을 나타내었다. 예컨대, 다음과 같다.

(1) 二月初吉, 載離寒暑.(《詩經·小雅·小明》) 2월 초하루에 집을 떠나 온갖 추위와 더위를 겪었구나.

(2) 四月維夏, 六月徂暑.(《詩經·小雅·四月》) 4월 여름이 되고, 6월에는 더위가 가네.

그리고 서주시대에 '一月'은 '一月'이라 하기도 하고 '正月'이라 하기도 하였다.

c. '年' 혹은 '祀'의 앞에 쓰여 '몇 년'을 나타내었다. 예컨대, 다음과 같다.

(1) 二年, 又作師旅, 臨衛政殷.(《逸周書·作雒解》) 이년에 또 병사를 일으켜 은나라 동쪽 위 지역에 가서 은을 정벌하였다.

(2) 唯王廿又三年九月, 王在宗周.(《微縊鼎銘》) 왕 재위 이십삼 년에 왕께서 宗周에 계셨다.

(3) 唯王十有七祀, 王在射日宮.(《詢簋銘》) 왕 재위 십칠 년에 왕께서 射日宮에 계셨다.

또한, 서주시대에는 첫 번째 해를 '一年'이라 하지 않고 '元年'이라 하였다.

(1) 元年夏六月, 葬武王于畢.(《逸周書·作雒解》) 원년 여름 6월에 무왕을 畢 땅에 장사지냈다.

(2) 唯王元年正月, 王在吳[151], 格吳大廟.(《師酉簋銘》) 왕 재위 원년 정월에 왕께서 吳 나라 (吳가 宗周 내에서 머무는 곳)에 계셨을 때 吳의 太廟에 오셨다.

이러한 '元'은 사람을 나타내는 말의 앞에도 쓰였는데, '첫 번째' 혹은 '맏이'를 의미하였다. 예를 들어, '元孫'이 있다.

d. 《周易》에서 기수사를 이용해 아래에서 위로 가는 '爻'의 순서를 나타내기도 한다.

(예) 初九, 潛龍, 勿用. …… 九二, 見龍在田, 利見大人. …… 九三, 君子終日乾乾, 夕惕若, 厲,無咎 …… 九四, 或躍在淵, 無咎. …… 九五, 飛龍在天, 利見大人. …… 上九, 亢龍, 有悔.(《周易·乾卦》) 初九는 潛龍이니 쓰지 말지니라, 九二는 나타난 용이 밭에 있으니, 대인을 봄이 이롭다. 九三은 군자가 종일토록 굳세고 굳세어서 저녁에 두려워하면 위태로우나 허물은 없으니라, 九四는 혹 뛰어 못에 있으면 허물이 없으리라. 九五는 비룡이

---

151) [역주] '吳'를 '虞'로 읽어 虞國으로 해석하는 견해도 있다.

하늘에 있으니, 대인을 봄이 이로우니라. 上九는 높은 용이니 뉘우침이 있으리라.

위의 예에서 '二', '三', '四', '五'는 모두 순서를 나타내며, 의미는 '두 번째', '세 번째', '네 번째', '다섯 번째'이다. 주의할 것은 첫 번째 爻는 '一'이라 하지 않고 '初'자를 사용하였고, 여섯 번째 爻는 '六'을 사용하지 않고 '上'자를 사용하였다는 점이다. 후대에 순서를 나타내는 '初', 예를 들어 '初一', '初二', '初三'의 '初'는 분명 《周易》에서의 '初'와 관계가 있는 것이다.

기수사가 서수사가 되는 경우 외에, 서주시대에는 또 몇몇 서수를 표현하는 방식이 있었다. 먼저, 干支로 날짜의 순서를 기록하는 경우이다. 이러한 방법은 殷商시대에 이미 출현하였다. 甲, 乙, 丙, 丁, 戊, 己, 庚, 辛, 壬, 癸의 10天干과 子, 丑, 寅, 卯, 辰, 巳, 午, 未, 申, 酉, 戌, 亥의 十二地支가 서로 배합하여 형성이 된다. 모두 '甲子', '乙丑'등 60개로, 순서대로 날짜를 기록하였다. 만약 '甲子'가 一日이면 '乙丑'은 二日이 되며, 이러한 순서에 의해 배열이 된다. 예컨대, 다음과 같다.

(1) 唯五年三月初吉庚寅, 王在周師彔宮.(《諫簋銘》) 오년 삼월 初吉 庚寅일에 왕께서 宗周의 師彔宮에 계셨다.

(2) 唯王三祀四月, 既生霸辛酉, 王在周, 客新宮.(《師遽簋銘》) 왕 재위 삼년 사월 既生霸 辛酉일에 왕께서 宗周에 계셨을 때 新宮에 오셨다.

(3) 維正月庚午, 周公格左閎門, 會群門.(《逸周書·皇門解》) 정월 경오일에 주공은 左閎門에 이르러 군신을 조회하였다.

(4) 若翼日辛亥, 祀于位.(《逸周書·世俘解》) 익일인 신해일에 신위에 제사지냈다.

다음으로, 서주시대 사람들은 한 달을 '初吉, 既生霸, 既死霸, 既望'의 넷으로 나누었다. 이러한 용어를 사용한 기록은 마치 지금의 '요일(星期)'의 순서와 유사하다. 예컨대, 다음과 같다.

(1) 唯十有二[152]年正月初吉丁亥, 虢季子白作寶盤.(《虢季子白盤銘》) 십이년 정월 初吉 丁亥일에 虢季子白이 귀중한 盤을 제작했다.

(2) 時四月既望, 越六日庚戌, 武王朝至于周.(《逸周書·世俘解》) 이때 4월 기망에, 6일이 지난 경술일에 무왕은 아침에 주에 이르렀다.

---

152) [역주] 원서에서는 '三'으로 표기되어 있는데 오타로 보인다.

마지막으로, 옛사람들은 1년을 봄, 여름, 가을, 겨울로 나누고 매 계절을 또 삼분하여 '孟', '仲', '季'로 표현하였다. '孟', '仲', '季'의 의미는 각각 '첫째', '둘째', '셋째'의 의미이다. 예컨대, 다음과 같다.

> (예) 維四年孟夏, 王初祈禱於宗廟, 乃嘗麥于大祖.(《逸周書·嘗麥解》) 맹하 사월 성왕이 처음으로 종묘에서 신명께 간구하고, 태조 문왕께 햇보리(가을 제사)를 바쳤다.

한 계절이 3개의 달을 포함하고 있기에, 하나의 계절을 삼분하면 각각 하나가 곧 하나의 달이 되는 것이다. 따라서 '孟夏'라는 단어는 사실 달을 기록하는 방법이라고 할 수 있다. 이러한 방법으로 달을 기록하는 경우는 서주시대 청동기 명문에는 보이지 않고, 동주시대 청동기 명문에 보인다. 예컨대, 다음과 같다.

> (1) 唯正月孟[153]春吉日丁亥.(《越王鐘銘》) 정월 맹춘의 길일인 丁亥일
> (2) 正月季春元日己丑.(《欒書缶銘》) 정월 계춘의 길일인 己丑일
> (3) 唯王五年, 鄭口陳得再立事蕆, 孟冬戊辰.(《陳騂壺銘》) 왕 재위 오년 鄭口의 陳得이 다시 政事에 임했던 해 孟冬의 戊辰일

'孟'은 또한 관명을 나타내는 단어 앞에 쓰여 '우두머리'의 의미로 쓰이기도 한다. 예를 들어 '孟侯'가 있다.

③ 분수사(分數詞)

이는 분수를 나타내는 말로, 기수사, 서수사와 다르다. 기수사, 서수사는 단어일 수도 있고, 구일 수도 있다. 그러나 분수사는 일반적으로 모두 구이다. 서주시대 분수를 나타내는 방법은 주로 2가지이다.

a. '수사$_1$+之+수사$_2$'의 형식. 수사$_1$은 분모가 되고 수사$_2$는 분자가 된다. 예컨대, 다음과 같다.

---

153) [역주] '月' 뒤의 글자에 대해서는 견해가 분분하다. '王'이라고 보는 학자들은 이 글자를 '孟'으로 읽지만, 동일 명문 중에 보이는 '王'과 자형이 상이하기 때문에 '甬(仲)'이나 '季'라고 보는 학자들도 있다.

(예) 製郊甸, 方六百里, 凶西土, 為方千里. 分以百縣, 縣有四郡, 郡有四鄙, 大縣城方王城三之一, 小縣立城, 方王城九之一.(《逸周書·作雒解》) 郊甸의 제정의 의하면, 방 육백리에 西土를 연이어 방천리가 되며, 백 개의 현으로 나누고, 백 개의 현은 4개의 군으로 나누며, 매 군은 4개의 비읍으로 나눈다. 큰 현에는 성을 쌓아 왕성의 3분의 1이 되도록 하고, 작은 현은 축성함에 왕성의 9분의 1이 되도록 한다.

여기서 '三之一'의 의미는 '三分之一'이고 '九之一'의 의미는 '九分之一'이다. 이러한 형식은 단지 전래문헌에서만 보이며 출토문헌에서는 보이지 않는다.

b. '其+수사' 형식. 여기서 대사 '其'는 분모를 가리키고 수사는 분자를 가리킨다. 예컨대, 다음과 같다.

(예) 公宕[154]其參, 女則宕其貳; 公宕其貳, 女則宕其一.(《五年琱生簋銘》) 公室에서 三分을 갖게 되면 그대는 二分을 갖고, 公室에서 二分을 갖게 되면, 그대는 一分을 가진다.

'其三'의 의미는 '그중의 삼분'을 의미하고, '其二'는 '그중의 이분'을, '其一'은 '그중의 일분'을 의미한다.

④ 개수사(槪數詞)

이것은 대충의 수를 나타내는 말이다. 서주한어에서 개수를 나타내는 방식은 주로 2개의 가까운 숫자를 함께 열거하는 방식이었다. 예컨대, 다음과 같다.

(1) 今我唯即刑廩于文王正德, 若文王命二三正.(《大盂鼎銘》) 지금 나는 文王의 正德을 본받고 계승할 것이다. 文王께서 執政 大臣 두세 명에게 명령을 내리셨던 것처럼.

(2) 自時厥後, 亦罔或克壽. 或十年, 或七八年, 或五六年, 或四三年.(《尙書·無逸》) 이때부터 그 후로는 또한 누구도 長壽를 누리지 못했습니다. 어떤 사람은 10년, 어떤 이는 7~8년, 어떤 이는 5~6년, 어떤 사람은 3~4년이었습니다.

(3) 用肇造我區夏. 越我一二邦.(《尙書·康誥》) 이로써 비로소 우리 구하(중국)와 우리 한두 나라를 만드시어.

---

154) [역주] '宕'에 관해서는 제2장 제5절 [역주] 149 참조.

⑤ 허수사(虛數詞)

이는 실제 수량을 나타내지 않고 수량이 많음을 나타내어 과장의 의미를 내포하였다. 예컨대, 다음과 같다.

(1) 三十維物, 爾牲則具.(《詩經·小雅·無羊》) 색깔이 서른 가지나 되는지라 너의 희생이 모두 갖추어졌다.

(2) 誰謂爾無牛, 九十其犉.(《詩經·小雅·無羊》) 누가 당신더러 소가 없다고 하는가? 검은 입술 검은 소가 90마리나 되는데.

(3) 予小臣敢以王之讎民百君子.(《尚書·召誥》) 나 소신은 감히 왕의 讎民과 여러 군자와 (友民과 함께 왕의 威命과 明德을 보호하고 받게 하겠습니다).

(4) 其惟我諸侯百姓, 厥貯毋不即市.(《兮甲盤銘》) 우리나라 제후와 백성들의 상품들은 시장에 오지 않으면 안 된다(시장에서만 거래가 이루어져야 한다).

(5) 百子千孫, 子子孫孫永寶用享.(《善夫梁其簋》) 자손만대 번창하길 기원하며, 자자손손 영원히 소중히 간직하면서 제사를 지내는 데 사용할지어다.

(6) 其萬年無疆, 子子孫孫永寶用享.(《毛伯瞖父簋銘》)¹⁵⁵⁾ 만년토록 영원하기를 기원하며, 자자손손 영원히 소중히 간직하면서 제사를 지내는 데 사용할지어다.

⑥ 배수(倍數)

현대한어에서 배수는 '수사+倍'의 형식을 쓴다. 예를 들어, '三倍', '五倍'처럼 한다. 서주시대에서는 아직 이러한 형식이 보이지 않는다. 다만, 서주시대에 이미 '倍'자가 출현하였으며, 의미는 '一倍'이다. 예컨대, 다음과 같다.

(예) 墨辟疑赦, 其罰百鍰, 閱實其罪. 劓辟疑赦, 其罰惟倍, 閱實其罪. 剕辟疑赦, 其罰倍差.(《尚書·呂刑》) 묵형이 의심스러워 사면할 때에는 그 벌금이 100鍰이니, 그 죄를 자세하게 살펴 진실하게 하라. 코 벰[劓]이 의심스러워 사면할 때는 그 벌금이 한배(200환)이니, 그 죄를 자세하게 살펴 진실하게 하라. 발 벰[剕]이 의심스러워 사면할 때는 그 벌금이 한배하고도 조금 더(500환)이니 (그 죄를 자세하게 살펴 진실하게 하라)

---

155) [역주] 원서에는 《毛伯腊父簋銘》으로 되어 있으나, 《毛伯瞖父簋銘》으로 수정하였다.

2) 수사의 어법특징과 통사기능

수사의 어법특징은 양사와 결합하여 수량구를 형성하고 관형어로 사용된다는 점이다. 예 컨대, 다음과 같다.

(예) '四匹', '十兩', '十乘', '一卣'

수사의 통사기능은 아래의 몇 가지가 있다.

① 관형어가 된다.

서주한어에서 수사는 직접 명사 앞 혹은 뒤에 와서 명사를 수식하며 사물의 수량을 나타 낼 수 있었다. 예컨대, 다음과 같다.

(1) 王用奄有四鄰遠土, 丕承萬子孫, 用末被先王之靈光.(《逸周書·皇門解》) 군왕께서 이로 써 사방의 이웃과 먼 곳까지 소유하였으니, 만천 자손들이 이로써 영원히 선왕의 영광을 입게 될 것이다.

(2) 昊天有成命, 二后受之(《詩經·周頌·昊天有成命》) 호천이 이루어 놓은 명을 두 왕이 받으셨네.

(3) 武王遂征四方, 凡憝國九十有九國, 馘磨億有七萬七千七百七十有九, 俘人三億萬有二百三十. 凡服國六百五十有二.(《逸周書·世俘解》) 무왕은 마침내 사방을 정벌하여 99국을 멸망시키고 십칠만칠천칠백칠십구명을 죽였으며, 포로로 삼십만이백삼십명을 생포하 였으며, 모두 육백오십이국을 정복하였다.

(4) 賜汝瓚璋四、瑴、宗彝一肆(肆)寶[156].(《卯簋銘》) 그대에게 璋瓚[157] 네 개, 쌍옥, 종묘 祭 器 한 벌을 하사하노라.

② 부사어가 된다.

직접 동사 앞에 와서 동작의 수량을 나타낸다. 예컨대, 다음과 같다.

(예) 乃受同瑁, 王三宿三祭三吒.(《尙書·顧命》) 그제야 同과 瑁를 받아, 왕이 세 번 신에게 잔을 올리고, 세 번 제사 지내고, 세 번 다시 잔을 올리자

---

156) [역주] 원서에서는 '瑴一、宗彝一、環章四'로 되어 있는데 맨 뒤 세 글자는 오타로 보인다.
157) [역주] 손잡이 부분은 璋 형태인 국자 모양의 祭器.

③ 보어가 된다.

동사의 뒤에 놓여 동작의 횟수를 나타낸다.

(1) 今大赦女, 鞭女五百, 罰女三百鋝.(《𠑇匜銘》) 이제 그대를 크게 사면하니 그대는 오백 대를 맞고 벌금 삼백 열(鋝)을 내도록 하라.

(2) 余有散氏心賊, 則鞭[158]千罰千, 傳棄之.(《散氏盤銘》) 우리가 散國에 대하여 나쁜 마음을 품는다면 천 대를 맞고 벌금 일천 鋝을 낼 것이며, 잡혀서 추방될 것이다.

④ 위어가 된다.

직접 위어가 되어 사물의 수량을 나타낸다.

(1) 墨罰之屬千. 劓罰之屬千. 剕罰之屬五百. 宮罰之屬三百. 大辟之罰其屬二百, 五刑之屬三千.(《尙書 · 呂刑》) 자묵 형벌에는 천 가지 죄가 있고, 코 베는 형벌에도 천 가지 죄가 있으며, 발을 베는 형벌은 오백 가지, 궁형에는 삼백 가지 죄가 있고, 사형에는 그 죄가 이백 가지가 있어 다섯 가지 형벌은 모두 삼천 가지의 죄가 있다.

(2) 誰謂爾無羊, 三百維羣.(《詩經 · 小雅 · 無羊》) 누가 너더러 양이 없다 하리오, 양떼가 삼백 마리나 되도다.

⑤ 목적어가 된다.

서주시대 수사가 목적어가 되는 용례는 아주 드물었다. 예컨대, 다음과 같다.

(예) 我惟時其敎告之, 我惟時其戰要囚之. 至于再, 至于三.(《尙書 · 多方》) 나는 이에 가르쳐 알려 주며, 나는 이에 두려워하면서 죄수를 결단하되, 2~3번에 이른다.

2 양사(量詞)

양사는 수량의 단위를 나타내는 품사로, 일반적으로 수사와 결합하여 사용되며 사물이나

158) [역주] '鞭' 외에 '爰', '隱'로 보는 견해도 있다. 원서에서도 '鞭'과 '隱'을 혼용하고 있는데, '鞭'으로 통일하여 제시한다.

행위의 수량을 나타낸다.

1) 양사의 종류

서주시대 문헌에서는 사물양사(物量詞)만 보인다. 사물양사는 사람이나 사물의 단위를 나타내는 말로, 殷商시대에 이미 출현하였으며 서주시대 다소 발전하였다. 서주한어의 사물양사는 대체로 아래의 몇 가지 종류로 나뉜다.

① 도량형단위 양사(度量衡單位量詞)

주로 '丈', '里', '畮', '秭', '朋', '鋝', '鈞' 등이 있다. 예컨대, 다음과 같다.

(1) 城方千七百二十丈, 郛方七十里. 南系于洛水, 北因于郟山, 以為天下之大湊.(《逸周書·作雒解》) 내성은 방 천칠백이십 장이 되고, 외성은 방 칠십리가 되도록 하며 남쪽으로 낙수와 잇고, 북쪽으로 邙山을 뒤로하여 이를 천하의 대도시로 삼았다.

(2) 公叔初見于衛, 賢從, 公命吏畮(賄)賢百畮鬻(糧), 用作寶彝.[159](《賢簋銘》) 公叔이 처음으로 衛 지방을 시찰할 때, 賢이 수행하였다. 公叔은 관리에게 명령하여 賢에게 백 畮의 곡식을 하사하셨다. (이를 기념하고자) 賢이 귀중한 祭器를 제작하였다.

(3) 昔饉歲, 匡眾厥臣廿夫寇矞禾十秭.(《矞鼎銘》) 이전 기근이 든 해에 匡季의 眾[160]과 그의 노예 이십 명이 矞의 벼 십 秭를 훔쳤다.

(4) 周公錫小臣單貝十朋.(《小臣單觶銘》) 周公께서 小臣 單에게 貝 십 朋을 하사하셨다.

(5) 王易金百鋝, 禽用乍寶彝.(《禽簋銘》) 왕께서 銅 백 렬(鋝)을 하사하셨으니, 禽은 (이를 기념하고자) 賢이 귀중한 祭器를 제작하였다.

(6) 内史命雙[161]事, 賜金一鈞.(《非余鼎銘》) 内史가 雙에게 직무를 맡기고, 銅 일 鈞을 하사했다.

---

159) [역주] 원서에서는 '公命使畮賢百畮, □用作寶彝'로 되어 있다. '□'를 앞 구문에 붙여서 읽는 견해도 있으며, 학자마다 隸定과 독법에 있어서 견해가 분분하다. 여기에서는 일단 앞 구문과 연결된 것으로 보고, '鬻(糧)'으로 보는 견해를 따르도록 하겠다.

160) [역주] '眾'의 신분에 관해서는 '농사에 종사하는 노예', '농경이나 전쟁에 동원되는 자유민' 등의 견해가 있다.

161) [역주] 원서에서 '雙'으로 표기된 이 글자의 원래 자형은 '𤔲'으로 학자마다 견해가 다르다. 여기에서는 원서의 의견을 따르도록 하겠다.

② 개체단위 양사(個體單位量詞)

주로 '乘', '兩', '品', '終', '篇', '夫', '戶', '白', '匹', '朋', '枡' 등이다. 예컨대, 다음과 같다.

(1) 周車三百五十乘, 陳于牧野.(《逸周書·克殷解》) 주나라의 전거 삼백오십승이, 목야에 진을 쳤다.

(2) 孚車卅162)兩.(《小盂鼎銘》) 전차 서른 대를 빼앗았다.

(3) 唯三月, 王令榮眔內史曰: 割邢侯服, 易臣三品.(《榮作周公簋銘》) 삼월에 왕께서 榮과 內史에게 명령하여 말씀하셨다. "邢侯에게 임무를 할당하고, 세 종족의 노예를 하사한다."

(4) 乙卯, 籥人奏崇禹生開三終, 王定.(《逸周書·世俘解》) 을묘일에 악사가 《崇禹生啓》樂三節을 연주하자, 무왕의 의례는 끝이 났다.

(5) 太史筴刑書九篇, 以升授大正, 乃左還自兩柱之閒.(《逸周書·嘗麥解》) 태사가 간책에 9편의 刑書를 써서 당에 올라와서 태정에게 건네주고는 왼쪽으로 두 기둥의 사이를 따라 원래 위치로 돌아왔다.

(6) 易尸司王臣十又三白, 人鬲千又五十夫.(《大盂鼎銘》) 夷族 출신으로 周 왕조에 소속된 관리 십삼 명과 백성 일천오십 명을 하사한다.

(7) 不克訟, 歸而逋, 其邑人三百戶, 無眚.(《周易·訟卦》) 송사를 이기지 못함이니 돌아가 도망가서 그 읍 사람이 삼백호면 재앙이 없으리라.

(8) 王易兮甲馬四匹、駒車.(《兮甲盤銘》) 왕께서 兮甲에게 말 네 필과 망아지가 끄는 수레를 하사하셨다.

(9) 賜貝十朋, 又丹一枡.(《庚嬴卣銘》) 貝 십 朋과 朱砂 일 枡을 하사했다.

③ 단체단위 양사(集體單位量詞)

주로 '家', '堵', '肆', '轂' 등이 있다. 예컨대, 다음과 같다.

(1) 易女弓一、矢束、臣五家, 163)田十田, 用從164)乃事.(《不其簋銘》) 그대에게 활 한 개, 화살 한 束, 노예 다섯 가구, 경작지 십 田을 하사하노니, 그대의 직책에 충성하여라.

---

162) [역주] 원서에서는 '十'으로 표기되어 있는데 오타로 보인다.
163) [역주] 원서에서는 '臣五家' 뒤에 쉼표(,)를 표시했으나, 문장의 의미상 모점(、)이 되어야 하므로 수정하여 제시한다.
164) [역주] 원서에서는 '永'으로 표기되어 있으나, 이는 '從'의 誤字이므로 수정하여 제시한다.

(2) 王親錫馭方玉五穀.(《噩侯鼎銘》[165]) 왕께서 친히 馭方에게 옥 다섯 쌍을 하사하셨다.

(3) 其電四堵.(《邾戕鐘銘》) 石磬 사 堵[166]

(4) 大鐘八肆.(《邾戕鐘銘》) 큰 종 팔 肆[167]

④ 차용 양사(借用量詞)

이것은 다른 품사를 차용해서 사용한 것이다. 일부는 아래와 같이 명사에서 차용하였다.

'卣', '國', '人', '車', '田', '牛', '羊', '聝', '鈴', '邑', '圭' 등[168]

그리고 일부는 '束'과 같은 자동사에서 차용하기도 하였다.

(1) 王易呂秬鬯[169]三卣, 貝卅朋.(《呂鼎銘》) 왕께서 呂에게 秬鬯酒 세 항아리와 貝 삼십 朋을 하사하셨다.

(2) 武王遂征四方, 凡憝國九十有九國.(《逸周書·世俘解》) 무왕이 마침내 사방을 정벌하였는데, 99국을 멸망시켰다.

(3) 姜商令貝十朋, 臣十家, 鬲百人.(《令簋銘》) 王姜께서 令에게 貝 십 朋, 臣 열 가구, 백성 백 명을 상으로 내리셨다.

(4) 戎獻金于子牙父百車.(《屛敖簋蓋銘》) 淮夷가 子牙父에게 銅 백 수레를 바쳤다.

(5) 易田于敞五十田、于早五十田.(《敞簋銘》) 敞에 있는 경작지 오십 田과 무에 있는 경작지 오십 田을 하사해주셨다.

(6) 孚牛三百五十五牛、羊卄八羊.(《小盂鼎銘》) 소 삼백오십오 마리와 양 이십팔 마리를 노획했다.

(7) 孚聝二百卅七聝[170].(《小盂鼎銘》) 이백삼십칠 개의 적군의 귀를 노획했다.

---

165) [역주] 원서에서는 '噩侯簋銘'으로 되어 있으나, 誤記로 보인다.

166) [역주] '堵'는 '肆'(벌, 세트)의 절반을 뜻한다.

167) [역주] '肆'는 '벌', '세트'의 의미이다.

168) [역주] '卣'는 '술통'이고, '聝'은 '베어낸 귀'이다.

169) [역주] 원서에서는 '鬯'이 누락되었으므로 보충하였다.

170) [역주] 원서에서는 '獲聝百卅七聝'라고 되어 있는데, 여러 釋文을 비교해본 결과, '孚聝二百卅七聝'로 수정하였다.

(8) 朱旗二鈴.(《毛公鼎銘》) 방울이 두 개 달린 붉은 색 깃발

(9) 侯氏易之邑二百又九十又九邑.(《論鎛銘》) 齊侯께서 그에게 封邑 이백구십구 개를 하사하셨다.

(10) 乙亥, 王易鵂**鵂**玉十圭、章, 用乍祖丁彝.(《攜**鵂**簋銘》)[171] 乙亥일에 왕께서 鵂**鵂**에게 옥 십 圭와 玉璋을 하사하셨으니, 先祖 丁께 제사를 올리는 데 사용할 祭器를 제작하였다.

(11) 易女弓一矢束.(《不其簋銘》) 그대에게 활 한 개와 화살 한 束을 하사하노라.

2) 양사의 어법특징과 통사기능

양사의 가장 큰 특징은 수사와 결합하여 수량구를 이룬다는 것이다. 양사는 일반적으로 수사의 뒤에 출현한다. 수량구는 관형어가 될 수 있는데, '수사+양사'구는 일반적으로 중심어의 뒤에 출현한다. 예컨대, 다음과 같다.

(1) 越若來二月既死魄, 越五日, 甲子朝, 至接于商, 則咸劉商王紂, 執矢惡臣百人.(《逸周書·世俘解》) 오는 2월 既死魄이 되어서, 오일 뒤인 갑자일 아침에 상나라 도읍에 도착한 뒤 상왕 주를 죽이고 사악한 대신 백 명을 체포하였다.[172]

(2) 百韋至, 告以禽宣方, 禽禦三十兩, 告以馘俘.(《逸周書·世俘解》) 百韋가 이르러, 宣方의 군주를 사로잡고, 수레 30량을 취하였음을 고하였고, 죽인 자와 생포한 자를 보고하였다.

(3) 凡用即昜田七田、人五夫.(《曶鼎銘》) 曶에게 모두 경작지 일곱 田과 다섯 명을 배상하다.

수사가 '一'일 때는 생략할 수 있는데, 이때는 양사 단독으로 관형어가 된다. 단독으로 관형어가 되는 양사는 중심어의 뒤에 올 수도 있고, 앞에 올 수도 있다. 예컨대, 다음과 같다.

(1) 易女弓一矢束.(《不其簋銘》) 그대에게 활 한 개와 화살 한 束을 하사하노라.

'矢五束'(화살 다섯 束)(《覭侯鼎銘》)과 비교해보자.

---

171) [역주] 원서에서는 '乙亥, 王易肆玉十玉、章, 用乍祖丁彝.(《乙亥簋銘》)'로 제시되어 있으나, 명문의 오탈자 및 기물명에 오류가 있어 수정하였다.

172) [역주] '既死魄'는 '既死霸'라고도 하며, 음력 23, 23일에서 월말까지의 시간을 말한다.

(2) 懋父賞御正衛馬匹自王.(《御正衛簋》) 懋父께서 御正 衛에게 왕으로부터 받은 말 한 필을 상으로 주셨다.

(3) 我旣贖女五夫效父, 用匹馬束絲, 限許[173]曰: 氏[174]則俾我賞馬, 效父則俾復厥絲束.(《曶鼎銘》) 나는 이미 效父한테서 당신네 사람 다섯 명을 贖買하는데 말 한 필과 蠶絲 한 묶음을 썼다. 限이 (계약 위반을) 인정하며 말했다. "氏한테는 내가 그 말을 상환하게끔 하였고, 效父한테는 내가 그 蠶絲를 되돌려 주게 하였다."

수량구는 위어도 될 수 있다.

(예) 籥人九終.(《逸周書 · 世俘解》) 악사가 9절을 연주하였다.

제6절 서주한어 대사(代詞)

서주한어의 대사 체계는 인칭대사(人稱代詞), 지시대사(指示代詞), 의문대사(疑問代詞)로 크게 삼분할 수 있다. 이들 각각의 대사는 또한 몇 개의 하위범주로 나눌 수 있는데, 아래에서 나누어 논의하기로 한다.

1 인칭대사(人稱代詞)

서주한어의 인칭대사는 일인칭대사, 이인칭대사, 삼인칭대사, 기타대사로 나눌 수 있다.

1) 일인칭대사(第一人稱代詞)

서주한어 문헌에 보이는 일인칭대사는 '余(予)', '我', '朕', '卬', '吾' 등이 있다.

---

173) [역주] 원래 자형은 '詐'으로, 독법과 관련해서는 '許' 외에도 '訴', '牾', '保' 등의 의견이 있다.
174) [역주] 원서에서는 '括'로 표기되었으나, 원래 자형을 隸定하여 제시한다.

① 余(予)

'余'와 '予'는 上古音에서 동음이다(운부는 魚部에 속하고, 성모는 定母이다). 따라서 글자는 다르지만 사실상 같은 일인칭대사이다. 일반적으로, 출토문헌에서는 '余'라고 쓰고, 전래문헌에서는 '予'로 쓰여 있다. 예를 들어, 서주 金文에는 단지 '余'만 쓰지, '予'는 쓰지 않는다. 그러나 《詩經》, 《尚書》에서는 '予'만 쓴다. 《逸周書》에서는 일반적으로 '予'를 쓰며 가끔 '余'를 쓰기도 한다. 《周易》에서는 '予', '余'가 보이지 않는다. '余'는 일반적으로 이인칭의 '汝'와 대응하며 단수를 나타내고 '我'로 번역된다. '余(予)'는 주어, 목적어, 관형어 등으로 쓰인다. 주어가 되는 예는 아래와 같다.

(1) 伯氏曰: 不其馭方玁狁, 廣伐西俞, 王令(命)我羞追于西, 余來歸獻禽, 余命女(汝)御追于屠[175].(《不其簋銘》) 伯氏가 말씀하셨다. "不其여! 馭方의 玁狁이 西俞를 대대적으로 토벌하니, 왕께서 나에게 서쪽으로 진격하라고 명하셨고, 나는 돌아와서 포로를 바쳤다. 내가 그대에게 屠까지 兵車로 쫓을 것을 명령했다."

(2) 帝謂文王, 予懷明德.(《詩經·大雅·皇矣》) 상제가 문왕에게 "나는 밝은 덕을 좋아한다."라고 말했다.

(3) 予不敢閉于天降威用.(《尚書·大誥》) 나는 감히 하늘이 내리신 威用(은나라를 정벌하라는 것)을 폐하지 못한다.

(4) 予用皇威, 不忘祗天之明典.(《逸周書·嘗麥解》) 나는 황천의 위엄을 이용하여, 하늘의 법전을 공경히 할 것을 잊지 않을 것이다.

(5) 余未知王之所定, 矧乃小子?(《逸周書·芮良夫》) 나도 군왕이 안전할 수 있을지 모르는데, 하물며 너희 소자들이야!

목적어가 되는 용례는 다음과 같다.

(1) 兹小彝妹吹, 見[176]余.(《叔趯父卣銘》) 이 작은 酒器를 망가뜨리지 말고, 나를 본받아라.

(2) 罔不若予.(《尚書·洛誥》) 내가 한 것처럼 하지 않음이 없으면

관형어가 되는 용례는 다음과 같다.

---

175) [역주] 원서에서는 '客'으로 표기되었으나, 원래 자형을 隸定하여 제시한다.
176) [역주] '祝'로 考釋하기도 한다.

(1) 降余多福, 福余順孫.(《胡鐘銘》) 나에게 많은 복을 내려주시고, 나의 孝孫을 보우해 주실 것이다.

(2) 肆予敢求爾于天邑商, 予惟率肆矜爾. 非予罪, 時惟天命.(《尙書·多士》) 내가 감히 너희 천읍인 商에서 너희들을 구하는 것은 내가 오직 옛일을 따르고 너희를 긍휼히 여긴 것이다. 나의 죄가 아니라, 이것은 천명이다.

'余(予)'가 관형어가 되는 용례는 아주 드물며, 관형어가 될 때는 보통 '朕'을 쓴다.

② 朕(膌)

'朕'은 출토문헌과 전래문헌에 모두 보이며 모두 '朕'으로 쓴다. 서주 금문에서는 '膌'자를 빌려 쓰기도 하였다. 예컨대, 다음과 같다.

(예) 肆武公亦弗暇望(忘)膌聖且(祖)考幽大叔(叔)懿弔(叔).(《禹鼎銘》) 그러므로 武公께서도 나의 영명하신 先祖先父인 幽大叔과 懿叔을 잊지 않으셨다.

'膌'은 '朕'을 성부로 하며, '膌'과 '朕'은 古音이 아주 가까웠다. '朕'은 주로 단수로 쓰인다. 보통 관형어로 쓰이며, 때때로 주어로 쓰이기도 한다. 관형어가 되는 용례는 다음과 같다.

(1) 王若曰: 克, 昔余旣命汝出納朕命, 今唯緟京[177]乃命.(《大克鼎銘》) 왕께서 이렇게 말씀하셨다. "克이여, 예전에 내가 그대에게 나의 명령을 출납하도록 명하였는데, 지금 그 책명을 다시 내린다."

(2) 纘戎祖考, 無廢朕命.(《詩經·大雅·韓奕》) 너의 조상의 뒤를 잇게 하노니, 내 명을 폐하지 말라.

(3) 予曷敢不終朕畝.(《尙書·大誥》) 내가 어찌 감히 나의 밭고랑을 끝까지 하지 않으리오.[농사를 마치지 않으리오]

---

177) [역주] '緟'에 대해서는 제2장 제3절 [역주] 67 참조. '緟' 다음 글자의 원래 자형은 '**京**'으로 '京', '就', '敦' 등으로 考釋한다. '緟**京**'의 의미에 대해서는 '과거에 내렸던 책명을 되풀이하는 것'으로 보기도 하고, '과거에 부여했던 직무에 새로운 직무를 더하는 것'으로 보기도 한다. 여기서는 일단 전자의 뜻으로 해석을 하겠다.

(4) 朕身在周, 朕命在天.(《逸周書·商誓解》) 나의 몸은 주에 있지만, 나의 명은 하늘에 있다.

주어가 되는 용례는 다음과 같다.

(1) 朕臣天子, 用冊王命.(《榮作周公簋銘》) 나는 천자께 신하로서 직분을 다할 것이며, 왕의 명령을 (이 기물에) 기록하였다.

(2) 朕未有艾. 將予就之, 繼猶判渙.(《詩經·周頌·訪落》) 내가 미칠 수 없네. 장차 나를 나아가게 하나, 잇는 것이 오히려 나누어지고 흩어지네.

(3) 朕不敢有後.(《尚書·多士》) 나는 감히 다음에 이런 명령을 내리지 않을 것이니

(4) 予有不顯, 朕卑皇祖不得高位于上帝.(《逸周書·度邑解》) 나는 빛나는 행위가 없어 조상들로 하여금 상제 같은 높은 지위에 오르지 못하게 했다.

이 외에도 아래와 같이 판단문의 위어가 되기도 한다.

(예) 越則非朕, 負亂惟爾.(《逸周書·商誓解》) 법을 넘어서는 것은 내가 아니다, 세력을 등에 업고 난을 일으키는 것은 너희다.

③ 我

일인칭대사로 '我'는 복수를 나타내며 '우리(我們)'로 번역된다. 서주시대에는 때때로 단수를 나타내기도 하여 '나(我)'로 번역되기도 한다. '我'는 주어, 목적어, 관형어가 되었다. 주어 용례는 다음과 같다.

(1) 我隹司(嗣)配皇天王, 對乍(作)宗周寶鐘.[178](《胡鐘銘》) 내가 계속해서 하늘의 뜻에 부합하는 왕이 되었으니, 이에 보답하고자 宗周를 위해 보배로운 종을 제작하였다.

(2) 我行其野, 言采其蓫, 昏姻之故, 言就爾宿.(《詩經·小雅·我行其野》) 나 저 들판에 나가서, 쑥나물을 뜯네. 혼인의 약속 때문에, 너에게 가서 머물렀네.

(3) 我惟大降爾四國民命.(《尚書·多方》) 나는 크게 너희 四國 백성의 목숨을 살려 주었다.[179]

---

178) [역주] '我隹司(嗣)配皇天, 王對乍(作)宗周寶鐘'으로 끊어 읽기를 하는 견해도 있다.
179) [역주] '降'는 죄를 강등시켜 목숨을 살려 주는 것을 말함.

(4) <u>我</u>聞古商先哲王成湯, 克辟上帝.(《逸周書·商誓解》) 내가 듣기에 옛 상나라의 명철한 임금 성탕께서는 상제를 받들 수 있었다고 하였다.

목적어 용례는 다음과 같다.

(1) 王曰: 豐! 敬明乃心, 用辟180)<u>我</u>一人.(《豐盨銘》) 왕께서 말씀하셨다. "豐이여! 그대의 마음을 겸손하게 환히 밝혀 나 한 사람을 섬길지어다."

(2) 投<u>我</u>以桃, 報之以李(《詩經·大雅·抑》) 나에게 복숭아를 던져 주면 오얏으로 갚는 것과 같은 것이로다.

(3) 惟天不畀, 允罔固亂, 弼<u>我</u>, 我其敢求位.(《尙書·多士》) 오직 하늘이 베풀어주지 않으신 까닭은 진실로 어지러운 것을 견고하게 해주지 않기 때문이다. 그리하여 우리를 도와주신 것이니, 우리가 감히 (천자의) 자리를 구했겠는가?

(4) 今予維篤佑爾, 予史太史違<u>我</u>.(《逸周書·商誓解》) 지금 나는 너희들을 크게 도우려 하나, 나의 사신인 태사가 나를 반대한다.

(5) 匪<u>我</u>求童蒙, 童蒙求<u>我</u>.(《周易·蒙卦》) 내가 어리석은 사람에게 가르침을 구하는 것이 아니라 어리석은 사람이 나에게 가르침을 구한다.

관형어 용례는 다음과 같다.

(1) 唯天將集181)厥命, 亦唯先正襄182)乂厥辟, 勞183)勤大命, 肆184)皇天亡斁, 臨保<u>我</u>有周, 不巩先王配命.(《毛公鼎銘》) 하늘이 그 천명을 크게 내리셔서, 또한 옛 대신들이 그 군주를 보필하고, 천명에 대해 공손하며 부지런히 애썼다. 이에 하늘이 버리지 않으시고, 우리 주나라를 굽어살펴 보우하시어 선왕께서 하늘의 뜻에 합한 명령을 크게 공고히 하시게 되었다.

---

180) [역주] '辟'의 의미에 대해서는 '섬기다' 외에도 '본받다(效法)' 혹은 '보필하다(弼)'로 해석하는 견해도 있다.

181) [역주] '集'을 '降'의 뜻으로 보는 견해도 있지만, '成就'의 뜻으로 해석하기도 한다.

182) [역주] 이 글자의 원래 자형은 '襄'으로 '襄' 외에 '克', '哻' 등의 考釋 견해가 있지만 정확하지는 않다.

183) [역주] 이 글자의 원래 자형은 '勞'으로, 자형 판별이나 독법에 있어서 '勞' 외에 '揰', '登', '丞', '勳', '爵', '慈', '庸', '恭' 등 여러 설들이 존재해왔다. 여기서는 원서의 의견에 따라 이 글자를 '勞'로 표기하였으나, 역자의 의견으로는 '恭'으로 읽는 것이 타당하다고 생각하여 이를 해석에 반영하였다.

184) [역주] 원서에서는 '肆'가 누락되었으므로 보충하였다.

(2) 無飮我泉, 我泉我池.(《詩經·大雅·皇矣》) 우리 샘물 마시지 마라! 우리 샘물, 우리 못물.

(3) 天降割于我家.(《尙書·大誥》) 하늘이 우리집안에 재앙을 내려

(4) 爾多子, 其人自敬, 助天永休于我西土, 爾百姓其亦有安處在彼.(《逸周書·商誓解》) 너희 많은 사람들은 각각 스스로 삼가여, 하늘을 도와 우리의 西土를 영원히 아름답게 하라. 너희 백성들 또한 거기서 편안하게 거주하게 될 것이다.

(5) 九四, 旅于處, 得其資斧, 我心不快.(《周易·旅卦》) 九四는 나그네가 거처하고 그 노자와 도끼를 얻었으나, 내 마음은 유쾌하지 못하도다.

④ 卬

《爾雅·釋詁》에서 "卬은 나이다(卬, 我也)."라 하였다. 이는 '卬'을 일인칭대사로 본다는 것이다. 《詩經·邶風·匏有苦葉》 4장의 '招招舟子, 人涉卬否. 人涉卬否, 卬須我友.'(오라고 부르는 뱃사공, 남들은 건너지만 나는 건너지 않네. 남들은 건너지만 나는 건너지 않네, 나는 나의 친구를 기다린다네.) 구절에 대해, 《毛傳》에서는 "卬은 나이다. 남들은 모두 건너는데, 나의 친구가 아직 오지 않아 나만 홀로 기다려 건너지 않는다(卬, 我也. 人皆涉, 我友未至, 我獨待之而不涉)."라 하였고 《鄭箋》에서도 "남들은 모두 따라 건너지만 나만 건너지 않는다(人皆從之而渡, 我獨否)."라 하였다. 《匏有苦葉》의 '卬'에 대해, 馬瑞辰은 더 나아가 "卬은 姎의 가차이다(卬者, 姎之假借)."라 하였으며, 《爾雅》郭注에서도 "卬은 姎과 같다(卬, 猶姎也)."라 하였다. '卬'과 '姎'은 소리가 서로 비슷했기 때문에 '卬'이 '姎'의 通假字라고 여긴 것이다. 그러면 '姎'은 무슨 의미일까? 《說文》에서는 "姎은 부인이 스스로 나라고 칭한 것이다(姎, 婦人自稱我也)."라 하였으며 余冠英은 이 설을 따라, "卬의 음은 昻이며, 나이다. 여성을 가리키는 일인칭대명사이다(卬, 音昻, 我也. 女性第一人稱代名詞)."라고 하였다. 서주시대 '卬'의 용례로 볼 때, 馬瑞辰 등의 주장은 믿을 수 없다. 서주한어에서는 여자들이 자칭 '卬'이라 하기도 하였지만, 남자도 마찬가지였다. 따라서 '卬'은 일인칭대사로, 일반적으로 단수를 나타내며 주어 목적어 등이 될 수 있었다고 볼 수 있다.[185) 주어와 목적어가 되는 용례는 다음과 같다.

(1) 樵彼桑薪, 卬烘于煁.(《詩經·小雅·白華》) 저 뽕나무 섶을 캐다가, 나는 부뚜막에서 불만 때네. (주어)

---

185) '卬'이 대사가 되는 용례는 아주 드물었다. 서주한어 문헌에서 단지 4예뿐이었다.

(2) 卬盛于豆, 于豆于登.(《詩經·大雅·生民》) 내 제기에 담으니, 나무 그릇에 하고, 질그릇에 하네. (주어)

(3) 哀哉. 予造天役, 遺大投艱于朕身, 越予沖人, 不卬自恤.(《尚書·大誥》) 슬프도다! 내가 하는 일은 하늘이 시킨 것이다. (하늘이) 나의 몸에 큰일을 남겨 주시며 어려움 속에 던진 것이니, 나 어린 사람은 나 스스로를 구휼하지 못한다. (목적어)

(4) 肆予曷敢不越卬敉寧王大命.(《尚書·大誥》) 그러므로 어찌 감히 내가 나라를 편하게 하신 선왕의 큰 命을 마치지 않겠는가. (목적어)

예(1)은 '白華' 시에서 인용한 것인데, 이는 귀족이 부녀를 버린 怨詩로, 일반적으로 周幽王이 버린 申后의 작이라 여겨진다. 이 시에서 '卬'은 당연히 여자 자칭으로 풀 수 있다. 하지만 예(2)의 '生民'은 주나라 사람들의 역사시이다. '卬盛于豆'는 '나는 제품을 제기에 담는다'라는 의미이다. 제사를 주관하는 사람은 마땅히 남성이다. 예(3), (4)는 《尚書·大誥》의 구절인데 두 예의 '卬'은 모두 왕이 자칭하고 있는 것이다. 여기서의 왕을 혹자는 주공(섭정왕)이라 하기도 하고 혹자는 성왕이라 하기도 한다. 어쨌든 모두 남성이 자칭하는 것이다.

⑤ 吾

일인칭대사로서의 '吾'는 춘추시대부터 아주 자주 보이지만, 서주시대에는 아주 드물게 나타난다. 조사에 의하면, 《詩經》(雅, 頌), 《尚書》(周書), 《逸周書》(眞文獻)에서는 모두 '吾'가 보이지 않는다. 서주시대 문헌에서 인칭대사 '吾'는 단지 하나의 용례만 있다.

(예) 鳴鶴在陰, 其子和之. 我有好爵, 吾與爾靡之.(《周易·中孚》) 우는 학이 그늘에 있거늘, 그 자식이 화답하도다. 나에게 좋은 술이 있으니, 나는 그대와 그것을 함께 할 것이다.

이 예에서 '吾'는 분명한 일인칭대사이며 단수로 주어를 나타낸다. 《周易》은 최종적으로 서주 말에 완성된다. 춘추시대부터 '吾'가 자주 쓰인 점을 감안할 때, 《周易》에서 '吾'가 출현하는 것은 충분히 가능하다. 한편, 아래에서 인용하는 '吾'에 대해, 馬國權은 일인칭대사라고 하였다(그 논문출처는 본장 뒤의 참고문헌에 보인다).

(예) 它日: 拜稽首, 敢取卲(昭)告朕吾考, 令乃鵬沈子乍(作)緓[186]于周公宗, 陟二公, 不

---

186) [역주] 원서에서 '祼'으로 표기한 이 글자의 원래 자형은 '𥙿'으로, '緓'이나 '綩'으로 考釋하며, 자형

敢不**絹**. 休同公克成妥(綏)<u>吾</u>考, 以于顯顯受令(命). 烏虖！唯考**取**又念自先王先公, 乃妹克衣(卒)告剌成工(功). 戲吾考克淵克, 乃沈子其**顯**(顧)懷多公能福.[187]《(沈子它簋銘》) 它가 말했다：拱手하고 땅에 댄 후 그 위에 머리를 조아리는 예를 행하며, 나의 위대하신 先父께 삼가 조심스럽게 분명히 아룁니다. 당신의 믿음직스러우며 듬직한 아들에게 명하사 주공의 종묘에서 제사를 올려 두 분의 조상님을 合祀하게 하시니(祔祭를 드리게 하시니) 감히 제사를 거행하지 않을 수 없습니다. 훌륭하신 同公께서는 나의 先父를 능히 크게 북돋우사 성대히 왕명을 받게 하셨습니다. 아！先父께서는 영민하시고 선왕과 조상님을 마음에 기리시매 끝내 업적에 큰 성공을 고하셨습니다. 아！先父의 덕망은 지극히 깊으시니, 당신의 듬직한 아들은 여러 조상님들께서 복을 내려 주시길 생각하며 마음에 품습니다.

하지만 여기서의 '吾'에 대해 또 다른 해석이 있는데, 이는 믿을 만하다. 郭沫若은《兩周金文辭大系圖錄考釋》에서 이 예의 '吾'를 '寶'라 읽고 '寶考'와 '文考', '皇考'는 의미가 동일하다고 하였다. 唐蘭의《西周青銅器銘文分代史徵》에서도 "'吾考'는 '寶考'와 같다"라고 하였다. 다음의 네 가지 방면에서 볼 때, 郭, 唐의 설은 타당하다. 첫째 '沈子它簋'는 서주 중기에 만들어졌는데, 이때 대사 '吾'는 아직 출현하지 않았다. 예를 들어 '吾'가 서주 중기에 이미 출현하였다면 서주 중, 후기의 청동기 명문에 분명히 대사 '吾'가 보여야 하지만 보이지 않는다. 둘째, 서주청동기 명문에서 '吾'는 '寶'로 통가되었다. 예를 들어 '商乍(作)父丁吾尊.(《商尊銘》) (商이 父丁께 제사를 올리기 위한 귀중한 尊을 제작하였다.)'에서 '吾尊'은 바로 '寶尊'이다. 서주 금문에서 '寶'가 '尊'을 수식하는 예는 아주 많다. 이 예의 '吾'를 만약 대사로 분석한다면, 어법 방면에서 설명이 불가능하다. 셋째, 서주 금문에서 '寶'는 사람을 나타내는 명사를 수식하였다. 예를 들면 다음과 같다.

(예) 彔拜稽首, 休朕匋(寶)君公白(伯)易厥臣弟彔井五蔬[188], 易甲、冑、干、戈.(《彔簋銘》)

과 의미에 대한 일치된 의견은 없지만, 문맥상 제사의 일종을 가리킴을 알 수 있다.

187) [역주]《沈子它簋銘》은 개별 글자 考釋과 끊어 읽기 및 의미 해석에 이르기까지 난제가 많고 이견이 많은 명문 중의 하나이다. 위의 명문은 원서의 명문에 諸家의 견해를 참고하여 수정한 것임을 밝혀둔다. 원서에서 제시한 원래 명문은 다음과 같다: 也曰: 拜稽首, 敢于邵(昭)告朕吾考. 令(命)乃子鵬沈子乍(作)祼于周公宗, 陟二公, 不敢不祼. 休同公克成妥(綏)吾考以于顯顯受令(命). 烏虖！唯考口念自先王先公, 乃妹克衣(殷), 告剌成工(功). 戲吾考克淵克. 乃沈子其靜懷多公庇福.

188) [역주] 이 글자의 원래 자형은 '淾'으로, 唐蘭은 '梁'로 隸定하고 '蔬'의 뜻으로 해석했지만, 陳夢家는 단위명사 역할을 하는 '稇'로 보면서 '井'의 뜻에 대해서는 논의가 필요하다고 보았다. 여기서는

豦는 拱手하고 땅에 댄 후 그 위에 머리를 조아리는 예를 행하며, 위대하신 나의 소중한 宗子이신 公伯께서 아우인 豦에게 井田 소출의 다섯 가지 채소 하사하시고, 갑옷, 투구, 방패, 창을 하사하심을 찬양한다.

이 예에서 '匋'는 '寶'로 통가되었으며 '君公白'을 수식한다. 넷째, 《沈子它簋銘》에서 '告朕吾考'(나의 위대하신 先父께 아룁니다.)라는 구를 보면, '吾'는 대사가 되어서는 안 된다. 왜냐하면 '吾'가 만약 대사가 되면 그 앞에 다시 일인칭대사 '朕'을 붙일 이유가 없기 때문이다. 요컨대, 郭, 唐의 주장이 충분히 타당하다고 본다.

2) 이인칭대사(第二人稱代詞)

현존하는 서주한어 문헌 가운데에는 이인칭대사 '女(汝)', '乃', '爾', '而', '戎', '若'이 출현하고 있다.

① 女(汝)

대사 '女(汝)'는 서주 금문에 모두 '女'로 되어 있지만, 전래문헌에는 모두 '汝'로 되어 있다. '女(汝)'와 '余(予)'는 음운상 대응 관계가 있는데, 양자의 운부는 모두 '魚'부이며 첩운 관계이다.[189] 이 두 개의 단어는 대립하면서도 공통점을 갖는데, 하나는 일인칭, 하나는 이인칭을 나타낸다는 점에서 대립되고, 이들이 처음에는 모두 단수를 나타내었으며 주어, 목적어에 주로 충당된다는 점에서 공통점을 갖는다. 갑골문의 '余'는 단수를 나타냈었고, 서주시대의 '女(汝)' 역시 절대다수가 단수를 나타냈다. 예컨대, 다음과 같다.

(1) 王在宗周, 王格大師宮. 王曰: 善, 昔先王旣令<u>女(汝)</u>左疋[190]泉[191]侯, 今余唯肇緟[192]先王命.(《善鼎銘》) 왕께서 宗周에 계실 때, 大師宮에 오셨다. 왕께서 말씀하셨다. "善

원서를 따라 '疏'로 제시한다.

189) [역주] 金理新의 《上古漢語形態導論》에 따르면, '女'는 'naᴮ'이고 '余'는 'za'로 주요모음이 같다.

190) [역주] 원서에서는 '又'로 표기되었으나, '疋' 혹은 '足'으로 봐야 옳으며, 여기서는 '輔佐'의 의미를 나타내는 '胥'로 읽는 것이 타당하다.

191) [역주] 이 글자의 원래 자형은 '象'으로, 원서대로 제시한다.

192) [역주] '緟'에 대해서는 제2장 제3절 [역주] 67 참조.

이여! 예전에 선왕께서 이미 그대에게 泉侯를 보좌하기를 명했었는데, 지금 내가 선왕의 명령을 다시 내린다."

(2) 王曰: 封! 汝典聽朕毖. 勿辯乃司, 民湎于酒.(《尙書·酒誥》) 왕이 말했다. "봉아! 너는 나의 경계하는 말을 떳떳이 듣거라. 너의 유사들을 다스리지 못하면, 백성들이 술에 빠질 것이다."

예(1)에서 '女(汝)'는 周天子의 '善'에 대한 호칭이다. 예(2)에서는 주공의 '康叔'에 대한 호칭이다. 이 두 예 중의 '女(汝)'는 모두 '너(你)'로 해석할 수 있다. 서주한어에서 '女'는 주로 주어, 목적어 및 겸어가 된다. 주어가 되는 용례는 다음과 같다.

(1) 女毋弗帥用先王作明井, 俗女弗以乃辟圅于艱.(《毛公鼎銘》) 그대는 선왕께서 만드신 현명한 법도를 따르지 않으면 안 된다. 그대가 그대의 주군을 어려움에 빠뜨리지 않길 바란다.

(2) 汝乃以殷民世享.(《尙書·康誥》) 너는 은나라 백성과 함께 대대로 누릴 것이다.

(3) 汝無以戾反罪, 疾喪時二王大功. 汝無以嬖禦固莊后. 汝無以小謀敗大作, 汝無以嬖禦士疾大夫卿士, 汝無以家相亂王室, 而莫恤其外.(《逸周書·祭公解》) 너는 비뚤어졌다고 하여 이 두 왕의 큰 공을 죄로 치부하거나 질투하거나 상실하지 마라. 너는 폐첩으로 정궁을 채우지 말고, 너는 작은 계략 때문에 큰일을 망쳐서는 안 된다. 너는 총애를 받는 간신들 때문에 대부, 卿士들을 막아서는 안 된다. 너는 가신들로 인하여 왕실을 어지럽게 하지 말고, 왕실 이외의 일을 걱정하지 말라.

(4) 汝其可瘳于茲.(《逸周書·度邑解》) 너는 어찌 그것을 없애지 않는가?

목적어가 되는 용례는 다음과 같다.

(1) 今我赦女(汝), 宜鞭女(汝)千.(《𠈇匜銘》) 이제 내가 그대에게 사면을 내리니 천 대를 맞아야 한다.

(2) 公曰: 君告汝朕允.(《尙書·君奭》) 공이 말했다. "군아! 너에게 나의 진심을 고하노라."

(3) 昔先王旣命女(汝), 今余唯或肇䋣京[193]乃令.(《宰獸簋銘》) 예전에 선왕께서 그대에게 책명을 내렸고, 지금 내가 또 그 명령을 다시 내린다.

(4) 敬夙夜勿廢朕令, 易女(汝)赤舄, 用事.(《師虎簋銘》) 아침저녁으로 몸가짐을 삼가고, 나의 명령을 폐하지 말 것이며, 그대에게 붉은 신발을 하사하니, 직무 수행에 힘쓰도록 하라.

---

193) [역주] '䋣京'에 대해서는 제2장 제6절 [역주] 177 참조.

예(1), (2), (3)에서 '女'는 일반적인 목적어이고 (4)에서는 간접목적어이다.
겸어가 되는 용례는 다음과 같다.

  (1) 王呼內史尹冊令師兌: 余旣令女(汝)疋師龢父司左右走馬,　今余唯絑京194)乃令.
       (《三年師兌簋銘》) 왕께서 內史 尹을 불러 師兌에게 책명을 내리셨다. "내가 예전에 그대에게
       師龢父를 보좌하여 左右走馬를 관리하라고 명령했었는데, 지금 그대에게 그 명령을 다시
       내린다."
  (2) 公曰: 前人敷乃心, 乃悉命汝, 作汝民極.(《尚書·君奭》) 공이 말했다. "무왕[前人]이 자신
       의 마음을 펴서, 모두 당신에게 명령하여, 당신을 위해 백성들의 인도자가 되었다."

② 乃(酒)

  '乃'는 서주 金文,《尚書》,《逸周書》,《詩經》에서 모두 '乃'라고 되어있지만 서주 갑골
문에서는 '酒'로 되어 있다.

  (예) 咎酒(乃)城.(周原甲骨文 H31:5) 너의 성곽이 해를 입다.

  '乃(酒)'와 '朕'은 음운상 대응 관계를 이룬다. '朕'의 운부는 侵部이고 '乃'의 운부는
之部가 되는데, 之部와 侵部는 통전(通轉) 관계이다.195) '乃'와 '朕' 역시 대립되지만 공통
점을 가진다. 하나는 일인칭대사, 하나는 이인칭대사라는 점에서 대립되며, 양자가 모두 처
음에 단수를 나타내고 주로 관형어가 됨은 공통점이다. 갑골문에서 '乃'는 단수를 나타냈었
고, 서주시대의 '乃' 역시 주로 단수를 나타내었다.

  (1) 王若曰: 乖白(伯)! 朕不顯祖文武, 膺受大命, 乃祖克弼196)先王.(《乖伯歸夆簋銘》) 왕께
       서 이렇게 말씀하셨다. "乖伯여! 나의 빛나시고 영명하신 조상이신 文王과 武王께서는 天命
       을 받으셨고, 그대의 조상은 先王을 능히 보필하였다.

----

194) [역주] '絑京'에 대해서는 제2장 제6절 [역주] 177 참조.
195) [역주] 金理新의《上古漢語形態導論》에 따르면, '乃'는 *neᴮ, '朕'은 *z/r/emᴮ로 재구가 가능한데,
     둘이 통전 관계라서 주요모음은 같다.
196) [역주] 이 글자의 원래 자형은 '莽'으로, 지금은 '求', '賚' 등의 일부 글자의 발전 과정에서만 그
     흔적을 발견할 수 있다. 금문에서는 의미와 용법에 따라 각각 다른 글자로 읽는데, 위와 같은 문례에
     서는 '仇'나 '逑'로 읽는 것이 학자들의 공통적인 견해이나 여기서는 원서대로 '弼'로 제시한다.

(2) 已! 汝惟小子. 乃服惟弘王, 應保殷民. 亦惟助王宅天命作新民.(《尙書·康誥》) 아! 그대는 소자로다. 너의 일은 왕의 덕을 넓혀, 은나라 백성을 화합하게 하고 보호하며, 또한 왕을 도와 천명을 안정시키고 백성을 진작시켜 새롭게 하는 것이다.

'乃'는 고문헌에서 주로 관형어로 쓰였는데, 이는 '乃'의 가장 중요한 용법이다.

(1) 王曰: 父𣄼! …… 善效乃友正, 毋敢泅197)于酉, 女毋敢墜198), 在乃服, 悤199)夙夕敬念王畏不賜. 女毋弗帥用先王作明井, 俗女弗以乃辟圅于艱.(《毛公鼎銘》) 왕께서 말씀하셨다. "父𣄼이여! …… 그대의 僚屬들과 君長들을 잘 지도하고, 술에 빠지지 말며, 그대는 태만하지 말지어다. 직무를 수행함에 있어 주야로 경건하며, 왕의 위엄이 가볍지 않음을 삼가 유념하라. 그대는 선왕께서 만드신 현명한 법도를 준수해야 하며, 그대가 그대의 주군을 어려움에 빠뜨리지 않길 바란다."

(2) 王曰: 嗚呼! 肆汝小子封! 惟命不于常, 汝念哉! 無我殄享, 明乃服命, 高乃聽, 用康乂民.(《尙書·康誥》) 왕이 말했다. "아! 너 소자 봉아. 천명은 일정하지 않으니, 너는 유념하여 내가 누리도록 해 준 것을 끊지 말고 너의 복명을 밝히며 너의 들음을 높여 백성을 편안하게 다스려라."

(3) 祭公拜稽首曰: 允, 乃詔! 畢桓于黎民服.(《逸周書·祭公解》) 제공이 절을 올리며 머리를 조아려 말했다. "지당하십니다. 당신의 조서는! 모두 백성의 안일을 고려한 것입니다."

(4) 命我眾人, 庤乃錢鎛.(《詩經·周頌·臣工》) 우리 농부들에게 명하네. 너의 가래와 호미를 챙겨라.

아래에 인용하는 두 예의 '乃'는 주어처럼 보이지만, 자세히 분석해보면 다른 성분임을 알 수 있다.

(1) 朕心朕德, 惟乃知.(《尙書·康誥》) 나의 마음과 덕을 너는 알 것이다.

(2) 嗚呼! 君! 惟乃知民德. 亦罔不能厥初, 惟其終.(《尙書·君奭》) 아! 군아. 너는 백성의 덕을 알고 있다. 또한 그 처음을 잘하지 않음이 없으나, 그 끝을 생각하여야 한다.

---

197) [역주] 이 글자의 원래 자형은 '𣄼'으로, 어떤 글자인지에 관해서는 아직 정설이 없으나, 문맥상 '빠지다', '탐닉하다'라는 뜻임을 알 수 있다. 여기서는 원서대로 '泅'으로 제시한다.

198) [역주] '墜'에 대해서는 제2장 제4절 [역주] 138 참조.

199) [역주] '悤'에 대해서는 제2장 제3절 [역주] 67 참조.

여기서 인용한 '乃'는 주어 같지만 '惟乃知'는 "(이것은) 네가 아는 것이다."의 의미로 해석될 수 있다. 만약 이러한 해석이 정확하다면 위 두 예의 '乃'는 여전히 관형어가 되는 것이다.

③ 爾

'爾'와 '我'는 음운상 대응 관계를 이룬다. '我'의 운부는 歌部이고 '爾'의 운부는 脂部이다. 歌部와 脂部는 방전(旁轉) 관계이니 양자의 운미가 같으며 주요모음도 비슷하다.[200] '爾'와 '我'의 관계는 대립인 동시에 공통점을 가진다. 하나는 일인칭, 하나는 이인칭대사라는 점에서 대립이며, 양자가 모두 복수를 나타내고 격의 제한이 없다는 공통점을 가진다. 은상시대에 '爾'는 복수를 나타내었고, 서주 초중기에도 그러하였다. 예컨대, 다음과 같다.

(1) 王曰: 告爾殷多士. 今予惟不爾殺, 予惟時命有申.(《尚書·多士》) 왕이 말했다. "그대들 은나라 여러 관리들에게 알리노라. 이제 나는 너희들을 죽일 수 없기 때문에, 나는 이에 거듭 명령한다."

(2) 王若曰: 宗掩大正 …… 爾弗敬恤爾執, 以屛助予一人, 集天之顯, 亦爾子孫, 其能常憂恤乃事?(《逸周書·嘗麥解》) 왕이 다음과 같이 말하였다. "宗掩, 大正아! …… 너희들이 너희들의 맡은 직무를 삼가 근심하여 나 한 사람을 도와 하늘의 드러난 명을 이루지 않는다면, 너희들의 자손이 어찌 항상 너희들의 일을 근심하겠는가?"

서주 말기에 이르러 '爾'는 단수를 나타내는 용례가 많아졌다.

(1) 我行其野, 蔽芾其樗, 昏姻之故, 言就爾居.(《詩經·小雅·我行其野》) 나는 저 들판으로 나가서 가죽나무 뒤로 몸을 숨겼지만, 혼인을 약속했기 때문에 너에게 가서 살았네.

(2) 嗚呼! 惟爾天子, 嗣文武業.(《逸周書·芮良夫》) 아! 너 천자는 문왕 무왕의 업적을 이어라.

'爾'와 '我'는 대응 관계를 이루므로 변화에 있어 같은 속도를 나타내었다. 서주 말기 '我'는 '多數'를 나타내는 용례가 많아졌는데, '爾'와 '我'는 같은 변화를 거쳤다. 또한, '爾'는 격 방면에서 제한이 없었는데, 이는 '我'도 그러했다. 그래서 '爾'는 주어, 목적어, 관형

---

200) [역주] 金理新의 《上古漢語形態導論》에 따르면, '我'는 *ŋar^B, '爾'는 *nar^B로 재구가 가능하며, 둘이 방전 관계라 주요모음이 같고 운미가 동일하다.

어, 겸어 등의 문장성분이 될 수 있었다. '爾'가 주어가 되는 용례는 아래와 같다.

(1) 爾惟舊人, 爾丕克遠省. 爾知寧王若勤哉.(《尙書·大誥》) 그대들 옛 관리들은 크게 멀리 살필 수 있으니, 그대들은 문왕께서 얼마나 근면하셨는지 알 것이다.

(2) 我惟大降爾命, 爾罔不知.(《尙書·多方》) 내가 너희들의 목숨을 크게 내려 주었으니, 너희들은 그 사실을 모르지 않을 것이다.

(3) 爾臨獄, 無頗正刑有掇.(《逸周書·嘗麥解》) 너희들이 송사를 처리할 때, 치우치지 말고 형벌을 사용함에 있어 선택함이 있도록 하라.

(4) 爾假予德憲, 資告予元.(《逸周書·皇門解》) 너희들은 나를 도와 법도를 제정하고, 그것으로 나의 백성들에게 고하도록 하라.

'爾'가 목적어가 되는 용례는 아래와 같다.

(1) 天保定爾, 亦孔之固.(《詩經·小雅·天保》) 하늘이 우리 임금을 안정시키사 매우 견고히 하셨네.

(2) 我有周惟其大介賚爾.(《尙書·多方》) 우리 주나라 임금도 크게 그대들에게 도움을 줄 것이다.

(3) 予惟率肆矜爾.(《尙書·多士》) 내가 商나라의 옛일을 따라 너희들을 불쌍히 여기는 것이다.

(4) 予惟時其遷居西爾.(《尙書·多士》) 나는 이제 거주지를 옮겨 너희들을 서쪽으로 가게 하였다.

'爾'가 관형어가 되는 용례는 아래와 같다.

(1) 彼昏不知, 壹醉日富. 各敬爾儀, 天命不又.(《詩經·小雅·小宛》) 저 어리석고 무지한 사람은 마실 때마다 취하고 또 날로 심해지네. 스스로들 너희의 위의를 갖추어라, 한 번 떠난 천명은 다시 오지 않으리니

(2) 爾乃尙有爾土.(《尙書·多士》) 너희들은 아마도 너희들의 토지를 소유할 것이다.

(3) 今爾尙宅爾宅.(《尙書·多方》) 지금 그대들은 여전히 그대들의 집에 거주하며

(4) 嗚呼! 惟爾執政朋友小子, 其惟洗爾心, 改爾行, 克憂往愆, 以保爾居.(《逸周書·芮良夫》) 아! 너희들 이 정치를 하는 붕당의 소자들은 오직 너희들의 마음을 깨끗이 해서, 너희들의 품행을 바르게 하고, 과거의 잘못을 크게 반성할 수 있어야, 너희들의 거처를 보전할 것이다.

'爾'가 겸어가 되는 용례는 아래와 같다.

(1) 豈弟君子, 俾爾彌爾性, 似先公酋矣.(《詩經·大雅·卷阿》) 온화하신 군자시여, 그대로 하여금 그대의 성명을 마치게 할 것이오, 백신들은 그대가 주재하게 할 것이다.[201]

(2) 天保定爾, 亦孔之固. 俾爾單厚, 何福不除. 俾爾多益, 以莫不庶.(《詩經·小雅·天保》) 하늘이 우리 임금을 안정시키사 매우 견고히 하셨네. 당신으로 하여금 (백성들에게) 매우 후하게 하시니, 어떤 복인들 생겨나지 않으리. 당신에게 많은 이익이 되게 하였기 때문에 풍부하지 않음이 없습니다.

(3) 天保定爾, 俾爾戩穀.(《詩經·小雅·天保》) 하늘이 그대를 안정시켜 그대로 하여금 복이 있고 녹이 있게 하도다.

④ 而

'而'는 서주한어 문헌 가운데 《詩經》에서만 보이며, 《尚書》, 《逸周書》, 《周易》에서는 모두 보이지 않는다. 금문 중에 비록 '而'가 보이나 동주 금문에서만 보이며 서주 금문에서는 보이지 않는다. 대사 '而'와 '乃', '戎'은 함께 '朕'과 대응된다. 두 가지 근거에 의해 이들이 대응된다고 볼 수 있다. 첫째 삼자는 古音이 아주 가깝다. 특히 운부 관계가 밀접하다.[202] 둘째, 삼자의 주요 통사기능은 모두 관형어가 되는 것이며 일반적으로 단수를 나타낸다. '而'는 일반적으로 단수를 나타낸다. 예컨대, 다음과 같다.

(1) 我日斯邁, 而月斯征.(《詩經·小雅·小宛》) 내 날로 매진하거든 너도 달로 나아가라.

(2) 嗟爾朋友, 予豈不知而作.(《詩經·大雅·桑柔》) 아! 너희 친구들아! 내 어찌 너의 행동을 모르겠는가?[203]

'而'의 통사기능 또한 '朕'과 유사하여 관형어, 주어가 될 수 있다. 관형어의 예는 예(2)가 해당되고 주어의 예는 예(1)이 해당된다.

⑤ 戎

이인칭대사로서 '戎'은 《詩經》(雅頌)에서만 보이며 기타 서주시대 문헌에서는 보이지

---

201) [역주] '彌'는 '終'과 같아, '마치다'의 의미이다.
202) [역주] 金理新의 《上古漢語形態導論》에 따르면, '而'는 *ne, '乃'는 *neᴮ, '朕'은 *z/r/emᴮ으로 재구 가능하다고 한다. '戎'을 제외하고 주요모음이 -e-로 같다.
203) [역주] 이 문장의 경우, '而'를 접속사로 보아, '모르면서 행동하다'로 해석하기도 한다.

않는다. '戎'의 용법은 '乃', '而'와 기본적으로 같으며 '朕'과 대응한다. '戎'과 '朕'의 운부는 같으며 첩운 관계이다.[204] '戎'의 통사기능도 주로 관형어가 되며 단수를 나타낸다. 예컨대, 다음과 같다.

(1) 周邦咸喜, 戎有良翰.(《詩經·大雅·崧高》) 주나라 사람들이 모두 기뻐하며, 너에게 훌륭한 기둥이 생겼다 하도다.

(2) 戎雖小子, 而式弘大.(《詩經·大雅·民勞》) 당신은 비록 소자지만 하는 일은 매우 크네.

(3) 王親命之, 纘戎祖考.(《詩經·大雅·韓奕》) 왕이 직접 명하여, 너의 조상의 뒤를 잇게 하노니.

위의 예에서 '戎'은 '너(你)' 혹은 '너의(你的)'로 번역할 수 있다. '戎'은 예(1),(2)처럼 주어가 될 수도 있고, 예(3)처럼 관형어가 될 수도 있다.

⑥ 若

이인칭대사로서 '若'은 단지 《尚書》(周書)와 《逸周書》(眞文獻)에서만 보이며, 기타 서주한어 문헌에서는 보이지 않는다. '若'은 일인칭대사 '卬', '吾'와 대응한다. '若'과 '卬', '吾'의 운부는 대전(對轉) 관계이며[205] 용법상 '若'과 '卬', '吾'는 공통점이 있는데, 아래에서 상세히 논하도록 한다. '若'과 '卬', '吾'는 모두 은상시대에는 보이지 않으며, 서주시대에 막 출현한 인칭대사이다. '若'의 용법은 '吾'와 유사하여, 주어, 관형어 등이 되며 단수, 복수를 모두 나타낼 수 있다. 예컨대, 다음과 같다.

(1) 予惟曰: 汝劼毖殷獻臣侯甸男衛. 矧太史友內史友越獻臣百宗工. 矧惟爾事服休服采. 矧惟若疇.(《尚書·酒誥》) 내가 다음과 같이 말한다. "그대가 은나라의 어진 신하들과 侯·甸·男·衛의 제후들과 太史와 內史들과 어진 신하들, 여러 종친 관리에게 삼가도록 하여라. 그리고 네가 섬기는 服休[三公]와 服采[禦事], 그리고 너의 짝인…"

(2) 王曰: 嗚呼, 公!…我亦維有若文祖周公, 暨列祖召公茲申, 予小子追學於文武之蔑. 我亦維有若祖祭公之執和周國, 保懷王家.(《逸周書·祭公解》) 목왕이 말했다. "아 제

---

204) [역주] '戎'과 '朕'의 상고운부와 관련하여, 기존의 王力은 이 둘이 모두 '侵部'에 속하는 것으로 보았으나 이후 鄭張尙芳이나 潘悟雲은 '戎'은 '終部', '朕'은 '侵部'로 보아 서로 다르게 재구한다.

205) 金理新의 《上古漢語形態導論》에 따르면, '若'은 *nak, '卬'은 *ŋaŋ, '吾'는 *ŋa로 재구할 수 있다고 한다.

공이여! 나도 당신 문조인 주공과 숙조인 소공의 훈계에 힘입어, 이에 나 어린 사람은 문왕, 무왕의 미덕을 쫓아 배울 것이다. 나는 또한 당신 숙조인 제공이 우리 주나라를 붙들고 조화시킨 것에 힘입어 왕실을 안정할 것이다."

여기서 '若'은 모두 관형어이며 단수이다. 서주시대 '若'은 아직 많이 보이진 않는다. 막 출현하였기 때문에, 전면적인 용법과 의미가 아직 나타나지 않았다.

3) 삼인칭대사(第三人稱代詞)

서주시대에는 아직 진정한 삼인칭대사가 없으며, 혹자는 전용(專職) 삼인칭대사가 없다고도 하였다. 그러나 이 당시 문헌 중 일부 단어는 모종의 의미에서 삼인칭대사의 성질을 구비하였다고 할 수 있어, 일시적으로나마 그들을 삼인칭대사라고 부를 수 있을 것이다. 서주시대 삼인칭대사는 동시에 지시대사를 겸비하였다. 삼인칭대사의 용법은 지시대사의 용법에서 발전해 온 것이다. 殷商시대 한어에서 삼인칭대사는 주로 '之'이다. 周代에 이르러 수량이 다소 증가하여 '之' 외에 '厥', '其', '彼' 등이 출현하였다.

① 之

'之'는 겸용의 삼인칭대사로, 은상시대에 이미 아주 많이 보였고, 서주시대에도 여전히 그러하였다. '之'는 또한 '止'로도 썼다.

(1) 韓侯迎止, 於蹶之里.(《詩經·大雅·韓奕》) 한후가 맞이하네, 蹶 마을에서.
(2) 高山仰止, 景行行止.(《詩經·小雅·車舝》) 높은 산을 우러르고, 큰길을 가네.

'之'는 사람을 가리킬 수도 있고, 사물을 가리킬 수도 있다. 하나의 사람, 사물을 가리킬 수도 있고 복수의 사람, 사물을 가리키기도 하였다. 그리하여 '他', '他們', '她', '她們', '它' 등으로 번역할 수 있으며, 통사기능에 있어 '之'는 주로 목적어로 쓰였다. 예컨대, 다음과 같다.

(1) 鴛鴦於飛, 畢之羅之, 君子萬年, 福祿宜之.(《詩經·小雅·鴛鴦》) 원앙이 날아가네. 畢그물로 덮고, 羅그물로 치네. 군자여 길이길이 복록이 당신에게 어울리기를.

(2) 匪手攜之, 言示之事 (《詩經·大雅·抑》) 손을 잡을 뿐만 아니라 일로써 보여 주며.

(3) 惠我無疆, 子孫保之.(《詩經·周頌·烈文》) 한없이 나를 은혜롭게 하여, 자손들이 보존하게 하였네.

(4) 其在受德啓, 惟羞刑暴德之人同于厥邦, 乃惟庶習逸德之人同于厥政. 帝欽罰之, 乃伻我有夏, 式商受命, 奄甸萬姓.(《尚書·立政》) 紂(受)代의 덕이 사라져서, 형벌을 앞세우고 포학한 덕을 가진 사람과 나라를 함께 하였고, 逸德에 물든 많은 사람과 함께 정치하였다. 상제께서 삼가 그를 벌하시어, 우리 중화로 하여금 상이 받은 명을 써서 백성을 어루만지게 하였다.

예(1)에서 앞의 두 '之'는 원앙을 가리키며 '它'로 번역할 수 있고, 뒤의 하나는 군자를 가리키며 '他'로 번역된다. 예(2)에서 '示之事'는 '일로서 그에게 지시하다'의 의미이다. 예(3)의 '之'는 '福'을 가리키며 '它'로 번역할 수 있다. 예(4)에서 '之'는 '商紂'를 가리켜 '他'로 번역된다. '之'는 일반적으로 동사의 목적어가 된다.

(1) 乃有不用我降爾命, 我乃其大罰殛之!(《尚書·多方》) 너희는 내가 너희의 목숨을 살려 줌을 따르지 않는다면, 나는 크게 벌을 내려 죽일 것이다.

(2) 又惟殷之迪諸臣惟工, 乃湎于酒, 勿庸殺之, 姑惟敎之.(《尚書·酒誥》) 또 은나라가 악으로 인도한 여러 신하들과 벼슬아치들이 술에 빠지거든, 죽이지 말고 우선 가르쳐라.

(3) 武王答拜, 先入, 適王所, 乃克射之三發, 而後下車, 面擊之以輕呂, 斬之以黃鉞.(《逸周書·克殷解》) 무왕이 답배하고서 먼저 성으로 들어갔다. 주왕이 있던 곳으로 가서, 친히 시신에 화살 3대를 쏘고, 수레에서 내려 경여검으로 주왕의 시신을 찔렀으며, 황월의 큰 도끼로 머리를 베었다.

(4) 是剝是菹, 獻之皇祖.(《詩經·小雅·信南山》) 깎고 절여, 그것을 조상님들께 바치네.

예(1), (2), (3)에서 '之'는 모두 일반목적어로 쓰였으며, 예(4)에서 '之'는 이중목적어구문에서 간접목적어로 쓰였다. '之'는 또한 아래와 같이 관형어가 될 수 있다.

(1) 天惟五年須暇之子孫.(《尚書·多方》) 하늘이 5년 동안 그 자손에게 겨를을 주어 기다리고

(2) 不弔天降疾病, 予畏之威.(《逸周書·祭公解》) 불선한 하늘이 이러한 질병을 내리니 나는 그의 위엄이 두렵구나.

② 厥(氒)

'厥'은 삼인칭대사로 전래문헌에서 모두 '厥'로 쓰이나 서주 금문에서는 '氒'로 쓰였고 敦煌本《隸古定尚書》에서도 '氒'로 쓰였다. '厥(氒)'는 사람, 사물을 가리킬 수 있어, '他的', '他們的', '它的'로 번역할 수 있다.

- (1) 天立厥配, 受命既固.(《詩經·大雅·皇矣》) 하늘이 그의 배필을 세우시니, 받으실 천명 굳어졌도다.
- (2) 允文文王, 克開厥後.(《詩經·周頌·武》) 진실로 문덕이 있으신 文王께서 그 뒷일을 열어주신 것이었네.

(1)에서 '天立厥配'는 '하늘이 하늘과 짝할 수 있는 사람을 세우다'의 의미이다. 예(2)에서 '克開厥後'는 '그 자손의 기업을 열다'의 의미이다. 삼인칭대사로서 '厥'은 일반적으로 '他的', '他們的'의 의미를 가진다. 하지만 가끔 '我的' 혹은 '你的'의 의미로 번역되기도 하는데, 이는 일종의 활용(活用)으로 볼 수 있다. 예컨대, 다음과 같다.

- (예) 予有不顯, 朕卑皇祖不得高位于上帝. 汝幼子庚厥心, 庶乃來班朕大環, 茲于有虞, 意乃懷厥妻子, 德不可追于上, 民亦不可咎于朕下, 不賓在高祖.(《逸周書·度邑解》) 나는 빛나는 행위가 없어 조상들로 하여금 상제 같은 높은 지위에 오르지 못하게 했다. 너희 젊은 사람들은 나의 이 소원을 이을 수 있어야 우리의 광대한 寰宇을 잘 다스릴 수 있을 것이다. 이렇게 해야 내가 안심할 수 있다. 만약 너희들 마음속에 단지 너희 처자식만 그리워하여 덕행이 위로 상달되지 못하면 백성들도 아래에서 호응하지 않을 것이고 나도 고조에 열위 되지 못할 것이다.

여기서 '汝幼子庚厥心'은 '너희 젊은 사람들은 나의 소원을 계승하여'의 의미이며 '意乃懷厥妻子'는 '만약 너의 처자식을 그리워하면'으로 번역할 수 있다. 앞의 '厥'은 '我的'로 뒤의 '厥'은 '你的'로 번역할 수 있다. 당연히 이러한 '厥'은 아주 드물며 일종의 활용이라고 할 수 있다. '我的'로 풀이되는 '厥'은 화자가 자기를 제3자로 간주하여 강설할 때의 표현이며, '你的'로 풀이되는 '厥'은 작자가 청자를 제3자로 간주하여 말할 때 사용하는 표현이라 할 수 있다. '厥'은 자주 관형어가 된다. 예컨대, 다음과 같다.

- (1) 唯衣(殷)鷄(箕)子來降, 其執眾氒史.(周原甲骨文 H31:2) 殷나라의 箕子가 주나라에 와서 투항하였고, 그의 臣屬들을 데려왔다.

(2) 克曰: 穆穆朕文祖師華父, 沖[206]讓氒心, 𥁗靜于猷, 淑哲[207]氒德, 肆克龏保氒辟龏王 …… (《大克鼎銘》) 克이 말했다. "위엄과 덕망을 갖추신 나의 조상 師華父께서는 그 마음이 겸손하시고 자신을 낮추시며 계획이 원대하고 동요가 없으셨다. 경건하게 덕행에 힘쓰셨으니, 이에 克은 공경한 마음으로 군주 恭王을 보위하고자 한다."

(3) 我聞古商先哲王成湯, 克辟上帝, 保生商民, 克用三德, 疑商民弗懷, 用辟氒辟.(《逸周書·商誓解》) 나는 들었다. 옛 상나라의 명철한 임금 성탕은 상제를 받들고, 상나라의 백성들을 보전하여, 삼덕을 이용하여, 생각을 하지 않는 상의 백성들을 안정시켜 이로써 그들의 임금을 돕게 만들었다.[208]

(4) 今王嗣受氒命, 我亦惟茲二國命嗣若[209]功.(《尙書·召誥》) 지금 왕께서 그 천명을 이어, 우리는 또한 '이 두 나라[夏殷]의 命에 훌륭한 공이 있는 자를 이을 것이다.'라고 하니

'氒'은 관형어 용례 외에 주위구(主謂短語)의 주어와 절(分句)의 주어가 된다.

(1) 若生子罔不在氒初生, 自貽哲命.(《尙書·召誥》) 아이를 낳음에 있어서 그 아이가 처음 태어날 그 당시에 달려 있지 않음이 없다. 스스로 현명한 명을 주는 것이다.

(2) 文王受命惟中身. 氒享國五十年.(《尙書·無逸》) 문왕께서 천명을 받은 것이 중년[中身]이었는데, 그가 왕위를 누린 것은 50년이었습니다.

(3) 氒作祼將, 常服黼冔.(《詩經·大雅·文王》) 그가 강신제를 올리는데 항상 黼裳과 冔冠을 쓰고 있구나.

예(1)에서 '氒初生'은 '在'의 목적어가 되며, 예(3)의 '氒作祼將'은 시간복문(時間復句)에서 시간을 나타내는 절이 된다.

③ 其

'其'자는 갑골문에서 아주 자주 보이나 모두 어기부사로 사용된 것이다. 서주 초의 금문

---

206) [역주] 이 글자의 원래 자형은 '恖'으로, '沖' 외에 '聰'으로 읽는 견해도 있다. 원서에서도 뒤에 출현하는 동일 예문에서는 '聰'로 읽고 있다.

207) [역주] '哲'에 대해서는 제2장 제2절 [역주] 52 참조.

208) [역주] '疑'는 '慮'의 의미로, '고려하다'를 나타내고, '懷'는 '생각하다'의 의미이며, '氒辟'은 '其君'이다.

209) [역주] '若'은 여기서 '順'의 의미로, '따르다'이다.

에서 '其'는 아직 대사 기능이 없었고, 서주 중기의 금문에서부터 점점 '其'의 대사 용례가 보이기 시작한다. '其'가 출현하면서부터 '厥'은 점차 역사 무대에서 사라지며 '其'에게 자리를 내주었다. 삼인칭대사로서 '其'는 사람 혹은 사물을 나타내며 '他的', '她的', '它的', '他們的'의 의미를 나타낸다. 예컨대, 다음과 같다.

> (1) 魯白悆用公葬其肇作其皇考皇母旅[210]盨篹.(《魯白悆盨篹》) 魯伯悆는 공평무사하고 공손하니, (魯白悆의) 위대하신 亡父와 亡母께 旅祭를 올리는데 사용할 盨를 제작하였다.
>
> (2) 兄弟鬩于牆, 外禦其務.(《詩經·小雅·常棣》) 형제는 담장 안에서는 싸운다지만, 밖으로는 그들의 업신여김을 막는다네.
>
> (3) 有客有客, 亦白其馬.(《詩經·周頌·有客》) 손님이 오네, 손님이 오네, 그 말은 흰색이네.

예(1)에서 '其皇考皇母'는 '그의 위대하고 아름다운 선부, 선모'의 의미이고, 예(2)의 '外禦其務'는 '그들의 외부의 모욕을 제압하다'의 의미가 되며, 예(3)에서 '亦白其馬'는 '그의 말은 흰색이다'라는 의미가 된다. '其'는 때때로 활용되는데, 말하는 대상을 가리키기도 하여 '你的'로 번역된다. 예컨대, 다음과 같다.

> (예) 匪面命之, 言提其耳.(《詩經·大雅·抑》) 면전에서 명령할 뿐만 아니라 그들의 귀를 잡아끌어 주네.

여기서 '言提其耳'는 '너의 귀를 잡다'의 의미이다. '其'의 통사기능은 주로 관형어가 되는 것이며, 때때로 절이나 '주위구'의 주어가 되기도 한다. 관형어가 되는 용례는 아래와 같다.

> (1) 淮尸舊我帛畮人, 母敢不出其帛、其責、其進人, [211] 其貯, 母敢不即次[212]即市. 敢不用令, 則即井撲伐.(《兮甲盤銘》) 淮夷는 과거에 우리에게 朝貢을 바치던 사람들로, 방직물과 비축 양식을 공납하지 않으면 안 되며, 그 노역과 상품들은 시장 관리 기구와 시장의

---

210) [역주] 원서에서는 '旅'가 누락되었으므로 보충하였다. 기물명 앞에 쓰이는 '旅'의 의미에 대해서는 견해가 분분하며, 각 주장과 관련해서는 陳英傑(《西周金文作器用途銘辭研究》(上), 線裝書局, 2008년, 250-257쪽)을 참고할 수 있다.

211) [역주] 다수의 학자들은 '其進人'을 앞 구문에 붙여서 읽으나 여기에서는 원서대로 제시한다.

212) [역주] '次'를 '시장 내의 관리 사무소'로 보는 견해 외에, '군대의 주둔지'로 보는 의견도 있다.

상점에 오지 않으면 안 된다(거래가 이루어지지 않으면 안 된다). 명령을 따르지 않는다면, 형벌을 내리고 토벌을 할 것이다.

(2) 有大艱于西土, 西土人亦不靜, 越茲蠢. 殷小腆誕敢紀其敘.(《尙書·大誥》) '서토에 큰 어려움이 있으니, 서토 사람은 안정되지 못하리라'라 하였는데, 지금에 와서 蠢動하는구나. 은나라가 조금 두터워지자 감히 은나라 왕통의 실마리를 잡으려 해서.

(3) 予旦以多子越禦事, 篤前人成烈, 答其師.(《尙書·洛誥》) 저 旦은 여러 경대부와 어사들과 함께 前人들이 이룩하신 공렬을 철저하게 하여 천하의 사람들에게 보답하여.

(4) 后除民害, 不惟民害, 害民乃非后, 惟其讎.(《逸周書·芮良夫》) 국왕이 백성들의 해를 제거하면, 백성들의 해가 아니게 되고, 만약 백성에게 해를 끼친다면 군왕이 아니라 그들의 원수이다.

(5) 未濟, 亨, 小狐汔濟, 濡其尾, 無攸利.(《周易·未濟》) 未濟는 형통하니, 어린 여우가 용감하게 건너서 그 꼬리를 적심이니, 이로울 바가 없다.

(6) 周雖舊邦, 其命維新(《詩經·大雅·文王》) 주나라가 비록 오래된 나라이나 그 명은 새롭도다.

'其'가 때때로 주위구의 주어가 되는데, 이 '주위구'는 문장성분의 하나이다.

(1) 汝其敬, 識百辟享, 亦識其有不享.(《尙書·洛誥》) 당신은 신중하여, 여러 제후들이 享213) 하는 걸 알아야 합니다. 또한 그 不享이 있음도 구분해야 합니다.

(2) 作其卽位, 乃或亮陰三年, 不言.(《尙書·無逸》) 그가 왕위에 올라서는 亮陰[양암]에서 3년 동안 말을 하지 않았습니다.

'其'가 때때로 절의 주어가 된다.

(1) 作其卽位, 乃或亮陰三年, 不言. 其惟不言, 言乃雍.(《尙書·無逸》) 고종이 왕위에 올라서는 亮陰[양암]에서 3년 동안 말을 하지 않았습니다. 그가 말을 하지 않았지만 말을 하면 온화했습니다.

(2) 嚴惟丕式, 克用三宅三俊. 其在商邑, 用協于厥邑. 其在四方, 用丕式見德.(《尙書·立政》) 큰 법도를 엄하게 하여 세 곳에 임용된 자들과 세 사람들이 추천한 이들을 쓸 수 있었습니다. 상읍에 있어서는 그 읍을 화합하게 하였고, 四方의 나라에 있어서는 큰 법식으로써 덕을 드러내었습니다.

---

213) [역주] '享'은 제후가 조공을 바치는 것을 말한다.

④ 彼

삼인칭대사로서의 '彼'는《詩經》에서만 보이며, 기타 서주 시대 문헌 중에는 보이지 않는다. 출현한 시대로 볼 때, '彼'는 분명히 '之', '厥', '其'보다 늦다. 서주한어의 삼인칭대사를 출현 시기에 따라 배열하면 '之 → 厥 → 其 → 彼'의 순이다. '彼'는 삼인칭대사로 사람을 가리키며 '他', '她', '他們', '她們'으로 번역된다.

> (1) 念彼不蹟, 載起載行. 心之憂矣, 不可弭忘.(《詩經·小雅·沔水》) 저 도를 따르지 않는 것을 염려하여 일어나 길을 가네. 마음의 근심, 그쳐 잊을 수 없네.
>
> (2) 天作高山, 大王荒之. 彼作矣, 文王康之. 彼徂矣岐, 有夷之行, 子孫保之.(《詩經·周頌·天作》) 하늘이 높은 산을 만들자, 태왕이 그것을 다스렸네. 그가(태왕이) 이를 만드시자, 文王이 그것을 편안하게 했네. 저 험난한 기산에 평탄한 길이 생겼으니, 자손들은 그것을 보존해야 할 것이네.

예(1)에서 '彼'는 제후를 가리켜 '他們'으로 풀이되며, '念彼不蹟'은 '그들이 법도를 따르지 않음을 생각하다'의 의미가 된다. 예(2)에서 '彼'는 만민을 가리켜 '他們'으로 풀이된다.[214] '彼'는 일반적으로 주어가 되는데, 예(1)은 주위구에서 주어가 되며, 예(2)는 절에서 주어가 된다.

기능상으로 볼 때, 위 4개의 삼인칭대사는 각각의 역할을 담당한다. 일반적으로 '彼'는 주어가 되며, '厥'과 '其'는 관형어(시기상의 선후 차이가 존재), '之'는 목적어가 된다. 삼자가 하나가 되어 통사기능이 완전했던 것이다. 다만, '彼'는 자주 사용되지 않았으며, '厥'과 '之'는 자주 사용되었다.

4) 기타 인칭대사

기타 인칭대사는 두 종류가 있다. 하나는 '재귀대사(己身代詞)'이고 다른 하나는 '방칭대사(旁稱代詞)'이다. 재귀대사는 '己', '自', '身'의 3개가 있다.

---

214) [역주] 학자들마다 다를 수 있겠으나, 이때의 '彼'는 앞의 것은 '태왕', 뒤의 것은 '기산'을 각각 가리킨다고 봐야 한다. 저자처럼 '그들'로 볼 수 있는 근거를 찾기가 힘들다. 특히 朱熹의 견해를 통해 보면 더욱 그러하다.

① 己

대사 '己'는 갑골문에 보이지 않으며, 서주한어의 문헌 중에도 보이지 않고, 단지《詩經》에 1회 출현한다.

(예) 民之無良, 相怨一方. 受爵不讓, 至于己斯亡.(《詩經·小雅·角弓》) 어질지 않은 백성들은 서로 한쪽을 원망하네. 작위를 받는 것을 양보하지 않으니, 결국은 스스로에게 이르러 이에 망하고 마네.

이 예에서 '己'는 일반적으로 '已'로 되어 있다. 王引之는 "《唐石經》에는 己라 되어있고, 각 판본에는 모두 '已'로 되어있다.《毛傳注疏校勘記》에서는 '己字가 옳다'라 하였으며,《正義》에서는 '자신에게 미쳐 이 때문에 멸망에 이르렀다(至於己身以此而致滅亡).'이라 하였으니, 증거로 삼을만하다."라고 하였다. 陳奐 역시 "己는 자기를 말한다(己, 謂己身也)."라 하였다.

② 自

'自'는 은허 갑골문에 이미 출현하였으며 주로 2가지 용법이 있다. 하나는 전치사로 쓰여 '從'의 의미를 나타내었고, 다른 하나는 부사로 '친히'의 의미를 나타내었다. 서주시기에 '自'는 대사의 용법이 생기는데, '자기'의 의미로 쓰였다. 예컨대 다음과 같다.

(1) 民之多辟, 無自立辟.(《詩經·大雅·板》) 백성들이 사벽함이 많으니, 스스로 사벽함을 세우지 말지어다.
(2) 莫予荓蜂, 自求辛螫.(《詩經·周頌·小毖》) 내 벌을 부리지 말라. 자신이 호되게 쏘일 것이다.

예(1)에서 '無自立辟'은 '스스로 사악한 일을 하지 마라'의 의미이며 예(2)에서 '自求辛螫'는 '스스로 벌의 독을 자초하다'의 뜻이다. '自'의 통사기능은 제한적이어서 일반적으로 부사어가 되는데, 혹자는 이 때문에 아예 부사로 분류하기도 한다. 이렇게 통사기능에 제한이 있는 대사는 '自'뿐만 아니어서, '莫'의 경우는 단지 주어로만 쓰인다. 따라서 통사기능의 제한성에 관계없이 '自'를 여전히 대사로 분류해야 한다. '自'가 부사어가 될 때의 용례는 다음과 같다.

(1) 伯雍父自²¹⁵⁾作用器.(《伯雍父盤銘》) 伯雍父가 평소 쓰는 용도의 기물을 스스로 제작하였다.

(2) 伯好父自鑄作為旅²¹⁶⁾簋.(《伯好父簋銘》) 伯好父가 旅祭에 사용할 簋를 스스로 주조하여 제작하였다.

(3) 予造天役, 遺大投艱于朕身. 越予沖人不卬自恤.(《尚書·大誥》) 내가 하는 일은 하늘이 시킨 것이다. (하늘이) 나의 몸에 큰일을 남겨 주시며 어려움 속에 던진 것이니, 나 어린 사람은 나 혼자서는 스스로를 구휼하지 못한다.

(4) 肇牽車牛, 遠服賈, 用孝養厥父母. 厥父母慶, 自洗腆, 致用酒.(《尚書·酒誥》) 민첩하게 수레와 소를 끌어 멀리 장삿일에 복무하여 효도로써 부모를 섬겨라. 부모가 기뻐하시면 스스로 깨끗하게 하고 독실하게 하여 부모님께 바쳐서 술을 사용하라.

(5) 商紂奔內, 登于鹿臺之上, 屏遮而自燔于火.(《逸周書·克殷解》) 상왕 주는 성내로 도망가서, 녹대에 올라, 옥으로 된 옷으로 몸을 가리고 스스로 몸을 불살랐다.

(6) 爾多子, 其人自敬, 助天永休于我西土, 爾百姓其亦有安處在彼.(《逸周書·商誓解》) 너희 많은 사람들은 각각 스스로 삼가 하늘을 도와 우리의 서토를 영원히 아름답게 하라. 너희 백성들 또한 거기서 편안하게 거주하게 될 것이다.

③ 身

춘추전국시대 문헌에서 일부 '身'은 대사로 취급되어 '자기', '자신'의 의미를 나타낸다.

(1) 賊愛其身, 不愛人, 故賊人以利其身.(《墨子·兼愛》) 해친다는 것은 자기를 사랑하고 남을 사랑하지 않는 것이다. 고로 남을 해쳐서 자기를 이롭게 하는 것이다.

(2) 志士仁人, 無求生以害仁, 有殺身以成仁.(《論語·衛靈公》) 志士, 仁人은 인을 해침으로써 삶을 구하지 않고 자기를 죽여서 인을 이룬다.

이러한 용법의 '身'은 서주한어 문헌에 이미 보인다.

(1) 凡百君子, 各敬爾身.(《詩經·小雅·雨無正》) 모든 군자들이여! 그대들의 몸을 삼가시오!

(2) 休矣皇考, 以保明其身.(《詩經·周頌·訪落》) 아름다우시도다, 위대하신 아버지시여, 그 몸을 보호하고 드러내라.

---

215) [역주] '自'를 '처음으로'의 뜻으로 해석하는 견해도 있다.
216) [역주] '旅'에 대해서는 제2장 제2절 [역주] 63 참조.

(3) 其嚴在上, 降余多福繁釐, 廣啟[217]禹身, 擢[218]于永命. 禹其萬年永寶用.(《叔向父簋銘》) 선조께서 上帝의 곁에 삼가 계셔서 나에게 크고 많은 복은 내려 주시고, 나 禹를 크게 깨우쳐주시고 이끌어주셔서 관직이 영원히 높아지기를 기원하노라. 禹는 만년토록 이 기물을 영원히 보배롭게 다룰 것이다.

예(1)에서 '各敬爾身'은 '각자 너희들 자신을 경계하라'의 의미이며 예(2)의 '以保明其身'은 '이로써 자기를 보호하고 권면하다'의 의미이다. 예(3)에서 '廣啟禹身'은 '우인 너 자신을 넓게 개도하라'의 의미이다. '身'의 통사기능은 일반적으로 목적어 혹은 목적어중심이 되는데, 위의 예들이 모두 그러하다. '身'의 앞에는 또한 명사 혹은 대사성의 관형어가 올 수 있다.

'방칭대사(旁稱代詞)'는 '人' 하나밖에 없다.

④ 人

방칭대사는 재귀대사와 상대적인 개념으로 자기 외의 남을 가리킨다. 《詩經·邶風·匏有苦葉》의 '招招舟子, 人涉卬否.'(오라고 부르는 뱃사공, 남들은 건너지만 나는 건너지 않네)에서 '人'은 일인칭대사 '卬'과 대응되고 있으며, '다른 사람', '타인'의 의미이다. 이로부터 '人'의 대사 성격을 볼 수 있다. 대사 '人'은 서주한어 문헌 중에 보인다. 이러한 '人'의 의미는 '別人', '人家', '他人'이다.

(1) 人之好我, 示我周行.(《詩經·小雅·鹿鳴》) 남들은 나를 좋아하여, 나에게 큰길을 보여주었다.

(2) 攻躍[219]無敵, 省于人身[220].(《虢鼎銘》) 공격에 있어 적수가 없었으니 (이 용맹함이) 다른 사람과 나에 의해 목도되었다.

예(1)에서 두 구는 '남들은 나를 좋아하여 나에게 큰길의 방향으로 제시해 주었다'의 의

---

217) [역주] '啟'를 '佑' 혹은 '助' 의 의미로 보는 견해도 있다.

218) [역주] 이 글자의 원래 자형은 '勴'으로, '擢' 외에 '龢', '協', '嗣', '樂' 등으로 읽는 의견도 있다.

219) [역주] 이 글자의 원래 자형은 '閘'으로, 원서에서는 '躍'으로 읽었으나, '踰', '牆', '扚', '戰' 등으로 읽는 견해도 있다.

220) [역주] '省于人身'을 '善于人身'으로 보기도 있는데, 위의 해석 외에 '다른 사람에 의해 칭송을 받았다', '虢 자신이 다치지 않았다' 등으로 풀이하기도 한다. 원서에서는 '人'을 '다른 사람'의 뜻이라고 보았기 때문에, 이런 해석이 적용될 수 없다.

미이다. 예(2)에서 '人' 또한 '타인'의 의미이다. 이러한 대사 '人'의 통사기능은 명사 '人'의 통사기능과 기본적으로 동일하다.

2 지시대사(指示代詞)

갑골문에 있는 지시대사는 두 종류로 나눌 수 있다. 하나는 '兹'와 같은 '근칭지시대사(近指代詞)'이고 다른 하나는 '之'와 같은 '원칭지시대사(遠指代詞)'이다(갑골문에는 또 '它'가 있는데, 이는 아마도 방지대사일 것이다). 서주한어에 와서 지시대사의 종류는 더 증가하여, 근칭, 원칭 이 외에도 부정대사(無定代詞)와 용언성대사(謂詞性代詞)가 있다.

1) 근칭지시대사(近指代詞)

서주한어의 자료에는 주로 '兹', '時', '是', '斯', '此', '之' 등의 6개 근칭지시대사가 출현한다.

① 兹

많은 학자들이 '兹'를 근칭지시대사라 여기나 혹자는 '범칭대사(泛稱代詞)'로 보기도 한다. '兹'는 갑골문에서 근칭지시대사였으며 서주한어에서 이를 계승하였다. 의미상 '兹'는 '這', '此'이며, 근칭지시대사로 보기에 전혀 무리가 없다. '兹'는 화자 근처의 사람 혹은 사물 등을 지시한다(혹은 지시와 동시에 구별작용을 한다). 이것은 일반적으로 '此' 또는 '這'로 번역된다.

(1) 泂酌彼行潦, 挹彼注兹.(《詩經·大雅·泂酌》) 멀리 저 길가 웅덩이에 있는 물을 떠다가, 저기에 따라놓은 물을 들고 여기에 붓네.
(2) 烈文辟公, 錫兹祉福. …… 念兹戎功, 繼序其皇之.(《詩經·周頌·烈文》) 훌륭한 제후들이 이 복을 주었네. …… 이 큰 공을 생각한다면 자손들이 이어져 크게 될 것이다.

예(1)에서 '兹'는 '彼'와 상대적이어서, '彼'는 원칭지시대사가 되고 '兹'는 근칭지시대사가 됨이 아주 분명하게 나타난다. 예(1)의 '挹彼注兹'에 대해《詩集傳》에서는 "저기서 그것을 잡아 여기에 붓다(把之於彼而注之於此)."라고 하였다. 여기서 '玆'는 '여기'로 해석된다. 예(2)의 '錫玆祉福'에 대해, 鄭玄은 "하늘이 이 복을 내려 주었네(天錫之以此祉福也)."라 하였으며 '念玆戎功'에 대해 "이 큰 공을 생각하다(念此大功)."라고 풀었다. '玆'의 통사기능은 주어, 관형어, 목적어 등으로 쓰이는 것이다. '玆'가 주어가 되는 용례는 다음과 같은데, 자주 보이지는 않는다.

(1) 玆亦惟天若元德, 永不忘, 在王家.(《尙書·酒誥》) 이렇게 한다면 하늘이 큰 덕을 인정하여 영원히 잊혀지지 않아서, 왕가에 있을 것이다.[221]

(2) 宅乃事, 宅乃牧, 宅乃準, 玆惟后矣.(《尙書·立政》) 당신의 일을 맡는 사람, 백성을 다스리는 사람, 법제를 지키는 사람을 그 자리에 있게 해야, 이것이 곧 임금답습니다.[222]

(3) 鳴呼! 三公, 予維不起朕疾, 汝其皇敬哉! 玆皆保之.(《逸周書·祭公解》) 아! 삼공이여! 나는 내 병을 이길 수 없으니, 그대들은 아주 명심해야 한다. 이렇게 해야 천하가 안정될 것이다.

'玆'가 관형어가 되는 예는 아주 자주 보인다.

(1) 念玆皇祖, 陟降庭止.(《詩經·周頌·閔予小子》) 이 빛나는 할아버지 文王을 생각하니, 뜰을 오르내리시는 듯하니

(2) 肆汝小子封在玆東土.(《尙書·康誥》) 고로 너 소자 封은 여기 동쪽 땅에 있게 된 것이다.

(3) 我亦惟有若文祖周公暨列祖召公玆申.(《逸周書·祭公解》) 나도 당신 문조인 周公과 숙조인 召公의 이러한 펼침을 생각할 것이다.

(4) 晉如愁如, 貞吉, 受玆介福, 于其王母.(《周易·晉卦》) 나아가는 것이 근심스러우나, 곧고 바르게 하면 길하리니, 이 큰 복을 왕모에게서 받으리라.

(5) 邢叔采[223]作朕文祖穆公大鐘, 用喜樂文神人, 用祈福祿[224]壽繁[225]魯. 其子子孫

---

221) [역주] '若'은 곧 '順'으로, '인정하다'의 의미이다. '在王家'는 살아선 공신이 되고 죽어선 제사를 받게 된다는 의미이다.

222) [역주] '宅'은 '居而安之'의 의미로, 적임자를 임명하는 것을 말한다.

223) [역주] 원서에서는 '釆'로 표기되어 있고 과거에도 '釆'로 考釋되어 왔으나, 이 글자는 '采'이므로 수정하여 제시한다.

224) [역주] 이 글자의 원래 자형에 대해서는 '䙕', '纍', '䙏', '䙕' 등으로 각각 다르게 보고 있지만, 그 의미에 대해서는 공통적으로 '祿'으로 해석하고 있다.

孫永日鼓樂茲鐘, 其永寶用.(《邢叔鐘銘》) 邢叔采은 文德이 혁혁하신 나의 조상인 穆公을 위해 큰 종을 제작함으로써 文德을 갖추신 조상과 신을 기쁘게 해드리고, 복록과 장수와 다복을 기원한다. 자자손손 영원토록 매일 이 종을 울릴 것이며, 영원히 소중히 사용할지어다.

'茲'는 또 목적어가 될 수 있는데, 동사의 목적어와 전치사의 목적어 모두 될 수 있다.

(1) 天命不僭, 卜陳惟若茲.(《尚書·大誥》) 천명이 어긋나지 않기 때문에, 점괘가 진열한 것이 이와 같은 것이다.

(2) 惟吊茲, 不于我政人得罪, 天惟與我民彝大泯亂. 曰乃其速由文王作罰, 刑茲無赦.(《尚書·康誥》) 이런 지경에 이르렀는데도 우리 정치하는 사람에게 죄를 받지 않는다면 하늘이 우리 백성에게 부여하신 법칙이 크게 어지럽게 될 것이다. 이에 문왕이 만든 형벌을 빨리 행하여 이들을 형벌하고 용서하지 말라.

(3) 周公曰: 嗚呼! 嗣王其監于茲.(《尚書·無逸》) 주공이 말했다. "아! 선왕을 계승하신 왕께서는 이것을 거울로 삼으십시오."

(4) 朕身尚在茲, 朕魂在于天.(《逸周書·祭公解》) 내 몸은 아직 여기에 있지만 내 혼은 이미 하늘에 있구나.

근칭지시대사로서 '茲'는 조기 문헌에만 보이며 후대에는 출현빈도가 적다.

② 時

많은 학자들이 근칭지시대사로 간주하나 혹자는 겸지대사(兼指代詞: 近指, 遠指)로 분류하기도 한다. 그러나 '時'의 서주시대 용례를 보면 근칭지시대사로 봄이 타당하다. '時'는 서주 출토문헌에는 보이지 않으며 《周易》에도 보이지 않는다. 《詩經》, 《尚書》, 《逸周書》 중에만 보인다. '時'는 사물을 지시한다(지시와 동시에 구별작용도 한다).

(1) 厥初生民, 時維姜嫄.(《詩經·大雅·生民》) 처음 주나라 백성을 낳으시니, 이는 강원이라네.

(2) 率時農夫, 播厥百穀.(《詩經·周頌·噫嘻》) 이 농부들을 거느리고 그 백곡을 파종하여라.

---

225) [역주] 원서에서는 '魯' 앞에 한 글자가 누락되어 있다. 누락된 글자는 '譽'으로 隸定할 수 있으며, 학자마다 '繁', '敏', '譸' 등으로 다른 讀法을 제시하고 있다. 여기서는 잠정적으로 '繁'으로 읽도록 하겠다.

예(1)의 '時'에 대해 鄭玄, 朱熹는 모두 '是'라 하여, '時惟'를 '這就是'로 풀었다. 예(2)의 '時'에 대해 朱熹는 '是'로 풀이하여, '率時農夫'를 '統率過這些農夫(이 농부들을 거느리고)'로 번역하였다. 이 두 예에서 '時'는 모두 '厥'과 상대적인데, '厥'은 원칭지시대사로, '那'로 번역되며 이와 상응하여 '時'는 곧 '這'가 된다. 예(2)는 '이 농부들을 거느리고 그 백곡을 파종하네'로 풀이될 수 있다. '時'의 통사기능은 주어, 목적어, 관형어로 쓰이는 것이다. '時'가 주어가 되는 용례는 다음과 같다.

(1) 載生載育, 時維後稷.(《詩經·大雅·生民》) 낳고 기른 이, 이가 후직이라네.

(2) 非我一人奉德不康寧. 時惟天命, 無違.(《尙書·多士》) 나 한 사람이 덕을 봉행하여 백성을 편안하게 하지 못해서가 아니라, 이는 오직 천명 때문이니, 어기지 말라.

(3) 時乃引惡, 惟朕憝.(《尙書·康誥》) 이는 악을 자라게 하는 것이어서, 내가 원망하는 것이다.

(4) 有斯, 明享. 乃不用我敎辭, 惟我一人弗恤. 弗蠲乃事, 時同于殺.(《尙書·酒誥》) 이와 같이 한다면 분명히 누리리라(亨國). 내 가르침을 따르지 않으면, 나 한 사람은 너를 불쌍히 여기지 않고 네 일을 깨끗이 여기지 않을 것이니, 이는 죽음을 당하는 것과 같을 것이다.

'時'가 목적어가 되는 용례는 다음과 같다.

(1) 則若時, 不永念厥辟, 不寬綽厥心, 亂罰無罪, 殺無辜.(《尙書·無逸》) 이와 같으면 영원히 임금된 도리를 생각하지 못하며, 마음을 관대하고 너그럽게 하지 못해 죄가 없는 사람을 어지럽게 벌주고, 無辜한 사람을 죽이게 될 것입니다.

(2) 其作大邑, 其自時, 配皇天.(《尙書·召誥》) 大邑을 만들어서 이로부터 皇天의 뜻에 부응하도록 하시며.

(3) 今惟殷墜厥命. 我其可不大監撫于時!(《尙書·酒誥》) 지금 은나라가 그 명을 추락시켰다. 내가 크게 살펴서 이에 어루만지지 않을 수 있겠느냐!

(4) 京師之野, 于時處處, 于時廬旅, 于時言言, 于時語語.(《詩經·大雅·公劉》) 경사의 들판, 여기서 거처하며, 여기서 나그네들을 묵게 하며, 여기서 말하고, 여기서 토론하네.

'時'가 관형어가 되는 용례는 다음과 같다.

(1) 汝陳時臬事, 罰蔽殷彝.(《尙書·康誥》) 너는 이 법과 이 일에 대해서 펼치되, 그 형벌에 대해서는 은나라 常法으로 판단하라.

(2) 告爾殷多士. 今予惟不爾殺, 予惟時命有申.(《尚書·多士》) 그대들 은나라 여러 관리들에게 알리노라. 이제 나는 너희들을 죽일 수 없기 때문에, 나는 이에 거듭 명령한다.

(3) 汝無以家相亂王室, 而莫恤其外, 尚皆以時中乂萬國.(《逸周書·祭公解》) 너는 가신들로 인하여 왕실을 어지럽게 하지 말고, 왕실 이외의 일을 걱정하지 말라. 모두 이 中正으로 만국을 다스리라.

(4) 天之所錫, 武王時疆土, 丕維周之基.(《逸周書·祭公解》) 하늘이 내려준 바, 무왕의 이 영토는 큰 주나라의 기업이다.

③ 是

일부 학자들은 근칭지시대사로 여기지만 일부학자들은 '중지대사(中指代詞)'로 여기기도 하며, 또 혹자는 '겸지대사'로 보기도 한다. 서주시대 문헌에서 '是'는 '這', '這個', '這些', '這樣' 등의 의미로 쓰이니, 마땅히 근칭지시대사로 보아야 한다. 예컨대, 다음과 같다.

(1) 萋兮斐兮, 成是貝錦.(《詩經·小雅·巷伯》) 알록달록한 것으로, 이 貝錦을 이루었네.

(2) 曾是彊禦, 曾是掊克.(《詩經·大雅·蕩》) 어떻게 이렇게 포악하며, 어찌 이렇게 가렴주구하는가?

(3) 聽朕敎汝于棐民彝. 汝乃是不蘉, 乃時惟不永哉.(《尚書·洛誥》) 짐이 그대에게 백성을 돕는 常法을 가르쳤던 것을 따르고, 그대는 이에 힘쓰지 않으면, 영원치 못하리라.

예(1)에서 '成是貝錦'은 '이 貝錦을 만들었네'의 의미이며, 예(2)의 두 구는 '어떻게 이렇게 포악하며, 어찌 이렇게 가렴주구하는가?'의 의미이다. 예(3)에서 '汝乃是不蘉'의 의미는 '그대가 이에 힘쓰지 않는다면'이 된다. 이처럼 '是'를 중지대사로 보기는 어렵다. 이른바 중지대사는 말하는 쌍방 중에서 청자 근처의 사물을 가리키는 것인데, '是'에는 분명 이런 용법이 없다. '是'는 일반적으로 화자 근처의 사물을 가리켜 '這', '這樣' 등으로 풀이된다. 아울러 겸지대사로 보는 것 또한 일리가 없다. 한편, '是'의 통사기능은 서주시대에는 주로 목적어, 부사어, 관형어로 쓰이는 것인데, '是'가 목적어에 충당될 때(동사 및 전치사의 목적어를 모두 포함) 일반적으로 동사 앞에 위치하였다. 예컨대, 다음과 같다.

(1) 惟兹, 惟德稱, 用乂厥辟. 故一人有事于四方, 若卜筮, 罔不是孚.(《尚書·君奭》) 이런 까닭으로 덕 있는 자를 등용해서(稱) 그 임금을 다스렸다. 그래서 천자가 천하에 일이 있으면 마치 거북점과 시초점 같이, 그것을 믿지 않음이 없었다.

(2) 有孚于飲酒, 無咎. 濡其首, 有孚失是.(《周易·未濟》) 술을 마시는데 믿음을 두니, 허물이 없거니와 그 머리를 적시면 믿음이 있더라도 바름을 잃겠는가?

(3) 我有嘉賓, 德音孔昭. 視民不恌, 君子是則是傚.(《詩經·小雅·鹿鳴》) 내게 아름다운 손님이 있어, 德音이 크게 밝으시니 백성들에게 보이거늘 경박하지 않게 되고, 군자들은 이를 본받고 본받네.

(4) 憂心愈愈, 是以有侮.(《詩經·小雅·正月》) 마음에 근심하기를 더욱 하였더니 이 때문에 남의 수모를 받는구나.

(5) 王曰: 伯父, 孔顯有光. 王賜乘馬, 是用佐王.(《虢季子白盤銘》) 왕께서 말씀하셨다. "伯父여! 그대의 공로가 혁혁하고 빛나는 도다." 왕께서 말 네 필짜리 兵車를 하사하시고, 이것으로써 왕을 보좌하도록 하셨다.

'是'가 부사어가 되는 용례는 다음과 같다.

(1) 曾是彊禦, 曾是掊克.(《詩經·大雅·蕩》) 어찌 이렇게 포악하며, 어찌 이렇게 가렴주구하는가?

(2) 汝乃是不蘉.(《尙書·洛誥》) 그대가 이에 힘쓰지 않는다면

'是'가 관형어가 되는 용례는 다음과 같다.

(1) 萋兮斐兮, 成是貝錦 (《詩經·小雅·巷伯》) 알록달록한 것으로 이 貝錦을 이루었네.

(2) 是月, 士師乃命太宗序于天時, 祠大暑.(《逸周書·嘗麥解》) 이달에 士師가 太宗에게 명하기를 天時의 순서에 다라 大暑를 위해 제사하도록 하였다.

'是'가 주어가 되는 용례는 다음과 같다.

(1) 弗過遇之, 飛鳥離之, 凶, 是謂災眚.(《周易·小過》) 만나지 않고 지나니, 나는 새가 떠남이라. 흉하니 이것을 재생이라고 이른다.

서주 초기의 문헌, 예를 들어 《尙書》, 《逸周書》와 《詩經》(大雅, 周頌)에서는 절대다수가 '時'를 사용한다. 하지만 《詩經》(小雅), 《周易》에서는 일반적으로 '是'를 쓰며 '時'를 쓰지 않는다. 따라서 '時'와 '是'는 전후 계승 관계라고 볼 수 있다.

④ 斯

'斯'에 대해 학자들은 모두 근칭지시대사라고 여긴다. '斯'의 용례로 볼 때, '斯'는 확실히 근칭지시대사이다. 왜냐하면 일반적으로 '此', '這', '這樣' 등으로 번역되기 때문이다. 예컨 대, 다음과 같다.

(1) 有斯明享. 乃不用我敎辭, 惟我一人弗恤. 弗蠲乃事, 時同于殺.(《尙書·酒誥》) 이와 같은 분명한 권고가 있어도 내 가르치는 말을 따르지 않는다면, 나 한 사람이 너를 구휼하지 않겠다. 너의 일을 좋게 여기지 아니하여 죽이는 죄[死刑]와 같게 다스리겠다.

(2) 夫自敬其有斯天命, 不令爾百姓無告.(《逸周書·商誓解》) 이 천명을 소유한 것을 스스로 삼가, 너희 백성들로 하여금 고할 바가 없게 하지 말라.

(3) 宜在天命, 若反惻作亂, 予(保奭)其介有斯.(《逸周書·商誓解》) 마땅히 천명에 따라야 한 다. 만약 반란을 일으킨다면, 나는 여기서 2차 정벌을 할 것이다.

(4) 維號斯言, 有倫有脊.(《詩經·小雅·正月》) 부르짖는 이 말이, 차례가 있고 이치가 있네.

(5) 匪言不能, 胡斯畏忌.(《詩經·大雅·桑柔》) 말할 줄 모르는 것도 아닌데, 어찌하여 이렇게 두 려워하는가?

(6) 我客戾止, 亦有斯容.(《詩經·周頌·振鷺》) 우리의 객이 이르니, 또한 이런 용모를 가지고 있 네.

각 예의 '斯'는 '這', '這樣', '這種' 등의 의미이다. 예(1)의 '有斯明享'는 '이렇게 분명한 권고가 있으니'의 의미이며 예(2)의 '自敬其有斯天命'는 '이러한 천명이 있음을 스스로 삼 가야 한다.'로 풀이할 수 있다. 나머지 예의 '斯'도 동일하다. 통사기능으로 볼 때, '斯'는 관형어로 쓰이는데, 예(1), (2), (4), (6)을 들 수 있다. 예(3)과 같이 때때로 목적어로 쓰이기 도 하며, 예(5)처럼 부사어로 쓰이기도 한다. 그런데 예(5)의 '斯'는 조사로 볼 수도 있다. 대사로서의 '斯'는 서주시대 문헌 중에 아주 드물게 나타난다. 사실, 위에서 '斯'의 대사 용례가 거의 전부이다. 《尙書》(周書)에는 단지 한 예만이 있으며, 서주 금문, 서주 갑골문 과 《周易》에는 용례가 없다.[226] '斯'는 서주시대 막 출현하여 아직 보편적으로 응용되지 않았으며, 후대에 《論語》, 《檀弓》과 같은 일부 문헌에서 '斯'를 사용하였으나, 《左傳》, 《公

---

226) 管燮初의 《西周金文語法硏究》에서는 "서주 금문에서 단지 하나의 '斯'자 대사 용례가 존재한다." 라고 하였는데, 믿을 수 없다.

羊傳》,《穀梁傳》 같은 문헌에서는 사용하지 않았다.

⑤ 此

갑골문에 비록 '此'자가 있지만 아직 지시대사 용법은 없었다. 지시대사의 '此'는 서주 금문과 서주 갑골문에서도 보이지 않는다. 《周易》에서도 '此'자가 보이지 않으나, 《詩經》, 《尙書》,《逸周書》에서는 출현하고 있으니, 이 대사는 서주시대에 분명 출현한 것이다. 지시대사 '此'에 대해, 학자들 모두 근칭지시대사로 간주하는데, 용례를 볼 때 분명히 그러하다. '此'는 사람, 사물, 일, 시간, 처소 등을 가리켜 '這', '這些' 등으로 번역된다. 예컨대, 다음과 같다.

(1) 設此旐矣, 建彼旄矣.(《詩經·小雅·出車》) 이 조기를 늘어뜨려서, 저 간모 깃대에 꽂았지.

(2) 在彼無惡, 在此無斁.(《詩經·周頌·振鷺》) 저기서도 미워하는 이가 없고, 여기서도 싫어하는 이가 없다.

여기서 '此'는 모두 '彼'와 대조적으로 사용된 것이다. '彼'는 모두가 인정하는 원칭지시대사이며 '彼'와 상대적인 '此'는 분명 근칭지시대사이다. '此'의 통사기능은 주로 관형어가 되는 것이며 주어, 목적어로도 쓰일 수 있다. 此의 관형어 용례는 다음과 같다.

(1) 亦越武王率惟敉功, 不敢替厥義德, 率惟謀, 從容德, 以並受此丕丕基.(《尙書·立政》) 또한 무왕은 문왕이 천하를 편안하게 한 공을 따르며, (문왕이 등용하였던) 義德이 있는 사람을 감히 교체하지 않았으며, 문왕의 계책을 따르며, 너그러운 덕[容德]이 있는 사람을 따라, 함께 이 크고 큰 기틀을 받았습니다.

(2) 以有此人, 保寧爾國, 克戒爾服, 世世是其不殆.(《逸周書·嘗麥解》) 이 사람이 있기 때문에 너희 나라를 평안하게 하고 능히 너희들의 직분을 훈계할 수 있으며 대대로 게으르지 않을 것이다.

(3) 大任有身, 生此文王. 維此文王, 小心翼翼. 昭事上帝, 聿懷多福.(《詩經·大雅·大明》) 태임께서 임신하여, 이 文王을 낳으셨네. 이 文王께서는 조심조심 삼가고 공손하여, 상제를 밝게 섬겨, 많은 복이 찾아 왔네.

(4) 維此良人, 作爲式穀. 維彼不順, 征以中垢.(《詩經·大雅·桑柔》) 이 선량한 사람은 선으로써 행하거늘, 저 도리에 순종하지 않는 사람들은 가서 때가 묻는다.[227]

'此'의 주어 용례는 다음과 같다.

(1) 此厥不聽, 人乃或譸張爲幻.(《尙書·無逸》) 이것을 듣지 않으면, 사람들이 간혹 속이거나 과장하여 현혹될 것이다.

(2) 此厥不聽, 人乃訓之, 乃變亂先王之正刑, 至于小大.(《尙書·無逸》) 이것을 듣지 않으면, 사람들(在位者)이 본받게 되어 先王의 正法(바른 모델)을 변하게 하고 어지럽게 하여 크고 작은 일에까지 이르게 될 것입니다.

(3) 此有不斂穧, 彼有遺秉, 此有滯穗, 伊寡婦之利.(《詩經·小雅·大田》) 여기에는 거두지 않은 볏단이 있고, 저기에는 버려둔 벼 이삭이 있고, 여기에는 남겨둔 벼 이삭이 있네. 이것은 과부의 이로움이지.

'此'의 목적어 용례는 다음과 같다.

(1) 苕之華, 其葉靑靑. 知我如此, 不如無生.(《詩經·小雅·苕之華》) 능초의 꽃이여, 그 잎이 푸르고 푸르도다. 내 이럴 줄 알게 되니, 살지 않음만 같지 않네.

(2) 在彼無惡, 在此無斁.(《詩經·周頌·振鷺》) 저기서도 미워하는 이가 없고, 여기서도 싫어하는 이가 없다.

'此'는 서주시대 출현한 이후 점점 다른 근칭지시대사를 압도하여 후대에도 계속 사용되었으며, 현재의 서면어에도 사용되고 있다.

⑥ 之

갑골문과 서주 문헌 중의 '之'는 '止'로도 표기하였다. '之'와 '止'는 같은 하나의 대사로 사용되었다.

(1) 方叔涖止, 其車三千.(《詩經·小雅·采芑》) 방숙이 거기에 임하니, 그 수레가 3천이고

(2) 有來雝雝, 至止肅肅.(《詩經·周頌·雝》) 올 때는 온화하고, 여기에 이르니 엄숙하네.

'之'의 문제는 아주 복잡하다. 혹자는 근칭지시대사라고 하며, 혹자는 범지대사, 혹자는

---

227) [역주] '式穀'의 '式'은 '用'의 의미이고, '穀'은 '善'의 의미이다.

겸지대사로 보고 있다. 그렇다면 '之'의 성질을 어떻게 규정할 것인가? 갑골문에서 '之'는 원칭지시대사이며 '玆'와 상대적이었다. 하지만 서주 문헌에서는 상황이 다소 다르다. 서주 문헌에서 '之'는 분명 두 가지로 나뉜다. 하나는 대체(替代) 작용이고 다른 하나는 지시(指示) 작용이다. 대체작용을 하는 '之'는 일반적으로 목적어가 되며 소수 관형어로 쓰이기도 한다. 목적어가 될 때는 '他', '他們', '她', '她們', '它' 등으로 풀이되며 혹 문맥에 따라 다양하게 해석되기도 한다. 관형어 '之'는 '他的', '他們的', '它的' 등으로 풀이된다.

(1) 乃惟庶習逸德之人, 同于厥政. 帝欽罰<u>之</u>.(《尙書·立政》) 여러 가지 醜惡한 것을 익힌 逸德이 있는 사람들과 정치를 함께 하여, 상제가 삼가 그들에게 벌을 내렸습니다.

(2) 匪手攜<u>之</u>, 言示<u>之</u>事 (《詩經·大雅·抑》) 그들에게 손을 잡을 뿐만 아니라, 일로써 보여 주며

(3) 天惟五年, 須暇<u>之</u>子孫.(《尙書·多方》) 하늘이 5년 동안 그 자손에게 기다리고 겨를을 주어

(4) 不弔天降疾病, 予畏<u>之</u>威.(《逸周書·祭公解》) 불선한 하늘이 이러한 질병을 내리니 나는 그의 위엄이 두렵구나.

(1), (2)에서 '之'는 목적어이고 (3), (4)에서 '之'는 관형어이다. 이러한 '之'에 대해 모두 삼인칭대사로 분류하며, 지시대사로 분류하지 않는다. 만약 지시대사로 분류한다면 마땅히 원칭지시대사일 것이다. 이러한 대체(稱代)작용을 하는 '之'는 직접 殷商시대 한어의 '之'를 계승한 것이다. 은상시대 한어의 '之'는 대체작용을 하는데, 주어든 목적어, 관형어든 상관이 없다. 아래의 두 용례에서 '之'는 은상시대 한어의 '之'와 다르지 않다.

(1) 口于黎, 乃人于<u>之</u>, 用牲十.(周原甲骨文 H11:42) 여읍(黎邑)서 거기로 들어가 희생물 열 마리로 제사를 올렸다.

(2) 乙亥, 王賞[228]畢公, 乃易史𢼸貝十朋. 𢼸召[229]于彝, 其于<u>之</u>朝夕監.(《史𢼸簋銘》) 乙亥일에 왕께서 畢公을 훈계하시고, 史𢼸에게 貝 십 朋을 하사하셨다. 史𢼸은 이 일을 彝器에 기록하고 여기에서 아침저녁으로 살펴 면려할 것이다.

하지만 서주시대 '之'는 새로운 용법이 생겨나는데, 바로 '지시작용'이다. 이러한 '之'는

---

228) [역주] 과거에는 일부 '賞'으로 考釋하는 견해도 있었으나, 현재는 대부분 '誥'로 본다. 저자 역시 앞선 동일 예문에서는 '誥'로 표기하고 있으며, 여기서는 '賞'과 '誥'를 혼용한 것으로 보인다.

229) [역주] '召'에 대해서는 제2장 제1절 [역주] 8 참조.

일반적으로 관형어가 되며 '這', '這樣的'의 의미로 풀이된다. 이러한 '之'를 우리는 지시대사로 분류하고 근칭지시대사로 간주한다.

(1) 欲報之德, 昊天罔極.(《詩經·小雅·蓼莪》) 이 덕에 보답하려니, 저 하늘처럼 끝이 없네.

(2) 予小子, 追學於文武之蔑, 用克龕紹成康之業, 以將大命, 用夷居之大商之眾.(《逸周書·祭公解》) 나 어린 사람은 문왕, 무왕의 미덕을 쫓아 배워서, 성왕, 강왕의 업적을 계승하여 천명을 집행하여 이러한 큰 상나라의 백성들이 평안하게 살 수 있도록 할 수 있었습니다.

예(1)에서 '之'는 정현이 '猶是也'라 하였으며 '欲報之德'은 '이 은혜에 보답하고자하다(想要報答這個恩惠)'의 의미이다. 예(2)에서 '用夷居之大商之眾'은 '이러한 대상의 백성들로 하여금 평안하게 거주하게 하다(使這些大商的民眾平定地居住)'의 의미이며 여기서 '之'는 '這些'의 의미이다. 이로부터 볼 때, 서주시대에 지시작용을 하는 '之'에 대해서만 근칭지시대사로 간주하는 것은 타당하다. 그러나 이러한 '之'는 아주 드물다.

2) 원칭지시대사(遠指代詞)

서주한어 문헌 중에 '厥', '其', '彼', '匪', '伊' 5개의 원칭지시대사가 있다.

① 厥

위에서 삼인칭대사 '厥'에 대해 논의하였다. 그러면 지시대사 '厥'과 삼인칭대사 '厥'은 어떤 차이가 있을까? 구별하는 기준은 다음과 같다. 먼저, 대체·지시작용을 동시에 하는 '厥'은 삼인칭대사로 분류한다. 이러한 '厥'은 일반적으로 관형어가 되고, '他的', '她的', '它的', '他們的'의 의미가 된다. 그리고 지시작용만 하는 '厥'은 지시대사로 분류하는데, 원칭지시대사의 하위범주가 된다. 이것은 관형어로, '那', '那些' 등의 의미를 가진다. 지시대사 '厥'은 마땅히 원칭지시대사이다.

(1) 率時農夫, 播厥百穀.(《詩經·周頌·噫嘻》) 이 농부들을 거느리고 그 백곡을 파종하여라.

(2) 以我覃耜, 俶載南畝, 播厥百穀.(《詩經·小雅·大田》) 나의 날카로운 쟁기를 쓰고, 드디어 남쪽 이랑을 파고, 그 백곡을 파종하네.

예(1)에서 '厥'은 원칭지시대사로 '時'와 서로 대응되는데, '時'가 근칭지시대사가 되면

'厥'이 원칭지시대사가 된다. (1)의 의미는 '이 농부를 데리고 저 백곡을 파종한다'가 된다. 예(2)에서 '厥'은 예(1)의 '厥'과 같다. 지시대사 용법의 '厥'은 아주 드물며 일반적으로 삼인칭대사 용법으로 쓰인다.

② 其

대사 '其'가 출현한 시기는 '厥'보다 늦다. '其'가 점점 '厥'을 대체하여 상용 대사가 되었다. 위에서 이미 삼인칭대사로서의 '其'에 대해 논의하였다. 그러면 삼인칭대사 '其'와 지시대사 '其'는 무슨 차이가 있을까? 구분 방법은 '之', '厥'과 동일하다. 즉 그들의 기능에 따라 분류할 수 있는데, 동시에 지시·대체작용을 하는 '其'는 삼인칭대사로 분류한다. 이것은 '他的', '她的', '它的', '他們的'의 의미를 나타낸다. 반면, 단지 지시작용만 하는 '其'는 지시대사로 분류되며, '那', '那些'으로 풀이될 수 있다. 이러한 원칭지시대사 '其'의 용례는 아래와 같다.

(1) 匪用其良, 覆俾我悖.(《詩經·大雅·桑柔》) 그런 좋은 사람 쓰지 못하고 반대로 우리에게 그 릇된 일 하는 자들 쓰네.

(2) 於皇時周, 陟其高山.(《詩經·周頌·般》) 아, 아름다운 이 주나라여. 저 고산에 오르네.

예(1)에서 '匪用其良'은 '그러한 선량한 사람을 쓰지 않는구나.' 의 의미가 되며, 예(2)에서 '陟其高山'은 '그 높은 곳에서 제사를 올린다.'의 의미이다. 두 예에서 볼 때, '其'는 분명히 원칭지시대사이며, 이러한 용법의 '其'는 서주시대 문헌에서 많이 보이지는 않는다.

③ 彼

위에서 삼인칭대사에 대해 논의할 때 이미 '彼'에 대해 언급한 바 있다. 그러면 삼인칭대사 '彼'와 지시대사 '彼'는 어떤 차이가 있을까? 위와 동일한 방법으로, 대체·지시작용을 하는 '彼'는 삼인칭대사로 분류할 수 있는데, 이러한 '彼'는 주어, 목적어, 관형어가 되며, '他', '她', '它', '他們' 혹은 '對方', '那裏' 등의 의미를 가진다. 단지 지시작용만 하는 '彼'는 지시대사로 간주할 수 있는데, 원칭지시대사에 속하며 일반적으로 관형어가 되고, '那', '那些', '那個' 등의 의미를 띤다. 원칭지시대사 '彼'는《詩經》에서 아주 자주 보이지만《尚書》,《逸周書》,《周易》에서는 보이지 않거나 아주 극소수로 나타난다. '彼'는 서주 금문,

서주 갑골문에서는 보이지 않는다. 이렇게 볼 때, '彼'는 처음에 운문체에 사용되었고 뒤에 기타 문체에 광범위하게 사용된 것으로 보인다. 원칭지시대사 '彼'의 용례는 다음과 같다

(1) 我出我車, 于彼郊矣, 設此旐矣, 建彼旄矣. 彼旟旐斯, 胡不旆旆?(《詩經·小雅·出車》) 왕께서 내 융거를 내게 하시어 저 교외로 나와, 이 조기를 늘어뜨려서 저 간모 깃대에 꽂았지. 저 여기와 조기가 어찌 펄럭펄럭 휘날리지 않았겠는가?

(2) 相彼泉水, 載淸載濁. 我日構禍, 曷云能穀.(《詩經·小雅·四月》) 저 샘물을 보니, 맑았다가 흐렸다가 하는데, 나는 날마다 화를 만나니, 언제나 좋아질까.

(3) 陟彼北山, 言采其杞.(《詩經·小雅·北山》) 저 북산에 올라서 갯버들 캔다.

(4) 信彼南山, 維禹甸之,(《詩經·小雅·信南山》) 진실로 저 종남산은 禹가 다스렸으니

(5) 瞻彼洛矣, 維水泱泱.(《詩經·小雅·瞻彼洛矣》) 저 낙수를 보니, 물이 깊고도 넓도다.

(6) 念彼共人, 興言出宿 (《詩經·小雅·小明》) 그곳에 있는 사람 생각하니, 일어나 나가서 잠을 잔다.

예(1)에서 '於彼郊矣'는 '저 교외로 가서'의 의미가 되며 '設此旐矣, 建彼旄矣'에서 '彼'와 '此'는 상대되는데, '彼'가 원칭지시를 나타냄을 알 수 있다. 그 나머지 예의 '彼'도 모두 이와 같다.

④ 匪

'匪'는 '彼'와 옛 음이 비슷하다. '匪'의 고음은 幇母, 微部이며 '彼'의 고음은 幇紐, 歌部이다.[230] 따라서 지시대사 '匪'는 '彼'의 통가자로 여겨진다. 일찍이 《詩經·檜風·匪風》의 '匪風發兮, 匪車偈兮(저 바람이 세차게 불며, 저 수레가 빨리 달리네.)' 구절의 '匪'에 대해, 高亨은 "彼와 통한다(通彼)."라 하였고, 餘冠英도 "匪는 彼로 읽는다(匪, 讀爲彼)."라 하였는데, 이러한 주장은 타당하다. '匪'와 '彼'는 동일한 대사이다. 따라서 '匪'의 처리는 마땅히 '彼'와 같은 방식을 택할 수 있다. 즉, '匪'가 동시에 대체·지시의 작용을 하면 인칭대사가 되고, '匪'가 단지 지시작용만 하면 지시대사로 분류할 수 있다. 원칭지시를 나타내는 '匪'는 '彼'와 동일하게 '那', '那些', '那個' 등으로 풀이되며, 모두 관형어가 된다.

---

230) [역주] 金理新의 《上古漢語形態導論》에 따르면, '彼'는 *par^B, '匪'는 *pɯr로 상고음이 비슷하다.

예컨대, 다음과 같다.

(1) 如匪行邁謀, 是用不得于道.(《詩經 · 小雅 · 小旻》) 마치 저 지나가는 사람의 계획과 같아, 이에 해내려고 해도 길을 잡을 수 없도다.

(2) 匪鶉匪鳶, 翰飛戾天. 匪鱣匪鮪, 潛逃于淵.(《詩經 · 小雅 · 四月》) 저 수리, 저 솔개, 날개 짓하여 하늘에 이르네. 저 전어, 저 다랑어, 잠수하여 깊은 못에 숨네.

(3) 匪兕匪虎, 率彼曠野. 哀我征夫, 朝夕不暇.(《詩經 · 小雅 · 何草不黃》) 저 외뿔소, 저 호랑이, 저 빈 황야를 따라 돌아다니네. 불쌍하다 우리 장정들은 아침저녁으로 쉬지도 않네.

예(1)은 '마치 저 지나가는 사람의 계획과 같아, 해내려고 해도 길을 잡을 수 없도다.'라는 의미이며, 여기서 '匪'는 분명 원칭지시대사이다. 나머지 예도 이와 같다.

⑤ 伊

학자들은 모두 원칭지시대사로 여긴다. 지시대사 '伊'는 단지 《詩經》에서만 보이며, 기타 서주한어 문헌에는 보이지 않는다. '伊'의 처리 방법은 기타 원칭지시대사와 동일하게, 동시에 지시 · 대체 작용을 하면 삼인칭대사로, 지시 작용만 하면 원칭지시를 나타내는 지시대사로 분류할 수 있다. 대사 '伊'는 서주시대에 단지 시가체인 《詩經》에서만 보이는데, 출현 빈도 또한 높지 않다. 게다가 단지 지시작용의 '伊'만 보인다. 따라서 '伊'에 대해서는 단지 지시대사 용법에 대해서만 논의하면 된다. 원칭지시를 나타내는 지시대사 伊의 용례는 다음과 같다.

(1) 所謂伊人, 於焉逍遙.(《詩經 · 小雅 · 白駒》) 바로 그 사람, 어디에서 노닐까?
(2) 心之憂矣, 自詒伊戚.(《詩經 · 小雅 · 小明》) 내 마음의 근심, 스스로 그 근심 自招하였네.

《詩經》 중의 '伊人'에 대해 주희는 '伊人, 猶言彼人(伊人은 彼人과 같다).'이라 하였고, 王力 主編의 《古代漢語》에서도 "伊人은 저 사람이고, 伊는 지시대사이다(伊人, 那人. 伊, 指示代詞)."라 하였다. 이러한 해석은 정확하다. 예(2)에서 '自詒伊戚'은 '스스로 그 근심 自招하였네'의 의미이니 '伊'를 원칭지시대사로 간주하는 것은 타당하다고 할 수 있다.

3) 방지대사(旁指代詞)

이러한 대사는 '它' 하나 밖에 없다. '它'는 '他'로도 쓴다. '它'와 '他'는 고음이 같은데, 모두 透紐, 歌部이다. 따라서 양자는 동일한 하나의 방지대사이다. 방지대사 '它'는 단지 《詩經》과 《周易》에서만 보이며 다른 서주한어 문헌에서는 보이지 않는다. 이러한 대사는 피차 이외의 대상이나 사물을 가리키며 현대한어의 '旁的', '別的'와 동일한 의미이므로, 방지대사로 일컫는 것이다. '它'의 의미는 '旁的', '別的', '其他'의 의미이다.

(1) 他人有心, 余忖度之.(《詩經·小雅·巧言》) 다른 사람의 마음, 내가 헤아리네.
(2) 有孚比之, 無咎. 有孚盈缶, 終來有它吉.(《周易·比卦》)믿음 있게 도움이라. 허물이 없으리니. 믿음을 둠이 질그릇에 가득 차듯 하면, 끝내 다른 길함이 있으리라.

예(1)에서 '它人'의 의미는 '다른 사람'이다. 예(2)에서 '終來有它吉'의 의미는 '끝내 다른 길함이 있으리라'가 된다. 두 예에서 '它'는 모두 방지대사이다. 방지대사 '它'의 통사기능은 관형어, 목적어, 판단문의 위어가 되는 것이다. '它'의 관형어 용례는 다음과 같다.

(1) 它山之石, 可以爲錯.(《詩經·小雅·鶴鳴》) 다른 산의 돌도, 숫돌로 쓸 수 있다네.
(2) 他人有心, 余忖度之.(《詩經·小雅·巧言》) 다른 사람의 마음을, 내가 헤아리네.

'它'의 목적어 용례는 다음과 같다.

(1) 棟隆, 吉, 有它, 吝.(《周易·大過》) 기둥이 높아짐이니, 길하나, 다른 것을 두면 인색하리라.
(2) 武人東征, 不遑他矣.(《詩經·小雅·漸漸之石》) 무인은 동쪽으로 정벌을 나가니 다른 일할 겨를이 없지.
(3) 人知其一, 莫知其他.(《詩經·小雅·小旻》) 사람들은 그 하나만을 알지, 다른 것은 알지 못하네.

'它'의 판단문 위어 용례는 다음과 같다.

(1) 豈伊異人, 兄弟匪他.(《詩經·小雅·頍弁》) 어찌 다른 사람이리오? 형제이지 남이 아니로다.

'它'는 《詩經》의 小雅와 《周易》에 많이 출현하는데, 모두 서주 말기의 문헌이다. 서주 금문과 서주 갑골문, 《尙書》, 《逸周書》에는 모두 보이지 않으니, '它'의 출현이 비교적 늦다고 봐야 한다. 이로 볼 때, 갑골문에서 '它示'에 대해, 혹자는 그 중의 '它'가 방지대사라고 하였는데, 이는 믿을 수 없다.

4) 부정대사(無定代詞)

이러한 대사는 '或'과 '莫'이 있다. '或'은 긍정적 부정대사이고 '莫'은 부정적 부정대사이다. '或'과 '莫'은 모두 은상시대 문헌에 보이지 않으며 서주시대에 새롭게 출현한 것이다. '莫'과 '或'은 서주 금문, 서주 갑골문에 모두 보이지 않으며 《詩經》, 《周易》, 《尙書》(단지 '或'자만)에 보인다.

① 或

부정대사 '或'은 일정한 범위 내의 일부 사람 또는 사물을 가리킨다. '或'의 의미는 '어떤 사람(사물)', '어떤 사람들(사물들)'이다. 그 통사기능은 단지 주어만 있으며 기타 문장성분으로의 용법은 없다.

(1) 自時厥後, 亦罔<u>或</u>克壽. <u>或</u>十年, <u>或</u>七八年, <u>或</u>五六年, <u>或</u>四三年.(《尙書·無逸》) 이 때부터 그 후로는 또한 누구도 長壽를 누리지 못했습니다. 어떤 사람은 10년, 어떤 이는 7~8년, 어떤 이는 5~6년, 어떤 사람은 3~4년이었습니다.

(2) 得敵, <u>或</u>鼓, <u>或</u>罷, <u>或</u>泣, <u>或</u>歌.(《周易·中孚》) 적을 얻음에, 어떤 이는 두드리고, 어떤 이는 파하고, 어떤 이는 울고, 어떤 이는 노래하도다.

(3) <u>或</u>錫之鞶帶, 終朝三褫之.(《周易·訟卦》) 어떤 이가 띠를 주더라도, 조회를 마치는 동안 세 번 빼앗으리라.

(4) <u>或</u>降於阿, <u>或</u>飮于池. <u>或</u>寢<u>或</u>訛.(《詩經·小雅·無羊》) 어떤 것은 언덕을 내려오고, 어떤 것은 연못에서 물마시며, 어떤 것은 자고 어떤 것은 움직이는구나.

(5) 國雖靡止, <u>或</u>聖<u>或</u>否, 民雖靡膴, <u>或</u>哲<u>或</u>謀, <u>或</u>肅<u>或</u>艾(《詩經·小雅·小旻》) 나라는 비록 안정되지 못하였으나 어떤 이는 만사에 통달했고 어떤 이는 그렇지 않네. 백성들은 많지 않더라도 어떤 이는 현명하고 어떤 이는 꾀가 많고, 또 어떤 이는 삼가고, 어떤 이는 잘 다스리네.

(6) <u>或</u>舂<u>或</u>揄, <u>或</u>簸<u>或</u>蹂.(《詩經·大雅·生民》)(어떤 이는 방아 찧고, 어떤 이는 절구에서 퍼내고, 어떤 이는 키로 까부르고 어떤 이는 절구에 당겨 넣네.

위에서 인용한 '或'은 모두 문장의 앞에서 주어가 된다.

② 莫

‘莫’의 의미는 ‘或’과 정반대로 ‘누구, 무엇도 없다’이다. ‘莫’과 ‘或’의 통사기능은 동일한데, 모두 문장에서 주어로 쓰인다.

(1) 溥天之下, 莫非王土. 率土之濱, 莫非王臣.(《詩經·小雅·北山》) 넓은 하늘 아래 왕의 땅 아닌 데 없고, 땅의 물가를 따라가면 왕의 신하 아닌 자 없네.

(2) 莫益之, 或擊之, 立心勿恒, 凶.(《周易·益卦》) 아무도 더하는 이가 없고, 혹 치리니, 마음을 세움이 항상 하지 않으니 흉하니라.

(3) 執之用黃牛之革, 莫之勝說.(《周易·遯卦》) 황소의 가죽으로 그것을 잡아매니, 누구도 그것을 벗길 수 없을 것이다.

대사 ‘莫’의 용례는 서주시대 문헌에 자주 보이지 않는데, 서주시대에 막 출현하여 서주 후기에 대량으로 사용되고 있다.

5) 용언성대사(謂詞性代詞)

이러한 대사로는 ‘若’, ‘爾’, ‘然’ 등이 있다.

앞에서 논의한 4종류의 지시대사는 모두 체언성대사(體詞性代詞)이며, 여기서 논의할 다섯 번째 대사는 용언성대사이다. 서주한어 대사 체계는 아래와 같이 나타낼 수 있다.

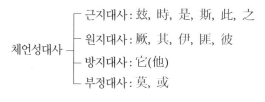

용언성대사의 주요 통사기능은 위어가 되는 것이며, 용언의 어법기능을 가진다.

① 若

‘若’을 용언성대사로 간주하는 이유는 다음의 4가지 이유에 근거해서이다. 첫째, ‘若’은

'然', '爾'와 동일하게 모두 '이와 같다', '이러하다'의 의미를 가지는데, 이러한 의미는 용언성 품사의 의미이다. 둘째, 통사기능상 '若'은 용언성 품사에 해당하여 '若'은 서주시대 문헌에서 일반적으로 부사어로 쓰인다. 셋째, '若'은 전형적인 용언성대사 '然'과 상고음이 매우 가깝다. '若'은 [n̦iakɔ]이며, '然'은 [cn̦ian]으로 재구된다. 두 글자의 상고음은 성모, 개음, 주요모음이 모두 동일하며 단지 운미와 성조만 다르다. 넷째, 후대에 이러한 용법의 '若'은 '者'와 함께 者字구조를 이룬다. 예컨대, 다음과 같다.

(예) 故人苟生之爲見, 若者必死 ; 苟利之爲見, 若者必死.(《荀子·禮論》) 고로 사람이 생을 탐내니 그러면 반드시 죽고, 利를 탐내니 그러면 반드시 죽는다.

서주한어에서 '若'은 용언성대사로 '如此', '這樣'으로 풀이되며, 문장에서 부사어가 된다.

(1) 王若曰: 猷! 大誥爾多邦越爾禦事. 弗吊, 天降割於我家不少延……(《尙書·大誥》) 성왕이 다음과 같이 말했다. "아! 그대들의 여러 나라와 일을 맡은 사람들에게 크게 고하노라. 하늘이 가엾게 여기지 않아 하늘이 우리나라에 割를 내려 조금도 기다려주지 않으셨다."

(2) 周公若曰: 君奭! 弗吊, 天降喪于殷. 殷旣墜厥命, 我有周旣受.(《尙書·君奭》) 주공이 다음과 같이 말했다. "임금인 奭[君奭]아! 하늘이 불쌍하게 여기지 않았기 때문에 하늘이 은나라에 벌을 내렸다. 은나라가 이미 천명을 떨어뜨려서 우리 주나라가 명을 받게 된 것이다."

(3) 芮伯若曰: 予小臣良夫, 稽道謀告, 天子惟民父母, 致厥道, 無遠不服.(《逸周書·芮良夫》) 芮伯이 다음과 같이 말하였다. "저 소신 량부는 머리를 조아리고 천자에게 고합니다. 천자는 백성의 부모로 그 도를 다하면 멀리서도 복종하지 않음이 없습니다."

(4) 王曰: 爾惟舊人, 爾丕克遠省. 爾知寧王若勤哉.(《尙書·大誥》) 왕이 말했다. "그대들 옛 관리들은 크게 멀리 살필 수 있으니, 그대들은 문왕께서 얼마나 근면하신지 알 것이다."

위의 예에서 '若'은 일반적으로 '如此'로 풀이되며 '這樣'의 의미이다. 예를 들어, '王若曰'은 '왕이 이렇게 말하다'의 의미이다. 그리고 예(4)의 '若'을 혹자는 '如何', '怎樣'의 의미로 여기지만 《古代漢語虛詞詞典》[231]에서는 '如此', '這樣'의 의미로 풀었으니, 이는 분명 타당하다. '爾寧王若勤哉!'의 의미는 '너희들은 문왕이 이와 같이 고생한 것을 알아야 한다.'가 된다.

---

231) 中國社會科學院語言硏究所古代漢語硏究室編, 商務印書館, 1999年.

② 爾

'爾'와 '若', '然'은 모두 하나의 용언성대사이다. '爾', '若', '然'의 성모는 같고 운부는 비슷하다. 爾는 [cŋ̊iei]로 재구된다. '爾'는 전형적인 용언성대사 '然'과 동일하게 위어가 되며 '如此', '這樣'의 의미를 지닌다.

(1) 人有小罪, 非眚, 乃有終. 自作不典式爾.[232] 有厥小罪, 乃不可不殺.(《尚書·康誥》) 사람이 작은 죄가 있더라도, 재앙으로 인한 죄가 아니면, 故意로 한 것이다. 스스로 법에 어긋난 짓을 저질러서 그렇게 된 것이니, 그 죄가 작더라도 죽이지 않을 수 없다.

(2) 乃有大罪, 非終, 乃惟眚災, 適爾, 旣道極厥辜, 時乃不可殺.(《尚書·康誥》) 큰 죄를 저질렀더라도 고의가 아니면 재앙으로 인한 죄이기 때문에, 우연히 그렇게 된 것이니, 이미 그 죄를 다 말하면 죽이지 말아야 한다.

위의 예에서 '爾'는 다수의 《尚書》 역주에서 '如此'로 풀고 '這樣'으로 번역하였다. 통사 기능으로 볼 때, 예에서 '爾'는 모두 위어의 중심어이다. 이로 보건대, '爾'는 대사로서 그 용언성 기능이 매우 분명하다.

③ 然

용언성대사 '然'은 이 부류에서 전형적인 구성원이다. '然'은 단지 《詩經》에서만 보이며, 기타 서주한어 문헌에서는 보이지 않는다. 즉 '然'은 단지 서주 시가체 문헌에서만 출현했던 것이다. 용언성대사 '然'은 '如此', '這樣'의 의미를 나타낸다.

(1) 是究是圖, 亶其然乎.(《詩經·小雅·常棣》) 연구하고 도모하면, 진실로 그러할 것이다.

(2) 無然畔援, 無然歆羨.(《詩經·大雅·皇矣》) 그처럼 인심이 떨어져 나가게 하지 말고, 그처럼 탐내는 일 없게 하며.

예(1)의 '亶其然乎'를 鄭玄은 '信其如是'로 풀이하였는데, 현대한어로 표현하면 "그것이 이와 같음을 확신한다(確信它應該如此)"의 의미이다. 예(2)의 두 구에 대해 鄭玄은 "女無如是撥扈妄出兵也, 女無如是貪羨者侵人土地也."라 주하였으며, 현대한어로 "이렇게 멋

---

232) [역주] '式爾'에서 '式'은 '以'의 의미이다. 그래서 이는 '以然'으로 '~함으로써 그렇게 된 것이다'의 의미이다.

대로 날뛰지 말고, 이렇게 탐욕 부리지 마라(不要如此拔雇, 不要如此貪婪)"의 의미이다. 용언성대사 '然'은 '如此', '如是'의 뜻으로, '這樣'으로 번역된다. '然'의 통사기능은 두 가지인데, 하나는 위어 혹은 위어의 중심이 되는 것이고, 다른 하나는 부사어가 되는 것이다. '然'의 통사기능은 '若', '爾'의 통사기능을 종합한 것과 같다. '若'은 일반적으로 부사어가 되고, '爾'는 일반적으로 위어 혹은 위어의 중심이 된다. '然'이 위어 혹은 위어의 중심이 되는 용례는 아래와 같다.

(1) 是究是圖, 亶其然乎.(《詩經·小雅·常棣》) 연구하고 도모하면, 진실로 그러할 것이다.

(2) 曰予不戕, 禮則然矣.(《詩經·小雅·十月之交》) '내가 너를 해친 것이 아니라, 禮로 보면 그러하다'라고 하네.

(3) 爾之遠矣, 民胥然矣, 爾之敎矣, 民胥傚矣.(《詩經·小雅·角弓》) 네가 멀리하면, 백성들도 따라 그리하고, 네가 가르치면 백성들이 서로 본받는다네.

(4) 上帝板板, 下民卒癉. 出話不然, 爲猶不遠(《詩經·大雅·板》) 상제가 상도를 뒤집어, 하민들이 모두 병들거늘, 나오는 말 맞지 않고, 계책이 원대하지 못하다.

'然'의 부사어 용례는 다음과 같다.

(1) 無然畔援, 無然歆羨.(《詩經·大雅·皇矣》) 그처럼 인심이 떨어져 나가게 하지 말고, 그처럼 탐내는 일 없게 하며.

(2) 今玆之正, 胡然厲矣.(《詩經·小雅·正月》) 지금의 정사는 어찌 이리 사나운가!

(3) 天之方難, 無然憲憲. 天之方蹶, 無然泄泄.(《詩經·大雅·板》) 하늘이 어려움을 내리시니 그렇게 기뻐하지 말지어다. 하늘이 바야흐로 동하시니 그렇게 느긋해 하지 말지어다.

(4) 天之方虐, 無然謔謔. (《詩經·大雅·板》) 하늘이 포악하시니 그렇게 희학하지 말지어다.

위에서 인용한 예의 '然'은 '王若曰'에서의 '若'과 동일하며 모두 용언성대사가 부사어가 되는 용례이다.

위에서 논의한 3개의 용언성대사는 모두 '如此', '這樣'의 의미이다. 이 3개 대사는 또한 근칭지시대사로 분류할 수 있다. 이러하다면 근칭지시대사는 두 개의 큰 부류로 나눌 수 있는데, 하나는 '체언성 근칭지시대사'이고 다른 하나는 '용언성 근칭지시대사'이다. 이렇게 분류한다면 서주한어의 지시대사 체계는 아래와 같이 나타낼 수 있다.

```
                    ┌── 체언성: 玆, 時, 是, 斯, 此, 之
   근칭지시대사 ──┤
                    └── 용언성: 若, 爾, 然

   원칭지시대사 ── 厥, 其, 伊, 匪, 彼
   방지대사      ── 它(他)
   부정대사      ── 莫, 或
```

③ 의문대사(疑問代詞)

은상시대 문헌에서 의문대사는 아직 보이지 않는다. 따라서 은상시대 한어의 대사 체계는 두 갈래로 볼 수 있는데, 하나는 인칭대사이고 다른 하나는 지시대사이다. 서주시대에 와서야 의문대사가 출현하여 또 하나의 체계를 형성하게 되었다.

서주한어에서 의문대사는 의문의 대상에 따라 3가지로 나뉜다. 첫째는 사람을 묻는 것으로, '誰'가 있다. 둘째는 사물을 묻는 것으로 '何', '曷(害, 割)', '胡(遐, 瑕)' 등이 있고, 셋째는 처소를 묻는 것으로 '安', '焉', '愛' 등이 있다. 당연히 일부 대사는 물음의 대상이 하나에만 국한되지 않고 겸할 수 있으나 여전히 한 종류의 용법을 주로 한다.

1) 誰

'誰'는 서주 금문, 서주 갑골문, 《周易》(卦爻辭), 《尙書》(周書), 《逸周書》(眞文獻) 중에는 보이지 않고, 단지 《詩經》에만 나타난다. 따라서 '誰'는 단지 운문체 서주 문헌에만 출현한다고 할 수 있다. '誰'는 사람을 물으며 현대한어 '誰'의 의미와 기본적으로 같다. '誰'의 통사기능은 주어, 목적어, 관형어가 되는 것이다. '誰'가 주어가 되는 용례는 비교적 흔하다.

(1) 二人從行, 誰爲此禍. 胡逝我梁, 不入唁我.(《詩經·小雅·何人斯》) 두 사람이 따라 걸어가는데, 누가 이런 화를 만들었나? 어찌 내 어량에는 가는데, 나에게 들어와 위문하지 않는가?

(2) 憂心如酲, 誰秉國成. 不自爲政, 卒勞百姓.(《詩經·小雅·節南山》) 걱정하는 마음은 술이 깨지 않은 듯, 누가 나라를 평안하게 할 것인가? 스스로 정사를 돌보지 않아 결국 백성들을 수고롭게 하네.

(3) 君子實維, 秉心無競, 誰生厲階, 至今爲梗.(《詩經·大雅·桑柔》) 군자는 실로 다투는 마음이 있지 않은데, 누가 화의 단초를 만들어, 지금에 이르러 병들게 하였는가?

(4) 誰能執熱, 逝不以濯.(《詩經·大雅·桑柔》) 누가 뜨거운 물건을 쥐고서, 손을 씻지 않겠는가?

'誰'의 목적어 용례는 일반적으로 동사 앞에 오며 동사와 목적어 사이에 자주 '云'을 쓴다.

(1) 旣克有定, 靡人弗勝. 有皇上帝, 伊誰云憎.(《詩經·小雅·正月》) 하늘이 이미 정하면, 사람을 이기지 못함이 없네. 위대한 상제께서 누구를 미워하겠는가?

(2) 彼何人斯, 其心孔艱. 胡逝我梁, 不入我門. 伊誰云從, 維暴之云.(《詩經·小雅·何人斯》) 저 어떤 사람인가? 그 마음이 매우 험하구나. 어찌 내 어량에는 가는데, 나에게 들어오지 않는가? 저 누구를 따르는가 했더니 포공이라 하네.

'誰'는 관형어 용법도 있는데, 아주 드물며, '誰'와 중심어 사이에 '之'가 붙는다.

(예) 哀我人斯, 于何從祿. 瞻烏爰止, 于誰之屋.(《詩經·小雅·正月》) 슬프구나. 우리 이 사람들! 어디에서 복을 받을까? 저 까마귀가 앉는 곳을 보건대 누구의 지붕에 앉을까.

'誰'는 서주시대 출현한 이후 자주 사용되어 왔으며, 지금까지도 줄곧 사람을 물을 때 사용하고 있다.

2) 何

'何'는 은허 갑골문, 서주 갑골문, 서주 금문에서는 모두 볼 수 없으나, 서주 전래문헌인 《詩經》(雅,頌), 《尙書》(周書), 《逸周書》(眞文獻)와 《周易》(卦爻辭)에서는 보인다. 따라서 '何'는 서주시대 이미 광범위하게 사용되었다고 할 수 있다.

'何'는 주로 사물을 묻지만 사람, 처소, 시간, 원인 등을 묻기도 하며, 반문이나 어기를 강화하는 역할도 한다. '何'는 이렇게 기능이 전면적인 대사이다. '何'는 주로 사물을 물으며 '什麼'로 풀이된다. 예컨대, 다음과 같다.

(1) 王曰: 嗟! 四方司政典獄! 非爾惟作天牧. 今爾何監, 非時伯夷播刑之迪. 其今爾何懲. 惟時苗民, 匪察于獄之麗.(《尙書·呂刑》) 왕이 말했다. "아! 사방에 정치를 맡아 옥을 주관하는 사람들아! 그대들은 牧民官이 아닌가? 이제 그대들은 무엇을 본받아야 하겠는가? 이 백이가 형벌을 펴서 인도함이 아니겠는가? 이제 너는 무엇을 징계해야 하겠는가? 이 묘민은 옥사의 걸림을 살피지 않았다."

(2) 王曰: 嗚呼! 嗣孫. 今往何監.(《尙書·呂刑》) 왕이 말했다. "아! 뒤를 이을 자손들이여, 지금 이후로 무엇을 거울로 삼을 것인가?"

예(1)(2)에서 '何監'은 '看什麼'의 의미이다. 예(1)에서 '何懲'은 '懲戒什麼'의 의미이다. '何'는 또한 사람을 물을 수 있는데, 이때는 '誰'의 의미이다. 이러한 용법은 자주 보이진 않는다.

(예) 無父何怙, 無母何恃.(《詩經·小雅·蓼莪》) 아버지가 없으니 누굴 의지하며, 어머니가 없으니 누굴 믿을까?

여기에서 '何怙', '何恃'는 즉 '怙何', '恃何'이고 의미는 '누구를 의지하다(依靠誰)'가 된다. '何'는 또한 처소를 묻기도 하는데, 이때는 '哪裏'로 풀이된다.

(1) 靡所止疑, 云徂何往.(《詩經·大雅·桑柔》) 머물러 의지할 곳이 없으니, 간들 어디로 가리요?
(2) 哀我人斯, 于何從祿.(《詩經·小雅·正月》) 슬프구나. 우리 이 사람들, 어디에서 복을 받을까?

예(1)에서 '何往'은 '어디로(到哪裏)'의 의미이며, 예(2)에서 '于何'는 '어디로부터(從哪裏)'의 의미이다. '何'는 시간을 물을 수도 있는데, 이때는 '어느 때(何時)'로 번역할 수 있다.

(예) 夜如何其? 夜未央.(《詩經·小雅·庭燎》) 밤이 얼마나 되었는고, 밤이 아직 자정이 못되었네.

여기서 '何'는 당연히 '何時'의 의미이다. '何'는 또한 원인을 물을 수도 있는데, '什麼', '爲什麼'의 의미가 된다.

(1) 憂心如惔, 不敢戲談. 國旣卒斬, 何用不監.(《詩經·小雅·節南山》) 근심하는 마음은 불타는 듯, 감히 농담도 이야기도 하지 않네. 나라의 기운이 끊어지는데 어찌 살피지도 않는가?
(2) 天何以刺? 何神不富?(《詩經·大雅·瞻卬》) 하늘은 어찌하여 꾸짖는가? 신령들은 왜 부를 내리지 않는가?

예(1)에서 '何用'은 '何以'로 '爲什麼'(왜)의 의미이다. 예(2)에서 '何以'는 '爲啥', '爲什麼'의 의미이다. '何神不富(通假爲'福')'는 바로 '왜 신은 복을 내려주지 않는가?'의 의미이며 그 중 '何'는 '爲什麼'의 의미가 된다. '何'는 또한 성질과 상태를 묻기도 한다. 이러한 '何'는 명사 앞에서 관형어가 되며 '哪', '什麼樣的'의 의미를 띤다.

> (1) 何草不黃, 何日不行, 何人不將, 經營四方. 何草不玄, 何人不矜. 哀我征夫, 獨爲匪民.(《詩經·小雅·何草不黃》) 어느 풀인들 시들지 않겠는가? 어느 날인들 지나가지 않겠는가? 어느 사람인들 맡아 사방의 일들을 처리하지 않겠는가? 어느 풀인들 까매지지 않으며 어느 사람인들 홀아비로 지내지 않겠는가? 슬프다! 우리 장정들만 백성이 아니던가?
>
> (2) 王曰: 於乎, 何辜, 今之人?(《詩經·大雅·雲漢》) 왕이 말했다. "아! 무슨 죄인가, 지금 사람이?"

예(1)에서 '何草'는 '어느 풀(哪一棵草)'의 의미이며, '何日'은 '어느 날(哪一天)'의 의미이다. '何人'의 의미는 '어느 사람(哪個人)'이며 예(2)에서 '何辜'는 '어떠한 죄(什麼樣的罪行)'의 의미이다. '何'는 또한 반문을 나타낼 수 있는데, 이때는 '怎麼'로 풀이된다.

> (예) 其何能淑, 載胥及溺.(《詩經·大雅·桑柔》) 그 어찌 좋을 수 있겠는가? 서로 망할 뿐이다.

여기서 '何能淑'의 의미는 '어찌 선할 수 있겠는가'이다. '何' 앞의 '其' 또한 반문을 나타낸다. '何'는 의문문 외에 또한 감탄문에서도 쓰이는데 이때는 어기를 강화하는 작용을 하여 '多麼', '怎麼', '那麼', '何等'의 의미를 가진다.

> (예) 我不見兮, 云何盱矣!(《詩經·小雅·都人士》) 나 만나보지 못해, 얼마나 마음이 아픈지.

이 문장의 의미는 '나 그녀를 만나보지 못해, 마음이 얼마나 아픈지'이며 '盱'의 음은 [xū]이며 '슬퍼하다'의 의미이다.

'何'의 통사기능은 주로 문장에서 목적어, 위어, 관형어, 부사어가 되는 것이다. '何'가 목적어가 될 때는 몇 가지 경우로 나눌 수 있다. 첫째, 동사의 목적어가 되는 경우이고, 둘째는 이중목적어문에서 간접목적어가 되는 것이며, 셋째는 전치사의 목적어가 되는 것이다. 동사의 목적어가 될 때 일반적으로 동사 앞에 놓인다.

> (1) 王曰: 吁! 來! 有邦有土! 告爾祥刑. 在今爾安百姓, 何擇, 非人? 何敬, 非刑? 何度, 非及.(《尙書·呂刑》) 왕이 말했다. "아! 오라, 나라를 소유하고 토지를 소유한 사람들아. 너희들에게 상서로운 형벌을 고하겠다. 지금 너희들이 백성을 편안하게 하려면 무엇을 선택해야

하겠는가? 사람이 아니겠는가? 무엇을 신중해야 하겠는가? 형벌이 아니겠는가? 무엇을 헤아
려야 하겠는가? 형벌에 미치는 범위가 아니겠는가?"

(2) 維莫之春, 亦又何求.(《詩經‧周頌‧臣工》) 늦봄이 되었으니, 무엇을 챙겨야 할까?

'何'가 동사의 목적어가 될 때 동사의 앞에 놓이지 않을 수도 있다.

(예) 節彼南山, 有實其猗. 赫赫師尹, 不平謂何.(《詩經‧小雅‧節南山》) 높은 저 남산이여, 그
언덕에 초목이 가득하도다. 의젓하신 태사와 윤씨여, 잘 다스리지 않고 무얼 하는 것인가?

'何'가 이중목적어문에서 간접목적어가 될 때 일반적으로 동사 앞에 온다.

(예) 君子來朝, 何錫予之. 雖無予之. 路車乘馬. 又何予之, 玄袞及黼.(《詩經‧小雅‧采菽》)
군자가 조회하러 왔는데 무엇을 내려줄까? 비록 내리신 것 없다 하지만 수레와 말 내리셨네.
또 무엇을 내리셨나? 검은 곤룡 저고리에 보무늬 바지네.

'何'가 전치사의 목적어가 될 때 전치와 후치가 모두 가능하다. 그 중 '何'가 전치사 '用',
'以'의 목적어가 될 때 '何'는 전치사의 앞에 온다.

(1) 國旣卒斬, 何用不監.(《詩經‧小雅‧節南山》) 나라의 기운이 끊어지는데 어찌 살피지도 않는
가?

(2) 天何以刺? 何神不富?(《詩經‧大雅‧瞻卬》) 하늘은 어찌하여(무엇으로) 꾸짖는가? 신령들은
어찌 부를 내리지 않는가?

'何'가 '于', '自'의 목적어가 될 때, '何'는 전치사 앞에 오지 않는다.

(1) 哀我人斯, 于何從祿.(《詩經‧小雅‧正月》) 슬프구나. 우리 이 사람들, 어디서 복을 받을까?

(2) 握粟出卜, 自何能穀.(《詩經‧小雅‧小宛》) 곡식을 한 줌 내어 점쳐 묻노니 어디부터 하면
잘 될 수 있겠는가?

'何'는 위어가 될 수도 있는데, 주로 판단문의 위어가 된다.

(1) 彼爾維何, 維常之華. 彼路斯何, 君子之車.(《詩經‧小雅‧采薇》) 저 만발한 것은 무엇인

가? 상체의 꽃이로구나. 저 길에 있는 것은 무엇인가? 군자의 수레로구나.

(2) 乃占我夢. 吉夢維何, 維熊維羆, 維虺維蛇.(《詩經·小雅·斯干》) 내 꿈을 점쳐 본다. 그 길몽 어떠한가? 곰과 말곰과 살무사와 뱀이로다.

(3) 其告維何, 籩豆靜嘉. …… 其類維何, 室家之壺. …… 其胤維何, 天被爾祿. …… 其僕維何, 釐爾女士.(《詩經·大雅·既醉》) 그가 고한 건 무엇이던가? 제기가 정갈하고 훌륭하였고 …… 그 복은 무엇이던가? 집안이 심원하고 엄숙하다네. …… 그 자손은 무엇이던가? 하늘이 그대에게 복을 입혀 …… 그 따르는 건 무엇이던가? 그대에게 훌륭한 士女를 주신다네.

(4) 顯父餞之, 清酒百壺. 其殽維何, 炰鼈鮮魚. 其蔌維何, 維筍及蒲. 其贈維何, 乘馬路車.(《詩經·大雅·韓奕》) 현보가 전송하니 청주가 백병, 그 안주는 무엇인가? 삶은 자라와 생선이지. 그 나물은 무엇인가? 죽순과 포약나물. 그 선물은 무엇인가? 네 마리 말과 노거라네.

‘何’는 관형어가 될 수도 있다.

(1) 昔我盟津, 帝休辨商, 其有何國?(《逸周書·商誓解》) 옛날 우리는 盟津의 일이 있었지만, 상제께서 상을 도왔으니, 어떤 나라를 소유할 수 있었겠는가?

(2) 我未定天保, 何寢能欲?(《逸周書·度邑解》) 나는 아직 天保를 안정시키지 못했으니, 어찌 편안히 잠을 잘 수 있겠는가?

(3) 何草不黃, 何日不行, 何人不將, 經營四方.(《詩經·小雅·何草不黃》) 어느 풀인들 시들지 않겠는가? 어느 날인들 지나가지 않겠는가? 어느 사람인들 맡아 사방의 일들을 처리하지 않겠는가?

(4) 王曰: 於乎, 何辜今之人?(《詩經·大雅·雲漢》) 왕이 말했다. "아! 무슨 죄인가, 지금 사람이?"

‘何’는 부사어가 될 수도 있다. 이러한 ‘何’를 부사로 분류하기도 하는데, 이는 잘못된 것이다. 대사의 분류는 그 어법기능에 의해서가 아니라 지시, 대체 기능에 따라 나누는 것이다. 이러한 何의 용례는 다음과 같다.

(1) 天何以刺? 何神不富?(《詩經·大雅·瞻卬》) 하늘은 어찌하여 꾸짖는가? 신령들은 어찌 부를 내리지 않는가?

(2) 其何能淑, 載胥及溺.(《詩經·大雅·桑柔》) 그 어찌 선할 수 있겠는가? 서로 망할 뿐이다.

(3) 我不見兮, 云何盱矣.(《詩經·小雅·都人士》) 나 만나보지 못해, 얼마나 마음이 아픈지.

(4) 民莫不穀, 我獨于罹. 何辜于天, 我罪伊何.(《詩經·小雅·小弁》) 백성들은 좋지 않은 자가 없는데, 나만 홀로 근심하는구나. 하늘에 무슨 죄를 지었나. 내 죄가 무엇인가.

(5) 民莫不穀, 我獨何害.(《詩經·小雅·四月》) 백성들은 모두 선하기만 한데 어찌 우리만 유독 이런 해악을 당하는가?

이상은 '何'의 단독 용례이다. 한편, 서주시대 '何'는 다른 단어와 함께 복합 허사 혹은 고정구(固定短語)를 형성하기도 하였는데, 주로 '如何', '如之何', '奈何', '幾何' 등이 있다.

① 如何, 如之何

'如何'는 하나의 고정구로 동사 '如'와 대사 '何'가 합쳐진 것이다. '如何'는 고정형식인 '如~何'에서 비롯되었다. 이러한 고정형식은 《詩經》시대에 이미 존재하였다.

(1) 子兮子兮, 如此良人何.(《詩經·唐風·綢繆》) 그대여! 그대여! 이 남자를 어찌하면 좋은가?

(2) 其新孔嘉, 其舊如之何.(《詩經·豳風·東山》) 신혼이 매우 아름다우니, 구혼을 어찌하랴?

여기서 '如'는 동사이며, '此良人'인 '之'는 모두 '如'의 목적어이고 '何'는 보어이다. 전체구조는 아래와 같이 분석할 수 있다.

$$如 \cdots\cdots 何$$
$$|술|목|$$
$$|술<보|$$

'如何'는 당연히 '如~何'구조의 긴축구 형태이다. '如何'의 주요 기능은 4가지이다. 첫째, 상황을 묻는다. '怎麽樣'의 의미로 일반적으로 위어가 된다.

(1) 生民如何?克禋克祀, 以弗無子.(《詩經·大雅·生民》) 사람을 어떻게 낳으셨나? 정결하게 제사드려 아들 없는 나쁜 징조를 없애시고.

(2) 誕我祀如何? 或春或揄, 或簸或蹂.(《詩經·大雅·生民》) 우리 후직의 제사를 어떻게 지내는고? 방아를 찧고 절구에서 퍼내고는 키로 까부르고 절구에 당겨 넣으며.

(3) 夜如何其?夜未央.(《詩經·小雅·庭燎》) 밤이 얼마나 되었는고, 밤이 아직 자정이 못되었네.

둘째, 원인을 묻는다. '爲什麼'의 의미가 되며 부사어가 된다.

(예) 如何昊天, 辟言不信.(《詩經·小雅·雨無正》) 왜 하늘은 법도에 맞는 말을 믿어주지 않나?

셋째, 방법을 묻는다. '怎麼辦', '怎麼樣(才能)'의 의미로 일반적으로 부사어가 된다.

(예) 維莫之春, 亦又何求, 如何新畬.(《詩經·周頌·臣工》) 늦봄이 되었으니, 무엇을 챙겨야 할까? 새 밭과 일궈놓은 밭들은 어찌해야 할까?

넷째, 감탄문에 쓰여 정도의 심함을 나타내며, '多麼(地)'의 의미이다. 번역할 때는 '如何'의 역문을 형용사 혹은 심리동사의 앞에 이동시킨다. 이러한 '如何'는 위어, 부사어가 된다.

(1) 隰桑有阿, 其葉有難, 旣見君子, 其樂如何.(《詩經·小雅·隰桑》) 습지의 뽕나무 아름답고 그 잎이 무성하네. 군자를 보게 되면 즐거움이 어떨까나?
(2) 緜蠻黃鳥, 止於丘阿, 道之云遠, 我勞如何.(《詩經·小雅·緜蠻》) 쨱쨱 우는 꾀꼬리, 언덕의 비탈에 머물러 있네. 길이 멀다고 하네, 내 고생은 어떠한가?
(3) 瞻卬昊天, 云如何悝.(《詩經·大雅·雲漢》) 넓은 하늘을 우러르며 이 근심 어찌할까?

예(1), (2) 두 예에서 '如何'는 위어이며, (3)에서는 부사어로 쓰였다. 한편, '如之何'는 서주시대 문헌에서 보인다.

(예) 民莫不穀, 我獨于罹. 何辜于天, 我罪伊何. 心之憂矣, 云如之何.(《詩經·小雅·小弁》) 백성들은 좋지 않은 자가 없는데, 나만 홀로 근심하는구나. 하늘에 무슨 죄를 지었나. 내 죄가 무엇인가. 마음의 근심 어쩔 수 없네.

'如之何'의 구조에 대해서는 앞에서 서술한 바, 당연히 다음과 같이 분석할 수 있다. '如'는 동사이며, '之'는 '如'의 목적어이고, '何'는 보어이다. '如之何'의 의미는 '對這件事(內心十分憂慮)該怎麼辦'이 되며 '如之何'는 이후 하나의 고정구가 된다.

② 奈何

'奈何'는 '如何'와 아주 비슷하며, 구조, 의미는 기본적으로 동일하다. '奈何'는 '奈~何'

의 고정형식에서 비롯되었다. '奈~何'에서 '奈'는 동사이며 '奈' 뒤의 성분은 '奈'의 목적어가 되고, '何'는 보어이다. '奈何'는 당연히 고정구로 보아야 한다. '奈何'는 서주시대 아주 드물게 보인다.

(예) 惟王受命無疆惟休, 亦無疆惟恤. 嗚呼曷其, <u>奈何</u>弗敬.(《尙書·召誥》) 왕께서 천명을 받은 것은 한없이 좋으며 또한 한없이 근심스럽습니다. 아! 어떻게 해야겠습니까? 어찌하여 삼가지 않을 수 있겠습니까?

이 예에서 '奈何'는 부사어로서, 반문을 나타내며 '怎麽'의 의미가 된다. 이러한 용법은 서주시대의 '如何'에는 없는 것으로 양자가 서로 기능상 상보적 분포를 이룬다.

③ 幾何

'幾何'도 일종의 고정구이다. '幾'는 대사로 수를 묻는다.

(예) 死喪無日, 無<u>幾</u>相見.(《詩經·小雅·頍弁》) 죽을 날이 며칠 안 남아, 서로 볼 날이 얼마 없구나.

여기서 '幾'는 바로 '多少'의 의미이다. '幾何'는 두 개의 대사가 결합하여 이루어진 것으로, 수량을 물으며 '多少'의 의미이고, 문장에서 위어가 된다.

(예) 爲猶將多, 爾居徒<u>幾何</u>.(《詩經·小雅·巧言》) 하는 짓이야 그래도 많고 크다지만, 너와 같이 있는 무리가 몇이나 되겠는가?

3) 曷(割, 害)

'何'와 비교하면, '曷'은 출현횟수도 적을 뿐 아니라 기능도 전면적이지 못하다. '曷'의 용법은 주로 다음의 4가지이다. 첫째, 사물을 묻는 것으로 '什麽'의 의미이며 일반적으로 목적어가 된다.

(예) 厥命<u>曷</u>以, 引養引恬.(《尙書·梓材》) 그 명령은 무엇인가? 백성을 길러주도록 인도하고 편안하도록 인도하는 것이다.

예에서 '厥命曷以'는 '그의 명이 무엇인가'의 의미이다. 이러한 용법의 '曷'은 서주시대

문헌에는 단지 1회 출현한다. 당시에 사람들이 사물에 대해 물을 때는 주로 '何'를 사용하였다. 둘째, 시간을 묻는 것으로, '何時', '什麼時候'의 의미로 부사어가 된다.

(1) 山川悠遠, 曷其沒矣.(《詩經·小雅·漸漸之石》) 산천은 아득히 머니, 언제나 끝이 날까?

(2) 昔我往矣, 日月方奧, 曷云其還, 政事愈蹙.(《詩經·小雅·小明》) 옛날에 내가 떠날 때 날이 한창 따뜻했지. 언제나 돌아갈 수 있으려나? 政事가 더욱 급박하네.

(3) 瞻卬昊天, 曷惠其寧.(《詩經·大雅·雲漢》) 하늘을 우러러 바라보니, 언제나 편안해 지리요.

셋째, 원인을 물으며, '爲什麼'의 의미로 부사어가 된다.

(1) 有鳥高飛, 亦傅於天. 彼人之心, 于何其臻. 曷予靖之, 居以凶矜.(《詩經·小雅·苑柳》) 높이 나는 새가 있으니 또한 하늘에 이른다. 저 사람의 마음은 어디에 이를까? 왜 내가 그를 안정시키겠는가? 흉하고 가련한 상태로 있어서라네.

(2) 爾曷不忱裕之于爾多方.(《尙書·多方》) 너희들은 어찌하여 너희들의 여러 나라에 성실하고 너그럽게 하지 않느냐?

(3) 爾曷不夾介乂我周王享天之命.(《尙書·多方》) 너희는 어찌하여 우리 주나라의 왕이 하늘의 명을 누리고 있는 것을 가까이하여 돕고 다스리지 않느냐?

(4) 爾曷不惠王, 熙天之命.(《尙書·多方》) 너희들은 어찌하여 왕에게 순종하여 천명을 넓히지 않느냐?

넷째, 반어(反問)를 나타내며 '怎麼', '哪'의 의미로 부사어가 된다.

(1) 相彼泉水, 載清載濁. 我日構禍, 曷云能穀.(《詩經·小雅·四月》) 저 샘물을 보니 맑았다 흐렸다 하는데, 나는 날마다 화를 만나니, 어찌 좋아질 수 있겠는가?

(2) 予曷其不于前寧人圖功攸終.(《尙書·大誥》) 내가 어찌 옛 寧人이 계획한 일을 끝마치지 않겠는가?

(3) 予曷敢不于前寧人攸受休畢.(《尙書·大誥》) 내가 어찌 옛 영인이 받은 아름다운 천명을 끝마치지 않겠는가?

(4) 肆予曷敢不越卬敉寧王大命.(《尙書·大誥》) 그러므로 어찌 감히 내가 나라를 편하게 하신 선왕의 큰 命을 마치지 않겠는가?

(5) 若穡夫. 予曷敢不終朕畝.(《尙書·大誥》) 마치 농부와 같으니, 내 어찌 나의 밭일을 끝마치

지 않을 수 있겠는가?

(6) 予<u>曷</u>其極卜.(《尚書·大誥》) 내가 어찌 점괘의 징조를 다해 그것을 따르지 않겠는가?

《尚書》,《逸周書》와 서주 금문에는 의문대사 '害'가 보이며 《尚書》에서는 의문대사 '割' 도 보인다. '割'은 '害'를 성부로 하며 양자는 고음이 아주 가깝다. '害'는 '曷'의 통가자이 며, '割'도 마땅히 이러하다.[233] 段玉裁는 《說文解字注》에서 "《詩》《書》에서는 '害'을 대 신하여 '曷'로 많이 썼다. 고로 《周南》의 毛傳에서 '害'은 '何'라고 했다(《詩》《書》多假害 爲曷. 故《周南》毛傳曰: 害, 何也)."라 하였으며, 王引之는 《經傳釋詞》에서 "'曷'은 '何' 로, 일반적인 표현이며, '害'이라고도 쓴다(曷, 何也, 常語也. 字亦作害)."라고 하였다. '害 (割)'은 의문대사로, 2가지의 주요 기능을 가진다. 하나는 원인을 묻는 것이고 다른 하나는 반어를 나타낸다. '害(割)'이 원인을 물을 때는 '爲什麼'의 의미로 부사어가 된다.

(1) 越予小子考翼, 不可征. 王<u>害</u>不違卜.(《尚書·大誥》) 우리 이 소인들은 효도하고 공경해야 하니 정벌할 수 없습니다. 왕께서는 어찌하여 점을 어기려 하지 않으십니까?[234]

(2) 在昔上帝<u>割</u>申勸寧王之德.(《尚書·君奭》) 옛날에 상제께서는 어찌하여 문왕의 덕을 거듭 권면하시어.

(3) 王小子禦, 告叔旦, 叔旦亟奔即王, 曰: 久憂勞, 問<u>害</u>不寢? 曰: 安! 予告汝.(《逸周書 ·度邑解》) 왕의 내신 禦가 숙단에게 고하자, 숙단이 급히 왕에게 이르러 말하길 "오래도록 근심하고 수고하셨습니다. 왜 잠을 이루지 못하는지 묻겠습니다." 하자, 무왕이 말했다. "앉아 라, 내가 너에게 고하마."

'害'는 반어를 나타내기도 하는데 이때는 '怎麼'의 의미로 부사어가 된다.

(예) 敃天疾畏, 司余小子弗伋, 邦將<u>害</u>吉?(《毛公鼎銘》) 백성을 궁휼히 여기시는 하늘이 사납 게 위세를 떨치심에도 왕위를 계승한 내가 빠르게 대처하지 못한다면, 나라에 장차 어찌 길함 이 있겠는가?

---

233) [역주] 金理新의 《上古漢語形態研究》(2006)에 따르면, 의문대사들의 형식으로 '何, 奚, 胡, 曷, 害, 盍, 叚, 侯' 등을 사용하며, 이들의 성모가 *g-자음으로 시작하는 것은 상고한어의 대명사 표지 *g-접두사와 관련이 있기 때문이라 한다.
234) [역주] '考翼'은 일을 공경하게 실행하는 원로로, 무왕과 함께 일한 사람들을 말한다. 점을 어김은 전쟁을 그만두는 것이다. 점괘는 전쟁이 길하다고 했기 때문이다.

‘曷’, ‘害’, ‘割’은 사실상 하나의 단어이므로 이들의 용법 또한 동일하다(단 ‘害’, ‘割’의 용법은 ‘曷’만큼 전면적이지 않다).

4) 胡(遐, 瑕)

‘胡’는 단지《詩經》에서만 보이며, 기타 서주한어 문헌 중에는 보이지 않는다. ‘胡’는 의문대사로, 주로 원인을 물으며, 때때로 처소를 묻기도 한다. 원인을 물을 때는 ‘爲什麼’, ‘爲啥’의 의미로 부사어가 된다. 예컨대, 다음과 같다.

(1) 設此旐矣, 建彼旄矣. 彼旟旐斯, 胡不施施.(《詩經·小雅·出車》) 이 조기를 늘어뜨려 저 간모 깃대에 꽂았지 저 여기와 조기가 어찌 펄럭펄럭 휘날리지 않겠는가만.

(2) 祈父! 予王之爪牙, 胡轉予于恤, 靡所止居.(《詩經·小雅·祈父》) 기보야, 나는 왕의 발톱과 이빨인데, 어찌 근심하는 곳에 나를 전전하게 하여 머물 곳이 없게 하는가?

(3) 父母生我, 胡俾我瘉. 不自我先, 不自我後.(《詩經·小雅·正月》) 부모님이 나를 낳으심이여, 어찌 나를 병들게 하는가. 나보다 먼저도 아니고 나보다 뒤로도 아니로다.

(4) 彼何人斯, 其心孔艱. 胡逝我梁, 不入我門.(《詩經·小雅·何人斯》) 저 어떤 사람인가. 그 마음이 매우 험하구나. 어찌 내 어량에는 가는데, 나에게 들어오지 않는가?

(5) 維此聖人, 瞻言百里. 維彼愚人, 覆狂以喜. 匪言不能, 胡斯畏忌.(《詩經·大雅·桑柔》) 이 성스러운 사람은 백리 밖을 내다보고 말하거늘, 저 우매한 사람은 나를 보고서 교만을 떤다 하니라. 말할 줄 모르는 것도 아닌데, 어찌하여 이렇게 두려워하는가?

(6) 旱旣大甚, 黽勉畏去. 胡寧瘨我以旱, 憯不知其故.(《詩經·大雅·雲漢》) 가뭄이 이미 너무 심해서, 힘들어도 떠나가기가 두렵네. (하늘은) 어째서 가뭄으로 우리를 병들게 하며 그 연고를 알지 못하게 하는가?

처소를 물을 때는 ‘哪裏’, ‘何處’의 의미로, 전치사 ‘于’의 목적어가 된다. 이러한 용법의 ‘胡’는 서주한어 문헌에서 단지 한 번 출현하고 있다.

(예) 謀之其臧, 則具是違, 謀之不臧, 則其是依, 我視謀猶, 伊于胡底.(《詩經·小雅·小旻》) 계책이 좋으면 모두 그것을 어기고, 계책이 좋지 않으면 그것을 모두 따르니, 내 계책을 보건대 어디에 이르겠는가.

여기서 '伊于胡底' 중의 '伊'는 어기부사이며 '底'는 '底'와 통하며 '이르다(至)'의 의미이다. '伊于胡底'는 '伊底于胡'로 '어디로 가야할 것인가'의 의미가 된다. '胡'는 '遐'로도 쓰인다.[235] 柳淇는 《助字辨略》에서 "'遐'가 '胡'로 쓸 수 있는 것은 '遐', '何'의 음이 비슷하고, '何', '胡'의 음이 비슷해서이다(遐得爲胡者, 遐何音相近, 何胡音相近也)."이라 하였다. 《詩經·小雅·隰桑》에 "心乎愛矣, 遐不謂矣(온 마음으로 사랑하는데, 어찌 말하지 않겠는가?)."란 구가 있는데, 《禮記·喪記》에서 이 두 구를 인용하면서 그 중의 '遐'를 '瑕'로 썼다. 鄭玄은 《禮記》의 주에서 "瑕는 胡를 말한다(瑕之言胡也)."라 하였다. 《詩經·邶風·泉水》에 "遄臻于衛, 不瑕有害?(급히 위나라에 이른다 해도 어찌 해가 없겠는가?)."의 구절에 대해 馬瑞辰은 《毛詩傳箋通釋》에서 "'瑕'와 '遐'는 옛날에 통용했으며, '遐'는 '胡'를 말한다(瑕、遐, 古通用, 遐之言胡也)."라 하였다. 요컨대, 학자들은 서주시대 의문대사 '遐', '瑕', '胡'를 모두 하나의 단어라 여겼던 것이다. 다음의 두 구를 비교하면 이러한 설이 타당함을 알 수 있다.

(1) 胡不自替.(《詩經·大雅·召旻》) (소인들은) 어찌해서 스스로 물러나지 않는가?
(2) 遐不作人.(《詩經·大雅·棫樸》) 어찌 백성들을 진작시키지 않으리오?

'遐(瑕)'가 의문대사가 될 때 반어를 나타내며, 보통 '不'과 연용되어 문장에서 부사어가 된다. '遐不'의 의미는 '怎麼能不'의 의미이다.

(1) 心乎愛矣, 遐不謂矣.(《詩經·小雅·隰桑》) 온 마음으로 사랑하는데, 어찌 말하지 않겠는가?
(2) 周王壽考, 遐不作人.(《詩經·大雅·棫樸》) 文王께서 장수하시니, 어찌 백성들을 진작시키지 않으리오.

예(1)은 '마음속으로 아주 기뻐하니 어찌 말하지 않을 수 있겠는가'의 의미이다. 예(2)에 대해 王先謙은 "'遐不'은 '瑕不'과 같으니, 즉 '胡不'이다. '遐不作人'은 '胡不萬年'과 같은 의미이다('遐不', 猶'瑕不', 即'胡不'也. 遐不作人'與'胡不萬年'同意)."라 하였다. '遐'도 '不'의 뒤에 올 수 있는데, '不遐'와 '遐不'의 의미는 같다.

---

235) 《詩經》 국풍에서는 '瑕'로도 쓴다.

(예) 受天之佑, 四方來賀, 於斯萬年, <u>不遐有佐</u>?(《詩經·大雅·下武》) 하늘의 도우심을 입어 사방에서 축하하러 오니 이에 만년토록 어찌 보좌함이 없겠는가?

馬瑞辰은 《毛詩傳箋通釋》에서 "'不遐'는 '遐不'의 용례이다. 무릇 《詩》에서 '遐不'이라 한 것은 '遐', '胡'의 소리가 서로 통용되기 때문이니, '胡不'이라고 함과 같다('不遐', 即'遐不'之例文, 凡《詩》言'遐不'者, '遐', '胡'一聲之轉, 猶言'胡不'也)."라 하였다. 이 예에서 '不遐有佐'는 '어찌 보좌하는 이가 없겠는가'의 의미이다.

5) 安

'安'은 서주 갑골문, 서주 금문, 《周易》(卦爻辭), 《尙書》에서 보이지 않는다. '安'은 《詩經》과 《逸周書》에서 아주 드물게 보인다. '安'의 용법은 주로 2가지이다. 첫째, 처소를 묻는 것인데, '哪裏', '何處'의 의미로 동사의 목적어가 되며 동사의 앞에 온다.

(예) 天之生我, 我辰<u>安</u>在?(《詩經·小雅·小弁》) 하늘이 나를 낳으시니, 나의 좋은 때는 어디에 있는가?

둘째, 반어를 나타내는데, '怎麽', '哪'의 의미로, 문장의 부사어가 된다.

(예) 敬思以德, 備乃禍難, 難至而悔, 悔將<u>安</u>及?(《逸周書·芮良夫》) 삼가 덕을 행할 것을 생각하고, 너희들의 재앙을 항상 대비하라. 재난이 닥치고 나서야 후회를 하니 후회가 어찌 늦지 않겠는가?

6) 焉

'焉'은 기타 서주 문헌에서는 보이지 않으며, 단지 《詩經》에서만 보인다. '焉'은 처소를 물으며 '哪裏', '何處'의 의미로 전치사 '於'의 목적어가 된다.

(예) 所謂伊人, <u>於焉</u>逍遙(《詩經·小雅·白駒》) 바로 그 사람이 어디에서 노닐까?

여기서 '於焉'은 '어디에서'의 의미이다. 《詩經》 國風에서 의문대사 '焉'이 아래와 같이 또 보인다.

(예) 焉得諼草, 言樹之背.(《詩經·衛風·伯兮》) 어디서 훤초를 얻어 북당에 심을까?

國風은 대다수가 춘추 시기에 지어졌는데, 예에서 '焉'은 분명한 의문대사이니, 위에서 인용한 《詩經·小雅·白駒》시의 '焉' 또한 의문대사로 볼 수 있다. 왜냐하면 小雅는 일반적으로 서주 말기에 지어졌기 때문이다.

7) 爰

'爰'과 '焉'은 고대에 모두 影紐, 元部에 속하므로 양자는 통용된다. 두 글자는 하나의 의문대사로, '爰'의 의문대사 용법은 '焉'과 동일하게 처소를 물으며 '哪裏', '何處'의 의미로, 부사어가 된다.

(예) 亂離瘼矣, 爰其適歸?(《詩經·小雅·四月》) 난리를 만나 병들면 어디로 돌아갈까?

예에서 '爰其適歸'는 '장차 어디로 돌아갈까?'의 의미이며, '爰'에 대해 혹자는 어조사라 하였지만 타당성이 없다. '爰'이 의문대사라는 확증은 《詩經》 國風에 보인다.

(예) 爰有寒泉, 在浚之下.(《詩經·邶風·凱風》) 시원한 샘물이 어디에 있는가? 준읍의 아래에 있네.

여기서 '爰有寒泉'의 의미는 '어디에 시원한 샘물이 있는가?'이다. 國風 안에서 이미 의문대사 '爰'이 쓰였기 때문에, 小雅에서도 나타날 수 있는 것이다.

제7절 서주한어 의음사擬音詞

서주한어의 의음사는 크게 두 부류로 나눌 수 있는데, 하나는 감탄사(感歎詞)이고 다른 하나는 의성사(像聲詞)이다.

1 감탄사(感歎詞)

감탄사는 감탄과 호응 등의 소리를 나타내는 단어이다.

(1) 王曰: 嗚呼, 旦! 我圖夷茲殷, 其惟依天.(《逸周書·度邑解》) 무왕이 말했다. "아! 희단아 나는 이 은나라 사람을 평정하여 오직 하늘만 따르게 하고자 한다."

(2) 王曰: 嗟! 四方司政典獄! 非爾惟作天牧.(《尙書·呂刑》) 왕이 말했다. "아! 사방에 정치를 맡아 옥을 주관하는 사람들아! 그대들은 牧民官이 아닌가?"

예(1)에서 '嗚呼', 예(2)에서 '嗟'는 모두 감탄사이다. 서주한어에 감탄사는 주로 다음과 같은 것들이 있다.

嗟, 猷, 徂, 嗟嗟, 於乎, 烏虖, 嗚呼, 猗與, 噫嘻, 吁, 已, 巳, 猷, 繇, 霍, 於 등.

1) 嗟、**猷**、徂、嗟嗟

'嗟'는 부름을 나타낸다. 문장에서 독립어가 되며, 《詩經》, 《尙書》, 《逸周書》에 보인다.

(1) 嗟! 爾君子! 無恒安處.(《詩經·小雅·小明》) 아! 너 군자야! 편안한 거처가 영원히 이어질 것이라 생각지 말라.

(2) 王曰: 嗟! 四方司政典獄! 非爾惟作天牧. 今爾何監.(《尙書·呂刑》) 왕이 말했다. "아! 사방에 정치를 맡아 옥을 주관하는 사람들아! 그대들은 牧民官이 아닌가? 이제 그대들은 무엇을 본받아야 하겠는가?"

(3) 公曰: 嗟! 人! 無譁, 聽命.(《尙書·費誓》) 공이 말했다. "아! 사람들아. 떠들지 말고 나의 명령을 들으라."

(4) 王曰: 嗟! 爾衆! 予不敢顧天命, 予來致上帝之威命明罰.(《逸周書·商誓解》) 자! 너희 무리들아! 나는 감히 천명에 반하지 않고 상제의 위엄 있는 명령과 엄격한 형벌을 집행할 것이다.

위의 예에서 '嗟'는 대다수가 부름(감탄 포함된 부름)을 나타내어 '喂', '啊'의 의미를 띤다. 한편, 서주 금문에는 감탄사로 '猷'가 있으며, 많은 사람들이 '猷'를 전래문헌의 '嗟'로 보고 있다.

(1) 戲! 酒無敢酗(236), 有紫烝祀無敢擾(237).(《大盂鼎銘》) 아! 술에 있어서 감히 탐닉하지 않았고, 紫祭와 烝祭를 지낼 때 감히 술로 인해 소란을 피우지도 않았다.

(2) 戲! 吾考克淵克(238).(《沈子它簋銘》) 아! 先父의 덕망은 지극히 깊으시다.

(3) 戲! 東夷大反, 伯懋父以殷八師征東夷.(《小臣謎簋銘》) 아! 동이가 크게 반란을 일으켜서 伯懋父가 殷八師를 이끌고 동이족을 정벌하셨다.

(4) 王命彔曰: 戲! 淮夷敢伐內國, 汝其以成周師氏戍于固師.(《彔卣銘》) 왕께서 彔에게 명령하여 말씀하셨다. "아! 淮夷가 감히 우리나라를 침범하였으니 그대는 成周의 師氏와 함께 固地의 군사 주둔지를 수호하라."

(5) 戲! 乃任縣白(伯)室.(《縣妃簋銘》) 아! 너는 縣伯의 아내가 된다.

위에서 인용한 예의 '戲'는 많은 학자들이 '嗟'로 여기고 있다. 柯昌濟는 《韡華閣集古錄跋尾》에서 "금문의 '戲'는 '嗟'로 쓰인 것이다(金文之戲用爲嗟)."라 하였고, 楊樹達은 《積微居金文說》에서 "'嗟'자는 경전 중에 무려 수도 없이 보이는데, 금문에서 보이지 않는 것은, 바로 '戲'라 쓰고 '嗟'로 쓰지 않았기 때문이다(嗟字經傳中無慮千百見, 而金文中無其字, 正以作戲不作嗟爾)."라 하였다. 張振林은 《先秦古文字材料中的語氣詞》에서 柯, 楊 두 사람의 주장을 따르고 있다. 금문에서 '戲'는 감탄성 부름 외에 또한 '경탄'을 나타낼 수 있었다. 《尙書·費誓》 중에는 '徂'자가 있다. '徂'의 용법은 금문 중의 '戲'와 아주 비슷하다.

(예) 徂! 玆淮夷徐戎並興. 善敹乃甲胄, 敿乃干, 無敢不吊. 備乃弓矢, 鍛乃戈矛, 礪乃鋒刃, 無敢不善.(《尙書·費誓》) 지난번에 회이와 서융들이 함께 일어났다. 그대들의 갑옷과 투구를 잘 꿰매고 그대들의 방패를 동여매되 감히 소홀함이 없도록 하라. 그대들의 활과 화살을 잘 갖추고 그대들의 창과 긴 창을 벼리며 그대들의 칼날을 갈아 감히 잘못됨이 없도록 하라.

---

236) [역주] 이 글자의 원래 자형은 '醆'으로, 학자마다 '酗', '酤', '醩(澁)', '酖', '酣' 등으로 다르게 考釋하고 있지만, 의미상 모두 '빠지다' 혹은 '탐닉하다'의 뜻을 지니고 있다. 원서에서도 '酗'과 '酣'을 혼용하고 있는데, 여기서는 '酗'으로 표기되었으므로 이를 따른다.

237) [역주] 이 글자의 원래 자형은 '擾'으로, '擾' 외에 '醸', '醻', '醉' 등으로도 考釋한다. 여기서는 원서대로 '擾'로 제시한다.

238) [역주] 원서에서는 '克' 뒤에 '尸(夷)'가 있는데, 오타로 보인다.

張振林은 이 예에서 '徂'를 위에서 인용한 금문의 4번째 예문인 예시(4)(王命致曰⋯) 중의 '戲'와 서로 비교하여 '徂'와 '戲'가 모두 淮夷와 徐戎이 흥기하여 과감하게 중원을 침입함에 대한 경탄의 표현이라 하였다. '徂', '戲' 두 글자는 '且'가 성부로 성류가 같기 때문에 동일한 경탄 어기를 나타낸다. 이러한 의견은 정확하다. '嗟'는 또한 중첩하여 '嗟嗟'가 될 수 있는데 어기가 '嗟'보다 무겁다.

(예) 嗟嗟臣工, 敬爾在公.(《詩經·周頌·臣工》) 아! 신하들아 네가 公家에 있음을 삼가라.

위 예의 '嗟嗟'에 대해, 宋代 朱熹는 "거듭 감탄하고 깊이 경계한 것이다(重歎而深敕之也)."라 하였으니, 나타내는 어기가 무겁고 깊을 뿐만 아니라 또한 아주 복잡하다.

2) 於乎, 嗚呼, 烏虖

이 세 단어는 모두 하나의 감탄사이다. 《詩經》에서는 일반적으로 '於乎'로, 《尚書》, 《逸周書》에는 '嗚呼'로, 서주 금문 중에는 '烏虖'로 각각 쓰여 있다. 이는 감탄을 나타내며 전후 문맥에 따라 조금씩 다르게 번역될 수 있다. 예컨대, 다음과 같다.

(1) 於乎! 小子, 未知臧否.(《詩經·大雅·抑》) 아, 소자들아! 좋고 나쁨을 알지 못하는가?
(2) 於乎! 有哀, 國步斯頻.(《詩經·大雅·桑柔》) 아! 슬프도다! 국운이 위태로우니
(3) 於乎! 不顯, 文王之德之純.(《詩經·周頌·維天之命》) 아! 밝기도 해라, 문왕의 덕의 순수함이여!
(4) 肆予沖人永思艱, 曰: 嗚呼! 允蠢, 鰥寡哀哉!(《尚書·大誥》) 그러므로 나 어린 사람은 오랫동안 어려움을 생각해 보니, 아! 진실로 준동한다면 홀아비와 과부가 불쌍하구나.
(5) 王曰: 嗚呼! 肆哉. 爾庶邦君越爾禦事.(《尚書·大誥》) 왕이 말했다. "아! 힘을 다해야 할 것이로다, 그대 여러 군주들과 그대 어사들이여."
(6) 致曰: 烏虖! 朕文考甲公文母日庚弋休.(《致方鼎銘》) 致이 말했다. "오호라! 文德이 빛나시는 나의 亡父 甲公과 文德이 높으신 亡母 日庚께서 보우해주셨다."

이 단어가 나타내는 어기는 아주 풍부하여 전후 문맥에 따라 다르게 나타날 수 있다. 즉 (1)에서는 아쉬움, (2)에서는 슬픔, (3)에서는 찬성, (6)에서는 부름을 나타낸다.

3) 猗與

'猗與' 중의 '與'는 '歟'로 가차되어 후세 문헌 중에 '猗歟'라고 되어 있는데 동일한 단어이다.

(예) 猗與! 漆沮, 潛有多魚.(《詩經·周頌·潛》) 아! 칠수와 저수, 자맥질하는 곳에 고기가 많도다.

鄭玄은 이 시의 箋에서 "'猗與'는 탄미하는 말이다(猗與, 歟美之言也)."라 하였고, 朱熹도 "'猗與'는 탄사이다(猗與, 歟辭)."라고 하였다. 다시 말하면 이 단어는 아름다워서 감탄하거나 찬탄하는 감탄사라고 할 수 있으며, '啊喲'로 번역할 수 있다.

4) 噫嘻

'噫嘻'는 《詩經》에서만 보인다.

(예) 噫嘻! 成王, 旣昭假爾.(《詩經·周頌·噫嘻》) 아! 성왕이 이미 밝게 너희에게 임하였으니.

'噫嘻'에 대해 두 가지의 의견이 있다. 하나는 '猗與'와 같은 찬탄사로 보는 견해인데, 주희는 "'噫嘻' 역시 탄사이다(噫嘻, 亦歟辭也)."라 하였다. 다른 하나는 기도할 때 외치는 소리로, 鄭玄은 "'噫嘻'는 다소 많고 큰 소리이다('噫嘻', 有所多大之聲也)."라 하였으며, 戴震은 "'噫嘻'는 '噫歆'과 같으며 신에게 기도하는 소리이다('噫嘻'猶'噫歆', 祝神之聲)."이라 하였다.

5) 吁

'吁'는 《尚書》에만 보인다.

(예) 王曰: 吁! 來! 有邦有土, 告爾祥刑. 在今爾安百姓, 何擇, 非人? 何敬, 非刑? 何度, 非及?(《尚書·呂刑》) 왕이 말했다. "아! 오라, 나라를 소유하고 토지를 소유한 사람들아. 너희들에게 상서로운 형벌을 고하겠다. 지금 너희들이 백성을 편안하게 하려면 무엇을 선택해야 하겠는가? 사람이 아니겠는가? 무엇을 신중해야 하겠는가? 형벌이 아니겠는가? 무엇을 헤아려야 하겠는가? 형벌에 미치는 범위가 아니겠는가?"

'吁'는 부르는 감탄사로 '喂'로 풀이되며 《堯典》, 《皐陶謨》에도 보인다.

6) 已, 巳

《尚書》와 서주 금문에만 보이며, 《尚書》에서는 '已'라고 되어있고, 서주 금문에서는 '巳'로 되어 있다. 裘錫圭는 《文字學槪要》에서 "'已然'의 '已'는 본래 辰巳의 '巳'를 빌려 나타내었다. 후에 '巳'자에서 왼쪽 모퉁이 입구를 터서 '已'자를 분화해 내었다(已然之'已'本來假借辰巳之'巳'表示, 後來用在'巳'字左上角留缺口的辦法, 分化出了專用的'已'字)." 라 하였다. '已', '巳'는 고음이 비슷하며 '已'는 바로 '巳'에서 온 분화자임을 알 수 있다. '已'의 용례는 다음과 같다.

- (1) 已! 予惟小子若涉淵水. 予惟往求朕攸濟.(《尚書·大誥》) 아! 이 어린 나는 깊은 물을 건너는 것과 같았으니 내가 오직 나아가 내가 건널 곳만을 찾고 있었구나.
- (2) 已! 予惟小子, 不敢替上帝命.(《尚書·大誥》) 아! 나 소자는 감히 상제의 명령을 바꾸지 않을 것이다.
- (3) 已! 汝惟小子, 未其有若汝封之心. 朕心朕德, 惟乃知.(《尚書·康誥》) 아! 그대는 소자로다, 너 봉의 마음 같은 사람은 아직까지 있지 않으니 나의 마음과 덕을 너는 알 것이다.
- (4) 已! 汝乃其速由玆義率殺.(《尚書·康誥》) 아! 그대는 속히 합당한 법에 따라 그들을 처형토록 하라.
- (5) 已! 若玆監. 惟曰欲至于萬年惟王. 子子孫孫永保民.(《尚書·梓材》) 아! 이와 같이 살펴보십시오. 만년에 이르도록 왕노릇 하시어 子子孫孫 영원히 백성을 보호하십시오.
- (6) 公曰: 已! 汝惟沖子惟終.(《尚書·洛誥》) 주공이 말했다. "아! 그대 어린 사람은 (文武가 시작한 일을) 끝마치셔야 합니다."

위 6개의 용례에서 '已'는 모두 감탄을 나타내고 '唉'의 의미이다. 같은 단어로 서주 금문에서는 '巳'로 쓰고 있다.

- (1) 巳! 汝妹辰有大服, 余惟即朕小學, 汝勿**䬣**239)余乃辟一人.(《大盂鼎銘》) 아! 그대가 아

---

239) [역주] 이 글자의 원래 자형은 '**䬣**'으로, 원서와 같이 '**䬣**'로 보는 견해 외에 '勉', '剋', '勉', '毘', '劗(釗)', '閉', '**勉**(逸)' 등의 여러 이견이 있어 왔다. 제5장 제2절에 인용된 동일 예문에서는 이

직 사리에 어두울 때 요직을 맡게 되어, 내가 (그대를) 나의 소학에 와서 교육을 받도록 하였으니, 그대는 그대의 군주인 나 한 사람을 기만해서는 안 된다.

(2) 王曰: 父䚇, 㠯! 曰彶兹卿事寮、大吏寮, 于父即尹.《毛公鼎銘》 왕께서 말씀하셨다. "父䚇이여! 아! 이 卿事僚와 太史僚는 父䚇에 의한 관리를 받도록 하라."

예(1)의 '㠯'에 대해 唐蘭은 '矣'로 번역하면서, "'㠯'는 감탄사이다.《書·大誥》의 '己!予惟小子.'에 대해《漢書·霍義傳》에는 '熙'라 되어 있다. '㠯', '熙'는 음이 비슷하다. 顔師古注에 감탄사라 하였으니, '㠯'는 곧 '噫'이다(㠯是歎詞.《書·大誥》: '己!予惟小子.'《漢書·霍義傳》作熙, 㠯熙聲近, 顔師古注: 歎詞. 疑'㠯'即'噫')."라 하였다(《西周青銅器銘文分代史征》171-175쪽).

7) 猷, 繇

단지《尚書》와 서주 금문에서만 보이며,《尚書》에서는 '猷'로 서주 금문에서는 '繇'로 쓴다.《尚書》중의 예를 보면 아래와 같다.

(1) 王若曰: 猷! 大誥爾多邦越爾禦事.《尚書·大誥》 성왕이 다음과 같이 말했다. "아! 그대들의 여러 나라와 일을 맡은 사람들에게 크게 고하노라."

(2) 王曰: 猷! 告爾多士. 予惟時其遷居西爾, 非我一人奉德不康寧. 時惟天命.《尚書·多士》 왕이 말했다. "아! 너희 多士들에게 고하노라. 나는 이제 거주지를 옮겨 너희들을 서쪽으로 가게 하였다. 나 한 사람이 덕을 봉행하여 백성을 편안하게 하지 못해서가 아니라, 오직 천명 때문이다."

(3) 王若曰: 猷! 告爾四國多方. 惟爾殷侯尹民.《尚書·多方》 왕이 다음과 같이 말했다. "아! 너희 四國과 여러 나라(의 諸侯)에 고하노라. 너희 은나라 제후 중에 백성을 다스리는 사람들아."

세 예문에서 '猷'는 모두 부름을 나타내며 周秉鈞의《尚書》에서는 마땅히 '噢'로 풀이해야 된다고 하였다. 서주 금문 중의 예는 다음과 같다.

글자를 '僞'로 표기하였기에 이에 근거하여 해석을 하였다.

(1) 王命虞侯矢曰: 繇! 侯于宜.(《宜侯矢簋銘》) 왕께서 虞侯 矢에게 명령하시며 말씀하셨다. "아! 그대를 宜 지방의 제후로 봉하노라."

(2) 王若曰: 彔伯**致**, 繇! 自乃[240]祖考有勛[241]于周邦, 佑[242]闢四方, 惠弘[243]天令(命). (《彔伯**致**簋銘》) 왕께서 이렇게 말씀하셨다. "彔伯 **致**이여, 아! 그대의 先祖先父부터 주나라에 공로가 있었으니, 사방의 강토를 개척하는 것을 도왔으며, 천명을 널리 폈다."

두 예에서 '繇'는 분명히 부름을 나타낸다. 張振林은 《先秦古文字材料中的語氣詞》에서 "이는 경전 중의 '猷'와 비슷하다."고 하였는데, 타당하다.

8) 霍

단지 《逸周書》에서만 보이며 부름을 나타내며 '喂'의 의미이다.

(예) 王曰: 霍! 予天命維既, 咸汝克承天休于我有周, 斯小國于有命不易.(《逸周書·商誓解》) 왕이 말했다. "자! 나의 천명은 이미 정해졌다. 만약 너희들이 우리 주나라로부터 상제의 아름다움을 받는다면, 우리 작은 나라는 명을 이루고 바꾸지 않을 것이다."

여기서 '霍'은 黃悔信이 《逸周書校補注譯》에서 '고함소리(喝喊聲)'라 여겼으니, 옳다.

9) 於

서주 금문에서 '於'는 감탄사로도 쓰인다.

(예) 王曰: 於[244]! 令汝盂井乃嗣祖南公.(《大盂鼎銘》) 왕께서 말씀하셨다. "아! 그대 盂에게

---

240) [역주] 원서에서는 '厥'로 되어 있는데, '乃'로 수정하여 제시한다.

241) [역주] 이 글자의 원래 자형은 '𫝆'으로, 자형 판별이나 독법에 있어서 '勞', '揩', '登', '丞', '勳', '𤔲', '恖', '庸', '悋', '功' 등 여러 설들이 존재해왔다. 여기서는 원서의 의견에 따라 '勛'으로 표기하였으나, 역자의 의견으로는 '功'으로 읽는 것이 설득력이 있다고 생각하여 이를 해석에 반영하였다.

242) [역주] 원서에는 '佑闢'으로 되어 있는데, '闢'은 오타로 보인다.

243) [역주] '弘'으로 표기된 글자의 원래 자형은 '㐭'으로, '宏', '弘', '宖' 등으로 읽어야 한다고 보는 견해와 이 글자를 '𦜉'로 보고 '當', '長' 등과 통한다고 보는 견해가 있다.

244) [역주] 이 글자의 원래 자형은 '𫇭'으로, '而', '職' 등으로 보는 견해도 있다.

명령하노니 그대가 계승한 조상인 南公을 본받으라."

여기에서 '於'는 管燮初의《西周金文語法研究》에서 감탄사인 '啊'로 풀이하였는데, 타당하다. 이러한 '於'는 감탄을 나타낸다.

서주한어에서 감탄사는 대체로 이와 같다. 후대 문헌과 마찬가지로 서주한어의 감탄사도 양분할 수 있는데, 하나는 '嗟'와 같이 부름과 호응을 나타내는 것이며, 다른 하나는 '猗與'와 같이 감탄을 나타내는 것이다. 그러나 양자는 경계가 명확하지 않다. 그래서 어떤 단어는 감탄과 부름을 함께 나타내기도 하고, 어떤 단어는 감탄 속에서 부르기도 하고, 혹은 부름 속에서 감탄을 나타내기도 한다. 서주한어에서 감탄사의 통사기능은 주로 문장에서 독립성분 즉 독립어가 되는 것이다. 이것은 위치상 아래 예에서 보듯이 문두에 올 수도 있고, 문중에, 문미에 올 수도 있다.

(1) 嗟! 爾君子! 無恒安處.(《詩經·小雅·小明》) 아! 너 군자야! 편안한 거처가 영원히 이어질 것이라 생각지 말라.

(2) 王曰: 父厝, 巳! 曰彶兹卿事寮、大吏寮, 于父即尹.(《毛公鼎銘》) 왕께서 말씀하셨다. "父厝이여! 아! 이 卿事僚와 太史僚는 父厝에 의한 관리를 받도록 하라."

(3) 今至于爾辟, 弗克以爾多方, 享天之命. 嗚呼 ! (《尙書·多方》) 지금 그대들 임금에 이르러서는 그대들 여러 나라와 하늘의 명을 누리지 못하게 되었소. 오호라.

2 의성사(像聲詞)

서주한어의 의성사는 적지 않은데, 주로《詩經》에서 보이며 기타 서주 문헌 중에도 보인다. 의성사는 구조에 따라 'A'식, '有A'식, 'AA'식, 'AABB'식 등의 몇 가지로 나눌 수 있다. 《詩經》의 의성사는 많은 학자들이 형용사로 분류하였다. 그 어법기능으로 볼 때, 이러한 처리는 타당하다.

1) 'A'식 의성사

단지 하나의 음절로 구성이 되고, 모종의 소리를 나타내며 비교적 드물다.

(예) 嚶其鳴矣, 求其友聲 (《詩經·小雅·伐木》) 앵앵하게 우는 것은 그 벗을 찾는 소리로다.

2) 'AA'식 의성사

두 개의 동일한 음절로 구성되고, 모종의 소리를 나타내며 아주 많이 보인다.

(1) 鴻雁于飛, 哀鳴嗷嗷.(《詩經·小雅·鴻雁》) 기러기 날아 꺼억꺼억 슬픈 울음.

(2) 築之登登, 削屢馮馮.(《詩經·大雅·綿》) 탕탕 흙을 다지고, 삭삭 깎고 다듬네.

(3) 伐木丁丁, 鳥鳴嚶嚶.(《詩經·小雅·伐木》) 쩡쩡 나무를 베거늘, 새소리가 앵앵거린다.

(4) 冬日烈烈, 飄風發發.(《詩經·小雅·四月》) 겨울날이면 매섭게 춥고 회오리바람도 쌩쌩.

예(1)에서 '嗸嗸'는 '嗷嗷'라고도 쓰며 기러기가 슬피 우는 소리를 나타낸다. 예(2)에서 '登登'은 힘써 담을 쌓는 소리를 나타내고 예(3)에서 '丁丁'은 나무를 하는 소리이며 '嚶嚶' 은 새가 우는 소리이다. 예(4)에서 '發發'은 바람이 몹시 부는 소리이다.

3) '有A'식 의성사

소리를 나타내는 어근에 접두사 '有'가 붙어 '有A'식을 구성한 것이다. 일반적으로 '有A' 식은 'AA'식과 동일한 것으로 간주된다. 하지만 고찰 결과 양자의 의미가 다르기 때문에 양자가 결코 같지는 않다. 예를 들어 '瑲瑲'은 방울소리를 나타내지만 '有瑲'은 옥의 소리 를 나타낸다. 또 '鶬鶬'은 방울소리를 나타내지만, '有鶬'은 옥이 서로 부딪치는 소리를 나 타낸다. '有A'식과 같은 의성사는 그렇게 많지 않다.

(1) 鞗革有鶬, 休有烈光.(《詩經·周頌·載見》) 고삐 장식의 옥이 짤랑거리네. 아름다워 烈光이 있구나.

(2) 服其命服, 朱芾斯皇, 有瑲蔥珩.(《詩經·小雅·采芑》) 그 명복을 입었는데 붉은 슬갑은 찬 란하고 푸른 패옥은 짤랑짤랑.

(3) 有嗿其饁.(《詩經·周頌·載芟》) 웅성웅성 들밥을 먹네.

예(1)에서 '有鶬'은 옥이 서로 마주치면서 나는 소리이며, 예(2)에서 '有瑲'은 옥의 소리를, 예(3)의 '有嗿'은 여러 사람이 밥을 먹는 소리를 나타낸다.

4) 'AABB'식

두 개의 서로 다른 음절이 중첩하여 이루어져 모종의 소리를 나타낸다. 이러한 의성사는 단지 서주 금문에서만 보이며 기타 서주 문헌에서는 보이지 않는다.

- (1) 王對, 作宗周寶鐘.245) 倉倉恩恩, 鍩鍩246)離離, 用郡247)各不顯祖考先王.(《胡鐘銘》) 왕은 칭송하며 宗周의 보배로운 종을 제작하였다. 그 종소리는 크고 맑으며 조화롭고 웅장하여 영명하고 위대하신 先祖先父와 先王을 성심으로 감응시켜 강림하시게 할 것이다.
- (2) 鳳凰鳴矣, 離離喈喈.(《詩經 · 大雅 · 卷阿》) 봉황새가 우네 옹옹개개.

예(1)에서 '倉倉恩恩', '鍩鍩離離'은 모두 종소리이다. 예(2)에서 '離離喈喈'는 조화로운 새 울음 소리이다.

서주한어의 의성사는 그 어법기능이 상태형용사와 기본적으로 같아 아래와 같은 어법기능이 있다.
첫째, 위어가 된다. 이는 서주한어에서 의성사의 주요 통사기능이다.

- (1) 鼉鼓逢逢, 矇瞍奏公.(《詩經 · 大雅 · 靈臺》) 악어가죽으로 된 북은 조화로우니 樂師가 일을 음악으로 연주하였다네.
- (2) 鍾鼓喤喤, 磬筦將將.(《詩經 · 周頌 · 執竟》) 종소리 북소리 둥둥, 경쇠소리, 피리소리 쟁쟁.
- (3) 君子至止, 鸞聲噦噦.(《詩經 · 小雅 · 庭燎》) 제후가 도착하여 난새방울 소리가 짤랑짤랑 절도가 있도다.
- (4) 倉庚喈喈, 釆蘩祁祁.(《詩經 · 小雅 · 出車》) 꾀꼬리 꾀꼴꾀꼴 울며, 쑥 캐는 이 많기도 하여라.
- (5) 八鸞鏘鏘, 不顯其光.(《詩經 · 大雅 · 韓奕》) 여덟 개 방울은 짤랑짤랑, 그 빛이 눈부시지 않은가?

---

245) [역주] 제2장 제6절의 동일 예문에서는 '王'을 앞 구문에 붙여 읽었다.
246) [역주] 이 글자의 원래 자형은 '𤽫'으로, 오른쪽 편방은 '隹'로 분명하지만, 왼쪽 편방에 대해서는 '夾', '先', '者', '未' 등의 이견이 있다.
247) [역주] '郡'에 대해서는 제2장 제2절 [역주] 60 참조.

(6) 其旂淠淠, 鸞聲嘒嘒.(《詩經·小雅·采菽》) 깃발은 나부끼고 방울소리 딸랑딸랑

격률의 필요에 의해 《詩經》에서 의성사로 된 위어는 보통 전치되어 '주위 도치문'을 형성하곤 한다.

(1) 喤喤厥聲, 肅雝和鳴.(《詩經·周頌·有瞽》) 그 소리 둥둥, 엄숙하고 조화롭게 울리네.
(2) 鳳皇于飛, 翽翽其羽.(《詩經·大雅·卷阿》) 봉황이 날아오르니, 그 날개짓 푸드덕거리네.
(3) 蕭蕭馬鳴, 悠悠旆旌.(《詩經·小雅·車攻》) 히이잉 말이 울고, 펄럭펄럭 깃발이 나부끼네.
(4) 嚶其鳴矣, 求其友聲.(《詩經·小雅·伐木》) 앵앵하게 우는 것은 그 벗을 찾는 소리로다.

둘째, 보어가 된다. 이러한 용법도 비교적 흔하다.

(1) 捄之陾陾, 度之薨薨.(《詩經·大雅·綿》) 듬뿍듬뿍 흙을 담아서, 담틀에다 퍽퍽 흙을 쳐넣네.248)
(2) 築之登登, 削屢馮馮.(《詩經·大雅·綿》) 탕탕 흙을 다지고, 삭삭 깎고 다듬네.249)
(3) 釋之叟叟, 烝之浮浮.(《詩經·大雅·生民》) 물을 부어 쌀을 싹싹 씻으며, 김이 나게 푹 그것을 쪄놓네.250)
(4) 伐鼓淵淵, 振旅闐闐.(《詩經·小雅·采芑》) 북을 침에 둥둥 하고, 징을 챙챙 쳐서 군사들을 그치게 하네.
(5) 約之閣閣, 椓之橐橐.(《詩經·小雅·斯干》) 판자를 묶기를 맞물리게 하여, 쿵쿵 울리는 방망이 소리.
(6) 伐木許許, 釃酒有藇.(《詩經·小雅·伐木》) 슥슥, 나무를 베거늘, 거른 술이 좋기도 하여라.

이상 여섯 개 예에서의 의성사는 위어로도 분석이 가능하다. 만약 이렇게 분석하면, 앞의 술목구를 명사성성분으로 보아야 한다. 예(6)에서 '伐木許許'를 만약 '나무하는 소리가 슥슥하네'라고 한다면 '許許'는 위어가 되는 것이다.

---

248) [역주] '陾陾'은 흙이 많은 모양을 나타내고, '薨薨'은 많은 소리를 나타낸다.
249) [역주] '登登'은 서로 응하는 소리이고, '馮馮'은 담이 단단한 소리이다.
250) [역주] 이 문장에서 '叟叟'는 '쌀을 씻는 소리'의 의성사이고, '浮浮'는 '김이 무럭무럭 나는 모양'의 의태어이다.

셋째, 부사어가 된다. 이러한 용법은 아주 드물다.

>   (예) <u>坎坎</u>鼓我, <u>蹲蹲</u>舞我.(《詩經·小雅·伐木》) 둥둥 나를 위해 북을 치고 덩실덩실 나를 위해
>   춤을 추리라.

위의 예에서 '坎坎鼓我'를 '伐鼓淵淵'(《詩經·采芑》)과 비교할 때, '伐鼓淵淵'은 의성
사가 술목구의 뒤에서 보어가 되어 '북을 치네 둥둥(把鼓敲得淵淵地)'의 의미가 된다. 그
리고 '坎坎鼓我'는 의성사가 술목구의 앞에서 부사어가 되어 '둥둥 나를 위해 북을 치네(坎
坎地爲我敲鼓)'의 의미가 된다.

넷째, 관형어가 되는데, 이러한 용법의 의성사는 매우 드물다.

>   (1) <u>交交</u>桑扈, 有鶯其羽.(《詩經·小雅·桑扈》) 교교히 지저귀는 청작새, 그 깃이 곱네.
>   (2) <u>喓喓</u>草蟲, <u>趯趯</u>阜螽.(《詩經·小雅·出車》) 찍찍 풀벌레 울고 펄쩍펄쩍 여치가 뛰네.

당연히 이러한 용법의 의성사도 '전치 위어'로 분석할 수도 있다.

요컨대, 서주한어에서 의성사는 구조와 기능 등의 방면에서 모두 상태형용사와 유사
하다.

| 주요 참고문헌 |

陳光磊:《漢語詞法論》, 學林出版社, 1994年.

崔立斌:〈《孟子》動詞的活用與兼類〉,《古漢語語法論集》, 語文出版社, 1998年.

丁聲樹:〈論詩經中的何,曷,胡〉,《史語所集刊》, 1948年, 第10本.

高本漢:〈尙書中的厥字〉,《學術世界》, 1936年, 1卷9期.

高島謙一:〈金文和〈尙書〉中指示詞氒/厥字研究〉,《古漢語語法論集》, 第3屆國際古漢語語法研討
　　　會論文, 巴黎, 2001年.

葛根貴:〈詩經的'其'〉,《江西師院學報》, 1982年, 第2期.

管燮初:《西周金文語法研究》, 商務印書館, 1981年.

郭錫良:〈先秦漢語名詞,動詞,形容詞的發展〉,《中國語文》, 2000年, 第3期.

郭錫良:〈漢語第三人稱代詞的起源和發展〉,《漢語史論集》, 商務印書館, 1997年;〈試論上古漢語指
　　　示代詞的體系〉, 同上.

韓耀隆: 〈金文中人稱代詞用法之研究〉, 《中國文字》(22),(23),1967年.

洪　波: 〈上古漢語指示代詞書面體系的再研究〉, 《語言研究論叢》, 第6輯.

胡長靑: 〈先秦分數表示法及其發展〉, 《古漢語研究》, 1996年 第3期.

黃高寬: 〈詩經數詞,量詞的用法及特點〉, 《福建論壇》, 1982年 第1期.

黃盛璋: 〈先秦古漢語指示詞研究〉, 《語言研究》, 1983年 第2期.

黃載君: 〈從甲文, 金文量詞的應用, 考察漢語量詞的起源與發展〉, 《中國語文》, 1964年 第6期.

黎錦熙: 〈三百篇之"之"〉, 《燕京學報》, 1929年 第6期.

馬國權: 〈兩周銅器銘文數量詞初探〉, 《古文字研究》, 第一輯, 中華書局. 1979年.

馬國權: 〈兩周銅器銘文代詞初探〉, 《中國語文研究》, 1985年 第3期.

裘錫圭: 《文子學槪要》, 商務印書館, 1988年.

容　庚: 〈尙書中台字新解〉, 《考古學社社刊》, 1935年 第2期.

容　庚: 〈周金文中所見代名詞釋例〉, 《燕京學報》, 1929年 第6期.

宋紹年: 〈古代漢語謂詞成分的指稱化與名詞化〉, 《古漢語語法論集》, 語文出版社, 1998年.

唐　蘭: 《西周靑銅器銘文分代史證》, 中華書局, 1986年.

唐鈺明: 〈古漢語動量表示法探源〉, 《古漢語研究》, 1990年 第1期.

唐鈺明: 〈其,厥考辯〉, 《中國語文》, 1991年 第4期.

蕭河波等: 〈詩經"之"字用法初探〉, 《武漢大學學報》, 1982年 第4期.

邢福義: 《漢語語法學》, 東北師範大學出版社, 1996年.

楊伯峻·何樂士: 《古漢語語法及其發展》(修訂本), 語文出版社, 2001年.

張振林: 〈先秦古文字材料中的語氣詞〉, 《古文字研究》, 第七輯, 中華書局, 1982年.

趙世擧: 〈尙書和甲骨金文中人稱代詞的"格"問題〉, 《古漢語研究》, 1990年 第1期.

周生亞: 〈論上古漢語人稱代詞繁復的原因〉, 《中國語文》, 1980年 第2期.

祝中熹: 〈先秦第一人稱代詞初探〉, 《蘭州大學學報》, 1986年 第2期.

莊穆主編: 《詩經綜合辭典》, 遠方出版社, 1999年.

제3장

서주한어 허사

본 장에서는 서주한어의 허사(虛詞)에 대해서 논의할 것이다. 여기에서 허사란 전치사(介詞), 접속사(連詞), 조사(助詞) 그리고 어기사(語氣詞) 등을 가리킨다.

제1절 서주한어의 전치사

서주한어에는 '于', '自', '及' 등 다수의 전치사가 존재하였다. 이들은 각각이 이끄는 내용에 따라 시간전치사(時間介詞), 처소전치사(處所介詞), 도구전치사(工具介詞), 행위주전치사(施事介詞), 피동작주전치사(受事介詞) 등으로 다시 세분할 수 있다.

1 시간을 이끄는 전치사

시간을 이끄는 전치사는 다시 '언제(在何時)'를 나타내는 전치사, '언제부터(從何時)'를 나타내는 전치사, '언제까지(到何時)'를 나타내는 전치사 등 세 종류로 나뉠 수 있다.

1) '언제(在何時)'를 나타내는 전치사

이러한 종류의 전치사로 '在', '在于', '于'가 있다.

① 在 : '在'는 시간을 나타내는 성분을 목적어로 취한다. 전치사구 구조 전체는 동작·행위가 언제 발생 또는 출현했는지를 나타낸다. 이들이 나타내는 시간은 기간(時段)일 수도 있고 시점(時點)일 수도 있다. 이것의 기본적인 의미는 현대중국어의 전치사 '在'와 일치한다. '在'자구조는 성분(詞語)의 앞쪽에 출현하여 문두부사어(句首狀語)가 되기도 하고, 문장의 끝에 출현하여 문미보어(句尾補語)가 되기도 한다. 아래는 '在'자구조가 문두부사어가 되는 예이다.

(1) 唯公大保來伐反夷年, 在十有一月庚申, 公在盩師.(《旅鼎銘》) 公太保께서 반란을 일으킨 東夷를 토벌하러 오신 그 해 십일월 庚申일에 公太保께서 盩地의 군사 주둔지에 계셨다.

(2) 唯王大禴于宗周延饗[1]鎬京年, 在五月旣望辛酉, 王令土上眾史黃[2]殷于成周.(《土上卣銘》) 왕께서 宗周에서 성대한 禴祭를 올리시고, 鎬京에서 饗祭를 드리신 해 오월 旣望 辛酉일에 왕께서 土上과 史黃에게 成周에 가서 제후들을 朝見할 것을 명하셨다.

(3) 在八月乙亥, 辟井侯光氒正史, 贊[3]于麥宮.(《麥彝銘》) 팔월 乙亥일에 군주 邢侯께서 그의 正吏에게 은혜를 베풀어 주셨고, (麥은) 麥의 종묘에서 祼禮를 거행했다.

(4) 在昔殷先哲王迪畏天顯小民, 經德秉哲.(《尙書·酒誥》) 옛날에 殷의 先哲王이 하늘의 밝음과 小民을 두려워하여 德을 떳떳이 간직하고 밝음을 잡았다.

(5) 在昔上帝割申勸寧王之德, 其集大命于厥躬?(《尙書·君奭》) 옛날에 상제께서는 어찌하여 문왕의 덕을 거듭 권면하시어 大命을 그의 한 몸에 집중시켰겠습니까?

(6) 在今後嗣王, 誕罔顯于天, 矧曰其有聽念于先王勤家?(《尙書·多士》) 지금 뒤이은 왕이 크게 하늘에 나타나지 못하였는데, 하물며 선왕이 나라에 힘쓴 일을 듣고 생각함이 있다고 말하겠는가?

'在'자구조는 문장 끝에 출현하여 문미보어가 되기도 한다. 문두부사어와 문미보어는 대응관계를 이루어 서로 전환될 수 있다.

---

1) [역주] 원서에서는 '祼'로 되어 있는데, '饗'으로 수정하여 제시한다.
2) [역주] '寅'으로 考釋하기도 하며, 제3장 제2절에서는 '寅'으로 표기했다.
3) [역주] 이 글자의 원래 자형은 '𤔲'으로, 원서에서는 '獻' 혹은 '兩'(제3장 제3절)로 표기하고 있다. 최근까지의 연구를 종합해보면, 이와 관련된 일련의 글자들은 玉器인 '瓚'의 상형자로서, 금문에서는 '瓚'을 의미하는 것 외에도 '祼禮'를 거행하는 행위를 나타냄을 알 수 있다. 여기서는 원서의 '獻' 대신에 '瓚'으로 수정하여 제시한다.

(1) 遘于四方合⁴⁾王大祀祐于周, <u>在二月既望</u>.(《保卣銘》) 사방의 제후들이 만나서 왕의 큰 제사에 참여하고, 成周에서 제사를 도왔다. 이월 旣望에.

(2) 王命周公後, 作冊逸誥, <u>在十有二月</u>.(《尙書·洛誥》) 왕이 주공에게 명하시어 뒤에 남아 있게 한 일을 12월에 문서로 만들어 널리 고했다.

(3) 嗣前人, 恭明德, <u>在今</u>.(《尙書·君奭》) 앞사람을 계승하여 지금 그 밝은 덕을 공손히 받듭니다.

'在'자구조는 절(小句) 내부의 보어가 될 수도 있다.

(예) 立政用憸人, 不訓于德, 是罔顯<u>在厥世</u>.(《尙書·立政》) 정사를 세우는 것에 간사한 사람을 쓰고 덕을 따르지 않으면 이 세상에서 밝게 있지 못한다.

'在'자구조는 경우에 따라 관형어(定語)로 쓰이기도 한다. 이렇게 전치사구가 관형어로 쓰이는 예는 현대중국어에서 매우 자주 나타나는데, 동일한 용례를 서주한어에서도 볼 수 있다.

(예) <u>在後</u>之侗, 敬迓天威.(《尙書·顧命》) 그 뒤의 어리석은 자는 하늘의 위엄을 공경으로 맞이한다.

위의 예에서 '侗'은 아직 쓸모 있는 인재가 되지 못한(未成器) 사람을 말하는 것으로 여기에서는 주성왕(周成王) 자신에 대한 겸칭(謙稱)이다.

② **在于, 于** : '언제(在何時)'를 나타내는 '在于'와 '于'는 서주한어에서 매우 드물게 보인다.

(1) 有孚<u>于飮酒</u>, 無咎.(《周易·未濟》) 술을 마시는 것에 믿음을 두니 허물이 없다.

(2) 其<u>在于今</u>, 興迷亂于政.(《詩經·大雅·抑》) 지금 정사에 미혹되고 어지러움을 숭상한다.

(2)에서는 전치사 '于'의 앞에 '在'가 또 출현하였다. 만약 '在'도 전치사로 본다면, '在于'는 복합전치사(復合介詞) 또는 전치사 조합(介詞組合)으로 볼 수 있다. 여기서 '于'의 의미는 비교적 허화된 반면, '在'의 의미는 비교적 실재적이다.

---

4) [역주] 이 글자의 원래 자형은 '迨'으로, '合' 혹은 '會'와 통하는 것으로 본다.

2) '언제부터(從何時)'를 나타내는 전치사: '自', '振' 등

① **自** : 시간을 나타내는 성분을 이끌며, 동작·행위가 개시된 시간을 나타낸다. '……(로)부터(從, 自從, 自)'로 번역할 수 있다. '自'자구조는 부사어, 보어 그리고 관형어가 될 수 있다.

'自'자구조가 부사어가 되는 예는 다음과 같다.

(1) 自今, 余敢擾乃小大吏(事).(《僕自銘》) 지금 이후로 제가 어찌 감히 크고 작은 일로 당신을 번거롭게 하겠습니까?

(2) 其自今日5), 孫孫子子毋敢望白休.(《縣妃簋銘》) 오늘부터 자자손손 伯의 은택을 삼가 잊지 말지어다.

(3) 自古, 王若兹監.(《尚書·梓材》) 예로부터 왕이 이와 같이 보살핀다면.

(4) 自昔何為? 我藝黍稷.(《詩經·小雅·楚茨》) 옛날부터 무얼 하였나? 메기장과 차기장 심었지.

(5) 自彼成康, 奄有四方, 斤斤其明.(《詩經·周頌·執競》) 저 성왕과 강왕의 시대부터 온 四方을 소유하셨으니 그 덕망이 밝고도 밝도다.

위의 예문들을 통해, '自'자구조는 문두에 출현하여 문두부사어(句首狀語)가 될 수 있으며, 절 내부에 출현하여 문중부사어(句中狀語)가 될 수도 있음을 알 수 있다.

아래는 '自'자구조가 보어가 되는 예이다.

(1) 帝作邦作對, 自大伯王季.(《詩經·大雅·皇矣》) 상제가 나라 만들고 담당할 자를 세우니, 태백과 왕계로부터 하셨다.

(2) 嗚呼! 繼自今嗣王, 則其無淫于觀于逸于游于田, 以萬民惟正之供.(《尚書·無逸》) 아아! 이제부터 왕위를 계승하는 왕들은 관람과 안일함과 유람과 사냥에 지나치게 빠지지 말고 만민과 더불어 정사를 처리하십시오.

(3) 繼自今, 我其立政.(《尚書·立政》) 계속해서 지금부터 우리가 그 정치를 할 관리를 세워야 합니다.

'自'자구조가 보어가 되는 경우, 문미보어(句尾補語)가 되어 스스로 하나의 절(小句)을 이루기도 하고, 때로는 절 내부에 출현하여 보어가 되기도 한다.

---

5) [역주] 원서에서는 '日'이 누락되었으므로 보충하였다.

'自'자구조는 관형어가 될 수도 있다.

    (예) <u>自時厥後</u>, 立王生則逸, 生則逸.(《尚書·無逸》) 그 뒤로부터 즉위한 왕들은 태어나면서부
        터 편안함을 누렸고, 태어나면서부터 편안함을 누렸다.

위의 예에서 '厥'과 '之'는 용법이 서로 같다. 즉 '自時厥後'는 '自此之後(그 후로부터)'
의 의미이다.
    '自'자구조는 독자적으로 하나의 절을 이루기도 하는데, 이러한 경우는 위어동사(謂語動
詞)가 생략된 것으로 보아야 한다.

    (예) 心之憂矣, 寧<u>自今矣</u>?(《詩經·大雅·瞻卬》) 마음의 근심이 어찌 지금부터겠는가?

    '自'는 '至于'와 전후로 호응하여, '自 …… 至于 …… '와 같은 고정형식을 구성할 수도
있다. 위어(謂語) 앞에 쓰여 단독으로 구를 이루어 사태의 시작과 종료 시간을 나타낸다.
' …… 부터 …… 까지(從 …… 到 ……)'로 번역할 수 있다.

    (예) <u>自朝至于日中昃</u>, 不遑暇食.(《尚書·無逸》) 아침부터 정오를 지나서 해가 기울 때까지 한
        가로이 밥 먹을 겨를이 없었다.

    '自'는 또 '越'과 전후로 호응하여 '自 …… 越 …… '과 같은 고정형식을 구성할 수도 있
다. 이 경우에도 위어 앞에 쓰여 단독으로 구를 이루고, 사태의 시작과 종료 시간을 나타낸
다. ' …… 부터 …… 까지(從 …… 到 ……)'로 번역할 수 있다.

    (예) <u>自古商人亦越我周文王立政</u>, 立事, 牧夫, 準人.(《尚書·立政》) 옛날부터 상나라 사람들
        과 그리고 우리 주 문왕께서 정사를 세움에 立事와 牧夫와 準人을 두었다.

  ② 振 : 전치사 '振'은 목적어와 함께 '振'자구조를 구성하며 동작·행위의 개시 시간을
나타낸다. 이러한 '振'은 ' …… 로부터(從, 自從)'으로 번역할 수 있다. '振'자구조는 절 내
부에 출현하여 부사어가 된다.

    (예) 匪且有且, 匪今斯今, <u>振古</u>如茲.(《詩經·周頌·載芟》) 이것에만 이것이 있는 것이 아니며,
        지금에만 지금이 있는 곳이 아니다. 예로부터 이와 같았도다.

3) '언제까지(到何時)'를 나타내는 전치사

이러한 종류의 전치사로 '至', '于', '至于', '及', '作', '越', '終' 등이 있다.

① 至 : '至'는 목적어와 함께 '至'자구조를 구성하며, 위어 앞에 쓰여 동태가 지속된 시간의 종점을 나타낸다. '…까지(到)', '줄곧…까지(直到)' 등으로 번역할 수 있다. 서주한어에서 이러한 '至'는 매우 드문 편이다.

  (예) 誰生厲階, <u>至今</u>爲梗.(《詩經‧大雅‧桑柔》) 누가 화의 단초를 만들어, 지금에 이르러 병들게 하였는가?

위의 예에서 '梗'는 '病(병들다)'의 의미이다.

② 至于 : '至于'는 본래 동사 '至'와 전치사 '于'의 조합으로 단독으로 위어가 될 수 있었으나, 이후 '至于' 전체가 허화되어 전치사로 발전하였다. 전치사 '至于'는 목적어와 함께 '至于' 구조를 구성한다. 문장에서 부사어가 되어 동태가 지속된 시간의 종점을 나타낸다. '…까지(到)', '줄곧…까지(直到)' 등으로 번역할 수 있다. '至于'는 '自'와 함께 전후로 호응하여 동작 지속 시간의 기점과 종점을 함께 나타낼 수 있다.

  (예) 自朝<u>至于日中昃</u>, 不遑暇食.(《尚書‧無逸》) 아침부터 정오를 지나 해가 기울 때까지 한가로이 밥 먹을 겨를이 없었다.

'自 + 시간명사어$_1$ + 至于 + 시간명사어$_2$ + VP'의 형식에서 '自'는 생략될 수 있다. 이 경우 '시간명사어$_1$ + 至于 + 시간명사어$_2$ + VP'의 형식이 형성된다.

  (1) 維天不享于殷, 發之未生<u>至于</u>今六十年.(《逸周書‧度邑解》) 하늘이 은나라 사람들을 돕지 않은 것은 내가 태어나기 전부터 지금까지 60년이 되었다.

  (2) 要囚, 服念五六日, <u>至于旬時</u>.(《尚書‧康誥》) 要囚를 오륙일부터 열흘까지 가슴속에 두고 생각하였다.

  (1)에서 '시간명사어$_1$ + 至于 + 시간명사어$_2$'는 문장에서 부사어가 되는 반면, (2)에서는 보어가 된다. 다시 '시간명사어$_1$ + 至于 + 시간명사어$_2$ + VP' 형식에서 '시간명사어$_1$'을 생략

하면, '至于 + 시간명사$_2$ + VP'의 형식이 이루어진다. 이 경우에도 '至于'는 여전히 동태 지속 시간의 종점을 나타낸다.

(1) 臨元亨利貞. 至于八月有凶.(《周易·臨》) 臨은 크게 형통하고 바르게 함이 이롭다. 팔월에 이르러 흉함이 있으리라.

(2) 至于十年, 不克征.(《周易·復卦》) 십 년에 이르더라도 능히 다른 나라를 치지 못하리라.

(3) 天用大成, 至于今不亂.(《逸周書·嘗麥解》) 천하는 이로써 크게 화해하였으니 지금까지 혼란한 적이 없었다.

③ 于 : 전치사 '于'는 통상 시간사 '今'과 함께 '于'자구조 '于今'을 구성한다. 문장의 보어가 되어, 동작·행위가 연속된 또는 종료된 시간을 나타낸다. '지금까지(至今)', '현재까지(到現在)' 등으로 번역할 수 있다.

(1) 庶無罪悔, 以迄于今.(《詩經·大雅·生民》) 거의 죄와 후회가 없어서, 지금에 이르셨도다.

(2) 故我至于今.(《尚書·酒誥》) 그러므로 내가 지금에 이르렀다.

(3) 厥徵天民名三百六十夫, 弗顯亦不賓威, 用戾于今.(《逸周書·度邑解》) 백성 삼백육십 명을 징발하였다. 후사의 일을 하늘에 보고하지 않았지만 하늘은 그들을 버리지 않았다. 이로써 지금까지 이어지게 되었다.[6]

④ 及 : '及'은 목적어와 함께 '及'자구조를 구성한다. 문두부사어 또는 문미보어가 되어 '어떠한 시간에 이르러 어떠한 일을 했음'을 나타내거나, 혹은 '어떠한 시간 내에 어떠한 일을 실현하려고함'을 나타낸다. 전자는 '…… 의 때에 이르러(到了 …… 時候)'로 번역할 수 있고, 후자는 '…… 의 때에(趁 …… 之時)'로 번역할 수 있다.

'…… 의 때에 이르러(到了 …… 時候)'의 예는 다음과 같다.

(1) 及期, 百夫荷素質之旗于王前.(《逸周書·克殷解》) 약속된 날에 이르러 백 명의 사람들이 무왕 앞에서 흰 바탕의 깃발을 메고 있었다.

(2) 及將致政, 乃作大邑成周于土中.(《逸周書·作雒解》) 장차 정권을 돌려받으려 할 때에 이르러 나라 중앙에 大邑 成周를 건설하였다.[7]

---

6) [역주] '戾'는 '이르다'를 가리킨다.

'…… 의 때에(趁 …… 之時)'의 예는 다음과 같다.

(예) 我維顯服, <u>及德之方明</u>.(《逸周書·度邑解》) 덕이 마침 위대하고 밝은 이때에 나는 천하를 복종시키고자 한다.

⑤ 作 : '作'은 목적어와 함께 '作'자구조를 구성한다. 문두부사어가 되어 스스로 하나의 절을 이루고 어떤 시간에 이르러 어떤 일을 했음을 나타낸다. '…… 의 때에 이르러(到了 …… 時候, 等到 …… 時候)'로 번역할 수 있다.

(1) <u>作其即位</u>, 爰知小人之依.(《尚書·無逸》) 그가 즉위하여서는 낮은 백성들의 속사정을 안다.[8]

(2) 其在高宗, 時舊勞于外, 爰暨小人. <u>作其即位</u>, 乃或亮陰, 三年不言.(《尚書·無逸》) 고종 때에 있어서는 오랫동안 밖에서 수고로웠는데 이 때문에 백성들과 서로 친하게 지낼 수 있었습니다. 그가 즉위하여서는 항상 亮陰에 머무시며 3년 동안 말을 하지 않았다고 합니다.[9]

⑥ 越 : '越'은 목적어와 함께 '越'자구조를 구성한다. 문두부사어가 되어 동작·행위가 어떠한 때에 이르러 발생 또는 출현했는지를 나타낸다. '…… 할 때에 이르러(到 …… 時)' 로 번역할 수 있다.

(1) <u>越翼日乙丑</u>, 王崩.(《尚書·顧命》) 다음날 을축 일에 왕이 붕어하셨다.
(2) <u>越三日戊申</u>, 太保朝至于洛, 卜宅.(《尚書·召誥》) 3일 戊申日에 太保가 아침에 洛邑에 이르러 집터를 점쳤다.
(3) <u>越翼日戊午</u>, 乃社于新邑.(《尚書·召誥》) 다음날인 戊午日에 新邑에서 社祭를 지냈다.
(4) <u>越六日乙未</u>, 王朝步自周.(《尚書·召誥》) 6일 乙未日에 임금은 周에서 출발하였다.
(5) <u>越五日甲子朝</u>, 至.(《逸周書·世俘解》) 5일 뒤 甲子日 아침에 이르렀다.
(6) 亦<u>越成湯陟</u>, 丕釐上帝之耿命.(《尚書·立政》) 또한 湯임금이 즉위할 때 上帝의 밝은 명을 높이 받들었습니다.

---

7) [역주] '致政'은 '致仕'와 같은 말로 관리들이 행하던 집정의 권한을 군주에게 돌려주는 것을 가리킨다.
8) 依: 말못할 속사정이나 원인(隱情).
9) 亮陰: '諒陰'과 같은 말로 거상(居喪)함을 가리킨다.

'越'은 종종 '玆'를 목적어로 취하여, '越玆'와 같은 고정구를 구성한다. 이러한 경우 '이때에(于是)'로 번역할 수 있다.

(1) 越玆麗刑並制, 罔差有辭.(《尙書·呂刑》) 이때에 이들을 형벌하고 아울러 제재하여 말로 차별을 둠이 없었다.

⑦ 終 : '終'은 목적어와 함께 '終'자구조를 구성한다. 절 내부에 출현해 부사어가 되며, 동작·행위의 시한(時限)을 나타낸다. ' …… 를 마칠 때에 이르러(到 …… 結束時)'로 번역할 수 있다.

(1) 君子終日乾乾.(《周易·乾掛》) 군자는 날이 다하도록 굳세고 굳세다.
(2) 或錫之鞶帶, 終朝三褫之.(《周易·訟掛》) 어떤 이가 띠를 주더라도, 조회를 마치는 동안 세 번 빼앗으리라.

2 처소를 이끄는 전치사

처소전치사는 다시 세 종류로 나뉜다. 첫 번째는 동작·행위가 있는 곳(所在)을 나타내고, 두 번째는 동작·행위가 시작되는 곳(所從)을 나타내고, 세 번째는 동작·행위가 도달하는 곳(所到)을 나타낸다.

1) '어느 곳에서(在何處)'를 나타내는 전치사

이러한 종류의 전치사로 '于', '在', '在于', '爰' 등이 있다.

① 于 : '于'는 목적어와 함께 '于'자구조를 구성한다. 문장의 보어 또는 부사어가 되어 동작·행위가 어디에서 발생·출현·진행했는지를 나타낸다. ' …… 에서(在)'로 번역할 수 있다.

'于'자구조가 보어가 되는 예는 다음과 같다(이러한 예는 매우 많이 보인다).

(1) 丁亥, 令矢告于周公宮.(《令彝銘》) 丁亥일에 矢에게 주공의 종묘에 고하라고 명령했다.

(2) 王禘, 用牲[10]于大室.(《刺鼎銘》) 왕께서 太室에서 희생물로 禘祭를 지내셨다.

(3) 唯五月旣死霸, 辰在壬戌, 王祼[11]于[12]大室.(《呂鼎銘》) 오월 旣死霸 壬戌일에 왕께서 太室에서 祼祭를 올리셨다.

(4) 萬年永寶用于宗室.(《豆閉簋銘》) 만년토록 영원히 귀중히 다루며, 종묘에서 사용할지어다.

(5) 兄弟鬪于牆, 外禦其侮.(《詩經·小雅·常棣》) 형제가 담 안에서는 다투어도 밖으로는 남의 업신여김을 막느니라.

(6) 翩翩者雖, 載飛載下, 集于苞栩.(《詩經·小雅·四牡》) 훨훨 나는 산비둘기, 날아오르다 또 내려오고 우북한 도토리나무에 모였구나.

위의 예문들에서 '于'는 모두 처소를 이끌고 있다. 아래 예문의 '于'는 방위를 이끈다.

(예) 意乃懷厥妻子, 德不可追于上, 民亦不可答于下, 朕不賓在高位.(《逸周書·度邑解》) 만약 너희들 마음속에 단지 너희 처자식만 그리워하여 덕행이 위로 상달되지 못하면 백성들도 아래에서 호응하지 않을 것이고 나도 고조에 열위 되지 못할 것이다.

'于'자구조는 본래 문장에서 보어가 되어야 한다. 하지만 《詩經》(雅頌)에서 일부는 每句 4언의 요구를 충족시키기 위하여, '于'자구조 자체가 하나의 절이 되기도 한다. 후세사람들은 이러한 '于'자구조 앞에 표점을 추가하였다. 이는 산문에서는 볼 수 없는 현상이다.

(1) 振鷺于飛, 于彼西雝.(《詩經·周頌·振鷺》) 백로들 날아서 저 서쪽 연못으로 간다.

(2) 薄言采芑, 于彼新田, 于此菑畝.(《詩經·小雅·采芑》) 쓴 나물 뜯기를 저 新田에서 하고, 이 일 년은 묵은 밭둑에서 하도다.

(3) 瞻烏爰止, 于誰之屋.(《詩經·小雅·正月》) 저 까마귀가 앉는 곳을 보건대 누구의 지붕에 앉을까.

(4) 卬盛于豆, 于豆于登.(《詩經·大雅·生民》) 나의 제기에 담으니 나무그릇에 하고 질그릇에 한다.

---

10) [역주] 명문상에서의 원래 글자는 '牡'이기 때문에, 이를 '수컷 희생물'로 해석하는 학자들도 다수 있으나, 원서와 같이 '用牡'는 곧 '用牲'이라고 보는 견해도 있다.

11) [역주] 이 글자의 원래 자형은 '𩜾'으로, '祼(灌祭)', '客', '館' 등의 이견이 있다.

12) [역주] '大' 앞의 글자가 기물의 벽과 바닥이 연접에 있는 부분에 있어서 자형이 확실하지 않다. 원서와 같이 '于'로 보는 견해도 있었지만, '昏'이나 '邵'로 보기도 한다.

(5) 鳳凰鳴矣, 于彼高岡. 梧桐生矣, 于彼朝陽.(《詩經·大雅·卷阿》) 봉황이 우니, 저 높은 산에서 그러하구나. 오동나무가 자라니, 저 아침 해 뜨는 동산에서 그러하구나.

(1)의 '于彼西雝'은 보어가 되었지만 그 앞에 표점이 추가되어 있다. (2)의 '于彼新田'과 '于此菑畝'은 병렬되어 문장의 보어가 되었다. (3)은 (1)과 동일한 경우이다. (4)는 매우 흥미로운 예이다. 문장은 본래 '卬盛于豆于登'로 쓰였어야 했다. 하지만 每句 4언의 요구를 충족시키기 위해 한 문장을 둘로 나누고, 뒤 문장에서 부족한 두 글자를 앞 문장의 '于豆'를 반복시켜 보충하였다. (5)는 위어동사 뒤에 어기사 '矣'를 추가하였다.

'于'자구조가 부사어가 되는 예는 다음과 같다(이러한 예는 보어만큼 자주 보이지는 않는다).

(1) 𧫢占[13)于彝, 其于之朝夕監.(《史𧫢彝銘》) 史𧫢은 이 일을 彝器에 기록하고 여기에서 아침 저녁으로 살펴 면려할 것이다.

(2) 人無於水監, 當於民監.(《尚書·酒誥》) 사람은 물에 모습을 비추지 말고, 마땅히 백성에 자신을 비추어야 한다.

(3) 篤, 公劉, 于豳斯館.(《詩經·大雅·公劉》) 厚德하신 公劉, 豳땅에 관사를 정하시어.

(4) 京師之野, 于時處處, 于時廬旅, 于時言言, 于時語語.(《詩經·大雅·公劉》) 경사의 들판, 여기서 거처하며, 여기서 나그네들을 묵게 하며, 여기서 말하고, 여기서 토론하네.

(5) 哀我人斯, 于何從祿.(《詩經·小雅·正月》) 슬프구나. 우리 이 사람들! 어디에서 복을 받을까?

(6) 彼月而食, 則維其常. 此日而食, 于何不臧.(《詩經·小雅·十月之交》) 저 달이 줄어드니 늘 있는 일인데, 해가 줄어듦은 무엇에 잘못이 있는가.

위에 예문들을 통하여, '于'자구조가 위어 앞에 출현하여 부사어가 될 때에는 '于'자의 목적어에 모종의 요구가 있음을 알 수 있다. 그 요구는 바로 '于'의 목적어는 반드시 단음절이어야 하며, 통상 대사(代詞)로 충당된다는 것이다.

② 在 : '在'는 목적어와 함께 '在'자구조를 구성한다. 문장의 보어 또는 부사어가 되어 동작이나 행위가 어디에서 발생·출현·진행했는지를 나타낸다. ' …… 에서(在)'로 번역할

---

13) [역주] '占'에 대해서는 제2장 제1절 [역주] 8 참조.

수 있다.

'在'자구조는 주로 보어가 된다. 그 예는 다음과 같다.

(1) 文王監14)在上.(《天亡簋銘》) 文王께서 위에서 살펴보시다.

(2) 唯成王大禱15)在宗周.(《獻侯簋銘》) 成王께서 宗周에서 禱祭를 성대하게 올리셨다.

(3) 師雝父戍在古師.(《禹鼎銘》) 師雝父께서 古地의 군사 주둔지를 지키셨다.

(4) 魚在在藻, 有頒其首. 王在在鎬, 豈樂飮酒.(《詩經·小雅·魚藻》) 물고기가 마름 풀에 있으니 그 머리가 크기도 하다. 왕은 鎬京에 계시니 즐겁게 술을 마시도다.

(5) 陟降厥士, 日監在玆.(《詩經·周頌·敬之》) 그 일에 오르내리며, 이곳에서 나날이 보고 살핀다.

(6) 乃穆考文王, 肇國在西土.(《尚書·酒誥》) 그대의 심원하신 아버지 문왕이 西土에 나라를 창건하셨다.

흥미로운 점은 위의 (4)('王在在鎬')에 두 개의 '在'가 밀접하게 연결되어 있다는 것이다. 여기서 첫 번째 '在'는 동사로 쓰였고, 두 번째 '在'는 전치사로 쓰였다.

'在'자구조는 부사어가 될 수도 있다. 그러나 용례가 많은 편은 아니다.

(1) 唯九月, 王在宗周令盂.(《大盂鼎銘》) 구월에 왕께서 宗周에서 盂에게 명령하셨다.

(2) 康侯在杅16)師易乍冊瘼貝.(《作冊瘼鼎銘》) 康侯께서 杅地의 주둔지에서 作冊 瘼에게 貝를 하사하셨다.

(3) 王在厈易遣采日趡17).(《遣尊銘》) 왕께서 厈에서 遣에게 趡이라 불리는 采地를 하사하셨다.18)

(4) 獻身在畢公家, 受天子休.(《獻簋銘》) 獻이 畢公의 가문에 있었으며, 천자의 은덕을 입었다.

(5) 在彼無惡, 在此無斁.(《詩經·周頌·振鷺》) 저기서도 미워하는 이가 없고, 여기서도 싫어하는

---

14) [역주] '監'으로 표기된 이 글자의 자형이 완전하지 않아서 '監' 외에도 '德', '臨' 등의 의견이 있다. 그 중 '德'으로 보는 견해가 가장 많다.

15) [역주] '禱'에 대해서는 제2장 제2절 [역주] 30 참조.

16) [역주] 원서에서는 '休'로 표기되어 있는데, '杅'로 수정하여 제시한다.

17) [역주] 원서에서 '趡'로 표기된 이 글자는 대개 **趡**로 표기한다.

18) [역주] '王在厈易遣采, 日: 趡.'로 끊어 읽는 의견도 있다.

이가 없다.

③ **在于** : 본래 '在'는 동사, '于'는 전치사였다.

(1) 朕身尚在兹, 朕魂在于天.(《逸周書·祭公解》) 내 몸은 아직 여기에 있지만 내 혼은 이미 하늘에 있구나.

(2) 魚在于沼, 亦匪克樂.(《詩經·小雅·正月》) 물고기 작은 연못에 있는데 또한 능히 즐겁지 못 하는구나.

이후 '在'와 '于'의 조합인 '在于'가 절에서 부차적 지위로 물러나면서(즉 주요동사가 따로 존재하며) 하나의 전치사 또는 전치사조합으로 변화한 것이다.
'在于'는 시간어를 이끌 수 있다.

(예) 其在于今, 興迷亂于政.(《詩經·大雅·抑》) 지금 정사에 미혹되고 어지러움을 숭상한다.

'在于'는 처소어도 이끌 수 있다. 이때 '在于'는 목적어와 함께 문장의 보어가 된다.

(1) 天罰不極, 庶民罔有令政在于天下.(《尚書·呂刑》) 하늘의 벌이 백성들에게 미치지 않으면, 천하에 훌륭한 정치가 있지 못하게 될 것이오.

(2) 咸獻言在于王所.(《逸周書·皇門解》) 모두 조정에 진언을 할 수 있다.

④ **爰** : '爰'은 목적어와 함께 '爰'자구조를 구성하며, 문장의 보어가 된다.

(1) 鴥彼飛隼, 其飛戾天, 亦集爰止.(《詩經·小雅·采芑》) 휘익 나는 저 새매, 날아 하늘에 이르며, 또 머물 곳에 모였구나.

(2) 鳳凰于飛, 翽翽其羽, 亦集爰止.(《詩經·大雅·卷阿》) 봉황이 나는구나. 그 깃을 훨훨 퍼덕이며, 또 머물 곳에 모였구나.

2) '어느 곳으로부터(從何處)'를 나타내는 전치사

이러한 종류의 전치사로 '自', '于', '由' 등이 있다.

① 自 : '自'는 목적어와 함께 '自'자구조를 구성한다. 문장의 보어 또는 부사어가 되어 동작·행위의 처소나 방위의 기점 등을 나타낸다. '…… 로부터(從)'로 번역할 수 있다. '自'자구조가 가장 많이 출현하는 위치는 보어이다.

(1) 王歸自諆田.(《令鼎銘》) 왕께서 諆地의 경작지에서 돌아오셨다.

(2) 白雖父來自胡.(《彔簋銘》) 白雖父가 胡에서 왔다.

(3) 王南征, 伐角僑[19], 唯還自征.(《噩侯鼎銘》) 왕께서 남쪽으로 출정하셔서 角과 僑을 정벌하시고, 정벌지에서 돌아오셨다.

(4) 亂匪降自天, 生自婦人.(《詩經·大雅·瞻卬》) 난은 하늘에서 내려오는 것이 아니라, 지어미로 인하여 생겨난 것이네.

(5) 蛇蛇碩言, 出自口矣.(《詩經·小雅·巧言》) 편안하고 느린 훌륭한 말은 입으로부터 나오는 것이다.

(6) 來歸自鎬, 我行永久.(《詩經·小雅·六月》) 鎬 땅으로부터 돌아오니 내가 길을 떠난 지 오래 되었도다.

아래의 예문에서 쉼표는 일반적으로 '自'자 앞에 붙인다. 하지만 '自'자구조는 여전히 동사 '雨'의 보어이다.

(예) 密雲不雨, 自我西郊.(《周易·小畜》) 빽빽한 구름에 비가 오지 않은 것은 나의 서쪽 교외로부터이다.

'自'자구조는 절의 위어 앞에 출현하여 부사어가 될 수도 있다.

(1) 遣自克[20]師述東.(《小臣謎簋銘》) 遣이 克地의 군사 주둔지에서 출발하여 동쪽을 따라 진군하였다.[21]

---

19) [역주] 원서에서는 '訊'로 표기되어 있으나, '僑'로 수정하여 제시한다.

20) [역주] 이 글자의 원래 자형은 '克'으로, 원서에서는 글자의 아랫부분만 취하여 '克'으로 표기하였으나, '𡱈', '𣪧', '䝿' 등으로 隸定한다.

21) [역주] 원서에서는 '自克師'가 謂語 앞에 출현한 것으로 분석하였으나, 諸家들의 견해를 종합해보면, '自'자구가 謂語 뒤에 나온 것으로 보는 것이 더 합리적이다. '東' 뒤의 한 글자에서 끊어 읽으면 '遣自𡱈師述東陕'이 되는데, 이를 '𡱈地의 군사 주둔지에서 출발하여 東陕을 따라 진군하였다'로

(2) 握粟出卜, <u>自</u>何能穀.(《詩經·小雅·小宛》) 곡식을 한 줌 내어 점쳐 묻노니 어디부터 하면 잘 될 수 있겠는가?

(3) 民之初生, <u>自</u>土沮漆.(《詩經·大雅·縣》) 사람이 처음 사는 것은 沮水와 漆水에 터전을 잡으면서부터이다.[22]

(4) <u>自西徂東</u>, 靡所定處.(《詩經·大雅·桑柔》) 서쪽으로부터 동쪽으로 감에 定處하는 바 없다.

(5) <u>自彼殷商</u>, 來嫁于周, 曰嬪于京.(《詩經·大雅·大明》) 저 殷商으로부터 周나라로 시집을 오시어 周나라 서울에서 신부가 되셨다.

아래의 두 예문에서 '自'자구조는 스스로 하나의 절을 이룬다. 하지만 이러한 '自'를 동사로 간주하면 안 된다. 왜냐하면 '自'자구조가 구성하는 절은 사실상 위어의 중심어(中心詞)가 생략된 것이기 때문이다.

(1) 池之竭矣, 不云<u>自</u>頻. 泉之竭矣, 不云<u>自</u>中.(《詩經·大雅·召旻》) 연못이 마름을 물가로부터 하였다(줄었다) 말하지 않고, 샘물의 마름을 가운데부터 하였다(줄었다) 말하지 않는다.

(2) 彼何人斯, 其爲飄風. 胡不<u>自北</u>, 胡不<u>自南</u>.(《詩經·小雅·何人斯》) 저 사람은 어떤 사람인가. 그는 회오리바람이로다. 어찌 북쪽에서 불어오지 않고, 어찌 남쪽에서 불어오지 않는가.

(1)에서 '自頻'과 '自中'의 앞 또는 뒤에는 '竭'이 생략되었으며, (2)의 '自北'과 '自南'의 앞 또는 뒤에는 '飄風'이 생략되었다. 아래의 예도 증거가 될 수 있을 것이다.

(예) 有卷者阿, 飄風<u>自南</u>.(《詩經·大雅·卷阿》) 굽이진 큰 언덕에 회오리바람이 남쪽에서 불어온다.

'自'는 종종 '至于'와 전후 호응하여 '自 …… 至于 …… '의 고정형식을 구성하고, 동작·행위의 처소 기점과 종점을 나타낸다. 그 예는 다음과 같다.

(예) 王至于周, <u>自鹿</u>至于丘中, 其明不寢.(《逸周書·度邑解》) 왕은 周로 돌아와 鹿 땅에서부터 丘中에 이르기까지 밤이 새도록 잠을 이루지 못하였다.

해당 구문은 '自 + 처소명사$_1$ + 至于 + 처소명사$_2$ + VP'로 표시할 수 있다. 여기에서 '至于'

해석할 수 있다.

22) [역주] 이 예문은 '自자구조'가 보어 역할을 하는 것으로 보이므로 적절치 않다.

는 전치사이다. 아래 예문들의 '至于'도 '自'와 전후 호응한다. 하지만 여기에서 '至于'는 전치사가 아니라 동사 '至'와 전치사 '于'로 분석할 수 있다.

(1) 自㴉東至于河.(《同簋銘》) 㴉水에서 동쪽으로 黃河까지 이르다.

(2) 惟五月丁亥, 王來自奄, 至于宗周.(《尚書·多方》) 5월 정해일에 왕이 奄나라로부터 와서 宗周 鎬京에 이르렀다.

(3) 王朝步自周, 則至于豐.(《尚書·召誥》) 왕은 아침에 주나라 도읍으로부터 걸어서 豐 땅에 이르렀다.

위 예문들의 '至于'는 바로 전치사 '至于'의 직접적인 연원이라 할 수 있다. 환언하면 위의 구문은 전술한 '自 + 처소명사$_1$ + 至于 + 처소명사$_2$ + VP' 구문의 연원이다. (1)에서 '自'와 '至于'는 하나의 절에 함께 출현하였으며, (2)와 (3)에서 '自'와 '至于'는 두 개의 절에 각각 나뉘어 출현하였다.

'自'는 종종 '于'와 호응하여, 동작이나 행위의 처소 기점과 종점을 나타낸다. 이들은 함께 '自 + 처소명사$_1$ + VP + 于 + 처소명사$_2$'의 구문을 형성한다. 즉 '自'자구조는 위어동사 앞에 출현하여 부사어 역할을 하고, '于'자구조는 위어동사 뒤에 출현하여서 보어가 되는 것이다.

(예) 自雒汭延于伊汭, 居易無固.(《逸周書·度邑解》) 洛水 이북으로부터 伊水 이북까지는 거처하기 용이하고 험준함이 없다.

앞서 언급한 '自㴉東至于河'도 사실 위의 구문에 해당된다고 볼 수 있다. 이러한 관점에서 보면, '自 …… 于 …… ' 구문은 보다 원시적이며 근본적인 형태라 할 수 있고, '自 …… 至于 …… ' 구문은 바로 이 구문에서 한발 더 나아가 파생된 것이다.

② 于 : '于'는 목적어와 함께 '于'자구조를 구성한다. 문장의 보어 또는 부사어가 되어, 동작·행위의 시작처(起始處) 또는 근원(來源)를 나타낸다. '부터, 로부터, 에서(從, 由, 自)' 등으로 번역할 수 있다.

'于'자구조는 보어가 되는 경우가 가장 많다.

(1) 宜民宜人, 受祿于天.(《詩經·大雅·假樂》) 백성과 관리들을 적절히 다스려 하늘로부터 복을

받으셨다.

(2) 予一人惟聽用德, 肆予敢求爾于天邑商.(《尚書·多士》) 나 한 사람은 덕이 있는 자를 들어 쓸 뿐이다. 그러므로 내 감히 그대들을 천읍인 商에서 구하는 것이다.

(3) 惟禍發于人之攸忽, 于人之攸輕.(《逸周書·芮良夫解》) 禍는 사람들이 소홀히 하는 바에서 발생하고, 사람들이 경시하는 바에서 나온다.

(4) 予天命維既, 咸汝克承天休于我有周.(《逸周書·商誓解》) 나의 天命은 이미 정해졌으니 너희들은 우리 주나라로부터 하늘의 아름다움을 이어받을 수 있다.

(5) 故曰: 受列土于周室.(《逸周書·作雒解》) 고로 "주 왕실로부터 봉읍을 나누어 받았다"고 말한다.

(6) 晉如, 愁如, 貞吉. 受茲介福, 于其王母.(《周易·晉卦》) 나아가는 것이 근심스러우나, 곧고 바르게 하면 길하리니, 이 큰 복을 왕모에게서 받으리라.

'于'자구조는 부사어가 될 수도 있다. 다만 용례는 매우 드문 편이다.

(예) 惟吊茲, 不于我政人得罪, 天惟與我民彝大泯亂.(《尚書·康誥》) 이렇게 되면 이에 이르러 우리 관리들에게 죄를 짓지 않더라도 하늘이 우리 백성에게 내린 법이 크게 혼란해질 것이다.

③ 由 : '由'는 목적어와 함께 '由'자구조를 구성한다. 문장의 부사어가 되어 동작·행위의 경로를 나타낸다. ' …… 으로('從', '由')로 번역할 수 있다.

(1) 王麻冕黼裳, 由賓階隮.(《尚書·顧命》) 왕께서는 삼베 면류관을 쓰고 도끼 무늬 바지를 입고서 손님들이 오르는 서쪽 섬돌로부터 올라오셨다.

(2) 太保承介圭, 上宗奉同瑁, 由阼階隮.(《尚書·顧命》) 太保는 큰 홀를 받들고, 上宗은 구슬잔과 구슬덮개를 받들고 동쪽의 섬돌로부터 올라왔다.

3) '어느 곳으로(到何處)'를 나타내는 전치사: '于'

이러한 종류의 전치사로 '于' 한 종류만이 있다.

'于'는 처소어 또는 방위어를 이끌어 '于'자구조를 구성한다. 문장의 보어 또는 부사어가 되며, 동작이나 행위가 도달한 처소를 나타낸다. '…… 으로(到)', '…… 까지(至)' 등으로 번역할 수 있다.

'于'자구조는 일반적으로 문장에서 보어가 되며, 용례도 가장 많다.

(1) 明公朝至于成周.(《令彝銘》) 明公께서 아침에 成周에 도착하셨다.

(2) 王各于庚嬴宮.(《庚嬴卣銘》) 왕께서 庚嬴宮에 도착하셨다.

(3) 唯元年三月丙寅, 王各于大室.(《合晉簋銘》) 원년 삼월 丙寅일에 왕께서 太室에 도착하셨다.

(4) 噩侯馭方率南淮尸東尸, 廣伐南或東23)或, 至于歷內.(《禹鼎銘》) 噩侯 馭方이 南淮夷와 東夷를 거느리고 남국과 동국을 크게 침범하여 歷內까지 이르렀다.

(5) 王命南仲, 往城于方.(《詩經·小雅·出車》) 임금께서 남중에 명하시어, 삭방에 가서 성을 쌓게 하셨다.

(6) 賦政于外, 四方爰發.(《詩經·大雅·烝民》) 밖으로 정사를 펴시어, 온 세상이 이에 호응하였도다.

'于'자구조가 보어가 될 때, 위어의 중심어와 '于'자구조 사이에는 표점을 추가할 수 없다. 하지만 《詩經》에서는 每句 4언의 요구를 충족시키기 위해, 문장이 다소 길어지게 되는 경우 '于'자구조 앞에 표점을 추가하였다. 이때 '于'자구조는 그 자체로 하나의 절을 이루게 된다.

(1) 我出我車, 于彼郊矣.(《詩經·小雅·出車》) 왕께서 내 융거를 내게 하시어 저 교외로 나와.

(2) 迺裹餱糧, 于橐于囊.(《詩經·大雅·公劉》) 마른 밥과 양식을 전대와 자루에 넣는다.

(3) 韓侯迎止, 于蹶之里.(《詩經·大雅·韓奕》) 韓侯가 蹶의 마을에서 아내를 맞이하였다.

'어느 곳으로(到何處)'를 나타내는 '于'와 '어느 곳에서(在何處)'를 나타내는 '于'는 종종 전후의 두 절에서 앞뒤로 출현하여, '甲處에서 무엇을 하고, 乙處에 이르러 또 무엇을 하였음'을 나타낸다.

---

23) [역주] 원서에서는 '北'으로 표기되어 있으나, '東'으로 수정하여 제시한다.

(1) 鶴鳴于九皋, 聲聞于野.(《詩經·小雅·鶴鳴》) 학이 九皋에서 울면, 소리가 들에 들린다.

(2) 鼓鍾于宮, 聲聞于外.(《詩經·小雅·白華》) 궁에서 종을 치면, 소리가 밖에 들리느니라.

(3) 臀困于株木, 入于幽谷, 三歲不覿.(《周易·困卦》) 엉덩이가 그루터기에서 곤궁하니 깊은 골짜기에 들어가 3년 동안 밖을 돌아보지 않는다.

(4) 困于石, 據于蒺藜, 入于其宮, 不見其妻, 凶.(《周易·困卦》) 돌에 곤궁하고 가시나무에 웅거함이라. 그 집에 들어가더라도 처를 보지 못하니 흉하도다.

'어느 곳으로(到何處)'를 나타내는 '于'는 때로는 '어느 곳으로부터(從何處)'를 나타내는 '自'와 전후 호응하여, 한 문장 안에 함께 출현하여 동일 동작의 처소 기점과 종점을 표시하기도 하고, 혹은 두 개의 절에 각각 출현하여 '甲處에서부터 무엇을 하기 시작했으며 乙處에 이르러 또 무엇을 했는지'를 나타내기도 한다.

(1) 自彼殷商, 來嫁于周.(《詩經·大雅·大明》) 저 殷商으로부터 周에 시집오셨다.

(2) 出自幽谷, 遷于喬木.(《詩經·小雅·伐木》) 깊은 골짜기에서 나와 높은 나무로 올라가도다.

(3) 王朝步自周, 則至于豐.(《尚書·召誥》) 왕은 아침에 주나라 도읍으로부터 걸어서 豐 땅에 이르렀다.

'于'자구조는 또한 위어의 중심어 앞에 출현하여 부사어가 될 수도 있다. 이때 '于'의 목적어는 모두 단음절이며, 그중 일부는 대사(代詞)이다.

(1) 于周受命, 自召祖命.(《詩經·大雅·江漢》) 소공 선조가 명을 받은 것을 따라 岐周에 가서 명을 받드시오.

(2) 如彼築室于道謀, 是用不潰于成.(《詩經·小雅·小旻》) 집을 지으려는 사람이 길 가던 사람과 설계하는 것 같이 하니, 그래서 끝내 잘되지 않는 것일세.

(3) 明夷于南狩, 得其大首, 不可疾貞.(《周易·明夷》) 明夷가 남쪽으로 사냥하여 그 큰머리를 얻으니, 급히 바르게 할 수 없음이라.

(4) 我視謀猶, 伊于胡底.(《詩經·小雅·小旻》)(내 계책을 보건대 어디에 이르겠는가.[24]

(5) 有鳥高飛, 亦傅于天. 彼人之心, 于何其臻.(《詩經·小雅·菀柳》) 높이 나는 새가 있으니 또한 하늘에 이른다. 저 사람의 마음은 어디에 이를까.

24) 底: '厎'와 같다. '이르다(至)'임.

이와 관련하여 《詩經》에서만 보이는 문법현상이 있다. 바로 위어의 중심어가 '于'자 뒤에 출현하고 처소어구는 '于'자의 앞에 출현하는 '처소구＋于＋위어'의 구문이 보인다. 다만 이 현상은 《詩經》에서만 보이는데, 이는 격률의 요구를 충족시키거나 시적 풍미를 높이기 위해 취한 어순 변동으로 볼 수 있다.

> (예) 申伯信邁, 王餞于郿. 申伯還南, <u>謝于誠歸</u>.(《詩經·大雅·崧高》) 申伯이 진실로 자기 나라로 가니 임금께서 郿 땅까지 전송하셨다. 신백이 남쪽으로 돌아가 謝읍으로 진실로 귀환하였다.[25]

3 범위, 방면을 이끄는 전치사

이러한 종류의 전치사로 '于'와 '越'이 있다.

① 于 : '于'는 목적어와 함께 '于'자구조를 구성한다. 위어의 중심어 뒤에 출현하여 보어가 되며 동작·행위·상황이 발생하거나 출현하는 범위와 방면을 나타낸다. ' …… 의 방면에서(在 …… 方面)', ' …… 에서(在 …… 中)' 등으로 번역할 수 있다.

> (1) 淑慎爾止, 不愆<u>于儀</u>.(《詩經·大雅·抑》) 네 행동거지를 선하게 하고 삼가 威儀에 허물이 없게 할지어다.
>
> (2) 其在于今, 興迷亂<u>于政</u>.(《詩經·大雅·抑》) 지금 정사에 미혹되고 어지러움을 숭상한다.
>
> (3) 故乃明<u>于刑之中</u>.(《尚書·呂刑》) 그러므로 형벌의 알맞음에 힘쓴다.[26]
>
> (4) 嗚呼! 繼自今嗣王, 則其無淫<u>于觀</u><u>于逸</u><u>于游</u><u>于田</u>.(《尚書·無逸》) 아아! 이제부터 왕위를 계승하는 왕들은 관람과 안일함과 유람과 사냥에 지나치게 빠지지 마소서.
>
> (5) 不腆<u>于酒</u>.(《尚書·酒誥》) 술에 빠지지 않는다.
>
> (6) 文王不敢盤<u>于游田</u>.(《尚書·無逸》) 문왕께서는 감히 돌아다니며 사냥하는 것을 즐기지 않으셨다.

② **越** : '越'은 목적어와 함께 '越'자구조를 구성한다. 위어의 중심어 뒤에 출현하여, 동

---

25) '謝于誠歸'는 '誠歸于謝'를 가리킨다.
26) 明: 노력하다(努力).

작·행위의 발생 범위를 나타낸다. '…… 에서(在 …… 中)'으로 번역할 수 있다. 그 예는
다음과 같다.

> (예) 祗保越怨, 不易.(《尙書·酒誥》) 단지 원한에 안주하며 바꾸지 아니하다.[27]

4 대상을 이끄는 전치사

대상을 이끄는 전치사들은 대상의 종류에 따라 다시 아래의 몇 종류로 나뉠 수 있다.
첫 번째는 동작·행위의 '영향대상', 두 번째는 동작·행위의 '방향대상', 세 번째는 동작·
행위의 '수여대상', 네 번째는 동작·행위의 '관련대상', 다섯 번째는 동작·행위의 '수혜대
상', 여섯째는 '비교대상', 일곱째는 '처치대상'이다.

1) 영향대상을 이끄는 전치사

이러한 종류의 전치사로 '及', '于', '及于' 등이 있다.

① 及 : '及'은 목적어와 함께 '及'자구조를 구성한다. 위어의 중심어 뒤에 출현하여 보어
가 되며, 동작·행위가 영향을 미치는 대상이나 범위를 나타낸다. '…… 에게, …… 를 향해
(到, 及)' 등으로 번역할 수 있다.

> (1) 亦云可使, 怨及朋友.(《詩經·小雅·雨無正》) 또 부릴 수 있다고 일컬어지면 원망이 벗에게
>   이른다.
> (2) 內奰于中國, 覃及鬼方.(《詩經·大雅·蕩》) 안으로 中國에서 노여움을 받았는데, 그것이 오
>   랑캐 땅으로 퍼진다.[28]
> (3) 之綱之紀, 燕及朋友.(《詩經·大雅·假樂》) 綱이 되며 紀가 되어 朋友를 편안하게 한다.[29]
> (4) 燕及皇天, 克昌厥後.(《詩經·周頌·雝》) 편안히 황천에 이르러, 그 자손을 번창하게 하시네.

---

27) 祗: 단지(只). 保: 안주하다(安). 易: 바꾸다(改变).
28) 覃: 연장되다, 퍼지다(延长).
29) 燕: 편안하다(安).

② 于 : '于'는 목적어와 함께 '于'자구조를 구성한다. 위어의 중심어 뒤에 출현하여 보어가 되며, 동작·행위가 영향을 미치는 대상이나 범위를 나타낸다. ' …… 에게, …… 를 향해 (到, 及)' 등으로 번역할 수 있다.

(1) 旣受帝祉, 施于孫子.(《詩經·大雅·皇矣》) 이미 상제의 복을 받아 자손에게 뻗치셨도다.[30]

(2) 迪惟前人光施于我沖子.(《尙書·君奭》) 오직 옛 분들의 빛을 우리 어린 분에게까지 미치게 할 뿐이오.

③ 及于 : '及'과 '于'는 경우에 따라 연용(連用)되어 동작·행위가 영향을 미치는 대상을 나타낸다. 그 예는 다음과 같다.

(예) 蚩尤惟始作亂, 延及于平民.(《尙書·呂刑》) 蚩尤가 처음으로 난을 일으켜 평민에게까지 미쳤다.

2) 방향대상을 이끄는 전치사

이러한 종류의 전치사로 '于', '由'가 있다.

① 于 : '于'는 목적어와 함께 '于'자구조를 구성한다. 위어의 중심어 뒤에 출현하여 보어가 되며, 동작·행위가 향하는 대상을 나타낸다. 즉 동작·행위가 누구를 향하여 일어나는지를 나타낸다. ' …… 를 향하여(向)'로 번역할 수 있다.

(1) 經營四方, 告成于王.(《詩經·大雅·江漢》) 사방을 경영하여, 왕에게 성공했음을 아뢰도다.

(2) 釐爾圭瓚, 秬鬯一卣. 告于文人, 錫山土田.(《詩經·大雅·江漢》) 너에게 圭瓚과 기장술 한 동이를 내려주며, 문인에게 고하여 산과 토지를 하사하노라.

(3) 割殷, 告敕于帝.(《尙書·多士》) 은나라를 끊어 바로잡는 일을 하늘에 고하셨다.

(4) 方告無辜于上.(《尙書·呂刑》) 비로소 그 무고함을 하늘에 고하였다.

(5) 告于天于稷.(《逸周書·世俘解》) 하늘과 조상에게 제사를 지냈다.

(6) 赤帝大懾, 乃說于黃帝.(《逸周書·嘗麥解》) 염제가 몹시 두려워, 황제에게 구원을 청하였다.

---

30) 施: 音yì, 延续.

② 由 : 전치사 ‘由’는 목적어와 함께 ‘由’자구조를 구성한다. 위어의 중심어 뒤에 출현하여 보어가 되며, 동작·행위가 누구를 향하여 일어나는지를 나타낸다. ‘ …… 를 향하여(向)’로 번역할 수 있다.

(예) 別求聞<u>由古先哲王</u>, 用康保民.(《尚書·康誥》) 따로 옛 어진 임금님들을 향해 듣기를 구하여 백성들을 편안히 보호하라.

이러한 용법의 ‘由’는 매우 드문 편이다.

3) 수여대상을 이끄는 전치사

이러한 종류의 전치사로 ‘于’, ‘以’가 있다.

① 于 : ‘于’는 목적어와 함께 ‘于’자구조를 구성한다. 위어의 중심어 뒤에 출현하여 보어가 되며, 교부 및 전달의 접수자(接受者)를 나타낸다. ‘ …… 에게(給)’로 번역할 수 있다.

(1) 王降征令<u>于大保</u>.(《大保簋銘》) 왕께서 太保에게 토벌 명령을 내리셨다.
(2) 格白受良馬乘<u>于倗生</u>.(《格伯簋銘》) 格伯이 倗生에게 말 네 필을 주었다.[31]
(3) 子白獻馘<u>于王</u>.(《虢季子白盤銘》) 子白이 적에게서 베어낸 왼쪽 귀(혹은 머리)를 왕께 바쳤다.
(4) 乍冊夨令尊宜<u>于王姜</u>.(《令簋銘》) 作冊 夨令이 王姜께 풍성한 음식을 바쳤다.
(5) 祭以清酒, 從以騂牡, 享<u>于祖考</u>.(《詩經·小雅·信南山》) 청주로 제사를 하고 이어서 붉은 희생을 올려 祖考에게 제사를 지낸다.
(6) 刑<u>于寡妻</u>, 至于兄弟, 以御<u>于家邦</u>.(《詩經·大雅·思齊》) 문왕이 正妻에 본을 보였을 뿐만 아니라, 형제에게도 본을 보였으며, 나라를 훌륭하게 다스리셨다.

《詩經》에서는 每句 4언의 요구를 충족시키기 위해, ‘于’자구조 자체가 하나의 절을 이루기도 한다. 후인들은 이러한 ‘于’ 앞에 표점을 추가하였다. 산문에서 이러한 처리법은 허용되지 않는다.

---

31) [역주] 원서에서는 ‘格白’ 뒤의 글자를 ‘受’로 보고 ‘授’의 뜻으로 해석했다. 그러나 이 글자의 원래 자형은 ‘取’이며, 해석 또한 ‘格伯이 倗生에게서 말 네 필을 얻었다’로 수정되어야 한다.

(예) 禴祠烝嘗, 于公先王.(《詩經·小雅·天保》) 종묘제사인 약, 사와 증, 상을 선공과 선왕께 올리다.[32]

② 以 : '以'는 목적어와 함께 '以'자구조를 구성한다. 위어의 중심어 뒤에 출현하여 보어가 되며, 교부 및 전달의 접수자(接受者)를 나타낸다. ' …… 에게(给)'로 번역할 수 있다.

(예) 神之聽之, 式穀以女.(《詩經·小雅·小明》) 신이 네 소원을 들어 복록을 너에게 주리라.)[33]

4) 관련대상(所對對象)을 이끄는 전치사: '于'

이러한 종류의 전치사로 '于'가 있다.

'于'는 목적어와 함께 '于'자구조를 구성한다. 위어 중심어의 앞 또는 뒤에 출현하여, 부사어 또는 보어가 된다. 사람이나 사물과 행위 사이의 관련(對待)관계를 나타낸다. ' …… 에게(给)', ' …… 에 대하여(對于)'로 번역할 수 있다.

(1) 侯服于周, 天命靡常.(《詩經·大雅·文王》) 주나라에 복종하니 천명은 일정하지 않도다.
(2) 我聞其聲, 不見其身. 不愧于人, 不畏于天.(《詩經·小雅·何人斯》) 내 그 소리는 들었고, 그 몸은 보지 못하였노라. 사람에게는 부끄럽지 않거니와 하늘에게는 두렵지 아니한가.
(3) 皇帝清問下民, 鰥寡有辭于苗.(《尚書·呂刑》) 황제께서 낮은 백성들에게 겸허히 물으시니, 홀아비와 과부들이 苗나라를 원망하는 말이 있었다.
(4) 綏爾先公之臣服于先王.(《尚書·康王之誥》) 그대들의 선공이 선왕께 신하로서 일했던 것을 편히 여기시오.
(5) 亦無或刑于鰥寡.(《逸周書·嘗麥解》) 또한 홀아비, 과부에게도 형벌을 주지 말아라.

'于'자구조는 위어의 중심어의 앞 또는 절의 앞에 출현하여 부사어 또는 문두부사어가 될 수 있다.

---

32) [역주] 종묘의 제사에서, 봄을 '祠', 여름을 '禴', 가을을 '嘗', 겨울을 '烝'이라 한다.
33) 穀: '복록을 하사하다' 의미의 동사로 쓰였다.

(1) 上帝旣命, 侯于周服.(《詩經·大雅·文王》) 상제가 이미 명하셨느니라. 주나라에 복종하도다.

(2) 于民之中, 尚明聽之哉!(《尚書·呂刑》) 백성들의 소송 안건에 대하여 밝게 처리하십시오![34]

5) 수혜대상을 이끄는 전치사

이러한 종류의 전치사로 '于', '爲' 등이 있다.

① 于 : '于'는 목적어와 함께 '于'자구조를 구성한다. 위어의 중심어 뒤에 출현하여 보어가 되며, 동작·행위가 누구를 위하여 발생했는지를 나타낸다. ' …… 을 위하여(爲, 替)'로 번역할 수 있다.

(1) 乃命三后, 恤功于民.(《尚書·呂刑》) 그리고 세 임금들에게 명하여 신중하게 백성을 다스리게 하셨다.[35]

(2) 周公敬念于後.(《逸周書·作雒解》) 주공은 삼가 후세를 위해서 도모하였다.[36]

(3) 武人爲于大君.(《周易·履卦》) 무인이 군주를 위해 온 힘을 다하다.[37]

② 爲 : '爲'는 목적어와 함께 '爲'자구조를 구성한다. 위어의 중심어 앞에 출현하여 부사어가 되며, 동작·행위가 누구를 위하여 발생했는지를 나타낸다. ' …… 을 위하여(爲, 替)'로 번역할 수 있다.

(예) 蹶父孔武, 靡國不到. 爲韓姞相攸, 莫如韓樂.(《詩經·大雅·韓奕》) 蹶父가 매우 건장하여 이르지 않은 나라가 없다. 韓姞을 위하여 시집보낼 곳을 보니 韓나라만큼 즐거운 곳이 없구나.[38]

---

34) 中: 소송 안건의 판결문.
35) 恤功于民: 신중하게 백성을 다스리다.
36) 念於後: 후세를 위하여 도모하다.
37) 爲於大君: 군주를 위해 온 힘을 다하다, 爲: 온 힘을 다하다, 힘쓰다.
38) 攸: 머무를 곳.

6) 비교대상을 이끄는 전치사

이러한 종류의 전치사로 '于'가 있다.

'于'는 목적어와 '于'자구조를 구성한다. 위어의 중심어로 쓰인 형용사 뒤에 출현하여 보어가 되며, 정도 또는 상태의 비교를 나타낸다. ' …… 보다(比)'로 번역할 수 있다.

(1) 罰懲非死, 人極于病.(《尙書·呂刑》) 벌금으로 징계함은 죽는 것은 아니지만 사람들은 병에 드는 것보다 괴로워한다.[39]

(2) 藩決不羸, 壯于大輿之輹.(《周易·大壯》) 울타리가 터지지만 다치지 아니한다. 큰 수레의 바퀴살보다 견실하도다.[40]

7) 처치(涉及)대상을 이끄는 전치사

이러한 종류의 전치사로 '以'가 있다.

'以'는 목적어와 '以'자구조를 구성한다. 위어의 중심어 뒤에 출현하여 보어가 되며, 동작·행위의 처치대상을 나타낸다. ' …… 을(把)'로 번역할 수 있다.

(예) 乃克立玆常事司牧人, 以克俊有德.(《尙書·立政》) 이에 능히 덕이 있는 준걸을 능히 항상 일을 맡을 목인으로 세웠다.

이러한 종류의 '以'는 목적어를 생략할 수 있다.

(1) 以爲天下之大湊.(《逸周書·作雒解》) 그것을 천하의 큰 도시로 만들었다.[41]

(2) 咸, 太史乃藏之盟府, 以爲歲典.(《逸周書·嘗麥解》) 모두 마치고 태사는 그것들을 盟府에 소장하여 그 해의 중요한 자료로 만들었다.

(3) 士師用受其薎, 以爲之資.(《逸周書·嘗麥解》) 때문에 士師는 제사 고기를 받아 그의 자산으로 삼았다.[42]

---

39) 極: 괴롭다.

40) 壯: 견실하다.

41) 大湊: 대도시(大都會).

5 피동작주를 이끄는 전치사

이러한 종류의 전치사로 '于', '越', '在', '用', '以', '自' 등이 있다.

① 于 : '于'는 목적어와 함께 '于'자구조를 구성한다. 위어의 중심어 앞 또는 뒤에 출현하여 부사어 또는 보어가 되며, 동작·행위의 직접적인 처치(涉及)대상을 나타낸다. 대부분의 경우 번역할 필요는 없으며, 경우에 따라 ' …… 을(把)'로 번역할 수 있다. 현대한어에서 동사의 피동작주는 일반적으로 전치사 없이 나타낼 수 있지만, 서주한어에는 전치사 '于'를 사용한 용례가 비교적 많이 보인다. '于'자구조는 위어의 중심어 뒤에 출현하여 문장의 보어가 되는데, 이와 같은 용례는 비교적 많이 발견된다.

(1) 胡不相畏, 不畏于天.(《詩經·小雅·雨無正》) 어찌 서로 두려워하지 않는가, 하늘을 두려워하지 않는가.

(2) 百辟卿士, 媚于天子. 不解于位, 民之攸墍.(《詩經·大雅·假樂》) 모든 제후와 卿士들이 천자를 사랑하고 자리에 태만하지 아니하여 백성들이 편히 쉬게 되리라.[43]

(3) 無棄爾輔, 員于爾輻.(《詩經·小雅·正月》) 덧방나무를 버리지 말고, 바퀴살을 더욱 늘려라.[44]

(4) 刑于寡妻, 至于兄弟, 以御于家邦.(《詩經·大雅·思齊》) 문왕이 正妻에 본을 보였을 뿐만 아니라, 형제에게도 본을 보였으며, 나라를 훌륭하게 다스리셨다.[45]

(5) 以篤于周祜, 以對于天下.(《詩經·大雅·皇矣》) 주나라의 복(福)을 돈독하게 하여 천하에 보답하시니라.[46]

(6) 廼陟南岡, 乃覯于京.(《詩經·大雅·公劉》) 남쪽 등성이에 올라 京丘를 보노라.

일부 '于'는 이중목적어 중의 직접목적어를 이끌기도 하는데, 이 경우도 피동작주를 이끄는 것으로 볼 수 있다. 이러한 '于'는 ' …… 을(以, 把)' 등으로 번역할 수 있다.

---

42) 士師: '士史'라고도 하며, 법령과 형벌에 관한 일을 맡던 재판관을 가리킨다.

43) 媚: 사랑하다.

44) 員: 더하다.

45) 御: 다스리다.

46) 篤: 공고하게 하다.

(예) 朕教汝于棐民彝.(《尚書·洛誥》) 짐이 그대에게 백성을 돕는 常法을 가르친다.

　'于'자구조는 위어의 중심어 앞에 출현하여 부사어가 되기도 한다. 이러한 종류의 '于'는 일반적으로 '······ 을(把)'로 번역할 수 있다. 아래의 예문들은 서주시대의 '把'자문으로 볼 수 있다.

　(1) 予曷敢不于前寧人攸受休畢!(《尚書·大誥》) 내 어찌 감히 예전 나라를 편하게 하신 분들이 받으신 아름다운 命을 완성하지 않겠는가.
　(2) 予曷其不于前寧人圖功攸終?(《尚書·大誥》) 내 어찌 옛 나라를 편히 하신 분들이 꾀하던 일을 끝맺지 않을 수 있겠는가?[47]
　(3) 于宗禮亦未克救.(《尚書·洛誥》) 宗禮 또한 아직 마칠 수 없습니다.[48]
　(4) 斯小國于有命不易.(《逸周書·商誓解》) 우리 이 작은 나라는 命을 바꾸지 않을 것이다.[49]
　(5) 篤公劉, 于京斯依.(《詩經·大雅·公劉》) 후덕하신 公劉, 京丘에 기거하시니[50]

　② 越：'越'은 목적어와 함께 '越'자구조를 구성한다. 위어의 중심어 뒤에 출현하여 보어가 되며, 동작·행위의 직접적인 처치(涉及)대상을 나타낸다. 번역할 필요는 없다.

　(예) 對越在天, 駿奔走在廟.(《詩經·周頌·清廟》) 하늘에 계신 분을 마주 대하고, 사당에 계신 신주를 매우 분주히 받든다.[51]

　③ 在：'在'의 용법은 상술한 '越'과 같다.

　(예) 不廢在王命.(《尚書·康誥》) 왕명을 멈추지 않는다.[52]

　④ 用：'用'은 목적어와 함께 '用'자구조를 구성한다. 위어의 중심어 뒤에 출현하여 보어가 된다.

---

47) 終: 마치다.
48) 救: 마치다.
49) 易: 바꾸다.
50) 依: 의지하다.
51) 對越在天: 멀리 하늘에 있는 문왕의 신령을 마주한다.
52) 廢: 멈추다.

(예) 明昭上帝, 迄用康年.(《詩經·周頌·臣工》) 밝고 빛나는 상제께서 풍년을 내려주시도다.[53]

'用'은 이중목적어 중의 직접목적어를 이끌기도 한다. 이때 직접목적어는 피동작주에 해당된다.

(1) 天惟式敎我用休.(《尚書·多方》) 하늘은 이에 아름다운 命을 우리에게 주셨다.

(2) 益之用凶事, 無咎.(《周易·益卦》) 더함을 흉사에 쓰면 허물이 없다.[54]

(3) (東宮)[55]乃或即㸚用田二.(《㸚鼎銘》) 東宮이 이에 㸚에게 경작지 이 田을 주었다.

(4) 用矢𢾭[56]散邑, 乃即散用田.(《散氏盤銘》) 矢國이 散國을 침략했기 때문에 경작지를 散國에 돌려주어야 한다.

⑤ 以 : 전치사 '以'는 목적어와 '以'자구조를 구성한다. 위어의 중심어 앞 또는 뒤에 출현하여 문장의 부사어 또는 보어가 되며, 동작·행위의 직접적인 처치(涉及)대상을 나타낸다. '……을(把)'로 번역할 수 있으며, 때로는 번역하지 않는 경우도 있다. '以'자구조가 위어의 중심어 뒤에 출현하여 보어가 되는 예는 비교적 많이 보인다.

(1) 綏我眉壽, 介以繁祉.(《詩經·周頌·雝》) 나를 오래 살게 하시고 많은 복락을 내려주시었네.[57]

(2) 烈文辟公, 綏以多福.(《詩經·周頌·載見》) 훌륭한 제후들이 많은 복으로 편안히 하였네.[58]

(3) 天惟求爾多方, 大動以威.(《尚書·多方》) 하늘은 그대들 여러 나라를 문책하시고, 크게 위엄을 움직이시었다.[59]

(4) 皇天哀禹, 賜以彭壽.(《逸周書·嘗麥解》) 하늘은 禹를 불쌍히 여겨 彭壽를 하사하셨다.

---

53) 迄: 주다. 하사하다.

54) 益: 더하다(加給).

55) [역주] 원서에서는 생략된 주어를 '東宮'으로 보았으나, 명문 중에 출현하는 '匡季'로 보는 견해도 다수이다.

56) [역주] 원서에서는 '業'으로 표기되어 있으나, 원래 자형은 '𢾭'으로, '撲'(치다, 침략하다), '薄'(이르다), '踐'(밟다) 등과 통하는 것으로 본다.

57) 介: 돕다, 하사하다.

58) 綏: 하사하다.
  [역주] '綏'는 '편안히 하다'라는 의미도 있다.

59) 大動以威: 그 위엄을 크게 움직이다.

(5) 敬思以德, 備乃禍難.(《逸周書·芮良夫解》) 삼가 덕을 행할 것을 생각하고, 너희들의 재앙을 항상 대비하라.

(6) 百韋至, 告以禽宣方.(《逸周書·世俘解》) 百韋가 이르러 宣方의 군주를 사로잡았음을 아뢰었다.

'以'는 이중목적어 중의 직접목적어를 동사에 소개시킬 수도 있다.

(예) 余獻婦氏以壺.(《五年琱生簋銘》) 나는 婦氏께 단지를 바쳤다.

'以'자구조는 위어의 중심어 앞에 출현하여 부사어가 될 수도 있다.

(예) 告君, 乃猷裕我, 不以後人迷.(《尚書·君奭》) 군에게 나를 넉넉히 꾀해주기를 고하노니 뒷사람들을 미혹시키는 것을 바라지 않는다.60)

'以'의 목적어는 '以' 앞에 출현할 수도 있다. 여기에서 '以'는 여전히 피동작주를 동사에 소개하는 역할을 한다.

(1) 醓醢以薦. 或燔或炙.(《詩經·大雅·行葦》) 젓국과 육젓으로 올리며, 혹 고기도 굽고 혹 적도 굽는다.

(2) 其繩則直, 縮版以載, 作廟翼翼.(《詩經·大雅·緜》) 그 먹줄이 곧거늘 판자를 묶어세우니 지은 사당이 엄정하도다.61)

⑥ 自 : '自'는 목적어와 함께 '自'자구조를 구성한다. 문장의 보어가 되어, 동작·행위의 직접적인 처치(涉及)대상을 나타낸다. '于'로 번역할 수 있으며, 때로는 번역하지 않을 수도 있다.

(1) 無有遘自疾.(《尚書·洛誥》) 병폐를 만남이 없도다.

(2) 念自先王先公, 乃妹克衣, 告剌成工.(《沈子它簋銘》) 선왕과 조상님을 마음에 기리시고, 끝내 업적에 큰 성공을 고하셨다.

---

60) 迷: 미혹시키다.
61) 縮版: 곧은 판자. 載: 세우다. 縮版以載: 곧은 판자를 세우다.

6 행위주를 이끄는 전치사

이러한 종류의 전치사 가운데 주요한 것으로 '于', '越', '自', '由' 등이 있다.

① 于 : '于'는 목적어와 함께 '于'자구조를 구성한다. 위어의 중심어 뒤에 출현하여 보어가 되며 피동(被動)을 나타낸다. '于'는 동작·행위의 행위주를 이끌며 ' …… 당하다(被)'로 번역할 수 있다.

(1) 丕顯皇考惠叔, 穆穆秉元明德, 御于厥辟[62].(《虢叔旅鐘銘》) 찬란히 빛나시고 영명하신 先父이신 惠叔께서는 엄숙하게 크고 밝은 덕을 갖추셨고, 그 임금에 의해 중용되셨다[63].

(2) 侯[64]作冊麥易金于辟侯, 麥揚, 用作寶尊彝.(《麥尊銘》) 作冊 麥은 군주인 邢侯께 동을 하사받았으니, 麥은 (邢侯를) 찬양하여 귀중한 祭器를 제작하였다.

(3) 中乎歸生鳳[65]于王, 藝于寶彝.(《中鼎銘》) 中이 왕에 의해 호출이 되어 새를 선물로 받았고, 이를 귀중한 祭器에 기록하였다.[66]

(4) 余蟲于君氏大章, 報婦氏帛束、璜.(《五年琱生簋銘》) 내가 君氏께 큰 笏을 하사받고[67], 婦氏께는 비단 한 속과 璜으로 보답하였다.[68]

(5) 不顯不承, 無射於人斯.(《詩經·周頌·淸廟》) 나타나지 아니할까 받들지 아니할까, 사람들에게 미움을 사지 않으셨다.[69]

(6) 時則有若伊尹, 格于皇天.(《尙書·君奭》) 그때에는 伊尹 같은 이가 있어 황천을 감동시켜 강림케 하였습니다.

---

62) [역주] 원서에서는 맨 끝 두 글자가 '天子'로 표기되어 있으나, '厥辟'으로 수정하여 제시한다.

63) [역주] 원서에서는 '御于厥辟'을 피동으로 해석하지만, 이를 능동문으로 보아 '그 임금을 모셨다'로 해석하는 견해가 우세하다.

64) [역주] '侯'는 앞 구문과 붙여 읽는 것이 옳다.

65) [역주] '生鳳'에 대해서는 '고대인들이 南洋의 극락조를 부르는 명칭'이라는 견해와 '봉황을 이르는 고대인들의 방언'이라는 견해가 있다.

66) [역주] 제5장 제5절에서는 이 구문을 겸어문으로 분석하고 있다.

67) [역주] 이 구문을 피동문이 아닌 능동문으로 보아 '나는 君氏께 큰 홀(笏)을 바쳤다'로 해석하는 견해도 있다.

68) [역주] '蟲'는 '惠'로 읽으며, '賞賜'의 의미이다.

69) 毛亨은 "無射於人斯"에 대하여 "不見厭於人矣(사람들에게 미움을 받지 않는다.)"라고 주석하였다.

일부 '于'는 동작·행위의 행위주가 아닌 성질·상태의 주체를 이끌기도 한다. 행위주를 이끄는 '于'와 매우 유사하기 때문에 여기에서 함께 언급한다.

(1) 壯於趾, 征凶.(《周易·大壯》) 발끝이 왕성하고 힘이 있으니, 정벌하면 흉할 것이다.[70]

(2) 壯于前趾, 往不勝為咎.(《周易·夬卦》)) 발이 나아감이 씩씩하나, 가더라도 이기지 못하니 허물이 될 것이다.

② **越** : '越'은 목적어와 함께 '越'자구조를 구성한다. 위어의 중심어 앞에 출현하여 부사어가 된다. '越'은 동작·행위의 행위주를 이끌며 ' …… 가(由)'로 번역할 수 있다.

(예) 肆予曷敢不越卬敉寧王大命.(《尚書·大誥》) 그러므로 어찌 감히 내가 나라를 편하게 하신 선왕의 큰 命을 마치지 않겠는가.[71]

③ **自** : '自'는 목적어와 함께 '自'자구조를 구성한다. 위어동사(謂語動詞) 앞에 출현하여 부사어가 된다. '自'는 동작·행위의 행위주를 이끌며 ' …… 가(由)'로 번역할 수 있다.

(1) 自天祐之, 吉, 无不利.(《周易·大有》) 하늘이 그것을 도우니 길하며 불리함이 없을 것이다.

(2) 保右命之, 自天申之.(《詩經·大雅·假樂》) 보호하며 도우며 명하시고 하늘이 거듭하셨다.

'自'는 때에 따라 '至于'와 전후 호응하여 '自 …… 至于 …… '의 고정형식을 구성하고, 행위주의 시작과 종료의 범위를 나타낸다.

(1) 自成湯至于帝乙, 罔不明德恤祀.(《尚書·多士》) 湯임금으로부터 帝乙에 이르기까지는 덕을 밝히고 제사를 공경하지 않음이 없었다.

(2) 自成湯咸至于帝乙, 成王畏相, 惟御事, 厥棐有恭, 不敢自暇自逸, 矧曰其敢崇飲? (《尚書·酒誥》) 湯임금으로부터 帝乙에 이르기까지 모두 왕업을 이루고 경외하며 성찰하였다. 일을 맡은 사람들은 도움을 공경히 하여 감히 스스로 한가하고 스스로 편안하지 아니하였으니, 하물며 그 감히 술 마시는 일을 숭상하였다고 하겠는가.[72]

---

70) 壯於趾: 발끝이 왕성하고 힘이 있다(足趾強壯有力).

71) 卬: 나(我).

72) '成王'은 '왕업(王業)을 이루다'이고, '畏相'는 '경외하고 성찰하다(畏敬省察)'이고, '御事'는 '일을

'自'는 때에 따라 '及'과 전후 호응하여 '自 …… 及 …… '의 형식을 구성한다. 하지만 그 의미는 행위주의 시작과 종료의 범위가 아니라, 성질·상태 주체의 시작과 종료의 범위이다.

(예) 自殷王中宗及高宗及祖甲及我周文王, 玆四人迪哲.(《尚書·無逸》) 은나라 왕인 中宗으로부터 高宗과 祖甲과 우리 주나라 文王에 이르기까지 이 네 분께서 이치에 밝고 영민하였습니다.[73]

경우에 따라 '以至于'는 고정형식 '自 …… 至于 …… '와 동일한 역할을 수행하기도 한다.

(예) 其善臣以至于有分私子, 苟克有常, 罔不允通, 咸獻言在于王所.(《逸周書·皇門解》) 좋은 신하(善臣)로부터 직분이 있는 서자에 이르기까지 만약 능히 꾸준함이 있을 수 있다면 통달하지 못하는 바가 없다. 그러면 모두 조정에 진언을 할 수 있다.[74]

④ 由 : '由'는 목적어와 함께 '由'자구조를 구성하여 문장의 보어가 된다. '由'는 동작·행위의 행위주를 이끌며, 본래의 글자와 같이 ' …… 가(由)'로 번역할 수 있다.

(예) 噂沓背憎, 職競由人.(《詩經·小雅·十月之交》) 앞에서는 친한 척 많은 말 하다가 돌아서면 비방하네. 사람들은 주로 다투기만 하는구나.[75]

7 수반자를 이끄는 전치사

이러한 종류의 전치사로 '與', '及', '暨(泉)', '以', '于' 등 5개가 있다.

① 與 : '與'는 목적어와 함께 '與'자구조를 구성한다. 일반적으로 부사어가 되며, 동작·행위에 참여하는 행위주 주체(비록 참여하는 동작주이지만 자발적 제의자가 아닌 단순 수반자(伴随者))를 나타낸다. ' …… 와(跟, 同)'로 번역할 수 있다.

처리하다'이고, '棐'는 '돕다'이고, '崇飮'은 '마음껏 마시다'이다.

73) 迪哲: 이치에 밝고 영민하다.

74) 有分私子: 직분이 있는 서자(庶子).

75) '職'는 '주로', '競'은 '다투다', '職競由人'은 '사람들이 주로 경쟁하기만 한다.'이다.

(예) 我有好爵, 吾與爾靡之.(《周易·中孚》) 나에게 좋은 술이 있으니, 나는 그대와 그것을 함께 할 것이다.

전치사 '與'의 목적어는 전치(前置)할 수도 있다.

(예) 凡天智玉, 武王則寶與同.(《逸周書·世俘解》) 그 天智玉은 무왕이 보배와 같이 여겼다.76)

전치사 '與'의 목적어는 종종 생략될 수 있다. 다만 이 경우 전후 문맥을 통해 생략된 성분이 무엇인지를 알 수 있다.

(1) 乃設丘兆于南郊, 以祀上帝, 配以后稷, 日月星辰先王皆與食.(《逸周書·作雒解》) 또 南郊에 丘兆를 설치하고 상제께 제사를 지냈는데 후직을 함께 배향하였다. 일월성신과 선왕들이 모두 함께 제사를 받았다.77)

(2) 此邦之人, 不可與明.(《詩經·小雅·黃鳥》) 이 나라 사람들이 더불어 맹약을 할 수 없도다.

(3) 彼譖人者, 誰適與謀.(《詩經·小雅·巷伯》) 저 남을 참소하는 자여 누가 그에게 가서 함께 모함하는가.

(4) 乃眷西顧, 止維與宅.(《詩經·大雅·皇矣》) 이에 眷然히 서쪽을 돌아보시고서 여기서 함께 머물게 되시었다.

② 及 : 전치사 '及'은 목적어와 함께 '及'자구조를 구성한다. 일반적으로 문장의 부사어가 된다. '及'은 수반자 즉 동작·행위에 참여하는 행위주 주체를 이끈다. ' …… 와(跟, 同)', ' …… 와 함께(跟 …… 一起)' 등으로 번역할 수 있다.

(1) 面相誣蒙, 及爾顛覆.(《逸周書·芮良夫解》) 드러내고 서로 속이며, 상대와 함께 서로 괴롭힌다.

(2) 昊天曰明, 及爾出王.(《詩經·大雅·板》) 昊天이 매우 밝으니 그대와 함께 나가고 왕래한다.78)

(3) 我雖異事, 及爾同僚.(《詩經·大雅·板》) 내가 비록 하는 일은 다르나 너와 더불어 동료로다.

(4) 及爾如貫, 諒不我知.(《詩經·小雅·何人斯》) 너와 서로 연결되어 있는 것과 같은데, 진실로 나를 모른다고 하는구나.

---

76) 寶與同: 보배와 동일하게 여기는 것.
77) 食: 제사를 받는 것.
78) 王: 가다(往).

(5) 女及戎大敦搏.(《不其簋銘》) 그대와 玁狁은 격렬한 전투를 벌였다.

그리고 《詩經》에서는 每句 4언의 요구를 충족시키기 위해, 때로는 '及'자구조 자체가 하나의 절을 이루기도 한다. 이때 위어의 중심어는 후행절에 출현한다.

(1) 乃及王季, 維德之行.(《詩經·大雅·大明》) 이에 王季와 더불어 덕을 행하셨다.
(2) 爰及姜女, 聿來胥宇.(《詩經·大雅·綿》) 이에 姜女와 더불어 마침내 와서 집터를 보시니라.

한편, 전치사 '及'은 때에 따라 부사 '胥'와 함께 관용구 '胥及'을 구성한다. '胥及'는 위어 앞에 쓰여 둘 이상의 행위주 주체가 함께 동작함을 나타낸다. ' …… 와 함께(共同, 一起)'로 번역할 수 있다.

(예) 其何能淑, 載胥及溺.(《詩經·大雅·桑柔》) 그 어찌 좋을 수 있겠는가? 서로 망할 뿐이다.

③ 暨(眔) : '暨'는 목적어와 함께 '暨'자구조를 구성한다. 위어의 중심어 앞에 출현하여 부사어가 된다. '暨'는 동작·행위에 참여하는 행위주 주체, 즉 수반자를 이끈다. ' …… 와 (跟, 同)'로 번역할 수 있다.

(1) 友對揚王休, 用乍厥文考尊簋, 友眔厥子子孫孫永寶.(《友簋銘》) 友는 왕의 은택을 찬양하고, 文德이 빛나시는 先父께 제사를 올릴 때 사용할 귀중한 簋를 제작하니 友와 그 자손들은 이 기물을 영원히 소중히 할지어다.
(2) 走敢拜稽首, 對揚王休, 用自乍寶尊簋, 走其眔厥子子孫孫萬年永寶用.(《走簋銘》) 走는 삼가 拱手하고 땅에 댄 후 그 위에 머리를 조아리는 예를 행하며, 왕의 은택을 찬양하노라. 귀중한 簋를 스스로 제작하니 走와 그 자손들은 만년토록 영원히 소중히 사용할지어다.
(3) 叔眔蔡姬永寶用.(《叔鐘銘》)[79] 叔와 蔡姬는 이 종을 영원히 귀중하게 다룰 것이다.
(4) 我不能不眔縣白萬年保.(《縣妃簋銘》) 나는 반드시 縣伯과 함께 영원히 이 禮器를 소중히 할 것이다.
(5) 予往暨汝奭其濟.(《尚書·君奭》) 앞으로 그대 奭과 함께 가서 그것을 건너고자 합니다.
(6) 後暨武王誕將天威, 咸劉厥敵.(《尚書·君奭》) 뒤에 武王과 더불어 크게 하늘의 위엄을 받

---

79) [역주] 원서에는 출처가 《走簋銘》로 표기되어 있는데, 《叔鐘銘》로 수정한다.

들어 그 원수들을 모두 죽이도록 하셨습니다.

　전치사 '曁'는 때에 따라 부사 '胥'와 함께 관용구를 구성한다. 위어의 중심어 앞에서 쓰여 둘 또는 다수의 주체가 하는 동작·행위가 상호 대립적이거나 동작-피동작의 관계임을 나타낸다. '피차(彼此)', '서로(互相)' 등으로 번역할 수 있다.

　　(예) 今予一二伯父尚胥<u>曁</u>顧.(《尚書·康王之誥》) 지금 우리 한 두 명의 伯父들은 부디 서로 더 불어 돌아보라.

　④ 以 : 전치사 '以'는 목적어와 함께 '以'자구조를 구성한다. 위어의 중심어 앞에 출현하 여 부사어가 된다. '以'는 동작·행위에 참여하는 행위주 주체, 즉 수반자를 이끈다. ' …… 와(跟, 同)'로 번역할 수 있다.

　　(1) 女其<u>以</u>成周師氏戍于固師.(《彔戭卣銘》) 그대는 成周의 師氏와 함께 固地의 군사 주둔지 를 수호하라.
　　(2) 虢仲<u>以王</u>南征, 伐南淮尸.(《虢仲盨銘》) 虢仲이 왕과 남쪽 지방 정벌에 나서서 南淮夷를 토벌하였다.
　　(3) 萬年<u>以</u>厥子孫寶用.(《肆簋銘》) 만년토록 그 자손과 소중히 사용할 것이다.
　　(4) 王易命鹿, 用乍寶彝, 命其永<u>以多友</u>簋飤.(《命簋銘》) 왕께서 命에게 사슴을 하사하셔서 (이를 기념하고자) 귀중한 祭器를 제작하였으니, 命은 영원히 많은 동료들과 배불리 먹을 것이다.
　　(5) 今至于爾辟, 弗克<u>以爾</u>多方享天之命, 嗚呼!(《尚書·多方》) 지금 그대들 임금에 이르러 서는 그대들 여러 나라와 하늘의 명을 누리지 못하게 되었소. 오호라.
　　(6) 其汝克敬<u>以予</u>監于殷喪大否.(《尚書·君奭》) 그대는 삼가 나와 더불어 은나라 멸망의 큰 화를 거울로 삼으시오.

　전치사 '以'는 때에 따라 부사 '胥'와 함께 고정구를 구성한다. 위어의 중심어 앞에서 사용되어 둘 또는 둘 이상의 주체가 하는 동작 또는 행위가 상호 대립적이거나 동작-피동작 의 관계임을 나타낸다.

　　(예) 朋友已譖, 不胥<u>以</u>穀.(《詩經·大雅·桑柔》) 벗들이 이미 참소하여 서로 좋게 지내지 않는다네.

⑤ 于 : '于'는 목적어와 함께 '于'자구조를 구성한다. 위어의 중심어 뒤에 출현하여 보어가 된다. '于'는 甲方의 동작·행위와 관련된 乙方을 이끌어 동작·행위가 甲方과 乙方이 공동으로 완성 또는 진행하는 것임을 나타낸다. 그리고 또 동작·행위의 과정에 甲方이 주도적 역할을 하기에 甲方은 주동자이고 乙方은 수반자임을 나타낸다. ' …… 와(跟, 與)'로 번역할 수 있다.

(예) 越若來二月既死魄, 越五日甲子朝, 至, 接于商, 則咸劉商王紂, 執矢惡臣百人. 《逸周書·世俘解》 오는 2월 既死魄가 되어서, 오일 뒤인 갑자일 아침에 상나라 도읍에 도착한 뒤 상과 결합하여 상왕 주를 죽이고 사악한 대신 백 명을 체포하였다.

8 도구를 이끄는 전치사

1) 동작·행위의 도구를 이끄는 전치사

이러한 종류의 전치사로 '以', '用', '由', '于' 등이 있다.

① 以 : 전치사 '以'는 목적어와 함께 '以'자구조를 구성한다. 위어의 중심어 앞 또는 뒤에 출현하며, 문장의 부사어나 보어가 된다. '以'는 동작을 실시할 때의 도구, 근거를 이끈다. ' …… 로(用)'로 번역할 수 있다.
'以'자구조는 위어의 중심어 앞에 출현하여 부사어가 된다.

(1) 女以我車宕伐玁狁于高陵.《不其簋銘》 그대는 나의 兵車로 험윤을 高陵에서 크게 토벌하였다.

(2) 王既[誓], 以虎賁戎車馳商師.《逸周書·克殷解》 무왕은 誓師를 하고서 虎賁과 戎車로 상나라 군대를 향하여 돌진하였다.[80]

(3) 以甲兵釋怒.《逸周書·嘗麥解》 전쟁으로 노여움을 풀었다.

(4) 尚皆以時中乂萬國.《逸周書·祭公解》 모두 이 中正으로써 만국을 다스려야 한다.

(5) 以杞包瓜, 含章.《周易·姤卦》 갯버들로 오이를 싸니 밝음을 머금도다.

---

80) 誓: 군대가 출정하기 전에 장사들을 소집하여 훈계하여 결연한 전투의지를 보이는 일.
虎賁: 용맹스러운 군대. 戎車: 전쟁을 위한 수레.

(6) <u>以我覃耟</u>, 俶載南畝.(《詩經 · 小雅 · 大田》) 나의 날카로운 보습으로 남쪽 밭을 간다.

'以'자구조는 또한 위어의 중심어 뒤에 출현하여 보어가 될 수도 있다.

(1) 酌<u>以大斗</u>, 以祈黃耇.(《詩經 · 大雅 · 行葦》) 큰 말로 술을 떠 黃耇를 기원한다.

(2) 投我<u>以桃</u>, 報之<u>以李</u>.(《詩經 · 大雅 · 抑》) 나에게 복숭아를 던져주면 오얏으로 보답하는 것과 같은 것이로다.

(3) 祭<u>以清酒</u>, 從<u>以騂牡</u>.(《詩經 · 小雅 · 信南山》) 청주로 제사를 하고 이어서 붉은 희생을 올린다.

(4) 上天同雲, 雨雪雰雰, <u>益之以霡霂</u>.(《詩經 · 小雅 · 信南山》) 하늘이 구름 일색이더니 함박눈이 퍼붓다가 보슬비를 더하는구나.

(5) 伻來毖殷, 乃命寧予<u>以秬鬯二卣</u>.(《尚書 · 洛誥》) 임금님께서는 사람을 보내시어 은나라 사람들을 삼가게 하시고, 또 명하여 검은 기장 술을 두 병 보내어 저를 위안하시고.

(6) 苗民弗用靈, 制<u>以刑</u>.(《尚書 · 呂刑》) 苗民은 선함(靈)을 쓰지 아니하고, 형벌로 제재하고자 하였다.

전치사 '以'의 목적어는 일반적으로 전치사 '以'의 뒤에 놓이지만, 때로는 전치(前置)할 수도 있다. 특히 '以'의 목적어가 대사 '是', '何'일 경우 대개 목적어는 전치된다.

(1) <u>元戎十乘</u>, <u>以先啟行</u>.(《詩經 · 小雅 · 六月》) 큰 수레 열 대로 앞장에서 길을 열어가네.

(2) <u>何以舟之</u>, 維玉及瑤.(《詩經 · 大雅 · 公劉》) 무엇을 허리에 찼는가. 玉과 瑤이로구나.

(3) 乃維有奉狂夫, 是陽是繩, <u>是以為上</u>.(《逸周書 · 皇門解》) 왕이 분별없는 무리를 받들어 그들을 추켜세우고 그들을 찬양하였으니, 이로써 그들은 높은 자리를 얻게 되었다.

(4) 搏伐獫狁于洛之陽, 折首五百, 執訊五十, <u>是以先行</u>[81].(《虢季子白盤銘》) 洛水 북쪽에서 獫狁을 공격하고 토벌하였으니 오백 명을 참수하고 오십 명을 포로로 잡아 앞장서서 귀환하였다.

때로는 전치된 전치사의 목적어 앞에 '惟'를 사용하여 '惟 + 목적어 + 以 + VP'의 형식을 구성하기도 한다.

---

81) [역주] '是以先行'에 관해서는 '앞서 승전보를 알렸다'로 해석하는 견해도 있다.

(예) 我則末惟成德之彦, 以乂我受民.(《尚書·立政》) 우리는 마침내 德을 이룬 훌륭한 사람으로 우리가 하늘로부터 받은 백성을 다스리게 될 것입니다.

전치사 '以'의 목적어는 출현하는 것이 일반적이지만 경우에 따라 생략되기도 한다.

(1) 雷吏厥友弘[82]以告于白懋父.(《師旂鼎銘》) 雷는 그의 僚屬인 弘을 보내 伯懋父에게 이 일을 고하였다.

(2) 於昭于天, 皇以閒之.(《詩經·周頌·桓》) 아, 공덕이 하늘에 밝게 드러나니, 상제께서 천하를 바꾸셨도다.

(3) 誰能執熱, 逝不以濯.(《詩經·大雅·桑柔》) 누가 뜨거운 물건을 쥐고서, 손을 씻지 않겠는가?

(4) 仲山甫永懷, 以慰其心.(《詩經·大雅·烝民》) 仲山甫가 항상 생각하여 그 마음을 위로하였노라.

(5) 濟濟多士, 文王以寧.(《詩經·大雅·文王》) 수많은 선비들이여! 문왕은 그대들로 안녕하셨도다.

(6) 維南有箕, 不可以簸揚. 維北有斗, 不可以挹酒漿.(《詩經·小雅·大東》) 남쪽에 箕星이 있으나 쭉정이를 까불러 날리지 못하는구나. 북쪽에는 斗星이 있으나 술과 장물을 뜨지 못하는구나.

② 用 : 전치사 '用'과 '以'의 용법은 서로 매우 비슷하다. '用'은 목적어와 함께 '用'자구조를 구성한다. 위어의 중심어 앞 또는 뒤에 출현하여 부사어 또는 보어가 된다. 전치사 '用'의 목적어는 출현할 수도 있지만 생략될 수도 있다. '用'은 동작·행위를 실시할 때의 도구, 근거를 이끈다. ' …… 로(用)', ' …… 에 근거하여(憑借)' 등으로 번역할 수 있다. '用'자구조는 위어의 중심어 앞에 출현하여 부사어가 될 수 있다.

(1) 用玆彛對令.(《大保簋銘》) 이 彛器로 왕의 은택을 찬양하노라.

(2) 用龏義寧侯顯考于井.(《麥尊銘》) 공경함으로 邢侯를 편안하게 하고, 邢侯을 잘 모셨다.

(3) 智用玆金作朕文考宄白將[83]牛鼎.(《智鼎銘》) 智는 이 銅으로써 나의 文德이 빛나시는 先父宄伯께 소를 삶아 肆祭[84]를 올리는 용도의 鼎을 제작하였다.

(4) 用玆四夫稽首.(《智鼎銘》) 이 네 사람으로 배상하고자 한다. 땅에 머리를 조아리는 예를 행했다.

---

82) [역주] '弘'이 아닌 '引'으로 考釋하는 견해도 있다.
83) [역주] '將'에 관해서는 제2장 제1절 [역주] 4 참조.
84) [역주] '肆祭'에 관해서는 제2장 제1절 [역주] 5 참조.

(5) 用寧王遺我大寶龜紹天明.(《尚書·大誥》) 문왕께서 나에게 크고 보배로운 거북을 물려주
셔 천명을 잇게 하셨다.

(6) 其在四方, 用丕式見德.(《尚書·大誥》) 四方의 나라에 있어서는 큰 법식으로써 덕을 드러내
었습니다.[85]

'用'자구조는 또한 위어의 중심어 뒤에 출현하여 보어가 된다.

(1) 鞏用黃牛之革.(《周易·革卦》) 황소의 가죽으로 공고하게 하다.

(2) 執之用黃牛之革, 莫之勝說.(《周易·遯卦》) 황소의 가죽으로 그것을 잡아매니, 누구도 그것
을 벗길 수 없을 것이다.

(3) 係用徽纆, 寘于叢棘, 三歲不得, 凶.(《周易·坎卦》) 튼튼한 밧줄로 묶어 가시밭에 놓였으니
삼 년이 지나도 벗어날 수 없다. 흉하다.

(4) 藉用白茅, 无咎.(《周易·大過卦》) 흰 띠 풀로 자리를 까니 허물이 없을 것이다.

(5) 先人神祇報職用休.(《逸周書·皇門解》) 선왕의 신령이 아름다움으로써 그 직분에 보답하였다.

(6) 執豕于牢, 酌之用匏.(《詩經·大雅·公劉》) 우리에서 돼지를 잡고 바가지로 술을 뜬다.

전치사 '用'의 목적어는 일반적으로 전치사 뒤에 놓이지만 경우에 따라 전치되기도 한다.
특히 목적어가 대사 '是'일 때에 더욱 그러하다.

(1) 王易乘馬, 是用左王.(《虢季子白盤銘》) 왕께서 말 네 필짜리 兵車를 하사하시고, 이것으로써
왕을 보좌하도록 하셨다.

(2) 吉蠲為饎, 是用孝享.(《詩經·小雅·天保》) 길일을 택하여 정결히 술밥을 지어 이것으로 효성
스럽게 祭享한다.

(3) 乃非德用乂.(《尚書·康誥》) 덕이 다스릴 수 있는 것이 아니다.

'用'의 목적어가 전치된 후에 목적어 앞에 다시 '惟'가 출현하여 惟 + 목적어 + 用 + VP'
구문을 구성할 수 있다.

(1) 凡在天下之庶民, 罔不惟后稷之元穀用蒸享.(《逸周書·商誓解》) 무릇 천하의 서민들은

---

85) 丕式: 큰 법.

后稷의 곡식으로 먹거나 제사지내지 않음이 없었다.

(2) 亦惟我后稷之元穀, 用告和, 用胥飮食.(《逸周書·商誓解》) 또한 오직 우리 后稷의 곡식으로 화합을 구하고 또 먹기도 한다.

전치사 '用'의 목적어는 일반적으로 출현하지만, 경우에 따라 생략되기도 한다.

(1) 易女秬鬯一卣 …… 朱旗二鈴, 易女玆关, 用歲用政.(《毛公鼎銘》) 그대에게 秬鬯酒 한 항아리 …… 방울이 두 개 달린 붉은 깃발을 하사하노라. 그대에게 이러한 예물을 내리니 歲祭와 정벌에 사용하도록 하라.

(2) 明公易亢師86)鬯金牛87), 曰用禱88).(《令彝銘》) 明公께서 亢師에게 鬯酒, 銅, 소를 하사하시고, 이를 사용해 禱祭를 거행하라고 말씀하셨다.

(3) 王易赤雝89)巿、玄衣黹屯90)、鑾旗, 曰用左右俗父.(《庚季鼎銘》) 왕께서 적황색 蔽膝, 가장자리가 자수로 장식된 검붉은 색 命服, 방울 달린 깃발을 하사하시며 말씀하셨다. "이것으로써 俗父를 보좌하거라."

(4) 白梁其乍旅91)盨, 用享用孝.(《白梁其盨銘》) 伯梁이 旅祭에 사용할 盨를 제작하였으니, 제사를 드리고 효를 행하는 데 사용할 것이다.

(5) 嚴惟丕式, 克用三宅三俊, 其在商邑, 用協于厥邑.(《尚書·立政》) 큰 법도를 엄하게 하여 세 곳에 임용된 자들과 세 사람들이 추천한 이들을 쓸 수 있었습니다. 그들은 상나라 도읍에 있어서는 (큰 법도로서) 그 도읍과 화합하였습니다.

(6) (亦敢殄戮)用乂民, 若有功.(《尚書·召誥》) 이로써 백성들을 잘 다스리면 공이 있을 것입니다.

③ **由** : 전치사 '由'는 목적어와 함께 '由'자구조를 구성한다. 위어의 중심어 앞 또는 뒤

86) [역주] 원서에서는 '師'가 누락되었으므로 보충하였다.

87) [역주] 명문에서는 ''와 같이 '金'과 '牛' 사이에 세 점이 있기 때문에, 일부 학자들은 이를 '金、小牛'로 보기도 하고, 세 점이 '金'과 결합된 것으로 보아 '𨥔(銅砂)、牛'로 考釋하기도 한다. 원서에서는 '金、牛'로 제시되었기에 그대로 따른다.

88) [역주] '禱'에 대해서는 제2장 제2절 [역주] 30 참조.

89) [역주] '雝'의 의미에 대해서는 여러 견해가 있는데, '緼'과 통하는 것으로 보고, '黃'의 뜻으로 해석하는 것이 일반적이다.

90) [역주] 원서에서는 '赤雝、巿、玄衣、黹屯'로 끊어 읽기가 되어 있으나, '赤雝巿、玄衣黹屯'로 수정하였다.

91) [역주] '旅'에 대해서는 제2장 제3절 [역주] 63 참조.

에 출현하여 부사어 또는 보어가 된다. '由'는 동작·행위의 도구와 근거를 이끈다. '……로(用)', '……에 근거하여(憑借)' 등으로 번역할 수 있다.

(1) 乃其速由文王作罰, 刑茲無赦.(《尚書·康誥》) 이에 문왕이 만든 형벌을 빨리 행하여 이들을 형벌하고 용서하지 말라.

(2) 爽邦由哲.(《尚書·大誥》) 나라가 밝아지는 것은 어진 사람에 의한 것이라오.

④ 于 : 전치사 '于'는 목적어와 함께 '于'자구조를 구성한다. 위어의 중심어 뒤에 출현하여 보어가 된다. '于'는 동작·행위가 실현을 위해 의지하고 있는 도구와 근거를 이끈다.

(1) 維皇皇上, 帝度其心, 置之明德, 付畀於四方, 用應受天命.(《逸周書·祭公解》) 오직 상제께서 그들의 마음을 알아 明德을 그들에게 두시고 사방의 땅을 그들에게 주시니, 이로써 천명을 받게 되었다.[92]

(2) 是授司事于正長.(《逸周書·皇門解》) 正長으로써 그들에게 司事의 관직을 주었다.

(3) 五辭簡孚, 正于五刑.(《尚書·呂刑》) 다섯 가지 변론이 사실과 맞다면, 다섯 가지 형벌로써 죄를 다스리시오.[93]

(4) 士制百姓于刑之中.(《尚書·呂刑》) 士는 공정한 형벌로 백성들을 통제한다.

2) 동작·행위에 관련된 사람을 이끄는 전치사

이러한 종류의 전치사는 '以' 한 종류만이 있다.

동작·행위에 관련된 사람을 이끄는 '以'는 고대인의 관점에 의하면 행위의 도구, 근거를 이끄는 '以'와 매우 유사하다. 이에 본고는 동작·행위에 관련된 사람을 이끄는 '以'를 동작·행위의 도구 및 근거를 이끄는 전치사에 포함시켜 분류하였다.

① 以 : 전치사 '以'는 목적어와 함께 '以'자구조를 구성한다. 위어의 중심어 앞에 출현하

---

92) 傅: 주다(與).
93) 正于五刑: 다섯 형벌로 처리하다.

여 부사어가 된다. '以'는 동작·행위에 관련된 사람을 이끈다. ' …… 를 이끌고(率領)'로 번역할 수 있다.

(1) 肆朕誕以爾東征.(《尙書·大誥》) 그래서 나는 그대들과 더불어 동쪽을 정벌하려 하오.

(2) 予惟以爾庶邦于伐殷逋播臣.(《尙書·大誥》) 내 너희 여러 나라들과 함께 가서 殷나라로 도망가 播遷한 신하들을 정벌하겠다.

(3) 嗚呼! 繼自今嗣王, 則其無淫于觀于逸于游于田, 以萬民惟正之供.(《尙書·無逸》) 아아! 이제부터 왕위를 계승하는 왕들은 관람과 안일함과 유람과 사냥에 지나치게 빠지지 말고 만민과 더불어 정사를 처리하십시오.

(4) 越三日庚戌, 太保乃以庶殷攻位于洛汭.(《尙書·召誥》) 사흘이 지난 庚戌日에 太保가 여러 은나라 백성들을 데리고 낙수 물굽이에 집터를 닦기 시작했다.

(5) 予小臣敢以王之仇民百君子越友民, 保受王威命明德.(《尙書·召誥》) 이 작은 신하는 감히 임금에게 원한이 있는 백성들과 모든 관원들과 우호적인 백성들과 함께 왕의 위엄 있는 명령과 밝은 덕을 받들어 지키려고 합니다.

9 근거를 이끄는 전치사

이러한 종류의 전치사 가운데 주요한 것으로 '以', '由', '自' 등이 있다.

① 以 : 전치사 '以'는 목적어와 함께 '以'자구조를 구성한다. 위어의 중심어 앞 또는 뒤에 출현하여 부사어 또는 보어가 된다. '以'는 동작·행위의 근거를 이끌며, ' …… 에 따라 (按照), …… 에 의하여(依照)' 등으로 번역할 수 있다.
'以'자구조는 위어의 중심어 앞에 출현하여 부사어 역할을 한다.

(1) 茲式有愼, 以列用中罰.(《尙書·立政》) 이 법에 삼가함이 있으니 사례에 따라 알맞은 형벌을 쓰게 된다.

(2) 太祝以王命作筴告大宗.(《逸周書·嘗麥解》) 太祝이 王命으로써 筴을 지어 大宗에게 아룁니다.[94]

---

94) 太祝: 제사를 주관하는 관리.

(3) 王烈祖自太王、太伯、王季、虞公、文王、邑考, <u>以列升</u>.(《逸周書·世俘解》) 왕의 烈祖
로는 太王, 太伯, 王季, 虞公, 文王, 伯邑考로부터 차례대로 묘당에 모셨다.[95]

(4) <u>以言取人</u>, 人飾其言, <u>以行取人</u>, 人竭其行.(《逸周書·芮良夫解》) 언사로써 사람을 채용하
면 사람들은 자신의 언사를 수식할 것이다. 만약 행함으로써 사람을 채용하면 사람들은 그
행함에 정성을 다할 것이다.

'以'자구조는 위어의 중심어 뒤에 출현하여 보어 역할을 한다.

(1) 舍矢既均, 序賓<u>以賢</u>.(《詩經·大雅·行葦》) 화살 쏘아 모두 적중하였으니, 잘 맞힌 것에 따라
손님의 차례를 정한다네.

(2) 師出<u>以律</u>, 否臧凶.(《周易·師卦》) 군사가 율령으로 나가니 그렇지 않으면 좋더라도 흉하다.

② 由 : '由'는 목적어와 함께 '由'자구조를 구성한다. 위어의 중심어의 앞에 출현하여 부
사어가 된다. '由'는 동작·행위의 근거를 이끌며, ' …… 에 따라(按照), …… 에 의하여(依
照)' 등으로 번역할 수 있다. 이러한 용법의 '由'는 매우 드물게 보인다.

(예) 汝乃其速<u>由茲義率殺</u>.(《尙書·康誥》) 그대는 속히 합당한 법에 따라 그들을 처형토록 하라.

③ 自 : '自'는 목적어와 함께 '自'자구조를 구성한다. 위어의 중심어의 뒤에 출현하여 보
어가 된다. '自'는 동작·행위의 근거를 이끌며 ' …… 에 따라(按照), …… 에 의하여(依照)'
등으로 번역할 수 있다.

(예) 錫山土田. 于周受命, <u>自召祖命</u>.(《詩經·大雅·江漢》) 산과 토지를 내리노니 소공 선조가
명을 받은 것을 따라 岐周에 가서 명을 받드시오.[96]

10 원인을 이끄는 전치사

이러한 종류의 전치사로 '以', '用', '爲', '于' 등이 있다.

---

95) 列: 차례(次).
96) 自召祖命: 선조(소공)의 의식을 따라서. 命: 책명(冊命)의 의식.

① 以 : 전치사 '以'는 목적어와 함께 '以'자구조를 구성한다. 위어의 중심어 앞 또는 뒤에 출현하여 문장의 부사어 또는 보어가 된다. '以'의 목적어는 '以'의 뒤에 출현할 수도 있고, '以'의 앞에 출현할 수도 있다. 그리고 '以'의 목적어는 출현할 수도 있고, 생략될 수도 있다. '以'는 동작·행위의 원인을 이끌며, ' …… 때문에(因爲)'로 번역할 수 있다. '以'자구조는 위어의 중심어 앞에 출현하여 부사어가 된다.

(1) 以有此人, 保寧爾國, 克戒爾服, 世世是其不殆.(《逸周書·嘗麥解》) 이 사람이 있기 때문에 너희 나라를 평안하게 하고 능히 너희들의 직분을 훈계할 수 있으며 대대로 게으르지 않을 것이다.

(2) 汝無以小謀敗大作, 汝無以嬖御士疾大夫、卿士.(《逸周書·祭公解》) 너는 작은 계략 때문에 큰일을 망쳐서는 안 된다. 너는 총애를 받는 간신들 때문에 대부, 卿士들을 막아서는 안 된다.

(3) 其惟王勿以小民淫用非彝, 亦敢殄戮.(《尚書·召誥》) 임금께서는 小民들이 법도에 어긋나는 짓을 지나치게 하였기 때문에 또한 감히 죽여 버리지 말아야 합니다.

'以'자구조는 또한 위어의 중심어 뒤에 출현하여 보어가 되기도 한다.

(예) 有孚攣如, 富以其鄰.(《周易·小畜》) 믿음을 갖는 것을 서로 이끄는 것과 같이 하니 그 이웃으로 인하여 넉넉해지느라.

'以'자구조가 포함된 절에서 위어의 중심어는 생략될 수 있다.

(예) 不思舊姻, 求爾新特. 成不以富, 亦祗以異.(《詩經·小雅·我行其野》) 이미 혼인한 것 생각 않고 그대는 새 짝을 찾는다. 진실로 재산이 많기 때문이 아니라 그대가 다만 괴팍하기 때문이라네.

상술한 여러 예문에서 '以'의 목적어는 모두 '以'자 뒤에 출현하였다. 하지만 '以'의 목적어는 '以'의 앞에 출현할 수도 있다. 특히 목적어가 '是', '何'인 경우에는 더욱 그러하다.

(1) 民之失德, 乾餱以愆.(《詩經·小雅·伐木》) 백성들이 덕을 잃는 것은 소홀한 음식 대접 때문이다.

(2) 天何以刺, 何神不富.(《詩經·大雅·瞻卬》) 하늘은 어찌하여 꾸짖는가? 신령들은 어찌 부를

내리지 않는가?

(3) 維其有之, <u>是以</u>似之.(《詩經·小雅·裳裳者華》) 그 모두가 가지고 있는지라. 이 때문에 그와 같도다.

(4) 燕笑語兮, <u>是以</u>有譽處兮.(《詩經·小雅·蓼蕭》) 잔치하며 웃고 말을 하니, 이 때문에 명예와 안락함이 있도다.

(5) 憂心愈愈, <u>是以</u>有侮.(《詩經·小雅·正月》) 마음에 근심하기를 더더욱 하였더니 이 때문에 남의 수모를 받는구나.

상술한 여러 예문에서는 전치사 '以'의 목적어는 모두 출현하고 있다. 그런데 경우에 따라 전치사 '以'의 목적어는 생략될 수도 있다.

(1) 我有旨酒, <u>以</u>嘉樂嘉賓之心.(《詩經·小雅·鹿鳴》) 나에게 맛있는 술이 있어 嘉賓의 마음을 안락하게 하였도다.

(2) 俾爾多益, <u>以</u>莫不庶.(《詩經·小雅·天保》) 당신에게 많은 이익이 되게 하였기 때문에 풍부하지 않음이 없습니다.

(3) 既有肥牸, <u>以</u>速諸父.(《詩經·小雅·伐木》) 이미 살찐 양이 있어서 여러 어른들을 부른다.

(4) 曾是莫聽, 大命<u>以</u>傾.(《詩經·大雅·蕩》) 이러함에도 들어주지 않으니 이 때문에 나라의 운명이 기울어진 것이다.

(5) 曰: 我惟有及, 則予一人<u>以</u>懌.(《尚書·康誥》) 말하기를 '나는 오직 文王의 덕치에 견줄만한 것이 있다'라고 한다면, 나 한 사람은 이 때문에 무척 기뻐할 것이다.

(6) 亦越武王, 率惟敉功, 不敢替厥義德, 率惟謀從容德, <u>以</u>並受此丕丕基.(《尚書·立政》) 무왕에 이르러서는 문왕의 사업을 완수하시고 감히 그분의 훌륭한 덕을 버리지 않으셨으며 힘써 너그러운 덕을 따르시어 이 크나큰 왕업을 (문왕과 무왕이) 함께 받으셨다.

② 用 : 전치사 '用'은 목적어와 함께 '用'자구조를 구성한다. 위어의 중심어의 앞 또는 뒤에 출현하여 문장의 부사어 또는 보어가 된다. '用'의 목적어는 '用'의 뒤에 출현할 수도 있고, '用'의 앞에 출현할 수도 있다. 그리고 '用'의 목적어는 출현할 수도 있고, 출현하지 않을 수도 있다. '用'은 동작·행위의 원인을 이끌며, ' …… 때문에(因爲)'으로 번역할 수 있다.

'用'자구조는 위어의 중심어 앞에 출현하여 문장의 부사어가 된다.

(예) 用燕喪威儀.(《尚書·酒誥》) 주연을 자주 베풀어서 위엄과 풍도를 잃었다.[97)

'用'자구조는 또한 위어의 중심어 뒤에 출현하여 보어가 될 수 있다.

(예) 王不敢後, 用顧畏于民嵒.(《尚書·召誥》) 왕께서는 감히 뒤로 미루시면 안 됩니다. 백성들의 어려움을 돌보고 두려워해야 하기 때문입니다.

전치사 '用'의 목적어가 '何', '是' 등으로 충당될 때, 목적어는 '用'의 앞으로 전치해야 한다.

(1) 國旣卒斬, 何用不監?(《詩經·小雅·節南山》) 나라의 기운이 끊어지는데 어찌 살피지도 않는가?

(2) 謀夫孔多, 是用不集.(《詩經·小雅·小旻》) 계획을 내는 사람은 많지만 이 때문에 이루지 못하도다.

(3) 王欲玉女, 是用大諫.(《詩經·大雅·民勞》) 임금님은 그대들을 중히 여기시니, 이 때문에 크게 간하는 것이네.

(4) 君子信盜, 亂是用暴.(《詩經·小雅·巧言》) 군자가 讒人을 믿는지라 혼란이 이 때문에 더 심해진다.

(5) 玁狁孔熾, 我是用急.(《詩經·小雅·六月》) 험윤 오랑캐들 매우 험악하여 내 이로써 급하게 여기니

(6) 豈不懷歸, 是用作歌, 將母來諗.(《詩經·小雅·四牡》) 어찌 돌아감을 생각하지 않으리오. 이 때문에 노래를 지어 어머니를 봉양함을 생각하노라.

전치사 '用'의 목적어는 생략될 수도 있다.

(1) 天降威, 我民用大亂喪德.(《尚書·酒誥》) 하늘이 벌을 내려서 우리 백성들은 크게 혼란되고 덕을 잃게 되었다.

(2) 昔君文王武王宣重光, 奠麗陳敎, 則肄肄不違, 用克達殷集大命.(《尚書·顧命》) 예전 문왕과 무왕이 빛나는 덕을 거듭 베푸시어, 백성들이 의지할 바를 정해주고 가르침을 펴셨다. 그러자 백성들은 이것을 익혔는데 익히면서도 어긋남이 없었다. 그로 인해 능히 은나라에 도달하여 큰 命을 이룰 수 있었다.

---

97) 燕: 잔치를 베풀다.

(3) 昔君文武丕平, 富不務咎, 厎至齊信, 用昭明于天下.(《尚書‧康王之誥》) 옛 임금 문왕과 무왕께서는 매우 공평하셨으며, 부유하게 하시면서도 책망에 힘쓰지 않으셨다. 지극히 모두가 믿도록 하셨으니 이로 인해 천하에 덕을 밝히셨도다.

(4) 人斯是助王恭明祀、敷明刑, 王用有監, 明憲朕命, 用克和有成.(《逸周書‧皇門解》) 사람들이 왕께서 제사를 밝게 하는 일을 공경하며 형벌을 밝게 하는 일을 펼치는 것을 돕습니다. 이로써 왕께서 귀감을 얻게 되었습니다. 법과 왕의 명을 밝히니 능히 조화롭고 성과가 있게 되었습니다.

(5) 其在啟之五子, 忘伯禹之命, 假國無正, 用胥興作亂, 遂凶厥國.(《逸周書‧嘗麥解》) 그 후 啟의 다섯 아들은 伯禹의 명을 잊고 국정을 다른 사람에게 빌려주었는데 올바르지 못했다. 이로 인해 사람들이 모두 일어나 난을 일으키니 결국 그 나라를 위태롭게 하였다.

(6) 幹父之蠱, 用譽.(《周易‧蠱卦》) 아버지의 잘못을 처리하면 이로써 명예롭게 될 것이다.

③ 爲 : 전치사 '爲'는 동작‧행위의 원인을 이끌며, '왜냐하면(因爲)'으로 번역할 수 있다. 이러한 종류의 '爲'는 매우 드물게 보인다.

(예) 胡爲我作, 不即我謀.(《詩經‧小雅‧十月之交》) 어찌 우리를 움직이게 하면서 나에게 와서 상의하지 아니하는가.

여기서 '胡'는 '爲'의 목적어이다.

④ 于 : 전치사 '于'는 동작‧행위의 원인을 이끌며, '왜냐하면(因爲)', ' …… 로 인하여 (由于)' 등으로 번역할 수 있다. 이러한 종류의 '于'는 매우 드물게 보인다.

(1) 旅人先笑後號咷. 喪牛於易.(《周易‧旅卦》) 나그네는 처음엔 웃지만 나중에는 부르짖으며 울게 될 것이다. 부주의로 인하여 소를 잃은 것이다.[98]

(2) 我聞在昔有國哲王, 亡不絢于恤.(《逸周書‧皇門解》) 내가 듣기로는 옛날 나라의 哲王들께서는 근심으로 인하여 불편하지 않았습니다.[99]

---

98) 喪牛於易: 부주의로 인하여 소를 잃는다.
99) 絢于恤: 근심으로 인하여 편안하다.

제2절 서주한어의 접속사

접속사의 분류 방법은 크게 두 종류가 있다. 첫 번째는 연결하는 언어 성분의 성질에 따라 구분하는 방법으로 비문장접속사(詞語連詞)와 문장접속사(句間連詞)로 나눌 수 있다. 두 번째는 나타내는 관계에 따라 구분하는 방법으로 병렬접속사(並列連詞), 순접접속사(順承連詞), 역접접속사(轉折連詞), 선택접속사(選擇連詞) 등으로 나눌 수 있다. 본서는 상술한 두 방법을 결합하여, 먼저 비문장접속사와 문장접속사 두 범주로 나누고 개별 접속사가 나타내는 관계에 따라 하위 범주를 다시 구분하였다.

1 비문장접속사(詞語連詞)

비문장접속사는 다시 병렬접속사(並列連詞), 순접접속사(順承連詞), 역접접속사(轉折連詞), 선택접속사(選擇連詞), 결과접속사(結果連詞), 목적접속사(目的連詞), 수식접속사(修飾連詞) 등으로 세분할 수 있다.

1) 병렬접속사(並列連詞)

병렬접속사는 명사성 성분(名詞性詞語), 동사성 성분(動詞性詞語), 형용사성 성분(形容詞性詞語)를 연결하여 두 개의 사물, 동작·행위, 성질·상태의 병렬관계를 나타낸다. 이러한 종류의 접속사 가운데 주요한 것으로 '暨(眾)', '越(雩)', '及', '與', '之', '惟', '于', '刜', '有', '兼', '而', '以', '且' 등이 있다.

① 暨(眾) : '暨'와 '眾'은 고음(古音)이 매우 유사하기 때문에 두 글자는 과거 동일한 접속사를 기록했을 것으로 추측된다. 전래문헌에는 주로 '暨'로 기록되어 있고, 출토문헌에는 주로 '眾'로 기록되어 있다. '暨(眾)'는 일반적으로 명사성 성분을 연결한다. 만약 명사성 성분을 'NP'로 표시한다면, '暨(眾)'자구조는 'NP + 暨(眾) + NP'와 같다.

'NP + 暨(眾) + NP'는 주어가 될 수 있다.

(1) 太保暨芮伯咸進.(《尚書·康王之誥》) 太保와 芮伯이 함께 나아갔다.

(2) 王射, 有司眾師氏、小子合[100]射.(《令鼎銘》) 왕께서 射禮를 거행하셔서 有司와 師氏와 귀
족 자제들이 짝을 이루어 활쏘기를 했다.

(3) 王歸自諆田, 王馭溓仲僕, 令眾奮先馬走.(《令鼎銘》) 왕께서 諆地의 경작지에서 돌아오
신 후 친히 수레를 모셨고, 溓仲은 수레를 몰며 이를 수행했으며, 令과 奮은 수레의 말 앞에서
달리며 선도하였다.

(4) 胡叔眾信姬其易壽考, 多宗永命.(《胡叔鼎》) 胡叔과 信姬에게 장수와 자손 번창, 영원한
생명을 내려주옵소서.

'NP + 暨(眾) + NP'는 목적어가 될 수 있다.

(1) 猷告爾有方多士暨殷多士.(《尚書·多方》) 아, 그대들 여러 나라의 여러 관리들과 殷나라의
많은 관리들에게 고하노라.

(2) 封, 以厥庶民暨厥臣達大家, 以厥臣達王惟邦君.(《尚書·梓材》) 封아. 그 백성들과 그 신
하들의 뜻을 높은 관리들에게 통하게 하고, 그 신하들을 임금과 제후들에게 통하게 해야 한다.

(3) 王乎史戉[101]冊令吳司旃[102]眾叔金[103].(《吳方彝銘》) 왕께서 사관 戉를 불러 策命書로써
吳에게 명령을 하달하시며, 크고 흰 깃발과 깃대 끝을 오색 깃털 장식한 깃발을 관리하게
하셨다.

(4) 令女司成周里人眾者侯、大亞.(《鬲簋銘》) 成周의 관리인 里長과 諸侯 및 大亞를 관리할
것을 그대에게 명하노라.

'NP + 暨(眾) + NP'는 겸어가 될 수도 있다.

(예) 王令土上眾史寅殷于成周.(《土上卣銘》) 왕께서 土上과 史寅에게 成周에 가서 제후들을
朝見할 것을 명하셨다.

---

100) [역주] '合'가 아닌 '會'로 보는 의견도 있다.

101) [역주] '戉'이 아닌 '戊'로 보는 의견도 있다.

102) [역주] '㚼'와 '白'이 결합된 '旃'로 보는 의견이 우세하다. 의미와 관련해서는 '크고 흰 깃발'이란
뜻 외에 '旃'로 해석하기도 한다.

103) [역주] '叔金'을 '素綿(깃대에 묶는 흰 천)'으로 해석하는 의견도 있다.

'NP+暨(眔)+NP'는 관형어가 될 수도 있다.

(1) 惟王暨爾執政小子攸聞.(《逸周書·芮良夫解》) 이것은 왕과 당신의 집정대신들이 들은 바이다.

(2) 我亦維有若文祖周公暨列祖召公茲申.(《逸周書·祭公解》) 나도 당신의 文祖 周公과 列祖 召公의 훈계를 안다.[104]

상술한 여러 예문에서 '暨(眔)'는 모두 단독으로 사용되었다. 서주시대에는 '暨(眔)'를 연속하여 사용할 수 있었기 때문에, 세 항목 이상의 명사성 성분의 병렬도 구성할 수 있었다.

(1) 畀爾从复乒小宮亡[105]爾从田, 其邑彶眔句商兒眔雔戈[106].(《爾从盨銘》) 爾从이 小宮에게 반환했던 경작지를 다시 爾从에게 주었는데, 그 邑은 彶과 句商兒와 雔戈이다.

(2) 王在周, 令免乍司土, 司奠還林眔吳眔牧.(《免簠銘》[107])(왕이 宗周에 계실 때, 免을 司徒에 임명하시고 鄭 지역의 동산과 林衛 및 虞人과 牧을 관리하게 하셨다.

(3) 王令靜司射學宮, 小子眔服眔小臣眔夷僕, 學射.(《靜簋銘》) 왕께서 靜에게 學宮에서의 활쏘기를 관장하는 업무를 명령하셨고, 귀족 자제들과 관리들 및 하급 관리, 오랑캐 출신의 奴僕이 활쏘기를 배웠다.

(4) 明公朝至于成周, 誕令舍三事令, 眔卿事寮, 眔者尹, 眔里君, 眔百工, 眔者侯: 侯、甸、男, 舍四方令.[108](《令彝銘》) 시월 초하루인 癸未일에 明公께서 아침에 成周에 도착하셔서 명령하셨다. 卿事의 관료, 각급의 여러 관원들, 里의 수장들, 각종 직종을 관장하는 관리들, 侯服, 甸服과 男服을 포함한 제후들에게는 三事의 명을 공포하고, 사방에도 이 명령을 선포하였다.

---

104) 有: 알다(知道). 申: 훈계하다(告誡).

105) [역주] 원서에서 '亡'으로 표기된 이 글자의 원래 자형은 '𠄔'으로, 어떤 글자인지 확정이 안 되어 대개 자형 그대로 제시하고 있으며, 일부는 '吒'으로 보기도 한다.

106) [역주] 원서에서는 '氏'로 표기되어 있으나, '戈'로 수정하여 제시한다.

107) [역주] 원서에서는 출처가 《免盤銘》으로 표기되어 있는데, 《免簠銘》을 수정하여 제시한다.

108) [역주] '舍三事令眔卿史寮眔者尹眔里君眔百工眔者侯侯、田、男, 舍四方令'이 부분의 끊어 읽기에 대해서는 다음과 같이 대략 세 가지 견해가 있다. 첫 번째는 '舍三事令'의 대상을 '卿史寮, 者尹, 里君, 百工'으로 보고, '侯、田、男를 포함한 者侯'를 '舍四方令'의 대상으로 보는 것; 두 번째는 원서와 같이 '舍三事令'의 대상을 '卿史寮, 者尹, 里君, 百工, 侯、田、男를 포함한 者侯'로 보고, '舍四方令'의 대상은 다른 나머지를 모두 포함하는 것으로 보는 것; 세 번째는 '舍三事令'의 대상은 '卿史寮, 者尹, 里君, 百工, 者侯'이고, '侯、田、男'을 '舍四方令'의 대상으로 보는 것이다.

② **越(雩)** : ‘越’과 ‘雩’은 고음이 매우 유사하다. 따라서 두 글자는 과거 동일한 접속사를 기록했을 것으로 추측된다. ‘越’의 자형은 서주시대 전래문헌에 보이며, ‘雩’의 자형은 서주시대 출토문헌에 보인다. ‘越(雩)’은 명사성 성분을 연결하여 사람 또는 사물의 병렬관계를 나타낸다. ‘……와(和)’로 번역할 수 있다.

(1) 大誥<u>爾多邦越爾御事</u>.(《尚書·大誥》) 그대들의 여러 나라와 일을 맡은 사람들에게 크게 고하노라.

(2) 用肇造<u>我區夏越我一二邦</u>.(《尚書·康誥》) 그리하여 우리 중원의 땅과 한두 나라의 구역을 처음 만드셨다.

(3) 亦惟君惟長, 不能<u>厥家人越厥小臣外正</u>.(《尚書·康誥》) 또한 나라의 인군이 되고 우두머리가 되어서 그 집안의 사람들과 낮은 신하들과 밖의 관리들이 백성들에게 잘하게 하지 아니한다.

(4) 我亦不敢寧于上帝命, 弗永遠念<u>天威越我民</u>.(《尚書·君奭》) 나 역시 감히 상제의 명을 편히 누리고, 하늘의 위엄과 우리 백성들을 언제나 생각하지 않을 수 없소.

(5) 予小臣敢以<u>王之仇民百君子越友民</u>, 保受王威命明德.(《尚書·召誥》) 이 작은 신하는 감히 임금에게 원한이 있는 백성들과 모든 관원들과 우호적인 백성들과 함께 왕의 위엄 있는 명령과 밝은 덕을 받들어 지키려고 합니다.

이상은 모두 서주시대 전래문헌에 ‘越’이 사용된 예이다. 아래의 예문들은 서주시대 출토문헌에 ‘雩’이 사용된 예이다.

(1) 唯<u>殷</u>邊侯田<u>雩殷</u>[109]<u>正百辟</u>率肄于西, 故喪師.(《大盂鼎銘》) 殷 외곽지역의 侯服·甸服과 조정의 大小官員이 모두 술에 빠진 까닭에 군대를 상실했다고 한다.

(2) 肆皇天亡斁, 臨保<u>我有周雩四方</u>.[110](《師訇簋銘》) 이에 하늘이 버리지 않으시고, 우리 주나라와 천하를 굽어살펴 보우하셨다.

(3) 余其用各<u>我宗子雩百生</u>.(《善鼎銘》) 나는 이 기물로써 문중 사람들과 백관을 오게 할 것이다.

(4) 令女幷[111]司<u>公族雩參有司: 小子、師氏、虎臣雩朕褻事</u>.(《毛公鼎銘》) 그대는 公族과

---

109) [역주] 원서에서는 ‘殷’이 누락되었으므로 보충하였다.
110) [역주] ‘雩四方’은 많은 학자들이 뒤의 구문과 붙여 읽는다.
111) [역주] ‘幷’에 대해서는 제2장 제1절 [역주] 17 참조.

三有司・小子・師氏・虎臣과 나의 執事(近臣)를 함께 관리할 것을 명하노라.

(5) 用好宗廟, 享夙夕, 好朋友, 雩百者婚遘.(《帥伯簋銘》) 종묘에 제사를 드리고 밤낮으로 제사를 지내며 僚屬과 모든 친인척들을 즐겁게 하는 데 사용할 것이다.

③ 矧 : '矧'은 명사성 성분을 연결하여 사람이나 사물의 병렬관계를 나타낸다. '和'로 번역할 수 있다.

(예) 汝劼毖殷獻臣侯甸男衛, 矧太史友內史友越獻臣百宗工.(《尚書・酒誥》) 그대가 은나라의 어진 신하들과 侯・甸・男・衛의 제후들과 太史와 內史들과 어진 신하들, 여러 종친 관리에게 삼가도록 하여라.

④ 及(彶) : '及'은 명사성 성분을 연결하여 사람이나 사물의 병렬관계를 나타낸다. '和'로 번역할 수 있다.

(1) 乃卑□以習酉彶羊, 絲三寽, 用致玆人.(《習鼎銘》) 이에 □로 하여금 習에게 술과 양을 주게 하고, 이 삼 열(寽)을 이 사람에게 (심부름 값에 대한 보수로) 주었다.

(2) 維王克殷國, 君諸侯, 乃徵厥獻民及舊牧之師, 見王于殷郊.(《逸周書・度邑解》) 무왕이 은나라를 멸하고 제후들의 군주가 된 후 은나라의 賢民들과 그들이 예전에 거느렸던 백성들을 소집하여 朝歌의 교외에서 무왕을 알현하였다.

(3) 周公立, 相天子, 三叔及殷東徐、奄及熊盈以略(畔).(《逸周書・作雒解》) 주공이 정권을 잡고 천자를 보좌하자, 三叔, 祿父, 殷東徐, 奄 그리고 熊과 盈족은 반란을 일으켰다.

(4) 侵鎬及方, 至于涇陽.(《詩經・小雅・六月》) 鎬와 方을 침입하여 涇水의 북쪽에 이른다.

(5) 兄及弟矣, 式相好矣, 無相猶矣.(《詩經・小雅・斯干》) 형과 아우는 사이좋게 지내며 서로 탓하는 일이 없네.

(6) 去其螟螣. 及其蟊賊, 無害我田穉.(《詩經・小雅・大田》) 螟螣과 蟊賊을 제거하여야 우리 밭의 어린 곡식을 해침이 없을 것이니.

'及'은 두 개의 동사성 성분(動詞語)를 연결하여 동작・행위의 병렬관계를 나타낼 수도 있다. '並'로 번역할 수 있다.

(예) 伻來以圖及獻卜.(《尚書・洛誥》) 오셔서 논의하게 했고 아울러 점친 결과를 바치게 했다.

'及'은 두 개의 수사성 성분(數詞語)를 연결하여 수량의 병렬관계를 나타낼 수도 있다.

(예) 亦有高廩, <u>萬億及秭</u>.(《詩經·周頌·豐年》) 또한 높은 곳집이 萬과 億 그리고 秭이거늘.

⑤ 與 : '與'는 명사성 성분을 연결하여 사람이나 사물의 병렬관계를 나타낸다. ' …… 와 (和)'로 번역할 수 있다.

(1) 武王使[師]尚父<u>與</u>伯夫致師.(《逸周書·克殷解》) 무왕은 태사 尚으로 하여금 백 명의 사람을 이끌고 도전하게 하였다.

(2) 以<u>爾鉤援</u>, <u>與爾臨衝</u>, 以伐崇墉.(《詩經·大雅·皇矣》) 그대의 성을 공격할 사다리와 그대의 임거와 충거로 崇나라 성을 치라 하셨다.

(3) 以<u>我齊明</u>, <u>與我犧羊</u>, 以社以方.(《詩經·小雅·甫田》) 나의 가득한 제사밥과 나의 희생 양을 가지고 토지신과 사방신에게 올린다.

(4) <u>蔦與女蘿</u>, 施于松柏.(《詩經·小雅·頍弁》) 겨우살이와 女蘿가 松柏에 뻗어 있도다.

(5) 維<u>桑與梓</u>, 必恭敬止.(《詩經·小雅·小弁》) 뽕나무와 가래나무도 반드시 공경하는 마음이 있다.

(6) 習習谷風, 維風及雨. 將恐將懼, 維<u>予與女</u>.(《詩經·小雅·谷風》) 살랑살랑 동풍이 부니, 바람과 함께 비가 오네. 두렵고 무서우려 할 때에 나와 너뿐이구나.

⑥ 之 : '之'는 명사성 성분을 연결하여 사람이나 사물의 병렬관계를 나타낸다. ' …… 와 (和, 與)로 번역할 수 있다.

(예) 庶獄庶慎, 惟<u>有司之牧夫</u>是訓用違.(《尚書·立政》) 여러 소송안건과 안건의 심판은 그 일을 관장하는 관리와 목부를 따르고 어기지 않으셨다.

⑦ 惟(隹) : '惟'는 명사성 성분을 연결하여 사람이나 사물의 병렬관계를 나타낸다. ' …… 와(和, 與)로 번역할 수 있다.

(1) 王乎乍冊尹冊令師晨疋師俗司<u>邑人隹小臣</u>、<u>善夫</u>、<u>守宮</u>、<u>官犬</u>, 眔奠人、善夫、守宮友 (官守友).[112](《師晨鼎銘》) 왕께서 作冊 尹을 불러 策命書로써 師晨에게 명령을 하달하시길,

---

112) [역주] 원서에서는 '王乎乍冊尹' 뒤에 '冊'이 누락되었으므로 보충하였다. '師俗司' 뒤의 글자는

師俗을 보좌해 邑人과 小臣·膳夫·守宮·官犬과 甸人·膳夫·官守友를 관리하게 하셨다.

(2) 猷告爾四國多方, 惟爾殷侯尹民.(《尚書·多方》) 아! 그대들 사방 여러 나라들과 殷나라 제후들이 다스리는 백성들에게 고하노라.

(3) 封, 以厥庶民暨厥臣達大家, 以厥臣達王惟邦君.(《尚書·梓材》) 封아. 그 백성들과 그 신하들의 뜻을 높은 관리들에게 통하게 하고, 그 신하들을 임금과 제후들에게 통하게 해야 한다.

(4) 又惟殷之迪諸臣惟工, 乃湎于酒, 勿庸殺之, 姑惟教之.(《尚書·酒誥》) 또 은나라가 악으로 인도한 여러 신하들과 벼슬아치들이 술에 빠져들면 그들을 죽이지 말고 우선 그들을 잘 가르쳐라.

(5) 越在內服, 百僚庶尹惟亞惟服宗工越百姓里居, 罔敢湎于酒.(《尚書·酒誥》) 內職의 모든 관리들, 여러 우두머리 관리들, 부관들, 실무 담당 관리들, 종친으로 관직에 있는 사람들과 백관과 이장들은 감히 술에 빠지지 않았다.

(6) 虞業維樅, 賁鼓維鏞.(《詩經·大雅·靈臺》) 종틀설주에 업과 종이 있고 큰북과 큰 종이 있다.

⑧ 于 : 접속사 '于'는 두 개의 명사성 성분을 연결하여 사람이나 사물의 병렬관계를 나타낼 수 있다. ' …… 와(和)'로 번역할 수 있다.

(1) 告汝德之說于罰之行.(《尚書·康誥》) 너에게 德에 관한 말과 형벌에 관한 행동을 말하는 것이다.

(2) 殺越人于貨.(《尚書·康誥》) 사람을 죽이고 재물을 빼앗다.

'于'는 또 두 개의 형용사성 성분을 연결하여 성질·상태의 병렬관계를 나타낼 수도 있다. ' …… 하고(而)', ' …… 하고 또한(而又)'로 번역할 수 있다.

(1) 不克敬于和, 則無我怨.(《尚書·多方》) 능히 공경하고 화합하지 못한다면 나를 원망하지 말라.

(2) 俾緝熙于純嘏.(《詩經·周頌·載見》) 나를 크게 빛나고 또 위대하게 만든다.

(3) 學有緝熙于光明.(《詩經·周頌·敬之》) 배움에 크게 빛남과 광명이 있다.

⑨ 有(又) : '有(又)'는 명사성 성분을 연결하여 사람이나 사물의 병렬관계를 나타낼 수

缺字로 표기되어 있는데, '邑'으로 보충하였으며, 맨 끝에는 '守宮友'로 표기되어 있었으나 '官守友'로 수정하여 제시한다.

있다. '……와(和, 與)로 번역할 수 있다.

(1) 王蔑庚嬴歷, 易貝十朋又丹一朸.(《庚嬴卣銘》) 왕께서 庚嬴을 격려하시고, 貝 십 朋과 朱砂 일 朸을 하사하셨다.

(2) (東宮)[113]乃或即習用田二又臣一夫.(《習鼎銘》) 東宮이 이에 習에게 경작지 이 田에 또 노예 한 명을 주었다.

'有(又)'는 또한 두 개의 형용사성 성분을 연결하여 성질·상태의 병렬관계를 나타낼 수 있다. '……하고(而)'로 번역할 수 있다.

(예) 引[114]唯乃智, 余非庸又昏[115].(《毛公鼎銘》) 오래도록 그대의 지혜를 발휘하라. 나는 평범하지도 어리석지도 않다.[116]

'有(又)'는 또한 수사를 연결하여 정수(整數)와 정수, 정수와 영수(零數)의 연결을 나타낸다. 이러한 경우는 따로 번역하지 않아도 된다.

(1) 武王遂征四方, 凡憝國九十有九國, 馘曆億有十萬七千七百七十有九, 俘人三億萬有二百三十, 凡服國六百五十有二.(《逸周書·世俘解》) 무왕은 마침내 사방을 정벌하여 99국을 멸망시키고 십칠만칠천칠백칠십구명을 죽였으며, 포로로 삼십만이백삼십명을 생포하였으며, 모두 육백오십이국을 정복하였다.

(2) 隹公大保來伐反尸年, 才十又一月庚申.(《旅鼎銘》) 公太保께서 반란을 일으킨 東夷를 토벌하러 오신 그 해 십일월 庚申일에.

(3) 隹王十又三年六月初吉戊戌, 王才周[117]康宮新宮.(《望簋銘》) 왕 재위 십삼년 유월 初

---

113) [역주] 원서에서는 생략된 주어를 '東宮'으로 보았으나, 명문 중에 출현하는 '匡季'로 보는 견해도 다수이다.

114) [역주] 원서에서는 '弘'으로 표기되어 있으나, 여러 학자들에 의해 '引'임이 밝혀졌다. 제2장 제4절의 예문에서는 '引'으로 표기되어 있다.

115) [역주] '昏'의 원래 자형은 '聞'이다.

116) [역주] 일부 학자들은 이 구문을 '引唯乃智余非, 庸(用)又聞'으로 끊어 읽고, '聞'을 '들어서 알다'의 의미로 보아, 이 구문을 '또한 그대가 나의 잘못을 안다면 나의 귀에 들리게 해서 알게 해야 한다'는 뜻으로 해석하기도 한다. 관련 논의는 楊樹達(《積微居金文說》(增訂本), 中華書局, 1997년, 16쪽)을 참고할 수 있다.

吉 戊戌일에 왕께서 成周 康宮 내의 새로 지은 宮室에 계셨다.

(4) 易尸司王臣十又三白, 人鬲千又五十夫.(《大盂鼎銘》) 夷族 출신으로 周 왕조에 소속된 관리 십삼 명과 백성 일천오십 명을 하사한다.

(5) 人鬲自馭至于庶人六百又五十又九夫.(同上) 백성 중 수레꾼부터 庶人까지 육백오십구 명

⑩ 而 : '而'는 동사성 성분을 연결하여 동작·행위의 병렬관계를 나타낸다. '또한(且)'로 번역하거나, 혹은 본래의 글자와 같이 ' …… 하고(而)'로 번역할 수 있다.

(1) 予其懲. 而毖後患..(《詩經·周頌·小毖》) 내가 잘못을 뉘우치고 후환을 삼갈 수 있을까?
(2) 賁其趾, 舍車而徒.(《周易·賁卦》) 그 발을 꾸미는 것이니 수레를 버려두고 걸어 다녀야 한다.

⑪ 以 : '以'는 명사성 성분을 연결하여 사람 또는 사물의 병렬관계를 나타낸다. ' …… 와(和)'로 번역할 수 있다.

(1) 不大聲以色, 不長夏以革.(《詩經·大雅·皇矣》) 소리와 색을 드러내지 않고, 회초리와 채찍을 숭상하지 않고.[118]
(2) 應公作寶尊彝, 曰: 奄以乃弟用夙夕將[119]享.(《應公鼎氏銘》) 應公이 귀중한 祭器를 제작하며 말하였다. "奄과 그의 남동생은 주야로 肆祭를 드리는 데 사용할지어다."

'以'는 두 개의 동사 또는 형용사를 연결하여 두 종류의 동작 또는 두 종류의 성질의 병렬관계를 나타낸다. 그 예는 다음과 같다.

(1) 嘉賓式燕以敖.(《詩經·小雅·鹿鳴》) 반가운 손님과 잔치하며 즐긴다.
(2) 維彼愚人, 覆狂以喜.(《詩經·大雅·桑柔》) 저 우매한 사람은 도리어 미쳐서 화를 기뻐하니.

⑫ 且 : '且'는 형용사 또는 동사를 연결하여 두 종류의 성질 또는 두 종류의 동작의 병렬관계를 나타낸다. '그리고(並), 또(又), …… 하고(而)' 등으로 번역할 수 있다.

---

117) [역주] 원서에서는 '周'가 누락되었으므로 보충하였다.
118) 夏: 회초리, 革: 채찍.
119) [역주] '將'으로 표기된 글자는 정확하게는 '𤔲'이나, 여기서는 원서의 자형을 따르기로 하겠다.

(1) 君子有酒, <u>旨且多</u>.(《詩經·小雅·魚麗》) 군자가 술이 있으니 맛이 있고 풍성하도다.

(2) 申伯之德, <u>柔惠且直</u>.(《詩經·大雅·崧高》) 신백의 덕이여, 부드럽고 은혜로우면서 또 곧도다.

(3) 四牡奕奕, <u>孔脩且張</u>.(《詩經·大雅·韓奕》) 네 마리 말이 크고 크니, 심히 키가 크고 또 모도 크도다.

(4) 雖無好友, <u>式燕且喜</u>.(《詩經·小雅·車舝》) 비록 좋은 벗이 없으나 잔치하고 또 기뻐할지어다.

(5) 既見君子, <u>樂且有儀</u>.(《詩經·小雅·菁菁者莪》) 군자님을 뵈었으니 즐겁고 또 예의가 있도다.

(6) 鼓鍾將將, 淮水湯湯. <u>憂心且傷</u>.(《詩經·小雅·鼓鍾》) 종을 치는 소리가 쟁쟁하고 淮水의 물은 넘실넘실한다. 마음이 근심되고 또 아프구나.

'且'는 때로는 '既'와 전후 호응하여 '既 …… 且 …… '와 같은 고정형식을 구성하고 병렬 관계를 나타낸다. ' …… 하면서 또한 …… 하다(既 …… 又 ……)'로 번역할 수 있다.

(1) 君子之車, <u>既庶且多</u>.(《詩經·大雅·卷阿》) 군자의 수레가 이미 많고 또 많다네.

(2) 喪亂既平, <u>既安且寧</u>.(《詩經·小雅·常棣》) 세상의 죽음과 난리 모두 평정되어, 안전하고도 편안해졌다.

(3) <u>既庭且碩</u>, 曾孫是若.(《詩經·小雅·大田》) 이미 곧게 자라고 또 잘 크니라. 증손의 마음을 흡족하게 하도다.

(4) <u>既微且尰</u>, 爾勇伊何.(《詩經·小雅·巧言》) 이미 종기가 나고 정강이가 부었으니, 너희들의 용맹이 무슨 소용이리요?

(5) 四牡既佶, <u>既佶且閑</u>.(《詩經·小雅·六月》) 건장한 네 필 수말 억세면서도 온순하도다.

'且'는 또한 '終'(부사)과 전후 호응하여 '終 …… 且 …… '와 같은 고정형식을 구성하고 병렬관계를 나타낸다. ' …… 하면서 또한 …… 하다(既 …… 又 ……)'로 번역할 수 있다.

(1) 禾易長畝, <u>終善且有</u>.(《詩經·小雅·甫田》) 벼가 잘 가꾸어져 온 이랑이 한결같으니 농사가 잘되어 수확도 많구나.120)

(2) 神之聽之, <u>終和且平</u>.(《詩經·小雅·伐木》) 신이 그것을 들어주어 마침내 화평하게 되느니라.

---

120) 有: 풍성하다.

2) 순접접속사(順承連詞)

순접접속사는 일반적으로 동사성 성분을 연결하여 두 개의 동작·행위가 갖는 시간상의 순접관계를 나타낸다. 이러한 종류의 접속사 가운데 주요한 것으로 '而', '以', '若', '如' 등이 있다.

① 而 : '而'는 두 개의 동사성 성분을 연결하여 순접관계를 나타낸다. '이후에(而后)', '연후에(然后)', '곧(就)', '바로(便)' 등으로 번역할 수 있다.

  (1) 同人, 先號咷而後笑. 大師克相遇.(《周易·同人》) 뜻이 같은 사람이 함께하여 처음에는 목 놓아 울고 나중에는 웃는다. 큰 군대가 이겨서 서로 만나게 된다.

  (2) 屛遮而自燔于火.(《逸周書·克殷解》) 옥으로 된 옷으로 몸을 가리고 스스로 몸을 불살랐다.

  (3) 民之靡盈, 誰夙知而莫成.(《詩經·大雅·抑》) 백성들이 자만하지 않는다면 누가 일찍이 깨달 았음에도 늦게 이루는가?

  (4) 不克訟, 歸而逋, 其邑人三百戶, 無眚.(《周易·訟卦》) 송사를 이기지 못함이니 돌아가 도 망가서 그 읍 사람이 삼백호면 재앙이 없으리라.

  (5) 難至而悔, 悔將安及.(《逸周書·芮良夫解》) 재난이 닥치고 나서야 후회를 하니 후회가 어찌 늦지 않겠는가?

② 以 : '以'는 두 개의 동사성 성분을 연결하여 동작·행위의 순접관계를 나타낸다. '······ 하고 ······ 하다(來, 就)'등으로 번역할 수 있다.

  (1) 商王紂取天智玉琰縫身厚以自焚.(《逸周書·世俘解》) 商王 紂는 天智玉 琰을 몸에 걸치 고서 스스로 분신하였다.

  (2) 肆若農服田, 饑以望穫.(《逸周書·度邑解》) 고로 농부와 같이 밭을 간다. 배가 고프니 수확 을 바라는구나.

  (3) 取羝以軷, 載燔載烈.(《詩經·大雅·生民》) 숫양을 취하여 노제를 지내며 고기를 불에 굽고 꼬치로 꿰어서 굽는다.

③ 如 : '如'는 두 개의 동사성 성분을 연결하여 동작·행위의 순접관계를 나타낸다. '이 후에(而后)', '······ 하고 ······ 한다(就)' 등으로 번역할 수 있다.

(1) 不失其馳, 舍矢如破.(《詩經·小雅·車攻》) 달리는 데 실수 없어, 활 쏘면 백발백중이로구나.

(2) 誕彌厥月, 先生如達.(《詩經·大雅·生民》) 달을 채워, 처음으로 낳으니 염소처럼 쉽게 낳으셨네.

④ 若 : '若'은 동사성 성분을 연결하여 동작·행위의 순접관계를 나타낸다. '이후에(而后)', ' …… 하고 …… 한다(就)' 등으로 번역할 수 있다.

(예) 君子夬夬, 獨行, 遇雨, 若濡, 有慍, 无咎.(《周易·夬卦》) 군자는 결단할 것을 결단한다. 홀로 가다가 비를 만나 만약 비에 젖어 성냄이 있더라도 허물이 없다.

3) 역접접속사(轉折連詞)

역접접속사는 두 종류가 있다. 첫 번째는 두 개의 용언성 성분을 연결하는 것이고, 두 번째는 주어와 위어를 연결하는 것이다. 동사성 성분이나 형용사성 성분을 연결하는 역접접속사는 역접관계를 나타낸다. 이러한 종류의 접속사로 '而', '玆'가 있다.

① 而 : '而'는 동사성 성분을 연결하여 역접관계를 나타낸다. '그러나, 하지만(却, 可是, 但是)' 등으로 번역할 수 있다.

(1) 既醉而出, 並受其福. 醉而不出, 是謂伐德.(《詩經·小雅·賓之初筵》) 이미 취하고 나가면 함께 그 복을 받을 것이거늘, 취하고도 나가지 않으니 이를 두고 덕을 해친다고 하는 것이로다.

(2) 爾還而入, 我心易也. 還而不入, 否難知也.(《詩經·小雅·何人斯》) 그대 돌아가다 들어온다면 내 마음 기뻐질 것이로다. 돌아가다 들어오지 아니하니 들어오지 않음을 알기 어렵구나.

(3) 盥而不薦, 有孚顒若.(《周易·觀卦》) 손만 씻고 아직 제사는 올리지 않은 것이다. 믿고 우러러보는 것과 같다.

② 玆 : '玆'는 두 개의 용언성 성분을 연결하여 역접관계를 나타낸다. '오히려, 그러나, 하지만(却, 可是, 但是)' 등으로 번역할 수 있다.

(예) 休玆知恤, 鮮哉.(《尚書·立政》) 좋은 때라도 근심할 줄 아는 사람은 드물구나.

주어와 위어를 연결하는 접속사는 '而' 한 종류만이 있다.

③ 而 : 용례는 다음과 같다.

(1) 彼月而微, 此日而微.(《詩經·小雅·十月之交》) 저 달이 희미하고 이 해도 희미해졌네.

(2) 彼月而食, 則維其常. 此日而食, 于何不臧.(《詩經·小雅·十月之交》) 저 달이 줄어드니 늘 있는 일이나, 이 해가 줄어드니 무엇이 잘못되었나.

4) 결과접속사(結果連詞)

결과접속사는 두 개의 동사성 성분을 연결하여 후항(後項)의 동작·행위가 전항(前項)의 동작·행위의 결과임을 나타낸다. 여기에서 결과는 전항의 동작·행위가 일으킨 것, 혹은 전항의 동작·행위가 원인이 되는 것일 수 있고, 또 전항의 동작·행위가 조건이 되는 것일 수 있다. 이러한 종류의 접속사로 '用', '以' 등이 있다.

① 用 : 접속사 '用'은 두 개의 동사성 성분을 연결하여 후항의 동작·행위가 결과임을 나타낸다. ' …… 이 되다(來, 以致)'로 번역할 수 있다.

(1) 思輯用光.(《詩經·大雅·公劉》) 백성을 편안하게 하여 나라를 빛낼 것을 생각한다.
(2) 譬彼壞木, 疾用無枝.(《詩經·小雅·小弁》) 비유하면 저 병든 나무가 병이 나서 가지가 없는 것과 같도다.
(3) 假寐永嘆, 維憂用老.(《詩經·小雅·小弁》) 잠이 드는 둥, 마는 둥하여 오래도록 탄식하고, 근심만 하니 늙는구나.
(4) 無遠用戾.(《尚書·洛誥》) 멀다고 여기지 않고 그곳에 이르게 될 것입니다.

② 以 : '以'는 두 개의 동사성 성분을 연결하여 후항의 동작·행위가 결과임을 나타낸다. ' …… 이 되다(來, 以致)'로 번역할 수 있다.

(1) 君子有酒, 嘉賓式燕以衎.(《詩經·小雅·南有嘉魚》) 군자에게 술이 있으니, 반가운 손님과 잔치하며 즐긴다.
(2) 哀我小心, 癙憂以痒.(《詩經·小雅·正月》) 슬프다, 나의 소심함이여. 속으로 근심하여 병드

노라.121)

(3) 維彼不順, 征<u>以</u>中垢.(《詩經·大雅·桑柔》) 저 도리에 순종하지 않는 사람들은 가서 때가 묻는다.

(4) 文王之德之純. 假<u>以</u>溢我.(《詩經·周頌·維天之命》) 문왕의 큰 덕이여! 아름다운 덕을 주셔 우리를 삼가게 하시었구나.

(5) 民靡有黎, 其禍<u>以</u>燼.(《詩經·大雅·桑柔》) 백성들 가운데 머리 검은 이 없으니 모두 禍를 입어 적은 것이로구나.122)

5) 목적접속사(目的連詞)

목적접속사는 두 개의 동사성 성분을 연결하여 후항의 동작·행위가 전항의 동작·행위의 목적임을 나타낸다. 이러한 종류의 접속사는 '以' 한 종류만이 있다. ' …… 하도록, …… 하기 위하여(來, 以便)'로 번역할 수 있다.

(예) 不懋德<u>以</u>備難.(《逸周書·芮良夫解》) 재난을 대비하기 위하여 덕에 힘쓰지 않는다.

6) 수식접속사(修飾連詞)

수식접속사는 두 종류가 있다. 첫 번째는 두 개의 동사성 성분을 연결하는 것이고, 두 번째는 부사어와 중심어를 연결하는 것이다. 두 개의 동사성 성분을 연결하는 수식접속사는 전항의 동작·행위가 후항의 동작·행위의 방식, 조건임을 나타낸다. 이러한 종류의 접속사는 '以' 한 종류만이 있다. ' …… 로, …… 하여(來)'로 번역할 수 있으며, 때로는 번역하지 않는다.

(1) 武王乃手太白<u>以</u>麾諸侯.(《逸周書·克殷解》) 무왕은 太白의 기를 손에 들고 제후들을 향해 흔들었다.

(2) 流言<u>以</u>對, 寇攘式內.(《詩經·大雅·蕩》) 유언비어로 대답하게 하니 도적질하는 자가 안에 있는 것이로구나.

---

121) 癲忱: 근심하다. 痒: 병나다.
122) 燼: 적다.

(3) 維作誣以對.(《逸周書·皇門解》) 거짓말을 만들어 대답하다.

부사어와 동사 중심어를 연결하는 수식접속사는 전항이 동작·행위의 시간, 조건, 상태임을 나타낸다. 이러한 종류의 접속사는 '以'와 '而'가 있다.

① 以 : 이러한 종류의 '以'의 용례는 다음과 같다.

(1) 如彼泉流, 無淪胥以敗.(《詩經·小雅·小旻》) 저 흐르는 물과 같아서 빠져서 서로 패하지 아니할까.
(2) 若此無罪, 淪胥以鋪.(《詩經·小雅·雨無正》) 이 죄 없는 자들은 어찌하여 빠져서 서로 두루 미치는고.
(3) 太保受同, 降, 盥, 以異同秉璋以酢.(《尙書·顧命》) 太保가 술잔을 받아 내려와 손을 씻고는 다른 술잔으로써 그 구기를 잡고 술을 따랐다.

② 而 : 이러한 종류의 '而'의 용례는 다음과 같다.

(예) 凡百君子, 敬而聽之.(《詩經·小雅·巷伯》) 모든 군자들은 공경하여 들을지어다.

2 문장접속사(句間連詞)

문장접속사는 다시 병렬접속사(並列連詞), 순접접속사(順承連詞), 선택접속사(選擇連詞), 점층접속사(遞進連詞), 양보접속사(讓步連詞), 역접접속사(轉折連詞), 가설접속사(假設連詞), 원인접속사(原因連詞), 결과접속사(結果連詞), 목적접속사(目的連詞) 등으로 세분할 수 있다.

1) 병렬접속사(並列連詞)

병렬접속사는 문장 사이에 사용하여 절(分句)의 병렬관계를 나타낸다. 이러한 종류의 접속사로 '越', '曰', '于', '眔', '惟(隹)', '而', '以' 등이 있다.

① 越 : '越'을 사용하여 절 사이의 병렬관계를 나타낸다. 전래문헌에는 '越'자로, 출토문

헌에는 '𩁜'자로 쓰여 있다.

(1) 我民用大亂喪德, 亦罔非酒惟行. <u>越</u>小大邦用喪, 亦罔非酒惟辜.(《尙書·酒誥》) 우리 백성들이 크게 어지러워지고 덕을 잃은 것은 또한 술로써 행해짐이 아닌 것이 없다. 그리고 작은 나라 큰 나라들이 망하게 된 것도 술로써 잘못된 것이 아닌 것이 없다.

(2) 文王誥教小子有正有事, 無彝酒. <u>越</u>庶國, 飮惟祀, 德將無醉.(《尙書·酒誥》) 문왕께서 나이 어린 사람들과 우두머리 관리들과 일반 관리들에게 경계하여 이르셨다. "평상시에 술을 마시지 말라. 그리고 여러 나라들은 마시는 것을 제사 때에만 하고 덕으로 받들고 취하지 말라."고 하셨다.[123]

(3) 玆殷多先哲王在天, <u>越</u>厥後王後民, 玆服厥命.(《尙書·召誥》) 이때 은나라의 많은 옛 어진 임금들이 하늘에 계셨습니다. 그리고 그 뒤의 임금과 백성들은 이처럼 그 명을 잘 따랐습니다.

② 曰 : 서주시대의 전래문헌에서 일부 '曰'은 '越'과 매우 유사하게 병렬관계를 나타내는 접속사로 사용되었다.

(예) 乃用三有宅. 克即宅, <u>曰</u>三有俊, 克即俊.(《尙書·立政》) 세 가지 벼슬을 임명하니 능히 나아가 일을 감당할 수 있었으며, 세 직위의 사람들이 추천한 뛰어난 이들을 임명하니 능히 나아가 뛰어나게 일할 수 있었습니다.[124]

③ 于 : 절과 절 사이에 '于'를 사용하여 절 사이의 병렬관계를 나타낸다. 이러한 용법의 '于'는 전래문헌과 출토문헌에서 모두 볼 수 있다.

(1) 子弗祗服厥父事, 大傷厥考心. <u>于</u>父不能字厥子, 乃疾厥子. <u>于</u>弟弗念天顯, 乃弗克恭厥兄.(《尙書·康誥》) 아들이 그 아버지의 일을 공경하고 복종하지 않으며 아버지의 마음을 크게 상하게 하면, 아버지도 그 아들을 사랑하지 않고 그 아들을 미워할 것이다. 그리고 아우가 하늘이 밝힌 도리를 생각지 않고 그 형을 공경하지 않는다.

(2) 杜白乍寶盨, 其用享孝于皇申且考, <u>于</u>好朋友.(《杜白盨銘》) 杜伯이 귀중한 盨를 제작하니, 上帝와 조상께 제사를 드리고, 僚屬들을 즐겁게 하는 데 사용할 것이다.

---

123) 여기에서 "庶國" 앞에는 "文王語教"가 생략되어 있다.
124) 이 예문에서 '曰'과 '三有俊' 사이에는 "用"자가 생략되어 있다.

④ 眔 : '眔'는 절을 연결하는데 쓰여 절 사이의 병렬관계를 나타낸다. 출토문헌에서만 용례가 보인다.

(1) 小臣讈蔑歷, 眔易貝.(《小臣讈簋銘》) 小臣讈은 왕으로부터 격려를 받고, 貝를 하사받았다.

(2) 穀[125]百生豚, 眔賞卣鬯貝.(《土上卣銘》) 백관들에게 새끼 돼지를 대접하였고, 한 항아리의 鬯酒와 貝를 하사하셨다.

⑤ 惟(隹) : '惟(隹)'는 절과 절 사이에 쓰여 병렬관계를 나타낸다. 이러한 용법의 '惟(隹)'는 전래문헌에는 '惟'자로, 출토문헌에는 '隹'자로 기록되어 있다.

(1) 休白敤盂[126]恤縣白室, 易君我, 隹易壽.(《縣妃簋銘》) 훌륭하신 伯犀父께서는 縣伯의 아내인 나를 기쁜 마음으로 풍요롭게 해주시고 긍휼히 여기셔서, 남편과 나에게 賞賜를 내려주셨고, (나는) 장수를 기원하노라.

(2) 惟我周王靈承于旅, 克堪用德, 惟典神天.(《尚書·多方》) 우리 주왕께서는 백성들을 잘 받들고 능히 덕을 행하고 신령스러운 하늘을 본받으실 수 있으시다.

⑥ 而 : '而'는 절과 절을 연결할 수 있으며 병렬관계를 나타낸다.

(1) 毋金玉爾音, 而有遐心.(《詩經·小雅·白駒》) 당신의 소식을 아껴서(금옥으로 여겨) 나를 멀리 하는 마음 갖지 마소서.

(2) 既庶既繁, 既順酒宣, 而無永歎.(《詩經·大雅·公劉》) 이미 사람이 많고 많으며, 이미 편안하고 두루 퍼져 있고, 길이 탄식함이 없도다.

⑦ 以 : '以'도 두 개의 절을 연결할 수 있으며 병렬관계를 나타낸다.

(1) 惠此中國, 以綏四方.(《詩經·大雅·民勞》) 이 나라 안을 사랑하여 사방을 편안히 할지어다.

---

125) [역주] 이 글자의 원래 자형은 '晉'으로, '豐', '禮', '穀(穀)' 등으로 考釋하는 견해가 있다.

126) [역주] '敤盂'의 자형 분석과 의미 해석에 관해서는 아직 일치된 견해가 없다. 첫 번째 글자의 원래 자형은 '𢼸'으로, '敤'로 보고 '懌'으로 읽는 견해, '敤'로 보지만 '盛'으로 해석하는 견해, '瞬'의 古文으로 보고 '恂'으로 읽는 견해, '爨'의 이체자로 보고 '必'로 읽어 '安' 혹은 '寧'의 뜻으로 해석하는 견해 등이 있다. 두 번째 글자의 원래 자형은 '盂'으로, '豐'으로 보는 의견이 있다.

(2) 無縱詭隨, 以謹無良.(《詩經·大雅·民勞》) 함부로 부정한 짓을 따르지 말고 어질지 못한 이를 단속하라.

2) 순접접속사(順承連詞)

순접접속사는 절을 연결하는데 쓰여 절 사이의 선후계승(先後相承) 관계를 나타낸다. 이러한 종류의 접속사로 '則', '而', '若' 등이 있다.

① 則 : 절을 연결하여 연결된 두 항목이 갖는 시간상의 선후계승을 나타낸다. ' …… 고 (면) …… 하다(就, 便, 才)' 등으로 번역할 수 있다.

(1) 至, 接于商, 則咸劉商王紂.(《逸周書·世俘解》) 상나라 도읍에 도착한 후 상과 결합하여 상왕 주를 죽였다.

(2) 周公朝至于洛, 則達觀于新邑營.(《尚書·召誥》) 주공이 아침에 낙읍에 이르러 새로 닦은 도읍의 터를 두루 살펴보았다.

(3) 王朝步自周, 則至于豐.(《尚書·召誥》) 왕은 아침에 주나라 도읍으로부터 걸어서 豐 땅에 이르렀다.

(4) 王命太史正升, 拜于上, 王則退.(《逸周書·嘗麥解》) 왕은 태사, 정승에게 명하여 당상에서 절하도록 하였다. 그러자 왕은 비로소 물러났다.

(5) 大姒嗣徽音, 則百斯男.(《詩經·大雅·思齊》) 太姒가 그 아름다운 명성을 이으니 아들이 백 명이나 되도다.

'則'은 '既'와 함께 '既 …… 則 …… '의 고정형식을 구성하여 하나의 사건이 완성된 후 곧바로 다른 일을 하는 것을 나타낸다.

(1) 厥既得卜, 則經營.(《尚書·召誥》) 그는 길한 점괘를 얻고 경영을 하였다.

(2) 旱既大甚, 則不可推.(《詩經·大雅·雲漢》) 가뭄이 이미 너무 심하여, 가히 밀칠 수가 없구나.

(3) 既見君子, 我心則喜.(《詩經·小雅·菁菁者莪》) 군자를 만났더니 내 마음 기쁘도다.

(4) 既見君子, 我心則休.(《詩經·小雅·菁菁者莪》) 군자를 만났더니 내 마음 안정되었도다.

(5) 既見君子, 我心則降.(《詩經·小雅·出車》) 군자를 만났더니 내 마음 가라앉았네.

(6) 隹武王既克大邑商, 則廷告于天.(《何尊銘》) 武王께서 商을 이기신 후, 中庭에서 上帝께

아뢰었다.

② 而 : 절을 연결하여 연결된 두 항목의 동작·행위가 갖는 시간상의 선후계승을 나타낸다. ' ······ 고(면) ······ 하다(就, 便)'로 번역하거나, 혹은 본래의 글자와 같이 ' ······ 고(而)'로 번역할 수 있다.

> (예) 乃克射之三發, 而後下車.(《逸周書·克殷解》) 이에 그것(시체)을 향해 친히 활을 세 번 쏘고 그 후에 수레에서 내렸다.127)

③ 若 : 절과 절 사이에 쓰여 두 항목의 동작·행위가 갖는 시간상의 선후계승을 나타낸다. ' ······ 고(면) ······ 하다(就, 便)' 등으로 번역할 수 있다.

> (예) 有孚, 不終, 乃亂, 乃萃, 若號.(《周易·萃卦》) 믿음이 있으나 끝까지 가지 못하여 혼란되고 모여듦이 있다. 그리고 큰소리로 부르짖는다.

3) 선택접속사(選擇連詞)

선택접속사는 선택관계의 복문에 쓰인다. 이러한 종류의 접속사로 '寧' 한 종류만이 있다. '寧'은 선택복문의 선행절에 쓰여 양자 간의 이해득실을 비교한 후 선택된 한 측면을 나타낸다. '차라리 ······ (寧可)'로 번역할 수 있다.

> (1) 寧適不來, 微我弗顧.(《詩經·小雅·伐木》) 차라리 때마침 (일이 있어) 오지 못하더라도, 내가 (그들을) 생각하지 않은 것은 아니라네.
> (2) 寧適不來, 微我有咎.(同上) 차라리 마침 오지 아니했을지언정 나에게 허물이 있는 것은 아니라네.

4) 점층접속사(遞進連詞)

점층접속사는 점층관계의 복문에 쓰인다. 이러한 종류의 접속사로 '矧', '且' 등이 있다.

---

127) 여기에서 '克'은 마땅히 '親'이 되어야 한다.

① 矧 : 점층관계의 복문 가운데 쓰여, '하물며점층(襯托遞進)' 관계를 나타낸다. 즉 선행절은 후행절을 두드러지게 하며, 후행절은 한 단계 더 나아감을 나타낸다. '하물며(何況)'로 번역할 수 있다.

(1) 弗造哲, 迪民康, 矧曰其有能格知天命!(《尚書·大誥》) 명철함으로 나아가 백성을 편안하게 인도하지 못하였으니, 하물며 하늘의 명을 궁리했다고 할 수 있겠는가?

(2) 厥子乃弗肯堂, 矧肯構?(《尚書·大誥》) 그 아들이 집의 터도 닦으려 하지 않거늘 하물며 집을 지을 수 있겠는가?

(3) 惟厥罪無在大, 亦無在多, 矧曰其尚顯聞于天.(《尚書·康誥》) 그 죄는 큰 데 있지 아니하고 많은 데도 있지 아니한데, 하물며 그러한 모든 것은 하늘에 분명히 알려진다고 하지 않던가?

(4) 不敢自暇自逸, 矧曰其敢崇飲?(《尚書·酒誥》) 감히 스스로 한가하고 스스로 편하게 지내지 않았거늘, 하물며 감히 술 마시는 일을 숭상했다고 말하겠는가.

(5) 汝播食不遑暇食, 矧其有乃室?(《逸周書·度邑解》) 너는 음식을 차려놓고도 먹을 겨를이 없는데, 하물며 너의 집안을 어찌 돌보겠느냐?

(6) 爾乃聵禍翫災, 遂非不悛, 余未知王之所定, 矧乃小子.(《逸周書·芮良夫解》) 그대들은 재난에 대해 듣지 않고 재난을 소홀히 하며 끝내 잘못이 있어도 고치지 않는다. 나는 왕을 안정시킬 바도 모르겠는데, 하물며 너희 같은 젊은이들은 어떻겠는가?

② 且 : 점층관계의 복문에 쓰여 일반적인 점층관계를 나타낸다. '게다가(而且)'로 번역할 수 있다.

(예) 以御賓客, 且以酌醴.(《詩經·小雅·吉日》) 손님들에게 음식 올리고 게다가 잔술도 올려 대접한다.

5) 양보접속사(讓步連詞)

양보접속사는 양보(讓步)를 나타내며, 주로 역접을 나타내는 접속사들과 연용(連用)된다. 이러한 종류의 접속사로 '雖', '雖則', '每', '有' 등이 있다.

① 雖, 雖則 : '雖'는 역접복문의 선행절에 쓰여 양보를 나타낸다. 즉 먼저 어떤 사실을 긍정 또는 양보하고 그 뒤에 전환(轉折, 역접)됨을 나타낸다. '비록(雖然)'으로 번역할 수 있다.

(1) 有王雖小, 元子哉.(《尚書·召誥》) 임금께서는 비록 어리시지만 元子입니다.

(2) 雖爾身在外, 乃心罔不在王室.(《尚書·康王之誥》) 비록 그대들의 몸은 밖에 있으나 그대들의 마음은 왕실에 있지 않음이 없구나.

(3) 雖無老成人, 尚有典刑.(《詩經·大雅·蕩》) 비록 나이 많고 훌륭한 사람은 없다고 하나 여전히 법도는 있다.

(4) 周雖舊邦, 其命維新.(《詩經·大雅·文王》) 주나라가 비록 오래된 나라이나 그 명은 새롭도다.

(5) 戎雖小子, 而式弘大.(《詩經·大雅·民勞》) 당신은 비록 소자지만 하는 일은 매우 크네.

(6) 我雖異事, 及爾同僚.(《詩經·大雅·板》) 내 비록 일이 다르나 너와 더불어 동료이로다.

'雖'는 경우에 따라 '則'과 연용되어 '雖則'과 같은 접속사성 구조를 구성하고 양보를 나타낸다.

(1) 雖則劬勞, 其究安宅.(《詩經·小雅·鴻雁》) 비록 고생은 하였지만 마침내는 편히 살 곳 얻었네.

(2) 雖則七襄, 不成報章.(《詩經·小雅·大東》) 비록 일곱 번 자리를 바꾸나, 보답해줄 문장을 이루지 못하였네.

② 每 : 역접복문의 선행절에 쓰여 양보를 나타낸다. 설령 후속 성분이 나타내는 상황이 출현하더라도 사실을 바꿀 수 없음을 의미한다. '비록(雖然)'으로 번역할 수 있다.

(예) 脊令在原, 兄弟急難. 每有良朋, 況也永歎.(《詩經·小雅·常棣》) 脊令이 언덕에 있으니 형제가 급난을 구원하도다. 매번 좋은 벗이 있으나 더욱 길게 탄식할 뿐이니라.

이러한 종류의 '每'는 긴축복문(緊縮複句)에 쓰일 수 있다.

(예) 駪駪征夫, 每懷靡及.(《詩經·小雅·皇皇者華》) 달려가는 부역 가는 남자들이여, 언제나 생각은 하면서도 맡은 사명 다하지 못할까 걱정하네.

③ 有 : 일부 '有'는 접속사 '雖'와 용법이 동일하다. 《古書虛字集釋》는 "有는 雖와 같다(有, 雖也.)"(권2, 159쪽)라고 하였다.

(예) 有厥罪小, 乃不可不殺.(《尚書·康誥》) 그 죄가 작다 하더라도 죽이지 않을 수 없다.[128]

6) 역접접속사(轉折連詞)

역접접속사는 복합문의 후행절에 쓰여 역접관계를 나타낸다. 이러한 종류의 접속사는 '則' 한 종류만 있다. 역접을 나타내는 '則'은 두 가지가 있다. 첫 번째는 연결되는 뒷부분과 앞부분이 서로 완전히 상반됨을 나타내는 것이다. '오히려, 도리어(反而, 却)' 등으로 번역할 수 있다.

(1) 汝無以家相亂王室, 則莫恤其外.(《逸周書·祭公解》) 너는 가신들로 인하여 왕실을 어지럽게 하지 말고, 왕실 이외의 일을 걱정하지 말라.[129]

(2) 瞻卬昊天, 則不我惠.(《詩經·大雅·瞻卬》) 하늘을 우러러보니 나에게 은혜롭지 않음이랴.

(3) 為鬼為蜮, 則不可得.(《詩經·小雅·何人斯》) 귀신이 되었든가 물여우가 되었다면 할 수 없었을 것이로다.

두 번째는 연결되는 뒷부분과 앞부분이 전망한 상황이 서로 완전히 상반됨을 나타내는 것이다. '알고 보니 이미(原來已經)', '도리어(却)' 등으로 번역할 수 있다.

(예) 五日, 武王乃裨千人求之, 四千庶玉則銷.(《逸周書·世俘解》) 닷새 뒤 무왕은 천인으로 하여금 그것을 찾아오도록 시켰으나, 사천의 서옥은 이미 불에 녹아버렸다.[130]

7) 가설접속사(假設連詞)

가설접속사는 가설복문의 첫 번째 절에 쓰여 가설관계를 나타낸다. 이러한 종류의 접속사로 '厥(氒)', '乃', '有(又)', '如', '苟', '借', '其', '斯', '其斯' 등이 있다.

① **厥(氒)** : '厥(氒)'은 전래문헌에는 '厥'자로, 출토문헌에는 '氒'자로 쓰여 있다. '厥(氒)'은 '若'으로 훈석(訓釋)되며, 가설접속사로 사용되었다. 裴學海의 《古書虛字集釋》는 "厥은 若과 같다(厥, 若也)."(권5, 358쪽)라고 하였다. 이러한 종류의 '厥(氒)'은 '만약, 가령(如

---

128) 乃: 오히려(却). [역주] 이 예문의 경우, '則'이 아니라 '而'로 되어 있는 예가 있어 보다 심도 있는 확인이 필요하다.

129) 家相: 경대부(卿大夫) 등의 집에서 일하는 가신(家臣).

130) 여기에서 '裨'는 '俾'와 같다.

果, 假如)' 등으로 번역할 수 있다.

(1) 厥或告之曰: "小人怨汝詈汝", 則皇自敬德.(《尙書·無逸》) 만약 누군가 그것을 알리며, "소인들이 당신을 원망하고 당신을 책망합니다."라고 말한다면, 엄숙히 스스로 그 덕을 공경한다.

(2) 此厥不聽, 人乃訓之.(《尙書·無逸》) 만약 이러한 말씀을 듣지 않으시면 사람들은 그것을 본받을 것입니다.

(3) 此厥不聽, 人乃(或)譸張爲幻.(《尙書·無逸》) 만약 이러한 말씀을 듣지 않으시면 사람들은 속이고 과장하여 미혹되게 할 것입니다.

(4) 厥或誥曰: "群飮", 汝勿佚, 盡執拘以歸于周, 予其殺.(《尙書·酒誥》) 만약 누군가 "여럿이 술을 마시고 있다"고 말하거든, 너는 놓치지 말고 모두 붙들어 周나라로 보내거라. 나는 그들을 죽일 것이다.

(5) 𡥀非正令, 乃敢疾訊人, 則佳輔天降喪.(《豊盉銘》) 정당한 명령이 아닌데 심하게 사람을 심문하면 이는 하늘이 재앙을 내리게 하는 것이다.

(6) 𡥀非先告父厝, 父厝舍令, 毋又敢惷專令于外.(《毛公鼎銘》) 먼저 父厝에게 고한 것이 아니면, 父厝이 명령을 내림에 있어 감히 독단적으로 대외에 명령을 공포하지 말라.

② 乃: '乃'는 서주시대의 전래문헌과 출토문헌에서 모두 보이며, '若'으로 훈석(訓釋)할 수 있다. 王引之의 《經傳釋詞》는 "乃는 若과 같다(乃, 猶若也)."라고 하였다. 이러한 종류의 '乃'는 '만약, 가령(如果, 假如)' 등으로 번역할 수 있다.

(1) 乃生男子, 載寢之床, 載衣之裳, 載弄之璋.(《詩經·小雅·斯干》) 남자아이를 낳으면, 평상에 재우고, 치마를 입히며, 그로 하여금 구슬을 갖고 놀게 할 것이다.

(2) 汝乃是不蘉, 乃時惟不永哉.(《尙書·洛誥》) 만약 당신께서 이것을 힘쓰지 않는다면, 이것(당신의 선정)은 길이 펼쳐지지 못할 것입니다.

(3) 乃越逐不復, 汝則有常刑.(《尙書·費誓》) 만약 대오를 넘어 추격하거나 돌려주지 않는다면 그대들은 일정한 형벌을 받게 될 것이다.

(4) 爾乃惟逸惟頗, 大遠王命, 則惟爾多方探天之威, 我則致天之罰, 離逖爾土.(《尙書·多方》) 만약 그대들이 방탕하고 비뚤어진 짓을 하여 임금의 명령으로부터 크게 멀어지면 그대들 여러 나라는 하늘의 위엄을 건드리게 되는 것이다. 나는 하늘의 벌을 이루어 그대들이 사는 땅을 멀리 떨어뜨릴 것이다.

(5) 乃有不用我降爾命, 我乃其大罰殛之.(《尚書·多方》) 내가 그대들에게 내린 명령에 복종하지 않는 자가 있다면 나는 크게 벌하고 죽일 것이다.

(6) 乃有大罪, 非終, 乃惟眚災: 適爾, 既道極厥辜, 時乃不可殺.(《尚書·康誥》) 큰 죄를 저질렀더라도 고의가 아니면 재앙으로 인한 죄이기 때문에, 우연히 그렇게 된 것이니, 이미 그 죄를 다 말하면 죽이지 말아야 한다.

③ 有(又) : '有(又)'는 전래문헌에는 '有'자로, 출토문헌에는 '又'자로 쓰여 있다. '若'으로 훈석할 수 있으며, 문장에서 가설접속사로 쓰인다. 裴學海의 《古書虛字集釋》에 '有은 如과 같다(有, 猶如也).'라고 하였다. 이러한 용법의 '有(又)'는 '만약, 가령(如果, 假如)' 등으로 번역할 수 있다.

(1) 又司事包, 乃多亂.[131](《牧簋銘》) 만약 음모를 품은 관리가 있다면, 많은 혼란이 생길 것이다.

(2) 余又爽變[132], 鞭[133]千罰千.(《散氏盤銘》) 우리에게 착오와 혼란이 생긴다면 천 대를 맞고 벌금 일천 鋝을 낼 것이다.

④ 如 : '如'는 가설접속사로 쓰일 수 있으며, '만약, 가령(如果, 假如)' 등으로 번역할 수 있다. 그 예는 다음과 같다.

(1) 君子如屆, 俾民心闋.(《詩經·小雅·節南山》) 군자가 만약 지극히 한다면, 백성들의 나쁜 마음을 그치게 할 것이다.

(2) 君子如夷, 惡怒是違.(《詩經·小雅·節南山》) 군자가 만약 마음을 공평히 했다면, 백성들의 미움과 노여움이 멀어질 것이다.

(3) 君子如怒, 亂庶遄沮.(《詩經·小雅·巧言》) 군자가 만약 참언에 성을 냈다면, 난은 아마 막았을 것이다.

(4) 君子如祉, 亂庶遄已.(同上) 군자가 만약 선한 말에 기뻐했다면, 난은 아마 빨리 종식되었을 것이다.

---

131) [역주] 牧簋 명문의 이 구문은 자형 확정부터 해석까지 여러 이견이 있는 부분이다. 여기서는 원서에서 제시한 자형과 의도한 해석을 따랐다.
132) [역주] 이 글자의 원래 자형은 '𪔧'으로, '變' 외에 '亂'과 통하는 것으로 보는 견해도 있다.
133) [역주] 원서에서는 '隱'으로 표기되어 있으나, 원서의 다른 쪽 동일 명문에서는 '鞭'으로 쓰고 있다. 학자들의 견해도 '鞭', '隱', '爰'으로 분분하다. 여기서는 '鞭'으로 통일하여 제시한다.

⑤ **苟** : '苟'가 가설접속사로 쓰일 때는 '如'와 동일하다. '만약, 가령(如果, 假如)' 등으로 번역할 수 있다. 그 예는 다음과 같다.

  (예) 苟克有常, 罔不允通.(《逸周書·皇門解》) 만약 능히 꾸준함이 있을 수 있다면 통달하지 못하는 바가 없다.

⑥ **借** : 가설복문의 선행절 문두에 쓰여 가설관계를 나타낸다. 후행절 문두의 '亦'과 전후 호응한다. '만약, 가령(如果, 假如)' 등으로 번역할 수 있다. 그 예는 다음과 같다.

  (1) 借曰未知, 亦既抱子.(《詩經·大雅·抑》) 만약 알지 못했다고 한다면, 이 또한 이미 자식을 안은 것이다.
  (2) 借曰未知, 亦聿既耄.(《詩經·大雅·抑》) 만약 알지 못했다고 한다면, 이 또한 이미 늙은 것이다.

⑦ **其** : 가설복문의 선행절 문두에 쓰여 가설관계를 나타낸다. '만약, 가령(如果, 假如)' 등으로 번역할 수 있다. 그 예는 다음과 같다.

  (1) 謀之其臧, 則具是違. 謀之不臧, 則具是依.(《詩經·小雅·小旻》) 계책이 좋으면 모두 그것을 어기고, 계책이 좋지 않으면 그것을 모두 따른다.
  (2) 其有憲令, 求茲無遠.(《逸周書·度邑解》) 만약 중요한 법령이 있다면 하늘에 구하는 것도 요원한 일이 아니다.

'其'는 경우에 따라 '斯'와 함께 접속사성 구조를 구성하여 가설관계를 나타낸다. 이 경우에도 여전히 '만약, 가령(如果, 假如)' 등으로 번역할 수 있다. '斯' 또한 하나의 가설관계를 나타내는 접속사이다.

  (1) 肆予明命汝百姓, 其斯弗用朕命, 予則[咸]滅之.(《逸周書·商誓解》) 고로 내가 너희 백성들에게 밝혀 말하노라. 만약 나의 명을 따르지 않는다면 내가 모두 죽일 것이다.
  (2) 其斯一話敢逸僭, 予則上帝之明命[是][行].(《逸周書·商誓解》) 만약 이 말을 감히 함부로 한다면 나는 상제의 밝은 명을 행할 것이다.[134]

---

134) 逸僭: 주제넘게 함부로 하는 것.

⑧ 斯 : '斯'도 가설복문의 선행절에 쓰여 가설관계를 나타낼 수 있다. '만약, 가령(如果, 假如)' 등으로 번역할 수 있다. 그 예는 다음과 같다.

(예) 人斯既助厥辟勤勞王家, 先人神祇報職用休, 俾嗣在王家.(《逸周書·皇門解》) 사람들이 만약 그 군왕이 왕가의 일로 수고로운 것을 돕는다면, 선왕의 신령이 아름다움으로써 그 직분에 보답하고 왕가를 계승하게 한다.

8) 원인접속사(原因連詞)

원인접속사는 인과복문의 선행절에 쓰여 원인을 나타낸다. ' …… 때문에(因爲)'로 번역할 수 있다. 이러한 종류의 접속사로 '惟(維, 隹, 唯)', '用', '以', '則' 등이 있다.

① 惟(維, 隹) : 이 단어는 전래문헌에는 '惟'(《尚書》)와 '維'(《詩經》, 《逸周書》)로, 출토문헌에는 '隹'로 쓰여 있다. 王引之의 《經傳釋詞》는 "惟는 以와 같다(惟, 猶以也)."(권3, 31쪽)라고 하였다. '惟(維, 隹)'는 인과복문의 원인절에 출현하며 원인을 나타낸다. ' …… 때문에(因爲)'로 번역할 수 있다.

(1) 在昔上帝割申勸寧王之德, 其集大命於厥躬?惟文王尚克修和我有夏, 亦惟有若虢叔, 有若閎夭, 有若散宜生, 有若泰顚, 有若南宮括.(《尚書·君奭》) 옛날에 상제께서는 어찌하여 문왕의 덕을 거듭 권면하시어 大命을 그의 한 몸에 집중시켰겠습니까? 문왕께서 능히 우리 중화를 다스리시고 화목하게 하셨는데 이는 또한 虢叔과 閎夭 같은 분이 계셨고, 散宜生과 泰顚과 南宮括 같은 분이 계셨기 때문이다.

(2) 用天降大喪于下或, 亦唯噩侯馭方率南淮尸東尸, 廣伐南或東或, 至于歷內, 王乃令西六師, 殷八師曰: 撲伐噩侯馭方, 勿遺壽幼.(《禹鼎銘》) 하늘이 우리나라에 큰 재앙을 내리셨으니, 鄂侯 馭方이 南淮夷와 東夷를 거느리고 남국과 동국을 대대적으로 침범하여 歷內까지 이르렀다. 왕께서 이에 西六師와 殷八師에 명하여 말씀하셨다. "鄂侯 馭方을 정벌하고 노인과 어린아이를 남기지 말라."(이 문장에서 '唯'는 '惟'와 같음)

(3) 惟不敬厥德, 乃早墜厥命.(《尚書·召誥》) 그 덕을 공경하지 아니하였기 때문에 일찍이 그 명을 잃었습니다.

(4) 惟乃丕顯考文王, 克明德慎罰, 不敢侮鰥寡, 庸庸, 祇祇, 威威, 顯民, 用肇造我區夏, 越我一二邦以修我西土.(《尚書·康誥》) 너의 크게 밝으신 문왕께서는 덕을 밝히고 형벌을 삼가셨다. 감히 홀아비와 과부도 업신여기지 않았으며, 등용해야할 이를 등용하고, 공경하여야

할 사람을 공경하고, 위엄을 보여야 할 사람에게는 위엄을 보이고, 덕을 백성들에게 밝히셨다. 그리하여 우리 중원의 땅과 한두 나라의 구역을 처음 만드셨고 우리의 서쪽 땅도 닦으셨다.

(5) 文王惟克厥宅心, 乃克立茲常事司牧人, 以克俊有德.(《尚書·立政》) 문왕께서는 능히 그 마음을 헤아리셨기 때문에 능히 항상 일을 맡을 목인을 세움에 능히 덕이 있는 준걸로 하셨습니다.

(6) 肆商先哲王維厥故, 斯用顯我西土.(《逸周書·商誓解》) 상나라의 先哲王은 이 때문에 우리 서토를 크게 드러냈다.

② 用 : 인과복문의 원인절에 쓰여 원인을 나타낸다. ' …… 때문에(因爲)'로 번역할 수 있다.

(1) 王不敢後, 用顧畏于民碞.(《尚書·召誥》) 왕께서는 감히 뒤로 미루실 수 없습니다. 백성들의 어려움을 돌보고 두려워해야 하기 때문입니다.

(2) 用天降大喪于下或, 亦唯噩侯馭方率南淮尸東尸, 廣伐南或東或, 至于歷內, 王乃令西六師、殷八師曰: 撲伐噩侯馭方, 勿遺壽幼.(《禹鼎銘》) 하늘이 우리나라에 큰 재앙을 내리셨으니, 鄂侯 馭方이 南淮夷와 東夷를 거느리고 남국과 동국을 대대적으로 침범하여 歷內까지 이르렀다. 왕께서 이에 西六師와 殷八師에 명하여 말씀하셨다. "鄂侯 馭方을 정벌하고 노인과 어린아이를 남기지 말라."

③ 以 : '用'과 마찬가지로 인과복문의 원인절에 쓰여 원인을 나타낸다. ' …… 때문에(因爲)'로 번역할 수 있다.

(1) 以有此人, 保寧爾國, 克戒爾服, 世世是其不殆.(《逸周書·嘗麥解》) 이 사람이 있기 때문에 너희 나라를 평안하게 하고 능히 너희들의 직분을 훈계할 수 있으며 대대로 게으르지 않을 것이다.

(2) 乃惟成湯克以爾多方簡, 代夏作民主.(《尚書·多方》) 탕임금이 그대들 여러 나라로써 간택되었기 때문에 하나라를 대신하여 백성들의 주인이 된 것이다.

④ 則 : '則'이 연결하는 후행절은 선행절의 원인이다. ' …… 때문이다(就是因爲)'로 번역할 수 있다.

(1) 不顯文武, 雁受大令, 匍有135)四方, 則縣佳乃先且考又爵136)于周邦, 干害王身, 乍爪牙.(《師克盨銘》) 위대하신 文王과 武王께서 天命을 받으시고 천하를 널리 소유하셨던 것은

그대의 先祖先父가 주나라에 공로가 있고, 왕을 호위하여 용맹한 신하가 되었기 때문이다.

(2) 不顯文武, 雁受天令, 亦則於女乃聖且考克尃右先王.(《師詢簋銘》) 위대하게 빛나시는 文王과 武王께서 천명을 받으신 것은 그대의 훌륭한 先祖先父가 선왕을 보좌하였기 때문이다.

(3) 不顯文武受命, 則乃且奠周邦.(《詢簋銘》) 위대하게 빛나시는 文王과 武王께서 천명을 받으신 것은 그대의 선조가 주나라를 안정시켰기 때문이다.

(4) 自古商人亦越我周文王立政, 立事, 牧夫, 準人, 則克宅之, 克由繹之.(《尚書·立政》) 옛날부터 상나라 사람들과 그리고 우리 주 문왕께서 정사를 세움에 입사(立事)와 목부(牧夫)와 준인(準人)을 두었던 것은 그들을 헤아릴 수 있고 그들을 보살필 수 있었기 때문이다.

9) 결과접속사(結果連詞)

결과접속사는 다시 네 종류로 나눌 수 있다. 첫 번째는 어떤 원인이 초래한 결과를 나타내며, 두 번째는 가설이 실현된 후 발생한 결과를 나타내고, 세 번째는 조건이 충족된 상황에서 발생한 결과를 나타내며, 네 번째 종류는 어떤 동작·행위나 성질·상태가 초래한 결과를 나타낸다.

모종의 원인에 의해 초래된 결과를 나타내는 접속사는 '肆', '故(古)', '則' 등이 있다.

① 肆 : 원인복문의 결과절에 사용하며 결과를 나타낸다. '故'로 훈석되며, '그러므로(因此)'로 번역할 수 있다.

(1) 唯天將集[137]厥命, 亦唯先正襄[138]辪厥辟, 奉[139]堇大命, 肆[140]皇天亡斁, 臨保我有

---

135) [역주] '匍有'가 전래문헌 중의 '敷佑'로 보는 견해도 있다.

136) [역주] 이 글자의 원래 자형은 '𤰔'으로, 자형 판별이나 독법에 있어서 '爵' 외에 '捂', '登', '丞', '勳', '勞', '㤅', '庸', '功' 등 여러 설들이 존재해왔다. 여기서는 원서의 의견에 따라 이 글자를 '爵'로 표기하였으나, 역자의 의견으로는 '功'으로 읽는 것이 설득력이 있다고 생각하여 해석에 반영하였다.

137) [역주] '集'을 '降'의 뜻으로 보는 견해도 있지만, '成就'의 뜻으로 해석하기도 한다.

138) [역주] 이 글자의 원래 자형은 '𦰩'으로 '襄' 외에 '克', '罗' 등의 考釋 견해가 있지만 정확하지는 않다.

139) [역주] 이 글자의 원래 자형은 '𠬝'으로, 자형 판별이나 독법에 있어서 '奉' 외에 '勞', '捂', '登', '丞', '勳', '爵', '㤅', '庸', '恭' 등 여러 설들이 존재해왔다. 여기서는 원서의 의견에 따라 이 글자를

周, 不巩先王配命.(《毛公鼎銘》) 하늘이 그 천명을 크게 내리셔서, 또한 옛 대신들이 그 군주를 보필하고, 천명에 대해 공손하며 부지런히 애썼다. 이에 하늘이 버리지 않으시고, 우리 주나라를 굽어 살펴 보우하시어 선왕께서 하늘의 뜻에 합한 명령을 크게 공고히 하시게 되었다.

(2) 弗克伐曅, 肆武公乃遣禹率公戎車百乘、斯馭二百、徒千.(《禹鼎銘》) 曅을 함락시킬 수 없었으므로 무공께서는 곧 禹를 보내 무공의 병거 백 승과 수레를 모는 군졸 이백 명과 보병 천 명을 이끌게 하셨다.

(3) 天閟毖我成功所, 予不敢不極卒寧王圖事, 肆予大化誘我友邦君.(《尚書·大誥》) 하늘이 우리를 심히 어렵게 하는 것이 우리가 공을 이루는 바이니, 나는 감히 문왕께서 도모하신 일을 마치지 않을 수가 없다. 그러므로 나는 우리의 우방국 제후들을 크게 감화시켜 인도하고자 한다.

(4) 敢弗于從率寧人有指疆土? 矧今卜並吉? 肆朕誕以爾東征.(《尚書·大誥》) 어찌 寧人의 아름다운 영토를 순시함을 따르지 않을 수 있겠는가? 하물며 지금의 占이 모두 길하지 않는가? 그러므로 나는 그대들과 함께 동쪽을 정벌하려는 것이다.

(5) 予一人惟聽用德, 肆予敢求爾于天邑商.(《尚書·多士》) 나 한 사람은 덕이 있는 자를 들어 쓸 뿐이다. 그러므로 내 감히 그대들을 천읍인 商에서 구하는 것이다.

(6) 皇天既付中國民越厥疆土于先王, 肆王惟德用.(《尚書·梓材》) 위대한 하늘께서 이미 중국의 백성과 그 땅을 선왕께 주셨으므로 왕께서는 오직 덕을 펴시어.

② **故(古)** : 이 단어는 전래문헌에는 '故'자로, 출토문헌에는 '古'자로 쓰여 있다. 원인복문의 결과절에 사용하며 결과를 나타낸다. '그래서(所以)'로 번역할 수 있다.

(1) 酉(酒)無敢酖[141], 有柴烝祀無敢擾[142], 古天異臨子, 法保先王, 口右四方.(《大盂鼎銘》) 술에 있어서 감히 탐닉하지 않았고, 紫祭와 烝祭를 지낼 때 감히 술로 인해 소란을 피우지도 않았다. 그러므로 상제께서 그의 아들을 도와주시고 보살펴주시며, 선왕을 크게 보우하사 천하를 얻으시었다.

'奉'으로 표기하였으나, 역자의 의견으로는 '恭'으로 읽는 것이 설득력이 있다고 생각하여 해석에 반영하였다.

140) [역주] 원서에서는 '肆'가 누락되었으므로 보충하였다.
141) [역주] '酖'에 대해서는 제2장 제7절 [역주] 236 참조.
142) [역주] '擾'에 대해서는 제2장 제7절 [역주] 237 참조.

(2) 彝昧天令, 古[143]亡.(《班簋銘》) 항상 하늘의 뜻에 우매하였기에 망하였다.

(3) 隹殷邊侯田雪殷正百辟率肄于酉, 古喪師.(《大盂鼎銘》) 殷 외곽지역의 侯服·甸服과 조정의 大小官員이 모두 술에 빠진 까닭에 군대를 상실했다고 한다.

(4) 首[144]德不克畫, 古亡承于先王.(《師詢簋銘》) 덕으로 다스리지 못하여 선왕을 계승하지 못했다.

(5) 惟茲惟德稱, 用乂厥辟, 故一人有事于四方, 若卜筮罔不是孚.(《尚書·君奭》) 이런 까닭으로 덕 있는 자를 등용해서(稱) 그 임금을 다스렸다. 그래서 천자가 천하에 일이 있으면 마치 거북점과 시초점 같이, 그것을 믿지 않음이 없었다.

(6) 率惟茲有陳, 保乂有殷, 故殷禮陟配天.(《尚書·君奭》) 이들을 따라 정사를 펼침이 있었기에 은나라가 보존되고 다스려졌습니다. 그래서 은나라의 예는 올라가 하늘에 배합되었던 것입니다.

③ 則 : '則'이 연결하는 앞부분은 원인을 나타내고 뒷부분은 결과를 나타낸다. '…… 아서 …… 하다(就, 便)', '그러므로(因此)' 등으로 번역할 수 있다.

(1) 天維純佑命, 則商實百姓王人, 罔不秉德明恤.(《尚書·君奭》) (因为皇天專一佑助, 所以殷商所有异姓、同姓的人, 没有不秉德明忧的.) 하늘이 한결같이 보우해 주시기 때문에 은이 충실해져 그 백성과 왕의 사람들은 덕을 행하고 사랑을 밝히지 않는 이가 없다.

(2) 有夏不適逸, 則惟帝降格, 向于時夏.(《尚書·多士》) 하나라가 안락함으로 나아가지 않아서 상제께서 내려오셔서 하나라에 의향을 보이셨다.

(3) 朕文考甲公文母日庚弋[145]休, 則尚安永宕[146]乃子致心.(《致方鼎銘》) 文德이 빛나시는 나의 亡父 甲公과 文德이 높으신 亡母 日庚께서 보우하셔서 당신의 아들 致의 마음을 늘 넓게 열어주셨다.

(4) 王佣下不其, 則萬年保我萬宗.[147](《盠駒尊銘》) 왕께서 위대한 왕업을 영원히 펼치셔서 나

---

143) [역주] 원서에서는 '古'로 표기되어 있으나, 실제 명문에서는 '故'로 새겨져 있다.

144) [역주] 師詢簋는 일찍이 소실되었고, 현재는 명문의 摹本만 남아있다. 자형상으로는 '首'에 가까워 보이나 '首德'의 의미에 대해서는 밝혀진 바가 없다.

145) [역주] 원서에서는 '叔'으로 표기되었으나, 제2장 제7절의 동일 명문에는 '弋'으로 되어 있고, 현재 다수의 학자들 역시 '弋'으로 考釋하므로 이에 따라 수정하여 제시한다.

146) [역주] '宕'의 의미에 관해서는 '넓히다', '차지하다', '광대하다', '헤아리다' 등의 해석이 있다.

147) [역주] 동일한 窖藏에서 출토된 《盠方彝》 명문에 《盠駒尊銘》과 유사한 부분이 보이는데, '王下叚不其萬年保我萬邦(왕께서 만년토록 우리 모든 제후국을 보살펴주시지 않을 리가 없다)'으로 되어 있으며, 보통 하나의 구문으로 본다.

의 자손이 번창하도록 만년토록 보살펴주실 것이다.

가설이 실현된 이후 발생되는 결과를 나타내는 접속사로 '則', '兹', '斯'가 있다.

① 則 : '則'은 가설복문의 결과절에 쓰여 결과를 나타낸다. '그러면, 그렇다면(那麼, 那麼就)' 등으로 번역할 수 있다.

(1) 來歲弗賞, 則付四十秭.(《智鼎銘》) 만약에 내년에 배상을 하지 않으면 사십 秭를 교부해야 한다.

(2) 敢不用令, 則即井撲伐.(《兮甲盤銘》) 명령을 따르지 않는다면, 형벌을 내리고 토벌을 할 것이다.

(3) 以君氏令曰: 余老止公僕墉土田多諫[148], 弋白氏從許, 公宕[149]其參, 女則宕其貳; 公宕其貳, 女則宕其一.(《五年琱生簋銘》) 君氏의 명령을 말하자면(다음과 같다): 내가 늙었구나. 公族의 부용국 토지와 관련하여 여러 차례 소송이 있으니, 白氏는 (다음과 같은 조치에) 따르고 동의해주길 바란다. 公室에서 三分을 갖게 되면 그대는 二分을 갖고, 公室에서 二分을 갖게 되면, 그대는 一分을 가진다.

(4) 曰: 我惟有及, 則予一人以懌.(《尚書·康誥》) 말하기를 '나는 오직 文王의 덕치에 견줄만한 것이 있다'라고 한다면, 나 한 사람은 이 때문에 무척 기뻐할 것이다.

(5) 不迪, 則罔政在厥邦.(《尚書·康誥》) 백성들을 인도하지 아니하면 정사가 그 나라에 있지 않은 것이다.

(6) 先知稼穡之艱難, 乃逸, 則知小人之依.(《尚書·無逸》) 먼저 농사의 어려움을 알고 안일하게 있는다면 소인의 의지함을 알게 될 것입니다.

'則'은 또한 긴축복문에도 쓰일 수 있다. 용법은 일반적인 가설복문의 '則'과 동일하다.

(1) 初筮告, 再三瀆, 瀆則不告.(《周易·蒙卦》) 처음 점을 치면 미래를 알려주지만, 계속 점을 치면 더럽혀진다. 더럽혀지면 가르쳐주지 않아도 되느니라.

(2) 無交害, 匪咎, 艱則無咎.(《周易·大有》) 서로 해로움이 없으니 허물이 아니나, 어렵게 하면 허물이 없으리라.

---

148) [역주] 원서에서는 '多' 뒤의 글자를 '積'으로 표기했으나, '諫'으로 수정하였다.
149) [역주] '宕'에 관해서는 제2장 제5절 [역주] 149 참조.

'則'은 때로는 병렬복문에 사용되는데, 이때 '則'은 앞의 절과 뒤의 절에 모두 출현한다. 이러한 종류의 '則'은 의미와 용법이 긴축복문의 '則'과 동일하거나 혹은 그것을 기원으로 한다고 볼 수 있다. 그 예는 다음과 같다.

(1) 三人行, 則損一人. 一人行, 則得其友.(《周易·損卦》) 세 사람이 가면 한 사람은 잃게 되고 한 사람이 가면 그 벗을 얻는다.

(2) 德則民戴, 否德民讎.(《逸周書·芮良夫解》) 덕이 있으면 백성들이 받들 것이요, 덕이 없다면 백성들이 원망할 것이다.

(3) 出則銜恤, 入則靡至.(《詩經·小雅·蓼莪》) 나가서는 걱정만 하게 되고 들어와서는 기댈 곳이 전혀 없네.

(4) 柔則茹之, 剛則吐之.(《詩經·大雅·烝民》) 부드러우면 삼키고, 강하면 뱉는다.

(5) 聽言則答, 譖言則退.(《詩經·小雅·雨無正》) 말을 들으려 하면 대답하며 참소하는 말을 하면 물러가는구나.

(6) 眂150)則卑我賞馬, 效父則卑復厥絲束.(《曶鼎銘》) 眂한테는 내가 그 말을 상환하게끔 하였고, 效父한테는 내가 그 蠶絲를 되돌려 주게 하였다.

② 茲 : '茲'는 긴축된 가설복문에 쓰여 결과를 나타낸다. '則'으로 훈석되며, '비로소(才)'로 번역할 수 있다.

(예) 祀茲酒.(《尚書·酒誥》) 제사에만 술을 마셔라.

③ 斯 : '茲'와 마찬가지로 가설관계의 긴축복문에 쓰여 결과를 나타낸다. '비로소(才)'로 번역할 수 있다.

(예) 朋至, 斯孚.(《周易·解卦》) 벗이 이르렀다면 이는 믿음이 있는 것이다.

조건이 충족된 상황에서 발생되는 결과를 나타내는 접속사는 '則' 한 종류만이 있다. '則'이 조건복문에 사용되면, 선행절은 필요조건을 나타내고 후행절은 결과를 나타낸다. '則'은 후행절에 쓰여 결과를 나타낸다. ' …… 면 …… 한다(就)'로 번역할 수 있다.

---

150) [역주] 원서에서는 '氏'로 표기되었으나, 원래 자형대로 제시한다.

(1) 無敢寇攘, 逾垣牆, 竊馬牛, 誘臣妾, 汝則有常刑.(《尚書·費誓》) 감히 약탈하거나 도적질을 하고 담을 넘어가 말과 소를 훔치며 남자 노예와 여자 노예를 꾀어내지 말라. 그렇게 한다면 그대들은 일정한 형벌을 받게 될 것이다.

(2) 無敢不逮, 汝則有大刑.(同上) 감히 이르지 못함이 없게 하라. 그렇게 한다면 그대들은 일정한 형벌을 받게 될 것이다.

(3) 無敢不多, 汝則有大刑.(同上) 감히 부족함이 없게 하라. 그렇게 한다면 그대들은 일정한 형벌을 받게 될 것이다.

(4) 無敢不供, 汝則有(無)餘刑.(同上) 감히 공급하지 못함이 없게 하라. 그렇게 한다면 그대들은 일정한 형벌을 받게 될 것이다.

(5) 其隹我者侯百生厥貯毋敢不即市, 毋敢或入蠻宄貯. 則亦井.(《兮甲盤銘》) 우리나라 제후와 백성들의 상품들은 시장에 오지 않으면 안 되며(시장에서만 거래가 이루어져야 하며), 淮夷에 다시 들어가 불법 거래를 해서는 안 된다. (그렇지 않다면) 역시 형벌을 내릴 것이다.

이러한 복문을 이해할 때에는 결과절 앞에 '그렇지 않으면(否則)'을 추가해야 한다. 현대 한어에서 '否則'로 연결하는 복문은 조건복문에 해당된다.

어떠한 동작·행위 또는 성질·상태가 초래하는 결과를 나타내는 접속사는 '以' 한 종류만이 있다. 이러한 종류의 '以'는 앞뒤 두 항목을 연결하는데, 뒤 항목은 앞 항목의 결과가 된다. ' …… 를 초래하다(使得)', ' …… 이 되다(以致)'로 번역할 수 있다.

(1) 薄伐玁狁, 以奏膚功.(《詩經·小雅·六月》) 험윤을 정벌하여, 큰 공적을 올렸네.[151]

(2) 罔中于信, 以覆詛盟.(《尚書·呂刑》) 마음속에 믿음이 없어 약속과 맹세를 뒤엎는다.

(3) 既明且哲, 以保其身.(《詩經·大雅·烝民》) 이미 밝고 또 명철하니, 이로써 자신의 몸을 보존하게 되었구나.

(4) 是人斯乃讒賊媢嫉, 以不利于厥家國.(《逸周書·皇門解》) 이 사람들은 참언으로 남을 헐뜯고 서로 시기하니 나라에 이롭지 못합니다.

10) 목적접속사(目的連詞)

목적복문의 후행절에 쓰여 목적을 나타낸다. 이러한 종류의 접속사로 '用', '以'가 있다.

---

151) 奏: 이루다(成), 膚: 크다(大).

① 用 : '用'은 전후 두 항목을 연결한다. 이때 후항은 전항의 목적을 나타낸다. '……
하기 위하여(以便)', '…… 으로(用以)', '…… 로 …… 하다(來)' 등으로 번역할 수 있다.

(1) 別求聞由古先哲王, 用康保民.(《尚書·康誥》) 따로 옛 어진 임금님들의 일에 대하여 듣기
를 구하여 백성들을 편안히 보호하라.

(2) 惟茲惟德稱, 用乂厥辟.(《尚書·君奭》) 이런 까닭으로 덕 있는 자를 등용해서(稱) 그 임금을
다스렸다.

(3) 自朝至于日中昃, 不遑暇食, 用咸和萬民.(《尚書·無逸》) 아침부터 정오를 지나 해가 기울
때까지 한가로이 밥 먹을 겨를이 없게 하여, 나라 안 백성들을 모두 화평하게 하셨습니다.

(4) 惟三月, 周公初于新邑洛, 用告商王士.(《尚書·多士》) 3월에 주공은 처음 새 도읍인 洛에
가서 상나라 임금의 관리였던 사람들에게 고하셨다.

(5) 明乃服命, 高乃聽, 用康乂民.(《尚書·康誥》) 너의 복명을 밝히며 너의 들음을 높여 백성을
편안하게 다스려라.

(6) 脩爾車馬, 弓矢戎兵. 用戒戎作, 用逷蠻方.(《詩經·大雅·抑》) 네 거마와 궁시와 병기들을
닦아 그것으로 병란이 일어날 것을 경계하여 먼 만족들의 지방에까지 미칠지어다.

② 以 : '以'는 전후 두 항목을 연결한다. 이때 후항은 전항의 목적을 나타낸다. '……
하기 위하여(以便)', '…… 로 …… 하다(來)' 등으로 번역할 수 있다.

(1) 率見昭考, 以孝以享, 以介眉壽.(《詩經·周頌·載見》) 제후들을 거느리고 昭考를 뵈어 효도
하며 제향하며, 미수를 크게 한다.

(2) 載燔載烈, 以興嗣歲.(《詩經·大雅·生民》) 고기를 굽고 꼬치에 끼워 구워서, 해를 일으키며
잇도다.

(3) 酌以大斗, 以祈黃耇.(《詩經·大雅·行葦》) 큰 말로 술을 떠 黃耇를 기원한다.

(4) 王于出征, 以匡王國.(《詩經·小雅·六月》) 왕께서 출정하시어 왕국을 바르게 하라 하시다.

(5) 太史, 司寇蘇公! 式敬爾由獄, 以長我王國.(《尚書·立政》) 태사와 사구 蘇公이여! 그대의
소송 안건을 처리하는 것을 신중히 하여 우리 왕국을 오래가게 하시오.

(6) 士制百姓于刑之中, 以教祗德.(《尚書·呂刑》) 士가 백성들을 공정한 형벌로 통제하여 德을
공경하도록 가르쳤다.

본서는 전체 접속사를 비문장접속사(詞語連詞)와 문장접속사(句間連詞) 두 개의 큰 범

주로 나누었다. 하지만 일부 접속사의 분류는 교차되기도 한다. 즉 일부 접속사는 비문장접속사이면서도 문장접속사에 속하기도 한다. 뿐만 아니라 고대한어의 표점은 가변성이 있어서 어떤 접속사들은 궁극적으로 비문장접속사인지 아니면 문장접속사인지 확정하기 매우 어려운 면도 있다.

제3절 서주한어의 조사

서주한어의 조사는 다시 두 개의 큰 범주로 나눌 수 있다. 첫 번째는 '之', '所', '者' 등의 구조조사(結構助詞)이고, 두 번째는 '有', '如', '若' 등의 접사조사(語綴助詞)이다.

1 구조조사(結構助詞)

구조조사는 다시 두 개의 하위범주로 세분할 수 있다. 하나는 영속관계, 수식·한정관계, 보충관계 등을 나타내는 것이고, 다른 하나는 명사구를 구성하는 것이다.

1) 각종 관계를 나타내는 구조조사

이러한 종류의 구조조사로 '之', '厥', '其', '者', '斯', '惟' 등이 있다.

① 之 : 구조조사 '之'는 관형어와 중심어 사이에 쓰여 영속관계 또는 수식·한정관계를 나타낼 수 있다. 또한 부사어와 중심어 사이에 쓰여 수식·한정관계를 나타낼 수 있으며, 위어의 중심어와 보어 사이에 쓰여 보충관계를 나타낼 수도 있다. 그리고 주어와 위어 사이에 쓰여 주위구조(主謂結構)를 체언화할 수 있다.

관형어와 중심어 사이에 쓰이는 '之'는 전래문헌과 출토문헌에 모두 출현한다. 이 용법은 '之'의 다른 조사 용법들보다 훨씬 이른 것이다.

(1) 王令東宮追以六師之年.(《子𣪘每簋銘》) 왕께서 太子에게 六師를 이끌고 추격을 명령하신 해.

(2) 王用弗望(忘)聖人之後, 多蔑歷易休.(《師望鼎銘》) 왕께서 덕망과 지혜가 뛰어나신 분의 후손을 잊지 않으시고, 크게 격려해주시며 은혜를 베푸셨다.

(3) 不顯子白, 壯武于戎工, 經維四方, 搏伐獵狁于洛之陽.(《虢季子白盤銘》) 찬란히 빛나는 子白은 軍事에 있어 굳세고 용맹스러웠으며, 온 천하를 경영하고, 洛水 북쪽에서 獵狁을 공격하여 토벌하였다.

(4) 王子剌公之宗婦鄙娘, 為宗彝將彝152).(《宗婦鄙娘盤銘》) 王子 烈公의 宗婦인 鄙娘은 종묘 祭器와 肆祭153)에 사용될 祭器를 제작하였다.

(5) 先輅在左塾之前, 次輅在右塾之前.(《尚書·顧命》) 상아수레는 왼쪽 문간방의 앞에 있었고, 나무수레는 오른쪽 문간방 앞에 있었다.

(6) 適二女之所.(《逸周書·克殷解》) 두 여인이 있는 곳으로 갔다.

아래에 인용한 두 예문의 밑줄 친 '之' 또한 관형어와 중심어 사이에 사용되었다. 하지만 每句 4언의 요구와 격률을 따르기 위해 선행절을 이어받아 '之' 앞의 관형어를 생략하였다.

(1) 君子樂胥, 萬邦之屏. 之屏之翰, 百辟為憲.(《詩經·小雅·桑扈》) 군자가 즐거워하니 만방의 울타리로다. 그 울타리가 되고 그 기둥이 되니 온갖 제후들이 법으로 삼는구나.

(2) 受福無疆, 四方之綱. 之綱之紀, 燕及朋友.(《詩經·大雅·假樂》) 끝없는 복을 받으시고 온 사방의 기강이 되셨도다. 그 綱이 되며 紀가 되어 朋友를 편안하게 하도다.

'之'는 부사어와 중심어 사이에 쓰여 수식·한정관계를 나타낼 수 있다. 文義에 따라 유연하게 번역해야 한다.

(1) 爾土宇昄章, 亦孔之厚矣.(《詩經·大雅·桑扈》) 그대 사는 강토가 크게 밝으며 또한 심히 두텁도다.

(2) 今此下民, 亦孔之哀.(《詩經·小雅·十月之交》) 이제 하민들이 또한 심히 가엽도다.

(3) 民之訛言, 亦孔之將.(《詩經·小雅·正月》) 백성의 유언비어가 또한 심히 크도다.

(4) 天保定爾, 亦孔之固.(《詩經·小雅·天保》) 하늘이 우리 임금을 안정시키사 매우 견고히 하셨네.

(5) 潛雖伏矣, 亦孔之昭.(《詩經·小雅·正月》) 물속에 잠기어 있어도 매우 뚜렷이 드러나네.

---

152) [역주] 제2장 제1절 [역주] 4 참조.
153) [역주] '肆祭'에 관해서는 제2장 제1절 [역주] 5 참조.

(6) 既之陰女, 反予來赫.(《詩經·大雅·桑柔》) 이미 그대를 비호해 주려 하였는데 도리어 내게 노여워하는구나.[154]

'之'는 위어의 중심어와 보어 사이에 쓰여 보충관계를 나타낼 수 있다. ' …… 하게 …… 하다(得)', '이렇게(這麼, 這樣)' 등으로 유연하게 번역할 수 있다.

(1) 儐爾籩豆, 飲酒之飫.(《詩經·小雅·常棣》) 네 籩豆를 늘어놓아 술 마시기를 실컷 하였구나.

(2) 鮮民之生, 不如死之久矣.(《詩經·小雅·蓼莪》) 나약한 백성의 삶이여, 죽느니만 같지 못한 지 오래로다.

(3) 側弁之俄, 屢舞傞傞.(《詩經·小雅·賓之初筵》) 기울어진 고깔이 삐딱하여 자주 춤추기를 그치지 않도다.[155]

'之'는 주어와 위어 사이에 삽입되어 쓰일 수 있다. 이러한 종류의 '之'의 기능은 원래의 주위구조(主謂結構)에 형식상의 체언화 자기지시(自指) 표지와 내재하는 부착성(粘連性)을 증가시켜 보다 큰 언어단위와 연계시키는 것이다. '之'자는 주어와 위어 사이에 쓰여 '之'자구조를 형성한다. '之'자구조는 문장성분이 될 수 있고, 복합문의 절이 될 수도 있으며, 심지어 독자적으로 문장을 이룰 수도 있다. '之'자구조가 담당하는 주요 문장성분은 주어와 목적어이다.
주어로 쓰인 예는 다음과 같다.

(1) 肆中宗之享國七十有五年.(《尚書·無逸》) 그러므로 중종이 나라를 다스림이 75년 되었다.

(2) 天之牖民, 如壎如篪.(《詩經·大雅·板》) 하늘이 백성을 열어 밝혀줌이 질나발과 같고 젓대와 같구나.

(3) 天之抎我, 如不我克.(《詩經·小雅·正月》) 하늘이 나를 흔듦이여. 마치 나를 이기지 못하는 듯이 하는구나.

목적어(동사 목적어와 전치사 목적어를 포함)로 쓰인 예는 다음과 같다.

---

154) 陰: 비호하다, 赫: "嚇"와 통용됨.
155) 側: 기울여 쓰다, 俄: 비뚤다.

(1) 憂心慘慘, 念國之為虐.(《詩經·小雅·正月》) 마음에 근심함이 슬프고 슬퍼서 나라의 포악함을 염려하노라.

(2) 其曰予聖, 誰知烏之雌雄.(《詩經·小雅·正月》) 모두가 내가 성인이라 말하지만 누가 까마귀의 암수를 알리오.

(3) 如川之方至, 以莫不增.(《詩經·小雅·天保》) 냇물이 바야흐로 이르는 것과 같이 불어나지 아니함이 없구나.

(4) 如月之恒, 如日之升. 如南山之壽, 不騫不崩.(《詩經·小雅·天保》) 달이 상현과 같으며, 해가 뜨는 것과 같으며, 남산의 장수함과 같아서 이지러지지도 않고 무너지지도 않는다.

(5) 我維顯服, 及德之方明.(《逸周書·度邑解》) 덕이 마침 위대하고 밝은 이때에 나는 천하를 복종시키고자 한다.

'之'자구조는 복합문의 절 또는 독립성분으로 쓰일 수 있다. 이러한 종류의 '之'는 매우 자주 보인다. '之'자구조는 때로는 순접복문의 선행절에 쓰인다.

(예) 神之弔矣, 詒爾多福.(《詩經·小雅·天保》) 신이 내려오시어 그대에게 많은 복을 주는구나.

'之'자구조는 때로는 역접복문의 선행절에 쓰인다.

(1) 死喪之威, 兄弟孔懷.(《詩經·小雅·常棣》) 죽음은 두려운데, 형제들이 서로 대단히 생각한다.

(2) 天之生我, 我辰安在.(《詩經·小雅·小弁》) 하늘이 나를 낳으시니, 나의 좋은 때는 어디에 있는가?

(3) 民之訛言, 寧莫之懲.(《詩經·小雅·沔水》) 백성들의 거짓말을 아무도 징계하지 않는구나.

(4) 民之無辜, 并其臣僕.(《詩經·小雅·正月》) 백성들은 무고한데, 모두 臣僕이 되었구나.

'之'자구조는 때로는 가설복문의 선행절에 쓰인다(때로는 후행절에도 쓰임).

(1) 辭之輯矣, 民之洽矣.(《詩經·大雅·板》) 말을 和하게 하면 백성들이 화합할 것이다.

(2) 神之聽之, 介爾景福.(《詩經·小雅·小明》) 신이 그것을 들어주면 복록을 너에게 줄 것이다.

(3) 人之齊聖, 飮酒溫克.(《詩經·小雅·小宛》) 사람이 총명하고 지혜가 있으면 술 마셔도 온유할 수 있다.

(4) 爾之遠矣, 民胥然矣.(《詩經·小雅·角弓》) 그대가 멀리하면 백성들도 따라 그리한다.

(5) <u>牲之傷</u>, 汝則有常刑.(《尚書·費誓》) 말과 소들이 상하게 되면 그대들은 일정한 형벌을 받게 될 것이다.

'之'자구조는 때로는 인과복문의 선행절에 쓰인다.

(1) <u>猶之未遠</u>, 是用大諫.(《詩經·大雅·板》) 계책이 원대하지 못하여 이 때문에 크게 간하노라.
(2) <u>民之貪亂</u>, 寧為茶毒.(《詩經·大雅·桑柔》) 백성들이 난을 탐하니 쓴 나물의 독을 편안히 여기노라.
(3) <u>之子之遠</u>, 俾我疧兮.(《詩經·小雅·白華》) 그대 나를 멀리함이여. 나로 하여금 병들게 하도다.
(4) <u>心之憂矣</u>, 不遑假寐.(《詩經·小雅·小弁》) 마음에 근심하는지라 거짓 잠잘 겨를도 없노라.
(5) <u>心之憂矣</u>, 不可弭忘.(《詩經·小雅·沔水》) 마음에 근심하는지라 그쳐서 잊을 수 없노라.
(6) <u>民之質矣</u>, 日用飲食.(《詩經·小雅·天保》) 백성들이 질박한지라 날로 쓰며 마시고 먹는다.

'之'자구조는 시간복문의 선행절에도 쓰인다.

(예) <u>殷之未喪師</u>, 克配上帝.(《詩經·大雅·文王》) 은나라가 민심을 잃지 않았을 적에는 하늘의 뜻에 부합할 수 있었다.

'之'자구조가 단독으로 문장을 이루는 경우, 해당 문장은 감탄문이 된다.

(예) 於乎! 不顯, <u>文王之德之純</u>!(《詩經·周頌·維天之命》) 아! 밝기도 해라, 문왕의 덕의 순수함이여!

'之'는 전치목적어(前置宾语)와 동사 사이에 출현할 수도 있다. 이러한 종류의 '之'를 일부 학자들은 조사로 보았다. 하지만 본서는 전치된 목적어를 전방조응(復指, anaphora)하는 대사로 간주한다.

②厥(氒) : 구조조사 '厥(氒)'은 관형어와 중심어 사이에 쓰여, 영속관계 또는 수식·한정관계를 나타낼 수 있다. 또한 부사어와 중심어 사이에 쓰여 수식·한정관계를 나타낼 수도 있다. 관형어와 중심어 사이에 쓰이는 '厥(氒)'은 ' …… 의(는)(的)'으로 번역할 수 있다.

(1) 自時厥後, 亦罔或克壽.(《尚書·無逸》) 이때부터 그 후로는 또한 어떤 사람도 능히 장수하지 못하였습니다.

(2) 自時厥後立王, 生則逸, 生則逸.(《尚書·無逸》) 이때 이후로 즉위한 왕들은 태어나자마자 안일하였고 태어나자마자 안일하였다.

(3) 乍冊令敢揚明公尹氒賟156), 用乍父丁寶尊彝.(《令彝銘》) 作冊 令은 삼가 明公 尹의 은택을 찬양하며, 父丁께 제사를 올리는 데 사용할 귀중한 祭器를 제작하였다.

(4) 對揚天子氒休, 用乍朕文考惠仲寶尊簋.(《同簋銘》) 천자의 은택을 찬양하며, 문덕이 혁혁하신 나의 亡父 惠仲께 제사를 올리는 데 사용할 귀중한 簋를 제작하였다.

'厥'은 '之'와 마찬가지로 부사어와 중심어 사이에 쓰일 수도 있다.

(1) 有夏誕厥逸.(《尚書·多方》) 하나라는 제멋대로 놀며 즐겼다.157)

(2) 愼厥麗, 乃勸.(《尚書·多方》) 신중하게 교령을 시행하였으니 이는 사람을 권면하는 것이었다.158)

③ 其 : 구조조사 '其'는 '厥'과 마찬가지로, 관형어와 중심어 사이에 쓰여 영속관계 또는 수식·한정관계를 나타낸다. 또한 부사어와 중심어 사이에 쓰여 수식·한정관계를 나타낼 수도 있다. '其'가 관형어와 중심어 사이에 사용되는 예는 다음과 같다.

(1) 孟侯, 朕其弟, 小子封.(《尚書·康誥》) 제후의 우두머리이며 나의 동생인 소자 封이여.

(2) 殷王(亦)罔敢失帝, 罔不配天其澤.(《尚書·多士》) 은나라 왕도 또한 감히 상제를 벗어남이 없어서 하늘의 은택과 배합하지 않음이 없었다.159)

(3) 瑚生對160)揚朕宗君其休.(《六年瑚生簋銘》) 瑚生은 종실 君長의 은덕을 찬양하노라.

(4) 敢161)弗具付騝从其且射.162)(《騝攸从鼎銘》) 감히 騝从에게 그 토지세와 배상금을 모두 주

---

156) [역주] 이 글자의 원래 자형은 '宦'으로, 이와 관련된 자형에 대해서는 아직 정설이 없으며, 역대로 '宦', '休', '嘉', '予', '籌', '貢', '巃', '琮' 등의 釋讀이 있었다. 다만 용법과 관련해서는 위의 용례와 같은 상황에서는 '宦'가 '休' 혹은 '賜'를 의미하는 것으로 일치된 견해를 보인다.

157) 誕: 제멋대로(大肆). 逸: 놀며 즐기다(逸樂).

158) 愼: 신중하게(謹愼). 麗: 교령을 시행하다(施行敎令).

159) 澤: 은택(恩澤).

160) [역주] 원서에서는 '奉'으로 표기되어 있으나 오타로 보인다.

지 않는다.

　'其'는 부사어와 중심어 사이에 사용할 수도 있다.

　　(1) 純其藝黍稷.(《尚書·酒誥》) 전념하여 黍稷을 가꾸도록 하라.163)

　　(2) 闐其無人, 三歲不覿.(《周易·豐卦》) 고요하게 사람 없으니 3년 동안 밖을 돌아보지 않는다.164)

　④ 者 : 관형어와 중심어 사이에 쓰여 수식·한정관계를 나타낸다. '之'로 훈석하며, '…… 의(는)(的)'으로 번역할 수 있다.

　　(1) 有芃者狐, 率彼幽草.(《詩經·小雅·何草不黃》) 꼬리가 긴 여우여 저 그윽한 풀 속을 가도다.165)

　　(2) 菁菁者莪, 在彼中阿.(《詩經·小雅·菁菁者莪》) 무성하고 무성한 다북쑥, 저 언덕 가운데 있도다.

　　(3) 翩翩者鵻, 載飛載下, 集於苞栩.(《詩經·小雅·四牡》) 훨훨 나는 산비둘기, 날아오르다 또 내려오고 우북한 도토리나무에 모였구나.

　　(4) 皇皇者華, 于彼原隰.(《詩經·小雅·皇皇者華》) 환히 빛나는 꽃이여, 언덕과 습지에 피었도다.

　　(5) 有頍者弁, 實維伊何.(《詩經·小雅·頍弁》) 우뚝한 고깔이여, 실로 무엇인가?

---

161) [역주]원서에서는 '弗' 앞에 '我'로 표기되어 있으나, 같은 명문인 《鬲从簋蓋銘》과 비교해보면, '敢' 임을 알 수 있다.

162) [역주] '敢弗具付鬲从其且射'의 끊어 읽기에 대해서는 '其且射'를 뒤 구문에 붙여서 '敢弗具付鬲 从, 其且射分田邑'로 읽는 견해가 더 우세하다. '且射'에 대해서는 학자들의 해석이 매우 분분한데, '租謝'로 읽고 '田賦'와 '錢財'로 해석하는 견해, '沮厭'로 읽고 '損毁'의 뜻으로 보아 '서약을 훼손한다'는 의미로 풀이하는 견해, '沮'를 '助'로 읽고 '益'의 의미로 보아 '助射'를 '益取, 多取, 大取'의 뜻으로 해석하는 견해, '且'는 '助'로서 '籍'과 통하여 '稅'의 뜻으로 보고, '射'에 대해서는 '謝'로 보아 '謝罪'의 의미로 해석하는 견해 등이 있다. 여기서는 원서에서 '敢弗具付鬲从其且射'로 끊어 읽기를 하였으므로, 이에 부합하는 해석을 제시하였다.

163) 純: 전일하게, 전념하여(專一).

164) 闐: 고요하게(靜悄悄).

165) 다음 문장과 비교해보라.
"有棧之車, 行彼周道."(《詩經·小雅·何草不黃》) 사다리가 있는 수레여, 저 큰길에 가도다.

(6) 裳裳者華, 其葉湑兮.(《詩經 · 小雅 · 裳裳者華》) 화려한 꽃이여, 그 잎 무성하도다.

⑤ 斯 : 구조조사 '斯'는 관형어와 중심어 사이에 쓰여 영속관계 또는 수식 · 한정관계를 나타낼 수 있다. 그리고 또한 부사어와 중심어 사이에 쓰여 수식 · 한정관계를 나타낼 수도 있다. 관형어와 중심어 사이에 쓰인 '斯'는 ' …… 의(는)(的)'으로 번역할 수 있으며, 때로는 번역을 하지 않기도 한다. 裴學海은 《古書虛字集釋》에서 '斯는 之와 같다(斯, 猶之也).' (권8, 705쪽)라고 주석을 하였다. 《詩經 · 周南 · 螽斯》의 "螽斯羽, 詵詵兮."에 대하여, 高亨은 "斯는 之이다. '螽斯羽'는 황충(蝗蟲)의 날개이다.(斯, 之也. 螽斯羽, 即蝗蟲之羽.)"라고 말했다.

(1) 有兔斯首, 炮之燔之.(《詩經 · 小雅 · 瓠葉》) 토끼의 머리를 그슬리며 굽는다.

(2) 秩秩斯干, 幽幽南山. 如竹苞矣, 如松茂矣.(《詩經 · 小雅 · 斯干》) 질서정연한 이 물가요, 그윽하고 그윽한 남산이로다. 대나무가 우거진 것 같고 소나무가 무성한 것과 같도다.

(3) 於萬斯年, 不遐有佐.(《詩經 · 大雅 · 下武》) 아, 만년토록 어찌 돕는 이가 있지 않겠는가.

(4) 乃求千斯倉, 乃求萬斯箱.(《詩經 · 小雅 · 甫田》) 천 개의 창고가 필요하고, 만 개나 되는 짐수레가 필요하다.

'斯'는 부사어와 중심어 사이에 쓰일 수도 있다. ' …… 하게(地)'로 번역할 수 있으며, 때로는 번역하지 않는 경우도 있다.

(1) 侵阮徂共, 王赫斯怒.(《詩經 · 大雅 · 皇矣》) 阮나라를 침공하러 共땅에 가거늘 왕께서 크게 노하셨다.

(2) 謀猶回遹, 何日斯沮.(《詩經 · 小雅 · 小旻》) 도모함이 간사하고 편벽하니 어느 날에 그칠 것인가.166)

(3) 下莞上簟, 乃安斯寢. 乃寢乃興, 乃占我夢.(《詩經 · 小雅 · 斯干》) 아래는 부들자리요, 위는 대자리니, 여기에서 편안히 자겠노라. 자고 나서 일어나 내 꿈을 점쳐보겠노라.

(4) 我日斯邁, 而月斯征. 夙興夜寐, 無忝爾所生.(《詩經 · 小雅 · 小宛》) 내 날로 매진하거든 너도 달로 나아가라. 일찍 일어나고 밤늦게 자서 너를 나아주신 분을 욕되게 하지 말지어다.

(5) 亂靡有定, 式月斯生.(《詩經 · 小雅 · 節南山》) 난이 진정되지 아니하여 다달이 생겨난다.

---

166) 沮: 그치다.

(6) 如跂斯翼, 如矢斯棘, 如鳥斯革. 如翚斯飛, 君子攸躋.(《詩經·小雅·斯干》) 사람이 몸을 곧게 세우듯 공경하고, 화살처럼 곧게 날아가며, 새처럼 낯빛을 바꾸고, 꿩처럼 날아가니, 군자가 올라가서 정사를 다스릴 곳이로다.

⑥ 惟 : '惟'는 부사어와 중심어 사이에 쓰여 수식·한정관계를 나타낸다. '之'로 훈석하며, ' …… 하게(地)'로 번역할 수 있다. 때로는 번역하지 않는 경우도 있다.

(1) 惟王受命, 無疆惟休, 亦無疆惟恤.(《尚書·召誥》) 왕께서 천명을 받은 것은 한없이 좋으며 또한 한없이 근심스럽습니다.[167]

(2) 我受命無疆惟休, 亦大惟艱.(《尚書·君奭》) 우리가 받은 하늘의 명은 한없이 복된 것이나 또한 크게 어려운 것입니다.

위의 예문에 나오는 '大'는 '艱'의 부사어가 되며, 마찬가지로 '無疆'은 '休'의 부사어가 된다.

2) 명사구를 구성하는 구조조사

이러한 종류의 조사로 '攸', '所', '者' 등이 있다.

① 攸 : '攸'는 동사 앞에 쓰여 동사와 함께 하나의 명사구를 형성한다. '攸'자구조는 동작의 피행위주 또는 관련 방면을 나타낸다. ' …… 하는 바(所)'로 번역할 수 있다.

(1) 豈弟君子, 民之攸歸.(《詩經·大雅·泂酌》) 온화하신 군자여 백성이 귀의하는 바로다.

(2) 予曷敢不于前寧人攸受休畢!(《尚書·大誥》) 내 어찌 감히 예전 나라를 편하게 하신 분들이 받으신 아름다운 命을 완성하지 않겠는가.

(3) 無皇曰, "今日耽樂", 乃非民攸訓, 非天攸若.(《尚書·無逸》) 한가롭게 여기고 "오늘 마음 껏 즐기겠다."고 말씀하지 마십시오. 이는 백성들이 본받을 바도 아니며, 하늘이 따르는 바도 아닙니다.

---

167) 아래의 예문과 비교해보라.
"惟文王德丕承, 無疆之恤."(《尚書·君奭》) 오직 문왕 덕으로 한없는 근심을 크게 받들라.

(4) 予惟四方罔攸賓.(《尚書·多士》) 내가 사방의 손님을 맞이할 곳이 없다고 생각했기에.

(5) 予惟往求朕攸濟.(《尚書·大誥》) 나는 오직 나아가 건널 바를 찾고 있구나.

(6) 治亂信乎其行, 惟王曁爾執政小子攸聞.(《逸周書·芮良夫解》) 다스림과 혼란은 그 행함에 달려 있다. 이것은 왕과 당신의 집정대신들이 들은 바이다.

② 所 : '所'는 동사와 결합하여 하나의 명사구 즉 '所'자 구를 구성한다. '所'자 구는 동작·행위의 피동작주 또는 동작·행위와 관련된 방면을 나타낸다. '…… 하는 사람(所…… 的人)', '…… 하는 사물(所…… 的事物)' 등으로 번역할 수 있다. 그 예는 다음과 같다.

(1) 瑟彼柞棫, 民所燎矣. 豈弟君子, 神所勞矣.(《詩經·大雅·旱麓》) 무성한 저 갈참나무와 떡갈나무는 백성들이 불을 때는 바이다. 온화하신 군자는 신이 위로하는 바로다.

(2) 靡所止疑, 云徂何往.(《詩經·大雅·桑柔》) 머물러 의지할 곳이 없으니, 간들 어디로 가리요?168)

(3) 溥彼韓城, 燕師所完.(《詩經·大雅·韓奕》) 큰 저 韓城은 연나라 군대가 완성한 바이로다.

(4) 我瞻四方, 蹙蹙靡所騁.(《詩經·小雅·節南山》) 내 사방을 보니 위축되어 달릴 곳이 없도다.

(5) 夙興夜寐, 無忝爾所生.(《詩經·小雅·小宛》) 일찍 일어나고 밤에 자서 네 낳아주신 바를 욕되게 하지 말지어다.

(6) 周宗既滅, 靡所止戾.(《詩經·小雅·雨無正》) 주나라 종실이 이미 멸망하여 머무를 곳조차 없구나.

서주한어에서 전치사 앞의 출현하는 '所'는 아직 보이지 않는다. 이는 '攸'와 동일한 것이다.

③ 者 : 동사성 성분 또는 시간사 뒤에 쓰여 명사성 구조를 구성하며, 사람 또는 시간을 가리킨다. '…… 하는 사람(…… 的人)'이나 '…… 할 때에(…… 時候)' 등으로 번역할 수 있다. 그 예는 다음과 같다.

(1) 彼譖人者, 亦已大甚.(《詩經·小雅·巷伯》) 저 남을 참소하는 자여 또한 너무 심하도다.

(2) 彼譖人者, 誰適與謀.(《詩經·小雅·巷伯》) 저 남을 참소하는 자여 누가 그에게 가서 함께 모함하는가.

---

168) 疑: '응(凝)'으로 읽는다. 안정하다, 머무르다(定).

(3) 始者不如今, 云不我可.(《詩經·小雅·何人斯》) 처음에는 지금 같지는 않았는데 이제는 나를 옳다 하지 않는구나.

2 접사조사(語綴助詞)

접사조사(語綴助詞)는 다시 두 종류로 세분할 수 있다. 하나는 접두조사(前綴助詞)로 '有', '于'가 있고, 다른 하나는 접미조사(後綴助詞)로 '然', '爾', '如', '若'이 있다.

1) 접두조사(前綴助詞)

접두조사는 다른 실사 앞에 출현하며 함께 첨가식복합어(附加式合成詞)를 구성한다. 주요한 것으로 '有', '或', '于', '來'가 있다.

① 有 : '有'는 접사조사로 단음절의 고유명사, 보통명사, 형용사, 의성어, 동사의 앞에 첨가되어 함께 첨가식복합어를 구성할 수 있다.

'有'는 왕조, 부족 등의 고유명사 앞에서 자주 사용된다.

(1) 我不可不監于有夏, 亦不可不監于有殷.(《尚書·召誥》) 우리는 하나라를 거울로 삼지 않을 수 없으며, 또한 은나라를 거울로 삼지 않을 수 없다.

(2) 有周不顯, 帝命不時.(《詩經·大雅·文王》) 주나라는 위대하고 빛나며, 상제의 명 또한 위대하고 옳도다.

(3) 相古先民有夏, 天迪從子保.(《尚書·召誥》) 옛 선민인 하나라를 살펴보건대 하늘이 인도해 주시고 자손도 보전해 주셨다.

(4) 即有邰家室.(《詩經·大雅·生民》) 邰나라에 봉함을 받으셨다.

(5) 今相有殷.(《尚書·召誥》) 지금 은나라를 살펴보겠습니다.

(6) 臨保我有周.(《毛公鼎銘》) 우리 주나라를 굽어살펴 보우하시다.

'有'는 보통명사 앞에서도 사용할 수 있다. 이러한 종류의 '有'도 자주 보인다.

(1) 天監在下, 有命既集.(《詩經·大雅·大明》) 하늘의 굽어보심이 아래에 있으시니, 천명이 이미

모였구나.

(2) 豺虎不食, 投畀<u>有北</u>. <u>有北</u>不受, 投畀<u>有昊</u>.(《詩經·小雅·巷伯》) 승냥이와 호랑이가 먹지 않으면 북쪽 땅에 던져서 주고, 북쪽 땅에서 받지 않는다면 하늘에 던져서 주리라.

(3) <u>有豕</u>白蹢, 烝涉波矣.(《詩經·小雅·漸漸之石》) 돼지들 하얀 발굽인데, 떼지어 물결 헤치며 강 건너간다.

(4) 天降時喪, <u>有邦</u>間之.(《尚書·多方》) 하늘은 이에 망함을 내리고 제후국으로 그것을 대신하게 하신 것이다.

(5) 簡孚<u>有眾</u>.(《尚書·呂刑》) 사실을 조사한 것과 대중의 말이 맞아야 한다.

(6) <u>有王</u>雖小, 元子哉.(《尚書·召誥》) 임금께서는 비록 어리시지만 元子입니다.

'有'는 단음절 형용사 앞에서도 사용할 수 있다.

(1) 敢弗于從率寧人<u>有指</u>疆土.(《尚書·大誥》) 어찌 寧人의 아름다운 영토를 순시함을 따르지 않을 수 있겠는가.[169]

(2) 厥棐<u>有恭</u>.(《尚書·酒誥》) 그 도움은 공손하였다.

(3) 慮天<u>有繹</u>.(《逸周書·度邑解》) 하늘이 기쁜 것을 생각한다.[170]

(4) <u>有皇</u>上帝, 伊誰云憎.(《詩經·小雅·正月》) 위대하신 상제께서 누구를 미워하시리오.

(5) <u>有芃</u>者狐, 率彼幽草.(《詩經·小雅·何草不黃》) 꼬리가 긴 여우여, 저 그윽한 풀 속을 가도다.

(6) 路車<u>有奭</u>, 簟茀魚服, 鉤膺鞗革.(《詩經·小雅·采芑》) 路車가 붉기도 하니 방문석으로 만든 가리개와 물고기 껍질로 만든 화살통이며, 재갈 먹인 곳에 단 갈고리와 가죽고삐로구나.

'有'는 단음절 의성어 앞에서도 사용할 수 있다.

(1) 龍旂陽陽, 和鈴央央. 鞗革<u>有鶬</u>, 休有烈光.(《詩經·周頌·載見》) 용 깃발 선명하고 수레와 깃대의 방울 맑게 울린다. 고삐 장식의 옥이 짤랑거리네. 아름답게 반짝임이 있구나.

(2) 服其命服, 朱芾斯皇, <u>有瑲</u>蔥珩.(《詩經·小雅·采芑》) 그 명복 입으니 붉은 등갑은 반짝이고 푸른 패옥은 창창히 울린다.

(3) <u>有饁</u>其饁, 思媚其婦.(《詩經·周頌·載芟》) 웅성웅성 들밥을 먹고 있으니, 그 부인을 아름답게 생각한다.

---

169) 率: 순시(巡視)하다. 指: 아름답다(旨).
170) [역주] 여기에서 '繹'은 '懌(기쁘다)'가 가차되어 사용된 것이다.

'有'는 단음절 동사 앞에서 사용할 수도 있다. 이 경우 번역할 필요는 없다.

(1) 有來雝雝, 至止肅肅. 相維辟公, 天子穆穆.(《詩經·周頌·雝》) 올 때는 화락하고, 와서는 엄숙하도다. 제사 돕는 이는 辟公인데, 천자는 위엄이 있으시다.

(2) 依彼平林, 有集維鷮.(《詩經·小雅·車舝》) 무성한 저 평림에 꿩이 앉아 있도다.

(3) 明發不寐, 有懷二人.(《詩經·小雅·小宛》) 날이 새도록 잠들지 못하며 두 분을 그리워하였네.

(4) 相我受民, 和我庶獄庶慎. 時則勿有間之.(《尚書·立政》) 우리가 받고 있는 백성들을 잘 돌보고 우리의 여러 송사와 여러 삼갈 일에 화하게 하십시오. 이렇게 되면 그 사이를 관여하시지 마십시오.

(5) (在今)予小子旦非克有正.(《尚書·君奭》) 나 소자 旦은 바로잡으려는 것이 아닙니다.

(6) 怨有同, 是叢于厥身.(《尚書·無逸》) 원망이 합쳐져 이것이 그 몸에 모이게 될 것입니다.

(7) 予惟時命有申.(《尚書·多士》) 나는 이에 거듭 명령한다.

② 或 : 접사조사 '或'은 '有'와 마찬가지로 단음절 동사 앞에 출현하여 접두사가 된다. 과거 많은 사람들이 이러한 종류의 '或'을 두고 종종 어기를 강화시키는 어기사로 여겼다. 하지만 이러한 견해에 확실한 근거가 있는 것은 아니었다. 접사조사 '或'의 용례는 다음과 같다.

(1) 如松柏之茂, 無不爾或承.(《詩經·小雅·天保》) 송백의 무성함과 같아 그대를 계승하지 않음이 없도다.

(2) 爾罔或戒不勤.(《尚書·呂刑》) 그대들은 경계함에 부지런하지 않음이 없도록 하여야.[171]

(3) 不敢荒寧, 嘉靖殷邦. 至于小大, 無時或怨.(《尚書·無逸》) 감히 편안함에 빠지지 않으시어 은나라를 아름답고 훌륭하게 하셨습니다. 작은 일과 큰일에 이르기까지 고종을 원망하는 이가 없었습니다.[172]

(4) 王曰又曰: 時予乃或言, 爾攸居.(《尚書·多士》) 왕께서 말하고 또 말하였다. "이렇게 내가 무엇이라 말하는 것은 그대들의 살 곳을 위해서요."

(5) 非汝封刑人殺人, 無或刑人殺人. 非汝封又曰劓刵人, 無或劓刵人.(《尚書·康誥》) 너 封이 마음대로 사람을 벌하고 사람을 죽이라는 것이 아니니, 혹시라도 사람을 벌하고 사람을

---

171) 戒: '誡'로 읽는다, 권면(勸勉)하다.
172) 时: 이(此), 高宗을 가리킴.

죽이지 말거라. 또 말하니 너 封이 마음대로 사람을 코 베거나 귀 베라는 것이 아니니, 혹시라도 마음대로 사람을 코 베거나 귀 베지 말거라.

(6) 亦無或刑于鰥寡非罪.(《逸周書·嘗麥解》) 또한 홀아비, 과부에게도 형벌을 주지 말아라.

(7) 弗過防之, 從或戕之, 凶.(《周易·小過》) 그것을 지나치게 방비하지 아니하면, 뒤쫓아가 그를 죽일 수 있다. 흉하다.

③ 于 : '于'는 본래 동사로 쓰여 '가다(往)'의 뜻을 나타냈다. 동사 '于'는 단독으로 위어의 중심어로 쓰일 수 있었다.

(예1) 我服既成, 于三十里.(《詩經·小雅·六月》) 내 戰服이 이미 완성되었으니 하루 삼십 리를 달려간다.

동사 '于'는 다른 동사 앞에 쓰여 후속 동사와 함께 연동구(連謂短語)를 구성한다.

(예2) 維曰于仕, 孔棘且殆.(《詩經·小雅·雨無正》) 사람들은 가서 벼슬을 할 것이라 말하지만 벼슬길은 심히 급박하고 위태롭구나.

(예3) 之子于狩.(《詩經·小雅·采綠》) 우리 님 사냥하러 가신다.

이후 다른 동사 앞에 쓰였던 '于'는 접두사로 허화된다.

(1) 鳳凰于飛, 翽翽其羽.(《詩經·大雅·卷阿》) 봉황새 날아들어 그 날개로 훨훨 펄럭인다.

(2) 四國于蕃, 四方于宣.(《詩經·大雅·崧高》) 사국이 둘러싸게 하고, 사방이 담장이 되게 하였다.[173]

(3) 于疆于理, 至于南海.(《詩經·大雅·江漢》) 강토가 다스려져 남해에까지 이르도다.

(4) 赫赫南仲, 玁狁于襄.(《詩經·小雅·出車》) 혁혁한 남중이여 험윤을 평정하였도다.

(5) 王于出征, 以匡王國.(《詩經·小雅·六月》) 왕께서 출정하시어 왕국을 바르게 하라 하시다.

(6) 民莫不穀, 我獨于罹.(《詩經·小雅·小弁》) 백성은 좋지 않음이 없거늘 나 홀로 근심하노라.

---

173) 蕃: '藩(울다리)'와 통용됨, 宣: 베풀다.

④ 來 : '來'는 '于'와 마찬가지로 동사에서 허화된 것이다. 동사 '來'는 단독으로 위어가 되기도 하고, 다른 동사 앞에 쓰여 그 동사와 함께 연동구(連謂短語)를 구성하기도 했다. 접두사 '來'는 바로 다른 동사 앞에서 쓰이던 '來'로부터 변화·발전한 것이다.

(1) 既醉既飽, 福祿<u>來</u>反.(《詩經·周頌·執競》) 이미 취하고 이미 배부르니 복록이 반복하는 것이 도다.

(2) 既之陰女, 反予<u>來</u>赫.(《詩經·大雅·桑柔》) 이미 그대를 비호해 주려 하였는데 도리어 내게 노여워하는구나.

(3) 匪安匪遊, 淮夷<u>來</u>求.(《詩經·大雅·江漢》) 편안하며 한가히 놀려는 것이 아니라 淮夷를 찾으려 함이니라.

(4) 征伐玁狁, 蠻荊<u>來</u>威.(《詩經·小雅·采芑》) 험윤을 정벌하니 만형이 두려워 복종하도다.

(5) 汝幼子庚厥心, 庶乃<u>來</u>班朕大環.(《逸周書·度邑解》) 너희 젊은 사람들은 나의 이 소원을 이을 수 있어야 우리의 광대한 寰宇를 잘 다스릴 수 있을 것이다.[174]

2) 접미조사(後綴助詞)

접미조사는 다른 실사 뒤에 출현하여, 실사와 함께 첨가식복합어(附加式合成詞)를 구성한다. 주요한 것으로 '然', '如', '若', '焉' 등이 있다.

① 然 : 접사조사 '然'은 형용사, 부사 뒤에 출현한다. ' …… 하게(地)', ' …… 하면서(着)', ' …… 의 모양으로(…… 的樣子)' 등으로 유연하게 번역할 수 있다.

(1) 上帝不寧, 不康禋祀, <u>居然</u>生子.(《詩經·大雅·生民》) 상제께서 편안히 보살펴 주시고 정결한 제사를 기뻐하사 의젓하게 아들을 낳도록 하셨다.

(2) 皎皎白駒, <u>賁然</u>來思.(《詩經·小雅·白駒》) 깨끗하고 깨끗한 흰 망아지 빛나게 온다.

(3) 南有嘉魚, <u>烝然</u>罩罩.(《詩經·小雅·南有嘉魚》) 남쪽에 곤들매기가 있으니, 어야디야 거듭 가리질하고 가리질하도다.

(4) 履<u>錯然</u>, 敬之, 無咎.(《周易·離卦》) 밟는 것이 뒤섞였으니, 공경하면 허물이 없으리라.

---

174) 班: 다스리다(治), 环: 넓은 지역(寰).

② 如 : 접미사 '如'는 주로 형용사, 부사의 뒤에 쓰이며, 경우에 따라 동사 뒤에도 쓰인다. '······ 하게(······ 的)', '······ 의 모양으로(······ 的樣子)' 등으로 번역할 수 있다.

(1) 屯如邅如, 乘馬班如.(《周易·屯卦》) 머무르는 듯 머뭇머뭇하니 말을 타고도 주저하는 모양이로다.

(2) 乘馬班如, 泣血漣如.(《周易·屯卦》) 말을 타고도 주저하는 모습이며, 피눈물을 흘리는 것이 잔물결과 같구나.

(3) 有孚攣如, 富以其鄰.(《周易·小畜》) 믿음을 갖는 것을 서로 이끄는 것과 같이 하니, 그 이웃으로 인하여 넉넉해지느라.

(4) 厥孚交如, 威如.(《周易·大有》) 믿음을 다해 사귀고 위엄이 있다.

(5) 賁如, 濡如, 永貞吉.(《周易·賁卦》) 꾸민 듯 윤이 나는 듯하다. 오래도록 바르면 길하다.

(6) 賁如, 皤如, 白馬翰如, 匪寇婚媾.(《周易·賁卦》) 꾸민 듯 희끗희끗한 듯하다. 백마가 나는 듯 하니 도적질이 아니면 혼인을 구하는 것이다.

③ 若 : 형용사나 부사의 뒤에 쓰이며, 때로는 동사 뒤에도 쓰인다. '······ 하게(······ 地)', '······ 의 모양으로(······ 的樣子)' 등으로 번역할 수 있다.

(1) 我馬維駱, 六轡沃若.(《詩經·小雅·皇皇者華》) 내 말은 갈기 검은 흰말인데 여섯 고삐가 기름지네.

(2) 乘其四駱, 六轡沃若.(《詩經·小雅·裳裳者華》) 네 필의 검은 갈기의 흰 말 탔는데 여섯 개의 고삐가 기름칠한 것 같도다.

(3) 君子終日乾乾, 夕惕若.(《周易·乾卦》) 군자가 종일토록 굳세고 굳세어서 저녁에 두려워하면.

(4) 有孚顒若.(《周易·觀卦》) 믿고 우러러보는 것과 같다.

(5) 出涕沱若, 戚嗟若, 吉.(《周易·離卦》) 눈물이 내리는 것이 큰비가 내리는 모습이며, 근심하고 탄식한다. 길하다.

(6) 有孚發若.(《周易·豐卦》) 믿음을 가지고 성실하게 한다.

④ 焉 : 형용사나 부사 뒤에 쓰인다. '······ 하게(······ 地)', '······ 하면서(着)', '마치 ······ 와 같게(似的)', '······ 의 모양과 같이(如······ 狀)' 등으로 번역할 수 있다.

(1) 我心憂傷, <u>怒焉</u>如擣.(《詩經·小雅·小弁》) 내 마음의 憂傷함이여, 심란한 것이 방아찧는 듯하다.

(2) 睠言顧之, <u>潸焉</u>出涕.(《詩經·小雅·大東》) 그리워 돌아보고는 슬프게 줄줄 눈물을 흘리노라.

제4절 서주한어의 어기사

서주한어의 어기사는 다시 두 개의 하위범주로 나눌 수 있다. 하나는 문미어기사(句尾語氣詞)이고, 다른 하나는 문중어기사(句中語氣詞)이다.

❶ 문미어기사(句尾語氣詞)

어기의 역할에 따라 서주한어의 어기사는 감탄어기사(感歎語氣詞), 명령어기사(祈使語氣詞), 진술어기사(陳述語氣詞), 의문어기사(疑問語氣詞) 등 네 종류로 다시 세분할 수 있다.

1) 감탄어기사(感歎語氣詞)

감탄어기사는 감탄어기를 나타낸다. 주요한 것으로 '哉(𢦏, 才)', '則', '兮', '斯', '思', '只', '乎', '且', '胥' 등이 있다.

① 哉(𢦏, 才) : 문미어기사로 전래문헌에는 '哉'자로, 서주 금문에서는 '𢦏'와 '才'자로 쓰여 있다. '哉(𢦏, 才)'는 감탄문의 문미에 쓰여 강한 감탄의 어기를 나타낸다. '啊', '呀' 등으로 번역할 수 있다.

(1) 師詢, 哀<u>才</u>! 今日天疾畏降喪.(《師詢簋銘》) 師詢이여, 슬프도다! 지금 백성을 긍휼히 여기시는 사납게 위엄을 보이시며 재앙을 내리셨다.

(2) 烏虖, 哀㦰! 用天降大喪于下或.(《禹鼎銘》) 오호라! 슬프도다! 하늘이 우리나라에 큰 재앙을 내리셨도다.

(3) 文王烝哉!(《詩經‧大雅‧文王有聲》) 문왕은 훌륭하시도다!

(4) 允蠢, 鰥寡哀哉!(《尙書‧大誥》) 실로 준동하면 홀아비와 과부가 불쌍해진다!

(5) 休玆知恤, 鮮哉!(《尙書‧立政》) 좋은 때라도 근심할 줄 아는 사람은 드물구나.

(6) 爾知寧王若勤哉!(《尙書‧大誥》) 그대들은 문왕께서 얼마나 근면하신지 알 것이다.

'哉'는 선행절의 문미에도 쓰인다.

(예) 優哉游哉, 亦是戾矣.(《詩經‧小雅‧采菽》) 편안하고 한가롭도다! 또한 이에 이르렀도다.

문미에 '哉'가 추가되어있는 감탄문은 위어를 전치(前置)시킬 수 있다. 이 경우 감탄의 정서가 더욱 격양된다.

(1) 鞫哉庶正, 疚哉冢宰.(《詩經‧大雅‧雲漢》) 곤궁하도다. 여러 대신들이여. 근심하는구나. 여러 고관들이여.175)

(2) 永言孝思, 昭哉嗣服.(《詩經‧大雅‧下武》) 길이길이 조상께 효도를 다하여 밝고 밝게 유업을 이으셨네.176)

② 則 : 절의 끝에 쓰여 감탄의 어기를 나타낸다. 裴學海의《古書虛字集釋》는 "則은 哉와 같다(則, 猶哉也)."라고 하였는데, 관련된 注에서 "則과 哉는 古音이 같다(古音則與哉同.)"(권8, 603쪽)라고 설명하였다. 이러한 종류의 '則'은 '啊', '呀'로 번역할 수 있다.

(예) 彼求我則, 如不我得.(《詩經‧小雅‧正月》) 저가 나를 구할 적에는 나를 얻지 못하듯이 하였다.

③ 兮 : 문장이나 절의 끝에 쓰여 어기를 완만하게 하는 동시에 감정을 토로하는 기능을 겸하고 있다. '啊', '呀'등으로 번역할 수 있다. '兮'가 문장의 끝에 사용된 예는 다음과 같다.

---

175) 鞫: 곤궁하다, 正: 관리. 疚: 근심하다.
176) 嗣: 후대, 成王을 가리킴.

(1) 裳裳者華, 其葉湑兮. 我觀之子, 我心寫兮.《詩經·小雅·裳裳者華》 화려한 꽃이여, 그 잎무성하도다. 내가 그대를 만나니 내 마음이 쏟아놓도다.

(2) 蓼彼蕭斯, 零露湑兮.《詩經·小雅·蓼蕭》 길쭉한 저 쑥대에 내린 이슬 축축이 젖어있도다.

(3) 既見君子, 我心寫兮.《詩經·小雅·蓼蕭》 이미 군자를 보니 내 마음이 쏟아놓도다.

(4) 無將大車, 祇自塵兮. 無思百憂, 祇自疧兮.《詩經·小雅·無將大車》 큰 수레를 밀고 가지말지어다. 다만 스스로 먼지만 뒤집어쓰리라. 온갖 시름을 생각지 말지어다. 다만 스스로 병만들리라.

'兮'는 절의 끝에도 쓰일 수 있다.

(1) 念我獨兮, 憂心京京.《詩經·小雅·正月》 생각건대 나만이 홀로 마음에 근심이 크구나.

(2) 彤弓弨兮, 受言藏之.《詩經·小雅·彤弓》 붉은 활이 느슨해져서 이것을 받아서 간직하였도다.

④ 斯 : 문장이나 절의 끝에 쓰여 영탄(詠歎)의 어기를 나타낸다. '啊', '呀'등으로 번역할수 있다. '斯'가 문장의 끝에 사용된 예는 다음과 같다.

(1) 出此三物, 以詛爾斯.《詩經·小雅·何人斯》 이 세 물건 꺼내어 너와 맹약하리라.

(2) 對越在天, 駿奔走在廟. 不顯不承, 無射於人斯.《詩經·周頌·淸廟》 하늘에 계신 이를마주 대하고 매우 분주히 사당에 모였으니, 나타나지 아니할까 받들지 아니할까, 사람들에게미움을 사지 않으셨다.

(3) 有頍者弁, 實維何斯.《詩經·小雅·頍弁》 우뚝한 고깔이여, 실로 무엇인고.

'斯'가 절의 끝에 쓰인 예는 다음과 같다.

(1) 哀我人斯, 于何從祿.《詩經·小雅·正月》 슬프다, 우리 사람들은 어디를 따라 녹을 받을고.

(2) 天難忱斯, 不易維王.《詩經·大雅·大明》 하늘은 믿기 어려우니, 왕의 지위 지키기 쉽지 않도다.

(3) 彼何人斯, 居河之麋.《詩經·小雅·巧言》 저들은 어떤 자들인가? 황하 물가에 사네.

(4) 彼何人斯, 其心孔艱. 胡逝我梁, 不入我門.《詩經·小雅·何人斯》 저 어떤 사람인고. 그마음이 심히 험하도다. 어찌 내 어량에는 가는데, 나에게 들어오지 않는가?

'斯'가 절의 끝에 쓰일 때, 절의 주어와 위어는 서로 뒤바뀌기도 한다.

(1) 蓼彼蕭斯, 零露湑兮.(《詩經·小雅·蓼蕭》) 길쭉한 저 쑥대에 내린 이슬 축축이 젖어있도다.

(2) 湛湛露斯, 匪陽不晞.(《詩經·小雅·湛露》) 담뿍 젖은 이슬이여, 볕이 아니면 마르지 않으리로다.

(3) 弁彼鸒斯, 歸飛提提.(《詩經·小雅·小弁》) 날개를 치며 나는 저 갈가마귀여, 날아 돌아오는 모습이 한가롭도다.

(4) 菀彼柳斯, 鳴蜩嘒嘒. 有漼者淵, 萑葦淠淠.(《詩經·小雅·小弁》) 무성한 저 버드나무에 우는 매미가 시끄럽구나. 깊은 못에 물억새와 갈대는 많고도 많도다.

⑤ 思 : 문장이나 절의 끝에 쓰여 영탄(詠歎)의 어기를 강조하는데 사용한다. '啊', '呀'로 번역할 수 있다. '思'가 문장의 끝에 사용된 예는 다음과 같다.

(1) 敬之敬之, 天維顯思.(《詩經·周頌·敬之》) 공경할지어다, 공경할지어다. 하늘이 밝게 굽어보신다.

(2) 皎皎白駒, 賁然來思.(《詩經·小雅·白駒》) 깨끗하고 깨끗한 흰 망아지 빛나게 온다.

(3) 君子有酒, 嘉賓式燕又思.(《詩經·小雅·南有嘉魚》) 군자에게 술 있으니 반가운 손님과 잔치하며 편안하도다.

(4) 憧憧往來, 朋從爾思.(《周易·咸卦》) 자주자주 오고 가면 벗도 너를 따르느니라.

'思'가 절의 끝에 쓰인 예는 다음과 같다.

(1) 昔我往矣, 楊柳依依. 今我來思, 雨雪霏霏.(《詩經·小雅·采薇》) 옛날에 내가 떠날 때, 버드나무가 흐드러졌었는데, 이제 내가 돌아올 때는 함박눈이 펄펄 내린다.

(2) 昔我往矣, 黍稷方華. 今我來思, 雨雪載塗.(《詩經·小雅·出車》) 옛날에 내가 떠날 때 기장과 피에 마침 꽃이 피더니 이제 내가 돌아가려니 함박눈이 가득 쌓였구나.

(3) 爾羊來思, 其角濈濈. 爾牛來思, 其耳濕濕.(《詩經·小雅·無羊》) 네 양떼가 오니 그 뿔이 화하고 화하도다. 네 소떼가 오니 그 귀가 촉촉하게 젖어있구나.

(4) 永言孝思, 孝思維則.(《詩經·大雅·下武》) 길이길이 조상께 효도를 다하여, 효도가 오직 법이 되시는구나.

'思'는 문장의 끝에 출현하기도 하고 절의 끝에 출현하기도 한다.

(예) 神之格思, 不可度思, 矧可射思.(《詩經·大雅·抑》) 신이 강림하는 것은 미리 알 수 없는 것이거늘 하물며 소홀히 할 수 있겠는가!

⑥ 只 : 절의 끝에 쓰여 찬탄의 어기를 나타낸다. '啊', '呀'로 번역할 수 있다.

(1) 樂只, 君子, 天子命之. 樂只, 君子, 福祿申之.(《詩經·小雅·采菽》) 즐거운 군자여 천자께서 명령하시도다. 즐거운 군자여 복록으로 거듭하도다.

(2) 樂只, 君子, 殿天子之邦.(《詩經·小雅·采菽》) 즐거운 군자여 천자의 나라를 진정하리라.

(3) 樂只, 君子, 邦家之基. 樂只, 君子, 萬壽無期.(《詩經·小雅·南山有臺》) 즐거운 군자여 나라의 터전이로다. 즐거운 군자여 만수에 기한이 없으리로다.

위에 인용한 여러 예문에서 '只'가 포함된 절의 주어와 위어는 도치되어 있다. 이 경우 찬탄의 어기는 더욱 강화된다.

⑦ 乎 : 문장의 끝에 쓰여 찬탄의 어기를 나타낸다. '啊', '呀'로 번역할 수 있다.

(예) 宜爾室家, 樂爾妻帑. 是究是圖, 亶其然乎.(《詩經·小雅·常棣》) 네 실가를 화순하게 하며, 네 처자를 즐겁게 하는 것, 이를 연구하고 도모하면, 진실로 그러할 것이다.[177]

⑧ 且 : '只'는 《詩經·邶風》에서 '且'와 연용되어 쓰였다.

(예) 北風其涼, 雨雪其雱. 惠而好我, 攜手同行. 其虛其邪, 既亟只且.(《詩經·邶風·北風》) 북풍 차갑고 함박눈 펑펑 내리도다. 사랑하여 나를 좋아하는 이와 손잡고 함께 길 가리라. 여유 있고 느리게 할 수 있으랴. 이미 급박하게 되었도다.

위의 예에서의 '只且'는 두 개의 유의어 '只'와 '且'가 결합하여 이루어졌으며, 문미에 쓰여 영탄(詠歎)을 강화시키는 기능을 하는 것으로 보인다. 만약 그렇다면 단독으로 쓰인 '且'자도 영탄을 강화하는 역할을 할 것이다. 《詩經·小雅·巧言》에는 어기사 '且'가 단독

---

177) 亶其然乎: 정말 그러하구나!

으로 문미에 사용된 용례가 있다. 이 경우 '啊', '呀'로 번역할 수 있다.

    (예) 悠悠昊天, 曰父母且.(《詩經·小雅·巧言》) 원대한 昊天이 부모이시다.

   ⑨ 胥 : 문장이나 절의 끝에 쓰여 일종의 영탄(詠歎)의 어기를 나타낸다. '啊', '呀'로 번역할 수 있다. 문장의 끝에 사용된 예는 다음과 같다.

    (예) 籩豆有且, 侯氏燕胥.(《詩經·大雅·韓奕》) 籩豆가 많기도 하니 제후들이 잔치하도다.

'胥'가 절의 끝에 사용된 예는 다음과 같다.

    (예) 君子樂胥, 受天之祜.(《詩經·小雅·桑扈》) 군자가 즐거워하니 하늘의 복 받으리로다.

2) 명령어기사(祈使語氣詞)

명령어기사는 명령의 어기를 나타내거나 강조한다. '哉', '玆', '迦(jì)' 등이 있다.

   ① 哉 : 명령문 문미에 쓰여 명령, 훈계, 권면 등의 어기를 강하게 한다. '啊', '吧'로 번역할 수 있다. '哉'가 명령문 문미에 쓰인 예는 다음과 같다.

   (1) 自作不和, 爾惟和哉! 爾室不睦, 爾惟和哉!(《尚書·多方》) 이는 스스로 화목하지 못함을 만드는 것이니 그대들은 화목하게 하라! 그대들의 집안이 화목하지 않다면 그대들이 화목하게 하여라!
   (2) 無若殷王受之迷亂, 酗于酒德哉!(《尚書·無逸》) 은나라 왕 受와 같이 흐트러지고 어지러워져서 술주정하는 행위에 빠지지 마소서!
   (3) 今王敬之哉!(《尚書·康王之誥》) 이제 왕께서는 그것을 공경하시옵소서!
   (4) 尚明聽之哉!(《尚書·呂刑》) 백성들의 소송 안건에 대하여 밝게 처리하십시오!

'哉'가 포함된 명령문은 주어와 위어가 도치될 수 있다. 이때 명령의 어기는 더욱 강해진다.

   (1) 肆哉, 爾庶邦君越爾御事.(《尚書·大誥》) 힘써주시오. 그대 여러 나라의 제후들과 그대 일을 맡은 사람들이여.178)

(2) [王]箴大正曰: 欽之**哉**, 諸正!(《逸周書·嘗麥解》) 왕은 大正을 훈계하며 말하였다. "그것을 공경하라, 여러 刑官들이여!"

② **兹** : 용법은 '哉'와 동일하다. 명령문 문미에 쓰여 명령, 훈계, 권면 등의 어기를 강하게 한다. '啊', '吧'로 번역할 수 있다.

(예) 爾無以釗冒貢于非幾**兹**.(《尚書·顧命》) 그대들은 釗가 옳지 않은 것을 범하지 않게 하시오.

③ **迋**: 용법은 '哉'와 동일하다. 명령문 문미에 쓰여 명령, 훈계, 권면 등의 어기를 강하게 한다. '啊', '吧'로 번역할 수 있다.

(예) 往**迋**, 王舅, 南土是保.(《詩經·大雅·崧高》) 가거라, 왕의 외삼촌아. 남쪽 땅을 보전할지어다.

3) 의문어기사(疑问語氣詞)

의문어기사는 의문의 어기를 나타내거나 강조하며, '其'와 '而' 두 종류가 있다.

① **其** : 어기사 '其'는 《尚書》와 《詩經》에 모두 출현한다. 《尚書》의 예는 다음과 같다.

(예) 今爾無指告, 予顚隮, 若之何**其**?(《尚書·微子》) 지금 그대들이 나에게 알려주지 않으면, 넘어지고 떨어지는 것을 어떻게 해야 합니까?

《詩經》의 예는 다음과 같다.

(예) 彼人是哉, 子曰何**其**.(《詩經·魏風·園有桃》) 저 사람이 옳거늘, 그대는 어이하여 그러는고 하나니.

이러한 종류의 '其'에 대해서, 王引之는 《經傳釋詞》에서 "음은 '姬'이고, 말을 묻는 것을 돕는다(音姬, 問詞之助也.)."라고 해석하였다. 그러므로 이러한 '其'는 의문의 어기를

---

178) 肆哉: 힘써주시오.

나타내는 것을 돕는 것이라 할 수 있다. '呢'로 번역할 수 있다.

(1) 夜如何其, 夜未央.(《詩經·小雅·庭燎》) 밤이 얼마나 되었는고, 밤이 아직 자정이 못되었네.

(2) 夜如何其, 夜未艾.(同上) 밤이 얼마나 되었는고, 밤이 아직 다하지 않았구나.

(3) 夜如何其, 夜鄉晨.(同上) 밤이 얼마나 되었는고, 밤이 새벽을 향하고 있구나.

② 而 : 반어문의 문미에 쓰여 반문(反問) 어기의 표현을 돕는다. '嗎'로 번역할 수 있다.

(예) 下民胥怨, 財力單竭, 手足靡措, 弗堪戴上, 不其亂而.(《逸周書·芮良夫解》) 백성들이 서로 원망하고 재력이 고갈되며 속수무책이어서 섬길 수가 없게 되니 어찌 반란을 일으키지 않겠는가?

4) 진술어기사(陳述語氣詞)

진술어기사는 진술의 어기를 나타내는 것이다. '止', '也', '矣', '已', '焉', '而已'가 있다.

① 止 : 문장과 절의 끝에 쓰여 일종의 비교·확정의 어기를 나타낸다. '了', '呢', '啊' 등으로 번역할 수 있다.

(1) 曰歸曰歸, 歲亦莫止.(《詩經·小雅·采薇》) 돌아가세, 돌아가세, 이 해도 다 저물어 가네.

(2) 采薇采薇, 薇亦作止.(《詩經·小雅·采薇》) 고사리를 뜯고 고사리를 뜯음이여. 고사리 또한 땅에서 나왔으리로다.

(3) 我相此邦, 無不潰止.(《詩經·大雅·召旻》) 내 이 나라를 보건대 어지럽지 않음이 없도다.

'止'가 절의 끝에 쓰인 예는 다음과 같다.

(1) 民亦勞止, 汔可小康.(《詩經·大雅·民勞》) 백성들 또한 수고로운지라 거의 조금 편안하게 해야 할 것이로다.

(2) 其未醉止, 威儀反反.(《詩經·小雅·賓之初筵》) 취하지 않았을 때에는 위의가 신중하고 신중하였도다.

(3) 曾孫來止, 以其婦子, 饁彼南畝.(《詩經·小雅·甫田》) 증손이 오는지라 아내와 자식을 데리

고 저 남쪽 둑에 밥을 내가거늘.

(4) 文王既勤止, 我應受之.(《詩經·周頌·賚》) 문왕이 이미 부지런하셨거늘 내 응하여 그것을 받는다.

'止'가 문장의 끝에 쓰이면서 절의 끝에도 쓰인 예는 다음과 같다.

(1) 荼蓼朽止, 黍稷茂止.(《詩經·周頌·良耜》) 쓴 여뀌풀이 썩으니 黍稷이 무성하도다.

(2) 日月陽止, 女心傷止, 征夫遑止.(《詩經·小雅·杕杜》)세월이 흘러 陽月이 되었느니라. 여인의 마음이 서글퍼지니 정벌하러 간 남편이 겨를이 있으려나.

(3) 高山仰止, 景行行止.(《詩經·小雅·車舝》) 높은 산을 우러르고, 큰길을 가네.

② 也 : 진술문의 문장 끝에 쓰여 진술의 어기를 강화하여, 진술하는 내용을 강조하거나 사건의 진실성을 확인한다. '啊'로 번역할 수 있으며, 때로는 번역하지 않는 경우도 있다.

(예) 薪是穫薪, 尚可載也. 哀我憚人, 亦可息也.(《詩經·小雅·大東》) 마른나무를 땔나무로 여긴다면 실어 갈 수 있겠네, 이 고생하고 있는 자를 가엾이 여긴다면 쉴 수 있도록 해주면 될 것이네.

③ 矣 : 진술문의 문장이나 절의 끝에 쓰여 이미 출현했거나 앞으로 출현할 새로운 상황을 사람들에게 알리는 어기를 나타낸다. 일종의 동태(動態) 어기사로 '了'로 번역할 수 있다. '矣'가 문장 끝에 사용된 예는 다음과 같다.

(1) 嗚呼!孺子王矣.(《尚書·立政》) 아아! 어린 분이 왕이 되셨구나.

(2) 拜手稽首, 告嗣天子王矣.(《尚書·立政》) 손을 이마에 대고 머리를 조아리며 천자의 대를 이으신 임금님께 아뢰옵니다.

(3) 茲惟后矣.(《尚書·立政》) 이에 임금노릇을 하는 것입니다.

(4) 王事多難, 維其棘矣.(《詩經·小雅·出車》) 왕사는 다난한지라 급히 하라 하였노라.

(5) 舍彼有罪, 予之佗矣.(《詩經·小雅·小弁》) 저 죄 있는 자를 버려두고 다른 이에게 죄를 미루도다.[179]

---

179) 予之佗矣: 죄를 다른 이에게 미루다.

(6) 優哉游哉, 亦是戾矣.(《詩經·小雅·采菽》) 편안하고 한가롭도다! 또한 이에 이르렀도다.[180]

'矣'는 복문의 선행절 끝에도 사용할 수 있다. 이러한 종류의 '矣'도 새로운 상황의 보도라는 일종의 진술어기를 나타내는 것이다.

(1) 心之憂矣, 如或結之.(《詩經·小雅·正月》) 마음의 근심함이여. 혹 맺혀있는 듯하다.

(2) 我友敬矣, 讒言其興.(《詩經·小雅·沔水》) 우리 벗들이 공경한다면 참소하는 말이 일어날 수 있겠는가.

(3) 天作高山, 大王荒之. 彼作矣, 文王康之. 彼徂矣岐, 有夷之行, 子孫保之.(《詩經·周頌·天作》) 하늘이 높은 산을 만들자, 태왕이 그것을 다스렸네. 그가 이를 만드시자, 문왕이 그것을 편안하게 했네. 저 험난한 기산에 평탄한 길이 생겼으니, 자손들은 그것을 보존해야 할 것이네.

(4) 神之弔矣, 詒爾多福.(《詩經·小雅·天保》) 신이 내려오시어 그대에게 많은 복을 주는구나.

(5) 民之質矣, 日用飲食.(同上) 백성들이 질박한지라 날로 쓰고 먹고 마시기만 하나니.

(6) 嚶其鳴矣, 求其友聲.(《詩經·小雅·伐木》) 앵앵하게 우는 것은 그 벗을 찾는 소리로다.

'矣'는 복문에서 문장 끝과 선행절의 끝에 동시에 출현할 수도 있다.

(1) 伴奐爾游矣, 優游爾休矣.(《詩經·大雅·卷阿》) 한적하게 노닐며, 유유히 쉰다.

(2) 原隰裒矣, 兄弟求矣.(《詩經·小雅·常棣》) 언덕이나 진펄에 송장이 쌓이는데 형제가 구해주느니라.

(3) 迨我暇矣, 飲此湑矣.(《詩經·小雅·伐木》) 내 한가할 때에 미쳐 이 거른 술을 마시리라.

(4) 秩秩斯干, 幽幽南山. 如竹苞矣, 如松茂矣.(《詩經·小雅·斯干》) 질서정연한 물가이고 그윽하고 그윽한 남산이로다. 대나무가 우거진 것 같고 소나무가 무성한 것과 같도다.

(5) 伐木掎矣, 析薪杝矣.(《詩經·小雅·小弁》) 나무를 벨 때에도 위를 떠받치며, 장작을 팰 때에도 결을 따르는구나.

(6) 牧人乃夢, 衆維魚矣, 旐維旟矣.(《詩經·小雅·無羊》) 牧人이 꿈을 꾸니 사람이 물고기가 되며 작은 깃발이 큰 깃발이 되었도다.

---

180) 亦是戾矣: 모두 이곳에 이르다. 戾: 이르다.

위에 인용한 여러 예문에서 '矣'는 모두 서술문의 끝 또는 절의 끝에 출현하고 있다. 이 외에도 '矣'는 의문문과 감탄문의 문미에도 출현할 수 있다. 하지만 이와 같은 문미의 '矣'는 여전히 새로운 상황의 보도라는 진술의 어기를 나타내는 것이며, 결코 문장종류(句類)에 따라 의문, 감탄 등의 어기를 나타내는 것은 아니다. 이들 문장에서 의문, 감탄 등의 어기를 표현하는 수단은 어조(語調)이지 어기사는 아니다. '矣'가 의문문의 문미에 사용된 예는 다음과 같다.

(1) 心之憂矣, 如或結之. 今茲之正, 胡然厲矣.(《詩經·小雅·正月》) 마음의 근심함이여. 혹 맺혀있는 듯하다. 지금 정사는 어찌 이리도 사나운 것인가.

(2) 心乎愛矣, 遐不謂矣.(《詩經·小雅·隰桑》) 온 마음으로 사랑하는데, 어찌 말하지 않겠는 가?181)

(3) 侯誰在矣, 張仲孝友.(《詩經·小雅·六月》) 그 자리에 누가 있는가? 효도와 우애에 뛰어난 장중이 있네.

'矣'가 감탄문의 문미에 사용된 예는 다음과 같다.

(1) 皇矣, 上帝! 臨下有赫.(《詩經·大雅·皇矣》) 위대하시도다, 상제시여! 환하게 땅 위에 임하셨도다.

(2) 哿矣, 富人! 哀此惸獨.(《詩經·小雅·正月》) 괜찮도다, 부자들이여! 이렇게 홀로 근심하는 사람들 참으로 애처롭도다.182)

(3) 哿矣, 能言! 巧言如流, 俾躬處休.(《詩經·小雅·雨無正》) 괜찮도다, 말 잘하는 이들이여! 교묘한 말 물 흐르듯 하여 제 몸 편히 지내게 하는구나.

④ 已 : '已'의 기능은 '矣'와 매우 유사하지만 완전히 동일한 것은 아니다. '已'는 ' ……이럴 수밖에 없다(只能如此)'와 같은 제한(限止)의 어기를 나타낸다. '了'나 '啦'로 번역할 수 있다.

(예) 公定, 予往已.(《尚書·洛誥》) 공이 이곳에 머물고, 나는 갈 것이오.

---

181) 遐: '胡'와 통용된다. 어째서.
182) 哿: 즐겁다.

⑤ 而已 : 진술문의 문미에 쓰여 제한의 어기를 나타낸다. '사실은 이러한 상황에 그친다
(事实止于这种情况)'의 의미를 갖는다. '罷了'로 번역할 수 있다.

   (예) 民至億兆, 后一而已.(《逸周書·芮良夫解》) 백성이 십만, 백만에 이르더라도 군왕은 한 사람
        뿐이로다.

⑥ 焉 : '焉'은 지시 기능을 갖는 어기사이다. 진술문 문미에 쓰여 '于是'의 의미를 나타내
면서 동시에 제시(提示)의 진술 어기도 나타낸다. 현대한어에는 대역할 만한 성분이 없다.

   (1) 有菀者柳, 不尚息焉. 上帝甚蹈, 無自暱焉. 俾予靖之, 後予極焉.(《詩經·小雅·菀柳》)
        무성한 버드나무 그 아래서 쉬고 싶구나. 하늘이 하도 변화무쌍하니 스스로 병들게 하지 말지
        어다. 나로 하여금 국정을 도모하게 하였으나 뒤에는 나를 미워하셨네.183)
   (2) 有菀者柳, 不尚愒焉. 上帝甚蹈, 無自瘵焉. 俾予靖之, 後予邁焉.(《詩經·小雅·菀柳》)
        무성한 버드나무 그 아래서 쉬고 싶구나. 하늘이 하도 변화무쌍하니 화를 자초하지 말지어다.
        나로 하여금 국정을 도모하게 하였으나 뒤에는 나를 즐겁게 여기지 않으셨네.184)

2 문중어기사(句中語氣詞)

서주한어의 문중어기사는 '斯', '兮', '乎', '也', '焉' 등이 있다.

① 斯 : 문장의 주어 뒤에 쓰여, 영탄(詠歎)을 나타내거나 휴지(停頓)를 나타내는 기능을
갖는다. '啊', '呀'로 번역할 수 있다.

   (예) 彼旟旐斯, 胡不旆旆. 憂心悄悄, 僕夫況瘁.(《詩經·小雅·出車》) 저 旟와 旐 깃발이 어찌
        펄럭이지 않으리오. 근심하는 마음 두근두근하니 마부가 이에 피곤하도다.185)

② 兮 : 문중(句中)에 쓰인다. 감정을 토로하는 기능이 있으며, 동시에 휴지(停頓)를 나
타내는 기능도 있다. '啊', '呀'로 번역할 수 있다.

---

183) 尙: …해도 된다, 暱: 병나다, 靖: 도모하다, 極: 殛(미워하다).
184) 愒: 쉬다, 瘵: 병나다, 邁: 기쁘지 않다.
185) 旟: 매가 그려진 깃발, 旐: 거북과 뱀이 그려진 깃발, 旆旆: 날아오르는 모습.

(예) 父兮生我, 母兮鞠我.(《詩經·小雅·蓼莪》) 아버지여 나를 낳으시고, 어머니여 나를 기르셨다.

③ 乎 : 어구의 주어 뒤에 쓰인다. 어기가 바로 그곳에서 잠시 휴지가 있음을 나타내며, 동시에 강한 감정색채를 갖는다. 따로 번역할 필요는 없다.

(예) 心乎愛矣, 遐不謂矣.(《詩經·小雅·隰桑》) 온 마음으로 사랑하는데, 어찌 말하지 않겠는가?

④ 也 : 어구의 부사어 뒤에 쓰여 휴지, 완만 등의 어기를 나타내며, 동시에 뒤 문장을 제시해주는 기능을 겸한다. 따로 번역할 필요 없다.

(1) 今也日蹙國百里. 於乎! 哀哉! 維今之人, 不尚有舊.(《詩經·大雅·召旻》) 이제는 날로 나라가 백 리씩 쭈그러들도다. 아아! 슬프다. 지금 사람들은 그래도 옛 덕이 있는 사람이 있지 아니한가.

(2) 每有良朋, 況也永歎.(《詩經·小雅·常棣》) 매번 좋은 벗이 있으나 더욱 길게 탄식할 뿐이니라.[186]

(3) 允矣, 君子! 展也大成.(《詩經·小雅·車攻》) 믿음직하구나, 군자여! 참으로 크게 성공할 것이다.[187]

⑤ 焉 : 어구의 주어 뒤에 쓰여 휴지를 나타내며, 동시에 뒤 문장을 제시해주는 기능을 겸한다. 따로 번역할 필요가 없다.

(예) 往來行言, 心焉數之.(《詩經·小雅·巧言》) 오고 가는 길가의 말을 마음으로 분별하느니라.[188]

---

186) 況: 부사. 더욱.
187) 展: 부사. 확실히, 진실로.
188) 數: 변별하다.

| 주요 참고문헌 |

陳永正: 〈西周春秋銅器銘文中的聯結詞〉, 《古文字研究》, 第十五輯, 中華書局, 1986年.

陳永正: 〈西周春秋銅器銘文中的語氣詞〉, 《古文字研究》, 第十九輯, 中華書局, 1987年.

崔永東: 《兩周金文虛詞集釋》, 中華書局, 1994年.

戴連璋: 〈殷周構詞法初探〉, 《屈萬里先生七秩榮慶論文集》, 聯經出版社, 1974年.

方麗娜: 《西周金文虛詞集釋》, 中華書局, 1994年.

方麗娜: 《西周金文虛詞研究》, 台灣師範大學國文研究所碩士論文, 1985年.

管燮初: 《西周金文語法研究》, 商務印書館, 1981年.

郭錫良: 〈先秦漢語構詞法的發展〉, 《漢語史論集》, 商務印書館, 1997年.

郭錫良: 〈先秦語氣詞新探〉, 《漢語史論集》, 商務印書館, 1997年.

黃志強: 〈西周、春秋時代漢語構詞法〉, 復旦大學中文系漢語史專業博士論文, 1985年.

李傑群: 〈連詞"則"的起源和發展〉, 《中國語文》, 第6期, 2001年.

唐鈺明: 〈金文複音詞簡論〉, 《人類學論文選集》, 中山大學出版社, 1986年.

伍宗文: 《先秦漢語複音詞研究》, 巴蜀書社, 2001年.

邢福義: 《漢語語法學》, 東北師範大學出版社, 1996年.

楊伯峻, 何樂士: 《古漢語語法及其發展》(修訂本), 語文出版社, 2001年.

張玉金: 《甲骨文語法學》, 學林出版社, 2001年.

張振林: 〈先秦古文字材料中的語氣詞〉, 《古文字研究》, 第七輯, 中華書局, 1982年.

朱廣祁: 《〈詩經〉雙音詞論稿》, 河南人民出版社, 1983年.

中國社科院語言研究所古漢語研究室編: 《古代漢語虛詞詞典》, 商務印書館, 1999年.

제 4 장

서주한어의 구(短語)

본 장에서는 서주한어의 구(短語)에 대해서 논의할 것이다. 구(短語)는 '사조(詞組)'라고도 불린다. 주로 서주한어 구의 구조유형, 층위유형, 기능유형에 대해 논의하겠다.

제1절 서주한어 구의 구조유형(結構類型)

구조유형으로부터 보면, 서주한어의 구에는 주위구(主謂短語), 술목구(動賓短語), 관형어수식구(定中短語), 부사어수식구(狀中短語), 보충구(中補短語), 대등구(聯合短語), 연동구(連謂短語), 겸어구(兼語短語), 동격구(同位短語), 방위구(方位短語), 수량구(數量短語), 전치사구(介詞短語), 조사구(助詞短語) 등이 있다.

1 주위구(主謂短語)

주위구는 주어와 위어 두 부분으로 구성된다. 주어와 위어 사이에는 진술과 피진술의 관계가 존재하는데, 이 관계는 어순과 품사에 의해 표현된다. 그 예는 다음과 같다(주어와 위어 사이를 겹수직선으로 표시함).

(1) 尸白‖賓睘貝布.(《作冊睘卣銘》) 夷伯이 睘에게 貝와 布를 선물로 주었다.

(2) 天子‖明哲.(《大克鼎銘》) 천자께서는 명철하시다.

(3) 我‖有大事.(《尚書·大誥》) 나에게 큰일이 있을 것이다.

(4) 汝‖乃以殷民世享.(《尚書·康誥》) 너는 마침내 은나라 백성들을 데리고 대대로 누리게 될 것이다.

(5) 予‖獨服在寢.(《逸周書·皇門解》) 나는 홀로 집에서 그를 섬긴다.

(6) 皇天‖改大殷之命.(《逸周書·祭公解》) 하늘이 은나라의 운명을 바꾸어 놓았다.

2 술목구(動賓短語)

술목구는 술어(動語)와 목적어 두 부분으로 구성된다. 허사를 사용하지 않고 어순으로 양자 간의 지배와 피지배의 관계를 나타낸다. 그 예는 다음과 같다(술어와 목적어 사이를 홑수직선으로 표시함).

(1) 唯四月初吉甲午, 懿王才|射廬, 乍|象舞.(《匡卣銘》) 사월 初吉 甲午일에 懿王께서 射廬(천자가 射禮를 행하는 장소)에 계셨고, 象舞의 연회를 베푸셨다.

(2) 余唯即|朕小學.(《大盂鼎銘》) 내가 (그대를) 나의 소학에 와서 교육을 받도록 하였다.

(3) 往哉!封, 勿替|敬典, 聽|朕告.(《尚書·康誥》) 가거라! 봉아, 공경해야 할 법을 바꾸지 말고 내가 말한 것을 들어라.

(4) 乃穆考文王肇|國在西土.(《尚書·酒誥》) 그대의 심원하신 아버지 문왕이 西土에 나라를 창건하셨다.

(5) 及將致政, 乃作|大邑成周于土中.(《逸周書·作雒解》) 장차 정권을 돌려받으려 할 때에 이르러 나라 중앙에 대읍 成周를 건설하였다.

(6) 皇天哀|禹, 賜以彭壽.(《逸周書·嘗麥解》) 하늘이 禹를 불쌍히 여겨 彭壽를 하사하셨다.

서주한어에서 일부 동사들은 두 개의 목적어를 취한다.

(1) 告|余先王若德.(《毛公鼎銘》) (나에게) 선왕의 順德을 아뢰어라.

(2) 新易|女赤芾、朱黃、中絅、攸勒, 敬夙夕�勿法朕令.(《師酉簋銘》) 그대에게 적색 蔽膝, 붉은 腰帶, 中衣(命服 안에 입던 옷), 고삐와 재갈을 처음으로 하사하니, 주야로 경건히

하며 나의 명령을 버리지 말라.

(3) 朕復ㅣ子明辟.(《尚書·洛誥》) 나는 그대 밝으신 임금께 아룁니다.

(4) 王曰: 封, 予惟不可不監, 告ㅣ汝德之說于罰之行.(《尚書·康誥》) 왕이 말씀하셨다. "봉아, 나는 살피지 아니할 수 없구나. 너에게 덕에 관한 말과 벌에 관한 행동을 말하는 것이다."

③ 관형어수식구(定中短語)

관형어수식구는 관형어와 중심어 두 부분으로 구성된다. 양자 사이에는 수식과 피수식의 관계가 존재한다. 그 예는 다음과 같다(소괄호로 묶은 부분이 관형어임).

(1) 王易金百守, 禽用乍(寶)彝.(《禽簋銘》) 왕께서 銅 백 鋝을 하사하셨으니, 禽은 (이를 기념하고자) 賢이 귀중한 祭器를 제작하였다.

(2) 唯四月既生霸己丑, 公²⁾賞作冊大(白)馬.(《作冊大鼎銘》) 사월 既生霸 己丑일에 公께서 作冊 大에게 백마를 하사하셨다.

(3) 王若曰: 猷! 大誥爾(多)邦越爾御事.(《尚書·大誥》) 임금께서 이렇게 말하셨다. "아, 옳다! 그대들 여러 나라와 일을 맡은 사람들에게 크게 고하노라."

(4) 嗚呼! 天明畏, 弼(我)(丕丕)基.(《尚書·大誥》) 아아! 하늘의 밝음을 두려워하는 것은 하늘이 우리의 큰 터전을 도우려고 하시기 때문이다.

(5) 百姓兆民, 用罔不茂在(王)庭.(《逸周書·皇門解》) 만백성들이 이로 인해 조정에 힘을 쓰지 않는 자가 없었다.

(6) 登于(鹿臺)之上, 屛遮而自燔于火.(《逸周書·克殷解》) 鹿臺에 올라, 옥으로 된 옷으로 몸을 가리고 스스로 몸을 불살랐다.³⁾

④ 부사어수식구(狀中短語)

부사어수식구는 부사어와 중심어 두 부분으로 구성된다. 중심어는 동사 또는 형용사성

---

1) [역주] 원서에서는 '夕'으로 표기되어 있으나 '夜'로 수정하여 제시한다.
2) [역주] 원서에서는 '王'으로 표기되어 있으나 오타로 보인다.
3) 廩臺: '鹿臺'와 같은 말이다.

성분이며, 부사어와 중심어 사이에는 수식과 피수식의 관계가 존재한다. 그 예는 다음과 같다(대괄호로 묶은 부분이 부사어임).

(1) 頌其萬年無疆, [日]揚⁴⁾天子顯⁵⁾令.(《史頌簋銘》) 頌은 만년토록 영원할 것이며, 천자의 빛나는 명령을 매일 찬양할 것이다.

(2) 王令呂白曰: 以乃師[右]比毛父.(《班簋銘》) 왕께서 呂伯에게 명령하여 말씀하시길 "그대의 군대를 이끌고 우측에서 毛父를 도와주라"고 하셨다.

(3) 予[永]念曰: 天惟喪殷.(《尚書‧大誥》) 나는 오랫동안 생각하여 말하노라. "하늘이 은나라를 망하게 하였도다."

(4) 周公[咸]勤, 乃洪大誥治.(《尚書‧康誥》) 주공은 모두를 위로하고 크게 다스림을 고하였다.

(5) 商庶百姓[咸]俟于郊, 群賓[僉]進.(《逸周書‧克殷解》) 상나라의 서민과 백관들은 모두 교외에서 기다리고, 여러 빈객들은 모두 앞으로 나아가 경하하였다.

(6) 都鄙[不]過百室, 以便野事.(《逸周書‧作雒解》) 도읍이 백 실를 넘지 않아야 경작에 편하다.

5 보충구(中補短語)

보충구는 중심어와 보어 두 부분으로 구성된다. 중심어는 동사 또는 형용사로 충당되며, 중심어와 보어 사이에는 보충과 설명의 관계가 존재한다. 그 예는 다음과 같다(홑화살괄호로 묶은 부분이 보어임).

(1) 侯⁶⁾作冊麥易金〈于辟侯〉.(《麥尊銘》) 作冊 麥은 군주인 邢侯께 동을 하사받았다.

(2) 唯公大史見服〈于宗周〉年, 才二月既望乙亥, 公大史咸見服〈于辟王〉, 辨〈于多正〉.(《作冊䰡卣銘》) 公太史가 宗周에 와서 朝見한 해이다. 이월 既望의 乙亥일에 公太史가 왕께 알현을 모두 마치고 여러 관장들과 만났다.

(3) 昔君文武不坏, 富不務咎, 底至齊信, 用昭明〈于天下〉. 則亦有熊羆之士, 不二心之臣, 保乂王家, 用端命〈于上帝〉.(《尚書‧康王之誥》) 옛 임금 문왕과 무왕께서는 매우 공평하셨으며, 부유하게 하시면서도 책망에 힘쓰지 않으셨다. 지극히 모두가 믿도록 하셨으니 이

---

4) [역주] '揚'에 대해서는 제2장 제1절 [역주] 12 참조.
5) [역주] '顯'에 대해서는 제2장 제1절 [역주] 13 참조.
6) [역주] '侯'는 앞 구문과 붙여 읽는 것이 옳다.

로 인해 천하에 덕을 밝히셨도다. 그러자 또한 곰과 같이 용맹한 용사와 두 마음을 품지 않는 신하들이 왕실을 보존하고 다스려서 이로 인해 상제에게 바른 명을 받았도다.

(4) 別求聞〈由古先哲王〉, 用康保民. 弘〈于天〉.(《尚書·康誥》) 따로 옛 어진 임금님들을 향해 듣기를 구하여 백성들을 편안히 보호하고 하늘보다 크게 되어라.

(5) 建管叔〈于東〉, 建蔡叔、霍叔于〈于殷〉, 俾監殷臣.(《逸周書·作雒解》) 관숙을 동쪽에 두고, 채숙과 곽숙을 은에 있게 하여 상나라 옛 신하들을 감시하게 하였다.

(6) 維四年孟夏, 王初祈禱〈于宗廟〉, 乃嘗麥〈于大祖〉.(《逸周書·嘗麥解》) 맹하 사월 성왕이 처음으로 종묘에서 신명께 간구하고, 태조 문왕께 햇보리(가을 제사)를 바쳤다.[7]

6 대등구(聯合短語)

대등구는 문법적 지위가 동등한 둘 또는 둘 이상의 부분으로 구성되며, 부분과 부분 사이에는 연합관계(병렬, 선택, 순차 등의 관계가 포함됨)가 존재한다. 대등구 전체의 기능은 구의 일부분의 기능과 일치한다.

(1) 婦、子後人永寶.(《令簋銘》) 부녀와 자손들은 (이 궤를) 영원토록 소중히 할지어다.

(2) 公來[8]鑄武王、成王異[9]鼎.(《作冊大鼎銘》) 公께서 오셔서 武王과 成王을 위해 귀가 달린 鼎을 제작하셨다.

(3) 越曰我有師師, 司徒, 司馬, 司空, 尹, 旅.(《尚書·梓材》) "내가 스승으로 삼아 본받는 이가 있으니 사도, 사마, 사공 그리고 윤과 려이다."라고 말하였다.

(4) 用咸戒于王, 曰王左右常伯、常任、準人、綴衣、虎賁.(《尚書·立政》) 그리고는 모두 임금을 경계하여 말하였다. "임금님의 좌우에는 상백과 상임과 준인과 철의와 호분이 있습니다."

(5) 命畢公、衛叔出百姓之囚.(《逸周書·克殷解》) 필공과 위숙에게 명하여 수감된 백관들을 석방하게 하였다.

---

7) 여기에서 '年'은 마땅히 '月'이 되어야 한다.

8) [역주] 이 글자의 원래 자형은 '朿'로, 원서에서는 '刺'로 표기하고 있으나, '束' 혹은 '來'로 보는 것이 일반적이다. 원서 내의 다른 쪽에 인용된 동일 예문에서는 모두 '來'로 표기하고 있으므로, 여기서는 '來'로 수정하여 제시한다.

9) [역주] '異'의 독법과 관련해서는 '禩(祀)', '靁(大鼎)', '翼(耳翼)' 등이 있는데, 제5장 제2절의 동일 예문에서 '異'를 '翼'으로 읽고 있으므로 이를 따른다.

(6) 予亦來休命爾<u>百姓</u>、<u>里居</u>、<u>君子</u>, 其周即命.(《逸周書·商誓解》) 나는 또한 아름다운 명령을 너희 백성, 군장, 군자에게 내리니 앞으로 주나라의 명령을 따라야 한다.

7 연동구(連謂短語)

연동구는 둘 이상의 용언성 성분이 연용(連用)되어 하나의 주어를 공유하는 것을 말한다. 용언성 성분 사이에는 연속관계가 존재하며 어음상의 휴지(停頓)는 없다. 그 예는 다음과 같다(용언성 성분 사이를 ' ¦ ' 기호로 분리함).

(1) **穑**<u>從師雝父</u> ¦ 戍于古師, 蔑歷, 易貝卅守.(《穑卣銘》) 穑가 師雝父를 수행하여 古地의 군사 주둔지를 지켰으니, (師雝父가) 격려하고, 貝 삼십 守을 하사했다.

(2) 報蔡[10]乃遣間 ¦ 來 ¦ 逆邵[11]王, 南尸東尸具見, 廿又六邦.(《胡鐘銘》) 報蔡는 이에 間을 파견하여 왕을 맞아 알현하였으며, 南夷와 東夷도 모두 朝見하니 스물 여섯 개의 방국이었다.

(3) 已! 予惟小子, 若涉淵水, 予惟<u>往</u> ¦ 求朕攸濟. 敷賁敷前人受命, 玆不忘大功.(《尚書·大誥》) 아! 이 어린 나는 깊은 물을 건너는 것과 같았으니 내가 오직 나아가 내가 건널 곳만을 찾고 있었구나. 아름다움을 펼치고 옛 사람들이 받은 명을 펼쳐 큰 공을 잊지 말아야 한다.

(4) 今在予小子旦, 若游大川, 予<u>往</u> ¦ 暨汝奭其濟.(《尚書·君奭》) 이제 이 작은 사람 旦에 있어서는 큰 냇물을 헤엄치는 것과 같으니, 내가 가서 그대 석과 함께 그것을 건널 것이다.

(5) 而擊之以輕呂, 斬之以黃鉞, <u>折</u> ¦ 縣諸太白.(《逸周書·克殷解》) 경여검으로 찌르고 황월로 베어 수급을 자르고 그것을 태백의 기에 매달았다.

(6) 篇人造王<u>秉黃鉞</u> ¦ 正邦君.(《逸周書·世俘解》) 악사가 음악을 연주하자 무왕은 황월을 들고 제후들을 임명하였다.

8 겸어구(兼語短語)

겸어구에서 앞 동사의 목적어는 뒤 동사나 형용사의 주어를 겸하여, 목적어와 주어를

---

10) [역주] '報蔡'에 대해서는 제2장 제4절 [역주] 88 참조.
11) [역주] '邵'에 대해서는 제2장 제2절 [역주] 60 참조.

겸하는 하나의 겸어(兼語)를 형성한다. 겸어를 포함하는 용언성구를 겸어구라고 부른다.

(1) 王命[＿＿]死司王家, 命女幽黃攸革.12)(《康鼎銘》) 왕께서 (康에게) 명령하시길: 王室을 총 관리하고, 그대에게 검정색 腰帶, 고삐와 재갈을 하사하노라.

(2) 王乎(呼)尹氏冊令師毳.(《師毳簋銘》) 왕께서 尹氏를 불러 策命書로써 師毳에게 명령을 하달하게 하셨다.

(3) 天乃大命文王殪戎殷, 誕受厥命越厥邦民惟時敘.(《尙書·康誥》) 하늘이 이에 문왕을 크게 명하여 강성한 은나라를 쳐서 멸망하게 하셨다. 그 명을 크게 받으시니 그 나라와 백성들은 질서가 잡혔다.

(4) 公曰: 君奭! 天壽平格, 保乂有殷.(《尙書·君奭》) 공께서 말씀하셨다. "군석이여! 하늘은 공평하고 하늘에 통하는 사람을 장수하게 하시니, 이에 은나라가 보존되고 다스려진 것입니다.

(5) 立王子武庚, 命管叔相.(《逸周書·克殷解》) 紂임금이 아들 무경을 殷人의 종주로 세우고, 관숙에게 명해 감시하게 했다.

(6) 乃命召公釋箕子之囚, 命畢公衛叔出百姓之囚. 乃命南宮忽振鹿臺之錢, 巨橋之粟.(《逸周書·克殷解》) 또 소공에게 명하여 수감된 기자를 석방하게 하고, 필공과 위숙에게 명하여 수감된 백관들을 석방하게 하였으며, 남궁홀에 명하여 녹대의 재물과 거교의 곡식을 나누게 하였다.

9 동격구(同位短語)

동격구는 일반적으로 두 부분으로 구성된다. 두 부분은 지시하는 바가 같을 뿐만 아니라, 문법적 지위도 같다.

(1) 王冊令尹易盠赤芾、幽亢、攸勒, 曰用司六師王行, 參有司: 司土、司馬、司工.(《盠尊銘》) 왕께서 策命書로써 尹에게 명령을 내려 盠에게 붉은 蔽膝, 검정색 腰帶, 고삐와 재갈을 하사하시며, "六師의 관원과 三有司인 司徒, 司馬, 司空을 관리하라"고 말씀하셨다.

(2) 唯十月月吉癸未, 明公朝至于成周, 誕令舍三事令眾卿史寮眾者尹眾里君眾百工眾者侯: 侯、田、男, 舍四方令.13)(《令彝銘》) 시월 초하루인 癸未일에 明公께서 아침에 成

---

12) [역주] 원서에서는 '王命死司王家'를 겸어문으로 보았으나, 뒤에 '女'가 있으므로 '死司王家, 命女幽黃攸革'를 왕이 명령하여 말하는 내용으로 보는 것이 합리적이다.

周에 도착하셔서 명령하셨다: 卿事의 관료, 각급의 여러 관원들, 里의 수장들, 각종 직종을 관장하는 관리들, 侯服, 甸服과 男服을 포함한 제후들에게는 三事의 명을 공포하고, 사방에도 이 명령을 선포하였다.

(3) 唯三月. 王令榮眔内史曰: 害井侯服, 易臣三品: <u>州人、重人、墉人</u>.(《榮作周公簋銘》) 삼월에 왕께서 榮과 内史에게 명령하여 말씀하셨다. "邢侯에게 임무를 할당하고, 세 종족의 노예를 하사한다: 州人, 重人, 墉人."

(4) 白喜作朕文考刺公尊簋.(《白喜簋銘》) 伯喜가 나의 文德이 혁혁하신 先父와 烈公을 위한 제사용 簋를 제작하였다.

(5) 嗚呼！<u>小子封</u>, 恫瘝乃身, 敬哉！(《尚書·康誥》) 아아! 작은 사람 封아, 네 몸에 병을 앓는 것과 같이 공경하여라!

(6) 王曰：「嗚呼！肆哉, <u>爾庶邦君越爾御事</u>. 爽邦由哲.(《尚書·大誥》) 왕이 말하였다. "아아! 힘써주시오. 그대 여러 나라의 제후들과 그대 일을 맡은 사람들이여. 나라가 밝아지는 것은 어진 사람에 의한 것이라오.

10 방위구(方位短語)

방위구는 방위사와 명사로 구성된다. 산문에서 방위사는 명사 뒤에 위치할 수 있다. 반면 운문에서 방위사는 대개 명사 앞에 위치한다. 방위사는 주로 처소, 범위를 나타내며 명사적 특성을 갖는다. 주의할 점은 운문에서 모든 '방위사＋명사'가 방위구는 아니라는 사실이다. 방위사가 단지 뒤의 명사를 수식하거나 한정하는 경우는 관형어수식구(定中短語)에 해당된다. 예를 들어 '東或(國)'은 단지 동방의 국가를 의미할 뿐이다. 명사가 방위사를 한정하는 경우에만 방위구로 이해될 수 있다. 예를 들어, 《詩經·小雅·彤弓》중의 '中心'은 '안쪽의 마음(里边的心)'이 아니라, '심중, 마음속(心中,心里)'을 의미한다. 따라서 '中心'을 방위구로 볼 수 있다.

(1) 我有嘉賓, <u>中心</u>喜之. 鐘鼓既設, 一朝右之.(《詩經·小雅·彤弓》) 내게 아름다운 손님이 계시거늘 마음속으로 기뻐하노라. 종고를 이미 설치하고 하루아침에 높이노라.

(2) 菁菁者莪, 在彼<u>中阿</u>. 既見君子, 樂且有儀.(《詩經·小雅·菁菁者莪》) 무성하고 무성한 다

---

13) [역주] 제4장 제2절 [역주] 108 참조.

북쑥, 저 언덕 가운데에 있도다. 군자님을 뵈었으니 즐겁고 또 예의가 있도다.

(3) 瞻彼<u>中原</u>, 其祁孔有. 儦儦俟俟, 或群或友.(《詩經·小雅·吉日》) 저 언덕 가운데를 보니 큰 짐승이 매우 많이 있도다. 빨리 가기도 하며 느리게 가기도 하며, 떼를 지어 가기도 하고 짝을 지어 가기도 한다.

(4) 鴻雁于飛, 集于<u>中澤</u>. 之子于垣, 百堵皆作.(《詩經·小雅·鴻雁》) 큰 기러기 작은 기러기가 날더니 연못 가운데 모여드네. 그이가 담을 쌓으니 길고 긴 담 모두 이뤘도다.

(5) 王至于周, 自鹿至于<u>丘中</u>, 具明不寢.(《逸周書·度邑解》) 왕은 周로 돌아와 鹿 땅에서부터 丘中에 이르기까지 밤이 새도록 잠을 이루지 못하였다.

(6) 及將致政, 乃作大邑成周于<u>土中</u>.(《逸周書·作雒解》) 장차 정권을 돌려받으려 할 때에 이르러 나라 중앙에 대읍 成周를 건설하였다.

11 수량구(數量短語)

수사에 양사를 더하여 이루어진 구를 수량구라고 한다.

(1) 姜商令貝<u>十朋</u>, 臣<u>十家</u>, 鬲<u>百人</u>.(《令簋銘》) 王姜께서 令에게 貝 십 朋, 臣 열 가구, 백성 백 명을 상으로 내리셨다.

(2) 易尸司王臣<u>十又三白</u>, 人鬲<u>千又五十夫</u>.(《大盂鼎銘》) 夷族 출신으로 周 왕조에 소속된 관리 십삼 명과 백성 일천오십 명을 하사한다.

(3) 王易兮甲馬<u>四匹</u>、駒車.(《兮甲盤銘》) 왕께서 兮甲에게 말 네 필과 망아지가 끄는 수레를 하사하셨다.

(4) 孚車卅[14]<u>兩</u>.(《小盂鼎銘》) 전차 서른 대를 빼앗았다.

(5) 王易金<u>百守</u>, 禽用作寶彝.(《禽簋銘》) 왕께서 銅 백 鋝을 하사하셨으니, 禽은 (이를 기념하고자) 賢이 귀중한 祭器를 제작하였다.

(6) 秬鬯<u>二卣</u>.(《尚書·洛誥》) 검은 기장 술 두 통.

12 전치사구(介詞短語)

전치사구는 전치사가 명사 등의 성분 앞에 부착되어 이루어진 구이다.

---

14) [역주] 원서에서는 '十'으로 표기되어 있는데 오타로 보인다.

(1) 戲! 東尸大反, 白懋父以殷八師征東尸.(《小臣謎簋銘》) 아! 동이가 크게 반란을 일으켜서 伯懋父가 殷八師를 이끌고 동이족을 정벌하셨다.

(2) 王歸自諆田, 王馭, 㵒中僕, 令眾奮先馬走.(《令鼎銘》) 왕께서 諆地의 경작지에서 돌아오신 후 친히 수레를 모셨고, 㵒仲은 수레를 몰며 이를 수행했으며, 令과 奮은 수레의 말 앞에서 달리며 선도하였다.

(3) 古人有言曰: 人無於水監, 當於民監.(《尚書·酒誥》) 옛 사람이 말씀하였다. "사람은 물에 모습을 비추지 말고, 마땅히 백성에 자신을 비추어야 한다."

(4) 王曰: 嗚呼! 肆哉, 爾庶邦君越爾御事. 爽邦由哲.(《尚書·大誥》) 왕이 말하였다. "아아! 힘써주시오. 그대 여러 나라의 제후들과 그대 일을 맡은 사람들이여. 나라가 밝아지는 것은 어진 사람에 의한 것이라오.

(5) 作其即位, 乃或亮陰, 三年不言.(《尚書·無逸》) 그가 즉위하여서는 항상 양암에 머무시며 3년 동안 말을 하지 않았다.

(6) 若翼日乙卯, 周公朝至于洛.(《尚書·召誥》) 그 다음날 을묘일, 주공이 아침에 낙읍에 도착하였다.

13 조사구(助詞短語)

조사가 단어나 구에 부착되어 이루어진 구를 말하며, 攸자구, 所자구, 者자구 등을 포함한다. 이들 조사구는 모두 명사성구이다.

1) 攸자구

'攸'자가 동사 앞에 붙어서 이루어진 구이다.

(1) 豈弟君子, 民之攸歸.(《詩經·大雅·洞酌》) 온화하신 군자여, 백성이 돌아가는 바로다.

(2) 無皇曰: "今日耽樂." 乃非民攸訓, 非天攸若.(《尚書·無逸》) 한가롭게 여기고 "오늘 마음껏 즐기겠다."고 말씀하지 마십시오. 이는 백성들이 본받을 바도 아니며, 하늘이 따르는 바도 아닙니다.

(3) 治亂信乎其行, 惟王暨爾執政小子攸聞.(《逸周書·芮良夫解》) 다스림과 혼란은 그 행함에 달려 있다. 이것은 왕과 당신의 집정대신들이 들은 바이다.

(4) 勿用取女 ; 見金夫, 不有躬, 無攸利.(《周易·蒙卦》) 여자를 취하여 아내로 맞이들이지 말라. 돈 많은 남자를 만나면 몸을 지키지 못할 것이다. 이로운 바가 없다.

2) 所자구

'所'자가 동사 앞에 붙어서 이루어진 구로 명사성구이다.

(1) 靡所止疑, 云徂何往.(《詩經·大雅·桑柔》) 머물러 의지할 곳이 없으니, 간들 어디로 가리요?
(2) 君子所履, 小人所視.(《詩經·小雅·大東》) 군자가 밟는 바이고, 소인들이 우러러보는 바이로다.
(3) [汝][循]昭王之所勖, 宅天命.(《逸周書·祭公解》) 昭王께서 그대를 위해 힘쓰고 있으니 천명에 안거하여라!
(4) 不永所事, 小有言, 終吉.(《周易·訟卦》) 송사를 길게 하지 않는다. 조금 구설은 있으나 끝내 길할 것이다.

3) 者자구

'者'자가 동사 또는 동사성구 뒤에 부착되어 구성된 명사성구이다.

(1) 彼譖人者, 亦已大甚.(《詩經·小雅·巷伯》) 저 남을 참소하는 자여 또한 너무 심하도다.
(2) 彼譖人者, 誰適與謀.(《詩經·小雅·巷伯》) 저 남을 참소하는 자여 누가 그에게 가서 함께 모함하는가.

제2절 **서주한어 구의 층위유형(層次類型)**

서로 다른 층위를 기준으로 위에서 언급한 13개의 대분류(구)는 크게 단층구(一層短語)와 다층구(多層短語) 두 가지로 분류된다.

1 단층구(一層短語)

단층구는 구조충위가 하나만 있는 구를 말한다. 위의 13종의 구 가운데 겸어구를 제외한 모든 종류의 구는 단층구 형식을 갖는다. 단층구는 가장 기본적인 구 형식이라 할 수 있다.

(1) 天子明哲.(《大克鼎銘》)

　　|주 ‖ 위|

천자께서는 명철하시다.

(2) 它山之石, 可以攻玉.(《詩經·小雅·鶴鳴》)

　　　　|술|목|

다른 산의 돌도 가히 내 옥을 연마할 수는 있네.

(3) 百姓兆民, 用罔不茂在王庭.(《逸周書·皇門解》)

　　　　|관|중|

만백성들이 이로 인해 조정에 힘을 쓰지 않는 자가 없었다.

(4) 同人, 先號咷而後笑. 大師克相遇.(《周易·同人》)

　　　　|부|중|

뜻이 같은 사람이 함께하여 처음에는 목 놓아 울고 나중에는 웃는다. 큰 군대가 이겨서 서로 만나게 된다.

(5) 既道極厥辜, 時乃不可殺.(《尚書·康誥》)

　　　|중〈보|

이미 그 죄를 다 말하면 이는 오히려 죽여서는 안 된다.

(6) 司徒, 司馬, 司空, 尹, 旅.(《尚書·梓材》)

　　|　　대　　　등　　|

사도, 사마, 사공 그리고 윤과 려이다.

(7) 薄言歸　沐.(《詩經·小雅·采綠》)
　　　|연|돈|

잠깐 돌아가 목욕하리라.

(8) 王曰:「嗚呼! 小子 封, 恫瘝乃身, 敬哉.(《尚書·康誥》)
　　　　　|동 격|

아아! 작은 사람 封아, 네 몸에 병을 앓는 것과 같이 공경하여라.

(9) 及將致政, 乃作大邑成周于土 中.(《逸周書·作雒解》)
　　　　　　　|방위|

장차 정권을 돌려받으려 할 때에 이르러 나라 중앙에 대읍(大邑) 성주(成周)를 건설하였다.

(10) 孚車卅15)兩.(《小盂鼎銘》)
　　　|수 량|

전차 서른 대를 **빼앗았다.**

(11) 人無於水監, 當於民監.(《尚書·酒誥》)
　　　　|전명|

사람은 물에 모습을 비추지 말고, 마땅히 백성에 자신을 비추어야 한다.

(12) 豈弟君子, 民之攸歸.(《詩經·大雅·泂酌》)
　　　　|攸자|

온화하신 군자여 백성이 귀의하는 바로다.

2 다층구(多層短語)

다층구는 구조층위가 둘 또는 둘 이상 있는 구를 말한다. 상술한 13종의 구는 모두 다층

---

15) [역주] 원서에서는 '十'으로 표기되어 있는데 오타로 보인다.

구 형식을 갖는다. 층에 따라 다층구는 다시 이층구, 삼층구, 사층구······ 와 같이 세분할 수 있다. 다층구의 예는 다음과 같다.

(1) 王令南宮伐反虎方之年.(《中鼎銘》)

|주 ‖ 위 |
　|술|목|
　　|주 ‖ 위 |
　　　|술| 목 |
　　　　|관) 중|

왕께서 南宮에게 명령을 내려 반란을 일으킨 虎方을 토벌하라고 하신 해.

(2) 易臣三品: 州人、重人、埔人.(《榮作周公簋銘》)

|술| 목   　　　　|
　| 동   　　격 |
　|중(관)| | 대 등 |
　　|수량|

세 종족의 노예를 하사한다: 州人, 重人, 埔人.

(3) 易女□一卣、冖、衣、芾、舄、車、馬.(《大盂鼎銘》)[16]

|술 | 　　　목　　　 |
|술|목 | 대 등 |
　　|중 (관 |
　　|수량|

그대에게 □酒 한 항아리, 두건, 상의, 폐슬, 신발, 수레, 말을 하사한다.

(4) 長囟[17]蔑歷, 敢對揚天子不丕休.(《長囟盉銘》)

　　　　|관) 중 |
　　　　　|관) 중|

長囟은 격려를 받았으며, 삼가 천자의 크나크신 은택을 찬양하노라.

---

16) [역주] 원서에서는 《小盂鼎銘》으로 표기되어 있으나, 《大盂鼎銘》으로 수정한다.

17) [역주] 이 글자의 원래 자형은 '囟'으로 대개 '囟'로 본다.

(5) 易女邦司四伯、人鬲自御至于庶人六百又五十又九夫.(《大盂鼎銘》)

```
|     중     (       관       |
| 중 ( 관  | |   수   량   |
|  동  격  | |   동   격   |
    |전명 |전명|
```

그대에게 우리 주나라의 관리 네 명과 백성 중 수레꾼부터 庶人까지 육백오십구 명을 하사한다.

(6) 皇天既付中國民越厥疆土于先王, 肆王惟德用.(《尚書·梓材》)

```
|부 ]       중         |
|      중      〈 보  |
|술        목  |
|   대   등   |
|관 ) 중| |관 ) 중|
```

위대한 하늘께서 이미 중국의 백성과 그 땅을 선왕께 주셨으므로 왕께서는 오직 덕을 펴시어

(7) 爾厥 有幹 有年 于茲洛.(《尚書·多士》)

```
|  중      〈 보 |
|대      등| |전 명 |
| 술목| |술목| |관) 중 |
```

그대들은 이 낙읍에 일함을 두고 연수를 둘 것이로다.

(8) 姜商令貝十朋, 臣十家, 鬲百人.(《令簋銘》)

```
|        대    등      |
|중(관| |중(관| |중(관|
|수량|   |수량|   |수량|
```

王姜께서 슴에게 貝 십 朋, 臣 열 가구, 백성 백 명을 상으로 내리셨다.

(9) 予惟往求朕攸濟.(《尚書·大誥》)

```
|연|  동  |
|술| 목 |
|관 (중|
|攸자|
```

나는 오직 나아가 건널 바를 찾고 있구나.

(10) 乃命南宮忽振鹿臺之財、巨橋之粟.(《逸周書·克殷解》)

```
        |술| 목 |
    | 주  ‖    위        |
    |술       목        |
        | 대    등 |
        |관)중| |관)중|
```

남궁홀에 명하여 녹대의 재물과 거교의 곡식을 나누게 하였다.

(11) 今我唯令女二人亢眾矢奭[18]左右于乃寮.(《令彝銘》)

```
        |  동  격  |
    |동격| |대등|
    |관)중|
```

지금 내가 亢과 矢 너희 두 사람에게 명령하노니, 서로 짝하여 너희의 同僚를 돕도록 하라.

(12) 孚人萬三千八十一人.(《小盂鼎銘》)

```
    |    수    |양|
    | 대    등 |
```

만삼천팔십일 명의 포로를 노획했다.

(13) 予曷敢不于前寧人攸受休畢.(《尚書·大誥》)

```
    | 전   명 |
    | 관 ) 중 |
    | 攸자 |
```

내 어찌 감히 예전 나라를 편하게 하신 분들이 받으신 아름다운 命을 완성하지 않겠는가.

---

18) [역주] 이 글자의 원래 자형은 '𣥺'으로, '奭' 외에도 '夾', '母', '爽', '赫'으로도 보는 등 아직 정설이 없다. 張政烺(〈"奭"字說〉,《甲骨金文與商周史研究》, 中華書局, 2012年, 8쪽)은 '奭'을 '仇'로 읽었는데, 여기서는 이 해석을 반영하였다.

(14) 彼 譖人 者, 亦已大甚.(《詩經·小雅·巷伯》)

|者) 자|

|술|목|

저 남을 참소하는 자여 또한 너무 심하도다.

제3절   서주한어 구의 기능유형(功能類型)

서주한어의 구는 서로 다른 기능에 따라 명사성구(名詞性短語), 용언성구(謂詞性短語), 부사성구(副詞性短語)로 다시 나눌 수 있다.

1 명사성구(名詞性短語)

주어와 목적어가 될 수 있고 그 기능이 명사에 상당하는 구를 명사성구라고 부른다. 명사성구는 명사를 중심어로 한다. 서주한어의 명사성구는 대등구(聯合短語, 성분이 명사성인 것), 관형어수식구(定中短語), 동격구(同位短語), 방위구(方位短語), 수량구(數量短語), 攸자구(攸字短語), 所자구(所字短語), 者자구(者字短語)가 있다.

1) 명사성 대등구(名詞性聯合短語)의 기능

명사성 성분으로 구성되는 대등구는 그 전체적인 기능도 명사적 성질을 갖는다. 주어, 목적어, 겸어, 관형어 그리고 동격구의 성분이 될 수 있다.

① 주어가 되는 경우

(1) 太保太史太宗皆麻冕彤裳.(《尚書·顧命》) 태보와 태사와 태종은 모두 삼베관에 붉은 바지를 입었다.

(2) 大玉夷玉天球河圖在東序. 胤之舞衣大貝鼖鼓在西房.(《尚書·顧命》) 화산에서 난 구

슬 및 동쪽 오랑캐의 구슬과 하늘빛 구슬 및 황하에서 난 무늬 있는 구슬은 동쪽 행랑에 있고, 윤의 무의, 대패, 분고는 서쪽 방에 있다.

(3) 小子眔服眔小臣眔尸(夷)僕學射.(《靜簋銘》) 귀족 자제들과 관리들 및 하급 관리, 오랑캐 출신의 奴僕이 활쏘기를 배웠다.

② 목적어가 되는 경우

(1) 王易叔德臣養[19]十人、貝十朋、羊百, 用作寶尊彝.(《叔德鼎銘》) 왕께서 叔德에게 노예 열 명, 貝 십 붕, 양 백 마리를 하사하셨으니, (이를 기념하고자) 귀중한 祭器를 제작하였다.

(2) 予惟不可不監, 告汝德之說于罰之行.(《尚書·康誥》) 나는 살피지 아니할 수 없구나. 너에게 덕에 관한 말과 벌에 관한 행동을 말하는 것이다.

(3) 柞賜戠、朱黃、䜌.(《柞鐘銘》) 柞은 검정색 폐슬, 붉은 腰帶, 깃발에 다는 방울을 하사받았다.

(4) 賜彤弓一、彤矢百、馬四匹.(《應侯見工鐘銘》) 붉은 활 한 개, 붉은 화살 백 개, 말 네 필을 하사하셨다.

간접목적어 역할도 가능하다.

(예) 師㝒肇作朕剌(烈)祖虢季、㝙公、幽叔、朕皇考德叔大林鐘.(《師㝒鐘銘》) 師㝒가 나의 烈祖이신 虢季, 㝙公, 幽叔와 나의 先父이신 德叔를 기리기 위한 큰 林鐘[20]을 제작하였다.

③ 겸어가 되는 경우

(1) 太保命仲桓南宮毛俾爰齊侯呂伋, 以二干戈虎賁百人逆子釗於南門之外.(《尚書·顧命》) 태보가 중환과 남궁모에게 명하여 제후 呂伋을 시켜 방패와 창을 든 두 명과 호분 백 명으로 태자 釗를 남문 밖에서 맞이하게 하였다.

(2) 武王使[師]尚父與伯夫致師.(《逸周書·克殷解》) 무왕은 태사 尚으로 하여금 백 명의 사람을 이끌고 도전하게 하였다.

---

19) [역주] 이 글자의 원래 자형은 ' ' 으로, '媵', '孎', '嫌' 등으로 본다. 의미 해석에도 여러 견해가 있으나, 노예의 일종으로 보는 것이 공통된 의견이다.

20) [역주] '林鐘'의 뜻에 대해서는 '大鐘', '律名', '眾鐘', '編鐘' 등의 해석이 있다.

④ 관형어가 되는 경우

(1) 公來21)鑄武王、成王異22)鼎.(《作冊大鼎銘》) 公께서 오셔서 武王과 成王을 위해 귀가 달린 鼎을 제작하셨다.

(2) 曁惟羞刑暴德之人, 同于厥邦.(《尚書·立政》) (受의 덕이) 강포해져서 오직 형벌을 쓰고 포악한 덕의 사람들과 함께 그 나라를 다스리니.

⑤ 중심어가 되는 경우

(1) 顯淑文祖、皇考克哲23)厥德.(《井人佞鐘銘》) 찬란히 빛나시고 어지시며 文德이 혁혁하신 先祖와 위대하신 先父께서 경건히 덕행에 힘쓰셨도다.

(2) 文王陟降, 在帝左右.(《詩經·大雅·文王》) 문왕께서 오르내리며, 상제님 곁에 계신다.

⑥ 동격구의 한 성분이 되는 경우

(예) 今我唯令女二人亢眔矢奭24)左右于乃寮.(《令彝銘》) 지금 내가 亢과 矢 너희 두 사람에게 명령하노니, 서로 짝하여 너희의 同僚를 돕도록 하라.

2) 관형어수식구(定中短語)의 기능

① 주어가 되는 경우

(1) 皎皎白駒, 食我場苗.(《詩經·小雅·白駒》) 깨끗하고 깨끗한 흰 망아지가 우리 장포에서 풀을 뜯는다.

(2) 蓼蓼者莪, 匪莪伊蒿.(《詩經·小雅·蓼莪》) 길고 큰 아름다운 쑥인가 했더니 아름다운 쑥이 아니고 저 나쁜 쑥이로다.

(3) 顯淑文祖、皇考, 克哲25)厥德.(《井人佞鐘銘》) 찬란히 빛나시고 어지시며 文德이 혁혁하신 先祖와 위대하신 先父께서 경건히 덕행에 힘쓰셨도다.

---

21) [역주] '來'를 '柬'로 보는 견해도 있다.
22) [역주] '異'에 대해서는 제4장 제1절 [역주] 9 참조.
23) [역주] '哲'에 대해서는 제2장 제2절 [역주] 52 참조.
24) [역주] '奭'에 대해서는 제4장 제3절 [역주] 18 참조.
25) [역주] '哲'에 대해서는 제2장 제2절 [역주] 52 참조.

(4) 不(丕)顯皇祖剌(烈)考, 㒸匹先王.(《單伯䢅26)生鐘銘》) 찬란히 빛나시고 영명하신 선조와 위대하신 先父께서 先王을 보필하셨다.

(5) 乃祖考許政于公室.(《逆鐘銘》) 그대의 先祖先父가 公室(제후의 가문)에서 정무를 보았다.

② 목적어가 되는 경우

(1) 唯四月既生霸己丑, 公27)賞作冊大白馬.(《作冊大鼎銘》) 사월 既生霸 己丑일에 公께서 作冊 大에게 백마를 하사하셨다.

(2) 王易金百守, 禽用乍寶彝.(《禽簋銘》) 왕께서 銅 백 鈞을 하사하셨으니, 禽은 (이를 기념하고자) 貿이 귀중한 祭器를 제작하였다.

(3) 余小子肇帥井(型)朕皇祖考懿德.(《單伯䢅28)生鐘銘》) 小子인 나는 나의 영명하신 先祖先父의 미덕을 본받을 것이다.

(4) 先王其嚴在帝左右.(《馭狄鐘銘》) 선왕께서 상제의 곁에 삼가 계시다.

(5) 天尹作元壺.(《天尹鐘銘》) 天尹이 귀중한 기물을 제작하였다.29)

간접목적어가 되기도 한다.

(예) 走乍朕皇祖, 文考寶龢鐘.(《走鐘銘》) 走가 나의 영명하신 선조와 文德이 빛나시는 先父께(를 위해) 귀중한 음률이 조화로운 종을 제작하였다.

③ 겸어가 되는 경우

(예) 乃命三后, 恤功于民.(《尚書·呂刑》) 그리고 세 임금들에게 명하여 신중하게 백성을 다스리게 하셨다.

---

26) [역주] 이 글자의 원래 자형은 '𤔲'으로, 원서에서는 '䢅'로 보았으나, '㝬', '㝬', '昊' 등으로 보기도 한다.

27) [역주] 원서에서는 '王'으로 표기되어 있으나 오타로 보인다.

28) [역주] '䢅'에 대해서는 제4장 제3절 [역주] 26 참조.

29) [역주] '弄'은 '玩'과 互訓이 되고, '玩'에는 '珍'이나 '寶'의 의미가 있으므로, '弄'은 '寶器'의 의미로 본다. '元'은 원서와 같이 '弄'의 수식어로 보기도 하지만, '元弄'을 유의어의 결합으로 분석하는 견해도 있다.

④ 관형어가 되는 경우

(1) 有大艱于西土, 西土人亦不靜.(《尚書·大誥》) 큰 어려움이 서쪽 땅에 있을 것이다. 서쪽 땅의 사람들 또한 편안하지 못할 것이다.

(2) 賜(惕)共(恭)朕辟之命(《禹鼎銘》) 임금의 명을 삼가 공경하였다.

(3) 尹氏受(授)王令(命)書.(《頌簋銘》) 尹氏가 왕명을 기록한 簡冊을 바쳤다.

(4) 內公作鑄從30)鐘之句(鉤).(《內公鐘鉤銘》) 芮公이 編鐘의 고리를 제작하였다.

⑤ 중심어가 되는 경우

(1) 敢于卲(昭)告朕吾(寤)考.(《沈子它簋銘》) 나의 위대하신 先父께 삼가 조심스럽게 분명히 아뢰옵니다.

(2) 嗚呼! 天明畏, 弼我丕丕基.(《尚書·大誥》) 아아! 하늘의 밝음을 두려워하는 것은 하늘이 우리의 큰 터전을 도우려고 하시기 때문이다.

(3) 佞不敢弗帥用文祖皇考穆穆秉德.(《井人佞鐘銘》) 佞은 문덕이 빛나는 선조와 위대하신 先父를 따라서 경건하게 덕을 갖출 것이다.

(4) 予惟以爾庶邦于伐殷逋播臣.(《尚書·大誥》) 내 너희 여러 나라들과 함께 가서 殷나라로 도망가 播遷한 신하들을 정벌하겠다.

(5) 汝無以戾[反]罪疾喪時二王大功.(《逸周書·祭公解》) 너는 비뚤어졌다고 하여 이 두 왕의 큰 공을 죄로 치부하거나 질투하거나 상실하지 마라.

⑥ 위어가 되는 경우

(1) 二人雀弁, 執惠, 立于畢門之內.(《尚書·顧命》) 두 사람은 검붉은 두건을 쓰고 세모진 창을 잡고서 묘당 문 안쪽에 서 있었다.

(2) 四人綦弁, 執戈上刃, 夾兩階戺.(《尚書·顧命》) 네 사람은 검푸른 두건을 쓰고 창을 잡고 날을 위로 향하게 하고서는 섬돌 두 모퉁이를 끼고 마주섰다.

⑦ 부사어가 되는 경우

(예) 唯天子休于麥辟侯之年鑄.(《麥尊銘》) 天子가 麥의 군주에게 성은을 내린 해에 제작하였다.

---

30) [역주] '從'은 두 가지 의미로 해석 가능한데, '隨從' 혹은 '隨行'의 뜻으로 '원정에 동반되는 기물'을 나타낼 수도 있고, '以類相從'의 의미로, '成套成組(여러 기물이 하나의 세트를 구성함)'를 나타낼 수도 있다.

3) 동격구(同位短語)의 기능

① 주어가 되는 경우

(1) <u>己(紀)侯虎</u>作寶鐘.(《己侯虎鐘銘》) 紀國의 제후인 虎가 귀중한 종을 제작하였다.

(2) <u>朕皇考叔旅魚父</u>, 蓬薄[31]降多福無疆.(《叔旅魚父鐘銘》) 나의 위대하신 先父이신 叔旅魚父께서 풍성하고 넉넉하게 많은 복을 무한히 내려주실 것이다.

(3) <u>司土(徒)南宮乎</u>作大林協鐘.(《南宮乎鐘》) 司徒인 南宮乎가 음률이 조화로운 큰 林鐘[32]을 제작하였다.

② 목적어가 되는 경우

(1) 兮仲作大林鐘, 其用追孝于<u>皇考紀伯</u>.(《兮仲鐘》) 兮仲이 큰 林鐘을 제작함으로써 위대하신 先父이신 紀伯을 추념하는 데 사용하고자 한다.

(2) 睨仲作<u>朕文考厘公</u>大林寶鐘.(《睨仲鐘銘》) 睨仲은 문덕이 혁혁하신 나의 先父이신 厘公을 위해 크고 귀중한 林鐘을 제작하였다.

(3) 賜臣<u>三品: 州人, 重人, 埔人</u>.(《榮作周公簋銘》) 세 종족의 노예를 하사한다: 州人, 重人, 埔人.

③ 겸어가 되는 경우

(1) 叔氏令<u>史歙</u>召逆.(《逆鐘銘》) 叔氏께서 史歙에게 逆을 불러오라고 명하셨다.

(2) 武王降自車, 乃俾<u>史佚</u>繇書于天號.(《逸周書·世俘解》) 무왕이 수레에서 내려 史佚을 시켜 상제에게 말씀을 전하게 했다.

④ 관형어가 되는 경우

(1) 唯□月初吉□寅, 王在成周<u>司土(徒)淲</u>宮.(《鮮鐘銘》) □월 初吉 □寅일에 왕께서 成周의 司徒 淲의 집에 계셨다.

(2) 賜<u>乃祖南公</u>旗.(《大盂鼎銘》) 그대의 조상인 南公의 깃발을 하사한다.

---

31) [역주] '蓬薄'의 원래 자형은 '豐彙'으로 '豐'은 '豐'을 聲符로 삼았다고 보는 것이 공통된 견해이나, '彙'의 독법에 대해서는 '態', '滑', '薄', '澤(赫)', '勃' 등 여러 견해가 있다. '豐彙'은 복을 풍성하게 내려달라는 바람을 나타내는 말로 볼 수 있다.

32) [역주] '林鐘'에 대해서는 제4장 제3절 [역주] 20 참조.

4) 방위구(方位短語)의 기능

① 목적어가 되는 경우

(1) 諫人門, 立中廷.《諫簋銘》 諫이 문에 들어와 中廷에 섰다.

(2) 及將致政, 乃作大邑成周于土中.《逸周書·作雒解》 장차 정권을 돌려받으려 할 때에 이르러 나라 중앙에 대읍 成周를 건설하였다.

② 관형어수식구의 중심어가 되는 경우

(1) 余其宅玆中或(國).《何尊銘》 나는 천하의 중심에 도읍을 세울 것이다.

(2) 菁菁者莪, 在彼中阿.《詩經·小雅·菁菁者莪》 무성하고 무성한 다북쑥, 저 언덕 가운데 있도다.

④ 부사어가 되는 경우

(예) 我有嘉賓, 中心喜之.《詩經·小雅·彤弓》 내게 아름다운 손님이 계시거늘 마음속으로 기뻐하노라.

5) 수량구(數量短語)의 기능

① 관형어가 되는 경우

(1) 昔饉歲, 匡眾厥臣廿夫寇智禾十秭.《智鼎銘》 이전 기근이 든 해에 匡季의 眾[33]과 그의 노예 이십 명이 智의 벼 十秭를 훔쳤다.

(2) 孚牛三百五十五牛、羊廿八羊.《小盂鼎銘》 소 삼백오십오 마리와 양 이십팔 마리를 노획했다.

② 목적어가 되는 경우

(1) 智覓匡卅秭.《智鼎銘》 智는 匡에게 삼십 秭를 감면해주었다.[34]

(2) 宮辟疑赦, 其罰六百鍰, 閱實其罪.《尚書·呂刑》 궁벽의 형이 의심스러워 용서함에는 그 벌금이 육백환이니 그 죄를 자세히 조사하여 밝히시오.[35]

---

33) [역주] '眾'의 신분에 관해서는 '농사에 종사하는 노예', '농경이나 전쟁에 동원되는 자유민' 등의 견해가 있다.

34) '匡众厥臣廿夫寇茵禾十梯'(同上)과 비교해보라.

6) 攸자구(攸字短語)의 기능

① 목적어가 되는 경우

(1) 予惟四方罔攸賓.(《尙書·多士》) 내가 사방의 손님을 맞이할 곳이 없다고 생각했기에.

(2) 君子有攸往.(《周易·坤卦》) 군자가 나아갈 바가 있으면.

② 관형어가 되는 경우

(예) 予曷敢不于前寧人攸受休畢!(《尙書·大誥》) 내 어찌 감히 예전 나라를 편하게 하신 분들이 받으신 아름다운 命을 완성하지 않겠는가.

③ 관형어수식구의 중심어가 되는 경우

해당 관형어수식구는 판단문의 위어 또는 동사의 목적어가 된다.

(1) 豈弟君子, 民之攸歸.(《詩經·大雅·泂酌》) 온화하신 군자여 백성이 귀의하는 바로다.

(2) 予惟往求朕攸濟.(《尙書·大誥》) 나는 오직 나아가 건널 바를 찾고 있구나.

7) 所자구(所字短語)의 기능

① 목적어가 되는 경우

(1) 我瞻四方, 蹙蹙靡所騁.(《詩經·小雅·節南山》) 내 사방을 둘러보니 위축되어 달릴 곳이 없도다.

(2) 不永所事, 小有言, 終吉.(《周易·訟卦》) 송사를 길게 하지 않는다. 조금 구설은 있으나 끝내 길할 것이다.

② 관형어가 되는 경우

(예) 天之所錫武王時疆土, 不維周之[基].(《逸周書·祭公解》) 하늘이 무왕에게 이 강토를 주었으니, (이는) 곧 주나라의 기틀이다.

---

35) 제대로 말한다면 마땅히 '其罰金六百鍰'가 되어야 한다.

③ 관형어수식구의 중심어가 되는 경우

해당 관형어수식구는 목적어 또는 판단문의 위어가 된다.

(1) 夙興夜寐, 無忝爾所生.(《詩經·小雅·小宛》) 일찍 일어나고 밤늦게 자서 너를 나아주신 분을 욕되게 하지 말지어다.

(2) 豈弟君子, 神所勞矣.(《詩經·大雅·旱麓》) 온화하신 군자는 신이 위로하는 바로다.

8) 者자구(者字短語)의 기능

者자구의 기능은 관형어수식구의 중심어가 되는 것이다. 해당 관형어수식구는 문장의 주어가 된다.

(1) 彼譖人者, 誰適與謀.(《詩經·小雅·巷伯》) 저 남을 참소하는 자여 누가 그에게 가서 함께 모함하는가.

(2) 彼譖人者, 亦已大甚.(《詩經·小雅·巷伯》) 저 남을 참소하는 자여 또한 너무 심하도다.

2 용언성구(謂詞性短語)

위어(謂語)가 될 수 있고 그 기능이 용언(謂詞, 동사·형용사를 포함함)에 상당하는 구를 용언성구라고 한다. 일반적으로 동사, 형용사가 중심어가 된다. 서주한어의 용언성구는 다시 용언성대등구(謂詞性聯合短語), 부사어수식구(狀中短語), 술목구(動賓短語), 보충구(中補短語), 연동구(連謂短語), 겸어구(兼語短語)와 주위구(主謂短語)로 나눌 수 있다.

1) 용언성대등구(謂詞性聯合短語)의 기능

① 위어 또는 부사어의 중심어가 되는 경우

(1) 佞憲憲聖爽.(《井人佞鐘銘》) 佞은 기쁘고 즐거워하며 사리에 밝고 총명하다.

(2) 王令員36)執犬, 休善.(《員方鼎銘》) 왕께서 員에게 개를 관리하도록 명하셨는데, 員이 잘하였다.

(3) 用邵37)各, 喜侃前文人.(《梁其鐘銘》) 文德이 혁혁하신 조상님을 성심으로 감응시켜 강림하

시게 하고 기쁘게 해드리는 데 사용할 것이다.

(4) 昆疕王貯(鑄)作龢鐘, 其萬年子孫永寶.(《昆疕王鐘銘》) 昆疕王이 음률이 조화로운 종을 제작하였으니, 만년토록 자손들은 영원히 소중히 할지어다.

(5) 走其萬年子子孫孫永寶用享.(《走鐘銘》) 走는 만년토록 자자손손 영원히 소중히 하며 제사에 사용할 것이다.

② 관형어가 되는 경우

(1) 顯38)淑文祖、皇考, 克哲39)厥德.(《井人佞鐘銘》) 찬란히 빛나시고 어지시며 文德이 혁혁하신 先祖와 위대하신 先父께서 경건히 덕행에 힘쓰셨도다.

(2) 奠井叔作霝(靈)龢40)鐘, 用妥賓.(《鄭井叔鐘銘》) 鄭井叔이 아름답고 음률이 조화로운 종을 제작하였으니 손님을 즐겁게 하는 데 사용할 것이다.

(3) 旣仲作朕文考厘公大林寶鐘.(《旣仲鐘銘》) 旣仲은 문덕이 혁혁하신 나의 先父이신 厘公을 위해 크고 귀중한 林鐘을 제작하였다.

(4) 楚公豪自乍寶大林鐘, 孫子其永寶.(《楚公豪鐘銘》) 楚公 豪은 귀중한 큰 林鐘을 스스로 제작하였고 자자손손 영원히 소중히 할지어다.

(5) 敢作文人大寶協龢鐘.(《𤼈鐘銘》) 文德이 혁혁하신 조상을 위해 크고 보배로우며 음률이 조화로운 종을 삼가 제작하였다.

2) 부사어수식구(狀中短語)의 기능

① 위어가 되는 경우

(1) 員先內邑.(《員卣銘》) 員이 먼저 성읍으로 들어갔다.

(2) 婦子後人永寶.(《令簋銘》) 부녀와 자손들은 (이 궤를) 영원토록 소중히 할지어다.

(3) 頌其41)萬年無疆, 日揚42)天子顯43)令.(《史頌簋銘》) 頌은 만년토록 무강할 것이며, 천자의

36) [역주] 이 글자의 원래 자형은 '鼎'으로 '員'字이나, 원서에서는 '鼎'로 표기하였기에 바로 잡는다.
37) [역주] '卲'에 대해서는 제2장 제2절 [역주] 60 참조.
38) [역주] 원서에서는 '景'으로 표기되어 있으나, 앞서 인용된 동일 명문에 근거하여 '顯'으로 쓴다.
39) [역주] '哲'에 대해서는 제2장 제2절 [역주] 52 참조.
40) [역주] '霝龢'의 원래 자형은 ''으로 두 글자가 아니라 '霝'의 繁文으로 보는 견해도 있다.
41) [역주] 원서에서는 '其'가 누락되었으므로 보충하였다.

빛나는 명을 매일 찬양할 것이다.

(4) 周公咸勤, 乃洪大誥治.(《尚書·康誥》) 주공은 모두를 위로하고 크게 다스림을 고하였다.

(5) 子弗祇服厥父事, 大傷厥考心.(《尚書·康誥》) 아들이 그 아버지의 일을 공경하고 복종하지 않으며 아버지의 마음을 크게 상하게 한다.

② 부사어의 중심어가 되는 경우

(1) 髮其萬年子子孫孫永寶.(《髮鐘銘》) 髮은 만년토록 자자손손 영원히 (이 종을) 소중히 할 것이다.

(2) 舐由44)于彝, 其于之朝夕監(鑒).(《史舐簋銘》) 史舐은 이 일을 彝器에 기록하고 여기에서 아침저녁으로 살펴 면려할 것이다.

(3) 叔妖45)乍寶尊簋, 眾仲氏萬年用.46)(《叔妖簋銘》) 叔妖이 귀중한 祭器를 제작하였으니, 仲氏와 영원히 사용할 것이다.

(4) 伏戎于莽, 升其高陵, 三歲不興.(《周易·同人》) 풀밭에 군사를 매복하고 높은 언덕에 올라 갔더라도 삼년 동안이나 군사를 일으키지 못할 것이다.

(5) 至于十年, 不克征.(《周易·復卦》) 십 년에 이르더라도 능히 다른 나라를 치지 못하리라.

③ 목적어가 되는 경우

(1) 斁狄(逖)不恭.(《斁狄鐘銘》) 불경한 자를 모두 멀리 쫓아내다.47)

(2) 惠不惠, 懋不懋.(《尚書·康誥》) 따르지 않는 이를 따르게 하고, 힘쓰지 않는 이를 힘쓰게 한다.

(3) 惟天不畀不明厥德.(《尚書·多士》) 하늘이 그 덕을 밝히지 않은 은나라에 주지 않았다.

(4) 乃有不用我降爾命.(《尚書·多方》) 만약 내가 그대들에게 내린 명을 그대들이 따르지 않는 다면

---

42) [역주] '揚'에 대해서는 제2장 제1절 [역주] 12 참조.
43) [역주] '顯'에 대해서는 제2장 제1절 [역주] 13 참조.
44) [역주] '由'에 대해서는 제2장 제1절 [역주] 8 참조.
45) [역주] 원서에서는 '弋'으로 표기되어 있으나, '妖'으로 수정한다.
46) '用'을 뒤에 이어지는 내용에 붙여 읽어서 '眾仲氏萬年, 用侃喜百生(姓)、倗(朋)友眾子婦'로 끊어 읽는 견해가 우세하다.
47) [역주] '斁'는 '盡'의 뜻이고, '狄'과 '不'은 각각 '惕'과 '丕'로 읽어, '몸가짐을 조심하고 경건히 하다'의 의미로 해석하는 견해도 있다.

(5) 爽明, 僕告既駕.(《逸周書·嘗麥解》) 여명에 이르러 태복은 수레가 이미 준비되었다고 알렸다.[48]

(6) 自天祐之, 吉, 無不利.(《周易·大有》) 하늘이 그것을 도우니 길하며 불리함이 없을 것이다.

전치사의 목적어 역할도 가능하다.

(1) 我亦不敢知曰: 其終出于不祥.(《尚書·君奭》) 나는 또한 감히 그 마지막에 상서롭지 못함으로부터 벗어날 것이라 단언할 수 없습니다.

(2) 四鏃如樹. 序賓以不侮.(《詩經·大雅·行葦》) 네 개의 살촉이 꽂아놓은 듯이 꽂히니, 손님의 차례를 정하는데 업신여김이 없도다.

④ 관형어가 되는 경우

(1) 膺受大命, 率懷不廷方.(《毛公鼎銘》) [문왕과 무왕께서는] 천명을 받아 朝見하러 오지 않는 方國들을 회유하셨다.

(2) 榦不庭方, 以佐戎辟.(《詩經·大雅·韓奕》) 조회오지 않는 나라들을 바로잡아서 네 군주를 도우라.

(3) 不寧方來, 後夫凶.(《周易·比卦》)복종하지 않던 이도 오니, 나중에 오는 사람은 흉하다.

(4) 不二心之臣, 保乂王家.(《尚書·康王之誥》) 두 마음을 품지 않는 신하들이 왕실을 보존하고 다스렸다.

3) 술목구(動賓短語)의 기능

① 위어가 되는 경우

(1) 王伐彔子聖[49].(《大保簋銘》) 왕께서 彔父이자 紂王의 아들인 聖[50]을 토벌하셨다.

(2) 王易金百守, 禽用乍寶彝.(《禽簋銘》) 왕께서 銅 백 鈞을 하사하셨으니, 禽은 (이를 기념하

---

48) 爽明: 여명의 시기.
49) [역주] '聖'을 '聽'으로 考釋하는 견해도 있다.
50) [역주] '彔子聖'은 商나라 紂王의 아들인 武康祿父로 보는 것이 다수의 의견이다. '彔'을 '彔國'으로 해석하기도 하나, 전래문헌 중에 '彔國'이 보이지 않기에, 현재로서는 '彔子'를 '祿父이자 紂王의 아들'로 보는 것이 가장 합리적이다.

고자) 賢이 귀중한 祭器를 제작하였다.

- (3) 天降威, 知我國有疵民不康.(《尚書·大誥》) 하늘이 벌을 내렸으나 우리나라에 병이 있어 백성들이 편안하지 못함을 알았다.

- (4) 王卿酉, 遹御, 亡遣.(《遹簋銘》) 왕께서 饗禮를 거행하셨고 遹이 왕의 시중을 들었는데 실수가 없었다.

② 부사어의 중심어가 되는 경우

- (1) 不顯天子, 天子其萬年無疆, 保辥(乂)周邦, 畯尹四方.(《大克鼎銘》) 찬란히 빛나시고 영명하신 천자시여! 천자께서는 만년토록 영원하실 것이며, 주나라를 보우하고 다스리시고 천하의 모든 나라를 오랫동안 통치하시리라.

- (2) 王若曰: 猷! 大誥爾多邦.(《尚書·大誥》) 임금께서 이렇게 말하셨다. "아! 그대들의 여러 나라에게 크게 고하노라."

- (3) 王令吳白曰: 以乃師左比毛父.(《班簋銘》) 왕께서 吳伯에게 명령하여 말씀하시길 "그대의 군대를 이끌고 좌측에서 毛父를 도와주라"고 하셨다.

- (4) 出內王命, 多賜寶休.(《大克鼎銘》) 왕명을 출납하게 하시고 왕의 은택을 후하게 하사하셨다.

③ 보어 앞의 중심어가 되는 경우

- (1) 戲厥反, 王降征令于大保.(《大保簋銘》) 戲族[51]이 곧 반란을 일으켜서, 왕께서 太保에게 토벌 명령을 내리셨다.

- (2) 趬趬子白, 獻馘于王.(《虢季子白盤銘》) 굳세고 용맹스러운 子白이 적에게서 베어낸 왼쪽 귀(혹은 머리)를 왕께 바쳤다.

④ 관형어의 중심어가 되는 경우

- (예) 舍彼有罪, 既伏其辜.(《詩經·小雅·雨無正》) 저 죄지은 사람들은 그냥 내버려 두어 죄를 모두 받는 셈 치더라도.

⑤ 주어가 되는 경우

- (1) 相我不難.(《逸周書·度邑解》) 나를 돕는 것은 어렵지 않을 것이다.

---

51) [역주] '戲'를 어기사로 보는 견해도 있다.

(2) 乘馬班如, <u>泣血漣如</u>.(《周易·屯卦》) 말을 타고도 주저하는 모습이며, 피눈물을 흘리는 것이 잔물결과 같구나.

(3) <u>捄之陾陾</u>, <u>度之薨薨</u>, <u>築之登登</u>, 削屢馮馮.(《詩經·大雅·緜》) 듬뿍듬뿍 흙을 담아서 담틀 에다 퍽퍽 흙 쳐 넣네. 텅텅거리며 다지고, 울툭불툭한 곳을 깎는데 삭삭거리네.

(4) 顯允方叔, <u>伐鼓淵淵</u>, <u>振旅闐闐</u>.(《詩經·小雅·采芑》) 현명하고 진실한 방숙이여, 북을 침에 둥둥 하고, 징을 쟁쟁 쳐서 군사들을 그치게 하네.

(5) 倉庚喈喈, <u>采蘩祁祁</u>.(《詩經·小雅·出車》) 꾀꼬리 꾀꼴꾀꼴 울며, 쑥 캐는 이 많기도 하여라.

(6) 今我來思, <u>雨雪霏霏</u>.(《詩經·小雅·采薇》) 이제 우리가 돌아올 때엔 함박눈이 펄펄 내리는구나.

⑥ 목적어가 되는 경우

(1) 我圖<u>夷茲殷</u>.(《逸周書·度邑解》) 나는 은나라 사람들을 평정하고자 한다.[52]

(2) 陳本新荒蜀磨至, 告<u>禽霍侯</u>.(《逸周書·世俘解》) 진본과 신황이 촉군, 도군을 데리고 돌아와 蜀君霍侯를 잡았다고 보고했다.

(3) 開釋<u>無辜</u>, 亦克用勸.(《尚書·多方》) 죄가 없어 풀어 놓아 주는 것도 또한 능히 사람을 권면 할 수 있었다.

(4) 戰戰兢兢, 如<u>臨深淵</u>, 如<u>履薄冰</u>.(《詩經·小雅·小旻》) 두려워하고 두려워하여 조심하고 조 심하여 깊은 못에 임한 것과 같으며 얇은 얼음을 밟는 것과 같이 하라.

(5) 昊天已威, 予慎<u>無罪</u>.(《詩經·小雅·巧言》) 하늘이 아무리 위엄이 있어도 나에게는 진정 죄가 없다.

(6) 利<u>涉大川</u>.(《周易·同人》) 큰 내를 건너는 것이 이롭다.

전치사의 목적어 역할도 가능하다.

(1) 有孚于<u>飲酒</u>, 無咎.(《周易·未濟》) 술을 마심에 믿음이 있으면, 허물이 없다.

(2) 入于左腹, 獲明夷之心, 出于<u>門庭</u>.(《周易·明夷》) 왼쪽 배로 들어가 明夷의 마음을 알고 문과 뜰을 떠나느니라.[53]

---

52) 圖: 고려하다, 도모하다. 夷: 평정하다.
53) [역주] '明夷'는 빛을 상하게 함을, '明夷之心'은 어두운 마음을 가리킨다.

⑦ 관형어가 되는 경우

(1) 無疆之辭, 屬于五極.(《尙書·呂刑》) 끝이 없는 송사는 五極에 모이게 한다.[54]

(2) 弭仲受無疆福.(《弭仲簠銘》) 弭仲이 무한한 복을 받다.

(3) 洪惟我幼沖人, 嗣無疆大歷服.(《尙書·大誥》) 널리 보면, 나는 나이 어린 사람이었는데 끝없고 큰 장구한 사업을 계승했다.

(4) 賜在宜王人十又七生(姓).(《宜侯夨簠銘》) 宜 지방에 사는 열일곱 성씨의 왕실 노예를 하사하셨다.

술목구가 관형어가 될 때에는 중심어 앞에 위치할 수도 있고, 위에 인용한 여러 예와 같이 중심어 뒤에 위치할 수도 있다.

(1) 受福無疆, 四方之綱.(《詩經·大雅·假樂》) 끝없는 복을 받으시고 온 사방의 기강이 되셨도다.[55]

(2) 伯買父乃以厥人戍漢中州曰叚曰克.(《中甗銘》) 伯買父가 이에 그 사람으로 叚라 하고 克이라 하는 漢水 가운데 섬을 지켰다.

이와 같은 예문은 이미 은허 갑골문에서 보인다. "漢中州曰叚曰克"의 의미는 "'가(叚)'와 '극(克)'이라고 불리는 '한중주(漢中州)'(叫做'叚'和'克'的漢中州)"이다.

⑧ 부사어가 되는 경우

(1) 侯[56]父眔齊萬年眉壽, 子子孫孫亡疆寶.(《遟父鐘銘》) 遟父와 齊姜은 만년토록 장수를 할 것이며, 자자손손 (이 종을) 영원히 소중히 할지어다.

(2) 惟文王德丕承, 無疆之恤.(《尙書·君奭》) 오직 문왕의 덕으로 한없는 근심을 크게 받들라.

(3) 如山之苞, 如川之流.(《詩經·大雅·常武》) 산과 같이 둘러싸고 내와 같이 흐른다.

---

54) [역주] '辭'는 송사를 말하며, '五極'은 오형(五刑) 즉 다섯 형벌을 가리킨다.

55) 앞에 인용한 '受無疆福'(《弭仲簠銘》)과 비교해볼 수 있다.

56) [역주] 원서에서는 '遟'로 표기되어 있으나, '侯'로 수정한다.

4) 보충구(中補短語)의 기능

① 위어가 되는 경우

(1) 儐爾籩豆, <u>飮酒之飫</u>.(《詩經·小雅·常棣》) 네 籩豆를 늘어놓아 술 마시기를 실컷 하였구나.

(2) <u>側弁之俄</u>, 屢舞傞傞.(《詩經·小雅·賓之初筵》) 기울어진 고깔이 삐딱하여 자주 춤추기를 그치지 않도다.

(3) 侯[57]作冊麥<u>易金于辟侯</u>.(《麥尊銘》) 作冊 麥은 군주인 邢侯께 동을 하사받았다.

(4) 隹公大史見服于宗周年, 才二月既望乙亥, 公大史咸見服于辟王, <u>辨于多正</u>.(《作冊魖卣銘》) 公太史가 宗周에 와서 朝見한 해이다. 이월 既望의 乙亥일에 公太史가 왕께 알현을 모두 마치고 여러 관장들과 만났다.

(5) <u>蔑歷于保</u>, 易賓.(《保卣銘》) 保의 공적을 격려하고 하사품을 내리셨다.

② 부사어의 중심어가 되는 경우

(1) 亡不<u>誾于文武耿光</u>.(《毛公鼎銘》) 문왕과 무왕의 빛나는 업적을 찬양하지 않음이 없었다.

(2) 公大史咸<u>見服于辟王</u>.(《作冊魖卣銘》) 公太史가 왕께 알현을 모두 마쳤다.

(3) 王朝<u>步自周</u>, 則至于豐.(《尚書·召誥》) 왕은 아침에 주나라 도읍으로부터 걸어서 豐 땅에 이르렀다.

(4) 天惟時求民主, 乃大<u>降顯休命于成湯</u>.(《尚書·多方》) 하늘이 이에 백성들의 군주를 구하시어 성탕에게 밝고 아름다운 명을 크게 내리시고

③ 목적어가 되는 경우

(1) 甲寅, 謁<u>戎殷于牧野</u>.(《逸周書·世俘解》) 갑인일, 목야에서 은나라를 친 일을 아뢰었다.[58]

(2) 鮮民之生, 不如<u>死之久矣</u>.(《詩經·小雅·蓼莪》) 나약한 백성의 삶이여, 죽느니만 같지 못한 지 오래로다.

(3) 溫溫恭人, 如<u>集于木</u>. 惴惴小心, 如<u>臨于谷</u>.(《詩經·小雅·小宛》) 온화하고 유순하며 공손한 사람이 나무위에 앉은 것 같으며, 두려워하고 두려워하는 소심한 사람이 골짜기에 임한 듯하니라.

---

57) [역주] '侯'는 앞 구문과 붙여 읽는 것이 옳다.

58) 謁: 아뢰다.

5) 연동구(連謂短語)의 기능

① 위어가 되는 경우

(1) 余來歸獻禽.(《不其簋銘》) 나는 돌아와서 포로를 바쳤다.

(2) 司徒單白內右揚.(《揚簋銘》) 司徒 單伯이 들어와서 揚을 인도했다.

(3) 王命君夫曰: 價求乃友[59].(《君夫簋銘》) 왕께서 君夫에게 명령하여 말씀하시길: 계속 그대의 동료들과 협력하라.

(4) 在武王嗣文王作邦.(《大盂鼎銘》) 무왕은 문왕을 계승하여 주나라를 세웠다.

(5) 王乘于舟為大豐[60].(《麥尊銘》) 왕께서 배를 타고 大禮를 거행하셨다.

② 부사어의 중심어가 되는 경우

(1) 報孳[61]乃遣間[62]來逆昭王, 東尸南尸具見, 廿又六邦.(《胡鐘銘》) 報孳는 이에 間을 파견하여 왕을 맞아 알현하였으며, 南夷와 東夷도 모두 朝見하니 스물여섯 개의 방국이었다.

(2) 已! 予惟小子, 若涉淵水, 予惟往求朕攸濟.(《尚書·大誥》) 아! 이 어린 나는 깊은 물을 건너는 것과 같았으니 내가 오직 나아가 내가 건널 곳만을 찾고 있었구나.

6) 겸어구(兼語短語)의 기능

① 위어가 되는 경우

(1) 王令燊遘眔.(《小盂鼎銘》) 왕께서 燊에게 우두머리를 심문하라고 명령하셨다.

(2) 王乎尹氏冊令師毀.(《師毀簋銘》) 왕께서 尹氏를 불러 策命書로써 師毀에게 명령을 하달하게 하셨다.

(3) 王命死司王家, 命女幽黃鋚革.[63](《康鼎銘》) 왕께서 (康에게)명령하셨다. "王室을 총관리하고, 그대에게 검정색 腰帶, 고삐와 재갈을 하사하노라."

---

59) [역주] 원서에서는 '求'로 표기되어 있으나, '友'로 수정한다.

60) [역주] '豊'으로 보고, '禮'로 읽는 것이 다수의 견해이다.

61) [역주] '報孳'에 대해서는 제2장 제4절 [역주] 88 참조.

62) [역주] '間'에 대해서는 제2장 제4절 [역주] 89 참조.

63) [역주] 원서에서는 '王命死司王家'를 겸어문으로 보았으나, 뒤에 '女'가 있으므로 '死司王家, 命女幽黃攸革'를 왕이 명령하여 말하는 내용으로 보는 것이 합리적이다.

(4) 天子命我, 城彼朔方.(《詩經·小雅·出車》) 천자가 나에게 명하여 저 북방에 성을 쌓으라 하신다.

(5) 俾予靖之.(《詩經·小雅·菀柳》) 나로 하여금 국정을 도모하게 하였다.

(6) 有鳥高飛.(《詩經·小雅·菀柳》) 높이 나는 새가 있도다.

② 부사어의 중심어가 되는 경우

(1) 天乃大命文王, 殪戎殷, 誕受厥命越厥邦民, 惟時敍.(《尙書·康誥》) 하늘이 이에 문왕을 크게 명하여 강성한 은나라를 쳐서 멸망하게 하셨다. 그 명을 크게 받으시니 그 나라와 백성들은 질서가 잡혔다.

(2) 胡俾我瘉.(《詩經·小雅·正月》) 어찌 나로 하여금 병들게 하는가.

(3) 無俾正反.(《詩經·大雅·民勞》) 정도에 어긋나게 하지 마라.

(4) 無俾城壞.(《詩經·大雅·板》) 성이 무너지게 하지 마라.

③ 관형어가 되는 경우

(예) 唯王[64]令南宮伐反(叛)虎方之年.(《中鼎銘》) 왕께서 南宮에게 명령을 내려 반란을 일으킨 虎方을 토벌하라 □竹하신 해.

7) 주위구(主謂短語)의 기능

① 주어가 되는 경우

(1) 靜學(敎)無尤.(《靜簋銘》)[65] 靜이 활쏘기를 가르침에 있어 실수가 없었다.

(2) 王敦伐其至.(《胡鐘銘》) 왕의 토벌이 이르렀다.

(3) 文王受命惟中身.(《尙書·無逸》) 문왕께서 천명을 받으신 것은 중년의 나이였다.

(4) 肆中宗之享國七十有五年.(《尙書·無逸》) 그러므로 중종이 나라를 다스림이 75년 되었다.

(5) 虎視眈眈.(《周易·頤卦》) 호랑이가 먹이를 노려봄에 눈을 부릅뜨고 한다.

(6) 大夫不均, 我從事獨賢.(《詩經·小雅·北山》) 대부가 불공평하여 내가 일에 종사함이 유독

---

64) [역주] 원서에서는 '王'이 누락되었으므로 보충하였다.

65) [역주] 원서에서는 '尤' 앞에 '成'가 더해진 '靜學(敎)無成尤'로 되어 있으나, 오타로 보인다.

고생스럽다.

(7) 念彼共人, <u>涕零</u>如雨.(《詩經·小雅·小明》) 저 공인을 생각하니, 눈물 흘림이 비 오듯하다.

② 위어가 되는 경우

(1) 顯允君子, <u>莫不令德</u>.(《詩經·小雅·湛露》) 현명하고 성실한 군자여, 아름다운 덕이 아님이 없도다.

(2) 其桐其椅, <u>其實離離</u>.(《詩經·小雅·湛露》) 오동나무와 가래나무여 그 열매가 주렁주렁 달려 있도다.

(3) 有杕之杜, <u>其葉萋萋</u>.(《詩經·小雅·杕杜》)우뚝한 아가위여 그 잎이 무성하고 무성하도다.

(4) 凡今之人, <u>莫如兄弟</u>.(《詩經·小雅·常棣》) 무릇 지금 사람들은 형제만한 이가 없다.

(5) 常棣之華, <u>鄂不韡韡</u>.(《詩經·小雅·常棣》) 산앵도나무 꽃이여, 꽃받침이 활짝 폈도다.

③ 목적어가 되는 경우

(1) 唯六月既生霸乙卯, 休天君弗望(忘)[66]<u>穆公聖粦明</u>䰯事先王.(《尹姞鬲銘》) 유월 既生霸 乙卯일에 훌륭하신 황태후께서는 穆公이 현명하고 사리 밝게 先王을 보필하여 모셨던 것을 잊지 않으셨다.

(2) 俗女弗以乃辟函于囏.(《毛公鼎銘》) 그대가 그대의 주군을 어려움에 빠뜨리지 않길 바란다.

(3) 作<u>其即位</u>, 乃或亮陰, 三年不言.(《尚書·無逸》) 그가 즉위하여서는 항상 양암에 머무시며 3년 동안 말을 하지 않았다고 합니다.

(4) 皇帝哀矜<u>庶戮之不辜</u>.(《尚書·呂刑》) 황제께서는 여러 형벌을 받은 자들의 무고함을 가엾게 여기셨다.

(5) 予畏<u>周室不延</u>.(《逸周書·作雒解》) 나는 주 왕실이 계속되지 못할까 두렵습니다.

④ 관형어가 되는 경우

(1) 唯<u>公大(太)保來伐反尸(夷)</u>年, 在十又一月庚申, 公在盩師(次).(《旅鼎銘》) 公太保께서 반란을 일으킨 東夷를 토벌하러 오신 그 해 십일월 庚申일에 公太保께서 盩地의 군사 주둔지에 계셨다.

---

66) [역주] 원서에서는 '穆' 앞에 '我'가 더해져 있으나, 오타로 보인다.

(2) 唯明保殷成周年, 公賜作冊䰝鬱鬯貝.(《作冊䰝卣銘》) 明保가 成周에서 周王을 알현하는 해에, 公(明保)께서 作冊 䰝에게 鬯酒와 貝를 하사하셨다.

(3) 唯王來各于成周年, 厚趠又餽于濂公.(《厚趠方鼎銘》) 왕께서 成周에 오셔서 도착하신 해에 厚趠가 濂公께 선물을 받았다.

(4) 豖以睽履大賜里.(《大簋銘》) 豖과 睽가 大가 하사받은 睽里에 가서 답사를 했다.

(5) 王省武王成王伐商圖.(《宜侯夨簋銘》) 왕께서 武王과 成王이 商나라를 정벌한 지도를 살펴보셨다.

3 부사성구(副詞性短語)

부사어에 해당하는 기능을 하는 구를 부사성구라고 부른다. 이러한 종류의 구는 일반적으로 모두 부사어와 보어 역할을 할 수 있다. 서주한어의 부사성구는 대등전치사구(联合介词短语)와 전치사구(介词短语)가 주요하다.

1) 대등전치사구(聯合介詞短語)의 기능

① 보어가 되는 경우

(1) 用作寶將[67]尊鼎, 其用夙夜享孝于厥文祖乙公于文妣日戊.(《敎方鼎銘》) 將祭[68] 용도의 귀중한 鼎을 제작하니, 文德이 빛나는 祖父 乙公과 祖母 日戊께 아침저녁으로 제사를 지내는 데 사용할 것이다.

(2) 繼自今嗣王, 則其無淫于觀于逸于游于田.(《尚書·無逸》) 아아! 이제부터 왕위를 계승하는 왕들은 관람과 안일함과 유람과 사냥에 지나치게 빠지지 마소서.

(3) 迺裹餱糧, 于橐于囊.(《詩經·大雅·公劉》) 마른 밥과 양식을 전대와 자루에 넣는다.

(4) [二]旬又四日丁卯, [往]自新邑于東[69].(《新邑鼎銘》) 이십사일 째 되는 날인 丁卯일에 新邑에서 동쪽으로 갔다.

---

67) [역주] '將'에 관해서는 제2장 제1절 [역주] 4 참조.
68) [역주] '肆祭'에 관해서는 제2장 제1절 [역주] 5 참조.
69) [역주] 원서에서는 '東'으로 표기되어 있으나, '東'으로 수정한다.

② 부사어가 되는 경우

(예) 王至于周, <u>自[鹿]至于丘中</u>, 其明不寢.(《逸周書·度邑解》) 왕은 周로 돌아와 鹿땅에서부터 丘中에 이르기까지 밤이 새도록 잠을 이루지 못하였다.

2) 전치사구(介詞短語)의 기능

① 보어가 되는 경우

(1) 穆公乍尹姞宗室<u>于絲林</u>.(《尹結鬲銘》) 穆公이 尹姞을 위해 絲林에 宗室[70]을 건축했다.

(2) 宜民宜人, 受祿<u>于天</u>.(《詩經·大雅·假樂》) 백성과 관리들을 적절히 다스려 하늘로부터 복을 받으셨다.

(3) 受茲介福, <u>于其王母</u>.(《周易·晉卦》) 이 큰 복을 왕모에게서 받으리라.

(4) 汝克承天休<u>于我有周</u>.(《逸周書·商誓解》) 너희들은 우리 주나라로부터 하늘의 아름다움을 이어받을 수 있다.

② 부사어가 되는 경우

(1) 唯王初女(如)□, 乃<u>自商師(次)</u>復還至于周.(《穆公簋蓋銘》) 왕께서 처음으로 □에 오셨다가, 商의 군사 주둔지에서 成周로 되돌아가셨다.

(2) 民之初生, <u>自土沮漆</u>.(《詩經·大雅·緜》) 사람이 처음 사는 것은 沮水와 漆水에 터전을 잡으면서부터이다.

(3) 其<u>自時</u>配皇天.(《尙書·召誥》) 그는 이때부터 皇天에 배합하였다.

(4) 城復于隍, 勿用師. <u>自邑</u>告命.(《周易·泰卦》) 성이 무너져 해자로 돌아가니 군사를 쓰지 마라. 읍으로부터 명이 고지될 것이다.

③ 관형어가 되는 경우

전치사구가 관형어가 되는 경우 일반적으로 중심어 뒤에 위치하며, 전체 관형어수식구는 주로 문장의 목적어가 된다.

(1) 賜女(汝)田<u>于埜</u>, 賜女田<u>于淠</u>, 賜女井家䥯[71]田<u>于峻</u>以(與)厥臣妾, 賜女田<u>于康</u>, 賜

---

70) [역주] '宗室'의 의미에 대해서는 宗廟 혹은 高屋으로 해석한다.

女田于匽, 賜女田于溥原, 賜女田于寒山.(《大克鼎銘》) 그대에게 岦 지방의 경작지를 하사하고, 溥 지방의 경작지를 하사하며, 峻 지방 井邑의 𡇌田과 (이를 경작하는) 남녀 노예를 하사하노라. 康, 匽, 溥原과 寒山 지방의 경작지도 그대에게 하사한다.

(2) 易田于𢼸五十田、于早五十田.(《敔簋銘》) 𢼸에 있는 경작지 오십 田과 早에 있는 경작지 오십 田을 하사해주셨다.

(3) 王姜賜旟田三于待簟.(《旟鼎銘》) 王姜께서 旟에게 待簟에 있는 경작지 삼 田을 하사해주셨다.

(4) 朕文考眔毛公, 遣仲征無需, 毛公賜朕文考臣自厥工.(《孟簋銘》) 나의 문덕이 빛나시는 先父께서 毛公 및 遣仲과 함께 無需를 정벌하셨고, 毛公께서 나의 위대하신 先父께 毛公의 工匠에서 차출된 노복을 하사하셨다.

위에서 우리는 서로 다른 기능에 따라 서주한어의 구를 명사성구, 용언성구와 부사성구 세 종류로 나누었다. 구의 기능유형은 통상적이며 핵심적인 기능을 기준으로 분류하였다. 사실 구의 기능은 상대적으로 복잡하다. 예를 들어, 관형어수식구의 기본기능은 명사성이지만, '二人雀井'과 같은 관형어수식구는 오히려 위어가 된다. 또 부사어수식구, 술목구 등은 그 기본 기능이 비록 용언성이지만 모두 문장에서 목적어가 되어 者자구에 상당하는 기능을 할 수 있다(혹은 者자구로 훈석할 수 있다). 다음으로 전치사구를 보면, 전치사구는 부사어가 될 수 있기 때문에 부사와 유사한 측면이 있다. 그렇기 때문에 우리는 그것을 부사성구라고 부른다. 하지만 전치사구는 보어나 관형어가 되기도 한다. 이 두 기능은 서주한어의 부사에는 본래 없던 것들이다. 주위구(主謂短語)의 기능도 매우 복잡하다. 주위구는 위어가 되거나, 주술술어문을 형성할 수 있기 때문에 대개 용언성구에 포함한다. 하지만 이 역시 결국 미봉책에 그치는 것이라 할 수 있다. 총괄하여 말하면, 앞에서 모든 유형의 구를 크게 세 종류로 구분한 것은 모두 가장 핵심적인 통사적 기능 또는 여러 통사적 기능 중 하나를 따른 것이기 때문에, 이러한 분류가 매우 엄밀한 것은 아니다. 따라서 궁극적으로 구의 기능을 어떻게 분류해야 하는지에 대해서는 보다 심도 있는 후속 연구가 필요하다.

---

71) [역주] 원서에서 '井' 뒤의 두 글자는 '寓□'로 표기되어 있으나, '家𡇌'로 수정 및 보충한다.

| 주요 참고문헌 |

管燮初:《西周金文語法研究》, 商務印書館, 1981年.

楊合鳴:《詩經句法研究》, 武漢大學出版社, 1993年.

戴連璋:《殷周造句法初探》,《國文學報》第八期, 台灣師範大學國文系印行, 1979年.

楊伯峻, 何樂士:《古漢語語法及其發展》(修訂本)(上、下), 語文出版社, 2001年.

서주한어 문장성분

본장에서는 西周 한어에 있는 문장성분(句子成分) 문제를 토론하고자 한다. 문장성분은 총 5쌍이 있다. 여기에는 주어(主語)와 위어(謂語), 술어(動語)와 목적어(賓語), 관형어(定語)와 중심어, 부사어(狀語)와 중심어, 보어(補語)와 중심어가 있다. 아래에서는 각 쌍의 문장성분의 구성과 의미유형, 위치 등에 대해 분석하고자 한다.

제1절 서주한어 주어와 위어

본절에서는 서주한어의 주어와 위어의 구성, 의미유형 그리고 상대적인 위치 문제에 대해 토론한다.

1 주어의 구성

서주한어의 주어는 크게 두 부류로 나뉜다. 하나는 '명사성 주어'이고 다른 하나는 '용언성 주어'이다.

1) 명사성 주어

이러한 주어는 명사성 표현으로 충당된다. 명사성 표현에는 명사, 대사(代詞), 관형어수식구(定中短語), 동격구(同位短語), 명사성대등구(聯合短語), 그리고 일부 조사성구(助詞性短語) 등이 해당한다.

① 명사로 구성되는 주어

(1) 王易夰甲馬四匹、駒車.(《夰甲盤銘》) 왕께서 夰甲에게 말 네 필과 망아지가 끄는 수레를 하사하셨다.

(2) 天乃大命文王殪戎殷, 誕受厥命, 越厥邦厥民惟時敍.(《尚書·康誥》) 하늘이 이에 문왕을 크게 명하여 강성한 은나라를 쳐서 멸망하게 하셨다. 그 명을 크게 받으시니 그 나라와 백성들은 질서가 잡혔다.

(3) 公令誕同卿史寮.(《矢令方尊銘》)1) 公께서 경사의 僚屬을 회견하라고 명령하셨다.

(4) 麥易赤金, 用作鼎, 用從井侯征事, 用卿多者(諸)2)友.(《麥鼎銘》) 麥이 銅을 하사받아서 鼎을 제작함으로써 邢侯의 출정을 수행할 때 사용하고 많은 僚友들에게 잔치를 베푸는 데 사용할 것이다.

(5) 姜商令貝十朋、臣十家、鬲百人.(《令簋銘》) 王姜께서 令에게 貝 십 朋, 臣 열 가구, 백성 백 명을 상으로 내리셨다.

(6) 吳其世子孫永寶用, 唯王二祀.(《吳方彝銘》) 吳는 자손만대 영원히 소중하게 사용할 것이다. 왕 재위 이년.

② 대사로 구성되는 주어

(1) 余來歸獻禽.(《不其簋銘》) 나는 돌아와서 포로를 바쳤다.

(2) 余蠟于君氏大章, 報婦氏帛束璜.(《五年琱生簋銘》) 내가 君氏께 큰 笏을 하사받고3), 婦氏께는 비단 한 속과 璜으로 보답하였다.

(3) 今我隹令女二人亢眔矢奭4)左右于乃寮, 以乃友事.(《令彝銘》) 지금 내가 亢과 矢 너희

---

1) [역주] 원서에서는 《令鼎銘》으로 표기되어 있으나, 《矢令方尊銘》으로 수정한다.
2) [역주] 원서에서는 '僚'로 표기되어 있으나 '者(諸)'로 수정하여 제시한다.
3) [역주] 이 구문을 피동문이 아닌 능동문으로 보아 '나는 君氏께 큰 笏을 바쳤다'로 해석하는 견해도 있다.

두 사람에게 명령하노니, 서로 짝하여 너희의 官長과 僚友의 일을 돕도록 하라.

(4) 已! 予惟小子, 不敢替上帝命.(《尙書·大誥》) 아! 나 소자는 감히 하느님의 명을 바꾸지 않을 것이다.

(5) 旣道極厥辜, 時乃不可殺.(《尙書·康誥》) 이미 그의 죄를 다 말하면, 이는 죽어서는 안 된다.

(6) 厥衆公出厥命: 邢伯、榮伯、尹5)氏、師俗父、遣仲.(《永盂銘》) 그들과 益公이 왕명을 알리고 실행하셨으니, 邢伯, 榮伯, 尹氏, 師俗父, 遣仲이 그들이다.

③ 관형어수식구로 구성되는 주어

(1) 侯6)作冊麥易金于辟侯.(《麥尊銘》) 作冊 麥은 군주인 邢侯께 동을 하사받았다.

(2) 不(丕)顯皇祖刺(烈)考, 徠匹先王.(《單伯㲲7)生鐘銘》) 찬란히 빛나시고 영명하신 선조와 위대하신 先父께서 先王을 보필하셨다.

(3) 顯8)淑文祖、皇考, 克哲9)厥德.(《井人佞鐘銘》) 찬란히 빛나시고 어지시며 文德이 혁혁하신 先祖와 위대하신 先父께서 경건히 덕행에 힘쓰셨도다.

(4) 先王其嚴在帝左右.(《㲀狄鐘銘》) 선왕께서 상제의 곁에 삼가 계시다.10)

(5) 奠(鄭)井叔作靈龢11)鐘, 用妥(綏)賓.(《鄭井叔鐘銘》) 鄭國의 井叔이 아름답고 음률이 조화로운 종을 제작하였으니 손님을 즐겁게 하는 데 사용할 것이다.

(6) 乃祖考許政于公室.(《逆鐘銘》) 그대의 先祖先父가 公室(제후의 가문)에서 정무를 보았다.

④ 동격구로 구성되는 주어

(1) 朕皇考叔旅魚父蓬薄12)降多福無疆.(《叔旅魚父鐘銘》) 나의 위대하신 先父이신 叔旅魚父

---

4) [역주] '奭'에 대해서는 제4장 제2절 [역주] 18 참조.

5) [역주] 원서에서는 '民'으로 표기되어 있으나, '尹'으로 수정하여 제시한다.

6) [역주] '侯'는 앞 구문과 붙여 읽는 것이 옳다.

7) [역주] '㲲'에 대해서는 제4장 제3절 [역주] 26 참조.

8) [역주] 원서에서는 '景'으로 표기되어 있으나, 앞서 인용된 동일 명문에 근거하여 '顯'으로 쓴다.

9) [역주] '哲'에 대해서는 제2장 제2절 [역주] 52 참조.

10) [역주] 원서와 같이 '先王其嚴'을 '관형어+중심어'의 구조로 보는 경우 '嚴'을 '威嚴'의 뜻으로 해석하나, 여기서 '嚴'은 이미 여러 학자들이 지적한 바와 같이 '祇敬惕勵'의 의미로 보는 것이 합리적이다.

11) [역주] '靈龢'에 대해서는 제4장 제3절 [역주] 40 참조.

12) [역주] '蓬薄'에 대해서는 제4장 제3절 [역주] 31 참조.

께서 풍성하고 넉넉하게 많은 복을 무한히 내려주실 것이다.

(2) 己(紀)侯虎作寶鐘.(《己侯虎鐘銘》) 紀國의 제후인 虎가 귀중한 종을 제작하였다.

(3) 司土(徒)南宮乎作大林協鐘.(《南宮乎鐘銘》) 司徒인 南宮乎가 음률이 조화로운 큰 林鐘[13]을 제작하였다.

(4) 虢叔旅曰: 不顯皇考惠叔穆穆秉元明德, 御于厥辟, 得屯亡敃.(《虢叔旅鐘銘》) 虢國의 군주인 旅가 말했다. "찬란히 빛나시고 영명하신 先父이신 惠叔께서는 엄숙하게 크고 밝은 덕을 갖추셔서 그 임금에 의해 중용되었고[14], (임금을 모심에 있어)완벽하고 하나의 실수도 없으셨도다."

(5) 惟時叙, 乃寡兄勖, 肆汝小子封在玆東土.(《尙書·康誥》) 그 나라 백성들이 모두 질서가 잡히게 되었다. 이에 나의 형님께서 힘쓰시니 그 때문에 너 소자 봉이 이 동쪽 땅에 있게 된 것이다.

(6) 肆予沖人永思艱, 曰: 嗚呼! 允蠢, 鰥寡哀哉!(《尙書·大誥》) 그러므로 나 어린 사람이 길이 어려움을 생각하면서 말했다. "아, 진실로 준동한다면 홀아비와 과부가 슬프도다!"

⑤ 명사성대등구로 구성되는 주어

(1) 太保暨芮伯咸進, 相揖, 皆再拜稽首.(《尙書·康王之誥》) 太保와 芮伯이 모두 나와 서로 읍하고 모두 두 번 절을 하고 머리를 조아리다.

(2) 小子眔服眔小臣眔尸(夷)僕學射.(《靜簋銘》) 귀족 자제들과 관리들 및 하급 관리, 오랑캐 출신의 奴僕이 활쏘기를 배웠다.

(3) 令眔奮先馬走.(《令鼎銘》) 令과 奮은 수레의 말 앞에서 달리며 선도하였다.

(4) 朕文考眔毛公遣仲征無需, 毛公易朕文考臣自厥工.(《孟簋銘》) 나의 문덕이 빛나시는 先父께서 毛公 및 遣仲과 함께 無需를 정벌하셨고, 毛公께서 나의 위대하신 先父께 毛公의 工匠에서 차출된 노복을 하사하셨다.

⑥ 조사구로 구성되는 주어

(예) 始者不如今, 云不我可.(《詩經·小雅·何人斯》) 처음에는 지금 같지 않았는데, 이제는 나를 옳다고 하지 않는구나.

---

13) [역주] '林鐘'에 대해서는 제4장 제3절 [역주] 20 참조.
14) [역주] 원서에서는 '御于厥辟'을 피동으로 해석하지만, 능동문으로 보아 '그 임금을 모셨다'로 해석하는 견해가 우세하다.

2) 용언성 주어

이러한 주어는 용언성 표현으로 충당된다. 용언성 표현에는 동사, 형용사, 동사성대등구, 술목구, 주위구 등이 있다.

① 동사로 구성되는 주어

(예) <u>來徐徐</u>.(《周易·困卦》) 오는 것이 천천히 온다.

② 형용사로 구성되는 주어

이는 매우 드물다. 아래 예에 있는 '寡'와 '衆'은 형용사가 명사나 겸류사로 활용되는 것으로 볼 수도 있다.

(예) <u>寡</u>不敵<u>衆</u>, 后其危哉!(《逸周書·芮良夫》) 적은 것으로는 많은 것을 대적할 수 없으니 임금께서는 위험하십니다!

③ 동사대등구로 구성되는 주어

(예) <u>出入</u>無疾, <u>朋來</u>無咎.(《周易·復卦》) 나가고 들어옴이 병이 없고, 벗이 옴에 허물이 없다.

④ 술목구로 구성되는 주어

(1) <u>相我</u>不難.(《逸周書·度邑解》) 나를 돕는 것도 어렵지 않을 것이다.

(2) <u>乘馬</u>班如, <u>泣血</u>漣如.(《周易·屯卦》) 말을 타고도 주저하는 모습이며, 피눈물 흘리는 것이 계속된다.

(3) 倉庚喈喈, <u>采蘩</u>祁祁.(《詩經·小雅·出車》) 꾀꼬리가 꾀꼴꾀꼴 울며 쑥을 캠이 많고 많다.[15]

⑤ 주위구로 구성되는 주어

(1) <u>王敦伐</u>其至.(《胡鐘銘》) 왕의 토벌이 이르렀다.

(2) <u>靜學(敎)</u>無尤.(《靜簋銘》) 靜이 활쏘기를 가르침에 있어 실수가 없었다.

---

15) [역주] '祁祁'는 '성하고 많은 모양'이다.

(3) <u>女某(謀)</u>[16]不又(有)聞(昏).(《諫簋銘》) 그대가 도모함에 있어 지혜롭지 못함이 없었다.

(4) 惟<u>王受命</u>, 無疆惟休, 亦無疆惟恤.(《尚書·召誥》) 왕께서 천명을 받은 것은 한없이 좋으며 또한 한없이 근심스럽습니다.

(5) 肆<u>中宗之享國</u>七十有五年.(《尚書·無逸》) 그러므로 중종이 나라를 다스림이 칠십오 년이 되었다.

(6) <u>有夏服天命</u>, 惟有歷年.(《尚書·召誥》) 하나라가 천명을 행한 것이 지내 온 시간이 얼마나 되다.

(7) 大夫不均, <u>我從事</u>獨賢.(《詩經·小雅·北山》) 대부가 불공평하여 내가 일에 종사함이 유독 고생스럽다.

(8) 念彼共人, <u>涕零</u>如雨.(《詩經·小雅·小明》) 저 공인을 생각하니, 눈물 흘림이 비오듯하다.

명사성 성분이 주어로 오는 경우, 그 뒤에 오는 위어의 품사에 대해 특별한 것을 요구하지 않는다. 단지 의미만 맞으면 각종의 용언성 성분이 모두 가능하다. 그런데 용언성 성분이 주어로 올 경우엔 그 뒤의 위어에 비동작성 표현이 와야 한다. 이러한 특징은 고금이 일치하고 있다. 다만 서주한어에서는 동작성 용언 앞에도 용언성 주어가 출현할 수 있는데, 이때 이러한 용언은 이미 변환지시(轉指)의 상태이며, 그 품사는 명사성으로 변화가 된 후이다.

2 주어의 의미 유형

주어의 의미 유형이란 주어가 나타내는 사람이나 사물을 위어가 나타내는 동작행위나 성질상태 등의 의미 관계를 함께 고려하여 말하는 것이다. 주어의 의미 유형은 크게 세 가지가 있는데, 행위주주어, 피동작주주어, 관계주(當事)주어가 있다.

1) 행위주주어

주어는 동작행위를 발출하는 주체를 나타낸다. 이때 주어와 위어의 의미구조 관계는 '행

---

16) [역주] 원서 65쪽에서는 '某'를 부정사인 '靡'로 읽고 있는데, 많은 학자들이 이 독법을 따르고 있다. 그러므로 '女某'를 주술구조로 보는 것은 적합하지 않아 보인다.

위주+동작'이다.

(1) 若涉淵水, <u>予惟往求朕攸濟</u>.(《尙書·大誥》) 깊은 물을 건너는 것과 같으니, 나는 오직 나아가 건널 바를 찾고 있구나.

(2) 天乃大命文王殪戎殷, 誕受厥命越厥邦厥民.(《尙書·康誥》) 하늘이 이에 문왕을 크게 명하여 강성한 은나라를 쳐서 멸망하게 하셨다. 그 명을 크게 받으시니 그 나라와 백성들은 질서가 잡혔다.

(3) <u>武王征商</u>.(《利簋銘》) 武王께서 商을 정벌하셨다.

(4) 昔饉歲, <u>匡眾厥臣廿夫寇智禾十秭</u>, 以匡季告東宮.(《智鼎銘》) 이전 기근이 든 해에 匡季의 眾[17]과 그의 노예 이십 명이 智의 벼 十秭를 훔쳐서 智이 匡季를 東宮에게 고소했다.

(5) <u>王易兮甲馬四匹</u>、駒車.(《兮甲盤銘》) 왕께서 兮甲에게 말 네 필과 망아지가 끄는 수레를 하사하셨다.

2) 피동작주주어

주어가 동작행위를 받는 객체를 나타낸다. 주어와 위어의 의미구조 관계는 '피동작주+동작'이다.

(1) <u>柞賜戠</u>、朱黃、鑾.(《柞鐘銘》) 柞은 검정색 폐슬, 붉은 腰帶, 깃발에 다는 방울을 하사받았다.

(2) 唯八月既望, 王在上侯位[18], 禱[19]祼. <u>不栺賜貝十朋</u>.(《不栺方鼎銘》) 팔월 既望에 王께서 上侯의 행궁에 계시면서 禱祭와 祼禮를 거행하시고, 不栺는 貝 십 붕을 하사받았다.

(3) 公違省自東, 在新邑. <u>臣卿賜金</u>.(《臣卿鼎銘》) 公[20]께서 멀리 동쪽으로부터 시찰을 하시고 新邑에 계셨다. 臣卿이 銅을 하사받았다.

(4) <u>麥賜赤金</u>, 用作鼎, 用從井侯征事, 用卿多者(諸)[21]友.(《麥鼎銘》) 麥이 銅을 하사받아서 鼎을 제작함으로써 邢侯의 출정을 수행할 때 사용하고 많은 僚友들에게 잔치를 베푸는 데

---

17) [역주] '眾'의 신분에 관해서는 '농사에 종사하는 노예', '농경이나 전쟁에 동원되는 자유민' 등의 견해가 있다.

18) [역주] 원서에서 '位'로 표기된 이 글자의 원래 자형은 '应'이다.

19) [역주] '禱'에 대해서는 제2장 제2절 [역주] 30 참조.

20) [역주] '公違'까지를 人名으로 보는 견해도 있다.

21) [역주] 원서에서는 '僚'로 표기되어 있으나 '者(諸)'로 수정하여 제시한다.

사용할 것이다.

(5) <u>中乎歸生鳳</u>22)于王, 藝于寶彝.(《中鼎銘》) 中이 왕에 의해 호출이 되어 새를 선물로 받았고, 이를 귀중한 祭器에 기록하였다.23)

(6) <u>侯</u>24)作冊麥易金于辟侯.(《麥尊銘》) 作冊 麥은 군주인 邢侯께 銅을 하사받았다.

3) 관계주25)주어

주어가 비행위주, 비피동작주의 사람이나 사물을 나타낸다. 주어 뒤의 위어 중심이 동사일 경우, 주어가 표시하는 것은 행위주도 아니고 피동작주도 아니다. 이는 시간, 처소, 도구, 원인, 목적 등을 나타낸다. 주어 뒤의 위어가 형용사성 성분, 명사성 성분, 수사성 성분일 경우, 그 주어 또한 관계주주어가 된다.

(1) <u>不顯文武</u>, 皇天引厭厥德, 配我有周.(《毛公鼎銘》) 위대하신 文王과 武王께서는 하늘이 그 덕을 흡족해 하사 우리 주나라를 天命에 합한 나라로 세우셨다.

(2) <u>兹盨友</u>(有)十又二.(《虢仲盨銘》) 이런 盨가 열두 개 있다.

(3) <u>魯侯有骨</u>26)工, 用作旅27)彝.(《明公簋銘》) 魯侯에게 훌륭한 戰功이 있어28) (이를 기념하고자) 旅祭에 사용할 祭器를 제작하였다.

(4) <u>岐</u>有夷之行.(《詩經·周頌·天作》) 기산에 평평한 길이 있어

(5) <u>南</u>有嘉魚, 烝然罩罩.(《詩經·小雅·南有嘉魚》) 남쪽에 곤들매기가 있으니, 어야디야 가리질

---

22) [역주] '生鳳'에 대해서는 '고대인들이 南洋의 극락조를 부르는 명칭'이라는 견해와 '봉황을 이르는 고대인들의 방언'이라는 견해가 있다.

23) [역주] 제5장 제5절에서는 이 구문을 겸어문으로 분석하고 있다.

24) [역주] '侯'는 앞 구문과 붙여 읽는 것이 옳다.

25) [역주] 관계주: 이것의 중국어용어는 '當事'로 이것은 사실상 행위주와 피동작주를 제외한 나머지 것들을 아우르는 표현이다. 이에 대한 한국어 용어를 잘 사용하지 않는 상황이라 여기서 역자가 임의로 '관계주'란 표현을 만들어 사용한다.

26) [역주] 원서에서 '骨'로 표기된 이 글자의 원래 자형은 '𩰊'이다.

27) [역주] '旅'에 대해서는 제2장 제2절 [역주] 63 참조. 여기에서는 잠정적으로 '旅'의 의미를 '旅祭'로 해석했으나, 《明公簋銘》이 정벌과 관련한 명문이기 때문에 '旅彝'를 '군대 제사에 사용되는 祭器', 혹은 '정벌 시 사용되는 彝器'로 보는 견해도 있다.

28) [역주] '魯侯有𩰊工'에서 '有'를 '侑'로 읽고, '𩰊工'을 人名으로 보아 '𩰊工'이 明公의 정벌을 수행하여 공을 세웠고, 이에 魯侯가 '𩰊工'을 대접한 것으로 해석하는 의견도 있다.

하고 가리킬하도다.

(6) 田無禽.(《周易·恒卦》) 사냥터에 날짐승이 없다.

(7) 菁菁者莪, 在彼中阿.(《詩經·小雅·菁菁者莪》) 무성하고 무성한 다북쑥, 저 언덕 안에 있구나.

(8) 大玉夷玉天球河圖, 在東序.(《尙書·顧命》) 화산에서 난 구슬 및 동쪽 오랑캐의 구슬과 하늘빛 구슬 및 황하에서 난 무늬 있는 구슬은 동쪽 행랑에 있다.

이상의 관계주주어의 위어 중심은 모두 동사이다. 아래의 예에 있는 관계주주어의 위어(또는 위어 중심)는 형용사, 명사 또는 기타 품사의 단어들이다.

(1) 不(丕)顯皇祖考, 穆穆異異(翼翼).(《梁其鐘銘》) 위대하고 영명하신 先祖先父께서는 위엄과 덕망을 갖추시고 경건하셨다.

(2) 朕辟魯休.(《小克鼎銘》) 나의 군주께서는 위대하시고 훌륭하시도다.[29]

(3) 四牡騑騑, 周道倭遲.(《詩經·小雅·四牡》) 네 필이 말이 끊임없이 달려가니 큰 길이 굽어 있도다.

(4) 爾還而入, 我心易兮.(《詩經·小雅·何人斯》) 그대 돌아서 온다면 내 마음은 기쁠 것이요.

(5) 一人冕.(《尙書·顧命》) 한 사람의 대부가 면류관을 쓰다.

(6) 卿士邦君麻冕蟻裳.(《尙書·顧命》) 경사와 제후들은 삼베 관에 검은 치마를 입고

(7) 我倉旣盈, 我庾維億.(《詩經·小雅·楚茨》) 나의 창고 이미 가득하고, 나의 노적 이미 많도다.

(8) 鼎黃耳金鉉.(《周易·鼎卦》) 솥에 누런 귀와 쇠 손잡이가 있다.

3 주어의 위치

후세의 한어와 마찬가지로 서주한어의 주어 역시 일반적으로 위어 앞에 위치한다. 즉, '주어+위어'는 줄곧 주류의 어순이었다. 예컨대, 다음과 같다.

(1) 王令員執犬, 休善.(《員方鼎銘》) 왕께서 員에게 개를 관리하도록 명하셨는데, 員이 잘하였다.

---

29) [역주] 원서에서는 '魯休'를 형용사 병렬구조로 보았으나, 동사 병렬구조로 보아 '치하하고 상을 내리다'라는 뜻으로 해석하는 견해도 있다.

(2) <u>司土(徒)南宮乎</u>作大林協鐘.(《南宮乎鐘銘》) 司徒인 南宮乎가 음률이 조화로운 큰 林鐘[30]을 제작하였다.

(3) <u>征夫</u>歸止.(《詩經·小雅·秋杜》) 부역 갔던 이가 돌아온다.

(4) <u>先王</u>其嚴在帝左右.(《𩰚狄鐘銘》) 선왕께서 상제의 곁에 삼가 계시다.[31]

(5) <u>佞</u>憲憲聖爽.(《井人佞鐘銘》) 佞은 기쁘고 즐거워하며 사리에 밝고 총명하다.

(6) <u>二人</u>雀弁.(《尙書·顧命》) 두 사람이 검붉은 두건을 쓰고

그러나 감탄문, 명령문, 의문문에서 주어는 위어의 뒤로 도치될 수 있다.

(1) 祭公拜手稽首曰: 允, <u>乃詔</u>!(《逸周書·祭公解》) 제공이 절을 올리며 머리를 조아려 말했다. "지당하십니다. 당신의 조서는!"

(2) 篤, <u>公劉</u>!(《詩經·大雅·公劉》) 후덕하시도다, 공류여!

(3) 皇矣, <u>上帝</u>!(《詩經·大雅·皇矣》) 위대하시도다, 상제께서는!

(4) 假哉, <u>天命</u>!(《詩經·大雅·文王》) 위대하도다, 천명이시여!

(5) 肆哉, <u>爾庶邦君越爾御事</u>.(《尙書·大誥》) 힘써주시오. 그대 여러 나라의 제후들과 그대 일을 맡은 사람들이여.

(6) 往迋, <u>王舅</u>! 南土是保.(《詩經·大雅·崧高》) 가시라, 임금의 외삼촌이여, 남쪽 땅을 보전하러 가시라.

(7) 王曰: 吁! 來, <u>有邦有土</u>!(《尙書·呂刑》) 왕이 말했다. "아! 이리 와라, 나라를 소유하고 땅을 소유한 자들아!"

(8) 王曰: 於乎! 何辜, <u>今之人</u>?(《詩經·大雅·雲漢》) 왕이 말했다. "아! 무슨 죄인가, 지금 사람이?"

《詩經》에서, 압운 등의 격률 상의 목적을 위해 또는 시의 맛을 위해, 어떤 경우엔 '주위 도치문'을 사용하기도 한다.

(1) 有客有客, 亦白<u>其馬</u>.(《詩經·周頌·有客》) 손님이 오네, 손님이 오네, 그 말은 흰색이라네.

---

30) [역주] '林鐘'에 대해서는 제4장 제3절 [역주] 20 참조.
31) [역주] 원서와 같이 '先王其嚴'을 '관형어+중심어'의 구조로 보는 경우 '嚴'을 '威嚴'의 뜻으로 해석하나, 여기서 '嚴'은 이미 여러 학자들이 지적한 바와 같이 '祇敬惕勵'의 의미로 보는 것이 합리적이다.

(2) 執競武王, 無競維烈.(《詩經·周頌·執競》) 강하신 무왕이시여, 그 공렬이 비할 데 없도다.

(3) 天難忱斯, 不易維王.(《詩經·大雅·大明》) 하늘은 믿기 어려우니, 왕의 지위 지키기 쉽지 않도다.

(4) 魚在在藻, 有頒其首.(《詩經·小雅·魚藻》) 물고기가 마름 풀에 있으니, 그 머리 크기도 하여라.

(5) 誰謂爾無羊? 三百維群. 誰謂爾無牛? 九十其犉.(《詩經·小雅·無羊》) 누가 너더러 양이 없다 하리오, 양떼가 삼백 마리나 되도다. 누가 너더러 소가 없다 하리오, 검은 입술의 소가 90마리나 되도다.

4 위어의 구성

서주한어의 위어는 아래의 몇 가지 성분들로 구성된다. 여기에는 동사성 성분, 형용사성 성분, 주위구, 명사성구, 수사성 성분, 의성사성 성분, 대사성 성분 등이 있다.

1) 동사성 성분으로 구성되는 위어

여기서 말하는 동사성 성분이란 동사, 술목구, 이중목적어구, 부사어수식구, 보충구, 동사성대등구, 연동구, 겸어구 등이 있다.

① 동사로 구성되는 위어

(1) 征夫歸止.(《詩經·小雅·秋杜》) 부역 갔던 이가 돌아온다. ('止'는 어조사임)

(2) 王伐蓋侯, 周公某(謀), 禽祄[32].(《禽簋銘》)[33](왕께서 蓋侯를 토벌하시는데 주공께서 계책을 세우시고 禽이 祄祭를 거행했다.

(3) 肄, 汝小子封!(《尚書·康誥》) 힘을 다할지니, 너 작은 사람 봉이여![34]

(4) 往哉, 封! (《尚書·康誥》) 가거라, 봉아!

---

32) [역주] 원서에서는 이 글자를 '祄'으로 보았으나 '祝'으로 보는 견해도 다수이다. '祝'으로 볼 경우, 禽이 祝官의 직무를 맡았다는 뜻으로 해석할 수 있다.

33) [역주] 원서에서는 《禽鼎銘》으로 표기되어 있으나, 《禽簋銘》로 수정한다.

34) [역주] '肄'는 '힘쓰다'이다.

(5) 公定, 予往已(矣).(《尚書·洛誥》) 공이 이곳에 머물고, 나는 갈 것이오.

(6) 君子所, 其無逸.(《尚書·無逸》) 군자가 자리함에, 安逸함이 없도다.

비록 동사의 주요 기능이 위어로 쓰이는 것이긴 하나, 단일한 동사가 위어로 쓰이는 예는 그렇게 자주 나타나지는 않는다. 동사가 위어로 쓰일 때, 앞에는 항상 부사어가 출현하고, 뒤에는 보어나 목적어가 출현한다.

② 술목구로 구성되는 위어

이러한 위어는 비교적 자주 등장한다. 이때 동사는 대개 이가동사(二價動詞)이다.

(1) 唯四月初吉甲午, 懿王才射廬, 作象舞.(《匡卣銘》) 사월 初吉 甲午일에 懿王께서 射廬 (천자가 射禮를 행하는 장소)에 계셨고, 象舞의 연회를 베푸셨다.

(2) 王伐彔子聖[35].(《大保簋銘》) 왕께서 彔父이자 紂王의 아들인 聖[36]을 토벌하셨다.

(3) 王卿醴.(《大鼎銘》) 왕께서 醴로 향연을 베푸셨다.

(4) 王易赤雍[37]市, 玄衣黹屯, 鑾旂.(《庚季鼎銘》) 왕께서 적황색 蔽膝, 가장자리가 자수로 장식된 검붉은 색 命服, 방울 달린 깃발을 하사하셨다.

(5) 王易金百守, 禽用乍寶彝.(《禽簋銘》) 왕께서 銅 백 守을 하사하셨으니, 禽은 (이를 기념하고자) 賢이 귀중한 祭器를 제작하였다.

③ 이중목적어구로 구성되는 위어

(1) 辛未, 王在管師, 易又事利金.(《利簋銘》) 辛未일에 왕께서 管地의 군사 주둔지에 계실 때 右史인 利에게 銅을 하사하셨다.

(2) 隹十又三月辛卯, 王在斥, 易遣采曰趞[38], 易貝五朋.(《遣尊銘》) 십삼월 辛卯일에 왕께

---

35) [역주] '聖'을 '聽'으로 考釋하는 견해도 있다.
36) [역주] '彔子聖'은 商나라 紂王의 아들인 武庚祿父로 보는 것이 다수의 의견이다. '彔'을 '彔國'으로 해석하기도 하나, 전래문헌 중에 '彔國'이 보이지 않기에, 현재로서는 '彔子'를 '祿父이자 紂王의 아들'로 보는 것이 가장 합리적이다.
37) [역주] 원서에서는 '衻'로 표기되어 있으나, '雍'으로 수정하여 제시한다.
38) [역주] 원서에서는 '過'로 표기되어 있다. 대개 이 글자는 趞로 쓰며, 같은 책 136쪽의 동일 명문에서는 '趞'로 썼기에 수정하여 제시한다.

서 斤에서 遣에게 趨라 불리는 采地를 하사하시고, 貝 오 朋을 하사하셨다.

(3) 今余賜女冊五、錫39)戈肜綏40).(《逆鐘銘》) 이제 내가 그대에게 방패 다섯 개와 붉은 술이 달린 銅戈를 하사한다.

(4) 王商(賞)作冊般貝.(《作冊般甗銘》) 왕께서 作冊 般에게 貝를 상으로 내리셨다.

(5) 車叔商(賞)揚馬, 用作父庚彝.(《揚方鼎》) 車叔께서 揚에게 말을 상으로 내리셨고, 先父이신 庚께 제사를 올리는 데 사용할 彝器를 제작하였다.

④ 부사어수식구로 구성되는 위어

(1) 婦子後人永寶.(《令簋銘》) 부녀와 자손들은 (이 궤를) 영원토록 소중히 할지어다.

(2) 頌其萬年無疆, 日揚41)天子顯42)令.(《史頌簋銘》) 頌은 만년토록 영원할 것이며, 천자의 빛나는 명을 매일 찬양할 것이다.

(3) 員先內邑.(《員卣銘》) 員이 먼저 성읍으로 들어갔다.

(4) 王若曰: 克, 昔余旣令女出內朕令, 今余佳䌈京43)乃令.(《大克鼎銘》) 왕께서 이렇게 말씀하셨다. "克이여, 예전에 내가 그대에게 나의 명령을 출납하도록 명하였고, 지금 그 명령을 거듭 받들도록 하라."

(5) 王南征, 伐角僑44).(《噩侯鼎銘》) 왕께서 남쪽으로 출정하셔서 角과 僑 지역을 정벌하셨다.

(6) 周公咸勤, 乃洪大誥治.(《尙書·康誥》) 주공은 모두를 위로하면서 크게 다스림을 고하였다.

⑤ 보충구로 구성되는 위어

(1) 佳四月初吉甲午, 王觀于嘗公, 東宮內卿于王.(《效卣銘》) 사월 初吉 甲午일에 왕께서 嘗公을 살피러 오셨고, 東宮에서 왕을 위해 향례를 거행했다.

---

39) [역주] '錫'을 '銅'의 의미로 해석하기도 하지만, '今余賜女冊五錫、戈肜綏'와 같이 끊어 읽을 경우, '錫'을 '등쪽에 장식이 있는 방패'로 풀이한다.

40) [역주] 원서에서는 '蘇'로 썼으나, 이 글자의 원래 자형은 '𢔡'으로, 대개 '綏'으로 읽으므로, 이로 수정한다.

41) [역주] '揚'에 대해서는 제2장 제1절 [역주] 12 참조.

42) [역주] '顯'에 대해서는 제2장 제1절 [역주] 13 참조.

43) [역주] '䌈京'에 대해서는 제2장 제3절 [역주] 67 참조. '䌈京'의 의미는 일반적으로 '䌈囏'와 유사한 것으로 본다.

44) [역주] 원서에서는 '䚄'로 표기되어 있으나, '僑'로 수정하여 제시한다.

(2) 旅敢肇45)帥井皇考威儀, 飲46)御于天子, 卣天子多賜旅休.(《虢叔旅鐘銘》) 旅는 삼가 위대하신 先父의 威儀를 본받아 천자를 섬기니, 이에 천자께서 旅에게 많은 은택을 내려주셨다.

(3) 唯公大史見服于宗周年, 才二月旣望乙亥, 公大史咸見服于辟王, 辨于多正.(《作冊魅卣銘》) 公太史가 宗周에 와서 朝見한 해이다. 이월 旣望의 乙亥일에 公太史가 왕께 알현을 모두 마치고 여러 관장들과 만났다.

(4) 中乎歸生鳳47)于王, 藝于寶彝.(《中鼎銘》) 中이 歸生으로 하여금 왕께 아뢰게 하였고, 이를 귀중한 祭器에 기록하였다.48)

(5) 不顯子白, 壯武于戎工(功), 經維四方, 搏伐玁狁于洛之陽, 折首五百, 執訊五十, 是以先行49).(《虢季子白盤銘》) 찬란히 빛나는 子白은 軍事에 있어 굳세고 용맹스러웠으며, 온 천하를 경영하고, 洛水 북쪽에서 玁狁을 공격하여 토벌하였다. 오백 명을 참수하고 오십 명을 포로로 잡아 앞장서서 귀환하였다.

(6) 隹九月旣死霸丁丑, 作冊矢令尊宜于王姜.(《令簋銘》) 구월 旣死霸 丁丑일에 作冊 矢令이 王姜께 풍성한 음식을 바쳤다.

(7) 儐爾籩豆, 飲酒之飫.(《詩經·小雅·常棣》) 네 籩豆를 늘어놓아 술 마시기를 실컷 하였구나.50)

(8) 側弁之俄, 屢舞傞傞.(《詩經·小雅·賓之初筵》) 기울어진 고깔이 삐딱하여 자주 춤추기를 그치지 않도다.51)

⑥ 동사성대등구로 구성되는 위어

(1) 文王陟降, 在帝左右.(《詩經·大雅·文王》) 문왕께서 오르내리며, 상제님 곁에 계신다.

(2) 其人天且劓, 無初有終.(《周易·睽卦》) 그 사람이 머리를 정으로 쪼이고 코를 베어 처음은 없고 마침은 있으리라.52)

---

45) [역주] 원서에서는 '啟'로 표기되어 있으나, '肇'로 수정하여 제시한다.
46) [역주] 탁본이 선명치 못해서 그동안 '飲', '寵', '糞' 등의 考釋이 있었으나, 모두 자형에 부합하지는 않는다.
47) [역주] '生鳳'에 대해서는 '고대인들이 南洋의 극락조를 부르는 명칭'이라는 견해와 '봉황을 이르는 고대인들의 방언'이라는 견해가 있다.
48) [역주] 제3장 제1절과 제5장 제1절에서는 이 구문을 피동문으로 분석하고 있다.
49) [역주] '是以先行'에 관해서는 '앞서 승전보를 알렸다'로 해석하는 견해도 있다.
50) [역주] '飫'는 '실컷 먹다'이다. '儐'은 '차려놓다'이다.
51) [역주] '傞傞'는 '춤이 그치지 않는 모양'을 의미한다.

(3) 汎汎楊舟, <u>載沉載浮</u>.(《詩經·小雅·菁菁者莪》) 둥둥 떠가는 버드나무배, 잠겼다가 또 뜨는구나.

(4) <u>載馳載驅</u>, 周愛咨諏.(《詩經·小雅·皇皇者華》) 말을 달리고 말을 몰며, 두루 물어 보네.

(5) 易女玆芫, <u>用歲用政</u>.(《毛公鼎銘》) 그대에게 이러한 예물을 내리니 歲祭와 정벌에 사용하도록 하라.

(6) 我有嘉賓, <u>鼓琴吹笙</u>.(《詩經·小雅·鹿鳴》) 내 아름다운 손님이 있어 비파를 타고 생황을 분다.

⑦ 연동구로 구성되는 위어

(1) 癸卯, <u>王來奠新邑</u>.(《新邑鼎銘》) 癸卯일에 왕께서 오셔서 新邑을 안정시키셨다.

(2) 余<u>來歸獻禽(擒)</u>.(《不其簋銘》) 나는 돌아와서 포로를 바쳤다.

(3) 王<u>出獸南山</u>.(《啟卣銘》) 왕께서 출행하여 남산에서 사냥을 하셨다.

(4) 唯十有二年初吉丁卯, 益公<u>入即命于天子</u>.(《永盂銘》) 십이년 初吉 丁卯일에 益公께서 들어오셔서 천자의 명을 받으셨다.

(5) 井伯<u>內(入)右(佑)救</u>.(《救簋蓋銘》) 邢伯이 들어와서 救를 인도하였다.

(6) 唯九月, 鴻叔<u>從王員征楚荆</u>.(《鴻叔簋銘》) 구월에 鴻叔이 왕과 員을 수행하여 荆楚를 정벌했다.

⑧ 겸어구로 구성되는 위어

(1) 南仲邦父<u>命駒父即南者(諸)侯</u>.(《駒父盨銘》) 南仲邦父가 駒父에게 명하여 남쪽의 제후들에게 가게 했다.

(2) 王<u>令甲政司成周四方責(積)</u>.(《兮甲盤銘》) 왕께서 兮甲에게 成周와 그 주변 지역의 비축 양식을 징수하고 관리하라고 명령하셨다.

(3) 王<u>令辟井(邢)侯出坏(坯)</u>[53].(《麥尊銘》) 왕께서 군주 邢侯에게 坏地를 떠나 邢地에서 제후가 되라고 명하셨다.

(4) 王<u>乎史虢生(甥)冊令(命)頌</u>.(《頌簋銘》) 왕께서 史官 虢生을 불러 策命書로써 頌에게 명령을 하달하게 하셨다.

(5) 武王<u>使[師]尚書與伯夫致師</u>.(《逸周書·克殷解》) 무왕은 군사 강상서를 시켜 백부와 함께 가서 싸우게 했다.

---

52) [역주] '天'은 정으로 쪼는 것을 말한다.

53) [역주] '坏(坯)'에 대해서는 제2장 제1절 [역주] 26 참조.

2) 형용사성 성분으로 구성되는 위어

이른바 형용사성 성분에는 형용사, 그리고 형용사를 중심어로 하는 부사어수식구가 있고, 또 형용사성대등구 등도 있다.

① 형용사로 구성되는 위어

(1) 不(丕)顯皇祖考穆穆, 克哲54)厥德.(《番生簋銘》) 찬란히 빛나시고 영명하신 先祖先父께서는 경건하게 위엄을 갖추시고 덕행에 힘쓰셨다.

(2) 瘨趩趩, 夙夕聖爽.(《瘨鐘銘》) 瘨은 굳세고 용맹스러우며 주야로 사리에 밝고 총명하다.

(3) 余老.55)(《五年琱生簋銘》) 내가 늙었다.

(4) 余考(老), 不克御事.(《叔趯父卣銘》) 내가 늙어서 일을 할 수 없다.

(5) 艱大, 民不靜.(《尙書·大誥》) 어려움이 커서 백성들이 편안치 못하다.

(6) 厥心臧.(《尙書·酒誥》) 그 마음이 착하다.

② 부사어수식구(형용사를 중심어로 함)로 구성되는 위어

(1) 昔乃且亦旣令乃父死司鎬人, 不盠, 取我家株, 用喪.(《卯簋銘》) 과거에 그대의 조부 역시 이미 그대의 부친에게 鎬京 백성들을 책임지고 관리하라고 명령했었다. 불행히도 하늘이 우리 가문의 중요한 인재를 데려가셨으니 그를 잃었도다.

(2) 丁丑, 王卿, 大宜56).(《天亡簋銘》) 丁丑일에 왕께서 향례를 행하셨는데, 모든 것이 적절하였다.

(3) 其金孔吉, 亦玄亦黃.(《伯公父簠銘》) 이 銅은 매우 질이 좋아서 검붉고 누른 빛깔을 지녔다.

(4) 其寧惟永.(《尙書·呂刑》) 그 편안함이 영원하여질 것이오.

(5) 我受命無疆惟休, 亦大惟難.(《尙書·君奭》) 우리가 받은 하늘의 명은 한없이 복된 것이나 또한 크게 어려운 것입니다.

(6) 西土人亦不靜.(《尙書·大誥》) 서토인은 또한 안정치 못할 것이다.

---

54) [역주] '哲'에 대해서는 제2장 제2절 [역주] 52 참조.
55) [역주] '老' 뒤의 '止'까지 하나의 구로 끊어 읽는 것이 다수의 견해이다.
56) [역주] '大宜'를 '성대하게 宜祭를 거행하다'로 해석하는 의견도 다수이다.

③ 보충구(형용사를 중심어로 함)로 구성되는 위어

(1) 罰懲非死, 人極于病.(《尙書·呂刑》) 벌금으로 징계함은 죽는 것은 아니지만 사람들은 병에 드는 것보다 괴로워한다.57)

(2) 不(丕)顯子白, 壯武于戎工(功).(《虢季子白盤銘》) 찬란히 빛나는 子白은 軍事에 있어 굳세고 용맹스러웠다.

④ 형용사성대등구로 구성되는 위어

(1) 龍戰于野, 其血玄黃.(《周易·坤卦》) 용이 들판에서 싸우니 그 피가 검고 누르도다.58)

(2) 昔在殷王中宗, 嚴恭寅畏.(《尙書·無逸》) 옛날 은왕 중종 때에는 (겉으로) 엄격하고 공손하며, (안으로) 공경하고 두려워하였다.59)

(3) 文王 …… 徽柔懿恭.(《尙書·無逸》) 문왕은 …… 조화롭고 부드러우며 선하고 공손하다.

(4) 佞憲憲聖爽.(《井人佞鐘銘》) 佞은 기쁘고 즐거워하며 사리에 밝고 총명하다.

(5) 不(丕)顯皇祖考, 穆穆異異(翼翼).(《梁其鐘銘》) 위대하고 영명하신 先祖先父께서는 위엄과 덕망을 갖추시고 경건하셨다.

(6) 朕辟魯休.(《小克鼎銘》) 나의 군주께서는 위대하시고 훌륭하시도다.60)

3) 주위구로 구성되는 위어

(1) 丕顯文武, 皇天引厭厥德, 配我有周.(《毛公鼎銘》) 위대하신 文王과 武王께서는 하늘이 그 덕을 흡족해하사 우리 주나라를 天命에 합한 나라로 세우셨다.

(2) 予天命劉旣.(《逸周書·商誓解》) 나는 천명이 이미 정해졌으니

(3) 殷末孫受, 德迷成湯之明.(《逸周書·克殷解》) 은나라 말 주임금은 그 덕이 성탕의 영명함을 혼란시키도다.

(4) 豈弟君子, 俾爾彌爾性, 百神爾主矣.(《詩經·大雅·卷阿》) 온화하신 군자시여, 그대로 하

---

57) [역주] '極'은 '고통스럽게 여기다'이다.

58) "其金孔吉, 亦玄亦黃.(《伯公父簠銘》) 이 銅은 매우 질이 좋아서 검붉고 누른 빛깔을 지녔다."과 비교해 볼 수 있다.

59) [역주] '嚴恭'은 겉으로 공손한 것이고, '寅畏'는 안으로 두려워하는 것을 나타낸다.

60) [역주] 원서에서는 '魯休'를 형용사 병렬구조로 보았으나, 동사 병렬구조로 보아 '치하하고 상을 내리다'라는 뜻으로 해석하는 견해도 있다.

여금 그대의 성명을 마치게 할 것이오, 백신들은 그대가 주재하게 할 것이다.[61]

(5) 維此王季, 帝度其心.(《詩經·大雅·皇矣》) 이 왕계님, 상제께서 그 마음을 헤아리시고

(6) 肅肅王命, 仲山甫將之.(《詩經·大雅·蒸民》) 엄숙하신 임금님의 명은 중산보가 다 맡으니

4) 명사성 성분으로 구성되는 위어

위어로 사용될 수 있는 명사성 성분에는 명사, 관형어수식구, 명사성대등구가 있다. 위어로 쓰이는 명사성 성분 앞에는 부사어가 출현할 수도 있다.

① 명사로 구성되는 위어

(1) 一人冕.(《尚書·顧命》) 한 사람의 대부가 면류관을 쓰다.

(2) 嗚乎! 孺子王矣, 繼自今我其立政.(《尚書·立政》) 아! 어린 조카가 왕이시니, 계속해서 지금부터 우리가 그 정치를 할 관리를 세워야 합니다.

② 관형어수식구로 구성되는 위어

(1) 二人雀弁.(《尚書·顧命》) 두 사람이 검붉은 두건을 쓰고

(2) 四人綦弁.(《尚書·顧命》) 네 사람이 검푸른 두건을 쓰고

(3) 天子萬年.(《刺鼎銘》) 천자께서는 만년토록 영원하실 것이다.

(4) 有豕白蹢, 烝涉波矣.(《詩經·小雅·漸漸之石》) 돼지들 하얀 발굽인데, 떼지어 물결 헤치며 강 건너간다.

(5) 牂羊墳首, 三星在罶.(《詩經·小雅·苕之華》) 암양이 머리가 크고, 삼성이 통발에 있도다.

(6) 王釋冕, 反, 喪服.(《尚書·康王之誥》) 임금님은 관을 풀고 다시 상복을 입으셨다.

(7) 肆中宗之享國七十有五年.(《尚書·無逸》) 그러므로 중종의 나라를 다스림이 칠십오 년이었다.

(8) 南尸(夷)、東尸具見, 廿又六邦.(《胡鐘銘》) 南夷와 東夷도 모두 朝見하니 스물 여섯 개의 방국이었다.

---

61) 主: '主祭' 즉, '제사를 주관하다'.
   [역주] '豈弟'는 '和樂平易'의 의미 즉 '조화롭고 온화하다'란 뜻이다.

③ 명사성대등구로 구성되는 위어

(1) 王麻冕黼裳, 由賓階隮.(《尙書·顧命》) 왕께서는 삼베 면류관을 쓰고 도끼 무늬 바지를 입고 서 손님들이 오르는 서쪽 섬돌로부터 올라오셨다.

(2) 卿士邦君麻冕蟻裳.(《尙書·顧命》) 경사와 제후들은 삼베 관에 검은 치마를 입고

(3) 鼎黃耳金鉉.(《周易·鼎卦》) 솥에 누런 귀와 쇠 손잡이가 있다.

(4) 魚麗于罶, 鱨鯊.…… 魚麗于罶, 魴鱧 …… 魚麗于罶, 鰋鯉.(《詩經·小雅·魚麗》) 고기 가 통발에 걸렸는데, 날치와 모래부지로다. 고기가 통발에 걸렸는데, 방어와 가물치로다. 고기 가 통발에 걸렸는데, 메기와 잉어로다.

(5) 仲山甫之德, 柔嘉維則, 令儀令色, 小心翼翼.(《詩經·大雅·蒸民》) 중산보의 덕이 부드럽 고 아름다움이 법이 된지라 위의가 훌륭하고 안색이 훌륭하여 조심스럽고 공경스럽도다.

(6) 彼都人士, 臺笠緇撮.(《詩經·小雅·都人士》) 저 왕도의 사람이여, 띠 풀로 만든 관에 치포관 이로다.

(7) 赤芾金舄, 會同有繹.(《詩經·小雅·車攻》) 붉은 앞가리개에 금무늬 신 신고 늘어서서 천자를 뵙네.

(8) 四牡翼翼, 象弭魚服.(《詩經·小雅·采薇》) 네 마리 수말이 나란히 가니, 상아 활에 물고기껍 질 화살통이로구나.

④ 명사성 성분으로 충당되는 위어 앞에는 부사어가 출현할 수 있다.

(1) 瑂生則堇圭62).(《五年瑂生簋銘》) 瑂生은 알현할 때 사용하는 圭를 바쳤다.

(2) 蔡其萬年眉壽, 子子孫永寶用.(《蔡簋銘》) 蔡는 만년토록 장수할 것이며, 자자손손 이 기물 을 영원히 보배롭게 다룰지어다.

(3) 太保太史太宗皆麻冕彤裳.(《尙書·顧命》) 태보, 태사, 태종은 모두 삼베 관에 붉은 바지를 입었다.

(4) 皆布乘黃朱.(《尙書·康王之誥》) 제후들이 모두 네 필의 누런 털과 붉은 갈기를 가진 말을 늘여 세웠다.

(5) 翏生眔大娡, 其百男、百女、千孫.(《翏生盨銘》) 翏生과 大娡은 자손이 셀 수 없이 번창할 것이다.

---

62) [역주] '堇'에 대하여는 제2장 제1절 [역주] 18 참조.

5) 수사성 성분으로 구성되는 위어

수사는 바로 위어가 될 수 있다. 그리고 수사 위어 앞에도 부사들이 부사어로 출현할
수 있다.

① 수사로 구성되는 위어

(1) 墨罰之屬千, 劓罰之屬千, 剕罰之屬五百, 宮罰之屬三百, 大辟之罰其屬二百, 五
刑之屬三千.(《尚書·呂刑》) 자묵 형벌에는 천 가지 죄가 있고, 코 베는 형벌에도 천 가지
죄가 있으며, 발을 베는 형벌은 오백 가지, 궁형에는 삼백 가지 죄가 있고, 사형에는 그 죄가
이백 가지가 있어 다섯 가지 형벌은 모두 삼천 가지의 죄가 있다.[63]

(2) 誰謂爾無羊? 三百維群. 誰謂爾無牛? 九十其犉.(《詩經·小雅·無羊》) 누가 너더러 양이
없다 하리오, 양떼가 삼백 마리나 되도다. 누가 너더러 소가 없다 하리오, 검은 입술의 소가
90마리나 되도다.[64]

(3) 三十維物, 爾牲則具.(《詩經·小雅·無羊》) 색깔이 서른 가지나 되는지라 너의 희생이 모두
갖추어졌다.[65]

② 수사위어 앞에 부사가 부사어로 출현할 수 있다.

(예) 我倉旣盈, 我庾維億.(《詩經·小雅·楚茨》) 나의 창고 이미 가득하고, 나의 노적 이미 많도다.

6) 의성사로 구성되는 위어

(1) 服其命服, 朱芾斯皇, 有瑲葱珩.(《詩經·小雅·采芑》) 명복을 입으니 붉은 등갑이 휘황찬란
하여 푸른 패옥이 창창히 울리도다.

(2) 鳳凰鳴矣 …… 雝雝喈喈.(《詩經·大雅·卷阿》) 봉황이 우니 …… 그 울음소리가 옹옹개개
하며 조화롭도다.[66]

(3) 王對, 作宗周寶鐘[67], 倉倉悤悤, 鍺鍺[68]雝雝, 用卲[69]各不顯祖考先王.(《㝬鐘銘》) 왕

---

63) [역주] 大辟: 옛날 다섯 가지 큰 형벌 중 하나로 목을 베는 것을 말한다.
64) 이 예는 주위도치문으로 수사위어는 주어 앞에 위치하고 있다.
65) 여기서의 '物'은 소, 양의 털 색깔을 말한다.
66) [역주] '雝雝', '喈喈'는 새 우는 소리, 의성사이다.

은 칭송하며 宗周의 보배로운 종을 제작하였다. 그 종소리는 크고 맑으며 조화롭고 웅장하여 영명하고 위대하신 先祖先父와 先王을 성심으로 감응시켜 강림하시게 할 것이다.

(4) 用作朕皇祖考龢鐘, 鎗鎗鏓鏓, 鍺鍺雝雝.(《梁其鐘銘》) 나의 위대하신 先祖先父를 위해 음률이 조화로운 종을 제작하였으니, 그 종소리가 크고 맑으며 조화롭고 웅장하도다.

7) 대사를 중심어로 하는 부사어수식구로 구성되는 위어

(1) 出話不然, 爲猶不遠.(《詩經·大雅·板》) 나오는 말 맞지 않고, 계책이 원대하지 못하다.[70]

(2) 武人東征, 不遑他矣.(《詩經·小雅·漸漸之石》) 무인이 동쪽으로 정벌을 가니, 다른 일을 할 겨를이 없다.[71]

5 위어의 의미 유형

서주한어의 위어는 대개 세 가지로 분류할 수 있다. 첫째는 '서술성 위어'이고 둘째는 '묘사성 위어', 셋째는 '판단설명성 위어'이다.

1) 서술성 위어

이러한 위어는 주어가 한 일을 서술하거나 주어에 관련된 일을 서술한다. 이것은 주로 동사성 성분으로 충당이 된다.

(1) 公定, 予往已(矣).(《尙書·洛誥》) 공이 이곳에 머물고, 나는 갈 것이오.

(2) 唯四月初吉, 懿王才(在)射廬, 作象舞.(《匡卣銘》) 사월 初吉 甲午일에 懿王께서 射廬(천자가 射禮를 행하는 장소)에 계셨고, 象舞의 연회를 베푸셨다.

---

67) [역주] 제2장 제6절의 동일 예문에서는 '王'을 앞 구문에 붙여 읽었다.

68) [역주] 이 글자의 원래 자형은 '𥎦'으로, 오른쪽 편방은 '隹'로 분명하지만, 왼쪽 편방에 대해서는 '夬', '先', '者', '朿' 등의 이견이 있다.

69) [역주] '邵'에 대해서는 제2장 제2절 [역주] 60 참조.

70) 여기서의 '然'은 용언성 대사이며, 그 앞에 부사가 출현하고 있다.

71) 여기서 '他'는 명사성 대사이나 위어로 사용되고 있고, 그 의미는 '다른 일을 하는 것'이다.

(3) 隹十又三月辛卯, 王在斥, <u>易遣采曰趞</u>72), <u>易貝五朋</u>.(《遣尊銘》) 십삼월 辛卯일에 왕께서 斥에서 遣에게 趞라 불리는 采地를 하사하시고, 貝 오 朋을 하사하셨다.

(4) 頌其萬年無疆, <u>日揚</u>73)<u>天子顯</u>74)令.(《史頌簋銘》) 頌은 만년토록 영원할 것이며, 천자의 빛나는 명을 매일 찬양할 것이다.

(5) 旅敢肇75)帥井皇考威儀, <u>飲</u>76)御于天子, 占天子多賜旅休.(《虢叔旅鐘銘》) 旅는 삼가 위대하신 先父의 威儀를 본받아 천자를 섬기니, 이에 천자께서 旅에게 많은 은택을 내려주셨다.

2) 묘사성 위어

이러한 위어는 주어의 상태를 묘사하는 것으로, 주로 형용사성 성분이나 형용사성 주위구로 충당이 된다.

(1) 不(丕)顯皇祖考<u>穆穆</u>, 克哲77)厥德.(《番生簋銘》) 찬란히 빛나시고 영명하신 先祖先父께서는 경건하게 위엄을 갖추시고 덕행에 힘쓰셨다.

(2) 世之不顯, <u>厥猶翼翼</u>.(《詩經·大雅·文王》) 대대로 크게 드러나, 그 꾀함이 공경하고 삼간다.78)

(3) 我受命, <u>無疆惟休</u>, <u>亦大惟難</u>.(《尙書·君奭》) 우리가 받은 하늘의 명은 한없이 복된 것이나 또한 크게 어려운 것입니다.

(4) 不(丕)顯子白, <u>壯武于戎工(功)</u>.(《虢季子白盤銘》) 찬란히 빛나는 子白은 軍事에 있어 굳세고 용맹스러웠다.

(5) 不(丕)顯皇祖考, <u>穆穆異異(翼翼)</u>.(《梁其鐘銘》) 위대하고 영명하신 先祖先父께서는 위엄과 덕망을 갖추시고 경건하셨다.

---

72) [역주] 원서에서는 '過'로 표기되어 있다. 대개 이 글자는 '趞'로 쓰며, 같은 책 136쪽의 동일 명문에서는 '趞'로 썼기에 수정하여 제시한다.

73) [역주] '揚'에 대해서는 제2장 제1절 [역주] 12 참조.

74) [역주] '顯'에 대해서는 제2장 제1절 [역주] 13 참조.

75) [역주] 원서에서는 '啟'로 표기되어 있으나, '肇'로 수정하여 제시한다.

76) [역주] 탁본이 선명치 못해서 그동안 '飲', '寵', '龔' 등의 考釋이 있었으나, 모두 자형에 부합하지는 않는다.

77) [역주] '哲'에 대해서는 제2장 제2절 [역주] 52 참조.

78) [역주] '猶'는 '꾀, 모략'이다. '翼翼'은 공경하고 삼가는 모양이다.

(6) 朕辟<u>魯休</u>.(《小克鼎銘》) 나의 군주께서는 위대하시고 훌륭하시도다.[79]

(7) 苕之華, <u>其葉青青</u>.(《詩經·小雅·苕之華》) 능소화 꽃이여, 그 잎이 푸르고 푸르도다.

(8) 常棣之華, <u>鄂不韡韡</u>.(《詩經·小雅·常棣》) 산앵도나무 꽃이여, 꽃받침이 활짝 폈도다.[80]

3) 판단설명성 위어

이러한 위어는 주어의 소속이나 상황을 설명하는 것으로, 명사성 성분이나 '有, 如'를 중심으로 하는 구로 충당된다.

(1) 方叔<u>元老</u>.(《詩經·小雅·采芑》) 방숙은 원로이다(크게 늙었도다).[81]

(2) 豈弟君子, <u>民之父母</u>.(《詩經·大雅·泂酌》) 온화하신 군자요, 백성의 부모로다.[82]

(3) 尹氏大師, <u>維周之氏</u>.(《詩經·小雅·節南山》) 윤씨 태사가 주나라의 근본이라.

(4) 淮尸(夷)<u>舊我帛畮人</u>.(《兮甲盤銘》) 淮夷는 과거에 우리에게 朝貢을 바치던 사람들이다.

(5) 王麻冕黼裳, 由賓階隮.(《尙書·顧命》) 왕께서는 삼베 면류관을 쓰고 도끼 무늬 바지를 입고서 손님들이 오르는 서쪽 섬돌로부터 올라오셨다.

(6) 鼎<u>黄耳金鉉</u>.(《周易·鼎卦》) 솥에 누런 귀와 쇠 손잡이가 있다.

제2절 서주한어 술어와 목적어

본 절에서는 술어(動語)와 목적어의 구성 및 목적어의 의미 유형, 위치 등의 문제에 대해 토론한다.

---

79) [역주] 원서에서는 '魯休'를 형용사 병렬구조로 보았으나, 동사 병렬구조로 보아 '치하하고 상을 내리다'라는 뜻으로 해석하는 견해도 있다.

80) [역주] '鄂不'는 꽃받침이다. '韡韡'는 활짝 핀 모양을 말한다.

81) [역주] 여기서 '元'은 '크다'의 의미로 '매우'의 뜻이다.

82) [역주] '豈弟'는 '和樂平易'의 의미 즉 '조화롭고 온화하다'란 뜻이다.

1 술어의 구성

목적어에 상대적인 문장성분은 '술어(動語)'이다. 술어는 주로 단일한 동사로 구성이 되기도 하고, 또 동사성대등구, 보충구, 술목구 등으로 구성되기도 한다.

1) 단일한 동사로 구성되는 술어

(1) 乙亥, 王誥畢公.(《史話簋銘》) 乙亥일에 왕께서 畢公에게 고하셨다.

(2) 王大省公族, 于庚振旅.(《中觶銘》) 왕께서 公族을 순시하셨고, 庚日에 군대 정비 의식을 거행하였다.

(3) 王南征, 伐角僑.(《噩侯鼎銘》) 왕께서 남쪽으로 출정하셔서 角과 僑을 정벌하셨다.

(4) 雩武王既殺[83]殷, 微史剌(烈)且乃來武王[84].(《史墻盤銘》) 무왕께서 殷을 멸망시킨 후, 微國의 사관인 列祖께서 무왕을 알현하러 오셨다.

(5) 弗吊旻天, 大降喪于殷.(《尙書·多士》) 불행히도, 하늘이 은나라에 크게 벌을 내리셨다.[85]

(6) 今爾尙宅爾宅, 畋爾田.(《尙書·多方》) 지금 그대들은 그대들의 집에 살고, 그대들의 밭을 갈고 있거늘

2) 동사성대등구로 구성되는 술어

(1) 用邵[86]各喜侃前文人.(《梁其鐘銘》) 文德이 혁혁하신 조상님을 성심으로 감응시켜 강림하시게 하고 기쁘게 해드리는 데 사용할 것이다.

(2) 内公作鑄從[87]鐘之句(鈎).(《内公鐘鈎銘》) 芮公이 編鐘의 고리를 제작하였다.

(3) 昆疕王貯(鑄)作龢鐘, 其萬年子孫永寶.(《昆疕王鐘銘》) 昆疕王이 음률이 조화로운 종을 제작하였으니, 만년토록 자손들은 영원히 소중히 할지어다.

(4) 天亡又王, 衣祀于王不顯考文王, 事喜上帝.(《天亡簋銘》) 天亡이 왕을 보좌하여 왕의 위대하신 先父이신 문왕께 올리는 제사를 마치고, (왕이)上帝를 섬겨 술과 음식으로 제사를

---

83) [역주] '殺'에 대해서는 제2장 제2절 [역주] 43 참조.
84) [역주] 제2장 제4절 [역주] 136 참조.
85) [역주] '弗吊'은 '불행하게도, 좋지 않게도'의 의미, '旻天'은 '하늘의 통칭'이다.
86) [역주] '邵'에 대해서는 제2장 제2절 [역주] 60 참조.
87) [역주] '從'에 대해서는 제4장 제3절 [역주] 30 참조.

올리셨다.

(5) 休旣有工, 折首執訊, 無諆徒馭, 毆孚士女羊牛[88], 孚吉金.(《師寰簋銘》) 훌륭하게 이미 공을 세웠으니, (적을) 참수하고 포로로 잡았으며, (노획한) 보병과 전차병은 셀 수가 없다. (淮夷의) 건장한 남자·부녀·양·소를 쫓아서 포획하였으며, 질 좋은 銅도 빼앗았다.

(6) 夫知保抱携持厥婦子.(《尙書·召誥》) 남자들이 그것을 알아, 처자를 보호하여 안기도 하고 붙잡아 끌기도 하면서

3) 술목구로 구성되는 술어

(1) 王拘駒啟, 易盠駒, 雷駒子.[89](《盠駒尊銘》) 왕께서 啟에서 執駒禮를 행하시고, 盠에게 雷 지방에서 생산된 푸르고 희며 검정색 털이 섞인 오추마 망아지를 하사하셨다.[90]

(2) 佳王五月初吉甲寅, 王才康廟, 武公有南宮柳即立(位)中廷, 北卿.(《南宮柳鼎銘》) 왕 재위 오월 初吉 甲寅일에 왕께서 康廟에 계실 때, 武公이 南宮 柳을 인도해서 中廷의 제자리에 선 후, 북쪽을 향했다.

(3) 凡十又五夫, 正履[91]矢舍散田.(《散氏盤銘》) 모두 열다섯 명이었다. (散國의) 長官이 矢國이 散國에게 준 경작지에 대해 현장 답사를 했다.

예(1)의 '厈', 예(2)의 '中廷', 예(3)의 '矢舍散田' 모두 처소목적어이다. 처소목적어 앞에는 모두 술목구가 출현하고 있다. 당연히 어떤 사람은 '厈', '中廷', '矢舍散田'를 보어로 보기도 한다. 만약 이러하다면 이 예에서 술어는 여전히 단일한 동사가 된다.

4) 보충구로 구성되는 술어

(예) 乃有大罪, 非終, 乃惟眚災, 適爾, 旣道極厥辜, 時乃不可殺.(《尙書·康誥》) 큰 죄를 저질렀더라도 고의가 아니면 재앙으로 인한 죄이기 때문에, 우연히 그렇게 된 것이니, 이미 그 죄를 다 말하면, 죽이지 말아야 한다.[92]

---

88) [역주] 원서에는 '牛羊'으로 되어 있으나, '羊牛'로 바로 잡는다.

89) [역주] 원서에는 '王訊駒厈, 易盠駒, 鑄厥雷駒子.'로 되어 있으나, 위와 같이 수정하여 제시한다. 위의 '王拘駒啟'에서는 '拘駒'가 술목구조를 구성하는 것으로 보는 것이 타당하다.

90) [역주] '雷'를 지명으로 보는 견해도 있지만, 말의 종속명(種屬名)으로 보는 의견도 있다.

91) [역주] 과거에는 '履'를 '眉'로 考釋하고 원서에서도 '眉'로 표기하고 있으나, '履'로 수정하여 제시한다.

이 예에서 '道'는 대개 '말하다'로 해석되고, '極'은 '다하다'로 해석된다. 그래서 '道極厥辜'은 보통 '그의 죄를 다 말하다'라고 해석된다. 만약 이를 믿을 수 있다면 '道極'은 보충구가 된다.

2 목적어의 구성

서주한어의 목적어는 명사성 성분, 형용사성 성분, 동사성 성분, 주위구, 복문형식 등으로 구성된다.

1) 명사성 성분으로 구성되는 목적어

이른바 명사성 성분에는 주로 명사, 대사, 관형어수식구, 동격구, 명사성대등구, 조사구가 있다. 이러한 목적어가 가장 흔하다.

① 명사로 구성되는 목적어

(1) 王後阪[93], 克商, 才成師.(《小臣單觶銘》) 왕께서 후에 돌아와 商을 치시고, 成地의 군사 주둔지에 계셨다.

(2) 王卿醴.(《大鼎銘》) 왕께서 醴로 향연을 베푸셨다.

(3) 王令中先省南或(國)貫行, 藝位.(《中甗銘》) 왕께서 中에게 명령하시길, 앞장서서 南國으로 가는 길을 시찰하고, 행궁을 설치하라고 하셨다.

(4) 保侃母易(錫)貝于庚[94]宮, 乍寶簋.(《保侃母簋銘》) 保侃母가 庚宮에서 貝를 하사받았으니, (이를 기념하고자) 귀중한 簋를 제작하였다.

② 대사로 구성되는 목적어

(1) 予惟率肆矜爾, 非予罪, 時惟天命.(《尙書·多士》) 나는 옛일을 따르고 있어, 그대들을 가엾

---

92) [역주] '眚'는 '과실'이다. '適'은 '우연히'이다.

93) [역주] 이 글자의 원래 자형은 '取'으로 '返'으로 읽기도 하지만, '파괴하다'나 '뒤집다'의 뜻으로 해석해서 '取克'을 동의병렬관계의 동사로 보기도 한다.

94) [역주] 원서에서는 '南'으로 표기되어 있으나, '庚'으로 수정한다.

게 여기고 있으니, 이것은 나의 죄가 아니라 이는 천명이다.

(2) 兹小彝妹吹, 見[95]余.(《叔趯父卣銘》) 이 작은 酒器를 망가뜨리지 말고, 나를 본받아라.

(3) 惟天不畀, 允罔固亂, 弼我, 我其敢求位?(《尙書·多士》) 오직 하늘이 베풀어주지 않으신 까닭은 진실로 어지러운 것을 견고하게 해주지 않기 때문이다. 그리하여 우리를 도와주신 것이니, 우리가 감히 (천자의) 자리를 구했겠는가?

(4) 則若時: 不永念厥辟, 不寬綽厥心, 亂罰無罪, 殺無辜.(《尙書·無逸》) 이렇게 하게 될 것이다. 그 국가의 법도를 멀리까지 생각하지 않고 그 마음을 너그럽게 하지 못하여 죄 없는 사람을 벌하고 허물없는 사람을 죽이게 될 것이다.

(5) 世孫孫子子左右吳大父, 毋女又閑.(《同簋銘》) 자손 대대 吳大父를 보좌할 것이며, 그대는 나태해서는 안 된다.

③ 관형어수식구로 구성되는 목적어

(1) 內公作鑄從[96]鐘之句(鉤).[97](《內公鐘鉤銘》) 芮公이 編鐘의 고리를 제작하였다.

(2) 余小子肇帥井(型)朕皇祖考懿德.(《單伯戠[98]生鐘銘》) 小子인 나는 나의 영명하신 先祖先父의 미덕을 본받을 것이다.

(3) 己侯虎作寶鐘.(《己侯虎鐘銘》) 紀國의 군주인 虎가 귀중한 종을 제작하였다.

(4) 中義作龢鐘.(《中義鐘銘》) 中義가 음률이 조화로운 종을 제작하였다.

(5) 先王其嚴在帝左右.(《戠狄鐘銘》) 선왕께서 상제의 곁에 삼가 계시다.

(6) 若穡夫, 予曷敢不終朕畝.(《尙書·大誥》) 마치 농부와 같으니, 내 어찌 나의 밭일을 끝마치지 않을 수 있겠는가?

(7) 我有嘉賓, 中心好之.(《詩經·小雅·彤弓》) 나에게 아름다운 손님이 있거늘 중심으로 좋아한다.

(8) 皎皎白駒, 食我場苗.(《詩經·小雅·白駒》) 깨끗하고 깨끗한 흰 망아지가 우리 장포에서 풀을 뜯는다.

④ 동격구로 구성되는 목적어

(1) 賜臣三品: 州人、重人、墉人.(《榮作周公簋銘》) 세 종족의 노예를 하사한다: 州人, 重人, 墉人.

---

95) [역주] '視'로 考釋하기도 한다.
96) [역주] '從'에 대해서는 제4장 제3절 [역주] 30 참조.
97) [역주] 원서에서는 '內公作鉤從鐘之句(鉤)'로 되어 있는데, '作' 뒤의 '鉤'는 '鑄'의 오타로 보인다.
98) [역주] '戠'에 대해서는 제4장 제3절 [역주] 26 참조.

(2) 王伐录子聖⁹⁹⁾.(《大保簋銘》) 왕께서 录父이자 紂王의 아들인 聖¹⁰⁰⁾을 토벌하셨다.

(3) 函皇父作琱娟般盉尊器: 鼎簋一具, 自豕鼎降十又一, 簋八、兩鎬兩壺.¹⁰¹⁾(《函皇父盤銘》) 函皇父가 琱娟를 위해 盤·盉·祭器를 제작하였다: 鼎과 簋 각 한 세트씩, 豕鼎부터 차례대로 鼎 열한 개, 簋 여덟 개, 鎬 두 개, 壺 두 개.

(4) 女毋敢妄寧, 虔夙夕惠我一人.(《毛公鼎銘》) 그대는 감히 태만하거나 안일해서는 안 되고, 성심껏 아침저녁으로 나를 도와야 한다.

(5) 眈仲作朕文考厘公大林寶鐘.(《眈仲鐘銘》) 眈仲은 문덕이 혁혁하신 나의 先父이신 厘公을 위해 크고 귀중한 林鐘을 제작하였다.

(6) 女勿偽¹⁰²⁾余乃辟一人.(《大盂鼎銘》) 그대는 그대의 군주인 나 한 사람을 기만해서는 안 된다.

⑤ 명사성대등구로 구성되는 목적어

(1) 柞賜戠、朱黃、鑾.(《柞鐘銘》) 柞은 검정색 폐슬, 붉은 腰帶, 깃발에 다는 방울을 하사받았다.

(2) 賜彤弓一、彤矢百、馬四匹.(《應侯見工鐘》) 붉은 활 한 개, 붉은 화살 백 개, 말 네 필을 하사하셨다.

(3) 用肇造我區夏越我一二邦.(《尚書·康誥》) 우리 중원의 땅과 한두 나라의 구역을 처음 만드셨고¹⁰³⁾

(4) 召太保奭芮伯彤伯畢公衛侯毛公師氏虎臣百尹御事.(《尚書·顧命》) 이에 태보인 석과 예백, 동백, 필공, 위후, 모공 및 군사를 맡은 장군, 임금의 호위, 여러 관장 및 여러 관리들을 불러

(5) 師兌肇作朕剌(烈)祖�季、冘公、幽叔、朕皇考德叔大林鐘.(《師兌鐘銘》) 師兌가 나의 烈祖이신 �季, 冘公, 幽叔와 나의 先父이신 德叔를 기리기 위한 큰 林鐘¹⁰⁴⁾을 제작하였다.

---

99) [역주] '聖'을 '聽'으로 考釋하는 견해도 있다.

100) [역주] '录子聖'은 商나라 紂王의 아들인 武康录父로 보는 것이 다수의 의견이다. '录'을 '录國'으로 해석하기도 하나, 전래문헌 중에 '录國'이 보이지 않기에, 현재로서는 '录子'를 '录父이자 紂王의 아들'로 보는 것이 가장 합리적이다.

101) [역주] 원서에서는 '一'과 '具' 사이에서 끊어 읽었으나, 두 글자를 붙여 읽는 것으로 수정한다.

102) [역주] 이 글자의 원래 자형은 '𠚤'으로, 제2장 제7절에 인용된 동일 예문에서는 '飤'으로 考釋하였다. 이 밖에도 '勉', '剋', '勉', '毘', '劒(釗)', '閇', '勉(逸)' 등의 여러 이견이 있는데, 여기에서는 '偽'로 표기하였기에 이에 근거하여 해석을 하였다.

103) [역주] '肇'는 '비로소'·'처음', '越'은 '및'·'~와'의 의미이다.

104) [역주] '林鐘'에 대해서는 제4장 제3절 [역주] 20 참조.

(6) 叔皮父作朕文考舖公衆朕文母季姬寶簋.(《叔皮父簋銘》) 叔皮父는 문덕이 혁혁하신 나의 先父 舖公과 문덕이 빛나시는 나의 先母 季姬께 제사를 올리는 데 사용할 귀중한 簋를 제작하였다.

⑥ 조사구로 구성되는 목적어

(1) 予惟四方罔攸賓.(《尙書·多士》) 내가 사방의 손님을 맞이할 곳이 없다고 생각했기에

(2) 君子有攸往.(《周易·坤卦》) 군자가 나아갈 바가 있다.

(3) 允才(哉), 顯. 唯敬德, 亡攸違.(《班簋銘》) 참으로 분명하도다. 경건히 덕을 수양해야만 천명을 거역하지 않을 수 있다.

(4) 我瞻四方, 蹙蹙靡所騁.(《侍耕·小雅·節南山》) 내 사방을 둘러보니, 위축되어 달릴 곳이 없다.[105]

(5) 周宗既滅, 靡所止戾.(《詩經·小雅·節南山》) 주나라 종실이 이미 멸망하여 머무를 곳조차 없구나.

(6) 不永所事, 小有言, 終吉.(《周易·訟卦》) 송사를 길게 하지 않는다. 조금 구설은 있으나 끝내 길할 것이다.

2) 형용사성 성분으로 구성되는 목적어

목적어로 사용되는 형용사성 성분에는 형용사와 형용사를 중심어로 하는 부사어수식구 등이 있다.

① 형용사로 구성되는 목적어

(1) 我聞曰: 怨不在大, 亦不在小.(《尙書·康誥》) 내 듣자하니 백성들의 원망은 큰데 있지 않으며 또한 작은데 있지도 않다.

(2) 惟厥罪無在大, 亦無在多.(《尙書·康誥》) 그 죄는 큰데 있지 않고 또 많은 데 있지 않다.

(3) 惟聖罔念作狂, 惟狂克念作聖.(《尙書·多方》) 성인이라도 생각하지 않으면 바보가 되고, 바보라도 생각하면 성인이 된다.

---

105) [역주] '蹙蹙'은 쭈그러지거나 오므라지는 모양.

(4) 至于八月, <u>有凶</u>.(《周易·臨卦》) 8월에 이르러 흉함이 있다.

(5) 弗造<u>哲</u>, 迪民康.(《尚書·大誥》) 명철함으로 나아가 백성을 편안하게 인도하지 못하였다.[106]

② 형용사를 중심어로 한 부사어수식구로 구성되는 목적어

(1) 自天佑之. 吉無<u>不利</u>.(《周易·大有》) 하늘로부터 도우니, 길하여 이롭지 않음이 없다.

(2) 戁狄<u>不恭</u>.(《戁狄鐘銘》) (불경한 자를 모두 멀리 쫓아내다.[107]

3) 동사성 성분으로 구성되는 목적어

목적어로 사용되는 동사성 성분에는 동사, 술목구, 부사어수식구, 보충구 등이 있다.

① 동사로 구성되는 목적어

(1) 豈不懷<u>歸</u>, 王事靡<u>盬</u>, 我心傷悲.(《詩經·小雅·四牡》) 어찌 돌아감을 생각지 않겠냐마는 왕사를 멈출 수 없노라. 내 마음이 상하고 슬프도다.[108]

(2) 藝駛從王南征, 伐楚荊, 又(有)<u>得</u>, 用作父戊尊彝.(《藝駛簋銘》) 藝駛는 왕의 남방 정벌을 수행하여 荊楚를 토벌하였고 수확이 있었다. 이에 先父 戊께 제사를 올리는 데 사용할 祭器를 제작하였다.

② 술목구로 구성되는 목적어

(1) 汝惟小子, 未其有<u>若汝封之心</u>.(《尚書·康誥》) 아! 그대는 소자로다, 너 봉의 마음 같은 사람은 아직까지 있지 않으니

(2) 開釋<u>無辜</u>, 亦克用勸.(《尚書·多方》) 죄가 없어 풀어 놓아 주는 것도 또한 능히 사람을 권면할 수 있었다.

(3) 我圖<u>夷茲殷</u>.(《逸周書·度邑解》) 내가 도모한 것은 이 은나라를 멸망시키고자 한 것이다.[109]

---

106) [역주] '迪'는 '교도하다, 인도하다.'이다.
107) [역주] '戁'는 '盡'의 뜻이고, '狄'과 '不'은 각각 '惕'과 '丕'로 읽어, '몸가짐을 조심하고 경건히 하다'의 의미로 해석하는 견해도 있다.
108) [역주] '盬'는 '멈추다'의 의미이다.
109) '圖'는 '도모하다, 계획하다'이고, '夷'는 '평정하다, 정벌하다'이다.

(4) 陳本新荒蜀磨至, 告禽霍侯.(《逸周書·世俘解》) 진본과 신황이 촉군, 도군을 데리고 돌아와 蜀君霍侯를 잡았다고 보고했다.

(5) 利涉大川.(《周易·同人》) 큰 내를 건너는 것이 이롭다.

(6) 昊天已威, 予愼無罪.(《詩經·小雅·巧言》) 하늘이 아무리 위엄이 있어도 내가 살펴보건대 아무 죄가 없다.110)

③ 부사어수식구로 구성되는 목적어

(1) 爽明, 僕告旣駕.(《逸周書·嘗麥解》) 여명의 무렵에 태복은 수레가 이미 준비되었다고 보고한 다.111)

(2) 勿用不行.(《尙書·呂刑》) 행해지 않는 것은 쓰지 말고

(3) 乃有不用我降爾命.(《尙書·多士》) 내가 그대들에게 내린 명령에 복종하지 않는 자가 있다면.

(4) 惟天不畀不明厥德.(《尙書·多士》) 하늘이 그 덕을 밝히지 않은 은나라에 주지 않았다.

(5) 弗造哲, 迪民康, 矧曰其有能格知天命?(《尙書·大誥》) 명철함으로 나아가 백성을 편안하게 인도하지 못하였으니, 하물며 하늘의 명을 궁리했다고 할 수 있겠는가?

(6) 惠不惠, 懋不懋.(《尙書·康誥》) 따르지 않는 이는 따르게 하고, 힘쓰지 않는 이는 힘쓰게 하다.112)

④ 보충구로 구성되는 목적어

(1) 甲寅, 謁伐戎殷于牧野.(《逸周書·世俘解》) 갑인 일에, 무왕은 목야에서 은을 정벌한 일을 선왕께 보고하였다.113)

(2) 溫溫恭人, 如集于木. …… 惴惴小心, 如臨于谷.(《詩經·小雅·小宛》) 온화하고 공손한 사람이여, 나무에 앉은 듯하며 …… 두려워하는 소심한 자가 골짜기에 임한 듯하다.114)

---

110) 愼: 걱정하다, 살펴보다.
   [역주] '已'는 '너무, 매우'이다.
111) [역주] '爽明'은 '여명'을 의미한다.
112) 惠: 따르다.
113) 謁: 보고하다, 알리다.
114) [역주] '溫溫'은 '온화하고 유순한 모양'을 나타낸다. '惴惴'는 '두려워하는 모양'을 나타낸다.

4) 주위구로 구성되는 목적어

목적어로 사용되는 주위구는 주어와 위어 사이에 '之'를 넣지 않는 것과 넣는 것으로 양분할 수 있다. 전자는 자주 출현하나 후자는 자주 보이지 않는다.

① 주어와 위어 사이에 '之'를 넣지 않는 것

(1) 唯六月既生霸乙卯, 休天君弗望(忘)<u>穆公聖粦明**敄**事先王</u>.(《尹姞鬲銘》) 유월 既生霸 乙卯일에 훌륭하신 황태후께서는 穆公이 현명하고 사리 밝게 先王을 보필하여 모셨던 것을 잊지 않으셨다.

(2) 余唯經<u>乃先祖考克令臣先王</u>.(《師克盨銘》) 나는 그대의 先祖先父가 선왕을 훌륭히 섬겼 던 것을 기억한다.

(3) 爾知<u>寧王若勤哉</u>!(《尚書·大誥》) 그대들은 문왕께서 어떻게 부지런하셨는지를 알 것이다!

(4) 予畏<u>周室不延</u>.(《逸周書·作雒解》) 나는 주왕실이 계속되지 못할까 두렵다.

② 주어와 위어 사이에 '之'를 넣은 것

(1) 皇帝哀矜<u>庶戮之不辜</u>.(《尚書·呂刑》) 황제께서는 여러 형벌을 받은 자들의 무고함을 가엾게 여기셨다.

(2) 具曰予聖, 誰知<u>烏之雌雄</u>.(《詩經·小雅·正月》) 모두가 내가 성인이라 말하지만 누가 까마 귀의 암수를 알리오.

(3) 憂心惨惨, 念<u>國之爲虐</u>.(《詩經·小雅·正月》) 근심하는 마음 더욱 슬퍼지고 나라의 포악한 정치를 걱정하네.[115]

(4) <u>如川之方至</u>, 以莫不增.(《詩經·小雅·正月》) 냇물이 바야흐로 이르는 것과 같이 불어나지 아니함이 없구나.

5) 복문의 형식으로 구성되는 목적어

(1) 懼<u>余小子圂湛于囏, 永巩先王</u>.(《毛公鼎銘》) 내가 어려움에 빠지고 영원히 선왕을 근심케 하는 것을 두려워한다.

---

115) [역주] '惨惨'은 '근심하고 번민하는 모양'이다.

(2) 知我國有疵, 民不康.(《尙書·大誥》) 우리나라에 병이 있어 백성이 편안하지 못함을 알고

(3) 惟爾知, 惟殷人先人有冊有典, 殷革夏命.(《尙書·多士》) 그대들에게 은나라 선인들의 문서와 책이 있으니 은이 하의 명을 바꾼 일을 알 것이오.

(4) 見輿曳, 其牛掣, 其人天且劓.(《周易·睽卦》) 수레가 뒤로 끌리고 소가 앞이 막히며 그 사람이 머리가 정으로 쪼이고 코가 베이는 것을 보다.

목적어로 충당되는 성분은 주어로 충당되는 성분과 마찬가지로 명사성 성분과 용언성 성분의 두 가지로 나눌 수 있다. 그리고 목적어를 갖는 상황에 따르면 동사를 아래의 세 가지로 나눌 수 있다. 첫째, 명목동사(名賓動詞), 이것은 단지 명사성 목적어만을 갖는 동사로, '伐', '作' 등이 있다. 둘째, 용목동사(謂賓動詞), 이것은 단지 용언성 성분의 목적어만을 갖는 동사로, '知' 등이 있다. 셋째, 명용목동사(名謂賓動詞), 이것은 명사성 성분의 목적어를 가질 수도 있고, 용언성 성분의 목적어를 가질 수도 있는 동사로, '見' 등이 있다. 서주한어에서 만약 용언성 성분의 목적어 앞에 용목동사가 출현한다면, 이 동사 뒤의 목적어는 '변환지시(轉指)'가 발생하여 그 품사 또한 명사성으로 바뀌게 된다.

(예) 惟天不畀不明厥德.(《尙書·多士》) 하늘이 그 덕을 밝히지 않은 者(은나라)에게 주지 않았다.

여기서의 '不明厥德'은 곧 '不明厥德者'와 같다.

3 목적어의 의미 유형

서주한어의 목적어는 피동작주목적어, 행위주목적어, 관계주목적어의 셋으로 구분할 수 있다.

1) 피동작주목적어

이러한 목적어는 동작행위가 직접적으로 지배하거나 이와 관련이 되는 사람 또는 사물을 나타내며, 동작의 접수자, 대상, 동작에 의해 만들어진 결과를 포함한다. 이러한 목적어는 매우 흔하다.

(1) 員從史旗伐會, 員先内(入)邑, 員孚(俘)金, 用乍旅[116]彝.(《員卣銘》) 員이 史旗를 수행하여 鄶國을 토벌하니 員이 먼저 성읍으로 들어가서 員이 銅을 노획하였고, 旅祭에 사용할 祭器를 제작하였다.

(2) 公來[117]鑄武王成王異[118]鼎.(《作冊大鼎銘》) 公께서 오셔서 武王과 成王을 위해 귀가 달린 鼎을 제작하셨다.

(3) 後暨武王誕將天威, 咸劉厥敵.(《尙書‧君奭》) 뒤에 무왕과 더불어 크게 하늘의 위엄을 받들어, 그분의 원수를 모두 죽이도록 하셨다.[119]

(4) 我乃其大罰殛之.(《尙書‧多方》) 나는 크게 벌을 내려 죽일 것이다.

2) 행위주목적어

이러한 목적어는 동작 행위의 발출자, 주체자를 나타낸다. 현대한어에서는 "出太陽了"에서의 '太陽'을 행위주목적어의 예로 보기도 한다. 이러한 예는 《詩經》에서도 찾아볼 수 있는데, "杲杲出日(《詩經‧衛風‧伯兮》) 밝게 해가 떠올랐다.)[120]"가 대표적이다. 서주한어에서 자주 나타나는 행위주목적어는 바로 사동용법 동사의 목적어이다. 이러한 '동사+목적어'의 관계는 바로 '使+목적어+동사'로 이해될 수 있으며, 여기서의 동사는 바로 목적어의 동작행위를 나타내기 때문에 행위주목적어로 처리할 수 있다. 예컨대 다음과 같다.

(1) 王子刺公之宗婦鄙娞, 爲宗彝將彝[121], 永寶用, 以降大福.(《宗婦鄙娞盤銘》) 王子 烈公의 宗婦인 鄙娞은 종묘 祭器와 肆祭[122]에 사용될 祭器를 제작하였으니, 이를 영원히 귀중하게 사용함으로써 큰 복을 내리게 하기를 기원하노라.

(2) 寧肇諆(其)作乙考尊簋, 其用各百神, 用妥多福, 世孫子寶.(《寧簋蓋銘》) 寧이 先父 乙

---

116) [역주] '旅'에 대해서는 제2장 제2절 [역주] 63 참조.
117) [역주] '來'를 '束'로 보는 견해도 있다.
118) 異: "翼"과 통한다. 翼鼎은 귀가 달린 사각형 정을 가리킨다.
   [역주] '異'의 독법과 관련해서는 '禩(祀)', '匰(大鼎)', '翼(耳翼)' 등이 있는데, 여기서는 '異'를 '翼'으로 읽고 있으므로 이를 따른다.
119) [역주] '誕將'은 '크게 받들다'의 의미이다. '劉'는 '죽이다'의 의미이다.
120) [역주] '杲杲'는 '해가 밝은 모양'을 나타낸다.
121) [역주] 제2장 제2절 [역주] 57 참조.
122) [역주] '肆祭'에 관해서는 제2장 제1절 [역주] 5 참조.

께 제사를 올릴 때 사용할 簋를 제작함으로써 여러 신들을 이르게 하고 많은 복을 내리게 하길 기원하니, 세세토록 자손들은 이 기물을 보배롭게 간직할지어다.

(3) 用降多福, 用喜侃前文人.(《欒生殘鐘銘》) 많은 복을 내려주시고, 文德이 혁혁하신 조상님들을 기쁘게 해드리는 데 사용할 것이다.

(4) 王事靡盬, 憂我父母.(《詩經·小雅·杕杜》) 왕사를 허술히 할 수 없는 지라 우리 부모를 근심스럽게 하도다.

(5) 不弔昊天, 不宜空我師.(《詩經·小雅·節南山》) 살피지도 않는 하늘이여, 우리의 태사 그대로 두면 옳지 않도다.[123]

(6) 濟濟蹌蹌, 絜爾牛羊.(《詩經·小雅·楚茨》) 가지런하고 질서가 있으니 너의 소와 양을 깨끗이 씻어서[124]

(7) 咸茂厥功.(《逸周書·祭公解》) 그들 모두 그러한 공을 풍성하게 하였다.

(8) 我疆我理, 南東其畝.(《詩經·小雅·信南山》) 내 큰 경계를 만들고 도랑을 만들어, 이랑을 동남쪽을 냈다.

3) 관계주(當事)목적어

이것은 행위주, 피동작주 이외에, 동사와 일정한 관계를 맺는 목적어를 가리킨다. 이러한 목적어와 동사의 관계는 매우 다양한데, 아래와 같이 여러 가지가 있다.

① 여격목적어(與事賓語)

이러한 목적어는 동작행위의 여격을 나타낸다.

(예) 王召走馬膺令取[125]誰騭卅二匹易大.(《大鼎銘》) 왕께서 走馬 膺을 불러 수컷 烏騭馬 서른두 마리를 취하여 大에게 하사하도록 하셨다.

---

123) [역주] 여기서의 동사 '空'은 '공허하게 하다'로 사동의 의미이다. '弔'는 '불쌍히 여기다, 살피다'의 의미이다.
124) [역주] '濟濟'는 '가지런하고 아름다운 모양'이다. '蹌蹌'은 '걷는 모습이 절조가 있고 질서가 있는 모양'이다.
125) [역주] 원서에서는 '敢'으로 표기되었으나, '取'로 수정한다.

② 처소목적어(處所賓語)

이러한 목적어는 동작행위가 진행되는 처소를 나타낸다.

(1) 王女(如)上侯, 師俞從.(《師愈鼎銘》) 왕께서 上侯에 가셨고 師俞가 수행을 했다.

(2) 維正月庚午, 周公格左閎門, 會群門.(《逸周書·皇門解》) 정월 경오일에 주공은 左閎門에 이르러 군신을 조회하였다.

(3) 唯十又二月既生霸, 子仲漁敏池.(《公姞鬲銘》) 십이월 既生霸에 왕께서 子仲을 불러 敏池에서 漁禮를 거행하게 하셨다.

(4) 正大夫離居.(《詩經·小雅·雨無正》) 정대부들은 거처하는 곳을 떠났다.

③ 도구목적어(工具賓語)

이러한 목적어는 동작행위 시 이용하는 도구를 나타낸다.

(예) 伯氏吹塤.(《詩經·小雅·何人斯》) 백씨가 질나발을 불다.126)

④ 대상목적어(對動賓語)

이러한 목적어는 동작행위가 상대하거나 향하는 대상을 나타낸다. 그 동사는 주로 형용사나 자동사에서 활용되어 온 것들이다.

(1) 坤. 元亨. 利牝馬之貞.(《周易·坤卦》) 곤은 크고 형통하고 암말이 곧음이 이롭다.

(2) 利涉大川, 利君子貞.(《周易·同人》) 큰 내를 건너는 것이 이롭고, 군자가 곧아야 이롭다.

⑤ 존재목적어(存在賓語) : 이러한 목적어는 존재하는 사물, 시간, 지역 또는 사물의 수량을 나타낸다. 이러한 목적어 앞의 동사는 대개 '有, 無, 亡, 在' 등이다.

(1) 南山有桑.(《詩經·小雅·南山有臺》) 남산에는 뽕나무가 있다.

(2) 唯朕又(有)慶127), 每揚王休于尊白.(《天亡簋銘》) 나에게 경사스러운 일이 있으니, 왕의 은

---

126) 塤: 질나발, 악기이름.

택을 귀중한 궤에 (새겨) 삼가 찬양하노라.

(3) 東有啓明, 西有長庚.(《詩經·小雅·大東》) 동쪽에 계명성이 있고, 남쪽에 장유성이 있다.

(4) 岐有夷之行.(《詩經·周頌·天作》) 기산에 평평한 길이 있어

(5) 王卿酉, 遹御, 亡遣.(《遹簋銘》) 왕께서 饗禮를 거행하셨고 遹이 왕의 시중을 들었는데 실수가 없었다.

(6) 田無禽.(《周易·恒卦》) 사냥터에 날짐승이 없다.

(7) 唯王十月既望, 辰才(在)己丑, 王各于庚嬴宮.(《庚嬴卣銘》) 왕 재위 시월 既望 己丑일에 왕께서 庚嬴宮에 도착하셨다.

(8) 唯十又一月初吉甲申, 王才(在)葊.(《命簋銘》) 십일월 初吉 甲申일에 왕께서 葊 지방에 계셨다.

(9) 兹盨友(有)十又二.(《虢仲盨銘》) 이런 盨가 열두 개 있다.

⑥ 유사목적어(類似賓語)

목적어가 주어와 유사한 대상을 나타낸다.

(1) 菫茶如飴.(《詩經·大雅·綿》) 제비꽃과 씀바귀도 엿처럼 달도다.

(2) 君子至止, 福禄如茨.(《詩經·小雅·瞻彼洛矣》) 군자가 오셨으니 복록이 이엉처럼 쌓였도다.

(3) 彼君子女, 卷发如蠆.(《詩經·小雅·都人士》) 저 군자다운 여자여, 말아 올린 머리털이 전갈 꼬리 같도다.

(4) 既挟四鍭, 四鍭如樹.(《詩經·大雅·行葦》) 이미 네 화살을 끼워, 네 화살이 꽂은 듯이 맞으니

⑦ 의동목적어(意動賓語)

의동용법 동사의 목적어가 의동목적어이다.

(1) 不事王侯, 高尚其事.(《周易·蠱卦》) 왕과 제후를 섬기지 않고 그 일을 높이 숭상하다.

(2) 其子子孫孫永日鼓樂兹鐘.(《井叔釆鐘銘》) 자자손손 영원히 매일 이 종을 울리고 연주하여

---

127) [역주] 이 글자의 원래 자형은 '𩰋'으로, '蔑'로 보는 견해도 있으며, 제7장 제2절의 동일 명문에서는 '蔑'로 표기하고 있다.

기쁘게 여기다.

(3) 毋金玉爾音, 而有遐心.(《詩經·小雅·白駒》) 당신의 소식을 아껴서(금옥으로 여겨) 나를 멀리 하는 마음 갖지 마소서

(4) 不顯成康, 上帝是皇.(《詩經·周頌·執競》) 더없이 밝으신 성왕과 강왕, 상제가 어여삐 여기신다.

⑧ 위동목적어(爲動賓語)

이러한 목적어는 동작행위의 목적을 나타내거나 동작이 그것을 위해 발출하는 대상을 나타낸다.

(1) 坎坎鼓我, 蹲蹲舞我.(《詩經·小雅·伐木》) 둥둥 나를 위해 북을 울리고, 나풀나풀 나를 위해 춤을 춘다.128)

(2) 貞婦人吉, 夫子凶.(《周易·恒卦》) 부인에 대해 점을 치니 길하고, 남편에 대해 점을 치니 흉하다.

4 목적어의 위치

서주한어의 목적어는 후세 한어의 목적어와 마찬가지로 항시 동사의 뒤에 놓는다.

(1) 王若曰: 師克! 不顯文武, 膺受大令, 匍有129)四方, 則繇130)佳乃先且考又勞131)于周邦, 干害王身, 作爪牙.(《師克盨銘》) 왕께서 이렇게 말씀하셨다. "위대하신 文王과 武王께서 天命을 받으시고 천하를 널리 소유하셨던 것은 그대의 先祖先父가 주나라에 공로가 있고, 왕을 호위하여 용맹한 신하가 되었기 때문이다."

(2) 佳四月初吉甲午, 懿王才(在)射廬, 作象舞.(《匡卣銘》) 사월 初吉 甲午일에 懿王께서 射廬(천자가 射禮를 행하는 장소)에서 象舞를 하셨다.

---

128) 鼓我: 나를 위해 북을 울리다. 舞我: 나를 위해 춤을 추다.
[역주] '坎坎'은 북을 치는 소리이고, '蹲蹲'은 춤추는 모양이다.
129) [역주] '匍有'가 전래문헌 중의 '敷佑'로 보는 견해도 있다.
130) [역주] 원서에서는 '繇'가 누락되었으므로 보충하였다.
131) [역주] 제2장 제6절 [역주] 183 참조.

(3) 王若曰: 往哉, 封! 勿替敬典, 聽朕告, 汝乃以殷民世享.(《尙書·康誥》) 왕이 다음과 같이 말했다. "가거라, 봉아! 공경해야 할 법을 어기지 말고, 내가 너에게 한 말을 들으면 마침내 너는 은의 백성을 데리고 대대로 누리게 될 것이다."

(4) 惟乃不顯考文王, 克明德愼罰, 不敢侮鰥寡, 庸庸, 祇祇, 威威, 顯民, 用肇造我區夏越我一二邦, 以修我西土.(《尙書·康誥》) 너의 크게 밝으신 문왕께서는 덕을 밝히고 형벌을 삼가셨다. 감히 홀아비와 과부도 업신여기지 않았으며, 등용해야할 이를 등용하고, 공경하여야 할 사람을 공경하고, 위엄을 보여야 할 사람에게는 위엄을 보이고, 덕을 백성들에게 밝히셨다. 그리하여 우리 중원의 땅과 한두 나라의 구역을 처음 만드셨고 우리의 서쪽 땅도 닦으셨다.

(5) 侵鎬及方.(《詩經·小雅·六月》) 鎬와 方을 침입하여

(6) 奕奕寢廟, 君子作之.(《詩經·小雅·巧言》) 크고 큰 침묘를 군자가 만들었으며[132]

그러나 서주한어에서 어떤 경우에는 목적어를 동사 앞에 놓을 수 있다.[133] 다음 장에서 우리는 목적어전치문에 대해 상세히 다룰 것이므로 여기서는 관련된 예만 소개한다.

(1) 不我肯穀.(《詩經·小雅·黃鳥》) 나를 잘 접대하지 않는구나.[134]

(2) 世孫孫子子左右虞大父, 毋女又(有)閑.(同簋銘) 자손 대대 吳大父를 보좌할 것이며, 그대는 나태해서는 안 된다.

(3) 圭璧旣卒, 寧莫我聽.(《詩經·大雅·雲漢》) 규벽을 이미 모두 올렸거늘, 어찌하여 내 말을 들어주지 아니하는가?

(4) 君子來朝, 何錫予之?(《詩經·小雅·采菽》) 군자가 조회를 하러 오는데, 무엇을 내려줄꼬?

(5) 王其效(敎)邦君越御事, 厥命曷以?(《尙書·酒誥》) 임금이 제후와 관리들에게 힘쓰라고 하셨는데, 그 명령 무엇 때문에 내리셨을까?

(6) 恒之秬芑, 是任是負, 以歸肇祀.(《詩經·大雅·生民》) 붉은 차조 흰 차조 두루 심어 이를 어깨로 메고 등으로 져서 돌아와 비로소 제사를 지낸다.[135]

(7) 吹笙鼓簧, 承筐是將.(《詩經·小雅·鹿鳴》) 젓대를 불고 생황을 울려 광주리를 받들어 폐백을

---

132) [역주] '奕奕'은 '매우 큰 모양'이다. '寢廟'는 '사당, 제사지내는 곳'이다.

133) 피동문 특히 의미상 피동문(意念被動句)에서 그 주어는 피동작주이다. 이 경우는 목적어의 전치로 보지 않는다.

134) [역주] '穀'은 '기르다. 먹여 살리다'의 의미이다.

135) [역주] '穈'는 붉은 차조, '芑'는 '흰 차조'로 모두 곡식이다.

올리니

(8) 我民迪小子, 惟土物愛.(《尙書·酒誥》) 우리 백성들이 젊은이들을 인도할 때, 오직 땅에서 나는 물건을 아끼게 한다면

(9) 寧王惟卜用.(《尙書·大誥》) 문왕께서 점을 이용하시어

(10) 纘戎祖考, 王躬是保.(《詩經·大雅·蒸民》) 네 조상을 계승하여 왕의 몸을 보호하게 하시다.136)

(11) 王其德之用, 祈天永命.(《尙書·召誥》) 임금께서는 그 덕을 펴시니, 이는 명이 영원하기를 하늘에 비는 것입니다.

(12) 維邇言是聽, 維邇言是爭.(《詩經·小雅·小旻》) 오직 가까운 말만 들으며, 오직 가까운 말만 다투다.

(13) 維德是用. 以昏求臣.(《逸周書·皇門解》) 오직 덕을 사용하는 것일 뿐이니 이는 우매함으로 신하를 구하기 때문이다.

(14) 是用作歌, 將母來諗.(《詩經·小雅·四牡》) 이 때문에 노래를 지어, 어머니를 봉양함을 생각하노라.137)

(15) 顯允方叔, 征伐玁狁, 蠻荆來威.(《詩經·小雅·采芑》) 현명하고 진실한 방숙이여, 험윤을 정벌하니, 만형을 위협하는구나.138)

(16) 赫赫南仲, 玁狁于夷.(《詩經·小雅·出車》) 성대한 남중이여, 험윤을 평정하였도다.139)

(17) 四國于蕃, 四方于宣.(《詩經·大雅·崧高》) 사국이 둘러싸게 하고, 사방이 담장이 되게 하였다.

(18) 王曰: 若昔朕其逝, 朕言艱日思.(《尙書·大誥》) 왕이 말했다. "옛날에 내가 무경을 정벌하러 갔을 때, 나 또한 날마다 이 어려움을 생각했다."

(19) 民獻有十夫予翼, 以于敉寧武圖功.(《尙書·大誥》) 백성 중 10명의 어진 이가 나를 보필하고 가서 어루만져 편안히 하여 선왕께서 도모하신 공을 잇게 하다.

(20) 俾予靖之, 後予極焉.(《詩經·小雅·菀柳》) 나로 하여금 국정을 도모하게 하였으나 뒤에는 나를 미워하셨네.140)

---

136) [역주] '戎'은 2인칭대명사('너')이고, '祖考'는 '조상'이다.
137) [역주] '諗'은 '생각하다'이다.
138) [역주] '玁狁(험윤)', '蠻荆(만형)' 모두 오랑캐이다. '方叔'은 周 宣王 때의 현신이다.
139) [역주] '赫赫'은 '성대한 모습'이다. '南仲'은 周 宣王 때의 장군이다.
140) 極: 미워하다.

본 절에서는 관형어와 중심어의 구성, 관형어의 의미 유형, 관형어의 위치 및 다층 관형어의 문제를 토론한다.

1 관형어의 구성

관형어로 사용될 수 있는 단어와 구에는 여러 가지가 있다. 아래에서 하나씩 살펴보자.

1) 명사가 관형어로 쓰이는 경우

다수의 명사들이 관형어로 쓰일 수 있다. 관형어로 쓰이는 명사는 시간, 장소, 수량, 속성, 방식, 비교, 영속 등을 나타낸다.

(1) 隹十又一月<u>既生霸庚戌</u>, 奠(鄭)虢仲作寶簋.(《鄭虢仲簋銘》) 십일월 既生霸 庚戌일에 鄭虢仲이 귀중한 簋를 제작하였다.

(2) 戲! <u>東尸</u>大反, 白懋父以<u>殷</u>八師征<u>東尸</u>.(《小臣䛆簋銘》) 아! 동이가 크게 반란을 일으켜서 伯懋父가 殷八師를 이끌고 동이족을 정벌하셨다.

(3) 縣妃每揚白屖父休, 曰: 休白敦盂¹⁴¹⁾恤县白室, 易<u>君我</u>隹易壽.(《縣妃簋銘》) 縣妃는 伯屖父의 은택을 삼가 찬양하며 말했다. "훌륭하신 伯屖父께서는 縣伯의 아내인 나를 기쁜 마음으로 풍요롭게 해주시고 긍휼히 여기셔서, 남편과 나에게¹⁴²⁾ 賞賜를 내려주셨고, (나는) 장수를 기원하노라."

(4) 楚公<u>豪</u>自鑄<u>鍚</u>鐘.(《楚公豪鐘銘》) 楚公 豪가 붉은 銅鐘을 스스로 제작하였다.¹⁴³⁾

---

141) [역주] '敦盂'의 자형 분석과 의미 해석에 관해서는 아직 일치된 견해가 없다. 첫 번째 글자의 원래 자형은 '𢆶'으로, '敦'로 보고 '憚'으로 읽는 견해, '敦'로 보지만 '盛'으로 해석하는 견해, '瞬'의 古文으로 보고 '恂'으로 읽는 견해, '䜌'의 이체자로 보고 '宓'로 읽어 '安' 혹은 '寧'의 뜻으로 해석하는 견해 등이 있다. 두 번째 글자의 원래 자형은 '盂'으로, '豐'으로 보는 의견이 있다.

142) [역주] '君我'를 원서의 분석처럼 수식 구조로 본다면 '남편(縣伯)의 배우자인 나'로 해석할 수 있다.

143) 鍚: 붉은 동.

(5) 王易令甲馬四匹、駒車.(《令甲盤銘》) 왕께서 令甲에게 말 네 필과 망아지가 끄는 수레를 하사하셨다.

2) 대사가 관형어로 쓰이는 경우

대사가 관형어로 쓰여, 지정과 영속을 나타낼 수 있다.

(1) 昔余旣令女, 今余隹䌾京[144]乃令, 令女更乃且考攝[145]司左右虎臣.(《師克䀇銘》) 예전에 나는 이미 그대에게 명령을 내렸고, 지금 내가 그 명령을 다시 내리니, 그대는 그대의 先祖先父를 계승하여 왕 주위의 虎臣을 관리하도록 하라.

(2) 玆䀇友(有)十又二.(《虢仲䀇銘》) 이런 䀇가 열두 개 있다.

(3) 寧王惟卜用, 克綏受玆命.(《尙書·大誥》) 문왕께서 점을 이용하시어 이 하늘의 명을 편히 받으셨으니

(4) 王乎作冊尹冊令殽曰: 更乃且考司輔.(《輔師殽簋銘》) 왕께서 作冊 尹을 불러 策命書로써 殽에게 명령을 하달하게 하시며 말씀하셨다. "그대의 先祖先父를 계승하여 輔師의 직무를 맡도록 하라."

(5) 敬夙夕勿法朕令.(《師克䀇銘》) 주야로 경건히 하며, 나의 명령을 버리지 말라.

(6) 若考作室, 旣底法, 厥子乃弗肯堂, 矧肯構?(《尙書·大誥》) 만약 아버지가 집을 지어 이미 제도를 다 만들어 놨는데, 그 아들이 집의 터도 닦으려 하지 않거늘 하물며 집을 지을 수 있겠는가?[146]

3) 수사가 관형어로 쓰이는 경우

수사가 관형어로 쓰여 수량을 나타낸다.

(1) 王乃命西六師殷八師曰: 撲伐噩侯馭方, 勿遺壽幼.(《禹鼎銘》) 왕께서 이에 西六師와 殷八師에 명하여 말씀하셨다. "鄂侯 馭方을 정벌하고 노인과 어린아이를 남기지 말라."

---

144) [역주] '䌾京'에 대해서는 제2장 제3절 [역주] 67 참조.

145) [역주] 이 글자의 원래 자형은 '𩰫'으로, '攝'으로 보는 견해 외에도 '繼', '𥅆', '駿', '姘', '㸚', '幷', '攀', '𤉩' 등으로 考釋하는 견해도 있다.

146) [역주] '底法'는 '법을 확정하다'이다.

(2) 其百子千孫永寶用, 其子子孫孫永寶用.(《梁其壺銘》) 자손만대 영원히 소중히 다룰지어다. 자자손손 영원토록 소중히 다룰지어다.

(3) 奪孚人四百.(《敔簋銘》) 포로 사백 명을 잡았다.

(4) 四牡騑騑, 周道倭遲.(《詩經 · 小雅 · 四牡》) 네 필의 말이 끊임없이 달려가니, 큰 길이 굽어 있도다.147)

(5) 韎韐有奭, 以作六師.(《詩經 · 小雅 · 瞻彼洛矣》) 군자는 붉은 빛의 융복과 슬갑을 입으시고 육군을 영도하시는구나.148)

4) 양사가 관형어로 쓰이는 경우

(1) 王賜乘馬, 是用左王.(《虢季子白盤銘》) 왕께서 말 네 필짜리 兵車를 하사하시고, 이것으로써 왕을 보좌하도록 하셨다.

(2) 王令士上眔史寅149)殷于成周, 𣪘百生豚, 眔賞卣鬯貝, 用作父癸寶尊彝.(《臣辰盉銘》) 왕께서 士上과 史寅에게 成周에 가서 제후들을 朝見할 것을 명하시고, 百官들에게 새끼 돼지를 먹이셨으며, 鬯酒 한 항아리와 貝를 하사하셨다. 이에 父癸께 제사를 올리는 데 사용할 귀중한 祭器를 제작하였다.

5) 수량구가 관형어로 쓰이는 경우

서주한어에서 수량구로 구성된 관형어는 대개 중심어 뒤에 출현한다.

(1) 賜彤弓一、彤矢百、馬四匹.(《應侯見工鐘銘》) 붉은 활 한 개, 붉은 화살 백 개, 말 네 필을 하사하셨다.

(2) 凡用即𢼸田七田、人五夫, 𢼸覓匡卅秭.(《曶鼎銘》) 𢼸에게 모두 경작지 칠 田과 다섯 명을 배상하였다. 曶는 匡에게 삼십 秭를 감면해주었다.

(3) 周車三百五十乘, 陳于牧野.(《逸周書 · 克殷解》) 주나라 전차 삼백오십 승을 목야에 배치하였다.

(4) 昔饉歲, 匡眾厥臣廿夫寇曶禾十秭.(《曶鼎銘》) 이전 기근이 든 해에 匡季의 眾150)과 그의

---

147) [역주] '騑騑'는 '끊임없이 달리는 모양'이다. '倭遲'는 '굽이지고 먼 모양'이다.
148) [역주] '韎韐'은 '융복과 슬갑'이다.
149) [역주] 원서에서는 '寅'으로 표기하고 있으나, 대개 '寅'으로 考釋한다.

노예 이십 명이 劄의 벼 十秭를 훔쳤다.

(5) 王易金百鈞, 禽用作寶彝.(《禽簋銘》) 왕께서 銅 백 鈞을 하사하셨으니, 禽은 (이를 기념하고자) 貿이 귀중한 祭器를 제작하였다.

(6) 易女弓一、矢束、臣五家、151)田十田, 用從152)乃事.(《不其簋銘》) 그대에게 활 한 개, 화살 한 束, 노예 다섯 가구, 경작지 열 田을 하사하노니, 그대의 직책에 충성하여라.

6) 형용사가 관형어로 쓰이는 경우

(1) 天子窓153)續文武長剌.(《史墻盤銘》) 천자께서는 문왕과 무왕의 장구한 공적을 힘써 계승하셨다.

(2) 麥易赤金, 用作鼎, 用從井侯征事, 用卿多者(諸)154)友.(《麥鼎銘》) 麥이 銅을 하사받아서 鼎을 제작함으로써 邢侯의 출정을 수행할 때 사용하고 많은 僚友들에게 잔치를 베푸는 데 사용할 것이다.

(3) 隹四月既生霸己丑, 公賞作冊大白馬.(《作冊大鼎銘》) 사월 既生霸 己丑일에 公께서 作冊 大에게 백마를 하사하셨다.

(4) 易女赤市、幽黃、攸勒.(《南宮柳鼎銘》) 그대에게 적색 蔽膝, 검정색 腰帶, 고삐와 재갈을 하사하노라.

(5) 隹王十又三年六月初吉戊戌, 王才(在)周康宮新宮.(《望簋銘》) 왕 재위 십삼년 유월 初吉 戊戌일에 왕께서 成周 康宮 내의 새로 지은 宮室에 계셨다.

7) 동사가 관형어로 쓰이는 경우

(1) 肆皇天亡斁, 臨保我有周, 不巩先王配命.(《毛公鼎銘》) 이에 하늘이 버리지 않으시고, 우리 주나라를 굽어 살펴 보우하시어 선왕께서 하늘의 뜻에 합한 명령을 크게 공고히 하시게

---

150) [역주] '眾'의 신분에 관해서는 '농사에 종사하는 노예', '농경이나 전쟁에 동원되는 자유민' 등의 견해가 있다.

151) [역주] 원서에서는 '臣五家' 뒤에 쉼표(,)를 표시했으나, 문장의 의미상 모점(、)이 되어야 하므로 수정하여 제시한다.

152) [역주] 원서에서는 '永'으로 표기되어 있으나, 이는 '從'의 誤字이므로 수정하여 제시한다.

153) [역주] 이 글자의 원래 자형은 '🈟'으로, '窓'로 읽는 독법 외에도 '造', '遴', '遼', '貌', '貂', '紹', '周' 등으로 보는 견해가 있다.

154) [역주] 원서에서는 '僚'로 표기되어 있으나 '者(諸)'로 수정하여 제시한다.

되었다.

(2) 對揚朕宗君其休, 用作朕剌且召公甞簋.(《六年琱生簋銘》) 종실 君長의 은덕을 찬양하며, 나의 열조이신 召公을 위한 가을 제사용 簋를 제작하였다.

(3) 王射于射廬.(《遣曹鼎銘》) 왕께서 射廬(활쏘기를 연습하는 장소)에서 활쏘기를 연습하셨다.

(4) 內公作從[155]鐘, 子孫永寶用.(《內公鐘銘》) 內公이 編鐘[156]의 고리를 제작하였으니, 자손들은 영원히 귀중하게 사용할지어다.

(5) 員孚金, 用作旅[157]彝.(《員卣銘》) 員이 銅을 노획하였고, 旅祭에 사용할 祭器를 제작하였다.

(6) 薦俘殷王鼎.(《逸周書·世俘解》) 무왕이 획득한 은의 아홉 정을 바쳤다.

8) 의성사가 관형어로 쓰이는 경우

(1) 交交桑扈, 有鶯其羽.(《詩經·小雅·桑扈》) 교교히 지저귀는 청작새, 그 날개가 아름답도다.[158]

(2) 喓喓草蟲, 趯趯阜螽.(《詩經·小雅·出車》) 찍찍 풀벌레 울고 펄쩍펄쩍 여치가 뛰네.[159]

9) 관형어수식구가 관형어로 쓰이는 경우

(1) 內公作鑄從[160]鐘之句(鉤).(《內公鐘鉤銘》) 芮公이 編鐘의 고리를 제작하였다.

(2) 尹氏受(授)王令(命)書.(《頌簋銘》) 尹氏가 왕명을 기록한 簡冊을 바쳤다.

(3) 對揚其父休, 用乍寶鼎.(《寓鼎銘》) 그 분(師雍父)의 은택을 찬양하며, 귀중한 鼎을 제작하였다.[161]

(4) 今余唯[162]緟京[163]乃令, 令女司乃祖舊官小輔眾鼓鐘.(《師麦簋銘》) 지금 그대에게 했던

---

155) [역주] 원서에서는 '쓰'으로 표기되어 있는데, '从(從)'의 오타로 보인다.
156) [역주] '從'에 대해서는 제4장 제3절 [역주] 30 참조.
157) [역주] '旅'에 대해서는 제2장 제2절 [역주] 63 참조.
158) [역주] '桑扈(상호)'는 '되샛과에 속한 새'이다. '鶯'는 새 깃이 아름다운 모습을 나타낸다.
159) [역주] '喓喓'는 풀벌레 소리이다. '趯趯'은 뛰는 모습을 나타낸다.
160) [역주] '從'에 대해서는 제4장 제3절 [역주] 30 참조.
161) [역주] '其父'를 人名으로 보는 견해도 있다.
162) [역주] 원서에서는 '往'으로 표기되어 있으나, 오타로 보인다.
163) [역주] '緟京'에 대해서는 제2장 제3절 [역주] 67 참조.

명령을 다시 내리니, 그대는 그대의 조상이 예전에 관리했던 小輔와 鼓鐘을 관리하도록 하라.

(5) 惟三月哉生魄, 周公初基作新大邑于東國洛, 四方民大和會.(《尙書·康誥》) 3월16일에 주공이 비로소 동쪽 땅 낙읍에 터전을 닦고, 새로운 도읍지를 만들었다. 그러자 사방의 백성들이 크게 모여들었다.164)

(6) 豶豕之牙, 吉.(《周易·大畜》) 질주하는(불깐) 돼지의 어금니이니, 길하다.165)

10) 동격구가 관형어로 쓰이는 경우

(1) 王在成周司土(徒)淢宮.(《鮮鐘銘》) 왕께서 成周의 司徒 淢의 집에 계셨다.

(2) 賜乃祖南公旗.(《大盂鼎銘》) 그대의 조상인 南公의 깃발을 하사한다.

11) 대등구가 관형어로 쓰이는 경우

(1) 天子𥈭166)纘文武長刺.(《史墻盤銘》) 천자께서는 문왕과 무왕의 장구한 공적을 힘써 계승하셨다.

(2) 㑌不敢弗帥用文且皇考穆穆秉德.(《井人佞鐘銘》) 㑌은 문덕이 빛나는 선조와 위대하신 先父를 따라서 경건하게 덕을 갖출 것이다.167)

(3) 嚮惟羞刑暴德之人同于厥邦.(《尙書·立政》) (受의 덕이) 강포해져서 오직 형벌을 쓰고 포악한 덕의 사람들과 함께 그 나라를 다스리니

(4) 顯盅(淑)文祖、皇考, 克哲168)厥德.(《井人佞鐘銘》) 찬란히 빛나시고 어지시며 文德이 혁혁하신 先祖와 위대하신 先父께서 경건히 덕행에 힘쓰셨도다.

(5) 奠(鄭)井叔作霝(靈)龢169)鐘, 用妥賓.(《鄭井叔鐘銘》) 鄭井叔이 아름답고 음률이 조화로운

---

164) [역주] '生魄'은 '음력 16일'을 말한다.
165) 豶: 질주하다.
　　 [역주] 저자는 '豶'를 '질주하다'로 보고 있으나 이 글자는 원래 '불깐 돼지'를 의미한다.
166) [역주] 이 글자의 원래 자형은 '𥈭'으로, '𥈭'로 읽는 독법 외에도 '造', '遜', '遂', '貌', '紹', '周' 등으로 보는 견해가 있다.
167) [역주] 원서에서는 '穆穆秉德'의 주체를 '文且皇考'로 보고 있으나, '穆穆秉德'의 주체는 '㑌'으로 보는 것이 합리적이다.
168) [역주] '哲'에 대해서는 제2장 제2절 [역주] 52 참조.
169) [역주] '霝龢'에 대해서는 제4장 제3절 [역주] 40 참조.

종을 제작하였으니 손님을 즐겁게 하는 데 사용할 것이다.

(6) 敢作文人大寶协龢鐘.(《癲鐘銘》) 文德이 혁혁하신 조상을 위해 크고 보배로우며 음률이 조화로운 종을 삼가 제작하였다.

12) 부사어수식구가 관형어로 쓰이는 경우

(1) 膺受大命, 率懷不廷方, 亡不閈于文武耿光.(《毛公鼎銘》) 천명을 받아 朝見하러 오지 않는 方國들을 회유하셨으니 문왕과 무왕의 빛나는 업적을 찬양하지 않음이 없었다.

(2) 用□不廷方.(《五祀胡鐘銘》) 朝見을 하러 오지 않는 주변 국가를 ~하다.

(3) 幹不庭方, 以佐戎辟.(《詩經·大雅·韓奕》) 조회오지 않는 방국들을 바로 잡아, 이로써 너의 군주를 도우라.[170]

(4) 不二心之臣, 保乂王家.(《尙書·康王之誥》) 두 마음을 품지 않는 신하가 왕실을 보존하고 다스려서

(5) 不寧方來, 後夫凶.(《周易·比卦》) 복종하지 않던 이도 오니, 나중에 오는 사람은 흉하다.

(6) 函皇父作琱妘般盉尊器: 鼎簋一具、自豕鼎降十又一、簋八、兩鎬、兩壺.[171](《函皇父盤銘》) 函皇父가 琱妘를 위해 盤·盉·祭器를 제작하였다. 鼎과 簋 각 한 세트씩, 豕鼎부터 차례대로 鼎 열한 개, 簋 여덟 개, 鎬 두 개, 壺 두 개.

13) 보충구가 관형어로 쓰이는 경우

(예) 追孝于高且辛公文祖乙公皇考丁公龢林鐘, 用邵[172]各喜侃樂前文人, 用禱[173]壽丐永令、綽綰猶[174]彔屯魯.(《癲鐘銘》) 遠祖 辛公, 문덕이 혁혁하신 乙公, 위대하신 先父 丁公을 추념하기 위해 음률이 조화로운 林鐘[175]을 제작하였으니, 문덕이 혁혁하신 조상님을

---

170) [역주] '庭'은 '내공(來貢)오다, 조회 오다'이다.

171) [역주] 원서에서는 '一'과 '具' 사이에서 끊어 읽었으나, 두 글자를 붙여 읽는 것으로 수정한다.

172) [역주] '邵'에 대해서는 제2장 제2절 [역주] 60 참조.

173) [역주] '禱'의 원래 자형을 隷定하면 '禋'으로, 이 글자가 전래문헌 상의 어떤 글자인지에 관해서는 여러 견해가 있으나, 본 예문과 같이 '丐'와 호응하여 사용된 경우 그 의미는 '祈'나 '求'와 유사함을 알 수 있다.

174) [역주] 원서에서는 '发'로 표기하고 있는 이 글자는 '猶' 혹은 '猷'로 隷定하며, '祓'로 읽는 것이 다수의 견해이다.

성심으로 감응시켜 강림하시게 하고 기쁘게 해드리며, 만수무강을 빌고, 장수와 부유함·복록
·큰 복을 구하는 데 사용할 것이다.

14) 술목구가 관형어로 쓰이는 경우

(1) 弭仲受無疆福.(《弭仲簠銘》) 弭仲이 무한한 복을 받다.

(2) 義文神無疆顯福.(《癲鐘銘》) 위엄을 갖추시고 文德이 빛나시는 신명께서 무한히 큰 복을
주시다.

(3) 無疆之辭, 屬于五極.(《尙書·呂刑》) 끝이 없는 송사는 五極에 모이게 한다.

(4) 洪惟我幼沖人, 嗣無疆大歷服.(《尙書·大誥》) 널리 보면, 나는 나이 어린 사람이었는데 끝
없고 큰 장구한 사업을 계승했다.

(5) 受福無疆, 四方之綱.(《詩經·大雅·假樂》) 끝없는 복을 받으시고 온 사방의 기강이 되셨도다.

(6) 用眾一夫曰嗌.(《曶鼎銘》) 嗌이라고 하는 眾[176] 한 명을 넘겨주었다.

15) 겸어구가 관형어로 쓰이는 경우

(예) 唯王[177]令南宮伐反(叛)虎方之年.(《中鼎銘》) 왕께서 南宮에게 명령을 내려 반란을 일으
킨 虎方을 토벌하라고 하신 해.

16) 주위구가 관형어로 쓰이는 경우

(1) 唯王來各于成周年, 厚趠又(有)饋于濂公.(《厚趠方鼎》) 왕께서 成周에 오셔서 도착하신
해에 厚趠가 濂公께 선물을 받았다.

(2) 唯明保殷成周年, 公賜作冊䰙鬯貝.(《䰙卣銘》) 明保가 成周에서 周王을 알현하는 해에,
公(明保)께서 作冊 鬯酒와 貝를 하사하셨다.

(3) 唯公大(太)保來伐反(叛)尸(夷)年, 在十又一月庚申, 公在盩師(次).(《旅鼎銘》) 公太

---

175) [역주] '林鐘'에 대해서는 제4장 제3절 [역주] 20 참조.

176) [역주] '眾'의 신분에 관해서는 '농사에 종사하는 노예', '농경이나 전쟁에 동원되는 자유민' 등의
견해가 있다.

177) [역주] 원서에서는 '王'이 누락되었으므로 보충하였다.

保께서 반란을 일으킨 東夷를 토벌하러 오신 그 해 십일월 庚申일에 公太保께서 盍地의 군사 주둔지에 계셨다.

(4) 唯伯殷父北師(次)叟年, 事(史)晨在井(邢), 作考寶尊彝.(《事晨鼎銘》) 伯殷父께서 북쪽의 군사 주둔지에서 점검하셨던 해에 사관 晨이 邢地에 있었고, 先父께 제사를 올리는 데 사용할 귀중한 祭器를 제작하였다.

(5) 唯十又三月旣生霸丁卯, 叹從師雍父戍于固師之年, 叹蔑歷.(《叹尊銘》) 십삼월 旣生霸 丁卯일에 叹이 師雍父를 수행하여 固地의 군대를 지키던 해에 叹이 격려를 받았다.

(6) 王省武王成王伐商圖.(《宜侯矢簋銘》) 왕께서 武王과 成王이 商나라를 정벌한 지도를 살펴보셨다.

17) 복문의 형식이 관형어로 쓰이는 경우

(1) 唯王大龠(禴)于宗周, 誕饗鎬京年.(《土上卣銘》) 왕께서 宗周에서 성대한 禴祭를 올리시고, 鎬京에서 饗祭를 드리신 해.

(2) 口肇貯, 眔子鼓每鑄旅[178]簋, 唯巢來迲, 王令東宮追以六師之年.(《子鼓每簋銘》) 장사를 시작했고, 子鼓每와 旅祭에 사용할 簋를 제작하였다. 巢國이 와서 침범을 하였고, 왕께서 太子에게 六師를 이끌고 추격을 명령하신 해.

(3) 王命善(膳)夫克舍令于成周, 遹正八師之年.(《小克鼎銘》) 왕께서 膳夫 克으로 하여금 (왕의)명령을 지니고 成周로 가서 八師를 살피라고 명령하신 해.

(4) 唯五月旣望甲子, 王在鎬京、令[179]師田父殷成周年.(《小臣傳簋銘》) 오월 旣望 甲子일 왕께서 鎬京에 계실 때 師田父에게 殷覜의 예를 成周에서 행하라고 명령하신 해.

18) 전치사구가 관형어로 쓰이는 경우

(1) 易田于敔五十田、于旲五十田.(《敔簋銘》) 敔에 있는 경작지 오십 田과 부에 있는 경작지 오십 田을 하사해주었다.

(2) 賜女(汝)田于野, 賜女田于渒, 賜女井家氣[180]田于峻, 以厥臣妾, 賜女田于康, 賜女田于匽, 賜女田于溥原, 賜女田于寒山.(《大克鼎銘》) 그대에게 野 지방의 경작지를 하

---

178) [역주] '旅'에 대해서는 제2장 제2절 [역주] 63 참조.

179) [역주] 원서에서는 '会'로 표기되어 있으나, 오타로 보인다.

180) [역주] 원서에서 '井' 뒤의 두 글자는 '寓口'로 표기되어 있으나, '家氣'로 수정 및 보충한다.

사하고, 潹 지방의 경작지를 하사하며, 峻 지방 井邑의 **劕**田과 (이를 경작하는)남녀 노예를 하사하노라. 康, 匿, 溥原과 寒山 지방의 경작지도 그대에게 하사한다.

(3) 朕文考眔毛公, 遣仲征無需, 毛公賜朕文考臣<u>自厥工</u>.(《孟簋銘》) 나의 문덕이 빛나시는 先父께서 毛公 및 遣仲과 함께 無需를 정벌하셨고, 毛公께서 나의 위대하신 先父께 毛公의 工匠에서 차출된 노복을 하사하셨다.

2 관형어의 의미 유형

관형어와 중심어의 의미 관계는 '묘사성 관형어'와 '제한성 관형어'의 두 가지로 구분할 수 있다.

1) 묘사성 관형어

이러한 관형어의 작용은 주로 사람이나 사물의 성질, 상태를 묘사하는 것이다. 대부분 형용사성 성분으로 충당되며, 비교를 나타내는 명사로 충당되기도 한다.

① 형용사성 성분으로 충당되는 경우

(1) 隹四月既生霸己丑, 公賞作冊大<u>白</u>馬.(《作冊大鼎銘》) 사월 既生霸 己丑일에 公께서 作冊 大에게 백마를 하사하셨다.

(2) 叔向父禹曰: 余小子司朕<u>皇</u>考肇帥井先文且, 共明德, 秉威義, 用緟愆[181]奠保我邦我家.(《叔向父簋銘》) 叔向父禹가 말하였다. "小子인 나는 나의 위대하신 先父를 계승하고 文德이 혁혁하신 선조들을 본받아 明德을 받들고 위엄을 갖춤으로써 (왕명을) 거듭 받들어 우리나라와 우리 가문을 안정시키고 보위할 것이다."

(3) 隹王十又三年六月初吉戊戌, 王才(在)周康宮<u>新</u>宮.(《望簋銘》) 왕 재위 십삼년 유월 初吉 戊戌일에 왕께서 成周 康宮 내의 새로 지은 宮室에 계셨다.

(4) 余蠁于君氏<u>大</u>章, 報婦氏帛束璜.(《五年琱生簋銘》) 내가 君氏께 큰 笏을 하사받고[182], 婦氏께는 비단 한 속과 璜으로 보답하였다.

---

181) [역주] '緟愆'에 대해서는 제2장 제3절 [역주] 67 참조.

182) [역주] 이 구문을 피동문이 아닌 능동문으로 보아 '나는 君氏께 큰 홀(笏)을 바쳤다'로 해석하는 견해도 있다.

(5) 我有大事, 休?(《尚書·大誥》) 나에게 큰일이 있는데 길할 것인가?[183]

② 명사 성분으로 충당되는 경우

(1) 先王其嚴才(在)上, 薄薄蓬蓬, 降余多福, 福余順孫, 參壽佳利.[184](《胡鐘銘》) 선왕께서 上帝의 곁에 삼가 계셔서 넉넉하고 풍성하게 나에게 많은 복을 내려주시고, 나의 孝孫을 보우해주셨으며, 장수와 이익을 주실 것이다.

(2) 則亦有熊羆之士, 不二心之臣, 保乂王家.(《尚書·康王之誥》) 또한 곰과 같이 용맹한 용사와 두 마음을 품지 않는 신하가 왕실을 보존하고 다스려서

2) 제한성 관형어

이러한 관형어의 작용은 주로 사물을 분류하거나 범위를 확정하는 것이다. 그리하여 사람 또는 사물의 영속, 시간, 방위, 처소, 수량, 용도, 지정 등을 나타낸다. 이러한 관형어는 명사성 성분, 동사성 성분, 수량 성분 및 대사 등으로 충당된다.

① 영속을 나타내는 것

(1) 前文人其嚴在上, 蓬蓬薄薄, 降余厚多福無疆,(《井人鐘銘》) 文德이 빛나시는 조상님께서 上帝의 곁에 삼가 계셔서 넉넉하고 풍성하게 나에게 크고 많은 복을 무한히 내려주실 것이다.

(2) 毋折緘, 告余先王若德.(《毛公鼎銘》) 緘口無言하지 말고, 나에게 선왕의 順德을 아뢰어라.

(3) 肆禹亦弗敢蠢, 賜共朕辟之命.[185](《禹鼎銘》) 禹 또한 감히 우매하지 않고 임금의 명을 삼가 공경하였다.

(4) 王乎作冊尹冊令㸇曰: 更乃且考司輔.(《輔師㸇簋銘》) 왕께서 作冊 尹을 불러 策命書로써 㸇에게 명령을 하달하게 하시며 말씀하셨다. "그대의 先祖先父를 계승하여 輔師의 직무를 맡도록 하라."

---

183) [역주] '休'는 '좋다, 아름답다'란 의미이다.
184) 參壽: 參星과 같은 장수.
　　[역주] '薄薄蓬蓬'의 원래 자형은 '羍羍敓敓'으로 '敓'은 '豐'을 聲符로 삼았다고 보는 것이 공통된 견해이나, '羍'의 독법에 대해서는 '態', '湝', '薄', '澤(赫)', '勃' 등 여러 견해가 있다. '羍羍敓敓'은 복을 풍성하게 내려달라는 바람을 나타내는 말로 볼 수 있다.
185) [역주] 원서에서는 '肆禹亦弗敢蠢賜, 共朕辟之命'으로 끊어 읽기를 하였으나, 쉼표의 오타로 보인다.

(5) 敬夙夕勿法朕令.(《師克盨銘》) 주야로 경건히 하며, 나의 명령을 버리지 말라.

(6) 已! 予惟小子, 不敢替上帝命.(《尙書·大誥》) 아! 나 소자는 감히 하느님의 명을 바꾸지 않을 것이다.

② 시간을 나타내는 것

(1) 隹甲子朝歲貞, 克. 昏夙有商.(《利簋銘》) 甲子일 아침에 歲祭를 드리고 商을 치셨다. 이미 상나라에 진군하여 주둔하였다는 소식이 전해졌다.[186]

(2) 才(在)八月乙亥, 辟井侯光厥正吏, 瓚[187]于麥宮.(《麥彝銘》) 팔월 乙亥일에 군주 邢侯께서 그의 正吏에게 은혜를 베풀어 주셨고, (麥은) 麥의 종묘에서 祼禮를 거행했다.

(3) 禹曰: 不顯趄趄皇且穆公克夾召先王, 奠四方.(《禹鼎銘》) 禹가 말했다. "위대하시고 용맹하신 皇祖 穆公께서 선왕을 보필하여 천하를 안정시키셨다."

(4) 婦子後人永寶.(《令簋銘》) 부녀와 자손들은 (이 궤를) 영원토록 소중히 할지어다.

(5) 智用丐萬年眉[188]壽, 永令多福.(《智壺蓋銘》)[189] 智은 (이 기물을 제작함으로써) 만수무강과 장수와 다복을 기원한다.

(6) 天子恣[190]纘文武長剌.(《史墻盤銘》) 천자께서는 문왕과 무왕의 장구한 공적을 힘써 계승하셨다.

③ 방위를 나타내는 것

(1) 戲! 東尸大反, 白懋父以殷八師征東尸.(《小臣謎簋銘》) 아! 동이가 크게 반란을 일으켜서

---

186) [역주] 《利簋銘》에서 '歲貞克昏夙有商'은 가장 쟁론이 많은 부분으로, 끊어 읽기와 해석에 관해서 의견이 매우 분분하다. 역자가 조사한 바에 따르면 원서에서 제시한 대로 끊어 읽기를 주장한 학자는 崔恒升(〈"歲鼎克䦆夙有商"考釋〉,《安徽大學學報》, 1981年 第1期)으로, 위의 해석은 崔恒升의 견해를 따른 것이다. 崔恒升은 '歲'는 제사명으로 牧野에서 희생물을 해체하는 제사로써 文王에게 고하고 복을 기원하는 것으로 보았으며, '夙'은 '宿'으로 읽어 '進駐'의 의미로 해석했다.

187) [역주] 이 글자의 원래 자형은 '𥃝'으로, 원서에서는 '獻'(제3장 제1절) 혹은 '鬲'으로 표기하고 있다. 최근까지의 연구를 종합해보면, 이와 관련된 일련의 글자들은 玉器인 '瓚'의 상형자로서, 금문에서는 '瓚'을 의미하는 것 외에도 '祼禮'를 거행하는 행위를 나타냄을 알 수 있다. 여기서는 원서의 '鬲' 대신에 '瓚'으로 수정하여 제시한다.

188) [역주] 원서에서는 '盟'로 표기되어 있으나, 오타로 보인다.

189) [역주] 원서에서는 '《智鼎銘》'로 표기되어 있으나, 오타로 보인다.

190) [역주] 이 글자의 원래 자형은 '𥛠'으로, '恣'로 읽는 독법 외에도 '造', '遡', '遂', '貌', '紹', '周' 등으로 보는 견해가 있다.

伯懋父가 殷八師를 이끌고 동이족을 정벌하셨다.

(2) 司馬共右諫入門, 立中廷.(《諫簋銘》) 司馬 共이 諫을 인도하여 문에 들어와 中廷에 섰다.

(3) 厥左執要史正仲農.(《散氏盤銘》) 계약서의 왼쪽을 소유하였고, 계약의 감독자는 사관 仲農이다.

(4) 王乃命西六師殷八師曰: 撲伐噩侯馭方, 勿遺壽幼.(《禹鼎銘》) 왕께서 이에 西六師와 殷八師에 명하여 말씀하셨다. "噩侯 馭方을 정벌하고 노인과 어린아이를 남기지 말라."

④ 처소를 나타내는 것

(1) 戲! 淮尸敢伐内國, 女其以成周師氏戍于固師.(《彔戜卣銘》) 아! 淮夷가 감히 우리나라를 침범하였으니 그대는 成周의 師氏와 함께 固地의 군사 주둔지를 수호하라.

(2) 履[191]井邑田自根木道左至于井邑封, 道以東一封.(《散氏盤銘》) 井邑의 경작지에 대해 답사를 하여, 根木의 길 왼쪽부터 井邑까지를 경계로 하고, 길 동쪽을 하나의 경계로 삼았다.

(3) 白懋父以殷八師征東尸.(《小臣謎簋銘》) 伯懋父가 殷八師를 이끌고 동이족 정벌에 나섰다.

(4) 更乃且考乍冢司土于成周八師.(《智壺蓋銘》) 그대의 先祖先父를 계승하여 成周의 八師에서 大司徒를 맡도록 하라.

⑤ 수량을 나타내는 것

(1) 唯三月丁卯, 師旅衆僕不從王征于方.(《師旅鼎銘》) 삼월 丁卯일에 師旅의 많은 僕官들이 왕의 方 정벌을 따르지 않았다.

(2) 凡用即曶田七田、人五夫, 曶覓匡卅秭.(《曶鼎銘》) 曶에게 모두 경작지 칠 田과 다섯 명을 배상하였다. 曶는 匡에게 삼십 秭를 감면해주었다.

(3) 其百子千孫永寶用, 其子子孫孫永寶用.(《梁其壺銘》) 자손만대 영원히 소중히 다룰지어다. 자자손손 영원토록 소중히 다룰지어다.

(4) 王賜乘馬, 是用左王.(《虢季子白盤銘》) 왕께서 말 네 필짜리 兵車를 하사하시고, 이것으로써 왕을 보좌하도록 하셨다.

(5) 余易女秬鬯一卣.(《彔伯戜簋銘》) 내가 그대에게 秬鬯酒 한 항아리를 하사한다.

(6) 王若曰: 猷! 大誥爾多邦越爾御事.(《尚書·大誥》) 임금님이 다음과 같이 말씀하셨다. "아! 옳다! 그대들의 여러 나라와 일을 맡은 사람들에게 널리 고하노라."

---

191) [역주] 원서에서는 '履'자는 없으나, '履'를 포함하여 끊어 읽는 것이 타당하므로 보충한다.

⑥ 용도를 나타내는 것

(1) 對揚朕宗君其休, 用作朕烈祖召公嘗簋.(《六年琱生簋銘》) 종실 君長의 은덕을 찬양하며, 나의 열조이신 召公을 위한 가을 제사용 簋를 제작하였다.

(2) 員孚金, 用作旅192)彝.(《員卣銘》) 員이 銅을 노획하였고, 旅祭에 사용할 祭器를 제작하였다.

(3) 王射于射廬.(《遣曹鼎銘》) 왕께서 射廬(활쏘기를 연습하는 장소)에서 활쏘기를 연습하셨다.

(4) 噩侯作王姞媵簋.(《噩侯簋銘》) 鄂侯가 王姞의 혼수품용 簋를 제작하였다.

(5) 鼐從王伐荊, 孚, 用作饙193)簋.(《鼐簋銘》) 鼐가 왕을 수행하여 荊楚 정벌에 나섰고, 포로를 잡았다. (이를 기념하고자) 식기용 簋를 제작하였다.

(6) 繇仲作偁生飲壺, 丐三壽懿德萬年.(《繇仲壺銘》) 繇仲이 偁生을 위하여 음주 용도의 壺를 제작하였으니, 장수와 미덕을 기원하며, 영원할지어다.

⑦ 지정을 나타내는 것

(1) 昔余旣令女, 今余隹緟京194)乃令, 令女更乃且考攝195)司左右虎臣.(《師克盨銘》) 예전에 나는 이미 그대에게 명령을 내렸고, 지금 내가 그 명령을 다시 내리니, 그대는 그대의 先祖先父를 계승하여 왕 주위의 虎臣을 관리하도록 하라.

(2) 寧王惟卜用, 克綏受玆命.(《尚書·大誥》) 문왕께서 점을 이용하시어 이 하늘의 명을 편히 받으셨으니

(3) 玆盨友(有)十又二.(《虢仲盨銘》) 이런 盨가 열두 개 있다.

(4) 瞻彼洛矣, 維水泱泱.(《詩經·小雅·瞻彼洛矣》) 저 낙수를 보니, 물이 깊고도 넓도다.196)

제한성 관형어의 종류는 매우 다양하여 위에서는 일부만을 예로 들었다.

---

192) [역주] '旅'에 대해서는 제2장 제2절 [역주] 63 참조.

193) [역주] '饙'의 독법에 관해서는 '饋', '饎' 등의 견해가 있다. 원서에서는 이 글자를 '壽'로 표기하였는데, '壽'字를 글자의 구성요소로 삼는 글자 중 기물명 앞의 수식어로 쓰이는 글자들은 거의 대부분 '食'字를 포함하고 있으므로, 여기서도 '饙'은 '壽'보다는 음식과 관련된 의미를 표시하는 것으로 보는 것이 타당하다.

194) '緟京'에 대해서는 제2장 제3절 [역주] 67 참조.

195) [역주] 이 글자의 원래 자형은 '飜'으로, '攝'으로 보는 견해 외에도 '繼', '畯', '駿', '妍', '兼', '幷', '攀', '纘' 등으로 考釋하는 견해도 있다.

196) [역주] '泱泱'은 '깊고 큰 모양'을 나타낸다.

3 관형어·중심어 사이의 조사

서주한어에서 관형어와 중심어 사이에 출현할 수 있는 구조조사는 5가지가 있다. 이것은 '之', '厥', '其', '者', '斯'이다.

殷商시기의 한어에서 관형어와 중심어 사이엔 구조조사가 사용되지 않았다. 서주한어에 와서, 구조조사는 비로소 출현하기 시작했다. 이때 비록 구조조사가 있긴 했으나 모두가 반드시 사용해야 하는 것은 아니었다. 아래의 두 예를 비교해 보자.

> (1) 唯王大禴(禴)于宗周, 誕饗鎬京年.(《土上卣銘》) 왕께서 宗周에서 성대한 禴祭를 올리시고, 鎬京에서 饗祭를 드리신 해.
>
> (2) 王命善(膳)夫克舍令于成周、遹正八師之年.(《小克鼎銘》) 왕께서 膳夫 克으로 하여금 (왕의)명령을 지니고 成周로 가서 八師를 살피라고 명령하신 해.

《詩經》(雅頌)에서 대부분의 절들이 네 글자로 되어 있다. 따라서 만약 하나의 형용사 관형어가 쌍음절이고 그 중심어가 단음절이라고 한다면 이때 항시 구조조사를 사용하였다.

> (1) 漸漸之石.(《詩經·小雅·漸漸之石》) 높고 높은 돌이여[197]
>
> (2) 楚楚者茨.(《詩經·小雅·楚茨》) 무성한 찔레밭에[198]

그러나 만약 관형어가 쌍음절이고 중심어도 쌍음절이라면 관형어와 중심어 사이에 구조조사를 사용하지 않았다.

> (1) 偕偕士子.(《詩經·小雅·北山》) 건장한 사자들이[199]
>
> (2) 赫赫師尹.(《詩經·小雅·節南山》) 의젓하신 태사와 윤씨여

관형어는 두 가지 위치가 있다. 하나는 중심어의 앞이고 다른 하나는 중심어의 뒤이다. 관형어가 뒤에 위치할 경우엔 구조조사를 절대 사용하지 않는다. 단지 관형어가 중심어의 앞에 출현할 때만 구조조사를 사용한다. 관형어가 중심어 앞에 출현할 경우 구조조사의 사

---

197) [역주] '漸漸'은 '높은 모양'을 나타낸다.

198) [역주] '楚楚'는 '무성한 모양'을 나타낸다.

199) [역주] '偕偕'는 '건장한 모습'을 나타낸다.

용 상황은 아래 표와 같다.

		之	其	厥	斯	者
제한성 관형어	영속	○	○	○	○	
	시간					
	방위					
	처소	○				
	수량				○	
	용도					
	지정	○				
	속성	○				
묘사성 관형어		○			○	○

이상의 표로 보건대, 시간, 방위, 용도를 나타내는 관형어의 뒤에는 모두 구조조사를 사용하지 않았다. '之', '其', '厥', '斯'는 모두 영속을 나타내는 관형어 뒤에 출현하고 있으나 '者'는 그렇지 않다. 예컨대 다음과 같다.

(1) 余其敢對揚天子之休, 余用作朕文考大中寶尊彝.(《燹駒尊銘》) 나는 삼가 천자의 은택을 찬양하며, 위대하신 先父 大仲께 제사를 올리는 데 사용할 귀중한 祭器를 제작하였다.

(2) 對揚朕宗君其休, 用作朕烈祖召公嘗簋.(《六年琱生簋銘》) 琱生은 종실의 맏어른의 은덕을 찬양하며, 나의 열조인 召公을 제사지내기 위한 簋를 만드노라.

(3) 對揚天子厥休, 用作朕文考惠仲尊寶簋.(《同簋銘》) 천자의 은택을 찬양하며, 문덕이 혁혁하신 나의 亡父 惠仲께 제사를 올리는 데 사용할 귀중한 簋를 제작하였다.

(4) 有兔斯首, 炮之燔之.(《詩經·小雅·瓠葉》) 토끼의 머리를 그슬리며 굽는다.

위에 언급한 예를 통해 보건대, 구조조사 '之', '其', '厥', '斯' 모두 지시대사에서 기원한 것들이다. 처음엔 관형어의 뒤, 중심어 앞에 쓰여 관형어를 전방조응(復指)하다가 나중에 구조조사가 된 것이다. 이 시기 '之'의 구조조사 용법은 충분히 발달한 상태이고 '斯'가 그 다음이나 '厥'과 '其'는 모두 충분히 발달하지 않은 상태이다. '之'는 처소, 속성, 지정을 나타내는 관형어의 뒤에 사용되고 있으나 그 외의 구조조사들은 이러한 용법이 없다. 예컨대 다음과 같다.

(1) 先輅在左塾之前.(《尚書·顧命》) 상아수레는 왼쪽 문간방 앞에 놓았다.[200]

(2) 呦呦鹿鳴, 食野之苹.(《詩經·小雅·鹿鳴》) 유유하고 사슴이 우네, 들에서 대쑥을 뜯네.[201]

(3) 唯王[202]令南宮伐反(叛)虎方之年.(《中鼎銘》) 왕께서 南宮에게 명령을 내려 반란을 일으킨 虎方을 토벌하라고 하신 해.

(4) 樂彼之園, 爰有樹檀.(《詩經·小雅·鶴鳴》) 즐거운 저 동산은, 박달나무 심겨져 있네.

한편, '斯'는 수량을 나타내는 관형어 뒤에 출현할 수 있으나 기타 구조조사는 이러한 용법이 없다.

(1) 于! 萬斯年.(《詩經·大雅·下武》) 아, 길고 길어 만년 동안

(2) 乃求千斯倉, 乃求萬斯箱.(《詩經·小雅·甫田》) 천 개의 창고가 필요하고, 만 개나 되는 짐수레가 필요하다.

'之', '斯', '者'는 모두 묘사성 관형어 뒤에 출현할 수 있는데 '者'는 단지 이 용법 하나뿐이다.

(1) 有杕之杜, 其葉萋萋.(《詩經·小雅·杕杜》) 우뚝한 아가위여, 그 잎이 무성하고 무성하도다.[203]

(2) 漸漸之石, 維其高矣.(《詩經·小雅·漸漸之石》) 높고 높은 돌이여 그 높기도 하여라.

(3) 秩秩斯干, 幽幽南山, 如竹苞矣, 如松茂矣.(《詩經·小雅·斯干》) 질서정연한 이 물가요, 그윽하고 그윽한 남산이로다. 대나무가 우거진 것 같고 소나무가 무성한 것과 같도다.[204]

(4) 菁菁者莪, 在彼中阿.(《詩經·小雅·菁菁者莪》) 무성하고 무성한 다북쑥, 저 언덕 안에 있구나.

4 다층 관형어

만약 관형어수식구 앞에 다시 관형어를 첨가한다면 '다층 관형어'를 형성하게 된다. 다층 관형어는 2층 이상이어야 하며 1층의 것은 다층 관형어가 아니다.

---

200) [역주] '先輅'는 '천자나 제후가 사용하는 상아로 장식한 수레'를 말한다. '塾'는 '대문 옆에 있는 문간방'이다.

201) [역주] '呦呦'는 사슴이 우는 소리이다.

202) [역주] 원서에서는 '王'이 누락되었으므로 보충하였다.

203) [역주] '杕'는 '나무 등이 우뚝 서있는 모양'이다. '萋萋'는 초목이 무성한 모양이다.

204) [역주] '干'은 '물가'이다. '秩秩'은 '질서 정연한 모양'이다. '苞'는 '무리지어 무성한 모양'이다.

(1) 出此 三物, 以詛爾斯.(《詩經·小雅·何人斯》)

　　　|관) 중|
　　　|관)중|

이 세 물건 꺼내어 너와 맹약하리라.

(2) 汝無以戾[反]罪疾喪時二王大功.(《逸周書·祭公解》)

　　　　|관) 중 　|
　　　　|관 　)중|
　　　　　|관)중|

너는 비뚤어졌다고 하여 이 두 왕의 큰 공을 죄로 치부하거나 질투하거나 상실하지 마라.

서주한어에서 다층 관형어의 순서는 일정한 규칙이 있다. 구체적으로 말하면 아래의 몇 가지가 있다.

첫째, 의미 유형이 같은(예컨대 모두가 시간을 나타낸다든지) 몇 개의 관형어의 배열은 크기 순서에 의해 배치한다. 예컨대 다음과 같다.

(1) 隹[205]十又二[206]年正月初吉丁亥, 虢季子白作寶盤.(《虢季子白盤銘》)

　|　　관) 　중　　　|
　　　|관) 　중 |
　　　　| 관) 중 |

십이년 정월 初吉 丁亥일에 虢季子白이 귀중한 盤을 제작했다.

(2) 厥爲[207]圖矢王于豆新宮東廷.(《散氏盤銘》)

　　　|관) 　중 　|
　　　　|관) 중 |
　　　　　|관)중|

그들이 지도를 작성하였고, 矢王은 豆邑에 있는 新宮의 東廷에 있었다.

---

205) [역주] 원서에서는 '隹'와 '十' 사이에 '王'이 추가되어 있는데 오타로 보인다.

206) [역주] 원서에서는 '三'으로 표기되어 있는데 오타로 보인다.

207) [역주] 원서에서는 '受'로 표기하였으나, '爪' 아랫부분의 자형을 '象'에 더 가까우므로 '爲'로 수정하여 제시한다.

둘째, 영속 관계를 나타내는 관형어가 다른 의미 유형의 관형어와 함께 출현할 경우, 대개 영속 관계의 관형어가 다른 관형어보다 앞에 위치한다. 예컨대 다음과 같다.

(1) 肆禹又成, 敢對揚武公不顯耿光, 用乍大寶鼎.(《禹鼎銘》)

```
     |관 )  중    |
       |관)  중 |
          |관중|
```

禹는 성공을 하기에 삼가 武公의 위대한 업적을 찬양하며, 크고 보배로운 鼎을 제작하였다.

(2) 余令女死我家, 幷208)司我西扁東扁僕馭百工牧臣妾.(《師獸簋銘》)

```
     |관)            중          |
       |     관)      중      |
```

나는 그대가 우리 집안일을 주관하고, 동쪽 교외(王畿의 동쪽)와 서쪽 교외(王畿의 서쪽)의 마부 노예·각종 匠人·牧人·남녀 노예를 함께 관리하는 것을 명하노라.

셋째, 수량을 나타내는 관형어가 다른 의미 유형의 관형어와 함께 출현할 경우, 수량 관형어가 다른 관형어 뒤에 위치한다. 예컨대 다음과 같다.

(1) 王乃命西六師、 殷八師.(《禹鼎銘》)

```
     |관) 중|  |관) 중|
       |관중|    |관중|
```

왕께서 이에 西六師와 殷八師에 명하셨다.

(2) 用肇造我區夏越我一二邦.(《尙書·康誥》)

```
     |관) 중|
       |관)중|
```

그리하여 우리 중원의 땅과 우리 한두 나라의 구역을 처음 만드셨다.

---

208) [역주] '幷'에 대해서는 제2장 제1절 [역주] 17 참조.

넷째, 속성을 나타내는 관형어가 다른 의미 유형의 관형어와 함께 출현할 경우, 속성 관형어가 대개 뒤에 출현한다(수량 관형어는 예외). 예컨대 다음과 같다.

(1) 隹王十又三年六月初吉戊戌, 王才周康宮 新宮.(《望簋銘》)

|관) 중 |
| 관) 중 |
|관)중|

왕 재위 십삼년 유월 初吉 戊戌일에 왕께서 成周 康宮 내의 新宮에 계셨다.

(2) 嗚呼! 天明畏, 弼我丕丕基.(《尙書·大誥》)

|관)중 |
|관) 중|

아! 하늘의 밝음을 두려워하는 것은 하늘이 우리의 큰 터전을 도우려고 하시기 때문이다.

위에서 언급한 것은 관형어가 중심어 앞에 출현할 때의 다층 관형어 순서이다. 그런데 사실상 후치의 다층 관형어도 이러한 순서의 문제가 존재한다.

첫째, 전치사구 관형어는 대개 수량구 앞에 위치한다. 예컨대 다음과 같다.

(예) 易田于敔五十田.(《敔簋銘》)

| 중 (관 |
|중(관|

敔에 있는 경작지 오십 田을 하사해주셨다.

그러나 수사 하나만 있다면 전치사구가 뒤에 위치한다.

(예) 王姜賜旟田三于待簟.(《旟鼎銘》)

|중 (관 |
|중(관|

王姜께서 旟에게 待簟에 있는 경작지 삼 田을 하사해주셨다.

둘째, 동사성구는 일반적으로 수량구 앞에 위치한다. 예컨대 다음과 같다.

(예) 其自豕鼎降十又一.[209](《函皇父簋銘》)
　　　|　　중 (　관　　|
　　　| 중(관　|

　　　豕鼎부터 차례대로 鼎 열한 개

5 관형어의 위치

서주한어에서의 관형어는 기본적으로 모두 중심어의 앞에 출현하는데, 이 점은 후세의 한어와 유사하다. 그러나 어떤 경우엔 관형어가 중심어의 뒤에 출현하기도 하고 중심어의 앞뒤에 나뉘어 출현하기도 한다.

1) 관형어가 중심어 앞에 출현하는 경우

이것은 서주한어 관형어의 통상적인 위치이다. 이러한 예는 부지기수이다.

(1) 顯盂(淑) 文祖、皇考, 克哲[210]厥德.(《井人佞鐘銘》) 찬란히 빛나시고 어지시며 文德이 혁혁하신 先祖와 위대하신 先父께서 경건히 덕행에 힘쓰셨도다.

(2) 奠(鄭)井叔作靈龢[211]鐘, 用妥賓.(《鄭井叔鐘銘》) 鄭井叔이 아름답고 음률이 조화로운 종을 제작하였으니 손님을 즐겁게 하는 데 사용할 것이다.

(3) 內公作從[212]鐘, 子孫永寶用.(《內公鐘銘》) 內公이 編鐘의 고리를 제작하였으니, 자손들은 영원히 귀중하게 사용할지어다.

(4) 對揚朕宗君其休.(《六年琱生簋銘》) 종실 君長의 은덕을 찬양하노라.

---

209) [역주] 원서에서는 '其'를 뒤의 구문에 붙여 읽었으나, 앞 글자인 '一'과 함께 읽어서 '한 세트'로 풀이하는 것이 합리적이다.
210) [역주] '哲'에 대해서는 제2장 제2절 [역주] 52 참조.
211) [역주] '靈龢'에 대해서는 제4장 제3절 [역주] 40 참조.
212) [역주] '從'에 대해서는 제4장 제3절 [역주] 30 참조.

2) 관형어가 중심어 뒤에 출현하는 경우

서주한어에 관형어가 후치하는 예를 자주 볼 수 있다(다음 장의 '서주한어 관형어 후치문'을 참조). 관형어가 후치하는 관형어수식구의 절대 다수가 목적어로 쓰이며 극히 일부가 보어로 쓰이고 있다. 관형어가 후치한 후, 중심어(즉 목적어)는 술어동사 바로 뒤에 따라 나오며 그 중심어 뒤에 바로 관형어가 나온다. 이렇게 하여 중심어에 대해 묘사와 제한을 하게 된다.

(1) 休王易效父呂三.(《效父簋銘》) 왕께서 效父에게 鋁 세 덩이를 하사하셨다.

(2) 折首五百, 執訊五十, 是以先行[213].(《虢季子白盤銘》) 오백 명을 참수하고 오십 명을 포로로 잡아 앞장서서 귀환하였다.

(3) 賜彤弓一、彤矢百、馬四匹.(《應侯見工鐘銘》) 붉은 활 한 개, 붉은 화살 백 개, 말 네 필을 하사하셨다.

(4) 王姜商(賞)令貝十朋、臣十家、鬲百人.(《令簋銘》) 王姜께서 令에게 貝 십 朋, 臣 열 가구, 백성 백 명을 상으로 내리셨다.

(5) 易女 …… 矢束.(《不其簋銘》) 그대에게 …… 화살 한 束을 하사하노라.

(6) 易守宮絲束 …… 馬匹 …… 瓛朋.(《守宮盤銘》)[214](守宮에게 비단 한 묶음 …… 말 한 필 …… 瓛玉 일 朋을 하사하셨다.

3) 관형어가 중심어 앞뒤로 나뉘어 나오는 경우

중심어의 관형어가 하나가 아닐 경우, 어떤 관형어는 중심어의 앞에 출현하고 어떤 관형어는 중심어 뒤에 출현한다.

(1) 賜女玄衣黹屯(純)、十芾、金鈧、赤寫、戈琱葳彤沙(蘇)、鑾勒、鑾旗五日.[215](《弭伯師耤簋銘》) 그대에게 가장자리가 자수로 장식된 검붉은 색 命服, 민무늬 蔽膝, 누른빛 腰帶, 붉은색 신발, 칼날에 무늬가 있고 붉은 술이 달린 창, 고삐와 재갈, 다섯 개의 태양이 그려진

---

213) [역주] '是以先行'에 관해서는 '앞서 승전보를 알렸다'로 해석하는 견해도 있다.

214) [역주] 원서에서는 《守宮尊銘》으로 표기되어 있으나, 《守宮盤銘》의 오타로 보인다.

215) [역주] 원서에서는 '鑾、旗五日'로 끊어 읽었으나, 금문에 보이는 하사품 중 '鑾旗'가 있으므로, '鑾旗五日'로 붙여 읽는 것이 타당하다.

방울 달린 깃발을 하사하노라.

(2) 朕皇考叔旅魚父蓬薄²¹⁶⁾降多福無疆.(《叔旅魚父鐘銘》) 나의 위대하신 先父이신 叔旅魚父께서 풍성하고 넉넉하게 많은 복을 무한히 내려주실 것이다.

(3) 疑商民弗懷, 用辟厥辟.(《逸周書·商誓解》) 생각을 하지 않는 상의 백성들을 안정시켜 이로써 그들의 임금을 돕게 만든다.²¹⁷⁾

(4) 魯人三效三遂, 峙乃楨幹.(《尙書·費誓》) 세 效와 세 遂의 노나라의 백성들이여, 그대들의 담틀을 세우시오.²¹⁸⁾

(5) 易女井人奔于量.(《大克鼎銘》) 그대에게 量 지방에서 부역하는 井邑 사람들을 하사하노라.²¹⁹⁾

(6) 今余賜女丗五、錫²²⁰⁾戈肜綏²²¹⁾.(《逆鐘銘》) 이제 내가 그대에게 방패 다섯 개와 붉은 술이 달린 銅戈를 하사한다.

6 관형어에 상대되는 중심어

관형어에 상대되는 중심어로는 명사, 관형어수식구, 명사성대등구, 술목구, 동사, 형용사 등으로 구성된다.

1) 명사로 구성되는 중심어

(1) 豕以朕履大賜里.(《大簋銘》) 豕과 朕가 大가 하사받은 朕里에 가서 답사를 했다.

(2) 王省武王成王伐商圖.(《宜侯矢簋銘》) 왕께서 武王과 成王이 商나라를 정벌한 지도를 살펴보셨다.

---

216) [역주] '蓬薄'에 대해서는 제4장 제3절 [역주] 31 참조.

217) [역주] '疑'는 '안정시키다'이다.

218) [역주] '峙'는 '세우다'이다. '楨幹'은 '담을 쌓을 때 세우는 모서리의 나무 기둥'이다.

219) [역주] '量'을 地名이 아니라 '糧田'의 뜻으로 해석하는 견해도 있다.

220) [역주] '錫'을 '銅'의 의미로 해석하기도 하지만, '今余賜女丗五錫、戈肜綏'와 같이 끊어 읽을 경우, '錫'을 '등쪽에 장식이 있는 방패'로 풀이한다.

221) [역주] 원서에서는 '蘇'로 썼으나, 이 글자의 원래 자형은 '𢎿'으로, 대개 '綏'으로 읽으므로, 이로 수정한다.

(3) 弭仲受無疆福.(《弭仲簠銘》) 弭仲이 무한한 복을 받다.

(4) 王在成周司土(徒)淲宮.(《鮮鐘銘》) 왕께서 成周의 司徒 淲의 궁에 계셨다.

(5) 內公作從[222]鐘, 子孫永寶用.(《內公鐘銘》) 內公이 編鐘의 고리를 제작하였으니, 자손들은 영원히 귀중하게 사용할지어다.

(6) 內公作鑄從鐘之句(鈎).(《內公鐘鈎銘》) 芮公이 編鐘의 고리를 제작하였다.

2) 관형어수식구로 구성되는 중심어

(1) 敢于卲(昭)告朕吾(寶)考.(《沈子它簋銘》) 나의 위대하신 先父께 삼가 조심스럽게 분명히 아룁니다.

(2) 侒不敢弗帥用文祖皇考穆穆秉德.(《井人佞鐘銘》) 佞은 문덕이 빛나는 선조와 위대하신 先父를 따라서 경건하게 덕을 갖출 것이다.

(3) 洪惟我幼沖人, 嗣無疆大歷服.(《尚書·大誥》) 널리 보면, 나는 나이 어린 사람이었는데 끝없고 큰 장구한 사업을 계승했다.

(4) 用寧王遺我大寶龜紹天明(命).(《尚書·大誥》) 문왕께서 나에게 크고 보배로운 거북을 물려주셔 천명을 잇게 하셨다.

(5) 上帝弗顯, 乃命朕文考曰: 殪商之多罪紂.(《逸周書·商誓解》) 상제가 그에게 도움을 보이지 않으시고 나의 문왕께 명하셨다. "상의 죄 많은 주를 죽여라."

(6) 汝無以戾[反]罪疾喪時二王大功.(《逸周書·祭公解》) 너는 비뚤어졌다고 하여 이 두 왕의 큰 공을 죄로 치부하거나 질투하거나 상실하지 마라.

3) 명사성대등구로 구성되는 중심어

(1) 顯盅(淑)文祖、皇考, 克哲[223]厥德.(《井人佞鐘銘》) 찬란히 빛나시고 어지시며 文德이 혁혁하신 先祖와 위대하신 先父께서 경건히 덕행에 힘쓰셨도다.

(2) 文王陟降, 在帝左右.(《詩經·大雅·文王》) 문왕께서 오르내리며, 상제님 곁에 계신다.

---

222) [역주] '從'에 대해서는 제4장 제3절 [역주] 30 참조.
223) [역주] '哲'에 대해서는 제2장 제2절 [역주] 52 참조.

4) 술목구로 구성되는 중심어

중심어가 되는 술목구는 이미 의미상의 변환지시(轉指)가 발생한 것으로 그 기능은 명사적이다. 그래서 이것은 'V + O + 者'와 유사하다.

> (예) 舍彼有罪, 旣伏其辜.(《詩經 · 小雅 · 雨無正》) 저 죄지은 자들을 버려두고, 그 허물을 덮어두었고[224]

5) 동사로 구성되는 중심어

> (1) 鴥彼飛隼, 其飛戾天.(《詩經 · 小雅 · 采芑》) 휙익 나는 저 새매, 날아 하늘에 이르네.[225]
>
> (2) 其泣喤喤, 朱芾斯皇.(《詩經 · 小雅 · 斯干》) 그 울음소리 우렁차니, 붉은 등갑이 휘황찬란하다.

6) 형용사로 구성되는 중심어

> (1) 周道如砥, 其直如矢.(《詩經 · 小雅 · 大東》) 주나라 길은 숫돌 같아, 화살처럼 쭉 뻗었었지.
>
> (2) 其崇如墉, 其比如櫛.(《詩經 · 周頌 · 良耜》) 그 높음이 담과 같으며, 그 즐비함이 빗과 같다.

제4절 서주한어 부사어와 중심어

본 절에서는 서주한어 부사어의 구성, 의미 유형, 위치, 층위 그리고 부사어에 상대적인 중심어의 구성, 부사어와 중심어 사이의 조사 등의 문제에 대해 토론한다.

---

224) [역주] '辜'는 '죄, 허물'이다.
225) [역주] '戾'는 '이르다'이다.

1 부사어의 구성

서주한어의 부사어는 부사, 형용사, 수사, 대사, 조동사, 전치사구, 동사성 성분, 명사성 성분으로 구성된다.

1) 부사로 구성되는 부사어

(1) 王若曰: 克, 昔余旣令女內朕令, 今余佳繼京226)乃令.(《大克鼎銘》) 왕께서 이렇게 말씀 하셨다. "克이여, 예전에 내가 그대에게 나의 명령을 출납하도록 명하였고, 지금 그 명령을 거듭 받들도록 하라."

(2) 我佳司配皇天王, 對作宗周寶鐘.(《胡鐘銘》) 내가 계속해서 하늘의 뜻에 부합하는 왕이 되 었으니, 이에 보답하고자 宗周를 위해 보배로운 종을 제작하였다.

(3) 肆武公亦弗叚望朕聖旦考幽大叔懿叔, 命禹仦(肖)227)朕旦考政于井邦.(《禹鼎銘》) 그 러므로 武公께서도 나의 영명하신 先祖先父인 幽大叔과 懿叔을 잊지 않으시고, 나 禹에게 명령하셔서 나의 先父先祖를 본받아 邢國을 다스리게 하셨다.

(4) 虢旅228)乃吏攸衛牧誓曰: 敢229)弗具付䣄从, 其且射230)分田邑, 則殺231).(《䣄攸从鼎 銘》) 虢叔旅가 이에 攸衛牧으로 하여금 맹세케 하고 (다음과 같이)말하게 했다. "감히 䣄从 에게 모두 주지 않고 앞으로 (서약을) 어기고 경작지와 촌락을 나눈다면, 죽임을 당할 것입니 다."

---

226) [역주] '繼京'에 대해서는 제2장 제3절 [역주] 67 참조. '䲣京'의 의미는 일반적으로 '䲣圐'와 유사한 것으로 본다.

227) [역주] '禹' 뒤의 글자는 '𠈌'로 원서에서는 '省'으로 표기하였으나, 자형상 거리가 있어 보인다. 이 글자에 대해서는 대략 두 가지 견해가 있는데, '仦'로 隸定하는 경우, '肖' 혹은 '俏'의 이체자로 보고 있으며, '厹'으로 隸定하는 경우에는 '纂' 또는 '纘'으로 읽는다. 원서에서 《禹鼎銘》의 이 부분 을 인용한 다른 곳에서는 이 글자를 '仦(肖)'로 표기한 바, 여기서도 이를 따르고자 한다.

228) [역주] 원서에서는 '叔'으로 표기되어 있는데, '旅'로 수정하여 제시한다.

229) [역주] 원서에서는 '弗' 앞에 '我'로 표기되어 있으나, 같은 명문인 《䣄从簋蓋銘》과 비교해보면, '敢' 임을 알 수 있다.

230) [역주] 원서에서는 '敢弗具付䣄从其且, 射分田邑'으로 끊어 읽기가 되어 있으나, 제7장 제2절의 동일 예문에 제시된 '我弗具付䣄从, 其且射(猒)分田邑'으로 수정하였다. '且射'와 관련한 諸說은 제3장 제3절의 동일 예문 각주 참고할 수 있다.

231) [역주] 원서에서는 '殊'로 표기되어 있는데, '殺'로 수정하여 제시한다. 제7장 제2절의 동일 예문에서 도 '殺'로 표기하고 있다.

2) 형용사로 구성되는 부사어

(1) 婦子後人永寶.(《令簋銘》) 부녀와 자손들은 (이 궤를) 영원토록 소중히 할지어다.

(2) 用令保我家、朕立(位)、胡身.(《胡簋銘》) 우리 주 왕실과 나의 왕위와 胡 자신을 잘 보우해 주시길 기원하노라.

(3) 天子明哲, 顯孝于申, 經念厥聖保且師華父, 擢[232)克王服, 出內[233)王令, 多賜寶休.(《大克鼎銘》) 천자께서는 명철하시고 조상신께 효심이 지극하시며, 그 聖明하신 조상이신 保氏 師華父를 늘 마음에 두사 나 克을 왕을 보필하는 관직에 등용하시고, 왕명을 출납하게 하며, 왕의 은택을 후하게 하사하셨다.

(4) 玁狁廣伐西俞, 王令我羞追于西.(《不其簋銘》) 玁狁이 西俞를 대대적으로 토벌하니, 왕께서 나에게 서쪽으로 진격하라고 명하셨다.

3) 전치사구로 구성되는 부사어

(1) 友眔厥子子孫永寶.(《友簋銘》) 友와 그 자손들은 이 기물을 영원히 소중히 할지어다.

(2) 雩八月初吉庚寅, 王以吳姊、呂㭫合卿盈師邦君射于大池.(《靜簋銘》)[234)(팔월 初吉 庚寅일에 왕께서 吳姊 및 呂㭫과 함께 卿 지역의 관장, 盈 지역의 관장, 邦國의 군주와 짝을 이뤄 辟池(辟雍 내의 環水)에서 射禮를 거행하셨다.

(3) 曶用茲金作朕文考宄白將[235)牛鼎.(《曶鼎銘》) 曶는 이 銅으로써 나의 文德이 빛나시는 先父宄伯께 소를 삶아 肆祭[236)를 올리는 용도의 鼎을 제작하였다.

(4) 䤷占[237)于彝, 其于之朝夕監.(《史䤷簋銘》) 史䤷은 이 일을 彝器에 기록하고 여기에서 아침 저녁으로 살펴 면려할 것이다.

(5) 予得吉卜, 予惟以爾庶邦于伐殷逋播臣.(《尙書·大誥》) 내 길한 점을 얻었다. 내 너희 여러 나라를 데리고 은나라로 도망가 파천한 신하들을 정벌하겠다.

---

232) [역주] 이 글자의 원래 자형은 '勴'으로, '擢' 외에 '龢', '協', '嗣', '樂' 등으로 읽는 의견도 있다.

233) [역주] 원서에서는 '內出'로 표기되어 있으나, '出內'로 수정한다.

234) [역주] '姊'는 여러 학자들이 '奉'로 隸定하고, '盈'은 '蓋'으로 隸定하나 여기서는 저자의 견해를 따르기로 하겠다.

235) [역주] '將'에 관해서는 제2장 제1절 [역주] 4 참조.

236) [역주] '肆祭'에 관해서는 제2장 제1절 [역주] 5 참조.

237) [역주] '占'에 대해서는 제2장 제1절 [역주] 8 참조.

4) 수사로 구성되는 부사어

(1) 王三錫命.(《周易·師卦》) 왕이 세 번 확고한 명을 내린다.

(2) 終朝三褫之.(《周易·訟卦》) 아침 조회가 끝나기 전에 세 번이나 빼앗을 것이다.

(3) 跂彼織女, 終日七襄.(《詩經·小雅·大東》) 삼각으로 있는 저 직녀성은, 종일토록 일곱 번이나 자리를 바꾸네.

(4) 雖則七襄, 不成報章.(同上) 비록 일곱 번 자리를 바꾸나, 보답해줄 문장을 이루지 못하였네.

(5) 一月三捷.(《詩經·小雅·采薇》) 한 달에 세 번 승리하리라.

5) 대사로 구성되는 부사어

(1) 王若曰: 克! 昔余旣令女出内朕令, 今余佳緟京238)乃令.(《大克鼎銘》) 왕께서 이렇게 말씀하셨다. "克이여, 예전에 내가 그대에게 나의 명령을 출납하도록 명하였고, 지금 그 명령을 거듭 받들도록 하라."

(2) 懿! 父乃是子.239)(《沈子它簋銘》) 아름답도다! 先父께서는 이렇게 자애로우시도다.

(3) 天之方難, 無然憲憲.(《詩經·大雅·板》) 하늘이 어려움을 내리시니, 그렇게 기뻐하고 즐거워하지 마라.240)

(4) 司余小子弗彶, 邦將害吉?(《毛公鼎銘》) 왕위를 계승한 내가 빠르게 대처하지 못한다면, 나라에 장차 어찌 길함이 있겠는가?

(5) 王害不違卜?(《尙書·大誥》) 왕께서는 어찌하여 점을 어기려 하지 않으십니까?

(6) 公曰: 君奭! 在昔上帝割申勸寧王之德, 其集大命于厥躬?(《尙書·君奭》) 공이 말했다. "군석아! 옛날에 상제께서는 어찌하여 문왕의 덕을 거듭 권면하시어 大命을 그의 한 몸에 집중시켰겠습니까?"241)

---

238) [역주] '緟京'에 대해서는 제2장 제3절 [역주] 67 참조. '𩛥𠅃'의 의미는 일반적으로 '𩛥𥄫'와 유사한 것으로 본다.

239) 是子: 이렇게 자애롭다.
    [역주] 많은 학자들은 '懿父乃是子'를 하나로 묶어 끊어 읽기를 하며, 그 해석은 각기 다르다.

240) [역주] '憲憲'은 '기뻐하고 즐거워하는 모습'이다.

241) [역주] 이 문장에서 '割'은 '曷'과 통하는 것으로 의문대사이다.

6) 명사성 성분으로 구성되는 부사어

이것은 네 가지로 분류할 수 있다. 첫째는 시간명사가 부사어로 쓰이는 것이고, 둘째는 방위명사가 부사어로 쓰이는 것, 셋째는 보통명사가 부사어로 쓰이는 것, 넷째는 명사구가 부사어로 쓰이는 것이다.

① 시간명사가 부사어로 쓰이는 것

(1) 癲其萬年永寶, 旦鼓.(《癲鐘銘》) 癲은 만년토록 이 종을 영원히 소중히 할 것이며, 매일 울릴 것이다.

(2) 頌其萬年無疆, 旦揚242)天子顯243)令.(《史頌簋銘》) 頌은 만년토록 영원할 것이며, 천자의 빛나는 명을 매일 찬양할 것이다.

(3) 旦辟國百里.(《詩經·大雅·召旻》) 날마다 나라를 백리 씩 개척하셨다.

(4) 式月斯生.(《詩經·小雅·節南山》) 다달이 생겨나다.

(5) 而月斯征.(《詩經·小雅·小宛》) 너도 달마다 나아가라.

(6) 辛未, 王各于康.(《應侯見工鐘銘》) 辛未일에 왕께서 康宮에 이르셨다.

(7) 今余賜女冊五、錫244)戈彤緌245).(《逆鐘銘》) 이제 내가 그대에게 방패 다섯 개와 붉은 술이 달린 銅戈를 하사한다.

(8) 昔我往矣, 楊柳依依. 今我來思, 雨雪霏霏.(《詩經·小雅·采薇》) 옛날에 내가 떠날 때, 버드나무가 흐드러졌었는데, 이제 내가 돌아올 때는 함박눈이 펄펄 내린다.246)

② 방위명사가 부사어로 쓰이는 것

(1) 王令吳伯曰: 以乃師左比毛父 ······ 王令呂白曰: 以乃師右比毛父.(《班簋銘》) 왕께서 吳伯에게 명령하여 말씀하시길 "그대의 군대를 이끌고 좌측에서 毛父를 도와주라"고 하셨다

---

242) [역주] '揚'에 대해서는 제2장 제1절 [역주] 12 참조.

243) [역주] '顯'에 대해서는 제2장 제1절 [역주] 13 참조.

244) [역주] '錫'을 '銅'의 의미로 해석하기도 하지만, '今余賜女冊五錫、戈彤緌'와 같이 끊어 읽을 경우, '錫'을 '등쪽에 장식이 있는 방패'로 풀이한다.

245) [역주] 원서에서는 '蘇'로 썼으나, 이 글자의 원래 자형은 '𦅫'으로, 대개 '緌'으로 읽으므로, 이로 수정한다.

246) [역주] '依依'는 '나뭇가지가 바람에 나부끼는 모양'이다. '霏霏'는 '눈이 펑펑 내리는 모습'이다.

…… 왕께서 呂伯에게 명령하여 말씀하시길 "그대의 군대를 이끌고 우측에서 毛父를 도와주라"고 하셨다.

(2) 王南征, 伐角僑[247].(《鼉侯鼎銘》) 왕께서 남쪽으로 출정하셔서 角과 僑을 정벌하셨다.

(3) 宰倗父右望入門, 立中廷, 北卿.(《望簋銘》) 宰官 倗父가 望을 인도하여 문에 들어와 中廷에 선 후, 북쪽을 향했다.

(4) 王親令克遹涇東至于京師, 易克甸車馬乘.(《克鐘銘》) 왕께서 친히 克에게 涇水 동쪽에서 京師까지 따를 것을 명하시고, 克에게 (사냥할 때 타는) 田車와 말 네 필을 하사하셨다.

(5) 師左次, 無咎.(《周易·師卦》) 군사가 뒤로 물러나 머무르니 허물은 없을 것이다.[248]

(6) 武人東征, 不遑朝矣.(《詩經·小雅·漸漸之石》) 무인이 동쪽으로 정벌을 가니, 아침에 쉴 겨를도 없다.

(7) 外御其務.(《詩經·小雅·常棣》) 밖에서는 그 수모를 막아주네.

(8) 蟊賊內訌.(《詩經·大雅·召旻》) 모적들이 안으로 난을 일으키고[249]

③ 보통명사가 부사어로 쓰이는 것

(1) 大人虎變, 未占有孚.(《周易·革卦》) 대인이 호랑이처럼 변하니, 아직 점치지 않았는데도 믿음이 있다.[250]

(2) 君子豹變, 小人革面.(同上) 군자는 표범처럼 변하고, 소인은 얼굴만 바뀐다.

(3) 經始勿亟, 庶民子來.(《詩經·大雅·靈臺》) 영대를 경영하여 시작하기를 급히 하지 말라고 했으나 백성들이 자식처럼 오도다.

(4) 噂沓背憎.(《詩經·小雅·十月之交》) 앞에서는 친한 척 많은 말 하다가 돌아서면 비방하네.[251]

④ 명사성구가 부사어로 쓰이는 것

관형어수식구와 명사성대등구 모두 부사어로 쓰인다.

---

247) [역주] 원서에서는 '翷'로 표기되어 있으나, '僑'로 수정하여 제시한다.
248) [역주] 여기서 '左'는 '뒤로 후퇴함'을 의미한다. '次'는 '주둔하는 것'이다.
249) [역주] '蟊賊'은 원래 해충을 의미하나 탐관오리를 비유하기도 한다. '訌'은 '내분'이다.
250) [역주] '孚'는 '미쁘다, 참되다'의 의미이다.
251) [역주] '噂'은 '모이다'이다. '沓'은 '중복하다'이다.

a. 관형어수식구가 부사어로 쓰이는 것

(1) 天子其萬年申玆命.(《虎簋蓋銘》) 천자께서는 영원히 이 책명을 계속해주시길 기원하노라.

(2) 走其萬年子子孫孫永寶用享.(《走鐘銘》) 走는 만년토록 자자손손 영원히 소중히 하며 제사에 사용할 것이다.

(3) 公車折首二252)百又十又五人.(《多友鼎銘》) 참수한 자는 武公의 戰車를 기준으로 이백십오 명이었다.

(4) 何日斯沮.(《詩經·小雅·小旻》) 어느 날에나 그것이 그칠까

(5) 一月三捷.(《詩經·小雅·采薇》) 한 달에 세 번 승리하리라.

(6) 唯伯殷父北師(次)叟年, 事(史)晨在井(邢), 作考寶尊彝.(《事晨鼎銘》) 伯殷父께서 북쪽의 군사 주둔지에서 점검하셨던 해에 사관 晨이 邢地에 있었고, 先父께 제사를 올리는 데 사용할 귀중한 祭器를 제작하였다.

b. 명사성대등구가 부사어로 쓰이는 것

(1) 朝夕從事.(《詩經·小雅·北山》) 아침저녁으로 종사하니

(2) 夙夜匪解.(《詩經·大雅·烝民》) 밤낮으로 게을리하지 아니하여253)

7) 동사성 성분으로 구성되는 부사어

이것은 세 가지 유형으로 구분할 수 있다. 첫째는 조동사로 구성되는 것이고, 둘째는 일반 동사로 구성되는 것, 셋째는 동사구로 구성되는 것이다.

① 조동사로 구성되는 부사어

(1) 不(丕)顯高祖、亞祖、文考, 克明厥心.(《癲鐘銘》) 위대하신 高祖·亞祖·문덕이 빛나시는 先父께서는 그 마음을 환히 밝히셨도다.

(2) 靡不有初, 鮮克有終.(《詩經·大雅·蕩》) 시작이 없는 경우는 없지만 끝까지 마무리 하는 경우는 드물다.

---

252) [역주] 원서에서는 '二'가 누락되어 보충하였다.
253) [역주] '解'는 '게으르지다'이다.

(3) 克敢對揚天子休.(《克鐘銘》) 克은 삼가 천자의 은택을 찬양하노라.

(4) 天子眉事梁其, 身邦君大正.(《梁其鐘銘》) 천자께서는 梁其로 하여금 邦君大政의 직무를 담당하게 하셨다.

(5) 堪事朕辟皇王, 眉壽永寶.(《眉壽鐘銘》) 나의 군주 위대하신 왕을 능히 섬길 것이며, 장수를 기원하며 영원히 (이 종을) 소중히 할 것이다.

(6) 梁其其萬年無疆, 堪臣皇王, 眉壽永寶.(《梁其鐘》) 梁其는 만년토록 영원하고, 위대하신 왕을 능히 섬길 것이며, 장수하며 영원히 (이 종을) 소중히 할 것이다.

② 일반 동사로 구성되는 부사어

(1) 今爾奔走臣我監五祀.(《尙書·多方》) 이제 그대들이 부지런히 우리 보살피는 분을 섬긴 지 오년이 되었도다.[254]

(2) 奔走事厥考厥長.(《尙書·酒誥》) 그대들 아버지나 윗사람을 부지런히 섬겨야 한다.

③ 동사구로 구성되는 부사어

이른바 동사구란 술목구일 수도 있고 동사성대등구일 수도 있다.

(1) 侯父[255]眔齊萬年眉壽, 子子孫孫亡疆寶.(《遲父鐘銘》) 遲父와 齊姜은 만년토록 장수를 할 것이며, 자자손손 (이 종을) 영원히 소중히 할지어다.

(2) 惟文王德丕承, 無疆之恤.(《尙書·君奭》) 오직 문왕의 덕으로 끝없는 근심을 받들라.[256]

(3) 亂如此憮.(《詩經·大雅·巧言》) 환란이 이처럼 세상을 덮는구나.

(4) 如山之苞, 如川之流.(《詩經·大雅·常武》) 산과 같이 둘러싸고 내와 같이 흐른다.[257]

(5) 或出入風議.(《詩經·小雅·北山》) 혹은 출입하면서 거리낌 없이 말한다.

---

254) [역주] 여기서 '監'은 '낙읍에 옮긴 백성들을 감시하는 자'를 말하고, '祀'는 은나라의 年紀이다.

255) [역주] 원서에서는 '侯'를 '遲'로 읽었으나 여기서는 '侯'를 語氣詞로 보는 견해를 따른다. 또, '侯' 뒤에 '父'가 누락되었기에 보충하였다.

256) [역주] 이 문장의 '丕承, 無疆之恤' 이 부분은 대개 "무강한 근심을 크게 이어받다"로 해석된다. 여기서 '無疆'은 오히려 관형어로 쓰이고 있어 저자의 해석에 이의를 제기할 수 있다.

257) [역주] '苞'는 '밑동, 싸다'이다.

2 부사어의 의미 유형

부사어의 의미 유형은 '제한성 부사어'와 '묘사성 부사어' 두 가지로 구분 할 수 있다.

1) 제한성 부사어

제한성 부사어는 주로 시간, 빈도, 방위, 처소, 정도, 부정, 긍정, 의문, 방식, 도구, 범위, 대상, 수량, 어기 등을 나타낸다.

① 시간을 나타내는 것

(1) 唯五年三月旣死霸庚寅, 王初各伐玁狁于量**盧**.(《兮甲盤銘》) 오년 삼월 旣死霸 庚寅일에 왕께서 처음으로 畱**盧**에서 玁狁을 토벌하셨다.

(2) 王後阪258), 克商, 在成師.(《小臣單觶銘》) 왕께서 후에 돌아와 商을 치시고, 成地의 군사 주둔지에 계셨다.

(3) 王若曰: 克! 昔余旣令女出納朕令.(《大克鼎銘》) 왕께서 이렇게 말씀하셨다. "克이여, 예전에 내가 이미 그대에게 나의 명령을 출납하도록 명령했었다."

(4) 王曰: 若昔朕其逝, 朕言艱日思.(《尙書·大誥》) 왕이 말했다. "옛날에 내가 무경을 정벌하러 갔을 때, 나 또한 날마다 이 어려움을 생각했다."

② 빈도를 나타내는 것

(1) 曶或以匡季告東宮.(《曶鼎銘》) 曶이 또 匡季를 東宮에게 고소했다.

(2) 隹五年正月己丑, 琱生又吏召來合事余獻.(《五年琱生簋銘》) 오년 정월 己丑일에 琱生이 또 召伯虎로 하여금 오게 해서 일을 상의하였고, 나는 바쳤다.259)

(3) 肆武公亦弗叚望朕聖且考幽大叔懿叔, 命禹[仦](肯)260)朕且考政于井邦.(《禹鼎銘》)

---

258) [역주] 이 글자의 원래 자형은 '叛'으로 '返'으로 읽기도 하지만, '파괴하다'나 '뒤집다'의 뜻으로 해석해서 '叛克'을 동의병렬관계의 동사로 보기도 한다.

259) [역주] 《五年琱生簋銘》의 끊어 읽기에 대해서는 여러 이견이 존재하며, 여기에서는 원서의 끊어 읽기에 따른 해석을 제시하였다. 원서에서 '吏'로 표기한 이 글자는 다수의 학자들이 '事'로 본다.

260) [역주] '禹' 뒤의 이 글자에 대해서는 제5장 제4절 [역주] 227 참조.

그러므로 武公께서도 나의 영명하신 先祖先父인 幽大叔과 懿叔을 잊지 않으시고, 나 禹에게 명령하셔서 나의 先父先祖를 본받아 邢國을 다스리게 하셨다.

(4) 天亦休于前寧人.(《尙書·大誥》) 하늘 또한 전에 나라를 편안케 한 분들을 아름답게 여긴다.

(5) 屢顧爾僕.(《詩經·小雅·正月》) 자주 너의 마부를 돌아보면

(6) 仍執醜虜.(《詩經·大雅·常武》) 거듭하여 오랑캐를 잡았네.

③ 방위를 나타내는 것

(1) 王令呂白曰: 以乃師右比毛父.(《班簋銘》) 왕께서 呂伯에게 명령하여 말씀하시길 "그대의 군대를 이끌고 우측에서 毛父를 도와주라"고 하셨다.

(2) 宰佣父右望入門, 立中廷, 北卿.(《望簋銘》) 宰官 佣父가 望을 인도하여 문에 들어와 中廷에 선 후, 북쪽을 향했다.

(3) 矧今卜幷吉, 肆朕誕以爾東征.(《尙書·大誥》) 하물며 지금의 점이 모두 길하니, 이에 나는 그대들과 함께 동쪽으로 정벌하려고 한다.[261]

(4) 滮池北流.(《詩經·小雅·白華》) 흐르는 못이 북으로 흘러

④ 처소를 나타내는 것

(1) 于匡朕肅慕, 惠西六師殷八師伐噩侯馭方, 勿遺壽幼.(《禹鼎銘》) 匡地로 가라! 나는 과단성 있고 부지런하도다. 西六師와 殷八師는 鄂侯 馭方을 정벌하고 노인과 어린아이를 남기지 말라.[262]

(2) 王在宗周令盂.(《大盂鼎銘》) 왕께서 宗周에서 盂에게 명령하셨다.

(3) 䛂占[263]于彝, 其于之[264]朝夕監.(《史䛂簋銘》) 史䛂은 이 일을 彝器에 기록하고 여기에서 아침저녁으로 살펴 면려할 것이다.

---

261) [역주] '誕'은 '크게'의 의미이다.
262) [역주] '于匡朕肅慕'에 관해서는 여러 해석이 있다. 원서에서와 같이 '匡'을 처소로 해석한 李先登(《禹鼎集釋》,《中國歷史博物館館刊》, 1984年)의 경우, '于'를 '往'의 뜻으로 보고, '慕'는 '慔'로 읽고 '勉'의 의미라고 보았다. 위의 해석은 이러한 견해에 기초한 것이다. 그러나 '匡'을 '將'으로 읽고 '傳'의 의미로 풀이하고, '慕'을 '謨'로 읽는 학자가 다수인 점을 감안한다면, '于匡朕肅慕'은 '가서 나의 과단성 있는 계책을 전하라'는 의미로도 해석할 수 있다.
263) [역주] '占'에 대해서는 제2장 제1절 [역주] 8 참조.
264) [역주] '于之'를 처소가 아닌 '이로써, 이 일로써'로 해석하는 견해도 있다.

(4) <u>自天子所</u>, 謂我來矣.(《詩經·小雅·出車》) 천자가 계신 곳으로부터 나에게 오라고 한다.

(5) <u>在宗</u>載考.(《詩經·小雅·湛露》) 종실에서 예를 이루도다.[265]

(6) <u>在彼</u>無惡, <u>在此</u>無斁.(《詩經·周頌·振鷺》) 저기서도 미워하는 이가 없고, 여기서도 싫어하는 이가 없다.[266]

⑤ 정도를 나타내는 것

(1) 其<u>丮</u>哀乃沈子它唯福.(《沈子它簋銘》) 당신의 믿음직스러운 아들 它를 심히 사랑하사 복을 내려 주시다.[267]

(2) 子弗祗服厥父事, <u>大</u>傷厥考心.(《尚書·康誥》) 아들이 그 아버지의 일을 공경하고 복종하지 않으며 아버지의 마음을 크게 상하게 하면

(3) 王曰: 爾惟舊人, 爾<u>丕</u>克遠省, 爾知寧王若勤哉!(《尚書·大誥》) 임금이 말했다. "그대들 옛 관리들은 크게 멀리 살필 수 있으니, 그대들은 문왕께서 얼마나 근면하셨는지 알 것이다."

(4) 昊天<u>孔</u>昭.(《詩經·大雅·抑》) 넓은 하늘이 매우 밝으시니

(5) 上帝<u>甚</u>蹈.(《詩經·小雅·菀柳》) 하늘이 하도 변화무쌍하니

(6) 政事<u>愈</u>蹙.(《詩經·小雅·小明》) 정사가 더욱 급박해진다.

⑥ 부정을 나타내는 것

(1) 余告慶, 余以邑訊有司: 余典<u>勿</u>敢封.(《六年琱生簋銘》) 경사를 아룁니다. 제가 田邑에 관한 일로 有司에게 문의를 하였는데, 저와 관련된 문서가 등록은 되었으나 아직 토지의 경계를 세우지 않았다고 합니다.

(2) 王乃命西六師殷八師曰: 撲伐噩侯馭方, <u>勿</u>遺壽幼.(《禹鼎銘》) 왕께서 이에 西六師와 殷八師에 명하여 말씀하셨다. "鄂侯 馭方을 정벌하고 노인과 어린아이를 남기지 말라."

(3) 歷自今, 出入專命于外, <u>毋非</u>先告父厝, 父厝舍命, <u>毋</u>又敢疌專命于外.(《毛公鼎銘》) 지금부터 드나들며 대외에 명령을 공포함에 있어 父厝에게 먼저 고한 것이 아니면, 父厝이 명령을 내릴 때 감히 독단적으로 대외에 명령을 공포하지 말라.

---

265) [역주] '載'는 '제사를 받드는 것'을 말하고, '考'는 '이루다'이다.

266) [역주] '斁'는 '싫어하다'이다.

267) [역주] '丮'에 대해서는 부사인 '劇'으로 읽는 것 외에, '揚'이나 '慈'로 읽어야 한다는 주장도 있으며, '其丮'이 '期(其)'를 나눠 쓴 형태(分書)라고 보는 의견도 있다.

(4) **爾**从以攸衛牧告于王曰: 女覓我田牧, **弗**能許.(《**爾**攸从鼎銘》) **爾**从이 왕에게 攸衛牧을 고소하여 말했다. "당신(攸衛牧)이 나의 농지를 요구하여 (攸衛牧의 직책인)牧의 관할지로 만들고서는 (**爾**从에)응할 수 없다."

(5) 番生**不**敢**弗**帥井皇且考不不元德, 用縄恣[268]大令, **粤**王立.(《番生簋銘》) 番生은 위대하신 先祖先父의 크나크신 덕을 마땅히 본받아 크신 명령을 거듭 받들어 왕위를 보위하였다.

(6) 于弟**弗**念天顯, 乃**弗**克恭厥兄. 兄亦**不**念鞠子哀, 大**不**友于弟.(《尙書·康誥》) 그리고 아우가 하늘이 밝힌 도리를 생각지 않고 그 형을 공경하지 않으면, 형 또한 부모가 자식을 기른 수고로움을 생각하지 않으며 크게 아우에게 우애롭지 못할 것이다.

(7) 朕**未**有艾.(《詩經·周頌·訪落》) 내가 미칠 수가 없다.[269]

(8) **莫**遠具爾.(《詩經·大雅·行葦》) 멀리하지 않고 가까이 한다면

⑦ 긍정을 나타내는 것

(1) **必**尚卑處乓邑, 田乓田.(《曶鼎銘》) 반드시 그 읍에 거하게 하고 그 경작지를 농사짓도록 해야 한다.

(2) **必**恭敬止.(《詩經·小雅·小弁》) 반드시 그것에 공경하는 마음이 있어서

(3) 申伯**信**邁.(《詩經·大雅·崧高》) 신백이 진실로 자기나라로 가거늘[270]

(4) 謝于**誠**歸.(同上) 사읍에 진실로 돌아가다.

(5) 幽居**允**荒.(《詩經·大雅·公劉》) 빈땅에 거주하는 것이 진실로 넓기도 하도다.

⑧ 의문을 나타내는 것

(1) 司余小子弗彶, 邦將**害**吉?(《毛公鼎銘》) 왕위를 계승한 내가 빠르게 대처하지 못한다면, 나라에 장차 어찌 길함이 있겠는가?

(2) 若穡夫, 予**曷**敢不終朕畝?(《尙書·大誥》) 마치 농부와 같으니, 내 어찌 나의 밭일을 끝마치지 않을 수 있겠는가?

(3) 王**害**不違卜?(《尙書·大誥》) 왕께서는 어찌하여 점을 어기려 하지 않으십니까?

---

268) [역주] '縄恣'에 대해서는 제2장 제3절 [역주] 67 참조.
269) [역주] '艾'는 '미치다, 이르다'이다.
270) [역주] '邁'는 '가다'이다.

(4) 嗚呼! <u>曷</u>其奈何弗敬?(《尙書·召誥》) 아! 어찌 공경하지 않을 수 있겠는가?

(5) 其<u>何</u>能淑?(《詩經·大雅·桑柔》) 그 어찌 좋을 수 있겠는가?

(6) <u>曷</u>惠其寧?(《詩經·大雅·雲漢》) 언제나 편안해 지리요?

(7) 天<u>何</u>以刺?(《詩經·大雅·瞻卬》) 하늘은 어찌하여 왕을 꾸짖는가?

(8) <u>何</u>用不監?(《詩經·小雅·節南山》) 어찌하여 살피지도 않는 것인가?

⑨ 태도방식을 나타내는 것

(1) 王<u>親</u>令克遹涇東至于京師, 易克甸車馬乘.(《克鐘銘》) 왕께서 친히 克에게 涇水 동쪽에서 京師까지 따를 것을 명하시고, 克에게 (사냥할 때 타는) 田車와 말 네 필을 하사하셨다.

(2) 余非庸又昏[271], 女毋敢妄寧, 虔夙夕惠我一人, 雝我邦小大猷.(《毛公鼎銘》) 나는 평범하지도 어리석지도 않으니, 그대는 감히 태만하거나 안일해서는 안 되고, 성심껏 아침저녁으로 나를 도우며, 우리나라의 크고 작은 정책을 조율하라.

(3) <u>相</u>怨一方.(《詩經·小雅·角弓》) 서로 한쪽을 원망한다.

(4) 矧今天降戾于周邦, 惟大艱人誕隣<u>胥</u>伐于厥室, 爾亦不知天命不易.(《尙書·大誥》) 하물며 하늘이 주나라에 벌을 내리셨거늘, 큰 어려움을 만드는 사람이 매우 가까이 있어 서로 그 집안을 공격하고 있고, 그대들도 또한 서로 하늘의 명을 어길 수 없다는 것을 알지 못하고 있다.[272]

(5) 父身三年靜東或, 亡不成[273]<u>戜</u>[274]天畏.(《班簋銘》) 毛父가 친히 삼년 내에 東國들을 평정시키셨고, 성공하지 못한 것이 없었으며, 하늘의 위엄을 훼손하지도 않았다.[275]

(6) 王乎內史尹冊令師兌足[276]師龢父司左右走馬、五邑走馬.(《師兌簋銘》) 왕께서 內史

---

271) [역주] '昏'의 원래 자형은 '聞'이다. '余非'를 앞 구문에 붙여 읽어 '引唯乃智余非, 庸又聞'로 끊어 읽는 견해도 있다.

272) [역주] '胥'는 '서로'의 의미이다.

273) [역주] 과거 '成'을 '咸'으로 考釋하는 견해도 일부 있었으며, 원서에서도 '咸'으로 표기하였으나, 현재는 '成'으로 보는 것에 이견이 없기에 여기서도 '成'으로 수정하여 제시한다.

274) [역주] '成' 뒤의 글자는 '𢦏'으로, 원서에서는 '戣'으로 표기되어 있으나, '戜'·'戝'·'戜' 등으로 隸定하는 견해도 있다. 여기에서는 '戜'로 수정하여 제시한다.

275) [역주] '父身'을 앞 구문에 붙여 읽는 견해가 다수이며, 이 경우 '父身'은 '毛父' 자체를 가리키게 된다. 그러나 원서처럼 끊어 읽기를 한 郭沫若의 경우, '身'을 '親'의 뜻이라고 보았다.

276) [역주] 제2장 제1절에서는 '足'을 '疋'로 표기했는데, 두 글자는 원래 같은 글자였다가 '疋'이 '足'에서 분화된 것이다.

卄을 불러 策命書로써 師兌가 師龢父를 보좌하여 左右走馬와 五邑走馬를 관리하도록 명령을 내리게 하셨다.

⑩ 도구를 나타내는 것

(1) 智用兹金作朕文考宄白將[277]牛鼎.(《智鼎銘》) 智는 이 銅으로써 나의 文德이 빛나시는 先父宄伯께 소를 삶아 肄祭[278]를 올리는 용도의 鼎을 제작하였다.

(2) 以我覃耜, 俶載南畝.(《詩經·小雅·大田》) 나의 날카로운 보습으로 비로소 남쪽 밭을 갈다.[279]

(3) 以其騂黑, 與其黍稷, 以享以祀.(《詩經·小雅·大田》) 붉은 소와 검은 소, 그리고 기장과 피로 제물을 바쳐 제사를 지낸다.

(4) 以爾鉤援, 與爾臨衝, 以伐崇墉.(《詩經·大雅·皇矣》) 그대의 성을 공격할 사다리와 그대의 임거와 충거로 崇나라 성을 치라 하셨다.[280]

(5) 以其介圭, 入覲于王.(《詩經·大雅·韓奕》) 대규로써 들어와 왕을 뵙도다.[281]

⑪ 인과를 나타내는 것

(1) 王曰: 父䐭! 雩之庶出入事于外, 專命專政, 藝小大楚賦, 無唯正昏[282], 引其唯王智, 乃唯是喪我或.(《毛公鼎銘》) 왕께서 말씀하셨다. "父䐭이여! 백관들이 넘나들며 대외적으로 정무에 힘쓰고, 왕명을 공포하고 정책을 실행하여 부역과 조세를 설치하는 데에 있어서 어리석음을 바로 잡지 못하고 더군다나 왕의 지혜만 따른다면 이런 이유로 우리나라가 망하게 될 것이다."[283]

---

277) [역주] '將'에 관해서는 제2장 제1절 [역주] 4 참조.

278) [역주] '肄祭'에 관해서는 제2장 제1절 [역주] 5 참조.

279) '覃'은 '날카롭다'는 것이고, '俶'은 '비로소', '載'는 '일하다'이다.

280) [역주] '鉤援'은 '성을 공격할 때는 사다리'이고, '臨'은 '임거' 즉 '적진을 굽어볼 수 있게 만든 전차', '衝'은 '충거' 즉 '성을 무너뜨리는 전차'이다.

281) [역주] '介圭'는 '大圭'로 큰 홀을 말한다.

282) [역주] '昏'의 원래 자형은 '聞'이다.

283) [역주] '事'는 '使'로 읽어 '사신으로 파견되다'로 보는 견해도 있다. '無唯正聞, 引其唯王智'에 대한 해석은 분분한데, '正'을 '正長'(각 급의 우두머리)으로 보고, '聞'을 '(일과 관련하여)들어서 알다, 즉 보고를 받아서 파악하고 있다'의 뜻으로 보아, 이 구문을 '각 급의 우두머리들이 (일과 관련하여) 들어서 알고 있는 것이 없는데, 하물며 왕이 알겠는가?'로 풀이하는 견해도 있다. 裘錫圭〈說金文

(2) 乾糇以愆.(《詩經・小雅・伐木》) 마른 밥 때문에 허물이 생기는 것이니

(3) 是以有譽處兮.(《詩經・小雅・蓼蕭》) 이 때문에 명예와 안락함이 있도다.

(4) 是以有侮.(《詩經・小雅・正月》) 이 때문에 업신여김을 받는다.

(5) 我是用急.(《詩經・小雅・六月》) 내 이로써 급하게 여기니

(6) 是用大諫.(《詩經・大雅・民勞》) 이 때문에 크게 간하노라.

⑫ 범위를 나타내는 것

(1) 凡用即夃田七田、人五夫, 夃覓匡卅秭.(《夃鼎銘》) 夃에게 모두 경작지 칠 전과 다섯 명을 배상하였다. 夃는 匡에게 삼십 秭를 감면해주었다.

(2) 虢旅乃吏攸衛牧誓曰: 我弗具付爾从, 其且射[284)分田邑, 則殺[285).(《爾从鼎銘》) 虢叔旅가 이에 攸衛牧으로 하여금 맹세케 하고 (다음과 같이)말하게 했다: 감히 爾从에게 모두 주지 않고 앞으로 (서약을) 어기고 경작지와 촌락을 나눈다면, 죽임을 당할 것입니다.

(3) 克不敢隆[286), 尃奠王命.(《克鐘銘》) 克은 감히 태만하지 않고, 왕명을 널리 펼 것이다.[287)

(4) 朕卜幷吉.(《尙書・大誥》) 나의 점이 모두 길하기 때문이다.

(5) 百堵皆興.(《詩經・大雅・綿》) 모든 담장을 다 세우니

(6) 周邦咸喜.(《詩經・大雅・崧高》) 주나라가 모두 기뻐하여

⑬ 대상을 나타내는 것

(1) 用稽後人享, 隹丁公報.(《令簋銘》) 후손들이 제사를 올리는 데 사용하고, 丁公께 報祭를

"引"字的虛詞用法〉,《古漢語研究》, 1988년 第1期 참고.

284) [역주] 원서에서는 '敢弗具付爾从其且, 射分田邑'으로 끊어 읽기가 되어 있으나, 제7장 제2절의 동일 예문에 제시된 '我弗具付爾从, 其且射(猒)分田邑'으로 수정하였다. '且射'와 관련한 諸說은 제3장 제3절의 동일 예문 각주 참고할 수 있다.

285) [역주] 원서에서는 '殊'로 표기되어 있는데, '殺'로 수정하여 제시한다. 제7장 제2절의 동일 예문에서도 '殺'로 표기하고 있다.

286) [역주] '隆'로 표기된 글자의 원래 자형은 '夅'으로, 학자마다 '夅(隆)'・'夅(弛)'・'夅(惰)' 등으로 考釋한다.

287) [역주] '尃'에 대해서 원서에서는 범위를 나타내는 부사어로 보고 있으나, '敷'로 읽어서 '펴다' 혹은 '시행하다'는 뜻의 동사로 해석하는 견해도 있다.

지낼지어다.

(2) 侯于周服.(《詩經·大雅·文王》) 주나라에 복종하도다.

⑭ 수량을 나타내는 것

(1) 王三錫命.(《周易·師卦》) 왕이 세 번 확고한 명을 내린다.

(2) 一月三捷.(《詩經·小雅·采薇》) 한 달에 세 번 승리하리라.

(3) 終日七襄.(《詩經·小雅·大東》) 종일토록 일곱 번이나 자리를 바꾸네.

⑮ 능력/바람을 나타내는 것

(1) 𩵥從以攸衛牧告于王曰: 女覓我田牧, 弗能許.(《𩵥攸从鼎銘》) 𩵥從이 왕에게 攸衛牧을 고소하여 말하였다. "당신(攸衛牧)이 나의 농지를 요구하여 (攸衛牧의 직책인)牧의 관할지로 만들고서는 (𩵥從에)응할 수 없다."

(2) 王若曰: 師㝬! 在昔先王小學, 女敏可吏(使).(《師㝬簋銘》) 왕께서 이렇게 말씀하셨다. "師㝬여! 과거에 선왕께서 소학에 계실 때, 그대가 총명하여 직무를 맡겼다."

(3) 君夫敢每288)揚王休.(《君夫簋銘》) 君夫는 삼가 왕의 은택을 힘써 찬양하노라.

(4) 義(宜)其禋祀.(《史墻盤銘》) 마땅히 정성스런 제사를 올려야 한다.

(5) 堲吏(事)乎(厥)辟.(同上) 능히 왕을 섬길 것이다.

(6) 王再拜, 興, 答曰: 眇眇予小子, 其能而亂四方, 以敬忌天威.(《尚書·顧命》) 임금이 두 번 절하고 일어나 답했다. "작디작은 이 하찮은 사람이 어찌 세상을 다스려 하늘의 위엄을 공경하고 삼가겠습니까!"

⑯ 어기를 나타내는 것

(1) 昔先王旣命女作邑, 攝289)五邑祝, 今余隹絴京290)乃命.(《遷簋銘》) 과거에 선왕께서 이

---

288) [역주] '每'는 '妤'으로 보는 의견도 있다.

289) [역주] 이 글자의 원래 자형은 '飍'으로, '攝'으로 보는 견해 외에도 '繼', '畯', '駿', '姘', '桒', '幷', '攀', '纘' 등으로 考釋하는 견해도 있다.

290) [역주] '絴京'에 대해서는 제2장 제3절 [역주] 67 참조. '龖景'의 의미는 일반적으로 '鎬𨛜'와 유사한 것으로 본다.

미 그대에게 邑의 政事 처리와 五邑의 祝을 겸하도록 명하셨고, 지금 내가 또 그 명령을 다시 내린다.

(2) 王令**敔**曰: 戲! 淮尸敢伐内國, 女其以成周師氏戍于固師.(《**敔**卣銘》) 왕께서 **敔**에게 명령하여 말씀하셨다. "아! 淮夷가 감히 우리나라를 침범하였으니 그대는 成周의 師氏와 함께 固地의 군사 주둔지를 수호하라."

(3) 豈敢定居?(《詩經 · 小雅 · 采薇》) 어찌 감히 편안히 거처하리오?

(4) 白珪之玷, 尙可磨也.(《詩經 · 大雅 · 抑》) 흰 구슬의 흠이야 그래도 갈아서 없앨 수 있다.

(5) 聿修厥德.(《詩經 · 大雅 · 文王》) 그 덕을 닦을 지어다.[291]

(6) 曷云其還.(《詩經 · 小雅 · 小明》) 언제나 돌아갈 수 있으려나.

2) 묘사성 부사어

이러한 부사어는 문법구조상 용언성 성분을 수식하고, 의미상 동작상태를 묘사하거나 사람이나 사물의 태도를 묘사한다.

(1) 用令保我家、朕立(位)、胡身.(《胡簋銘》) 우리 주 왕실과 나의 왕위와 胡 자신을 잘 보우해 주시길 기원하노라.

(2) 爾之安行.(《詩經 · 小雅 · 何人斯》) 네가 느릿느릿 갈 때에도

(3) 天篤降喪.(《詩經 · 大雅 · 召旻》) 하늘이 두터이 재앙을 내려서

(4) 蹲蹲舞我.(《詩經 · 小雅 · 伐木》) 너울너울 나를 위해 춤을 추리니[292]

(5) 明明在下, 赫赫在上.(《詩經 · 大雅 · 大明》) 밝고 밝은 덕이 아래에 있으면, 밝고 밝은 명이 위에 있다.

(6) 雝雝在宮, 肅肅在廟.(《詩經 · 大雅 · 思齊》) 온화한 모습으로 궁중에 계시고, 엄숙한 모습으로 사당에 계시다.[293]

---

291) [역주] '聿'은 어기부사로 '마침내, 드디어, 이에'의 의미를 나타낸다.
292) [역주] '蹲蹲' '너울너울 춤추는 모양'을 나타낸다.
293) [역주] '雝雝'은 '부드럽고 온화한 모습'이다.

3 부사어와 중심어 사이의 조사와 접속사

서주한어에서 부사어와 중심어 사이에 쓰이는 구조조사는 '之', '厥', '其', '斯', '惟' 등이 있다. 이러한 조사의 사용상황은 아래와 같다.

부사종류	조사	之	厥	其	斯	惟
제한성 부사어	시간	○			○	
	빈도					
	방위					
	처소					
	정도	○				○
	부정					
	긍정					
	의문					
	방식		○			
	도구					
	인과					
	범위	○				○
	대상					
	수량					
	능력/바람					
	어기					
묘사성 부사어		○	○	○	○	

殷商시대엔 부사어와 중심어 사이에 구조조사가 사용되지 않았다. 서주시대 와서야 비로소 구조조사를 사용하게 되었다. 그리고 모든 구조조사가 다 반드시 사용해야 하는 것은 아니다. 위의 표에서 보듯이, 빈도, 방위, 처소, 부정, 긍정, 의문, 도구, 인과, 대상, 수량, 능력/바람, 어기를 나타내는 부사어 뒤에는 모두 구조조사를 사용하지 않고 있다. 단지 시간, 정도, 태도방식, 범위를 나타내는 부사어나 묘사성 부사어 뒤에서야 구조조사를 사용하고 있다.

'之'와 '斯'는 시간을 나타내는 부사어와 중심어 사이에 사용되고 있으나 다른 조사는 이러한 용법이 없다.

(1) 既之陰女, 反予來赫.(《詩經·大雅·桑柔》) 이미 그대를 비호해 주려 하였는데 도리어 내게 노여워하는구나.

(2) 民今之無祿, 天夭是椓.(《詩經·小雅·正月》) 지금 복이 없는 사람은 하늘이 화를 내려 해치도다.

(3) 壹者之來, 云何其盱!(《詩經·小雅·何人斯》) 단 한 번만이라도 온다면 이처럼 애태우며 기다리진 않을 것을.

(4) 我日斯邁, 而月斯征.(《詩經·小雅·小宛》) 내 날마다 매진하니, 너는 달마다 나아가라.

(5) 謀猶回遹, 何日斯沮.(《詩經·小雅·小旻》) 도모함이 간사하고 편벽하니 어느 날에 그칠 것인가.

(6) 亂靡有定, 式月斯生.(《詩經·小雅·節南山》) 난이 진정되지 아니하여 다달이 생겨나다.

'之'와 '惟'는 정도를 나타내는 부사어와 중심어 사이에 사용되나 다른 조사는 이러한 용법이 없다.

(1) 爾土宇昄章, 亦孔之厚矣.(《詩經·大雅·卷阿》) 그대가 사는 나라는 크게 밝으며, 또한 심히 두텁도다.[294]

(2) 今此下民, 亦孔之哀.(《詩經·小雅·十月之交》) 이제 하민들이 또한 심히 가엾도다.

(3) 我受命無疆惟休, 亦大惟難.(《尚書·君奭》) 우리가 받은 하늘의 명은 한없이 복된 것이나 또한 크게 어려운 것입니다.

그리고 '厥'은 태도방식을 나타내는 부사어 뒤에 출현하나 다른 조사는 이러한 용법이 없다.

(예) 有夏誕厥逸.(《尚書·多方》) 하나라 임금은 제멋대로 놀기만 한다.

'之'와 '惟'는 범위를 나타내는 부사어와 중심어 사이에 출현하나 다른 조사는 이러한 용법이 없다.

(1) 惟文王德丕承, 無疆之恤.(《尚書·君奭》) 오직 문왕의 덕으로 끝없는 근심을 받들라.

---

294) [역주] '昄章'은 '크게 밝다'란 의미이다.

(2) 惟王受命, 無疆惟休, 亦無疆惟恤.(《尚書·召誥》) 왕께서 천명을 받은 것은 한없이 좋으며 또한 한없이 근심스럽습니다.

'之', '厥', '其', '斯' 모두 묘사성 부사어 뒤에 출현하나 '惟'는 이러한 용법이 없다.

(1) 如山之苞, 如川之流.(《詩經·大雅·常武》) 산과 같이 둘러싸고 내와 같은 흐르다.
(2) 愼厥麗, 乃勸.(《尚書·多方》) 신중히 형벌을 시행하고 힘쓰니[295]
(3) 純其藝黍稷.(《尚書·酒誥》) 전념하여 黍稷을 가꾸도록 하라.
(4) 下莞上簟, 乃安斯寢, 乃寢乃興, 乃占我夢.(《詩經·小雅·斯干》) 아래는 부들자리요, 위는 대자리니, 여기에서 편안히 자겠노라. 자고 나서 일어나 내 꿈을 점쳐보겠노라.

부사어와 중심어 사이에 또 연사를 사용해 연결할 수도 있다.

(1) 敬而聽之.(《詩經·小雅·巷伯》) 공경하며 들을지어다.
(2) 以爾鉤援, 與爾臨衝, 以伐崇墉.(《詩經·大雅·皇矣》) 그대의 성을 공격할 사다리와 그대의 임거와 충거로 崇나라 성을 치라 하셨다.

⁴ 다층 부사어

하나의 부사어수식구의 앞에 다시 부사어를 첨가하여 다층 부사어를 형성할 수 있다.

(1) 伏戎于莽, 升其高陵, 三歲不興.(《周易·同人》)

| 부] 중 |
|부]중|

풀밭에 군사를 매복하고 높은 언덕에 올라갔더라도 삼년 동안이나 군사를 일으키지 못할 것이다.

---

295) [역주] 여기서의 '麗'는 '형벌을 시행함'을 의미한다.

(2) 中義作龢鐘, 其萬年永寶.(《中義鐘銘》)

中義가 음률이 조화로운 종을 제작하였으니, 만년토록 영원히 소중히 할 것이다.

(3) 走其眔厥子子孫孫萬年永寶用.(《走簋銘》)

뷔	중		
	부	중	
		부	중
			부 중

走와 그 자손들은 만년토록 영원히 소중히 사용할지어다.

중심어 앞에 부사어가 여럿일 경우, 부사어의 배치에는 일정한 규칙이 있다.

첫째, 의문대사 부사어가 다른 부사어와 함께 중심어의 앞에 출현할 경우, 의문대사 부사어가 대개 앞에 나온다.

(1) 胡不旆旆?(《詩經·小雅·出車》) 어찌 펄럭펄럭 휘날리지 않겠는가?[296]

(2) 胡寧瘨我以旱?(《詩經·大雅·雲漢》) 어찌 나를 가뭄으로 병들게 하는가?

(3) 遐不眉壽?(《詩經·小雅·南山有臺》) 어찌 눈썹 세도록 오래 살지 않겠는가?[297]

(4) 胡然厲矣?(《詩經·小雅·正月》) 어찌 이리도 사나운가?

(5) 胡斯畏忌?(《詩經·大雅·桑柔》) 어찌 이렇게 두려워하는가?

(6) 予曷其不于前寧人圖功攸終.(《尚書·大誥》) 내 어찌 옛 나라를 편히 하신 분들이 꾀하던 일을 끝맺지 않을 수 있겠는가?

둘째, 어기를 나타내는 부사어가 다른 부사어와 함께 중심어의 앞에 출현한다면 어기를 나타내는 부사어가 대개 앞에 나온다.

---

296) [역주] '旆旆'는 '깃발이 펄럭이는 모양'이다.

297) [역주] '眉壽'는 '눈썹이 세도록 오래 살다, 장수하다'의 의미이다.

(1) 其自今日孫孫子子毋敢望(忘)伯休.(《縣妃簋銘》) 오늘부터 자자손손 伯의 은택을 삼가 잊지 말지어다.

(2) 中義作龢鐘, 其萬年永寶.(《中義鐘銘》) 中義가 음률이 조화로운 종을 제작하였으니, 만년토록 영원히 소중히 할 것이다.

(3) 唯天子休于麥辟侯之年鑄.(《麥尊銘》) 天子가 麥의 군주에게 성은을 내린 해에 제작하였다.

(4) 唯正月初吉丁亥, 戲作寶鐘.(《戲鐘銘》) 正月 初吉 丁亥일에 戲이 귀중한 종을 제작했다.

(5) 豈不日戒?(《詩經·小雅·采薇》) 어찌 날마다 경계하지 않으리오?

(6) 寧莫我有.(《詩經·小雅·四月》) 어찌하여 나를 기억해두지 않는가?

여기에는 예외가 있는데, 다음과 같은 예가 있다.

(예) 仲父作尊鬲, 子子孫孫其萬年永寶用.(《仲口父鬲銘》) 仲父가 제사에 사용하는 鬲을 제작하였으니, 자자손손 만년토록 영원히 귀중히 사용할지어다.

셋째, 연결부사(關聯副詞)로 구성되는 부사어가 다른 부사어와 함께 중심어 앞에 출현할 경우, 연결부사 부사어가 대개 앞에 나온다.

(1) 卑復虐逐乓(厥)君乓師, 乃作余一人咎[298].(《曶盨銘》) 더 나아가 그들의 官長을 해치고 내쫓게 할 것이며, 그 결과 나 한 사람의 잘못이 될 것이다.

(2) 肆禹亦弗敢憃, 腸共朕辟之命.[299](《禹鼎銘》) 禹 또한 감히 우매하지 않고 임금의 명을 삼가 공경하였다.

(3) 烏乎哀哉! 用天降大喪于下[300]或, 亦唯噩侯馭方率南淮尸東尸廣伐南或東或, 至于歷内, 王乃命西六師殷八師曰: 撲伐噩侯馭方, 勿遺壽幼.(《禹鼎銘》) 아! 슬프도다. 하늘이 우리나라에 큰 재앙을 내리셨으니, 鄂侯 馭方이 南淮夷와 東夷를 거느리고 남국과 동국을 대대적으로 침범하여 歷内까지 이르렀다. 왕께서 이에 西六師와 殷八師에 명하여 말씀하셨다. "鄂侯 馭方을 정벌하고 노인과 어린아이를 남기지 말라."

(4) 于弟弗念天顯, 乃弗克恭厥兄. 兄亦不念鞫子哀, 大不友于弟.(《尚書·康誥》) 그리고 아우가 하늘이 밝힌 도리를 생각지 않고 그 형을 공경하지 않으면, 형 또한 부모가 자식을

---

298) [역주] 원서에서는 '夗'로 표기되어 있으나, '咎'로 수정하여 제시한다.
299) [역주] 원서에서는 '肆禹亦弗敢憃腸, 共朕辟之命'으로 끊어 읽기를 하였으나, 쉼표의 오타로 보인다.
300) [역주] 원서에서는 '二'로 표기되어 있으나, '下'로 수정하여 제시한다.

기른 수고로움을 생각하지 않으며 크게 아우에게 우애롭지 못할 것이다.

넷째, '시간을 나타내는 형용사 부사어'가 '시간을 나타내는 명사 부사어'와 함께 중심어 앞에 출현할 경우, 형용사 부사어가 뒤에 오곤 한다.

- (1) 召萬年永光, 用作團宮旅301)彝.(《召尊》) 召는 만년토록 영원히 영광으로 여기고, (이를 기념하고자) 종묘 團宮에서 旅祭를 올리는 데 사용할 祭器를 제작하였다.
- (2) 免其萬年永寶用.(《免簋銘》) 免은 만년토록 영원히 소중히 사용할 것이다.
- (3) 中義作龢鐘, 其萬年永寶.(《中義鐘銘》) 中義가 음률이 조화로운 종을 제작하였으니, 만년토록 영원히 소중히 할 것이다.

이에 대해서는 아래와 같은 예외가 있다.

- (예) 命其永以多友簋飤.(《命簋銘》) 命은 영원히 많은 동료들과 배불리 먹을 것이다.

한편, 다른 형용사 부사어들도 중심어 바로 앞에 출현할 수 있다.

- (예) 爾丕克遠省.(《尚書·大誥》) (그대들 옛 관리들은) 크게 멀리 살필 수 있으니

다섯째, 시간명사 부사어가 다른 부사어(시간을 나타내는 형용사 부사어는 예외)와 함께 중심어 앞에 출현할 경우, 시간명사 부사어가 뒤에 나온다.

- (1) 敏朝夕入讕, 享奔走, 畏天畏.(《大盂鼎銘》) 부지런하고 민첩하게 아침저녁으로 간언을 하고 제사를 지내고 분주히 애쓰며 하늘의 위엄을 경외해야 한다.
- (2) 克其用朝夕享于皇且考.(《克盨銘》) 克은 이 기물로써 조석으로 위대하신 先祖先父께 제사를 올릴 것이다.
- (3) 用夙夜事, 勿法朕命.(《伯晨鼎銘》) 아침저녁으로 섬기며 나의 명령을 버리지 말라.
- (4) 我不能不眔縣白萬年保.(《縣妃簋銘》) 나는 반드시 縣伯과 함께 영원히 이 禮器를 소중히 할 것이다.

---

301) [역주] '旅'에 대해서는 제2장 제2절 [역주] 63 참조.

(5) 髭占[302]于彝, 其于之朝夕監.(《史髭簋銘》) 史髭은 이 일을 彝器에 기록하고 여기에서 아침 저녁으로 살펴 면려할 것이다.

(6) 走其眔厥子子孫孫萬年永寶用.(《走簋銘》) 走와 그 자손들은 만년토록 영원히 소중히 사용할지어다.

(7) 豈不旦戒?(《詩經‧小雅‧采薇》) 어찌 날마다 경계하지 않으리오?

다음과 같이 동사 부사어는 시간명사 부사어의 뒤에 출현할 수 있다.

(예) 效不敢不萬年夙夜奔走揚公休.(《效卣銘》[303]) 效는 삼가 만년토록 아침저녁으로 분주히 애쓰고 揚公의 은택을 찬양하노라.

여섯째, 수식 작용을 하는 전치사구 부사어가 다른 부사어와 함께 중심어 앞에 출현할 경우, 전치사 부사어가 대개 뒤에 나온다(시간명사 부사어, 형용사 부사어는 예외).

(1) 女休, 弗以我車函于艱.(《不其簋銘》) 그대가 잘 싸워서 나의 수레를 곤경에 빠뜨리지 않았다.

(2) 曶或以匡季告東宮.(《曶鼎銘》) 曶이 또 匡季를 東宮에게 고소했다.

(3) 不用先王乍井, 亦多[304]虐庶民.(《牧簋銘》) 선왕으로 모범으로 삼지 않는다면 백성들을 학대하게 된다.

(4) 我不能不眔縣白萬年保.(《縣妃簋銘》) 나는 반드시 縣伯과 함께 영원히 이 禮器를 소중히 할 것이다.

(5) 虘眔蔡姬永寶.(《虘鐘銘》) 虘와 蔡姬는 이 종을 영원히 귀중하게 다룰 것이다.

(6) 公其以予萬億年敬天之休.(《尙書‧洛誥》) 公께서는 제게 만억년 간 하늘의 아름다움을 공경하라고 하셨다.

일곱째, 방위를 나타내는 부사어가 다른 부사어와 함께 출현할 경우, 방위 부사어가 대개 다른 부사어의 뒤에 나온다.

---

302) [역주] '占'에 대해서는 제2장 제1절 [역주] 8 참조.
303) [역주] 원서에서는 《效父卣銘》으로 되어 있으나, 《效卣銘》으로 수정했다.
304) [역주] 원서에서는 '多'가 누락되었으므로 보충하였다.

(1) 虢仲以王南征, 伐南淮尸, 在成周.(《虢仲盨銘》) 虢仲이 왕과 남쪽 지방 정벌에 나서서 南淮夷를 토벌하고, 成周에 있었다.

(2) 王令呂白曰: 以乃師右比毛父.(《班簋銘》) 왕께서 呂伯에게 명령하여 말씀하시길 "그대의 군대를 이끌고 우측에서 毛父를 도와주라"고 하셨다.

(3) 矧今卜幷吉, 肆朕誕以爾東征.(《尙書·大誥》) 하물며 지금의 점이 모두 길하니, 이에 나는 그대들과 함께 동쪽으로 정벌하려고 한다.

여덟째, 두 부정사가 연용될 경우, 일반부정을 나타내는 부사가 뒤에 온다.

(1) 其隹我者侯百生, 毋貯毋不即市, 毋敢或入戀宄貯.(《兮甲盤銘》) 우리나라 제후와 백성들의 상품들은 시장에 오지 않으면 안 되며(시장에서만 거래가 이루어져야 하며), 淮夷에 다시 들어가 불법 거래를 해서는 안 된다.

(2) 肆皇天亡昊, 臨保我有周雩四方[305], 民亡不康靜.(《師訇簋銘》) 하늘이 버리지 않으시고, 우리 주나라와 전하를 굽어 살펴 보우하셔서 백성이 편안하고 안정되지 않음이 없었다.

(3) 女毋弗帥用先王作明井, 俗女弗以乃辟函于艱.(《毛公鼎銘》) 그대는 선왕께서 만드신 현명한 법도를 따르지 않으면 안 된다. 그대가 그대의 주군을 어려움에 빠뜨리지 않길 바란다.

5 부사어의 위치

서주한어에서 부사어는 일반적으로 주어와 위어 중심어 사이에 출현한다. 다시 말해서 부사어는 대개 문장 내의 부사어라는 것이다. 그러나 시간을 나타내는 일부 부사어의 경우, 주어의 앞에 위치하여 '문두부사어(句首狀語)'가 된다. 《詩經》에서 일부 형용사나 의성사로 충당되는 부사어도 주어 앞에 출현하여 문두부사어가 된다.

1) 시간을 나타내는 문두부사어

시간을 나타내는 문두부사어는 대부분 구로 구성된다. 이러한 부사어의 비교적 완벽한 형식은 '어기부사 + 年 + 月 + 月相 + 日'로 표현된다.

---

305) [역주] '雩四方'은 많은 학자들이 뒤의 구문과 붙여 읽는다.

(1) 唯十又六年九月初吉庚寅, 王在周康剌宫.(《克鐘銘》) 십육년 구월 初吉 庚寅일에 왕께서 周 王城의 康宫 내에 있는 厲王廟에 계셨다.

(2) 唯王元年三月既生霸庚申, 叔氏在大廟.(《逆鐘銘》) 왕 원년 삼월 既生霸 庚申일에 叔氏께서 태묘에 계셨다.

(3) 唯十又三[306]年正月初吉丁亥, 虢季子白作寶盤[307].(《虢季子白盤銘》) 십이년 정월 初吉 丁亥일에 虢季子白이 귀중한 盤을 제작했다.

그런데 위의 인용한 형식에서 '年'을 생략하면 '어기부사＋月＋月相＋日'이 되기도 한다.

(1) 唯正月初吉丁亥, 戲作寶鐘.(《戲鐘銘》) 正月 初吉 丁亥일에 戲가 귀중한 종을 제작했다.

(2) 雪八月初吉庚寅, 王以吳姊、呂犅合圞盈師邦君射于大池.(《靜簋銘》)[308] 팔월 初吉 庚寅일에 왕께서 吳姊 및 呂犅과 함께 圞 지역의 관장, 盈 지역의 관장, 邦國의 군주와 짝을 이뤄 辟池(辟雍 내의 環水)에서 射禮를 거행하셨다.

(3) 雪四月既生霸庚午, 王遣公大史, 公大史在豐, 商作冊**魃**馬.(《作冊**魃**卣銘》) 사월 既生霸 庚午일에 왕께서 公太史를 파견하셔서 公太史가 豐 지방에 계셨고 作冊 **魃**에게 말을 상으로 내리셨다.

또는 위에서 '日'도 생략하여 '어기부사＋月＋月相'으로 표현하기도 한다.

(예) 唯正二月初吉, 王歸自成周.(《應侯見工鐘銘》) 국가 표준 曆法으로 이월 初吉에 왕께서 成周에서 돌아오셨다.

또 위에서 '月相'마저도 생략하여 '어기부사＋年＋月'로 표현하기도 한다.

(예) 雪若二月, 侯見于宗周, 亡尤, 合[309]王客[310]鎬京[311]**酚**[312]祀.(《麥尊銘》) 이월에 邢侯

---

306) [역주] 원서에서는 '三'으로 표기되어 있는데 오타로 보인다.

307) [역주] 원서에서는 '鑾'로 표기되어 있는데 오타로 보인다.

308) [역주] '姊'는 여러 학자들이 '睾'로 隸定하고, '盈'은 '盇'으로 隸定하나 여기서는 저자의 견해를 따르기로 하겠다.

309) [역주] 이 글자의 원래 자형은 '迨'으로, '合' 혹은 '會'와 통하는 것으로 본다. '會'로 읽을 경우, '(알현을 하던 그 시기가)마침 왕께서 鎬京에서 祼祭와 酚祭를 지내실 때였다'로 해석한다.

310) [역주] 이 글자의 원래 자형은 '饗'으로, '客' 외에 '祼(灌祭)', '館'으로 보는 등 이견이 있다.

께서 宗周에 가서 왕을 알현하였는데, 실수가 없었으며, 왕께서 鎬京에서 祼祭와 酻祭를 지내시는 데 참여하였다.

어떤 문두부사어는 단지 '어기부사+年'으로 구성되기도 한다.

(1) 隹十又九年, 王在厈. 王姜令作冊睘安尸白.(《作冊睘卣銘》) 십구년에 왕께서 厈에 계실 때에, 王姜께서 作冊 睘으로 하여금 夷伯에게 안부를 묻게 하셨다.

(2) 唯王[313]十又七祀, 王在射日宮.(《詢簋銘》) 왕 재위 십칠 년에 왕께서 射日宮에 계셨다.

위의 예에서 '年'의 구조는 '수사+年/祀'로 되어 있다. 그런데 아래의 예에서 '年'의 구조는 '주위구/복문형식+(之)+年'으로 되어 있다.

(1) 唯伯殷父北師(次)叟年, 事(史)晨在井(邢), 作考寶尊彝.(《事晨鼎銘》) 伯殷父께서 북쪽의 군사 주둔지에서 점검하셨던 해에 사관 晨이 邢地에 있었고, 先父께 제사를 올리는 데 사용할 귀중한 祭器를 제작하였다.

(2) 唯明保殷成周年, 公賜作冊䰙瓚貝.(《作冊䰙卣銘》) 明保가 成周에서 周王을 알현하는 해에, 公(明保)께서 作冊 䰙에게 瓚酒와 貝를 하사하셨다.

(3) 唯王來各于成周年, 厚趠又歸于濂公.(《厚趠方鼎銘》) 왕께서 成周에 오셔서 도착하신 해에 厚趠가 濂公께 선물을 받았다.

(4) 叝從師雍父戍于固師之年, 叝蔑歷.(《叝尊銘》) 십삼월 旣生霸 丁卯일에 叝이 師雍父를 수행하여 固地의 군대를 지키던 해에 叝이 격려를 받았다.

그리고 위에서 인용한 형식에서 '(之)+年'부분을 생략하여 '어기부사+주위구/복문형식'으로 표현하기도 하는데, 이 역시 일종의 '年'을 나타내는 형식이다.

(1) 唯王初禱[314]于成周, 王令盂寧鄧白, 賓貝.(《盂爵銘》) 王께서 처음으로 成周에서 禱祭를 거행하신 해에 왕께서 盂로 하여금 鄧伯을 문안게 하시고 (盂에게)貝를 내리셨다.

---

311) [역주] '鎬'의 원래 자형은 '蒿'으로, '蒿京'에 대해서는 '鎬京', '豐京', '旁京' 등의 說이 있다.
312) [역주] 원서에서는 '酒'로 표기되었으나, 원래 자형인 '酻'으로 수정하여 제시한다.
313) [역주] 원서에서는 '王'이 누락되었으므로 보충하였다.
314) [역주] '禱'에 대해서는 제2장 제2절 [역주] 30 참조.

(2) 唯白屖父以成師即東, 命戍315)南尸, 正月旣生霸辛丑, 在坏, 白屖父皇競各于官.
(《競卣》) 伯屖父께서 成周의 군대를 이끌고 동쪽으로 가서 南淮夷 지역 수호를 명하신 해
정월 旣生霸 辛丑일에 坏 지방에서 伯屖父께서 競을 칭찬하시고 官署에 이르셨다.

이상에서 소개한 것들 모두 '시간을 나타내는 구'가 문두부사어로 쓰이는 경우이다. 아래
의 예들은 '시간을 나타내는 명사'가 문두부사어로 쓰이는 경우이다.

(1) 辛未, 王各于康.(《應侯見工鐘銘》) 辛未일에 왕께서 康宮에 이르셨다.
(2) 旦, 王各, 益公入右詢.(《詢簋銘》) 아침에 왕께서 이르시자 益公이 들어와 詢이 도왔다.
(3) 今余賜女冊五、錫316)戈彤綏317).(《逆鐘銘》) 이제 내가 그대에게 방패 다섯 개와 붉은 술이
달린 銅戈를 하사한다.
(4) 今爾奔走臣我監五祀.(《尙書·多方》) 이제 그대들이 부지런히 우리 보살피는 분을 섬긴 지
오년이 되었도다.
(5) 昔我往矣, 楊柳依依. 今我來思, 雨雪霏霏.(《詩經·小雅·采薇》) 옛날에 내가 떠날 때, 버
드나무가 흐드러졌었는데, 이제 내가 돌아올 때는 함박눈이 펄펄 내린다.

위에서 인용한 '시간을 나타내는 문두부사어'는 대개 문두에 출현한다. 그런데 문장 내에
출현하는 예도 소수 나타난다.

(1) 唯天子休于麥辟侯之年鑄.(《麥尊銘》) 天子가 麥의 군주에게 성은을 내린 해에 제작하였
다.
(2) 予惟乙卯朝至于洛師.(《尙書·洛誥》) 저는 을묘 일 아침에 낙땅으로 와서

2) 묘사를 나타내는 문두부사어

이러한 부사어는 형용사나 의성어로 충당된다. 이러한 문두부사어는 단지 《詩經》에서만

---

315) [역주] 원서에서는 '命' 뒤의 글자는 '伐'로 표기되어 있으나, '戍'로 수정하여 제시한다.
316) [역주] '錫'을 '銅'의 의미로 해석하기도 하지만, '今余賜女冊五錫、戈彤綏'와 같이 끊어 읽을 경우,
'錫'을 '등쪽에 장식이 있는 방패'로 풀이한다.
317) [역주] 원서에서는 '蘇'로 썼으나, 이 글자의 원래 자형은 '㡀'으로, 대개 '綏'으로 읽으므로, 이로
수정한다.

나타나며 서주의 기타 산문 문헌에서는 보이지 않는다. 즉, 이런 유형의 부사어 전치는 시가 격률의 요구에 의한 것이거나 시가의 운율적 느낌을 증가시킬 목적으로 이루어졌을 가능성이 있다. 또는 부사어를 강조할 목적으로 이루어졌을 가능성도 있다.

(1) 呦呦鹿鳴, 食野之苹.(《詩經·小雅·鹿鳴》) 유유하고 사슴이 우네, 들에서 대쑥을 뜯네.

(2) 伴奐爾游矣, 優游爾休矣.(《詩經·大雅·卷阿》) 한적하게 노닐며, 유유히 쉰다.[318]

6 부사어에 상대되는 중심어

부사어의 중심어로 쓰일 수 있는 단어나 구는 여러 가지이다. 아래에서 하나씩 살펴보자.

1) 동사로 구성되는 중심어

(1) 癲其萬年永寶, 日鼓.(《癲鐘銘》) 癲은 만년토록 이 종을 영원히 소중히 할 것이며, 매일 울릴 것이다.

(2) 婦子後人永寶.(《令簋銘》) 부녀와 자손들은 (이 궤를) 영원토록 소중히 할지어다.

(3) 師左次, 無咎.(《周易·師卦》) 군사가 뒤쪽으로 물러나 머무르니 허물은 없을 것이다.

(4) 君子豹變, 小人革面.(同上) 군자는 표범처럼 변하고, 소인은 얼굴만 바뀐다.

(5) 武人東征, 不遑朝矣.(《詩經·小雅·漸漸之石》) 무인이 동쪽으로 정벌을 가니, 아침에 쉴 겨를도 없다.

(6) 如山之苞, 如川之流.(《詩經·大雅·常武》) 산과 같이 둘러싸고 내와 같은 흐르다.

2) 형용사로 구성되는 중심어

(1) 隹正月丁丑, 王各于呂𢽾, 王牢于麻[319], 咸宜.[320](《貉子卣銘》)[321] 정월 丁丑일에 왕께서

---

318) [역주] '伴奐'은 '한가히 노니는 모습'이다. '優游'는 '한가로이 즐기는 모습'이다.

319) [역주] '麻'에 대해서는 '지명', '牢禮가 차려진 장소', '산중에서 소나 말을 가두어 기르는 곳' 등 해석이 각기 다르다. 세 번째를 주장하는 학자들은 '牢'를 '사냥한 짐승을 우리 안에 가두어 기르다'는 의미로 본다.

呂 지방에 오셔서 사냥을 하셨다. 왕께서 厰에서 牢禮를 거행하셨다. 모든 일이 잘 끝났다.

(2) 丁丑, 王卿, 大宜.(《天亡簋銘》) 丁丑일에 왕께서 향례를 행하셨는데, 모든 것이 적절하였다.

(3) 朕卜幷吉.(《尙書·大誥》) 나의 점이 모두 길하기 때문이다.

(4) 已! 汝惟小子, 乃服惟弘王.(《尙書·康誥》) 아! 그대는 소자로다, 네가 할 일은 오직 임금이 덕을 넓게 하는 것이다.

(5) 昊天孔昭.(《詩經·大雅·抑》) 넓은 하늘이 매우 밝으시니

(6) 亂如此憮.(《詩經·大雅·巧言》) 환란이 이처럼 세상을 덮는구나.

3) 명사로 구성되는 중심어

(1) 汝惟小子, 乃服惟弘王.(《尙書·康誥》) 그대는 소자로다, 네가 할 일은 오직 임금이 덕을 넓게 하는 것이다.

(2) 瑪生則堇圭322).(《五年瑪生簋銘》) 瑪生은 알현할 때 사용하는 圭를 바쳤다.

4) 부사어수식구로 구성되는 중심어

(1) 友眔厥子子孫孫永寶.(《友簋銘》) 友와 그 자손들은 이 기물을 영원히 소중히 할지어다.

(2) 其子子孫孫永日鼓樂玆鐘, 其永寶用.(《井叔采鐘銘》) 자자손손 오래도록 매일 이 종을 울려서 연주하며 기쁘게 여기니, 영원히 소중히 다룰지어다.

(3) 王令吳伯曰: 以乃師左比毛公.(《班簋銘》) 왕께서 吳伯에게 명령하여 말씀하시길 "그대의 군대를 이끌고 좌측에서 毛父를 도와주라"고 하셨다.

(4) 伏戎于莽, 升其高陵, 三歲不興.(《周易·同人》) 풀밭에 군사를 매복하고 높은 언덕에 올라갔더라도 삼년 동안이나 군사를 일으키지 못할 것이다.

(5) 跂彼織女, 終日七襄.(《詩經·小雅·大東》) 삼각으로 있는 저 직녀성은, 종일토록 일곱 번이나 자리를 바꾸네.

---

320) [역주] 원서에서는 '王各于呂, 治王牢于伏'로 문자 考釋과 끊어 읽기가 되어 있으나, 위와 같이 수정하여 제시한다.

321) [역주] 원서에서는 《駱子卣銘》으로 표기되어 있으나, 《貉子卣銘》으로 수정하였다.

322) [역주] '堇'에 대하여는 제2장 제1절 [역주] 18 참조.

(6) 天保定爾, 亦孔之固.(《詩經·小雅·天保》) 하늘이 우리 임금을 안정시키사 매우 견고히 하셨네.

5) 동사구로 구성되는 중심어

(1) 不顯天子, 天子其萬年無疆, 保辥(乂)周邦, 畯尹四方.(《大克鼎銘》) 찬란히 빛나시고 영명하신 천자시여! 천자께서는 만년토록 영원하실 것이며, 주나라를 보우하고 다스리시고 천하의 모든 나라를 오랫동안 통치하시리라.

(2) 王若曰: 父厝! 不顯文武, 皇天引厭厥德, 配我有周.(《毛公鼎銘》) 왕께서 이렇게 말씀하셨다. "父厝(毛公)이여! 위대하신 文王과 武王께서는 하늘이 그 덕을 흡족해하사 우리 주나라를 天命에 합한 나라로 세우셨고 (문왕과 무왕께서는)천명을 받아 朝見하러 오지 않는 方國들을 회유하셨다."

(3) 梁其其萬年無疆, 堪臣皇王, 眉壽永寶.(《梁其鐘銘》) 梁其는 만년토록 영원하고, 위대하신 왕을 능히 섬길 것이며, 장수하며 영원히 (이 종을)소중히 할 것이다.

(4) 天子肩事梁其, 身邦君大正.(《梁其鐘銘》) 천자께서는 梁其로 하여금 邦君大政의 직무를 담당하게 하셨다.

(5) 奔走事厥考厥長.(《尙書·酒誥》) 그대들 아버지나 윗사람을 부지런히 섬겨야 한다.

(6) 王三錫命.(《周易·師卦》) 왕이 세 번 확고한 명을 내린다.

6) 이중목적어구로 구성되는 중심어

(1) 余旣賜大乃里.(《大簋銘》) 나는 이미 그대의 里를 大에게 하사하였다.

(2) 阤阤降余多福.(《胡簋銘》) 기쁘게 나에게 많은 복을 기쁘게 내려주시다.

(3) 無遺鞠子羞.(《尙書·康王之誥》) 어린 사람에게 부끄러움을 끼치지 마라.323)

(4) 予大降爾四國民命.(《尙書·多士》) 나는 너희 사방 백성들에게 목숨을 크게 내려 주었다.

(5) 公其告予懿德.(《逸周書·祭公解》) 그대는 나에게 아름다운 미덕을 알려주오.

(6) 雖曰匪予, 旣作爾歌.(《詩經·大雅·桑柔》) 비록 나 때문이 아니라고 하나 그대를 위해 이 노래를 짓노라.

---

323) [역주] '鞠子'는 '나이가 적은 아이'이다.

7) 보충구로 구성되는 중심어

(1) 王大耤農于諆田錫.(《令鼎銘》) 왕께서 諆田에서 성대하게 藉田 의식을 거행하시고, 연회를 베푸셨다.

(2) 用矢戔324)散田, 乃即散用田.(《散氏盤銘》) 矢國이 散國을 침략했기 때문에 경작지를 散國에 돌려주어야 한다.

(3) 無毖于恤, 不可不成乃寧考圖功.(《尙書·大誥》) 구휼하는 것에 대해 근심하지 마십시오. 당신의 선친께서 꾀하시던 일을 이루지 않으면 안 된다.325)

(4) 予惟乙卯朝至于洛師.(《尙書·洛誥》) 저는 을묘 일 아침에 낙땅으로 와서

8) 용언성대등구로 구성되는 중심어

(1) 女多折首執訊.(《不其簋銘》) 그대는 많은 적을 참수하고 포로로 잡았다.

(2) 朕猷有成亡競.(《胡鐘銘》) 나의 계획은 성공을 거두어 필적할 자가 없다.

(3) 余非庸又昏326).(《毛公鼎銘》) 나는 평범하지도 어리석지도 않다.

(4) 王乃洮頮水.(《尙書·顧命》) 물로 손을 씻고 얼굴을 씻자327)

(5) 罔不明德愼罰.(《尙書·多方》) 덕을 밝히고 형벌을 삼가지 않는 이 없다.

(6) 則商實百姓王人, 罔不秉德明恤.(《尙書·君奭》) 그러니 은이 충실해져 그 백성과 왕의 사람들은 덕을 행하고 사랑을 밝히지 않는 이가 없다.

9) 연동구로 구성되는 중심어

(1) 以乃族從父征.(《班簋銘》) 그대의 종족을 이끌고 毛父를 따라 출정하라.

(2) 予惟往求朕攸濟.(《尙書·大誥》) 나는 오직 나아가 건널 바를 찾고 있구나.

---

324) [역주] 원서에서는 '業'으로 표기되어 있으나, 원래 자형은 '戔'으로, '撲'(치다, 침략하다), '薄'(이르다), '踐'(밟다) 등과 통하는 것으로 본다.

325) [역주] '毖'는 '고달프다, 괴로워하다'이다.

326) [역주] '昏'의 원래 자형은 '聞'이다. '余非'를 앞 구문에 붙여 읽어 '引唯乃智余非, 庸又聞'로 끊어 읽는 견해도 있다.

327) [역주] '洮頮'는 '세수하다'이다.

(3) 武王乃手大白以麾諸侯.(《逸周書·克殷解》) 무왕이 이에 손으로 대백기를 들고 제후들을 향해 흔들며

(4) 泰顚閎夭皆執輕呂以奏(湊)王.(《逸周書·克殷解》) 泰顚, 閎夭 모두 손으로 경려검을 들고 무왕을 따랐다.

(5) 予其往追[亡]紂.(《逸周書·商誓解》) 내가 은의 주임금을 정벌하러 추격한 적이 있다.

(6) 報孳328)乃遣間329)來逆邵330)王.(《胡鐘銘》) 報孳는 이에 間을 파견하여 왕을 맞아 알현하였다.

10) 겸어구로 구성되는 중심어

(1) 五日, 武王乃俾千人求之.(《逸周書·世俘解》) 5일후, 무왕은 천 명을 시켜 가서 찾게 했다.

(2) 余旣令女疋師龢父司左右走馬.(《三年師兌簋銘》) 내가 예전에 그대에게 師龢父를 보좌하여 左右走馬를 관리하라고 명령했었다.

(3) 昔乃祖亦旣令乃父死(尸)司鎬人.(《卯簋銘》) 과거에 그대의 조부 역시 이미 그대의 부친에게 鎬京 백성들을 책임지고 관리하라고 명령했었다.

(4) 王親令克遹涇東至于京師.(《克鐘銘》) 왕께서 친히 克에게 涇水 동쪽에서 京師까지 따를 것을 명하셨다.

(5) 無俾城壞, 無獨斯畏.(《詩經·大雅·板》) 성이 무너지게 하지 말고, 혼자 두어 두렵게 하지 마라.

(6) 勿辡乃民湎于酒.(《尙書·酒誥》) 너의 백성들이 술에 빠지지 않게 하라.331)

11) 주위구로 구성되는 중심어

(1) 今余賜女丗五、錫332)戈肜綏333).(《逆鐘銘》) 이제 내가 그대에게 방패 다섯 개와 붉은 술이

---

328) [역주] '報孳'에 대해서는 제2장 제4절 [역주] 88 참조.

329) [역주] '間'에 대해서는 제2장 제4절 [역주] 89 참조.

330) [역주] '邵'에 대해서는 제2장 제2절 [역주] 60 참조.

331) 여기서 '辡'은 '使'와 같다.

332) [역주] '錫'을 '銅'의 의미로 해석하기도 하지만, '今余賜女丗五錫、戈肜綏'와 같이 끊어 읽을 경우, '錫'을 '등쪽에 장식이 있는 방패'로 풀이한다.

달린 銅戈를 하사한다.

(2) 昔我往矣, 楊柳依依. 今我來思, 雨雪霏霏.(《詩經·小雅·采薇》) 옛날에 내가 떠날 때, 버드나무가 흐드러졌었는데, 이제 내가 돌아올 때는 함박눈이 펄펄 내린다.

(3) 呦呦鹿鳴, 食野之苹.(《詩經·小雅·鹿鳴》) 유유하고 사슴이 우네, 들에서 대쑥을 뜯네.

(4) 伴奐爾游矣, 優游爾休矣.(《詩經·大雅·卷阿》) 한적하게 노닐며, 유유히 쉰다.

제5절 서주한어 보어와 중심어

본 절에서는 서주한어 보어의 구성, 의미 유형, 위치 그리고 보어에 상대되는 중심어, 보어와 중심어 사이의 조사 등에 대해 토론한다.

1 보어의 구성

서주한어에서 보어는 형용사, 의성사, 전치사구, 수량구, 부사구, 형용사성대등구 등으로 구성된다.

1) 형용사로 구성되는 보어

(1) 奉璋峨峨.(《詩經·大雅·棫樸》) 옥 술잔 드는 모습이 장엄하여[334]

(2) 興雨祁祁.(《詩經·大雅·大田》) 비를 내리기를 천천히 하여[335]

(3) 歸飛提提.(《詩經·小雅·小弁》) 날아 돌아가는 모습이 한가롭구나.[336]

---

333) [역주] 원서에서는 '蘇'로 썼으나, 이 글자의 원래 자형은 '𦯉'으로, 대개 '綏'으로 읽으므로, 이로 수정한다.

334) [역주] '璋'은 '옥술잔', '璋瓚'이다. '峨峨'는 '성대하고 장엄한 모습'이다.

335) [역주] '祁祁'는 '천천히 하는 모습'이다.

(4) 屢舞<u>仙仙</u>.(《詩經·小雅·賓之初筵》) 거듭 너울너울 춤추네.337)

(5) 側弁之俄, 屢舞<u>傞傞</u>.(《詩經·小雅·賓之初筵》) 기울어진 고깔이 삐딱하여 자주 춤추기를 그치지 않도다.338)

(6) 儐爾邊豆, 飲酒之<u>飫</u>.(《詩經·小雅·常棣》) 네 변두를 늘어놓고 술 마시기를 실컷 하다.

(7) 鮮民之生, 不如死之<u>久</u>矣.(《詩經·小雅·蓼莪》) 나약한 백성의 삶이여, 죽느니만 같지 못한 지 오래로다.339)

(8) 積之<u>栗栗</u>.(《詩經·周頌·良耜》) 차곡차곡 수북이 쌓아올려340)

(9) 東宮乃曰: 求乃人, 乃弗得, 女匡罰<u>大</u>.(《曶鼎銘》) 東宮이 이에 말하였다. "그대의 하인들을 찾아라. 만약 찾아내지 못한다면 그대 匡에게 큰 벌을 내릴 것이다."

(10) 張皇六師.(《尚書·康王之誥》) 육군을 크고 강하게 유지하시어

서주시대에 형용사는 주어와 위어 사이에 출현하여 문장 내 부사어로 쓰였다.

(예) 天<u>篤</u>降喪.(《詩經·大雅·召旻》) 하늘이 두터이 재앙을 내려서

또한 문두에 출현하여 문두부사어로 쓰이기도 했다.

(예) <u>伴奐</u>爾游矣.(《詩經·大雅·卷阿》) 한적하게 노닐다.

그런데 형용사가 술어동사 뒤에 출현하게 되면 보어가 된다.

(예) 奉璋<u>峨峨</u>.(《詩經·大雅·棫樸》) 옥 술잔 드는 모습이 장엄하여

이러한 면은 전치사구와 동일하여, 전치사구도 주어와 위어 사이에 출현하여 문장 내 부사어가 되기도 한다.

---

336) [역주] '提提'는 '한가로이 나는 모습'이다.
337) [역주] '仙仙'은 '너울너울 가볍게 춤추는 모습'이다.
338) [역주] '傞傞'는 '끊임없이 춤추는 모습'이다.
339) [역주] '鮮民'이란 '부모도 없고 가난하고 외로운 백성'을 말한다.
340) [역주] '栗栗'은 '많이 모인 모습'이다.

(예) 汝乃以殷民世享.(《尚書·康誥》) 너는 은의 백성을 데리고 대대로 누리게 될 것이다.

마찬가지로 전치사구가 문두에 출현하면 문두부사어가 된다.

(예) 自伯之東, 首如飛蓬.(《詩經·衛風·伯兮》) 임이 동으로 간 이후로, 내 머리는 날리는 쑥대 같다.

그리고 전치사구가 술어동사 뒤에 위치하면 보어가 된다.

(예) 我來自東.(《詩經·豳風·東山》) 내가 동쪽에서 돌아올 때

이것은 또 수사도 마찬가지여서, 수사가 주어와 위어 사이에 오면 문장 내 부사어가 된다.

(예) 三周華不注.(《左傳》) 화부주 산을 세 바퀴나 돌았다.

그리고 이것이 동사 뒤에 출현하면 보어가 된다.

(예) 冉有請從之三.(《左傳·哀公八年》) 염유가 세 번 추격하라고 청했다.

2) 의성사로 구성되는 보어

《詩經》에서 의성사와 의태사의 문장 기능은 동일하다.

(1) 約之閣閣.(《詩經·小雅·斯干》) 판자를 묶기를 맞물리게 하여341)
(2) 度之薨薨.(《詩經·大雅·綿》) 담틀에다 퍽퍽 흙 쳐 넣고342)
(3) 築之登登.(同上) 탕탕 흙을 다지고343)
(4) 釋之叟叟.(《詩經·大雅·生民》) 쌀을 싹싹 씻으며344)

---

341) [역주] '閣閣'은 '위아래가 서로 맞물리는 것'이다.
342) [역주] '薨薨'은 각종 소리를 흉내 낸 말이다.
343) [역주] '登登'은 치는 소리이다.
344) [역주] '叟叟'는 쌀을 씻는 소리이다.

(5) 鳥鳴嚶嚶.(《詩經·小雅·伐木》) 새소리가 앵앵거리다.[345]

(6) 伐木許許.(同上) 슥슥, 나무 베거늘[346]

(7) 伐鼓淵淵.(《詩經·小雅·采芑》) 북을 침에 둥둥 한다.[347]

(8) 鼓鍾將將.(《詩經·小雅·鼓鍾》) 종치는 소리가 쟁쟁하고[348]

형용사와 마찬가지로, 의성사도 문장 내에 출현하여 문장 내 부사어가 될 수 있다.

(예) 嚶其鳴矣.(《詩經·小雅·伐木》) 앵앵하며 울다.

그리고 문두에 출현하여 문두부사어가 될 수 있다.

(예) 呦呦鹿鳴.(《詩經·小雅·鹿鳴》) 유유하고 사슴이 우네.

또 술어동사 뒤에 출현하여 보어가 된다. 위의 예(5)와 같다. 서주시대에 동사가 보어로 쓰이는지 여부는 의문이다. 管燮初의 《西周金文語法研究》 150~151쪽에서는 일부 동사가 보어로 쓰이는 예를 들고 있으나 이러한 예들 모두 신빙성이 떨어진다. 즉 동사가 보어로 사용되는 것은 형용사, 의성사보다도 늦다는 것이다. 그런데 아래의 예는 동사가 보어로 쓰이는 것처럼 보이는 예이다.

(예) 旣道極厥辜, 時乃不可殺.(《尙書·康誥》) 이미 그 죄를 죄라고 다 말하면 이는 죽어서는 안 된다.

이 예에서 어떤 이는 '道'를 '말하다(說)'로, '極'을 '다하다(盡)'로 풀이한다. 그렇다면 '道極'은 곧 '說盡了'의 의미가 된다. 그러나 어떤 이는 또 '道'를 '迪' 즉 '쓰다, 사용하다'로, '極'을 '殛' 즉 '죽이다, 처벌하다'로 풀이한다(즉, "이미 그 죄에 대해 처벌했다."는 의미임). 이렇게 하면 '極'은 보어가 아니다. 아마도 서주시대에 동사가 보어로 쓰였다는 확증은 없다고 봐야 한다.

---

345) [역주] '嚶嚶'은 새가 우는 소리이다.
346) [역주] '許許'는 여러 사람들이 함께 힘쓰는 소리이다.
347) [역주] '淵淵'은 북을 치는 소리이다.
348) [역주] '將將'은 종을 치는 소리이다.

3) 전치사구가 보어로 쓰이는 경우

전치사구가 보어로 쓰이는 것은 殷商시대에도 이미 보편적이었다. 물론 서주시대에 와서도 여전히 이와 같다.

(1) 隹六月旣死霸丙寅, 師雝父戍<u>在古師</u>, 禹從.(《禹甗銘》) 유월 旣死霸 丙寅일에 師雝父께서 古 地의 군사 주둔지를 지키셨고, 禹가 수행하였다.

(2) 王大耤農<u>于諆田</u>賜.349)(《令鼎銘》) 왕께서 諆田에서 성대하게 藉田 의식을 거행하시고, 연회를 베푸셨다.

(3) 嚴在上, 廣啟350)乎孫子<u>于下</u>, 擢351)<u>于大服</u>.(《番生簋銘》) 선조께서 上帝의 곁에 삼가 계셔서 아래에 있는 후손들을 크게 깨우쳐주시고 이끌어주셔서 요직에 발탁되게 하셨다.

(4) 用矢𢧲352)散田, 乃即散<u>用田</u>.(《散氏盤銘》) 矢國이 散國을 침략했기 때문에 경작지를 散國에 돌려주어야 한다.

(5) 成王歸<u>自奄</u>.(《尙書·多方》) 성왕이 엄나라로 부터 돌아 왔다.

위의 예들에서의 보어는 모두 하나의 전치사구로 구성이 되어있다. 그런데 아래의 예에서는 두 개 또는 그 이상의 전치사구로 구성되어 있다. 이러한 전치사구는 대등구를 구성하여 보어가 된다.

(1) 其用夙夜享考<u>于厥文祖乙公</u><u>于文妣日戊</u>.(《𢦏方鼎銘》) 文德이 빛나는 祖父 乙公과 祖母 日戊께 아침저녁으로 제사를 지내는 데 사용할 것이다.

(2) 迺裹餱糧, <u>于橐于囊</u>.(《詩經·大雅·公劉》) 마른 밥과 양식을 전대와 자루에 넣는다.353)

(3) [往]<u>自新邑于柬</u>354).(《新邑鼎銘》) 新邑에서 동쪽으로 갔다.

---

349) [역주] 원서에서는 '賜'까지 밑줄이 그어져 있으나, 장소를 나타내는 '諆田'만 전치사 '于'의 목적어이므로 '于諆田'에만 밑줄을 그어야 한다.

350) [역주] '啟'를 '佑' 혹은 '助'의 의미로 보는 견해도 있다.

351) [역주] 이 글자의 원래 자형은 '𢎨'으로, '擢' 외에 '繇', '協', '嗣', '樂' 등으로 읽는 의견도 있다.

352) [역주] 원서에서는 '業'으로 표기되어 있으나, 원래 자형은 '𢧲'으로, '撲'(치다, 침략하다), '薄'(이르다), '踐'(밟다) 등과 통하는 것으로 본다.

353) [역주] '餱糧'은 '마른 음식, 건량'이다.

354) [역주] 원서에서는 '東'으로 표기되어 있으나, '柬'으로 수정한다.

(4) 嗣王則無淫<u>于觀于逸于游于田</u>.(《尚書‧無逸》) 자리를 잇는 임금께서는 구경하고 놀고 사냥하는 것에 너무 지나치게 하면 안 된다.

4) 수량구로 구성되는 보어

(1) 今爾奔走臣我監<u>五祀</u>.(《尚書‧多方》) 이제 그대들이 부지런히 우리 보살피는 분을 섬긴 지 오년이 되었도다.

(2) 惟呂命, 王享國<u>百年</u>, 耄.(《尚書‧呂刑》) 呂를 명하니, 임금이 나라를 다스린 지 백년이 지나 노인이 되었을 때.

이러한 보어는 서주한어에 이미 존재했으나 자주 발견되지는 않는다.

5) 용언성구로 구성되는 보어

보어로 사용되는 용언성구에는 형용사성대등구, 부사어수식구 등이 있다.

① 형용사성대등구로 구성되는 것

(1) 我行<u>永久</u>.(《詩經‧小雅‧六月》) 우리가 길을 떠난 지 오래되었구나.

(2) 唯用妥福, 畯前文人, <u>秉德共屯</u>.(《善鼎銘》) 이로써 복을 내려 주시어 文德이 혁혁한 선조를 본받아 덕을 갖추는 데 경건하게 마음을 다할 것이다.[355]

(3) 爾大克羞者惟君, 爾乃飲食<u>醉飽</u>.(《尚書‧酒誥》) 그대들은 노인과 임금께 크게 음식을 드릴 수 있게 된 후, 그대들은 그대들의 음식을 취하고 배부르게 마시고 먹어라.[356]

하나의 형용사도 보어로 쓰일 수 있듯이 두 개의 형용사 연합도 보어로 쓰일 수 있다.

② 부사어수식구로 구성되는 것

(1) 降福<u>孔皆</u>.(《詩經‧周頌‧豊年》) 복을 내리심이 심히 두루 하도다.

---

355) [역주] '共(恭)屯(純)'을 술목구조로 보는 견해도 있다.
356) [역주] '羞'는 '드리다', '者'는 '노인'이다.

(2) 飮酒孔偕.(《詩經・小雅・賓之初筵》) 술을 마심에 다 같이 함께 한다.

예(1)은 복을 내리는 것이 두루두루 한다는 것이고, 예(2)는 술을 마셔 서로 잘 어우러지게 되었다는 것이다. 이 두 예에서 보어 중심어는 모두 형용사이다(즉, '皆'와 '偕'). 단일 형용사가 보어로 쓰일 수 있듯이, 이처럼 형용사 앞에 부사어를 첨가한 형식도 보어로 쓰일 수 있다.

2 보어의 의미 유형

서주한어 보어의 의미 유형은 아래의 7가지가 있다.

1) 결과보어(結果補語)

이러한 보어는 동작, 행위가 만들어낸 결과를 나타낸다. 그래서 중심어와 더불어 인과관계가 존재한다. 이러한 보어는 서주한어에서는 매우 드물다.

(1) 今王敬之哉! 張皇六師, 無壞我高祖寡命.(《尙書・康王之誥》) 이제 왕께서는 그것을 공경하시옵소서! 육군을 크고 강하게 유지하시어 우리 높은 조상께서 어렵게 얻은 명을 무너뜨리지 마소서.
(2) 爾大克羞耇惟君, 爾乃飮食醉飽.(《尙書・酒誥》) 그대들은 노인과 임금께 크게 음식을 드릴 수 있게 된 후, 그대들은 그대들의 음식을 취하고 배부르게 마시고 먹어라.

2) 상태보어(狀態補語)

이러한 보어는 동작, 성질의 상태를 나타내며, 중심어에 대한 수식작용을 한다. 이러한 보어는 비교적 자주 보인다.

(1) 唯用妥福, 㽙前文人, 秉德共屯.(《善鼎銘》) 이로써 복을 내려 주시어 文德이 혁혁한 선조를 본받아 덕을 갖추는 데 경건하게 마음을 다할 것이다.[357]

---

357) [역주] '共(恭)屯(純)'을 술목구조로 보는 견해도 있다.

(2) 爾乃惟逸惟頗, 大遠王命, 則惟爾多方探天之威, 我則致天之罰, 離逖爾土.(《尙書·多方》) 그대들이 방탕하고 비뚤어져서 임금의 명을 크게 멀리 한다면 그대들 여러 나라는 하늘의 위엄을 건드리는 것이니, 나는 하늘의 벌을 이루어서 그대들의 땅을 멀게 할 것이다.358)

(3) 奉璋峨峨.(《詩經·大雅·棫樸》) 옥 술잔 드는 모습이 장엄하여

(4) 歸飛提提.(《詩經·小雅·小弁》) 날아 돌아가는 모습이 한가롭구나.

(5) 屢舞仙仙.(《詩經·小雅·賓之初筵》) 거듭 너울너울 춤추네.

(6) 伐鼓淵淵.(《詩經·小雅·采芑》) 북을 침에 둥둥 한다.

3) 시량보어(時量補語)

이러한 보어는 동작이 지속된 시간을 나타낸다. 즉 시간의 양, 또는 기간을 표시한다.

(1) 今爾奔走臣我監五祀.(《尙書·多方》) 이제 그대들이 부지런히 우리 보살피는 분을 섬긴 지 오년이 되었도다.

(2) 王享國百年, 耄.(《尙書·呂刑》) 임금이 나라를 다스린 지 백년이 지나 노인이 되었을 때.

4) 시간보어(時間補語)

이러한 보어는 전치사구로 충당되며, 동작이 발생하는 시점을 나타낸다.

(1) 帝作邦作對, 自大伯王季.(《詩經·大雅·皇矣》) 상제가 나라 만들고 담당할 자를 세우니, 태백과 왕계로부터 하셨다.359)

(2) 䢅自今, 出入專命于外, 乎非先告父厝, 父厝舍命, 毋又敢惷專命于外.(《毛公鼎銘》) 지금부터 이후 드나들며 대외에 명령을 공포함에 있어 父厝에게 먼저 고한 것이 아니면, 父厝이 명령을 내릴 때 감히 독단적으로 대외에 명령을 공포하지 말라.

---

358) 逖: 멀다. 離逖: 멀게 떨어지게 하다.
359) [역주] '大伯'은 대왕의 장자이고, '王季'는 그 밑의 아들이다.

5) 처소보어(處所補語)

이러한 보어는 전치사구로 충당되며, 동작이 발생한 장소를 나타낸다.

(1) 王大耤農于諆田錫[360].(《令鼎銘》) 왕께서 諆田에서 성대하게 藉田 의식을 거행하시고, 연회를 베푸셨다.
(2) 穆公作尹姞宗室于繇林.(《尹姞鬲銘》) 穆公이 尹姞을 위해 繇林에 宗室[361]을 건축했다.
(3) 薄言采芑, 于彼新田.(《詩經·小雅·采芑》) 쓴 나물을 뜯기를, 저 신전에서 하며
(4) 梧桐生矣, 于彼朝陽.(《詩經·大雅·卷阿》) 오동나무가 자라니, 저 아침 해 뜨는 데서 하도다.
(5) 出自幽谷.(《詩經·小雅·伐木》) 깊은 골짜기에서 나오다.
(6) 侵自阮疆.(《詩經·大雅·皇矣》) 침략을 완나라 국경으로부터 하여
(7) 成王歸自奄.(《尚書·多方》) 성왕이 엄나라로 부터 돌아 왔다.

6) 대상보어(對象補語)

이러한 보어는 전치사구로 구성되며, 동작행위에 관계된 대상을 나타낸다.

(1) **趞趞**子白, 獻馘于王.(《虢季子白盤銘》) 굳세고 용맹스러운 子白이 적에게서 베어낸 왼쪽 귀(혹은 머리)를 왕께 바쳤다.
(2) 禴祠烝嘗, 于公先王.(《詩經·小雅·天保》) 종묘제사인 약, 사와 증, 상을 선공과 선왕께 올리다.
(3) 宜鑒于殷.(《詩經·大雅·文王》) 은나라를 거울삼아야 한다.

7) 도구보어(工具憑藉補語)

이러한 보어는 전치사구로 구성되며, 동작행위의 도구, 근거를 나낸다.

---

360) [역주] 원서에서는 '錫'을 '陽'으로 읽고 '諆田錫(陽)'를 전치사 '于'의 목적어로 보았으나, '觴'은 '연회를 베풀다'의 뜻으로 해석해야 한다.
361) [역주] '宗室'의 의미에 대해서는 宗廟 혹은 高屋으로 해석한다.

(1) 用矢戡362)散邑, 乃即散用田,(《散氏盤銘》) 矢國이 散國을 침략했기 때문에 경작지를 散國에 돌려주어야 한다.

(2) 麾之以肱.(《詩經·小雅·無羊》) 팔뚝으로 부르다.

(3) 綏以多福.(《詩經·周頌·載見》) 많은 복으로써 편안히 하다.

③ 보어와 중심어 사이의 조사

서주한어에서 보어와 중심어 사이에는 구조조사가 들어갈 수 있다. 이러한 구조조사는 단지 '之' 하나뿐이다.

(1) 飮酒之飫.(《詩經·小雅·常棣》) 술 마시기를 실컷 하다.

(2) 側弁之俄, 屢舞傞傞.(《詩經·小雅·賓之初筵》) 기울어진 고깔이 삐딱하여 자주 춤추기를 그치지 않도다.

(3) 鮮民之生, 不如死之久矣.(《詩經·小雅·蓼莪》) 나약한 백성의 삶이여, 죽느니만 같지 못한 지 오래로다.

예(1)의 '飮'은 술어동사이고 '酒'는 목적어, '飫'은 보어이다. 이때 '之'는 보어와 중심어 사이에 쓰인 구조조사이다. 예(2)와 (3)도 마찬가지이다.

아래에 인용된 예에 출현한 '之'에 대해서도 어떤 이들은 중심어와 보어 사이에 쓰인 구조조사라고 한다.

(1) 烝之浮浮.(《詩經·大雅·生民》) 김이 나게 푹 그것을 쪄놓네.363)

(2) 積之栗栗.(《詩經·周頌·良耜》) 차곡차곡 수북이 쌓아올려

(3) 約之閣閣.(《詩經·小雅·斯干》) 판자를 묶기를 맞물리게 하여

(4) 度之薨薨.(《詩經·大雅·綿》) 담틀에다 퍽퍽 흙 쳐 넣고

(5) 釋之叟叟.(《詩經·大雅·生民》) 쌀을 싹싹 씻으며

(6) 穫之挃挃.(《詩經·周頌·良耜》) 싹싹 벼를 베어364)

---

362) [역주] 원서에서는 '業'으로 표기되어 있으나, 원래 자형은 '戡'으로, '撲'(치다, 침략하다), '薄'(이르다), '踐'(밟다) 등과 통하는 것으로 본다.

363) [역주] '浮浮'는 '김이 올라가는 모양'이다.

위의 6개의 예에서 '之' 뒷부분은 보어이고, '之' 앞은 술어동사이다. 그러면 '之'는 구조조사이다. 그런데 '之' 앞의 동사는 모두 타동사(及物動詞)이기 때문에 '之' 또한 앞 동사의 목적어가 될 가능성도 있다. 과연 어떻게 분석하는 것이 더 정확한지 좀 더 진일보한 연구가 필요하다.

4 보어의 위치

보어의 위치에 따라 보어를 '문장보어(句中補語)'와 '문미보어(句尾補語)' 둘로 나눌 수 있다.

1) 문장보어

문장보어의 위치는 대개 중심어의 뒤, 문장 말미가 된다.

(1) 興雨<u>祁祁</u>.(《詩經·大雅·大田》) 비를 내리기를 천천히 하여
(2) 視我<u>邁邁</u>.(詩經·小雅·白華》) 나를 보기를 건성으로 한다.365)
(3) 削屢<u>馮馮</u>.(《詩經·大雅·綿》) 담장 다지기를 텅텅거리며 하다.366)
(4) 側弁之<u>俄</u>.(《詩經·小雅·賓之初筵》) 기울어진 고깔이 삐딱하여
(5) 來歸<u>自鎬</u>.(《詩經·小雅·六月》) 호땅으로부터 돌아오니
(6) 亂匪降<u>自天</u>, <u>生自婦人</u>.(《詩經·大雅·瞻卬》) 난은 하늘에서 내려오는 것이 아니라, 지어미에게서 생겨난다.

연동구에서는 앞의 술어의 보어가 그 중심어의 뒤, 그리고 다른 술어 앞에 출현한다.

(1) 雩若翌日, 在壁雝, 王乘于舟爲大豐367).(《麥尊銘》) 다음 날에 辟雍에서 왕께서 배를 타고 大禮를 거행하셨다.

---

364) [역주] '挃挃'은 '벼를 베는 소리'이다.
365) [역주] '邁邁'는 '건성거리거나 가벼이 하는 모양'이다.
366) [역주] '馮馮'은 '담장 다지는 소리'이다.
367) [역주] '豐'으로 보고, '禮'로 읽는 것이 다수의 견해이다.

(2) 肆敢隊368)于彝曰: 其自今日孫孫子子毋敢望白休.(《縣妃簋銘》) 이에 삼가 彝器에 기록하여 말했다. "오늘부터 자자손손 伯의 은택을 삼가 잊지 말지어다."

(3) 王至于淾宫369)般(頒)370).(《令鼎銘》) 왕께서 淾宫에 도착하셔서 상을 내리셨다.

위어 중심어가 목적어도 있고 보어도 있다면, 보어는 대개 위어 중심어와 목적어 뒤에 출현한다. 이러한 예는 이미 앞에서 다수 언급한 바 있다. 그러나 어떤 보어는 중심어와 목적어 사이에 출현하기도 한다.

(1) 張皇六師.(《尚書‧康王之誥》) 육군을 크고 강하게 유지하시어

(2) 離逖爾土.(《尚書‧多方》) 그대들의 땅을 멀게 할 것이다.

(3) 余蠁于君氏大章.(《五年琱生簋銘》) 나는 君氏께 큰 홀(笏)을 바쳤다.371)

(4) 遣叔休于小臣貝三朋、臣三家.(《易天簋銘》) 遣叔께서 小臣에게 貝 삼 朋과 노예 세 가구를 하사하셨다.

2) 문미보어

문미보어는 문두보어에 상대적인 것이다. 서주시대에 '唯 + 年표기'는 문장의 앞에도 출현하고 있고 말미에도 출현하고 있다.

(1) 唯王十又七祀, 王在射日宫.(《詢簋銘》) 왕 재위 십칠 년에 왕께서 射日宫에 계셨다.

(2) 盂用對王休, 用作祖南公寶鼎, 唯王廿又三祀.(《大盂鼎銘》) 盂는 왕의 은택을 찬양하며 조부 南公을 위한 귀중한 鼎을 제작하였다. 왕 재위 이십삼 년.

예(1)의 '唯王十又七祀'가 문두부사어로 쓰이는 것은 이미 모두가 인정하는 사실이다.

---

368) [역주] 이 글자의 원래 자형은 '㪤'으로 '隊'인지에 관해서는 이견이 많다. 다만 유사 금문 용례와 비교해봤을 때, '施'나 '設'의 의미임을 알 수 있다.

369) [역주] 원서에서는 '公'으로 표기되어 있으나 오타로 보인다.

370) [역주] '宫' 뒤의 글자의 원래 자형은 '⿰般攴'으로, '般' 외에 '敗(陳)', '㪤(熙)', '效(外)' 등으로 考釋하는 견해가 있다.

371) [역주] 제3장 제6절에서는 이 구문을 '내가 君氏께 큰 홀(笏)을 하사받았다'라는 의미의 피동문으로 분석하고 있다.

그렇다면 이에 상응하는 예(2)의 '唯王卅又三祀'는 문미보어로 처리할 수 있다. 殷商의 한어에서 '唯+年표기'는 모두 문미보어로 쓰이고 있다. 예컨대 다음과 같다.

(1) 尹光邐隹各, 商貝, 用作父丁彝, 唯王正井方.(《邐方鼎銘》) 尹光이 시중을 들었고 삼가 예를 다했기에, (왕께서) 貝를 상으로 내리셨으니 (이를 기념하고자) 先父 丁께 제사를 올리는 데 사용할 祭器를 제작하였다. 왕께서 邢 지방을 정벌하신 해.

(2) 辛酉王田于鷄麓, 獲大霸虎, 在十月, 唯王三祀劦日.(懷特 1915) 辛酉일에 왕께서 계 지역의 산기슭에서 사냥을 하시었고, 크고 흰 호랑이를 포획하였다. 시월 왕 삼년 劦祭를 드리는 날이었다.

그러다가 서주시대부터 점차 앞으로 이동하여 문두부사어가 되었다. 그리고 문미보어는 서주시대에는 이미 많이 사라진 상태이다.

(1) 衛其萬年永寶用, 唯王五祀.(《五祀衛鼎銘》) 衛는 만년토록 영원히 귀중히 이 기물을 사용할 것이다. 왕 재위 오 년.

(2) 蔑戈□□□□白寶尊彝, 唯王卅[372]又五祀.(《小盂鼎銘》) 무늬가 새겨진 창 … 伯께 제사를 지내기 위한 귀중한 祭器를 제작하였다. 왕 재위 삼십오 년이 되는 해.

아래의 두 예 역시 문미보어의 예로 볼 수 있다.

(1) 我維顯服, 及德之方明.(《逸周書·度邑解》) 덕이 마침 위대하고 밝은 이 때에 나는 천하를 복종시키고자 한다.

(2) 帝作邦作對, 自大伯王季.(《詩經·大雅·皇矣》) 상제가 나라 만들고 담당할 자를 세우니, 태백과 왕계로부터 하셨다.

이러한 문미보어는 문장보어와 헷갈리기가 쉽다. 다만 문미보어 앞에 분명한 휴지가 있어서 표점을 찍을 수 있다는 것이 이들의 구별 기준이다.

---

372) [역주] '卄'으로 考釋하는 견해도 있다.

5 보어에 상대되는 중심어

보어와 중심어는 상대적인 문장성분으로 만약 보어의 중심어를 알아보려고 한다면 직접성분분석법(直接成分分析法)을 이용해야 한다. 즉, 층위분석(層次分析)을 진행해야 한다. 층위분석에서 보어와 술보관계를 구성하고 하나의 구조체를 형성하는 성분이 바로 해당 보어의 중심어가 된다. 예컨대 다음과 같다.

(예) 王 乘于舟爲大豐373).(《麥尊銘》)
　　|주‖　　위　　|
　　　|연 :위　|
　　　|중〈 보| |동|목|

왕께서 배를 타고 大禮를 거행하셨다.

이 예에서 '于舟'와 '乘'은 술보관계로 하나의 구조체를 형성한다. 즉, '于舟'의 중심어가 '乘'인 것이다. 또 다른 예를 보자.

(예) 中 乎歸生鳳374)于王, 藝于寶彝.(《中鼎銘》)
　　|주‖　　위　　|
　　　| 중　　〈 보 |

中이 歸生으로 하여금 왕께 아뢰게 하였고, 이를 귀중한 祭器에 기록하였다.375)

이 예에서 보어 '于王'의 중심어는 '乎歸生鳳'이다. 아래는 모두 이러한 방법으로 보어의 중심어를 분석해낼 수 있다.

1) 단일한 동사로 구성되는 중심어

(1) [二]旬又四日丁卯, [往]自新邑于柬376). 王[賞]貝十朋, 用作寶彝.(《新邑鼎銘》) 이십사

---

373) [역주] '豐'으로 보고, '禮'로 읽는 것이 다수의 견해이다.
374) [역주] '生鳳'에 대해서는 '고대인들이 南洋의 극락조를 부르는 명칭'이라는 견해와 '봉황을 이르는 고대인들의 방언'이라는 견해가 있다.
375) [역주] 제3장 제1절과 제5장 제1절에서는 이 구문을 피동문으로 분석하고 있다.
376) [역주] 원서에서는 '東'으로 표기되어 있으나, '柬'으로 수정한다.

일 째 되는 날인 丁卯일에 新邑에서 동쪽으로 갔다. 왕께서 貝 십 붕을 하사하셨고, (이를 기념하고자) 귀중한 彝器를 제작하였다.

(2) 遘于四方合377)王大祀佑于周.(《保卣銘》) 사방의 제후들이 만나서 왕의 큰 제사에 참여하고, 成周에서 제사를 도왔다.

(3) 綏以多福.(《詩經·周頌·載見》) 많은 복으로써 편안히 하다.

(4) 鮮民之生, 不如死之久矣.(《詩經·小雅·蓼莪》) 나약한 백성의 삶이여, 죽느니만 같지 못한 지 오래로다.

(5) 亂匪降自天, 生自婦人.(《詩經·大雅·瞻卬》) 난은 하늘에서 내려오는 것이 아니라, 지어미에게서 생겨난다.

(6) 遷于喬木.(《詩經·小雅·伐木》) 높은 나무로 올라간다.

2) 단일한 형용사로 구성되는 중심어

(1) 別求聞由古先哲王, 用康保民, 弘于天.(《尙書·康誥》) 따로 옛 어진 임금들에 대한 일을 듣기를 널리 구하여 백성들을 편안히 보호하고, 하늘처럼 크게 되어라.

(2) 白氏曰: 不其, 女小子, 女肇誨于戎工.(《不其簋銘》) 백씨伯氏가 말씀하셨다. "不其여! 그대는 젊지만 軍事에 있어서 영리하고 민첩하도다."

3) 술목구로 구성되는 중심어

(1) 穆公作尹姞宗室于繇林.(《尹姞鬲銘》) 穆公이 尹姞을 위해 繇林에 宗室378)을 건축했다.

(2) 侯379)作冊麥易金于辟侯.(《麥尊銘》) 作冊 麥은 군주인 邢侯께 동을 하사받았다.

(3) 迺裹餱糧, 于橐于囊.(《詩經·大雅·公劉》) 마른 밥과 양식 싸기를 전대와 자루에 한다.

(4) 趩趩子白, 獻馘于王.(《虢季子白盤銘》) 굳세고 용맹스러운 子白이 적에게서 베어낸 왼쪽 귀(혹은 머리)를 왕께 바쳤다.

(5) 奉璋峨峨.(《詩經·大雅·棫樸》) 옥 술잔 드는 모습이 장엄하여

(6) 麾之以肱.(《詩經·小雅·無羊》) 팔뚝으로 부른다.

---

377) [역주] 이 글자의 원래 자형은 '逪'으로, '合' 혹은 '會'와 통하는 것으로 본다.
378) [역주] '宗室'의 의미에 대해서는 宗廟 혹은 高屋으로 해석한다.
379) [역주] '侯'는 앞 구문과 붙여 읽는 것이 옳다.

4) 이중목적어구로 구성되는 중심어

(예) 氒受圖矢王于豆新宮東廷.(《散氏盤銘》) 豆邑에 있는 新宮의 東廷에 있는 矢王에게 그들이 지도를 주었다.[380]

5) 겸어구로 구성되는 중심어

(예) 中乎歸生鳳于王, 藝于寶彝.(《中鼎銘》) 中이 歸生으로 하여금 왕께 아뢰게 하였고, 이를 귀중한 祭器에 기록하였다.[381]

6) 용언성대등구로 구성되는 중심어

(1) 不顯子白, 壯武于戎工, 經維四方, 搏伐玁狁于洛之陽, 折首五十, 執訊五十, 是以先行[382].(《虢季子白盤銘》) 찬란히 빛나는 子白은 軍事에 있어 굳세고 용맹스러웠으며, 온 천하를 경영하고, 洛水 북쪽에서 玁狁을 공격하여 토벌하였다. 오백 명을 참수하고 오십 명을 포로로 잡아 앞장서서 귀환하였다.

(2) 曰古文王, 初盭龢于政.(《史墻盤銘》) 옛날 문왕께서는 정치를 처음으로 안정시키시고 화합을 이루셨다.

(3) 其用夙夜享考于厥文考乙公于文妣日戊.(《致方鼎銘》) 文德이 빛나는 祖父 乙公과 祖母 日戊께 아침저녁으로 제사를 지내는 데 사용할 것이다.

(4) 爾大克羞耇惟君, 爾乃飲食醉飽.(《尙書·酒誥》) 그대들은 노인과 임금께 크게 음식을 드릴 수 있게 된 후, 그대들은 그대들의 음식을 취하고 배부르게 마시고 먹어라.

7) 연동구로 구성되는 중심어

(1) 王初各伐玁狁于昌盧.(《兮甲盤銘》) 왕께서 처음으로 昌盧에서 玁狁을 (가서)토벌하셨다.

(2) 摯仲氏任, 自彼殷商, 來嫁于周.(《詩經·大雅·大明》) 摯나라의 둘째 따님인 태임이 저 은상으로부터 주나라에 시집오니

---

380) [역주] 위의 해석은 '氒(厥)' 뒤의 글자를 '受(授)'로 보고, 문장 구조를 'S+V₃+O直+O間+CO'로 분석했을 때의 해석이다. 만약 '氒(厥)' 뒤의 글자를 '爲'로 본다면 해석은 '그들이 지도를 작성하였고, 矢王은 豆邑에 있는 新宮의 東廷에 있었다'가 된다.

381) [역주] 제3장 제1절과 제5장 제1절에서는 이 구문을 피동문으로 분석하고 있다.

382) [역주] '是以先行'에 관해서는 '앞서 승전보를 알렸다'로 해석하는 견해도 있다.

위의 두 예에 등장한 보어의 경우, 모두 연동구의 뒷 동사 뿐 아니라 앞 동사와도 관련이
있다. 이것이 바로 다른 연동구와 다른 점이다.

8) 주위구로 구성되는 중심어

이는 단지 문미보어의 중심어로만 한정된다.

(1) <u>我維顯服</u>, 及德之方明.(《逸周書·度邑解》) 덕이 마침 위대하고 밝은 이 때에 나는 천하를
복종시키고자 한다.

(2) <u>帝作邦作對</u>, 自大伯王季.(《詩經·大雅·皇矣》) 상제가 나라 만들고 담당할 자를 세우니, 태
백과 왕계로부터 하셨다.

(3) <u>衛其萬年永寶用</u>, 唯王五祀.(《五祀衛鼎銘》) 衛는 만년토록 영원히 귀중히 이 기물을 사용
할 것이다. 왕 재위 오 년.

제6절 서주한어의 독립어

이른바 독립어(獨立語)라 함은 그 전후의 다른 단어들과 구조관계도 없고 상호 간 문장
성분이 되지도 않으나 해당 문장의 의미 구성에 필요한 성분을 말한다.
서주한어의 독립어는 호응성분, 감탄성분, 의성성분의 세 가지이다.

1 호응성분

이러한 독립어는 상대방을 부르거나 주의를 끄는 말이다.

(1) 叔氏若曰: <u>逆</u>, 乃祖考許政于公室.(《逆鐘銘》) 叔氏께서 이렇게 말씀하셨다. "逆이여, 그대
의 先祖先父가 公室(제후의 가문)에서 정무를 보았다."

(2) 王若曰: <u>父𧪛</u>, 不顯文武, 皇天引厭厥德, 配我有周, 膺受大命.(《毛公鼎銘》) 왕께서 이렇게 말씀하셨다. "父𧪛(毛公)이여! 위대하신 文王과 武王께서는 하늘이 그 덕을 흡족해하사 우리 주나라를 天命에 합한 나라로 세우셨고 (문왕과 무왕께서는) 천명을 받으셨다."

(3) <u>不顯天子</u>, 天子其萬年無疆, 保辥(乂)周邦, 畯尹四方.(《大克鼎銘》) 찬란히 빛나시고 영명하신 천자시여! 천자께서는 만년토록 영원하실 것이며, 주나라를 보우하고 다스리시고 천하의 모든 나라를 오랫동안 통치하시리라.

(4) 王曰: <u>毊</u>, 令女作司土, 官司藉田.(《毊簋銘》) 왕께서 말씀하셨다. "毊여, 그대가 司徒가 되어 藉田을 관리하도록 명하노라."

(5) 王若曰: <u>蔡</u>, 昔先王旣令女作宰司王家, 今余隹𧻚京³⁸³⁾乃令.(《蔡簋銘》) 왕께서 이렇게 말씀하셨다. "蔡여, 과거에 선왕께서 이미 그대를 宰로 임명하시어 왕실의 업무를 주관하게 하셨고, 지금 내가 그 명령을 다시 내리노라."

(6) 王曰: <u>頌</u>, 令女官司成周貯廿家, 監司新造貯, 用宮御.³⁸⁴⁾(《頌鼎銘》)³⁸⁵⁾ 왕께서 말씀하셨다. "頌이여! 그대는 成周의 상점 스무 곳을 관리하고 궁중 물품 공급 용도로 새로 지어진 상점을 관리 감독하라."³⁸⁶⁾

2 감탄성분

이러한 독립어는 놀람, 감격, 喜怒哀樂 등의 감정을 나타내는 말들이다.

(1) <u>烏虖</u>! 效不敢不萬年夙夜奔走揚公休.(《效卣銘》) 오호라! 效는 삼가 만년토록 아침저녁으로 애쓰고 公의 은택을 찬양하노라.

(2) <u>嗚呼</u>! 君肆其監于玆.(《尙書‧君奭》) 아! 군이여, 그러하니 이것을 잘 살피십시오.

(3) 王曰: <u>於</u>!³⁸⁷⁾ 令女盂井乃司且南公.(《大盂鼎銘》) 왕께서 말씀하셨다. "아! 그대 盂에게 명

---

383) [역주] '𧻚京'에 대해서는 제2장 제3절 [역주] 67 참조. '𤔲𩵋'의 의미는 일반적으로 '𩵋𤔲'와 유사한 것으로 본다.

384) [역주] '監司新造, 貯用宮御'으로 끊어 읽는 견해도 있다.

385) [역주] 원서에서는 《頌簋銘》으로 표기되어 있으나, 《頌鼎銘》으로 수정한다.

386) [역주] '新造'를 지명이나 관직명으로 보는 의견도 있고, '造'를 '도착하다'로 해석하는 견해도 있다. 만약 원서와 같이 '監司新造貯'로 끊어 읽는다면, '新造貯'는 '새로 지은 상점', '新造 지역의 상점' 혹은 '새로 도착한 물건'으로도 해석이 가능하다.

387) [역주] 이 글자의 원래 자형은 '𥄉'으로, '而', '職' 등으로 보는 견해도 있다.

령하노니 그대가 계승한 조상인 南公을 본받으라."

(4) 於! 穆淸廟, 肅雝顯相.(《詩經·周頌·淸廟》)아! 그윽하고 깨끗한 묘당에 공경스럽고 화락하고 훌륭한 상이여388)

(5) 王令**彔**曰: 戲! 淮尸敢伐內國, 女其以成周師氏戍于固師.(《彔**彔**卣銘》) 왕께서 彔**彔**에게 명령하여 말씀하셨다. "아! 淮夷가 감히 우리나라를 침범하였으니 그대는 成周의 師氏와 함께 固地의 군사 주둔지를 수호하라."

(6) 王若曰: 猷! 大誥爾多邦越爾御事.(《尙書·大誥》) 임금님이 다음과 같이 말씀하셨다. "아, 옳다! 그대들의 여러 나라와 일을 맡은 사람들에게 널리 고하노라."

3 의성성분

이러한 독립어는 소리를 흉내 낸 말이다. 의성사가 독립어로 쓰이는 예는 매우 드물다. 《詩經》에 비록 많은 의성사가 있지만 이들은 의태사와 마찬가지로 대부분 술어나 관형어, 보어 등으로 사용된다. 아래의 예는 의성사가 독립어로 사용되는 예이다.

(1) 王對, 作宗周寶鐘.389) 倉倉悤悤, 鍺鍺390)雝雝, 用邵391)各不顯祖考先王.(《胡鐘銘》) 왕은 칭송하며 宗周의 보배로운 종을 제작하였다. 그 종소리는 크고 맑으며 조화롭고 웅장하여, 영명하고 위대하신 先祖先父와 先王을 성심으로 감응시켜 강림하시게 할 것이다.

(2) 鳳凰鳴矣 …… 雝雝喈喈.(《詩經·大雅·卷阿》) 봉황이 우니 …… 그 울음소리가 옹옹개개하며 조화롭도다.

(3) 用作朕皇祖考龢鐘, 瑲瑲鏓鏓, 鍺鍺雝雝.(《梁其鐘銘》) 나의 위대하신 先祖先父를 위해 음률이 조화로운 종을 제작하였으니, 그 종소리가 크고 맑으며 조화롭고 웅장하도다.

---

388) [역주] '肅'은 '공경스러움'이고, '雝'은 '화락함'이다.

389) [역주] 제2장 제6절에서는 '王'을 앞 구문에 붙여 읽었다.

390) [역주] 이 글자의 원래 자형은 '鍺'으로, 오른쪽 편방은 '隹'로 분명하지만, 왼쪽 편방에 대해서는 '央', '先', '者', '求' 등의 이견이 있다.

391) [역주] '邵'에 대해서는 제2장 제2절 [역주] 60 참조.

| 주요 참고문헌 |

管燮初:《西周金文語法研究》, 商務印書館, 1981年.

楊合鳴:《詩經句法研究》, 武漢大學出版社, 1993年.

戴璉璋:〈殷周造句法初探〉,《國文學報》, 第八期, 1979年, 臺灣師範大學國文學係印行.

張玉金:《甲骨文語法學》. 學林出版社, 2001年.

黃伯榮, 廖序東主編:《現代漢語》(增訂二版)(下冊), 高等教育出版社, 1997年.

趙平安:〈兩周金文中的"後置定語"〉,《古漢語研究》, 1990年　第2期.

제**6**장

서주한어 단문

본장에서는 서주한어의 단문(單句)과 관련된 문제를 토론한다. 여기에는 주위문(主謂句), 비주위문(非主謂句), 생략문(省略句), 변형문(變式句) 등이 있다.

제1절 서주한어 주위문

본 절에서는 먼저 서주한어 주위문의 기본 상황을 묘사하고, 이후 이중목적어문, 연동문, 겸어문, 병렬문, 피동문, 처치문, 존현문, 판단문, 주위위어문 등의 일부 특수한 문형에 대해 중점적으로 토론한다.

1 주위문의 기본 상황

주위문이란 주어와 위어 두 가지 문장성분으로 구성된 단문을 지칭한다. 이것은 위어의 성질 차이에 따라 주위문은 '동사위어문', '형용사위어문', '의성사위어문', '수사위어문', '명사위어문', '대사위어문', '주위위어문'으로 분류할 수 있다.

1) 동사위어문

이러한 위어문의 위어는 동사성 성분으로 충당이 된다.

본서에서는 문장의 문형을 분석할 때 문장의 주요부분을 중심으로 진행한다. 따라서 문두부사어가 있는 문장은 역시 주위문으로 보고, 비주위문으로 보지는 않는다. 예컨대 다음과 같다.

(예) 昔我往矣.(《詩經·小雅·采薇》) 옛날에 내가 떠날 때

이 문장의 문두부사어는 '昔'이다. 이 문장을 분석할 때 먼저 문두부사어를 떼어 낸 후, '我往矣'가 어떤 문형인지를 살펴볼 것이다. 한편, 본장에서 언급하는 이른바 '단문'이 사실상 '절(小句)'의 개념이라는 것을 밝혀둔다. 절은 단독으로 문장이 될 수도 있고 또 복문 중의 한 부분이 될 수도 있다. 이렇게 하는 이유는 일단 고대문헌이 원래 표점이 없어서 단문과 복문의 경계선이 모호해 구분하기 어렵기 때문이다. 또한 아래의 복문 장에서는 단지 절과 절의 관계만을 언급할 뿐이라 여기서 절의 구조를 토론하지 않는다면 절의 구조를 논의할 수 없기 때문이다.

동사위어문은 크게 둘로 나눌 수 있다. 첫째는 단일동사문(單動句)으로, 전체 위어가 단지 중심 동사 하나만으로 구성되는 것이다. 둘째는 다동사문(多動句)으로, 전체 위어가 둘 또는 여러 개의 중심 동사로 구성되는 것이다. 이러한 다동사문에는 병렬문, 연동문, 겸어문 그리고 융합문(融合句)이 포함된다. 이들 문장에 대해 본장에서 각각 자세히 설명할 것이므로 여기서는 주로 단일동사문에 대해 다룬다. 단일동사문은 그 중심 동사의 결합가(配價) 차이에 따라 재분류할 수 있다. 결합가의 차이에 따라 동사는 '영가동사(零價動詞)', '일가동사(一價動詞)', '이가동사(二價動詞)', '삼가동사(三價動詞)'로 4분할 수 있다. 이중 영가동사는 비주위문을 구성하므로 이것은 본장의 다른 절에서 논의한다. 그 외의 세 가지 동사는 모두 주위문을 구성할 수 있다. 아래에서는 이러한 결합가의 차이에 따라 단일동사문을 분류하여 설명한다.

① **일가동사로 구성되는 동사위어문** : 일가동사는 한 가지 성질의 명사성 성분을 강제적으로 요구한다. 이 명사성 성분은 대개 행위주로 동사위어문에서 문장의 행위주주어가 된다. 일가동사가 구성하는 동사위어문의 문형은 'S + V₁(V₁은 일가동사, S는 주어를 나타냄)'이다. 예컨대 다음과 같다.

(1) 汝往.(《尚書·洛誥》) 당신이 낙땅으로 가다.

(2) 不寧方來.(《周易·比卦》)복종하지 않던 이도 오니

(3) 征夫歸止.(《詩經·小雅·杕杜》)부역 갔던 이가 돌아온다.[1]

(4) 王出.(《尚書·康王之誥》) 임금이 나가다.

'S+V₁'은 바로 일가동사의 문형이다. 이 문형의 주어 앞에는 문두부사어가 출현할 수도 있고 주어 뒤에 문장내 부사어가 올 수도 있다. 그리고 일가동사 뒤에는 또 보어가 올 수도 있다. 예컨대 다음과 같다.

(1) 越翼日乙丑, 王崩.(《尚書·顧命》) 다음날 을축 일에 왕이 붕어하셨다.

(2) 昔我往矣.(《詩經·小雅·采薇》) 옛날에 내가 떠날 때[2]

(3) 予惟乙卯朝至于洛師.(《尚書·洛誥》) 저는 을묘 일 아침에 낙땅으로 와서

(4) 滮池北流.(《詩經·小雅·白華》) 흐르는 못이 북으로 흘러

(5) 王歸自成周.(《應侯見工鐘銘》) 왕께서 成周에서 돌아오셨다.

(6) 惟五月丁亥, 王来自奄.(《尚書·多方》) 오월 정해 일에 왕께서 엄 땅으로부터 오셨다.

일가동사위어문의 주어는 생략이 가능하다.

(1) 來.(《尚書·洛誥》) (오라고 해서, 나는) 왔다.

(2) 還.(《尚書·顧命》) (명을 받고) 돌아가다.

(3) 立于西垂.(《尚書·顧命》) 서쪽 귀퉁이에 서있다.

(4) 立于側階.(同上) 옆 계단에 서있다.

(5) 曷云其還, 政事愈蹙.(《詩經·小雅·小明》)언제나 돌아갈 수 있으려나, 정사가 더욱 급박해지는구나.

(6) 其終出于不祥.(《尚書·君奭》) 그 마지막에 상서롭지 못함으로부터 벗어날 것이라.

② 이가동사로 구성되는 동사위어문 : 이가동사는 두 가지 다른 성질의 명사성 성분을 강

---

1) 止: 어기사임.

2) 이 문장의 V₁ 뒤에는 문미어기사가 나오고 있다.

제로 요구한다. 이 두 가지 명사성 성분은 하나는 행위주이고 다른 하나는 피동작주이다. 일반적으로 행위주 명사는 주어로, 피동작주 명사는 목적어로 쓰인다. 이러한 동사위어문의 문형은 'S+V₂+O'(S는 주어, V₂는 이가동사, O는 목적어를 나타냄)이다. 예컨대 다음과 같다.

(1) 天尹作元3)弄.(《天尹鐘銘》) 天尹이 귀중한 기물을 제작하였다.

(2) 己侯虎作寶鐘.(《己侯虎鐘銘》) 紀國의 군주인 虎가 귀중한 종을 제작하였다.

(3) 王征南尸(夷).(《無𩵋簋銘》) 왕께서 南夷를 정벌하셨다.

(4) 仲大師右(佑)柞.(《柞鐘銘》) 仲太師가 柞을 인도하였다.

(5) 長子帥師.(《周易·師卦》) 장자가 군사를 거느리다.

(6) 枯楊生稊.(《周易·大過》) 죽은 버드나무에서 새싹이 나오다.

'S+V₂+O'에서 S앞, V₂앞에는 모두 부사어가 나올 수 있고, O뒤에는 보어가 나올 수 있다.

(1) 唯十又二4)年正月初吉丁亥, 虢季子白作寶盤.(《虢季子白盤銘》) 십이년 정월 初吉 丁亥일에 虢季子白이 귀중한 盤을 제작했다.

(2) 雩四月既生霸庚午, 王遣公大史.(《作冊䰟卣銘》) 사월 既生霸 庚午일에 왕께서 公太史를 파견하셨다.

(3) 天惟喪殷.(《尙書·大誥》) 하늘이 은을 망하게 했다.

(4) 汝典聽朕毖.(《尙書·酒誥》) 너는 언제나 나의 경계하는 말을 떳떳이 따르라.5)

(5) 乃祖考許政于公室.(《逆鐘銘》) 그대의 先祖先父가 公室(제후의 가문)에서 정무를 보았다.

(6) 乃穆考文王, 肇國在西土.(《尙書·酒誥》) 그대의 심원하신 아버지 문왕이 西土에 나라를 창건하셨다.

이가동사위어문의 주어와 목적어도 생략이 가능하다.

---

3) [역주] 원서에서는 '無'로 쓰여 있으나, '元'의 오타로 보인다.

4) [역주] 원서에서는 '三'으로 표기되어 있는데 오타로 보인다.

5) [역주] '毖'는 '훈계, 가르침'이다.

(1) 揚公白休.(《小臣宅簋銘》) 同公과 伯懋父의 은택을 찬양하노라.

(2) 求婚媾.(《周易·屯卦》) 배필을 구하러 가다.

(3) 念玆戎功.(《詩經·周頌·烈文》) 이 큰 공을 생각하다.

(4) 監我士師工.(《尙書·洛誥》) 나의 관리들을 보살펴주다.

(5) 王射.(《令鼎銘》) 왕께서 射禮를 거행하셨다.

(6) 不敢侮鰥寡.(《尙書·康誥》) 감히 홀아비와 과부도 업신여기지 않았다.

(7) 典聽朕告.(《尙書·康誥》) 내가 너에게 한 말을 떳떳이 따라라.

(8) 明大命于妹邦.(《尙書·酒誥》) 妹나라에 큰명을 내리겠다.

③ **삼가동사로 구성되는 동사위어문** : 삼가동사는 세 가지 다른 성질의 명사성 성분을 강제적으로 요구한다. 이 세 가지 명사성 성분은 행위주를 나타내는 것, 여격(與事)을 나타내는 것, 피동작주를 나타내는 것이 있다. 이러한 동사성위어구의 문형은 'S＋V₃＋O與＋O受'이다. 이 문형에서 S는 주어, V_3는 삼가동사, O與는 여격 명사, O受는 피동작주 명사를 각각 나타낸다.

(예) 余賜女秬鬯一卣.(《彔伯䧧簋銘》) 내가 그대에게 秬鬯酒 한 항아리를 하사한다.

삼가동사위어문은 기본적으로 이중목적어문이며 이에 대해서는 뒤에서 자세히 논의한다.

2) 형용사위어문

형용사는 주어의 뒤에 직접 출현하여 위어가 될 수 있다. 이로써 'S＋V形'이라는 문형을 구성한다. 예컨대 다음과 같다.

(1) 余老.[6](《五年琱生簋銘》) 내가 늙었다.

(2) 艱大.(《尙書·大誥》) (일이) 어려움이 크도다.

(3) 白馬翰如.(《周易·賁卦》) 백마가 나는 듯 하며[7]

---

6) [역주] '老' 뒤의 '止'까지 하나의 구로 끊어 읽는 것이 다수의 견해이다.

7) [역주] '翰'은 '날다'이다.

(4) 厥心臧.(《尙書·酒誥》) 그 마음이 착하다.8)

(5) 周道倭遲.(《詩經·小雅·四牡》) 큰 길이 굽어 있도다.

(4) 我心易兮.(《詩經·小雅·何人斯》) 내 마음은 기쁠 것이요.

(7) 卉木萋止.(《詩經·小雅·杕杜》) 훼목이 무성한지라.

'S + V形'에서 V形앞에 부사어가 출현할 수 있으며, V形뒤에는 보어가 올 수 있다.

(1) 父乃是子.(《沈子它簋銘》) 先父께서는 이렇게 자애로우시도다.9)

(2) 邦將害吉?(《毛公鼎銘》) 나라에 장차 어찌 길함이 있겠는가?

(3) 西土人亦不靜.(《尙書·大誥》) 서토인은 또한 안정치 못할 것이다.

(4) 朕卜幷吉.(《尙書·大誥》) 나의 점이 모두 길하기 때문이다.

(5) 君子終日乾乾, 夕惕若.(《周易·乾卦》) 군자가 종일토록 굳세고 굳세어서 저녁에 두려워하면

(6) 德音孔昭.(《詩經·小雅·鹿鳴》) 덕음이 매우 밝아

형용사위어문의 주어도 생략이 가능하다.

(1) 雩禹以武公徒馭至于噩, 敦伐噩, 休, 獲其君馭方.(《禹鼎銘》) 禹는 武公의 보병과 전차병을 이끌고 噩 지방에 이르러 噩을 토벌하였으니, 성공적이었고 그들의 우두머리인 馭方을 잡았다.

(2) 惟呂命, 王享國百年, 耄.(《尙書·呂刑》) 呂를 명하니, 임금이 나라를 다스린 지 백년이 지나 노인이 되었을 때.

(3) 賜用弓彤矢, 其央.(《虢季子白盤銘》) 활과 붉은 화살을 하사하셨는데, 그 빛깔이 선명하였다.

(4) 丁丑, 王卿, 大宜.(《天亡簋銘》) 丁丑일에 왕께서 향례를 행하셨는데, 모든 것이 적절하였다.

(5) 昔乃且亦旣令乃父死司鎬人, 不盠.(《卯簋銘》) 과거에 그대의 조부 역시 이미 그대의 부친에게 鎬京 백성들을 책임지고 관리하라고 명령했었다. 불행하다.10)

(6) 曷惠其寧?(《詩經·大雅·雲漢》) 언제나 편안해 지리요?

---

8) [역주] '臧'은 '착하다'이다.

9) 子: 자애롭다.

10) [역주] '不盠'는 뒤에 이어지는 내용인 '하늘이 우리 가문의 중요한 인재를 데려가셨으니 그를 잃었도다'와 이어져야 자연스럽다.

3) 의성사위어문

의성사위어문은 주로 《詩經》에 보인다.

(1) 鸞聲嘒嘒.(《詩經·小雅·采菽》) 방울 소리 딸랑딸랑하도다.[11]

(2) 八鸞鏘鏘.(《詩經·大雅·韓奕》) 여덟 방울이 짤랑짤랑하도다.[12]

(3) 倉庚喈喈.(《詩經·小雅·出車》) 꾀꼬리 꾀꼴꾀꼴 울며

(4) 磬筦將將.(《詩經·周頌·執競》) 경쇠소리, 피리소리 장장히 울리며

(5) 鼉鼓逢逢.(《詩經·大雅·靈臺》) 악어가죽으로 만든 북이 화하게 울린다.[13]

(6) 鸞聲噦噦.(《詩經·小雅·庭燎》) 방울 소리 땡그렁거린다.[14]

4) 수사위어문

직접적으로 수사로 구성되는 위어는 있기는 하지만 자주 발견되지는 않는다.

(1) 墨罰之屬千, 劓罰之屬千, 剕罰之屬五百, 宮罰之屬三百, 大辟之罰其屬二百, 五刑之屬三千.(《尙書·呂刑》) 자묵 형벌에는 천 가지 죄가 있고, 코 베는 형벌에도 천 가지 죄가 있으며, 발을 베는 형벌은 오백 가지, 궁형에는 삼백 가지 죄가 있고, 사형에는 그 죄가 이백 가지가 있어 다섯 가지 형벌은 모두 삼천 가지의 죄가 있다.

(2) 越三日丁巳, 用牲于郊, 牛二.(《尙書·召誥》) 사흘이 지난 정사 일에 교제에 제물을 썼는데 소 두 마리이다.

아래 두 예도 수사가 위어이나 주어와 위어가 도치되어 있다.

(1) 誰謂爾無羊? 三百維群.(《詩經·小雅·無羊》) 누가 너더러 양이 없다 하리오, 양떼가 삼백 마리나 되도다.

(2) 誰謂爾無牛? 九十其犉.(《詩經·小雅·無羊》) 누가 너더러 소가 없다 하리오, 검은 입술의

---

11) [역주] '嘒嘒'는 '청량하게 방울이 울리는 소리'이다.
12) [역주] '鏘鏘'은 '옥이나 쇠붙이가 울리는 소리'이다 .
13) [역주] '逢逢'은 '북이 울리는 소리'이다.
14) [역주] '噦噦'는 '방울이 울리는 소리'이다.

소가 90마리나 되도다.

그리고 수사위어 앞에도 부사어가 출현할 수 있다.

   (예) 我倉旣盈, 我庾維億.(《詩經·小雅·楚茨》) 나의 창고 이미 가득하고, 나의 노적 이미 많도다.

5) 명사위어문

   명사성 성분으로 구성되는 위어는 '분류적인 것'과 '특성을 나타내는 것' 두 가지로 나눌 수 있다. 분류적 명사위어문은 그 주어와 위어가 동일성을 갖고 있고, 위어는 주어에 대해 분류 작용을 한다. 이러한 문장을 이른바 '판단문'이라고 한다.

   (1) 汝惟小子.(《尙書·康誥》) 그대는 소자로다.
   (2) 爾惟舊人.(《尙書·大誥》) 그대들은 옛 관리들이니

   이러한 판단문은 뒤에서 전문적으로 논의할 것이다. 또 다른 명사위어는 바로 주어의 특성을 나타내는 것이다. 예를 들어 복식, 수량, 용모 등을 설명하는 것이다. 이러한 위어 중 어떤 것은 단일한 명사로 충당이 된다.

   (1) 一人冕.(《尙書·顧命》) 한 사람의 대부가 면류관을 쓰다.
   (2) 孺子王矣.(《尙書·立政》) 어린 조카가 왕이시니

   어떤 경우는 명사구로 구성이 되기도 한다.

   (1) 二人雀弁.(《尙書·顧命》) 두 사람이 검붉은 두건을 쓰고
   (2) 四人綦弁.(《尙書·顧命》) 네 사람이 검푸른 두건을 쓰고
   (3) 有豕白蹢.(《詩經·小雅·漸漸之石》) 돼지들 하얀 발굽인데
   (4) 牂羊墳首.(《詩經·小雅·苕之華》) 암양이 머리가 크도다.
   (5) 天子萬年.(《刺鼎銘》) 천자께서는 만년토록 영원하실 것이다.
   (6) 肆中宗之享國七十有五年.(《尙書·無逸》) 그러므로 중종이 나라를 다스림이 칠십오 년이 되었다.

(7) 王麻冕黼裳.(《尙書·顧命》) 왕께서는 삼베 면류관을 쓰고 도끼 무늬 바지를 입고서

(8) 鼎黃耳金鉉.(周易·鼎卦)) 솥이 황금색 귀에 금고리이니

명사위어 앞에 부사어가 출현할 수도 있다.

(1) 太保太史太宗皆麻冕彤裳.(《尙書·顧命》) 태보, 태사, 태종은 모두 삼베 관에 붉은 바지를 입었다.

(2) 翏生衆大妘, 其百男、百女、千孫.(《翏生盨銘》) 翏生과 大妘은 많은 아들과 딸, 수많은 후손이 있을 것이다.

그리고 명사위어문의 주어도 생략이 가능하다.

(1) 喪服.(《尙書·康王之誥》) (임금님은) 상복을 입으셨다.

(2) 皆布乘黃朱.(《尙書·康王之誥》) (제후들이) 모두 네 필의 누런 털과 붉은 갈기를 가진 말을 늘여 세웠다.

6) 대사위어문

이러한 문장의 위어 중심은 대사이다. 이러한 대사에는 용언성인 것도 있고, 또 용언처럼 사용되는 것도 있다.

(1) 出話不然, 爲猶不遠.(《詩經·大雅·板》) 나오는 말 맞지 않고, 계책이 원대하지 못하다.

(2) 武人東征, 不遑他矣.(《詩經·小雅·漸漸之石》) 무인이 동쪽으로 정벌을 가니, 다른 일을 할 겨를이 없다.

7) 주위위어문

이러한 문장의 위어는 주위구로 구성이 된다.

(1) 有杕之杜, 其葉萋萋.(《詩經·小雅·杕杜》)우뚝한 아가위여, 그 잎이 무성하고 무성하도다.

(2) 不顯文武, 皇天引厭厥德.(《毛公鼎銘》) 위대하신 文王과 武王께서는 하늘이 그 덕을 흡족해 하셨다.

이러한 구문에 대해 본서에서는 뒤에서 전문적으로 토론할 것이다.

2 이중목적어문(雙賓語句)

서주한어에서 이중목적어를 가질 수 있는 동사는 크게 두 유형을 나눌 수 있다. 그중 첫째는 삼가동사(원래 삼가인 동사도 포함되고 임시적으로 문장에서 삼가로 쓰이는 동사도 포함함)이고, 둘째는 이가동사이다. 삼가동사는 다시 아래와 같은 네 가지로 나눈다. 첫째는 '수여의미'를 갖는 동사이다. 여기에는 '賜(易, 錫), 賞(商), 授(受), 降, 付, 償(賓), 貺(兄), 捨(舍), 償(嘗), 配, 獻, 賚(齎), 假, 益, 遺, 御, 介, 厘, 貽, 詒, 遣, 畀, 卜, 予, 谷, 胙, 賚(來), 綏(妥), 賄(晦), 被, 卽, 復, 報, 惠, 休, 令' 등이 있다. 그리고 이 동사들이 연합하여 '賜畀', '賜休', '貺畀'처럼 사용되기도 한다. '投', '施', '致' 등의 동사도 이러한 유형에 넣을 수 있으나 이들은 전형적인 이중목적어문을 형성하지는 않는다. 두 번째는 '탈취의미(수여의미와 반대)'를 갖는 동사들로, '罰, 贖' 등이 있다. 세 번째는 '告示('묻기'도 포함)의미'의 동사들로, 여기에는 '告, 示(寘), 視, 惎, 敎, 誥, 誨, 訊' 등이 있다. 네 번째는 '稱說의미'의 동사로, 여기엔 '謂'가 있다. 한편, 이가동사들도 이중목적어 구문을 구성할 수 있는데, 여기에는 '作(乍), 爲, 纘, 衣, 弄, 履, 肆, 緟, 立, 佐, 承, 張, 脫(說), 寢, 藝, 種, 恒' 등이 있다. 삼가동사는 일반적인 이중목적어문을 구성한다. 이러한 문장 속 두 개의 목적어 중 하나는 '근목적어(近賓語)'로 사람이나 사람의 등가물을 가리키며, 주로 '누구'에 대한 대답에 해당한다. 그리고 다른 하나는 '원목적어(遠賓語)'로 사람이나 사물을 가리키며 '무엇'에 대한 대답에 해당한다. 이에 비해 이가동사는 특수한 이중목적어문을 구성한다. 이러한 문장에도 두 개의 목적어가 있는데, 하나는 피동작주 목적어이고, 다른 하나는 동사와 특수한 술목 관계를 갖는 것이다. 그 특수한 관계는 사동(使動), 위동(爲動), 원인(因動), 대상(對動), 처소(在動) 등이 있다.

1) 삼가동사의 이중목적어문

① S+V₃+O間+O直 : 이것은 삼가동사로 구성되는 전형적인 이중목적어문형이다.

(1) 公賜旅貝十朋.(《旅鼎銘》) 公께서 旅에게 貝 십 朋을 하사하셨다.

(2) 王賜呂秬鬯三卣、貝卅朋.(《呂鼎銘》) 왕께서 呂에게 秬鬯酒 세 항아리와 貝 삼십 朋을 하

사하셨다.

(3) 王15)賞作冊大白馬.(《作冊大鼎銘》) 公께서 作冊 大에게 백마를 하사하셨다.

(4) 王姜商(賞)令貝十朋、臣十家、鬲百人.(《令簋銘》) 王姜께서 令에게 貝 십 朋, 臣 열 가구, 백성 백 명을 상으로 내리셨다.

(5) 王受(授)作冊尹者(書).(《免簋銘》) 왕께서 作冊 尹에게 簡冊書를 수여하셨다.

(6) 或授之几.(《詩經·大雅·行葦》) 혹은 그에게 궤를 주리라.

② V₃+O間+O直 : 'S+V₃+O間+O直'에서 주어(S)를 생략하여 'V₃+O間+O直'를 구성하였다.

(1) 王乎尹氏冊命師察: 賜女赤舃、攸勒, 用楚(胥)弭伯.(《弭叔師察簋銘》) 왕께서 尹氏를 불러 策命書로써 師察에게 명령을 하달하게 하시며 말씀하셨다. "그대에게 붉은 신발, 고삐와 재갈을 하사하니, 이로써 弭伯를 보좌하도록 하라."

(2) 錫爾介圭, 以作爾寶.(《詩經·大雅·崧高》) 그대에게 큰 홀을 내리니, 그대의 보물로 삼으라.

(3) 賞菽(叔)鬱鬯、白金、趞(夒)牛.(《叔簋銘》) 叔에게 울창주와 銀16), 송아지를 하사하셨다.

(4) 商(賞)小臣豊貝.(《小臣豊卣銘》) 小臣 豊에게 貝를 상으로 내리셨다.

(5) 上帝司(后)稷尤保, 受(授)天子縮(寬)令(命)、厚福、豊年.17)(《史墻盤銘》) 上帝와 后稷께서 크게 보우하사, 천자께 장수와 두터운 복과 풍년을 주시었다.

(6) 授宗人同.(《尚書·顧命》) 종인에게 술잔을 주다.

③ S+AV+V₃+O間+O直 : 이것은 'S+V₃+O間+O直'중의 'S' 뒤와 'V₃'앞에 부사어 'AV'를 첨가하여 만든 것이다.

(1) 王親賜馭方玉五瑴、馬四匹、矢五束.(《噩侯鼎銘》) 왕께서 친히 馭方에게 옥 다섯 쌍, 말 네 필, 화살 다섯 묶음을 하사하셨다.

(2) 天子多賜追休.(《追簋銘》) 천자께서 追에게 많은 상(은택)을 내리셨다.

(3) 余旣賜大乃里.(《大簋銘》) 나는 이미 그대의 里를 大에게 하사하였다.

---

15) [역주] 원서에서는 '王'으로 표기되어 있으나 오타로 보인다.

16) [역주] '白金'을 '錫(주석)'으로 해석하는 견해도 있다.

17) [역주] '上帝司' 뒤의 두 글자에 관해서는 隸定과 해독에 이설이 매우 많다. 원서에는 '上帝司擾尤保'로 되어 있으나, 여기서는 '上帝司(后)稷尤保'로 제시한다.

(4) 我惟大降爾命.(《尚書·多方》) 내가 너희들의 목숨을 크게 내려 주었으니

(5) 皇祖考其蓬蓬薄薄降克多福、眉壽、永令(命).(《克盨銘》) 위대하신 先祖先父께서는 넉넉하고 풍성히 克에게 많은 복과 장수와 영원한 생명을 내려 주소서.

(6) 邦君厲眾付裘衛田.(《五祀衛鼎銘》) 邦國의 군주인 厲가 가서 裘衛에게 경작지를 교부하였다.

④ S+AV+V$_3$+O$_間$+O$_直$+CO : 이것은 앞의 제3형식에 보어를 첨가하여 구성한 것이다.

(예) 我旣贖女五夫效父用匹馬束絲.(《曶鼎銘》) 나는 이미 效父한테서 당신네 사람 다섯 명을 贖買하는데 말 한 필과 蠶絲 한 묶음을 썼다.

⑤ AV+V$_3$+O$_間$+O$_直$: 이것은 'S+AV+V$_3$+O$_間$+O$_直$'에서 주어 S를 생략한 것이다.

(1) 永錫爾極, 時萬時億.(《詩經·小雅·楚茨》) 길이 너에게 극을 주되, 이에 만억으로 한다 하시니

(2) 載錫之光, 受祿無喪.(《詩經·大雅·皇矣》) 이에 영광을 형에게 주니 복을 받아 상실함이 없다.

(3) 言授之縶, 以縶其馬.(《詩經·周頌·有客》) 그에게 고삐를 주어 말을 매게 한다.[18]

(4) 皇考其嚴在上, 蓬蓬薄薄降余魯多福亡疆唯康右(佑)、屯魯.[19](《士父鐘銘》) 위대하신 先父께서 上帝의 곁에 삼가 계셔서 넉넉하고 풍성하게 나에게 크고 많은 복을 무한히 내리시며, 하늘의 큰 도움과 축복을 내려주시길 기원하노라.

(5) 阤阤降余多福.(《胡簋銘》) 기쁘게 나에게 많은 복을 내려주시다.

(6) 無遺鞠子羞.(《尚書·康王之誥》) 어린 사람에게 부끄러움을 끼치지 마라.

⑥ AV+S+V$_3$+O$_間$+O$_直$: 이것은 'S+V$_3$+O$_間$+O$_直$'의 'S' 앞에 문두부사어를 첨가하여 구성한 것이다.

(1) 庚申, 大保賞菫貝.(《菫鼎銘》) 庚申일에 太保께서 菫에게 貝를 상으로 주셨다.

(2) 癸卯, 尹商(賞)彦貝三朋, 用作父丁尊彝.(《彦鼎銘》) 癸卯일에 尹께서 彦에게 貝 삼 朋을 하사하셨으니, 先父 丁께 제사를 올리는 데 사용할 祭器를 제작하였다.

(3) 乙未, 王商(賞)宗庚豊貝二朋.(《豊作父丁鼎銘》) 乙未일에 왕께서 宗庚 豊에게 貝 이 朋을

18) [역주] 여기서 '縶'은 '고삐'라는 명사와 '매다'라는 동사 두 가지 의미가 다 있다.
19) [역주] '皇考'는 앞 구문의 '用喜侃'에 붙여 읽는 것이 일반적인 독법이다.

하사하셨다.

(4) 惟二神授朕靈期.(《逸周書·度邑解》) 단지 천지 두 신이 나에게 죽을 기일을 주었다.

(5) 今余賜女田五、錫20) 戈彤綏21).(《逆鐘銘》) 이제 내가 그대에게 방패 다섯 개와 붉은 술이 달린 銅戈를 하사한다.

(6) 在戊辰, 匽(燕)侯賜伯矩貝, 用作父戊尊彝.(《伯矩鬲銘》) 戊辰일에 燕侯께서 伯矩에게 貝를 하사하셨으니, 先父 戊께 제사를 올리는 데 사용할 祭器를 제작하였다.

⑦ $V_3 + O_直 + O_間$: 이것은 그 전에 '$S + V_3 + O_直 + O_間$'의 구문이 존재할 것이다. 이 구문은 '$S + V_3 + O_間 + O_直$'에서 기원한 것으로 위치이동을 통해 형성된 것이다. 그리고 '$V_3 + O_直 + O_間$' 자체는 '$S + V_3 + O_直 + O_間$'에서 주어 'S'를 제거한 것이다.

(1) 殷大震潰, 降辟三叔.(《逸周書·作雒解》) 은나라 사람들은 크게 두려워 신속히 흩어졌고, 주 무왕 형제 삼숙에게 법을 내려주었다.22)

(2) 獻之皇祖.(《詩經·小雅·信南山》) 그것을 조상님께 올리니

(3) 舍彼有罪, 予之佗矣.(《詩經·小雅·小弁》) 저 죄지은 자를 버려두고 나에게 죄를 가하도 다.23)

(4) 召彼故老, 訊之占夢.(《詩經·小雅·正月》) 저 고로들을 부르며 점몽관에게 그것을 물어보니

⑧ $S + AV + V_3 + O_直 + O_間$: 이 구문은 '$S + V_3 + O_直 + O_間$'의 'V_3'앞에 부사어를 첨가한 것이다.

(예) 予亦來(賚)休命爾百姓里君君子.(《逸周書·商誓解》) 내 또한 아름다운 명을 너희 백성, 이군, 군자에게 내리노니

⑨ $AV + V_3 + O_直 + O_間$: 이것은 '$S + AV + V_3 + O_直 + O_間$'의 'S'를 제거한 것이다.

---

20) [역주] '錫'을 '銅'의 의미로 해석하기도 하지만, '今余賜女田五錫、戈彤綏'와 같이 끊어 읽을 경우, '錫'을 '등쪽에 장식이 있는 방패'로 풀이한다.

21) [역주] 원서에서는 '蘇'로 썼으나, 이 글자의 원래 자형은 '疌'으로, 대개 '綏'으로 읽으므로, 이로 수정 한다.

22) 辟: 法.

23) 予之佗: 나에게 죄를 가하다.

(1) 君子萬年, 永錫祚胤.(《詩經·大雅·旣醉》)군자가 만년에 길이 봉록을 자손에게 주리라.[24]

(2) 則報璧珊生.[25](《六年珊生簋銘》) 이에 珊生에게 玉璧으로 보답하였다.

⑩ $S+V_3+O_直+O_間+CO$: 이 구문은 '$S+V_3+O_直+O_間$'의 뒤에 보어를 첨가하여 만든 것이다.

(예) 舍(厥)受(授)圖矢王于豆新宮東廷.(《散氏盤銘》) 豆邑에 있는 新宮의 東廷에 있는 矢王에게 그들이 지도를 주었다.[26]

⑪ $AV+O_間+V_3+O_直$: 이 구문의 'AV'는 부정부사이며 '$O_間$'은 대사로 충당된다. 부정문에서 만약 간접목적어가 대사로 충당되면 동사 앞에 전치시킨다.

(예) 不我告猶.(《詩經·小雅·小旻》) 나에게 방법을 알려주지 아니하고[27]

⑫ $(AV)+O_直+V_3+O_間$: 이 구문의 부사어는 출현할 수도 있고 출현하지 않을 수도 있다. 그리고 '$O_直$'는 의문대사로 충당된다. 의문문에서 직접목적어가 의문대사로 충당되면 동사 앞으로 전치한다.

(1) 何錫予之? 雖無予之, 路車乘馬.(《詩經·小雅·采菽》) 무엇을 내려줄꼬? 비록 줄 것이 없다고 하셨으나 큰 수레와 말 내려 주시네.

(2) 又何予之? 玄袞及黼.(《詩經·小雅·采菽》) 또 무엇을 줄꼬? 검은 곤룡 저고리에 보무늬 바지네.[28]

이상에서 총 12가지의 이중목적어 구문을 토론하였다. 이들 구문의 공통점은 모두 'V_3'가

---

24) 胤: 자손.

25) [역주] '則報璧'은 앞 구문에, '珊生'은 뒤 구문에 각각 붙여 읽는 독법을 주장하는 견해도 있다.

26) [역주] 위의 해석은 '舍(厥)' 뒤의 글자를 '受(授)'로 보고, 문장 구조를 '$S+V_3+O_直+O_間+CO$'로 분석했을 때의 해석이다. 만약 '舍(厥)' 뒤의 글자를 '爲'로 본다면 해석은 '그들이 지도를 작성하였고, 矢王은 豆邑에 있는 新宮의 東廷에 있었다'가 된다.

27) [역주] '猶'는 '모략, 방법'이다.

28) [역주] '玄袞'은 '임금이 입던 검은 곤룡포'이고, '黼'는 '수놓은 옷'이다.

다 출현하고 있고, 'O_間'과 'O_直'도 모두 출현하고 있다는 점이다. 이것들 모두 'V₃'뒤에서 목적어가 된다(의문대사가 직접목적어가 되는 경우, 또 부정문의 대사가 간접목적어가 되는 경우 전치된다). 어떤 경우엔 'O_間'나 'O_直'가 동사 앞에 위치하여, 이들이 주어가 되기도 한다(이 경우 '여격 주어', '피동작주 주어'가 된다). 만약 이런 경우라면 이를 이중목적어구 문으로 볼 수는 없고 피동문으로 봐야 한다. 이것은 다음의 두 가지 상황이 있다.

첫째, 'O_直'가 전치하여 피동작주주어문이 되는 경우 : 이때 행위주는 생략된다.

(예) 其邑复盉[29]言二邑畀**禺从**.[30](《**禺从**盨銘》) 그 읍인 复盉와 言 두 읍을 **禺从**에게 주었다.

둘째, 'O_間'이 전치하여 여격주어문이 되는 경우 : 이때 행위주가 생략되기도 하고 '于'에 의해 출현하기도 한다.

(1) 史趞曹易弓矢、虎盧、九、胄、甲、殳.[31](《遣曹鼎銘》) 史官 趞曹는 활과 화살, 호피 무늬 (혹은 호피 재질의) 방패, 세모 창, 투구, 갑옷, 날 없는 긴 창을 하사받았다.
(2) 作冊麥易金于辟侯.(《麥尊銘》) 作冊 麥은 군주인 邢侯께 동을 하사받았다.

《尙書》에서도 이러한 예를 발견할 수 있는데 이를테면, "禹錫玄圭(우왕은 검은 구슬로 만든 규를 받았다.)"(《禹貢》), "中邦錫土姓(중국에게 토지와 성을 내려주었다)"(《禹貢》) 등이 있다.

'O_間'나 'O_直'을 어떤 경우엔 생략하기도 한다. 즉, 'V₃'뒤에는 단지 목적어 하나만 출현한다. 이 경우 표층구조상으로는 이중목적어구문을 형성하지 못한다. 이 역시 두 가지 상황이 있다.

첫째, 'O_間'을 생략하는 경우

(1) 吳姬賓帛束.(《萬盨銘》) 吳姬께서 비단 한 속을 선물로 주셨다.

---

29) [역주] '盉'를 '盤'이나 '歃'로 考釋하는 의견도 있으며, '复, 盉言'으로 끊어 읽는 견해도 있다.
30) [역주] 제3장 제2절에서는 '畀**禺从**'을 뒤의 구문에 붙여 읽고 있다. 명문 해석에 대한 여러 이견이 있는데, 여기서는 원서의 구문 분석 의도대로 해석을 제시하였다.
31) [역주] 원서에서는 '史趞曹易弓矢、虎盧、口口十殳.'로 되어 있는데, 수정 및 보충을 하였다.

(2) 仲競父易赤金.[32]《(叔尊銘)》 仲競父께서 銅을 하사하셨다.

(3) 王易金百守.《(禽簋銘)》 왕께서 銅 백 鈞을 하사하셨다.

(4) 天降時喪.《(尚書·多方)》 하늘은 이에 멸망을 내리시어

(5) 天降威.《(尚書·大誥)》 하늘이 벌을 내렸다.

(6) 賜家鼎一、爵一.《(史獸鼎銘)》 家鼎 하나와 爵 하나를 하사하셨다.

(7) 賜呂(鉛)二、聿(筆)二.《(執卣銘)》 鉛 두 덩이와 붓 두 자루를 하사하셨다.

(8) 賜赤金.《(彔簋銘)》 銅을 하사하셨다.

(9) 易乃且南公旗.《(大盂鼎銘)》 그대의 조상인 南公의 깃발을 하사한다.

(10) 易臣三品: 州人、重人、墉人.《(榮作周公簋銘)》 세 종족의 노예를 하사한다: 州人, 重人, 墉人.

둘째, 'O直'을 생략하는 경우

(1) 用告商王士.《(尚書·多士)》 상나라 임금의 관리였던 이들에게 알리다.

(2) 我有周惟其大介賚爾.《(尚書·多方)》 우리 주나라 임금도 크게 그대들에게 도움을 줄 것이다.

(3) 我商賚汝.《(尚書·費誓)》 나는 따져서 너희에게 상을 줄 것이다.

(4) 商(賞)執.《(執卣銘)》 執에게 상을 내리셨다.

(5) 告爾殷多士.《(尚書·多士)》 그대들 은나라 여러 관리들에게 알리노라.

(6) 告爾四國多方.《(尚書·多方)》 그대들 사방 여러 나라에 고하노라.

'O間'이나 'O直'가 문장 가운데 출현하긴 하지만 'V₃'의 목적어가 아니라 전치사에 의해 유도되기도 한다. 이때 전치사의 목적어가 되는데 이러한 구문은 역시 이중목적어로 볼 수는 없다. 적어도 표층상으로는 이중목적어 구문이 아니다. 이러한 상황도 두 가지가 있다.

첫째, 'O間'가 전치사에 의해 유도되는 경우(전치사구가 대개 보어가 된다.)

(1) 王降征令于大保.《(大保簋銘)》 왕께서 太保에게 토벌 명령을 내리셨다.

(2) **趫趫**子白獻馘于王.《(虢季子白盤銘)》 굳세고 용맹스러운 子白이 적에게서 베어낸 왼쪽 귀 (혹은 머리)를 왕께 바쳤다.

---

32) [역주] 원서에서는 '赤'이 누락되어 보충하였다.

(3) 天降割于我家.(《尙書·大誥》) 하늘이 우리집안에 재앙을 내리시다.[33]

(4) 矧今天降戾于周邦.(《尙書·大誥》) 하물며 하늘이 주나라에 벌을 내리셨거늘

(5) 故天降喪于殷.(《尙書·酒誥》) 그래서 하늘이 은나라에 벌을 내리시어

(6) 天降喪于殷.(《尙書·君奭》) 하늘이 은나라에 벌을 내리시어

(7) 大降喪于殷.(《尙書·多士》) 크게 은나라에 벌을 내리시어

(8) 乃告無辜于上.(《尙書·呂刑》) 비로소 하늘에 죄 없음을 아뢰었소.

(9) 乃大降顯休命于成湯.(《尙書·多方》) 이에 밝고 아름다운 명을 탕 임금에게 내리셨다.

위의 9개 예에서 '于'자 구조는 'V₃+O直'의 뒤에 출현한다. 아래의 예에서 '于'자 구조는 'O直'의 앞 또는 그 사이에 출현한다.

(1) 遣叔休于小臣貝三朋、臣三家.(《易天簋銘》)[34] 遣叔께서 小臣에게 貝 삼 朋과 노예 세 가구를 하사하셨다.

(2) 維其開告于予嘉德之說.(《逸周書·皇門解》) 그들은 아름다운 덕행의 이야기를 나에게 들려줬다.[35]

(3) 戎獻金于子牙父百車.(《屖放簋蓋銘》) 淮夷가 子牙父에게 銅 백 수레를 바쳤다.

둘째, 'O直'가 전치사에 의해 유도되는 경우(즉 전치사구가 보어가 된다.)

(1) 余獻婦氏以壺.(《五年瑚生簋銘》) 나는 婦氏께 단지를 바쳤다.

(2) 朕敎汝于棐民彝.(《尙書·洛誥》) 짐이 그대에게 백성을 돕는 常法을 가르친다.[36]

(3) 報虐以威.(《尙書·呂刑》) 위엄으로 사나움에 갚으시니

(4) 商(賞)之台(以)邑[37]司、衣裘、車馬.(《庚壺銘》) 봉읍과 그 관리, 여름옷과 가죽옷, 수레와 말을 상으로 내리셨다.

---

33) [역주] '割'은 '재앙, 불행'이다.
34) [역주] 원서에서는 《小臣簋銘》로 표기되어 있으나, 《易天簋銘》으로 수정한다.
35) 其: 그들.
36) [역주] '棐(돕다)民(백성)彝(방법)'는 즉 '백성을 돕는 방법'이다.
37) [역주] 원서에서는 '台(以)' 뒤의 글자를 '玉'으로 표기하고 있으나, 銘文의 摹寫本과 諸家의 考釋을 참고해보면 '邑'으로 보는 것이 타당해 보인다.

(5) 報以庶尤.(《尚書·呂刑》) 여러 사람의 원망으로 보복당할 것이다.

(6) 綏我眉壽, 介以繁祉.(《詩經·周頌·雝》) 나를 오래 살게 하시고 많은 복락을 내려주시었네.

(7) 君令余作冊睘安尸伯, 尸伯賓(儐)用貝、布.(《作冊睘尊銘》) 君께서 作冊 睘으로 하여금 夷伯에게 안부를 묻게 하셨다. 夷伯이 睘에게 貝와 布를 선물로 주었다.

이상에서 전치사구는 보어로 쓰이고 있다. 그리고 'O直'을 유도하는 전치사구는 부사어로도 쓰인다.

(1) 予曰已(以)受人之徽言咸告孺子矣.(《尚書·立政》) 저 단은 사람들로부터 이미 받은 훌륭한 말씀을 모두 젊은 임금님들께 아룁니다.

(2) **䙴攸**从以攸衛牧告于王.(《䙴攸从鼎銘》) 䙴攸从이 왕에게 攸衛牧을 고소했다.

2) 이가동사의 이중목적어문

삼가동사는 일반적인 이중목적어문을 구성하지만 이가동사는 특수한 이중목적어문을 구성한다. 이른바 특수한 이중목적어문이란 하나의 목적어, 그리고 동사와 특수한 술목관계를 갖는 또 다른 목적어로 된 문장이다. 여기서 말하는 특수한 술목관계란 사동(使動), 의동(意動), 위동(爲動), 원인(因動), 대상(對動), 처소(在動) 등이다. 서주한어에서 이가동사가 구성하는 이중목적어 구문은 특수한 술목관계에 따라 아래의 몇 가지로 구분할 수 있다.

① **사동관계**: 이러한 이중목적어문에서 한 목적어는 사동목적어이고, 다른 하나는 피동작주목적어이다. 이때 동사와 관련이 있는 세 방면의 관계는 '甲이 乙로 하여금 丙을 하게 하다'가 된다.

(1) 亹亹申伯, 王纘之事.(《詩經·大雅·崧高》) 부지런하고 힘쓰는 신백을 왕이 그에게 선대의 일을 맡게 하다.[38]

(2) 載弄之璋.(《詩經·小雅·斯干》) 그로 하여금 구슬을 갖고 놀게 하다.[39]

---

38) 纘之事: 곧 '使之任事'이고, '之'는 사동목적어이다.
39) 弄之璋: 곧 '讓他玩璋'이다.

② **위동관계** : 이러한 이중목적어문에서 한 목적어는 위동목적어이고, 다른 하나는 피동작주목적어이다. 이때 동사와 관련이 있는 세 방면의 관계는 '甲이 乙을 위해 丙을 하다'가 된다.

(1) 走作朕皇祖、文考寶龢鐘.(《走鐘銘》) 走가 나의 영명하신 선조와 文德이 빛나시는 先父를 위해 귀중한 음률이 조화로운 종을 제작하였다.

(2) 作朕皇考叔氏寶林鐘[40].(《土父鐘銘》) 나의 위대하신 先父 叔氏를 위해 귀중한 林鐘을 제작하였다.

(3) 雖曰匪予, 既作爾歌.(《詩經·大雅·桑柔》) 비록 나 때문이 아니라고 하나 그대를 위해 이 노래를 짓노라.

(4) 作汝民極.(《尙書·君奭》) 당신을 위해 백성들의 인도자가 되었다.

(5) 俗我弗作先王憂.(《毛公鼎銘》) 내가 선왕께 근심을 초래하지 않기를 바란다.

(6) 乃作余一人咎.(《匽盨銘》) 이에 나에게 위해가 될 것이다.

③ **인과관계** : 이러한 이중목적어문에서 한 목적어는 인과목적어이고, 다른 하나는 피동작주목적어이다. 이때 동사와 관련이 있는 세 방면의 관계는 '甲이 乙 때문에 丙을 하다'가 된다.

(예) 不恒其德, 或承之羞.(《周易·恒卦》) 그 덕을 항상되게 하지 않으면, 어떤 사람은 이로 인해서 치욕을 받는다.[41]

④ **대상관계** : 이러한 이중목적어문에서 한 목적어는 대상목적어이고, 다른 하나는 피동작주목적어이다. 이때 동사와 관련이 있는 세 방면의 관계는 '甲이 乙을 향해 丙을 하다'가 된다.

(예) 先張之弧, 後說之弧.(《周易·睽卦》) 먼저 그를 향해 활을 당기고 그런 다음 그를 향해 활을 놓는다.[42]

---

40) [역주] '林鐘'에 대해서는 제4장 제3절 [역주] 20 참조.
41) '或承之羞'이란 곧 '어떤 이가 이로 인해 치욕을 받는다.'이고, '之'는 그 앞의 '不恒其德'을 가리킨다.
42) [역주] '弧'는 '활'이고, '說'은 '벗다, 놓아주다'이다.

⑤ **처소관계** : 이러한 이중목적어문에서 한 목적어와 동사 간에 처소의 관계가 있다. 이 때 동사와 관련이 있는 세 방면의 관계는 '甲이 乙에서 丙을 하다'가 된다.

(1) <u>誕寘之隘巷</u>, 牛羊腓字之.(《詩經·大雅·生民》) 좁은 골목에 그를 버려두자, 소와 양이 비호하고 사랑해주다.43)

(2) 乃生男子, <u>載寢之床</u>, 載衣之裳, 載弄之璋.(《詩經·小雅·斯干》) 남자아이를 낳으면, 평상에 재우고, 치마를 입히며, 그로 하여금 구슬을 갖고 놀게 할 것이다.

위의 두 예에서 처소 표현이 원(遠)목적어로 출현하고 있다. 즉 피동작주목적어가 처소목적어 앞에 나오고 있다. 그러나 처소를 나타내는 목적어가 대사로 충당될 시에는 처소목적어가 피동작주목적어 앞에 출현한다.

(1) <u>藝之荏菽</u>, 荏菽旆旆.(《詩經·大雅·生民》) 거기에 콩을 심으니, 콩가지가 깃발처럼 나부낀다.44)

(2) <u>恒之秬秠</u>, 是獲是畝.(《詩經·大雅·生民》) 검은 기장을 두루 심어, 이에 베고 가리질을 하여45)

(3) 茀厥豊草, <u>種之黃茂</u>.(《詩經·大雅·生民》) 무성한 풀을 제거하고 아름다운 곡식을 심는다.46)

③ 처치식(處置式)

처치식과 관련하여 王力은 《中國現代語法》에서 아래와 같이 정의한 바 있다.

> "무릇 조동사를 이용하여 目的位를 서술어의 앞에 위치시켜 이로써 일종의 處置者를 표현하는 것을 처치식이라 한다."(169쪽)

나중에 그는 《漢語史稿》에서 "형식상으로 볼 때, 이것은 하나의 전치사성의 동사를 이용하여 목적어를 동사의 앞으로 이동시킨 것이다. 그리고 의미상으로 볼 때, 이것의 주요

---

43) [역주] '腓'는 '피하다'이고, '字'는 '사랑하다, 양육하다'이다.
44) [역주] '藝'는 '심다'이고 '荏菽'은 '콩'이다. '旆旆'는 '깃발이 나부끼는 모양'이다.
45) [역주] '恒'은 '두루'이며, 곧 '두루 심다'이다.
46) [역주] '茀'은 '다스리다'이고, '黃茂'는 '아름다운 곡식'이다.

작용은 일종의 유목적적 행위 즉 '처치'를 표현하는 것이다."라고 하고 있다(中冊, 410쪽). 본서에서 말하는 처치식이란 곧 현대한어 '把자문'의 초기 역사 형식을 말한다. 서주시대의 처치식은 '以'자문처치식과 '于'자문처치식의 두 가지가 있다.

1) '以'자문처치식

陳初生의 〈早期處置式略論〉(《中國語文》1983년3기)에서는 이러한 처치식과 관련하여 토론을 한 바 있다. 그는 이것을 아래와 같이 세 가지로 나누었다.

① 행위자(施動者)+以+직접적인 피행위자(直接受動者)+타동사(他動詞)

(1) 乃師或以女告.(《儔匜銘》) 그대의 상관이 다시 그대를 고소하면

(2) 女敢以乃師訟.(同上) 그대는 감히 그대의 상관에게 소송을 하였다.

(3) 汝乃以殷民世享.(《尙書·康誥》) 너는 마침내 은나라 백성들을 데리고 대대로 (그 나라를) 누리게 되리라.

② 행위자+以+직접적인 피행위자+타동사+간접적인 피행위자(間接受動者)

(1) 曶或以匡季告東宮.(《曶鼎銘》) 曶은 또 東宮에게 匡季를 고소하였다.

(2) 鬲从以攸衛牧告于王.(《鬲攸从鼎銘》) 鬲从이 왕에게 攸衛牧을 고소했다.

(3) 曶使厥小子謭以限訟于井叔.(《曶鼎銘》) 曶이 小子 謭로 하여금 邢叔에게 限을 고소하게 하였다.

(4) 衛以邦君厲告于井伯、伯邑父、定伯、㽙伯、伯俗父.(《五祀衛鼎銘》) 裘衛가 邢伯, 伯邑父, 定伯, 㽙伯, 伯俗父에게 邦國의 군주인 厲를 고소하였다.

③ 행위자+以+직접적인 피행위자+타동사+처소

(1) 俗(欲)女弗以乃辟圅于艱.(《毛公鼎銘》) 그대가 그대의 주군을 어려움에 빠뜨리지 않길 바란다.

(2) 弗以我車圅于艱.(《不其簋銘》) 나의 수레를 곤경에 빠뜨리지 않았다.

陳初生이 든 예문은 거의 서주 金文이며 《尙書》 예문이 하나 있을 뿐이다. 그런데 그가 든 《尙

書》의 이 예문은 문제가 있다. 이 예에서 동사 '享'의 피동작주는 '國'이며 생략이 된 것이다. 그의 말대로 '殷民'이 아닌 것이다. 따라서 이 예문은 삭제해야 한다. 한편, 《상서》에는 그 외의 두 개의 믿을 만한 예가 더 있다.

    (1) 告君, 乃猷裕我, 不以後人迷.(《尙書·君奭》) 군에게 나를 넉넉히 꾀해주기를 고하노니 뒷사람들을 미혹시키는 것을 바라지 않는다.[47]

    (2) 予旦已(以)受人之徽言咸告孺子矣.(《尙書·立政》) 저 단은 사람들로부터 이미 받은 훌륭한 말씀을 모두 젊은 임금님들께 아룁니다)

2) '于'자문처치식

이러한 처치식은 서주한어에 이미 존재하였다. 그러나 이를 발견한 이가 아직은 없었을 뿐이다. 서주시기에 '于'는 동사의 피동작주를 이끌며 동사 앞에 출현한다.

    (1) 予曷敢不于前寧人攸受休畢!(《尙書·大誥》) 내 어찌 감히 예전 나라를 편하게 하신 분들이 받으신 아름다운 命을 완성하지 않겠는가.[48]

    (2) 予曷其不于前寧人圖功攸終.(《尙書·大誥》) 내 어찌 옛 나라를 편히 하신 분들이 꾀하던 일을 끝맺지 않을 수 있겠는가?

    (3) 于宗禮亦未克敉.(《尙書·洛誥》) 宗禮 또한 아직 마칠 수 없습니다.

    (4) 斯小國于有命不易.(《逸周書·商誓解》) 우리 이 작은 나라는 명을 바꾸지 않을 것이다.

    (5) 篤! 公劉, 于京斯依.(《詩經·大雅·公劉》) 후덕하신 公劉 京丘에 기거하시니.[49]

4 피동문(被動句)

서주한어의 피동문은 크게 두 가지가 있다. 하나는 의미상 피동을 나타내나 피동형식의

---

47) 不以後人迷: 현대한어의 '不把後人迷惑'임.

48) [역주] 여기서 '前寧人攸受休'이 처치목적어로 이는 '전에 편히 했던 사람들이 받은 바의 아름다운 명(休)'이다.

49) [역주] '于京斯依' 이 문장은 대개 '경구에서 편안히 기거하다'로 해석한다. 여기서 이를 처치식으로 본 것은 저자가 '경구를 의지하다'로 보기 때문이다.

표지가 없는 피동문이고, 다른 하나는 전치사 '于'가 동작행위의 행위주를 이끄는 문장인데, 이를 '于자피동문'이라 한다.

1) 의미상 피동을 나타내는 문장

이러한 문장은 형식상 능동문(主動句)과 유사하다. 그러나 문장의 주어는 동작행위의 행위주가 아니라 피동작주이다.

(1) 王咸誥, 何賜貝卅朋.(《何尊銘》) 왕께서 훈계를 끝내시고 何는 貝 삼십 朋을 하사받았다.

(2) 公遑省自東, 在新邑, 臣卿賜金, 用作父乙寶彝.(《臣卿鼎銘》) 公50)께서 멀리 동쪽으로부터 시찰을 하시고 新邑에 계셨다. 臣卿이 銅을 하사받아서 先父 乙께 제사를 올리는 데 사용할 귀중한 祭器를 제작하였다.

(3) 不指賜貝十朋. 不指拜稽首, 敢對揚王休.(《不指方鼎銘》) 不指는 貝 십 붕을 하사받았다. 不指는 拱手하고 땅에 댄 후 그 위에 머리를 조아리는 예를 행하고, 삼가 왕의 은택을 찬양하노라.

(4) 小臣棱賜貝、賜馬丙. 棱拜稽首, 對揚王休.(《小臣棱鼎銘》) 小臣 棱은 貝를 하사받고, 말 두 필을 하사하셨다. 棱은 拱手하고 땅에 댄 후 그 위에 머리를 조아리는 예를 행하고, 왕의 은택을 찬양하노라.

2) '于'자피동문

'于'자가 동작행위의 행위주를 이끌며, '于'자구조는 일반적으로 보어가 된다.

(1) 侯51)作冊麥易金于辟侯, 麥揚, 用作寶尊彝.(《麥尊銘》) 作冊 麥은 군주인 邢侯께 동을 하사받았으니, 麥은 (邢侯를) 찬양하여 귀중한 祭器를 제작하였다.

(2) 厝賜貝于公仲.(《厝觶銘》) 厝가 公仲에게 貝를 하사받았다.

(3) 鬲賜貝于王, 用作父甲寶尊彝.(《鬲作父甲尊銘》) 鬲이 왕께 貝를 하사받았고, 父甲께 제사를 올릴 때 사용할 귀중한 祭器를 제작하였다.

---

50) [역주] '公遑'까지를 人名으로 보는 견해도 있다.
51) [역주] '侯'는 앞 구문과 붙여 읽는 것이 옳다.

(4) 唯王八月, 息伯賜貝于姜.(《息伯卣銘》) 왕 재위 팔월에 息伯이 王姜께 貝를 하사받았다.

(5) 屯蔑歷于亢衛, 用作將[52]彝.(《屯鼎銘》) 屯은 亢衛로부터 격려를 받았고, 이에 (이를 기념하고자 肆祭[53]에 사용될 祭器를 제작하였다.

(6) 王曰: 中, 玆屌人納使, 賜于武王, 作臣, 今脱畀汝屌土, 作乃采. 中對王休令, 將[54]父乙尊.(《中方鼎銘》) 왕께서 말씀하셨다. "中이여, 이 屌族人들이 복속되어 섬겼고, 武王께 賞賜를 받고 신하가 되었다. 이제 그대에게 屌族人들의 경작지를 하사하니 그대의 采地로 삼으라." 中은 왕의 은택을 찬양하며, 先父 乙께 제사지내기 위한 祭器를 제작하였다.[55]

(7) 保侃母易(錫)貝于庚[56]宫, 乍寶簋.(《保侃母簋銘》) 保侃母가 庚宫에서 貝를 하사받았으니, (이를 기념하고자) 귀중한 簋를 제작하였다.

5 존재문(存在句)

이것은 어느 장소에 어떤 사람이나 사물이 존재한다는 것을 나타내는 문형이다. 존재문의 구성은 세 가지 요소를 포함한다. 여기에는 첫째 '존재동사'가 있고, 둘째 사람 또는 사물을 나타내는 표현, 즉 '존재주체'가 있으며, 셋째 처소를 나타내는 표현('존재장소')이 있다. 서주한어의 존재문은 '在(才)자문'과 '有/無문'의 두 유형이 있다.

1) '在'자존재문

이러한 문장의 존재동사는 '在'이다. 사람이나 사물을 나타내는 표현은 '在'자 앞에, 처소를 나타내는 표현은 '在'자 뒤에 출현한다. 이렇게 하여 '사람 또는 사물 표현 + 在 + 처소표현'의 구문을 구성한다.

(1) 叔氏在大廟.(《逆鐘銘》) 叔氏께서 태묘에 계셨다.

---

52) [역주] '將'에 관해서는 제2장 제1절 [역주] 4 참조.

53) [역주] '肆祭'에 관해서는 제2장 제1절 [역주] 5 참조.

54) [역주] '將'에 관해서는 제3장 제2절 [역주] 119 참조.

55) [역주] '賜于武王作臣'에 대해서는 당시의 왕이 武王 때의 일을 회고하는 내용으로 보아, 복속된 屌族人들이 武王께 헌납되어 노예가 되었다는 뜻으로 해석하는 견해도 있다.

56) [역주] 원서에서는 '南'으로 표기되어 있으나, '庚'으로 수정한다.

(2) 王在宗周.(《史頌簋銘》) 王께서 宗周에 계셨다.

(3) 唯王十月, 王在成周.(《敀簋銘》) 시월에 왕께서 成周에 계셨다.

(4) 先王其嚴在帝左右.(《戵狄鐘銘》) 선왕께서 상제의 곁에 삼가 계시다.

(5) 肆汝小子封在玆東土.(《尙書·康誥》) 그 때문에 너 소자 봉이 이 동쪽 땅에 있게 된 것이다.

(6) 玆殷多先哲王在天(《尙書·召誥》) 이에 은나라의 많은 옛 어진 임금들의 영혼도 하늘에 계시다.

처소표현이 만약 의문대사로 충당된다면 동사 앞으로 전치된다.

(예) 天之生我, 我辰安在?(《詩經·小雅·小弁》) 하늘이 나를 낳으시니, 나의 좋은 때는 어디에 있는가?[57]

2) '有/無'자존재문

이러한 문장의 존재동사에는 '有' 또는 '無'가 있다. 여기서 사람이나 사물을 나타내는 표현은 존재동사의 뒤에 출현하고, 처소를 나타내는 표현은 존재동사 앞에 출현한다. 이로써 '처소방위 표현 + 有 + 사람 또는 사물 표현'의 구문을 구성한다.

(1) 田有禽.(《周易·師卦》) 밭에 날짐승이 있다.

(2) 岐有夷之行.(《詩經·周頌·天作》) 기산에 평평한 길이 있어

(3) 東有啓明, 西有長庚.(《詩經·小雅·大東》) 동쪽에 계명성이 있고, 남쪽에 장유성이 있다.

(4) 南有嘉魚, 烝然罩罩.(《詩經·小雅·南有嘉魚》) 남쪽에 곤들매기가 있으니, 어야디야 가리질하고 가리질하도다.

(5) 南山有臺, 北山有萊.(《詩經·小雅·南山有臺》) 남산에 잔디가 있고 북산에 명아주가 있다.

(6) 南山有桑, 北山有楊.(《詩經·小雅·南山有臺》) 남산에는 뽕나무가 있고 북산에 버드나무 있다.

'NP$_{處所}$ + 有/無 + NP$_{人物}$'은 '有/無 + NP$_{人物}$ + P + NP$_{處所}$'로 변환시킬 수 있다. 변환의 방법은 다음과 같다. 먼저, 위치이동을 한다. 즉 'NP$_{處所}$'를 문장 뒤로 옮긴다. 그 다음 전치사 'P'를 첨가한다. 예컨대 다음과 같다.

---

57) [역주] 여기서 '辰'은 '時'의 의미이다.

(1) 有大艱于西土.(《尙書·大誥》) 큰 어려움이 서쪽 땅에 있을 것이다.[58]

(2) 無(罔)政在厥邦.(《尙書·康誥》) 정사가 그 나라에 있지 아니하다.

(3) 無世在下.(《尙書·呂刑》) 그 후대가 아래에 있지 못하게 되었다.

(4) 罔有擇言在身.(《尙書·呂刑》) 가릴 말(책임 없는 말)이 그 몸에 있지 않게 하라.

한편, '有/無'는 존재의 의미 이외에 또 '소유'의 의미도 나타낸다. 다만 이렇게 소유를 나타내는 '有자문'은 존재문에 넣지 않는다. 이 두 가지 의미의 구문을 구별하는 기준은 '有/無' 전후에 있는 말들이다. 만약 '有/無' 전후에 처소방위 표현이 없고 모두 사람이나 사물의 표현만 있으며 또 전자가 후자에 대한 소유관계라고 한다면 이는 존재문이 아니라 '소유문(領有句)'이 된다. 예컨대 다음과 같다.

(1) 惟殷人先人有冊有典.(《尙書·多士》) 단지 은나라 선인들만이 문서와 책이 있으니

(2) 惟王有成績.(《尙書·洛誥》) 왕께선 훌륭한 공적을 갖게 되십니다.

(3) 唯朕又(有)慶[59], 每揚王休于尊白.(《天亡簋銘》) 나에게 경사스러운 일이 있으니, 왕의 은택을 귀중한 궤에 (새겨) 삼가 찬양하노라.

(4) 魯侯有匠[60]工, 用作旅[61]彝.(《明公簋銘》) 魯侯에게 훌륭한 戰功이 있어[62] (이를 기념하고자) 旅祭에 사용할 祭器를 제작하였다.

(5) 惟爾洪無度.(《尙書·多士》) 그대들은 크게 법도가 없다.

(6) 昔之人無聞知.(《尙書·無逸》) 옛사람들은 듣는 것도 아는 것도 없다.

---

58) 이는 '西土有大艱'으로 바꿀 수 있다.

59) [역주] 이 글자의 원래 자형은 '𣂹'으로, '蔑'로 보는 견해도 있으며, 제7장 제2절의 동일 명문에서는 '蔑'로 표기하고 있다.

60) [역주] 원서에서는 이 글자가 '猷'로 표기되어 있었고, 동일 명문이 인용된 제5장 제1절에서는 '𦥑'로 표기되어 있기에, 여기서는 원래 자형인 '匠'으로 제시하였다.

61) [역주] '旅'에 대해서는 제2장 제2절 [역주] 63 참조. 여기에서는 잠정적으로 '旅'의 의미를 '旅祭'로 해석했으나, 《明公簋銘》이 정벌과 관련한 명문이기 때문에 '旅彝'를 '군대 제사에 사용되는 祭器', 혹은 '정벌 시 사용되는 彝器'로 보는 견해도 있다.

62) [역주] '魯侯有匠工'에서 '有'를 '侑'로 읽고, '匠工'을 人名으로 보아 '工'이 明公의 정벌을 수행하여 공을 세웠고, 이에 魯侯가 '匠工'을 대접한 것으로 해석하는 의견도 있다.

6 병렬문(竝列句)

이른바 병렬문이란 용언성대등구(謂詞性聯合短語)가 위어나 위어 중심이 되는 문장을 말한다. 용언성대등구의 각 성분 간의 관계는 동등하다. 그들 간에 先後나 主次의 관계가 없기 때문에 순서를 바꾸어도 병렬관계가 된다. 병렬문은 아래의 세 가지로 크게 나눌 수 있다. 첫째는 병렬된 각 성분이 모두 동사성인 것이다. 둘째는 병렬된 각 성분이 모두 형용사성인 것이다. 셋째는 병렬된 각 성분이 동사성도 있고 형용사성도 있는 것이다.

1) 동사병렬문

이러한 병렬문은 각 병렬 성분이 모두 동사성인 것이다. 이것은 아래와 같은 몇 가지로 구분할 수 있다.

① V₁ + V₂ : 이러한 문장의 위어 부분 또는 위어 중심부분은 두 개의 병렬된 동사이며, 둘 모두 목적어를 갖지 않는다. 중간에는 기타 성분이 삽입되지 않는다.

   (1) 文王陟降, 在帝左右.(《詩經·大雅·文王》) 문왕께서 오르내리며, 상제님 곁에 계신다.

   (2) 其瀕(頻)在帝廷陟降.(《胡簋銘》) 나란히 하늘의 조정에 계시면서 인간 세상에 오르내리시다.

   (3) 京師之野, 于時處處, 于時盧旅, 于時言言, 于時語語.(《詩經·大雅·公劉》) 경사의 들판, 여기서 거처하며, 여기서 나그네들을 묵게 하며, 여기서 말하고, 여기서 토론하네.[63]

   (4) 爾乃飮食醉飽.(《尙書·酒誥》) 그대들은 그대들의 음식을 취하고 배부르게 마시고 먹어라.[64]

② V₁ + 且 + V₂ : 이러한 병렬문의 두 동사 사이에는 접속사가 출현한다.

   (1) 其人天且劓.(《周易·睽卦》) 그 사람이 머리를 정으로 쪼이고 코를 베어

   (2) 負且乘, 致寇至, 貞吝.(《周易·解卦》) 짐 지고 수레를 타면 도적을 불러 들여, 끝까지 어려워진다.

   (3) 雖無德與女, 式歌且舞.(《詩經·小雅·車舝》) 그대와 어울리는 덕행은 없어도 그대와 함께

---

63) 이것들은 특히 'V+V' 앞에 전치사구 부사어가 출현하고 있다.

64) 이 예의 'V+V' 뒤에는 보어가 출현한다.

노래하고 춤을 추리.65)

③ AV₁＋V₁＋AV₂＋V₂ : 이러한 병렬문의 두 동사 앞에는 각각 부사어가 출현한다. 사실상 두 부사어수식구의 병렬인 셈이다.

(1) 日就月將.(《詩經·周頌·敬之》) 날로 나아가며 달로 전진하다.

(2) 克明克類.(《詩經·大雅·皇矣》) 능히 시비를 살피고 선악을 구분하여66)

(3) 克順克比.(《詩經·大雅·皇矣》) 능히 순하게 하고 친히 하시니67)

(4) 不騫不崩.(《詩經·小雅·無羊》) 이지러지지도 않고 무너지지도 않다.

(5) 弗問弗仕.(《詩經·小雅·節南山》) 묻지도 않고 일삼지도 않다.

(6) 匪敎匪誨.(《詩經·大雅·瞻卬》) 가르쳐 주지도 깨우쳐 주지도 않고

V₁과 V₂ 앞의 부사어는 어떤 경우엔 동일한 어기부사로 충당되기도 한다. 그리하여 '載…載…', '言…言…', '爰…爰…', '式…式…', '實…實…' 등의 형식을 구성한다. 이것은 대부분 《詩經》의 雅, 頌에서 출현하고 있다.

(1) 翩翩者雕, 載飛載下.(《詩經·小雅·四牡》) 훨훨 나는 산비둘기, 곧 날았다가 곧 내려앉네.68)

(2) 載馳載驅, 周爰咨諏.(《詩經·小雅·皇皇者華》) 말을 달리고 말을 몰며, 두루 물어보네.

(3) 汎汎揚舟, 載沉載浮.(《詩經·小雅·菁菁者莪》) 둥둥 떠가는 버드나무 배, 잠겼다가 또 떠가는구나.

(4) 言旋言歸.(《詩經·小雅·黃鳥》) 돌아가고 돌아가서

(5) 爰笑爰語.(《詩經·小雅·斯干》) 여기에서 웃고 저기에서 말하리라.

(6) 爰居爰處.(同上) 여기에서 거하고 저기에서 처하며

---

65) 이 예에서 V₁ 앞에 어기부사('式')가 출현하고 있다.
　　[역주] 여기서의 '式'은 '마땅히'의 의미이다.
66) 明: 시비의 구분이다. 類: 선악의 분류이다.
67) 順: '백성의 마음을 따르는 것'이다. 比: '여러 인재를 단결시키는 것'이다.
68) [역주] '翩翩'은 '새가 가볍게 나는 모양'이다.

④ V₁+V₂+O : 이것은 두 개의 병렬된 동사가 공동으로 하나의 목적어를 갖는 경우이다. 이러한 구문은 비교적 자주 등장한다.

(1) 天亡又王, 衣祀于王不顯考文王, <u>事喜上帝</u>.(《天亡簋銘》) 天亡이 왕을 보좌하여 왕의 위대하신 先父이신 문왕께 올리는 제사를 마치고, (왕이) 上帝를 섬겨 술과 음식으로 제사를 올리셨다.

(2) <u>毆孚土女羊牛</u>, 孚吉金.(《師袁簋銘》) (淮夷의) 건장한 남자·부녀·양·소를 쫓아서 포획하였으며, 질 좋은 銅도 빼앗았다.

(3) 何拜稽首, <u>對揚天子魯命</u>.(《何簋銘》) 何는 拱手하고 땅에 댄 후 그 위에 머리를 조아리는 예를 행하고, 천자의 美命을 찬양하노라.

(4) 敢<u>對揚天子魯休令(命)</u>.(《無曩簋銘》) 삼가 천자의 美命을 찬양하노라.

(5) 馬牛其風, 臣妾逋逃, 勿敢越逐, 祗復之, <u>我商(賞)賚汝</u>.(《尙書·費誓》) 말과 소가 암수 어울려 달아나거나 하인과 하녀가 도망치더라도 감히 제자리를 넘어 쫓아가지 말 것이며 그것을 공경히 되돌리면 나는 따져서 너희에게 상을 줄 것이다.[69]

(6) 甲子, 王乃<u>洮頮水</u>.(《尙書·顧命》) 갑자일에 임금님이 물로 손을 씻고 얼굴을 씻자

⑤ V₁+O+V₂ : 이 구문의 'O'는 V₁의 목적어도 되고, V₂의 목적어도 된다. 그러나 이는 V₁ 뒤에 출현하고 V₂ 뒤에는 출현하지 않는다.

(1) 克拜稽首, 敢<u>對天子不顯魯休揚</u>, 用作旅[70]盨.(《克盨銘》) 克은 배알하고 머리를 조아리는 예를 행하고, 삼가 천자의 혁혁하시고 크신 은택에 謝意를 표하며 찬양하고, 旅祭에 사용할 盨를 제작하였다.

(2) <u>旅對天子魯休揚</u>.(《虢叔鐘銘》) 旅는 외람되이 천자의 크신 은택에 謝意를 표하며 찬양하노라.

(3) <u>追敢對天子顯揚</u>.(《追簋銘》) 追는 외람되이 천자의 빛나심에 謝意를 표하며 찬양하노라.

(4) 皇王<u>對癲身懋</u>.(《癲鐘銘》) 위대하신 왕께서 癲에게 답하여 격려하셨다.

V₁과 V₂ 사이는 병렬의 관계이므로 이 둘의 전후 위치는 호환이 가능하다.

---

69) [역주] '逋逃'는 '달아나다'이다.
70) [역주] '旅'에 대해서는 제2장 제2절 [역주] 63 참조.

(예) 趣拜稽首, <u>揚王休對</u>.(《趣觶銘》) 趣은 拱手하고 땅에 댄 후 그 위에 머리를 조아리는 예를 행하고, 왕의 은택을 찬양하노라.

⑥ $V_1 + O_1 + V_2 + O_2$: 이러한 병렬문의 위어 부분 또는 위어 중심에는 두 개의 술목구가 병렬되어 있다. 그리고 두 술목구 사이에는 접속사가 출현하기도 한다.

(1) <u>專命專政</u>.(《毛公鼎銘》)왕명을 공포하고 정책을 실행하다.
(2) 女多禽, <u>折首執訊</u>.(《不其簋銘》)그대는 많은 적을 생포하여 참수하고 포로로 삼았다.
(3) <u>易君我佳易壽</u>.(《縣妃簋銘》) 남편과 나에게 賞賜를 내려주셨고, (나는)장수를 기원하노라.
(4) 惟殷人先人<u>有冊有典</u>.(《尚書·多士》) 은나라 선인은 문서와 책이 있으니
(5) 汝丕遠惟商考成人, <u>宅心知訓</u>.(《尚書·康誥》) 너는 크게 상나라의 늙고 경험 많은 이들의 말을 들어 마음을 정하고 교훈으로 삼아라.
(6) 我有嘉賓, <u>鼓瑟吹笙</u>.(《詩經·小雅·鹿鳴》) 내 아름다운 손님이 있어 비파를 타고 생황을 분다.

이상의 예들은 모두 '$V_1 + O_1 + V_2 + O_2$'가 단독으로 위어가 되거나 절이 되는 것들이다. 반면, 아래의 예들은 '$V_1 + O_1 + V_2 + O_2$' 앞에 부사어가 있거나 뒤에 보어가 있는 경우이다.

(1) 女(汝)多折首執訊.(《不其簋銘》) 그대는 많은 적을 참수하고 포로로 잡았다.
(2) 其進人、[71] 其責(積)毋敢不即次[72]即市.(《兮甲盤銘》) 그 노역과 그 상품은 시장 관리 기구와 시장의 상점에 오지 않으면 안 된다(거래가 이루어지지 않으면 안 된다).
(3) 朕猷又(有)成亡競.(《胡鐘銘》) 나의 계획은 성공을 거두어 필적할 자가 없다.
(4) 則商實百姓王人, 罔不秉德明恤.(《尚書·君奭》) 그러니 은이 충실해져 그 백성과 왕의 사람들은 덕을 행하고 사랑을 밝히지 않는 이가 없다.
(5) 罔不明德愼罰.(《尚書·多方》) 덕을 밝히고 형벌을 삼가지 않는 이 없다.
(6) 自成湯至于帝乙, 罔不明德恤祀.(《尚書·多士》) 湯임금으로부터 帝乙에 이르기까지는 덕을 밝히고 제사를 공경하지 않음이 없었다.

⑦ $V_1 + V_2 + O_1 + O_2$: 이러한 구문은 두 개의 동사 V_1과 V_2가 각각 목적어를 갖는 것이다.

---

71) [역주] 다수의 학자들은 '其進人'을 앞 구문에 붙여서 읽으나 여기에서는 원서대로 제시한다.
72) [역주] '次'를 '시장 내의 관리 사무소'로 보는 견해 외에, '군대의 주둔지'로 보는 의견도 있다.

다만 목적어는 해당 동사의 뒤에 각각 출현하지 않고 두 목적어가 두 개의 동사 뒤에 함께 출현한다.

(예) 殺越人于貨.(《尙書·康誥》) 사람을 죽이고 재물을 빼앗다.[73]

이러한 예는 옛 문헌에서 자주 등장한다.

(1) 三考, 黜陟幽明.(《尙書·舜典》) 세 번 상고한 다음 어두운 자를 내치고 밝은 자를 올려주시어

(2) 是以捐棄紙筆, 一無所答.(《三國志·魏書·呂布傳》) 이에 종이와 붓을 버리고 한 마디도 답하지 않았다.

⑧ 삼동식(三動式)과 사동식(四動式) : 이러한 병렬문의 위어 부분 또는 위어 중심 부분은 셋 또는 네 개의 병렬된 동사로 구성된다.

(1) 燕笑語兮, 是以有譽處兮.(《詩經·小雅·蓼蕭》) 잔치하며 웃고 말을 하니, 이 때문에 명예와 안락함이 있도다.

(2) 保右命爾.(《詩經·大雅·大明》) 하늘이 보호하고 돕고 명하시어

(3) 儀式刑文王之典.(《詩經·周頌·我將》) 문왕의 전칙을 본받는다.[74]

(4) 乃方求論擇元聖武夫, 羞于王所.(《逸周書·皇門解》) 이에 크게 지혜로운 대성과 무부를 널리 구하고 선택하여 임금님께 추천하다.[75]

(5) 寶其萬年, 孫孫子子其永寶用享于宗室.(《師寶簋銘》) 寶은 만년토록 자자손손 영원히 소중히 다루며 종묘에 제사를 드리는 데 사용할 것이다.

(6) 士父其眾口姬萬年子子孫永寶用享于宗.(《士父鐘銘》) 士父와 口姬는 만년토록 자자손손 영원히 소중히 다루며 종묘에 제사를 드리는 데 사용할 것이다.

위의 예들은 모두 삼동식이다. 예(1)의 경우처럼 'V₁＋V₂＋V₃'이 각각 하나의 절을 구성할 수 있다. 그리고 예(2), (3), (4)와 같이 'V₁＋V₂＋V₃' 뒤에 목적어가 출현할 수도 있다.

---

73) 越: 빼앗다. 于: ~와.
74) [역주] 여기서 '儀', '式', '刑' 모두 '법받다, 본받다'의 뜻이다.
75) [역주] '羞'는 '드리다, 올리다'이다.

또한 예(5),(6)처럼 보어가 등장할 수도 있다. 한편, 예(4), (5), (6)처럼 'V₁ + V₂ + V₃' 앞에 부사어가 출현하기도 한다. 아래는 사동식의 예이다.

$$V_1 + V_2 + V_3$$

(1) 禴祠烝嘗, 于公先王.(《詩經·小雅·天保》) 종묘제사인 약, 사와 증, 상을 선공과 선왕께 올리다.

(2) 子子孫孫永寶用享考(孝).(《及俎生簋銘》)[76] 자자손손 영원히 소중히 다루며 제사를 드리는 데 사용할 것이다.

(3) 夫知保抱携持厥婦子.(《尚書·召誥》) 남자들이 그것을 알아, 처자를 보호하여 안기도 하고 붙잡아 끌기도 하면서[77]

⑨ **병렬/겸어 융합문** : 이러한 문장의 위어 부분은 두 개의 겸어구의 병렬로 구성되며, 이는 곧 병렬문에 겸어식이 포함된 것으로 볼 수 있다.

(1) 俾筵俾几.(《詩經·大雅·公劉》) 사람을 시켜 자리를 만들고 궤를 펴게 하다.[78]

(2) 俾臧俾嘉.(《詩經·大雅·抑》) (당신의 덕행을) 선하게 하고 아름답게 하라.

⑩ **병렬/연동 융합문** : 이것은 두 연동구의 병렬, 즉 병렬식 중에 연동식이 포함된 것이다.

(1) 來咨來茹.(《詩經·周頌·臣工》) 와서 자문하고 와서 헤아릴지어다.[79]

(2) 豈弟君子, 來游來歌.(《詩經·大雅·卷阿》) 온화하신 군자시여, 와서 놀고 와서 노래하시오.

(3) 鳧鷖在渼, 公尸來燕來宗.(《詩經·大雅·鳧鷖》) 부예가 물어귀에 있거늘, 公尸가 와서 잔치하며 높이 계시도다.[80]

2) 형용사병렬문

이러한 병렬문을 구성하는 병렬성분은 형용사이다. 아래와 같은 몇 가지 유형이 있다.

---

76) [역주] 원서에서는 이 명문의 출처를 《及俎生簋銘》으로 표기하고 있으나, 《豐兮夷簋》의 오기로 보인다.
77) 이 문장에서 '保抱携持厥婦子'는 '知'의 목적어이다.
78) 여기서의 '俾'는 사역을 의미하고 '겸어'는 생략이 되었다.
79) [역주] '茹'는 '헤아리다, 도모하다'이다.
80) [역주] '鳧鷖'는 일종의 오리 같은 물새이고, '渼'은 물이 모이는 곳, 물어귀이다. '公尸'는 '고대의 천자의 제사에서 제사 받는 신령을 대신하여 제사를 받는 살아 있는 사람'을 가리킨다.

① V形＋V形 : 이것은 두 형용사의 병렬로 위어나 위어 중심을 구성한다. 'V形＋V形' 앞에 부사어가 출현할 수 있고, 뒤에는 보어가 출현할 수 있다.

    (1) 天子明哲.(《大克鼎銘》) 천자께서는 명철하시다.

    (2) 朕辟魯休.(《小克鼎銘》) 나의 군주께서는 위대하시고 훌륭하시도다.[81]

    (3) 丕顯朕烈祖考㻌明, 克事先王.(《虎簋蓋》) 위대하신 나의 先祖先父께서는 현명하시고 사리에 밝아 선왕을 잘 섬기실 수 있었다.

    (4) 丕顯皇祖考, 穆穆異異(翼翼).(《梁其鐘銘》) 위대하고 영명하신 先祖先父께서는 위엄과 덕망을 갖추시고 경건하셨다.

    (5) 昔在殷王中宗, 嚴恭寅畏.(《尙書·無逸》) 옛날 은왕 중종 때에는 (겉으로) 엄격하고 공손하며, (안으로) 공경하고 두려워하였다.

    (6) 龍戰于野, 其血玄黃.(《周易·坤卦》) 용이 들판에서 싸우니 그 피가 검고 누르도다.

    (7) 戎車嘽嘽, 嘽嘽焞焞.(《詩經·小雅·采芑》) 융거가 많은데, 그 수가 많고 성대하도다.[82]

'V形＋V形' 앞에는 부사어가 출현할 수 있고 그 뒤에 보어가 출현할 수 있다.

    (1) 曰古文王, 初盭龢于政.(《史墻盤銘》) 옛날 문왕께서는 정치를 처음으로 안정시키고 화합을 이루셨다.

    (2) 丕顯子白, 壯武于戎工(功).(《虢季子白盤銘》) 찬란히 빛나는 子白은 軍事에 있어 굳세고 용맹스러웠다.

② V形＋且＋V形 : 이것은 두 형용사의 병렬과 함께 중간에 접속사 '且'가 삽입된 형식이다. 'V形＋且＋V形'은 위어나 위어의 중심이 된다.

    (1) 君子有酒, 旨且多.(《詩經·小雅·魚麗》) 군자에게 술이 있는데, 맛이 좋고 풍성하네.[83]

---

81) [역주] 원서에서는 '魯休'를 형용사 병렬구조로 보았으나, 동사 병렬구조로 보아 '치하하고 상을 내리다'라는 뜻으로 해석하는 견해도 있다.

82) 예(7)은 원래 "戎車嘽嘽焞焞"이라고 해야 한다. 그러나 《詩經》의 특성상 모든 구절을 4글자로 맞추기 위해 위와 같이 표현했다.
    [역주] '嘽嘽'은 '많은 모양'이고, '焞焞'은 '성대한 모양'이다.

(2) 君子有酒, <u>多且旨</u>.(同上) 군자가 술이 있으니, 종류도 많고 또 맛있도다.

(3) 君子有酒, <u>旨且有</u>.(同上) 군자가 술이 있으니, 맛있고 또 종류도 많도다.84)

(4) 四牡奕奕, <u>孔修且張</u>.(《詩經·大雅·韓奕》) 네 마리 말이 크고 크니, 심히 키가 크고 몸도 크도다.85)

(5) 來之坎坎, <u>險且枕</u>.(《周易·坎卦》) 오고 감이 험한데, 험하고 또 깊도다.

　'且'는 어떤 경우엔 앞에 있는 '旣' 또는 '終'과 호응하여 '旣…且…', '終…且…'의 형식을 구성하는데, 이는 두 가지 성질의 병렬관계를 나타낸다.

(1) <u>旣微且尰</u>, 爾勇伊何?(《詩經·小雅·巧言》) 이미 종기가 나고 정강이가 부었으니, 너희들의 용맹이 무슨 소용이리요?86)

(2) <u>旣庭且碩</u>, 曾孫是若.(《詩經·小雅·大田》) 자라는 싹이 곧고 또 크니, 증손의 마음을 흡족하게 하도다.87)

(3) 喪亂旣平, <u>旣安且寧</u>.(《詩經·小雅·常棣》) 상란이 이미 평정되어 편안해지고 안정해지면

(4) <u>旣明且哲</u>.(《詩經·大雅·烝民》) 이미 밝고 또 명철하니

(5) 君子之車, <u>旣庶且多</u>. 君子之馬, <u>旣閑且馳</u>.(《詩經·大雅·卷阿》) 군자의 수레가 많고 많으며, 군자의 말이 길들여져 잘 달리도다.

(6) 禾易長畝, <u>終善且有</u>.(《詩經·小雅·甫田》) 벼가 잘 가꾸어져 온 이랑이 한결같으니 농사가 잘되어 수확도 많구나.

　③ AV+V形+AV+V形 : 이것은 두 개의 병렬된 형용사 앞에 부사어가 출현한 것으로, 이때 부사어는 동일한 형식이다. 이것은 곧 두 개의 부사어수식구가 병렬된 것과 같다.

(1) 其金孔吉, <u>亦玄亦黃</u>.(《伯公父簠銘》) 이 銅은 매우 질이 좋아서 검붉고 누른 빛깔을 지녔다.

(2) <u>孔惠孔時</u>.(《詩經·小雅·楚茨》) 심히 순조롭고 심히 때에 맞아

---

83) [역주] '旨'는 '맛있다'이다.

84) [역주] '有'는 '많다'는 뜻이다.

85) [역주] '奕奕'은 '큰 모양'이다. '修'는 '키가 큰 것'이고, '張'은 '큰 것'이다.

86) [역주] '微'는 종기가 나는 것이고, '尰'은 정강이가 붓는 것이다.

87) [역주] '庭'은 '곧다', '碩'은 '크다'이다.

(3) 不弔不祥.(《詩經·大雅·瞻卬》) 불행하고 상서롭지 못하여[88]

(4) 匪安匪舒.(《詩經·大雅·江漢》) 편안히, 천천히 노는 것도 아니며

(5) 相彼泉水, 載淸載濁.(《詩經·小雅·四月》) 저 흐르는 샘물을 보건대, 맑았다 흐렸다 하도다.

④ 삼형식(三形式)과 사형식(四形式) : 이러한 병렬문의 위어 부분은 형용사 3개, 또는 형용사 4개의 병렬로 구성된다.

(1) 佞憲憲聖爽.(《井人佞鐘銘》) 佞은 기쁘고 즐거워하며 사리에 밝고 총명하다.

(2) 兄弟旣具, 和樂且孺.(《詩經·小雅·常棣》) 형제간이 모두 있어야 화락하고 또 사모할 수 있다.

(3) 申伯之德, 柔惠且直.(《詩經·大雅·崧高》) 신백의 덕이여, 부드럽고 은혜로우면서 또 곧도다.

(4) 朕文母競敏啓行.(《**敔**簋銘》) 나의 文德이 높으신 亡母께서는 강인하시고 지혜로우시며 앞서 길을 열어주신다.

(5) 文王卑服, 卽康功田功, 徽柔懿恭, 懷保小民.(《尙書·無逸》) 문왕께서는 허름한 옷을 입으시고, 백성들을 편안히 하는 일과 농사일을 하셨습니다. 조화롭고 부드러우며 선하고 공손셔서, 낮은 백성들을 아끼고 보호해 주셨다.[89]

위의 예(2)와 (3)은 'V₁+V₂'와 'V₃' 사이에 접속사 '且'를 사용하고 있다.

3) 형/동병렬문

이러한 병렬문의 위어 부분이나 위어 중심 부분은 형용사와 동사의 병렬에 의해 구성된다. 이러한 예는 비교적 적다.

(1) 旣見君子, 樂且有儀.(《詩經·小雅·菁菁者莪》) 이미 군자를 만나 보니, 즐겁고 또 예의가 있다.

(2) 休有成事.(《史頌簋銘》) 훌륭하고도 성공적으로 일을 마쳤도다.

---

88) '弔'와 '祥'은 '善'의 의미이다.
89) '徽柔懿恭'은 각각 '부드러움, 인자함, 선량함, 공경스러움'이다.

7 연동문(連謂句)

이른바 연동문이란 연동구를 위어 또는 위어의 중심으로 쓰는 문장을 말한다. 연동구는 두 개 또는 그 이상의 용언성 성분의 연용으로 구성되는데, 전후 시간순서가 있거나 主次 관계가 존재한다. 다만 여러 용언들이 함께 하나의 주어에 연결되어 하나의 구두(句讀)를 구성한다(즉 몇 개의 용언성 성분 간에는 발음상의 휴지가 없다). 일반적으로 연동문의 주어는 이 몇 개의 '위어'에 대해 대부분 '행위주주어'가 된다. 예컨대 다음과 같다.

(예) 王來奠新邑.(《新邑鼎銘》) 왕께서 오셔서 新邑을 안정시키셨다.

연동문과 병렬문의 구별은 분명하다. 연동문의 위어들 간에는 선후나 주차의 관계가 존재하나, 병렬문에서는 위어들이 대등한 관계여서 그 순서를 바꿀 수가 있다.

연동문의 용언들 사이에는 아래와 같은 몇 가지 의미 관계가 존재한다.

첫째, 선후로 발생한 동작을 나타낸다.

(1) 自瀗涉以南.(《散氏盤銘》) 瀗水를 건너서부터 남쪽으로는

(2) 旅人先笑後號咷.(《周易·旅卦》) 나그네는 처음엔 웃지만 나중에는 부르짖으며 울게 될 것이다.[90]

(3) 山拜稽首, 受冊[91]佩以出.(《善夫山鼎銘》) 山은 拱手하고 땅에 댄 후 그 위에 머리를 조아리는 예를 행하고, 策命書를 받고 이를 간직하고 밖으로 나왔다.

(4) 彤弓弨兮, 受言藏之.(《詩經·小雅·彤弓》) 붉은활이 느슨해져 있어 이를 받아 보관하였다.[92]

둘째, 앞의 동작이 뒷 동작의 방식을 표현한다.

(1) 管叔經而卒.(《逸周書·作雒解》) (王子禄父가 북쪽으로 도망가서) 관숙을 목매 죽였다.[93]

(2) 四牡龐龐, 駕言徂東.(《詩經·小雅·車攻》) 사모가 충실하니 이것을 타고 동쪽을 간다.[94]

---

90) [역주] '咷'는 '울다'이다.

91) [역주] 원서에서는 '受' 뒤에 '冊'이 누락되었으므로 보충하였다.

92) [역주] '弨'는 '느슨하다'이다.

93) [역주] '經'은 '목매다'이다.

(3) 武王乃<u>來于南門用俘</u>.(《逸周書·世俘解》) 무왕이 남문에 와서 포로를 바쳤다.

(4) 太正<u>擧書及中降</u>.(《逸周書·嘗麥解》) 태정이 刑書를 들고는 중간 계단으로 내려왔다.

셋째, 뒷 동작이 앞 동작의 목적을 표현한다.

(1) 韓侯<u>入覲</u>, <u>以其介圭</u>.(《詩經·大雅·韓奕》) 한후가 뵈려고 들어오되 대규를 가지고 한다.

(2) 摯仲氏任, 自彼殷商, <u>來嫁于周</u>.(《詩經·大雅·大明》) 摯나라의 둘째 따님인 태임이 저 은상으로부터 주나라에 시집오다.

(3) 榮伯<u>内(入)右(佑)康</u>.(《康鼎銘》) 榮伯이 들어와서 康을 인도했다.

(4) 癸卯, 王<u>來奠新邑</u>.(《新邑鼎銘》) 癸卯일에 왕께서 오셔서 新邑을 안정시키셨다.

넷째, 뒷 동작의 상태가 앞 동작의 결과를 표현한다.

(1) 叔旦泣涕于常, <u>悲不能對</u>.(《逸周書·度邑解》) 숙단이 울어 치마에 눈물을 흘리니 슬퍼서 대답을 못했다.

(2) 我有旨酒, 嘉賓<u>式燕以敖</u>.(《詩經·小雅·鹿鳴》) 나에게 맛있는 술이 있어 반가운 손님과 잔치하며 즐긴다.95)

(3) 君子有酒, 嘉賓<u>式燕以樂</u>.(《詩經·小雅·南有嘉魚》) 군자가 맛있는 술이 있으니, 아름다운 손님이 잔치에 참여하여 즐기도다.

(4) 不失其馳, <u>舍矢如破</u>.(《詩經·小雅·車攻》) 치구법을 잃지 않았고, 화살을 쏘아 적중하였다.96)

다섯째, 앞 동작이 뒷 동작의 원인을 표현한다.

(1) 哀我小心, <u>癙憂以痒</u>.(《詩經·小雅·正月》) 슬프다, 나의 소심함이여. 속으로 근심하여 병드노라.97)

---

94) [역주] '麗麗'은 '크고 충실한 모양'이다.
95) [역주] '敖'는 '놀다'이다.
96) 如: '而'와 같다. 破: 적중하다.
97) 癙憂: 근심하다. 痒: 병나다.

(2) 假寐永嘆, <u>維憂用老</u>.(《詩經·小雅·小弁》) 잠이 드는 둥, 마는 둥하여 오래도록 탄식하고, 근심만 하니 늙는구나.

(3) 民靡有黎, <u>具禍以燼</u>.(《詩經·大雅·桑柔》) 백성들 가운데 머리 검은 이 없으니 모두 禍를 입어 적은 것이로구나.

(4) 譬彼壞木, <u>疾用無枝</u>.(《詩經·小雅·小弁》) 비유하면 저 병든 나무가 병이 나서 가지가 없는 것과 같도다.

여섯째, 한 사건을 긍정, 부정 두 측면에서 설명한다.

(1) <u>明發不寐</u>, 有懷二人.(《詩經·小雅·小宛》) 날이 새도록 잠들지 못하여 두 분을 그리워하노라.

(2) 自[鹿]至于丘中, <u>其明不寢</u>.(《逸周書·度邑解》) (무왕이) 鹿에서 구중으로 돌아와 밤새 잠을 자지 못했다.

(3) 公親曰多友曰: 余肇事(使)女, <u>休不逆</u>, 又(有)成事.(《多友鼎銘》) 公이 친히 多友에게 일러 말씀하셨다. "내가 처음으로 그대를 파견하였는데, 훌륭하도다! 모든 것이 순조로웠고, 성공적이었다."

연동문의 대다수는 두 개의 '용언'으로 연결되어 있는데 둘 이상의 용언으로 연결된 경우도 있다.

① $V_1 + V_2$: 이러한 연동문은 두 개의 용언이 연결되어 있다. '$V_1 + V_2$'가 위어나 위어 중심이 된다.

(1) 眉敖<u>至見</u>.(《㒸伯簋銘》) 眉敖가 와서 朝見을 했다.

(2) 玆𩵋人<u>入史(事)</u>.(《中方鼎銘》) 이 𩵋族人들이 복속되어 섬기다.

(3) 韓侯<u>入覲</u>.(《詩經·大雅·韓奕》) 한후가 뵈려고 들어오다.

(4) 四方<u>來賀</u>.(《詩經·大雅·大武》) 사방에서 축하하러 오다.

'$V_1 + V_2$' 앞에 부사어가 출현할 수 있고, 그 뒤에 보어가 출현할 수 있다.

(1) <u>不家食</u>.(《周易·大畜》) 집에 돌아가 먹지 않다.[98]

(2) 予髮曲局, 薄言歸沐.(《詩經·小雅·采綠》) 내 머리카락이 구불거리고 흐트러졌으니, 잠깐 돌아가 목욕하리라.

(3) 以其介圭, 入覲于王.(《詩經·大雅·韓奕》) 대규로써 들어와 왕을 뵙도다.

(4) 摯仲氏任, 自彼殷商, 來嫁于周.(《詩經·大雅·大明》) 摯나라의 둘째 따님인 태임이 저 은상으로부터 주나라에 시집오니

② V₁+접속사+V₂ : 이것은 두 개의 연결된 용언 사이에 접속사가 있는 것이다. V₁ 앞에 부사어가 올 수 있다.

(1) 降以南, 封于同道.(《散氏盤銘》) 내려와 남쪽으로는 同邑의 길을 경계로 했다.

(2) 管叔經而卒.(《逸周書·作雒解》) (王子禄父가 북쪽으로 도망가서) 관숙을 목매 죽였다.

(3) 爾還而入.(《詩經·小雅·何人斯》) 그대 돌아서 온다면

(4) 哀我小心, 瘋憂以痒.(《詩經·小雅·正月》) 슬프다, 나의 소심함이여. 속으로 근심하여 병드노라.

(5) 民靡有黎, 具禍以燼.(《詩經·大雅·桑柔》) 백성들 가운데 머리 검은 이 없으니 모두 禍를 입어 적은 것이로구나.

(6) 既醉而出.(《詩經·小雅·賓之初筵》) 이미 취하고 나가면

③ (AV₁)+V₁+AV₂+V₂ : 이러한 구문에서 서로 연결된 용언의 V₂앞에는 반드시 부사어가 출현하고 V₁ 앞에는 선택적으로 출현할 수가 있다.

(1) 今在予小子旦, 若游大川, 予往暨汝奭其濟.(《尚書·君奭》) 지금 작은 사람 이 단에게 있어서는 마치 큰 냇물에서 헤엄치고 있는 것과 같아서, 나는 가서 너 석과 함께 그것을 건너려고 하는 것이다.99)

(2) 叔旦泣涕于常, 悲不能對.(《逸周書·度邑解》) 숙단이 울어 치마에 눈물을 흘리니 슬퍼서 대답을 못했다.

(3) 自[鹿]至于丘中, 其明不寢.(《逸周書·度邑解》) (무왕이) 鹿에서 구중으로 돌아와 밤새 잠

---

98) 家: 집에 돌아가다.
99) [역주] '暨'는 '~와 함께'이다.

을 자지 못했다.

(4) 旅人先笑後號咷.(《周易·旅卦》) 나그네는 처음엔 웃지만 나중에는 부르짖으며 울게 될 것이다.

(5) 既備乃事.(《詩經·小雅·大田》) 이미 구비하고서 일하니

(6) 既備乃奏.(《詩經·周頌·有瞽》) 이미 갖추어져서 연주하니

한편, '先 … 後 …', '既 … 乃 …' 등이 연결 작용을 하여 동작의 선후 관계를 표시한다.

④ $V_1 + V_2 + O$: 이것은 두 동사의 연용과 함께 두 번째 동사인 V_2 뒤에는 목적어를 갖는 경우이다. 여기서 V_1 앞에는 부사어가 출현할 수 있고, '$V_2 + O$' 뒤에는 보어가 출현할 수 있다.

(1) 榮伯內(入)右(佑)康.(《康鼎銘》) 榮伯이 들어와서 康을 인도했다.

(2) 榮伯內右應侯見工.(《應侯見工鐘銘》) 榮伯이 들어와서 應侯 見工을 인도했다.

(3) 不(丕)顯皇祖剌(烈)考, 徠(來)[100]匹先王.(《單伯鈘[101]生鐘銘》) 찬란히 빛나시고 영명하신 선조와 위대하신 先父께서 先王을 보필하셨다.

(4) 癸卯, 王來奠新邑.(《新邑鼎銘》) 癸卯일에 왕께서 오셔서 新邑을 안정시키셨다.

(5) 王來紹上帝.(《尙書·召誥》) 왕께서 오셔서 하늘의 뜻을 점치셔서

(6) 王出獸南山.(《啟卣銘》) 왕께서 출행하여 남산에서 사냥을 하셨다.

⑤ $V_1 + $ 접속사 $ + V_2 + O$: 이것은 연용된 'V_1'과 '$V_2 + O$' 사이에 접속사가 삽입된 것이다. '$V_2 + O$' 뒤에는 보어가 출현할 수 있다.

(1) 譬彼壞木, 疾用無枝.(《詩經·小雅·小弁》) 비유하면 저 병든 나무가 병이 나서 가지가 없는 것과 같다.

(2) 歸而逋其邑人三百戶, 無眚.(《周易·訟卦》) 돌아가 도망가서 그 읍 사람이 삼백호면 재앙이 없으리라.[102]

---

100) [역주] '徠'의 독법에 대해서는 '來' 외에 '束', '木', '弼', '仇' 등이 있다.
101) [역주] '鈘'에 대해서는 제4장 제3절 [역주] 26 참조.
102) [역주] '眚'은 '재앙'이다.

(3) 商辛奔內, 登于廩(마땅히 "鹿"어야함)臺之上, <u>屏遮而自燔于火</u>.(《逸周書·克殷解》) 상왕 주임금이 성안으로 도망가 鹿臺에 올라 보옥의 옷을 입어 몸을 가리고는 스스로 불에 들어가 타죽었다.[103)]

⑥ V_1+AV+V_2+O : 이것은 'V_1+V_2+O'의 'V_2+O' 앞에 부사어를 첨가한 것으로 부사어는 그 뒤의 'V_2+O'를 수식한다.

(1) 彤弓弨兮, <u>受言藏之</u>.(《詩經·小雅·彤弓》) 붉은 활이 느슨해져 있어 이를 받아 보관하였다.[104)]

(2) 君子有酒, <u>酌言嘗之</u>.(《詩經·小雅·瓠葉》) 군자가 술자리가 있거든 술을 떠서 맛보다.

(3) 四牡龐龐, <u>駕言徂東</u>.(《詩經·小雅·車攻》) 사모가 충실하니 이것을 타고 동쪽을 간다.

⑦ V_1+CO+V_2+O : 이것은 'V_1+V_2+O'의 'V_1' 뒤에 보어인 'CO'를 첨가한 것이다. 'V_1' 앞에는 부사어가 출현할 수 있다.

(1) 雩若翌日, 在辟雝, <u>王乘于舟爲大豊</u>[105)].(《麥尊銘》) 다음 날에 辟雍에서 왕께서 배를 타고 大禮를 거행하셨다.

(2) 武王乃<u>來于南門用俘</u>.(《逸周書·世俘解》) 무왕이 남문에 와서 포로를 바쳤다.

(3) 肆敢<u>隊</u>[106)]于彝曰: 其自今日孫孫子子毋敢望白休.(《縣妃簋銘》) 이에 삼가 彝器에 기록하니, "오늘부터 자자손손 伯의 은택을 삼가 잊지 말지어다."

(4) **鬲**从以**攸衛牧**<u>告于王</u>曰: "女覓我田牧, 弗能許."(《**鬲**攸从鼎銘》) **鬲**从이 왕에게 **攸衛牧**을 고소하여 말했다. "당신(**攸衛牧**)이 나의 농지를 요구하여 (攸衛牧의 직책인) 牧의 관할지로 만들고서는 (**鬲**从에)응할 수 없다."

⑧ V_1+O+V_2 : 이것은 'V_1+O'(동사가 목적어를 갖는 것)와 'V_2'의 연용이다. 'V_1+O'

---

103) [역주] '辛'은 은나라 주임금의 이름이다.
104) 言: 어기부사이다.
105) [역주] '豊'으로 보고, '禮'로 읽는 것이 다수의 견해이다.
106) [역주] 이 글자의 원래 자형은 '𢼸'으로 '隊'인지에 관해서는 이견이 많다. 다만 유사 금문 용례와 비교해봤을 때, '施'나 '設'의 의미임을 알 수 있다.

앞에 부사어가 출현할 수 있고, 'V₂' 뒤에는 보어가 출현할 수 있다.

(1) 諸侯<u>出門</u>俟.(《尚書·顧命》) 제후가 묘당 문밖으로 나와 기다렸다.

(2) 太正<u>擧書及</u>中降.(《逸周書·嘗麥解》) 태정이 刑書를 들고는 중간 계단으로 내려왔다.

(3) 寷肇[107]<u>從遣</u>征.(《寷鼎銘》) 寷가 遣을 수행하여 정벌에 나섰다.

(4) <u>履帝武</u>敏歆.(《詩經·大雅·生民》) 상제의 발자취 엄지발가락을 밟고 감동하여[108]

(5) 以<u>乃族從</u>父征.(《班簋銘》) 그대의 종족을 이끌고 毛父를 따라 출정하라.

(6) <u>嗣乃祖考</u>侯于垣.(《伯晨鼎銘》) 그대의 先祖先父를 계승하여 垣 지역으로 가라.

⑨ V₁+O+접속사+V₂ : 이것은 'V₁+O+V₂'의 'V₁+O'와 'V₂' 사이에 접속사가 삽입된 것이다.

(1) 山拜稽首, <u>受佩以出</u>, 反(返)入瑾璋.[109](《善夫山鼎銘》) 山은 拱手하고 땅에 댄 후 그 위에 머리를 조아리는 예를 행하고, 策命書를 받고 이를 간직하고 밖으로 나갔다가 다시 돌아와 朝覲할 때 사용한 玉章을 바쳤다.

(2) 蘇拜, 稽首, <u>受駒以出</u>.(《晉侯蘇編鐘銘》) 蘇가 拱手하고 땅에 댄 후 그 위에 머리를 조아리는 예를 행하고, (왕이 하사한)망아지를 받고 밖으로 나갔다.

(3) 取蕭祭脂, <u>取羝以軷</u>.(《詩經·大雅·生民》) 쑥을 취하여 기름으로 강신제를 올리며, 숫양을 취하여 노제를 지낸다.[110]

(4) <u>遇雨若濡</u>, 有慍.(《周易·夬卦》) 비를 만나 젖더라도 온기가 있다.[111]

(5) <u>不失其馳</u>, 舍矢如破.(《詩經·小雅·車攻》) 치구법을 잃지 않았고, 화살을 쏘아 적중하였다.

⑩ V₁+O+AV+V₂ : 이것은 'V₁+O+V₂'의 'V₂' 앞에 부사어를 첨가한 것이다. 'V₁+O' 앞에도 부사어가 출현할 수 있으며, V₂ 뒤에는 보어가 출현할 수 있다.

---

107) [역주] 원서에서는 '寷' 뒤에 '肇'가 누락되었으므로 보충하였다.
108) '武'는 '발자취', '敏'은 '엄지발가락', '歆'은 '맘속에 느낀 바가 있는 모습'이다.
109) [역주] 원서에서는 '受' 뒤에 '冊'이 누락되었으므로 보충하였다.
110) '羝'는 '숫양'이다.
    [역주] '軷'는 '길에서 지내는 제사, 노제'이다.
111) 여기서의 '若'은 '而'와 같다.

(1) 鴻叔從王南征. 唯歸, 唯八月, 在頁[112]位, 誨作寶鬲鼎.(《鴻叔鼎銘》) 鴻叔이 왕을 수행하여 남쪽 정벌에 나섰다. 귀환하던 때 팔월에 (왕께서) 頁 지역의 행궁에 머무르셨다. 誨가 귀중한 鬲鼎을 제작하였다.

(2) 雨雪瀌瀌, 見晛曰消.(《詩經·小雅·角弓》) 함박눈이 펑펑 나리나, 햇빛을 보면 이에 사라진다.[113]

(3) 雩若二月, 侯見于宗周, 亡尤, 合[114]王客[115]鎬京[116]䣓[117]祀.(《麥尊銘》) 이월에 邢侯께서 宗周에 가서 왕을 알현하였는데, 실수가 없었으며, 왕께서 鎬京에서 祼祭와 䣓祭를 지내시는 데 참여하였다.

(4) 惟大艱人誕(延)隣胥伐于厥室.(《尙書·大誥》) 큰 어려움을 만드는 사람이 매우 가까이 있어 서로 그 집안을 공격하고 있고

⑪ V₁+O+V₂+O : 이것은 사실상 두 술목구의 연용이다. 'V₁+O' 앞에는 부사어가 출현할 수 있고, 'V₂+O' 뒤에는 보어가 출현할 수 있다.

(1) 王命君夫曰: "儥求乃友."(《君夫簋蓋銘》) 왕께서 君夫에게 명령하여 말씀하셨다. "계속 그대의 동료들과 협력하라."

(2) 濂公令嘼眔史旟曰: "以邘氏[118]眔厥有司後國或伐貊."(《嘼鼎銘》) 濂公께서 嘼와 史旟에게 명령을 내리며 말씀하셨다. "師氏와 後國의 有司를 이끌고 貊國을 정벌하라."

(3) 唯九月, 鴻叔從王員征楚荊.(《鴻叔簋銘》) 구월에 鴻叔이 왕과 員을 수행하여 荊楚를 정벌했다.

(4) 無量拜手稽首.(《無量簋銘》) 無量가 拱手하고 땅에 댄 후 그 위에 머리를 조아리는 예를 행하였다.

(5) 員從史旟伐會(鄶).(《員卣銘》) 員이 史旟를 수행하여 鄶國을 토벌하였다.

---

112) [역주] 이 글자의 원래 자형은 '𦥑'으로 '面'으로 隸定하는 견해도 있다.

113) [역주] '瀌瀌'는 '눈비가 퍼붓는 모양'이다. '晛'은 '햇살'이다. '曰'은 '이에'이다.

114) [역주] 이 글자의 원래 자형은 '迨'으로, '合' 혹은 '會'와 통하는 것으로 본다. '會'로 읽을 경우, '(알현을 하던 그 시기가)마침 왕께서 鎬京에서 祼祭와 䣓祭를 지내실 때였다'로 해석한다.

115) [역주] 이 글자의 원래 자형은 '竂'으로, '客' 외에 '祼(灌祭)', '館'으로 보는 등 이견이 있다.

116) [역주] '鎬'의 원래 자형은 '莩'으로, '莩京'에 대해서는 '鎬京', '豐京', '旁京' 등의 說이 있다.

117) [역주] 원서에서는 '酒'로 표기되었으나, 원래 자형인 '䣓'으로 수정하여 제시한다.

118) [역주] 원서에서는 '眔' 앞에 '氏'가 누락되었으므로 보충하였다.

(6) 取吳盈舊疆付吳虎.(《吳虎鼎銘》) 吳盈의 옛 토지를 취하여 吳虎에게 교부하다.

⑫ V₁+O+접속사+V₂+O : 이 역시 두 술목구의 연용이다. 다만 두 술목구 사이에 접속사가 삽입되어 있다. 'V₁+O' 앞에는 부사어가 출현할 수 있다.

(1) 泰顚閎天皆執輕呂以奏(湊)王.(《逸周書·克殷解》) 泰顚, 閎天 모두 손으로 경려검을 들고 무왕을 따랐다.

(2) 武王乃手大白以麾諸侯.(《逸周書·克殷解》) 무왕이 이에 손으로 대백기를 들고 제후들을 향해 흔들며

⑬ V₁+O+AV+V₂+O : 이것은 'V₁+O+V₂+O'의 'V₂+O' 앞에 부사어를 첨가한 것이다. 이렇게 하여 'V₁+O'와 'V₂+O'를 나누고 있다. 'V₁+O' 앞에 부사어가 출현할 수 있다.

(예) 太祝以王命作策策告太宗.(《逸周書·嘗麥解》) 太祝은 성왕의 명으로 책을 만들어 간책으로 태종에게 고하게 했다.

⑭ 삼동식(三動式) : 이것은 동사성 성분 3개의 연용이다.

(1) 東有甫草, 駕言行狩.(《詩經·小雅·車攻》) 동도에 보초란 땅이 있거늘 말을 타고 가서 사냥하도다.¹¹⁹⁾

(2) 念彼共人, 興言出宿.(《詩經·小雅·小明》) 그곳에 있는 사람 생각하니, 일어나 나가서 잠을 잔다.

(3) 握粟出卜.(《詩經·小雅·小宛》) 곡식을 한 줌 내어 점쳐 묻노니

(4) 報蟊¹²⁰⁾乃遣間¹²¹⁾來逆邵¹²²⁾王.(《胡鐘銘》) 報蟊는 이에 間을 파견하여 왕을 맞아 알현하였다.

(5) 玆率有司師氏奔追劙¹²³⁾戎于域林.(《玆簋銘》) 玆은 有司와 師氏를 이끌고 빠르게 뒤쫓

---

119) [역주] '甫草'는 나중에 鄭나라 땅이 되나 이 시기엔 아직 주나라 경기 내에 있는 땅이다.
120) [역주] '報蟊'에 대해서는 제2장 제4절 [역주] 88 참조.
121) [역주] '間'에 대해서는 제2장 제4절 [역주] 89 참조.
122) [역주] '邵'에 대해서는 제2장 제2절 [역주] 60 참조.

아가 域林에서 戎을 격파하였다.

(6) 更厥祖考𤳹師戲司走馬御人眾五邑走馬御人.(《虎簋蓋銘》) 그대의 先祖先父를 계승하여 師戲를 보좌하여 走馬 御人 및 五邑의 走馬 御人을 관리하라.

(7) 商王紂取天智玉琰縫身厚以自焚.(《逸周書·世俘解》) 商王 紂는 天智玉 琰을 몸에 걸치고서 스스로 분신하였다.[124]

⑮ **연동/대등융합문** : 이러한 문장의 위어 부분은 기본적으로 연동구이다. 다만 연동구 안에 다시 대등구를 포함하고 있다. 그래서 '연동/대등융합문'이라 부른다.

(1) 以往烝嘗. (《詩經·小雅·楚茨》)

　　|연 : 동|
　　　|대등|

이로써 가서 증제사와 상제사를 지낸다.

(2) 古人求多聞以監戒.(《逸周書·芮良夫》)

　　　|연 : 동|
　　　　|대등|

옛 사람들은 많이 자문을 구해 이로써 살피고 삼간다.

(3) 王服衰衣矢琰格廟.(《逸周書·世俘解》)

　　|연　　　 : 동|
　　| 대　　등 |

무왕은 천자의 옷을 입고 규를 들고 周廟에 갔다.

(4) 余來歸獻擒(擒). (《不其簋銘》)

　　|연　 : 동 |
　　|대등|

나는 돌아와서 포로를 바쳤다.

---

123) [역주] '𤳹'을 원서에서는 '攔'으로 표기하고 있으며, '襲', '禦', '絶' 등으로 보는 견해도 있다.
124) 여기서의 '厚'는 '後'일 것이다.

(5) 明發不寐, 有懷二人.(《詩經·小雅·小宛》)

|연 ⋮ 동|
|대 등|

날이 새도록 잠들지 못하여 두 분을 그리워하노라.

8 겸어문(兼語句)

이른바 겸어문이란 겸어구를 위어나 위어 중심으로 하는 문장을 말한다. 겸어문에는 반드시 하나의 겸어(생략가능)가 있어야 한다. 이것은 앞 동사의 목적어이고, 동시에 뒤 위어의 주어가 된다. 그래서 피동작주와 행위주의 이중 신분을 갖고 있다. 예를 들어, "俾予靖之.(《诗经·小雅·菀柳》) (나로 하여금 국정을 도모하게 하다.)"란 겸어문에서 바로 '予'가 겸어이다. 한편, 겸어문과 병렬문, 연동문의 구별은 분명하다. 병렬문과 연동문의 위어들은 모두 하나의 주어에 의해 발출되거나 동일한 진술대상을 진술한다. 그러나 겸어문에서는 단지 첫 번째 동사만이 주어에 의해 발출이 되며, 그 뒤의 위어는 그렇지가 않다. 여러 위어들이 동일한 주어와 주위관계를 갖는지를 보면 겸어문과 그 외의 병렬문, 연동문을 구별할 수 있는 것이다.

일반적으로 겸어 앞에 있는 첫 번째 동사의 의미 차이에 따라 서주한어의 겸어문을 아래의 다섯 가지로 구분할 수 있다.

1) 사령식겸어문(使令式兼語句)

이러한 겸어문의 제1동사(이하 V_1로 칭함)는 '사령, 파견, 치사(致使)' 등의 의미가 포함되어 있다. 여기에는 '使(事), 令, 命, 俾(卑), 伻, 莽, 釋, 呼(乎), 吁, 遣, 致, 敎, 將, 相, 次' 등의 동사가 있다.

(1) 辛未, 王事(使)小臣守事(使)于夷.(《小臣守簋蓋銘》) 辛未일에 왕께서 小臣 守를 夷族에 사신으로 파견하셨다.

(2) 王令甲政司成周四方責(積).(《兮甲盤銘》) 왕께서 兮甲에게 成周와 그 주변 지역의 비축 양식을 징수하고 관리하라고 명령하셨다.

(3) 殷, 命汝更乃祖考友司東鄙五邑.(《殷簋銘》) 殷이여, 그대는 그대의 先祖先父를 계승하여

동쪽 교외의 五邑을 관리할 것을 명하노라.

(4) 俾百僚乃心率輔弼予一人.(《逸周書·祭公解》) 백관들로 하여금 마음을 다해 나를 보필하게 하라.

(5) 帝欽罰之, 乃伻我有夏式商受命, 奄甸百姓.(《尙書·立政》) 상제께서 삼가 그를 벌하시어, 우리 중화로 하여금 상이 받은 명을 써서 백성을 어루만지게 하였다.[125]

(6) 民有肅心, 荓云不逮.(《詩經·大雅·桑柔》) 백성들이 나아가려는 마음이 있으나 미치게는 하지 못하여[126]

(7) 勿辯乃司民湎于酒.(《尙書·酒誥》) 너의 관리들과 백성들로 하여금 술에 빠지지 않게 하여라.

(8) 王乎作冊尹冊命師旋.[127](《元年師旋簋銘》) 왕께서 作冊 尹을 불러 策命書로써 師旋에게 명령을 하달하게 하셨다.

(9) 吁俊尊上帝, 迪知忱恂于九德之行.(《尙書·立政》) 뛰어난 이를 불러 상제를 공경하여 구덕의 행위를 충실히 행할 줄 알고[128]

(10) 肆武公乃遣禹率公戎車百乘、斯(厮)馭二百、徒千.(《禹鼎銘》) 그러므로 무공께서 곧 禹를 보내 무공의 병거 백 승과 수레를 모는 군졸 이백 명과 보병 천 명을 이끌게 하셨다.

(11) 需于泥, 致寇至.(《周易·需卦》) 진흙밭에서 기다리면 도적을 이르게 한다.

(12) 毋敎猱升木.(《詩經·小雅·角弓》) 원숭이에게 나무 타기를 하게 하지 마라.

(13) 將伯助予.(《詩經·小雅·正月》) 백에게 청해 나를 돕게 하다.

(14) 於薦廣牡, 相予肆祀.(《詩經·周頌·雝》) 아! 큰 희생 바쳐서 나를 도와 제사를 베푸니

(15) 王若曰: 祖祭公, 次予小子虔虔在位!(《逸周書·祭公解》) 왕이 이렇게 말했다. "조제공, 나 어린 사람을 도와 경건하게 재위하게 하십니다!"

2) 권계식겸어문(勸誡式兼語句)

이러한 겸어문의 V₁에는 '권유, 훈계, 계도, 깨우침' 등의 의미가 담겨 있다. 여기에는 '謂' 하나만 있다.

---

125) [역주] 여기서 '式'은 '~로써'이고, '奄甸'은 '어루만지고(奄), 다스리다(甸)'이다.
126) [역주] '肅'은 '進, 나아가다'이다.
127) [역주] 원서에서는 '尹' 뒤에 '克'이 있는데 오타로 보인다.
128) [역주] '忱恂'은 '충실히 하다'이다.

(예) 自天子所, 謂我來矣. 召彼僕夫, 謂之載矣.(《詩經·小雅·出車》) 천자가 계신 곳으로부터 나에게 오라고 한다. 저 마부를 불러 짐을 싣게 하다.

3) 명명칭위식겸어문(命名稱謂式兼語句)

이러한 겸어문의 V₁에는 '명명, 칭위'의 의미가 들어 있다. 여기엔 '名' 하나만 있다.

(1) 紀于大帝(常), 用名之曰絶轡之野.(《逸周書·嘗麥解》) 황제의 치적을 태상기에 기록하였고, 치우를 죽인 곳을 이름하여 '고삐를 끊어버린 들'이라고 하였다.

(2) 其名玆曰度邑.(《逸周書·度邑解》) 여기를 이름하여 도읍이라고 하였다.

4) 봉직임면식겸어문(封職任免式兼語句)

이러한 겸어문의 V₁에는 '임명, 면직' 등의 의미가 있다. 여기엔 '命' 하나만 있다.

(1) 乃命少昊淸爲鳥師, 以正五帝之官.(《逸周書·嘗麥解》) 黃帝는 이에 소천을 오사로 임명하였고 이로써 오제의 관직을 바르게 하였다.

(2) 令(命)女(汝)作司士(徒).(《盠篆銘》) 그대를 司徒로 명하노라.

5) 유무식겸어문(有無式兼語句)

이러한 겸어문의 V₁에는 '있다, 없다'의 의미가 있고, 여기에는 '有, 靡' 등의 동사가 있다.

(1) 入于穴, 有不速之客三人來, 敬之, 終吉.(《周易·需卦》) 목적지로 나아감은 청하지 않은 세 명의 손님이 찾아오는 때이니, 그들을 공경하고 받들면 마침내 길하다.

(2) 我戍未定, 靡使歸聘.(《詩經·小雅·采薇》) 우리의 수자리가 아직 끝나지 않았으니, 돌아가 안부를 전하게 할 자가 없도다.

아래에서는 겸어문의 각종 구문 문제를 토론한다. 이 문제를 토론할 때는 주로 겸어 뒤 용언의 차이를 중심으로 분류한다.

① V₁+OS+V₂ : 이러한 형식에서 '겸어' 뒤엔 동사(또는 형용사)가 하나 출현하는데, 이 동사는 일가동사일 수도 있고 이가동사일 수도 있다. 그리고 V₂ 뒤엔 보어인 CO가 올 수 있다. 'V₁+OS' 앞에는 부사어 AV가 출현할 수 있다. 전체 문장의 주어는 출현할 수도 있고 생략될 수도 있다. 'V₁+OS+V₂'의 예는 아래와 같다.

(1) 王命予來.(《尙書·洛誥》) 왕이 나에게 오라고 명한다.

(2) 王蔑敧歷, 事(使)尹氏受.(《敧簋銘》) 왕께서 敧를 격려하시며, 尹氏로 하여금 수여하게 했다.

(3) 立王子武庚, 命管叔相.(《逸周書·克殷解》) 紂임금이 아들 무경을 殷人의 종주로 세우고, 관숙에게 명해 감시하게 했다.

(4) 乾父之蠱, 有子考.(《周易·蠱卦》) 아버지의 일을 바로 함은 자식이 있어 효도를 하는 것이다.[129]

(5) 負且乘, 致寇至, 貞吝.(《周易·解卦》) 짐 지고 수레를 타면 도적을 불러들여, 끝까지 어려워진다.

(6) 入于穴, 有不速之客三人來, 敬之, 終吉.(《周易·需卦》) 목적지로 나아감은 청하지 않은 세 명의 손님이 찾아오는 때이니, 그들을 공경하고 받들면 마침내 길하다.

'V₁+OS+V₂' 앞에 부사어 AV가 출현할 수 있다.

(1) 虢旅乃事(使)攸衛牧誓.(《虢从簋銘》) 虢叔旅는 이에 攸衛牧으로 하여금 맹세케 했다.

(2) 自天子所, 謂我來矣.(《詩經·小雅·出車》) 천자가 계신 곳으로부터 나에게 오라고 한다.

(3) 胡俾我愈?(《詩經·小雅·正月》) 어찌하여 나로 하여금 병들게 하나?

(4) 無俾正反.(《詩經·大雅·民勞》) 정도에 어긋나게 하지 마라.

(5) 無俾城壞, 無獨斯畏.(《詩經·大雅·板》) 성이 무너지게 하지 말고, 혼자 두어 두렵게 하지 마라.

'V₁+OS+V₂' 뒤에 보어 CO가 출현할 수 있다.

(1) 辛未, 王事(使)小臣守事(使)于夷.(《小臣守簋蓋銘》) 辛未일에 왕께서 小臣 守를 夷族에

---

129) 考: '孝'임.

사신으로 가기를 명하셨다.

(2) 王姜史(使)叔(叔)事(使)于大(太)保.(《叔簋銘》) 王姜께서는 叔을 太保에게 사신으로 가기를 명하셨다.

(3) 仲幾父事(使)幾事(使)于者(諸)侯、者(諸)監, 用厥賓(儐)作丁寶簋.(《仲幾父簋銘》) 仲幾父(仲幾의 부친)께서 幾를 제후와 제감으로 파견하시고, 선물을 하사해주셨기에, 丁께 제사를 올릴 때 사용할 귀중한 簋를 제작하여 이를 기념하노라.

(4) 君在療既宮, 命逋事(使)于遂土.(《逋盂銘》) 王后[130]께서 療既宮에 계실 때 逋에게 遂 지역으로 사신으로 가기를 명하셨다.

(5) 令克侯于燕.(《燕侯克罍銘》) 克을 燕의 제후로 명하노라.

(6) 公令繁伐(撥)于量伯.(《繁簋銘》) 公께서 繁에게 量伯의 공로를 격려하게 하셨다.

어떤 경우, 'V₁ + OS + V₂' 앞에 부사어 AV, 뒤에 보어 CO가 출현하기도 한다.

(1) 勿辯乃司民湎于酒.(《尚書·酒誥》) 너의 관리들과 백성들로 하여금 술에 빠지지 않게 하여라.

(2) 踽從師雍父, 眉史(使)踽事(使)于胡侯.[131](《踽甗銘》) 踽가 師雍父를 수행하였고, 師雍父께서 踽를 胡侯에게 사신으로 보냈다.

② V₁ + OS + AV + V₂ : 이것은 'V₁ + OS + V₂'의 V₂ 앞에 부사어 AV를 첨가한 것이다. V₂ 뒤에는 또 보어가 출현할 수 있다.

(1) 卑(俾)乃子㲋萬年用.[132](《㲋簋銘》) 당신의 아들 㲋으로 하여금 영원토록 사용하게 하다.

(2) 自有肺腸, 俾民卒狂.(《詩經·大雅·桑柔》) 스스로 사견을 두어서, 백성들로 하여금 모두 광란하게 한다.[133]

(3) 靡國不泯.(《詩經·大雅·桑柔》) 망하지 않는 나라가 없다.

(4) 天子是毗, 俾民不迷.(《詩經·小雅·節南山》) 천자가 이에 도와서 백성들로 하여금 미혹되지

---

130) [역주] '太后' 혹은 '周王'으로 보는 견해도 있다.
131) [역주] '踽從, 師雍父肩史(使)踽事(使)于胡侯'로 끊어 읽는 견해도 있다.
132) [역주] '用'을 다음 구문인 '夙夜尊享孝于厥文母'에 붙여 읽는 견해도 있다.
133) [역주] '肺腸'은 '마음'을 비유적으로 이른다.

않게 하다.[134)]

'V₁+OS+AV+V₂' 뒤에 보어 CO가 출현하는 예는 다음과 같다.

(1) 曶使厥小子韹以限訟于井叔.(《曶鼎銘》) 曶이 小子 韹로 하여금 邢叔에게 限을 고소하게 하였다.

(2) 予有不顯, 朕卑(俾)皇祖不得高位于上帝.(《逸周書·度邑解》) 나는 빛나는 행위가 없어 조상들로 하여금 상제 같은 높은 지위에 오르지 못하게 했다.[135)]

(3) 師旂眾僕不從王征于方, 雷[136)]使厥友弘[137)]以告于伯懋父.(《師旂鼎銘》) 師旂의 많은 僕官들이 왕의 于方 정벌을 따르지 않았다. 雷는 그의 僚屬인 弘을 보내 伯懋父에게 이 일을 고하였다.

(4) 命我辟王小至于大.(《逸周書·皇門解》) 나 군왕으로 하여금 덕의 작음에서 큼으로 성장할 수 있도록 하였다.

③ V₁+V₂ : 이것은 'V₁+OS+V₂'의 겸어를 생략한 것이다. V₂ 뒤에는 보어 CO가 출현할 수 있다.

(1) 穆穆王在鎬京, 乎漁于大池.(《遹簋銘》) 위엄과 덕망을 갖추신 왕께서 鎬京에 계실 때 (遹를) 불러서 (辟雍의) 큰 못에서 漁禮를 거행하게 하셨다.

(2) 俾嗣在王家.(《逸周書·皇門解》) (선왕의 신령이) 그들로 하여금 왕가를 계승하게 한다.

④ V₁+AV+V₂ : 'V₁+OS+AV+V₂' 중의 겸어 OS를 생략한 것이다. 여기서 V₁ 앞에는 또 부사어가 출현할 수도 있다.

(1) 民有肅心, 荓云不逮.(《詩經·大雅·桑柔》) 백성들이 나아가려는 마음이 있으나 미치게는 하

---

134) [역주] '毗'는 '돕다'이다.

135) 여기서 '位'는 동사이다.

136) [역주] 원서에서는 '雷'를 앞 구문에 붙여 읽었으나, 《師旂鼎》 명문이 인용된 다른 곳에서는 '雷'를 뒤 구문에 붙여 읽었으므로 이를 따른다.

137) [역주] '弘'을 '引'으로 考釋하는 견해도 있다.

지 못하여[138]

(2) 式勿從謂, 無俾大怠.(《詩經·小雅·賓之初筵》) 이에 따라가 말하여 너무 태만히 하지 말라고 할 수 없겠는가!

⑤ V₁+OS+V₂+O : 이 형식에서 겸어 뒤에는 술목구조가 출현한다. 여기서의 동사는 이가동사일 수도 있고 삼가동사일 수도 있다. 'V₂+O' 뒤에는 또 보어 CO가 출현할 수 있고, V₁ 앞에는 부사어가 출현할 수 있다. 그리고 주어도 출현할 수 있고 생략될 수도 있다. 전체 겸어문 중에서 이러한 'V₁+OS+V₂+O' 형식이 가장 자주 발견된다.

(1) 王命南宮率王多士.(《柞柏簋銘》) 왕께서 南宮(宮伯)에게 (작위를 받은) 왕의 자제들을 인솔할 것을 명령하셨다.

(2) 甲寅, 王命益公征眉敖.(《㝬伯簋銘》) 甲寅일에 왕께서 益公으로 하여금 眉敖에게 가게 하셨다.

(3) 余令女史(使)小大邦.(《中甗銘》) 나는 그대를 크고 작은 나라에 사신으로 보내었다.

(4) 虢仲令公臣司朕百工.(《公臣簋銘》) 虢仲께서 公臣에게 각종 工匠의 관리를 명하셨다.

(5) 毋卑(俾)農弋(特), 事(使)厥友妻農.(《農卣銘》) 農이 독신으로 있게 하지 말라. 伯𤔲의 僚友를 農의 아내로 삼도록 했다.

(6) 天君事(使)逋事(使)沬.(《逋盂銘》) 王后[139]께서 逋를 沬에 사신으로 보내셨다.

'V₁+OS+V₂+O' 앞에 부사어가 출현할 수 있다.

(1) 昔乃祖亦旣令乃父死(尸)司鎬人.(《卯簋銘》) 과거에 그대의 조부 역시 이미 그대의 부친에게 鎬京 백성들을 책임지고 관리하라고 명령했었다.

(2) 肆武公乃遣禹率公戎車百乘、斯(廝)駁二百、徒千.(《禹鼎銘》) 그러므로 무공께서 곧 禹를 보내 무공의 병거 백 승과 수레를 모는 군졸 이백 명과 보병 천 명을 이끌게 하셨다.

(3) 天乃大命文王殪戎殷.(《尚書·康誥》) 하늘이 문왕에게 크게 명을 내려 강성한 殷나라를 쳐서 멸하시고

---

138) 苲: '使'의 의미. 不逮: '不及'의 의미.

139) [역주] '太后'로 보는 견해도 있다.

(4) 五日, 武王<u>乃俾</u>千人<u>求</u>之.(《逸周書·世俘解》) 5일후, 무왕은 천 명을 시켜 가서 찾게 했다.

(5) <u>乃命</u>少昊淸<u>爲</u>烏師, 以正五帝之官.(《逸周書·嘗麥解》) 黃帝는 이에 소천을 오사로 임명하였고 이로써 오제의 관직을 바르게 하였다.

(6) <u>乃命</u>南宮忽<u>振</u>鹿臺之財巨橋之粟.(《逸周書·克殷解》) 이에 남궁홀에 명하여 鹿臺의 재물과 巨橋의 곡식을 나누어 주게 했다.

한편, 'V₁+OS+V₂+O' 뒤에는 보어가 출현하기도 한다.

(1) 匽侯<u>令</u>堇<u>饋</u>[140]大保<u>于宗周</u>.(《堇鼎銘》) 燕侯께서 堇으로 하여금 宗周에 계신 太保께 선물을 증정하라고 명령하셨다.

(2) 尹<u>令</u>史獸<u>立(莅)</u>工<u>于成周</u>.(《史獸鼎銘》) 尹께서 史獸에게 成周에서 公務에 진행하도록 명령하셨다.

그리고 'V₁+OS+V₂+O' 앞에는 부사어, 뒤에는 보어가 동시에 올 수도 있다.

(1) 武王降自車, <u>乃俾</u>史佚<u>繇</u>書<u>于天號</u>.(《逸周書·世俘解》) 무왕이 수레에서 내려 史佚을 시켜 상제에게 말씀을 전하게 했다.

(2) <u>乃命</u>南宮百達史佚<u>遷</u>九鼎<u>于夾</u>.(《逸周書·克殷解》) 이에 南宮百達과 史佚에게 명해 구정을 夾으로 옮기게 했다.

⑥ V₁+OS+AV+V₂+O : 이 형식은 'V₁+OS+V₂+O'의 'V₂+O' 앞에 AV를 첨가한 것이다.

(1) 王<u>令</u>毛公<u>以</u>邦冢君、土(徒)馭、戜[141]人<u>伐</u>東或骨[142]戎.(《班簋銘》) 왕께서 毛公에게 邦國의 군장과 보병과 전차병 및 戜 사람들을 이끌고 동쪽 지역의 반란을 일으킨 夷族을 정벌하라고 명하셨다.

(2) 王過[143]<u>于</u>楚麓, <u>令</u>小臣夌<u>先省</u>楚位.(《小臣夌鼎銘》) 왕께서 楚麓에 가시고자 하여 小臣

---

140) [역주] 이 글자의 원래 자형은 '龕'으로 '飴'와 같은 글자로 본다.
141) [역주] 이 글자의 원래 자형은 '鐵'로 표기되어 있으나, 원래 자형은 '戜'으로 隸定과 해석에 있어 견해가 분분하기에 여기서는 일단 자형 그대로 제시한다.
142) [역주] 정확한 자형은 '[瘄]'이다.

爰으로 하여금 먼저 楚麓의 행궁을 살피도록 명령하셨다.

(3) 命赤帝<u>分</u>正二卿.(《逸周書·嘗麥解》) 하느님이 염제에 명하여 蚩尤와 少昊 두 신하에게 나누어 맡기게 했다.

(4) 王命召虎, <u>式</u>辟四方.(《詩經·大雅·江漢》) 왕께서 소호에게 명해 이에 사방을 개척하게 했다.

(5) 王令省史南<u>以</u>即虢旅.(《𩵋攸从鼎銘》) 왕이 조사를 명하시자 史南이 이로써 虢叔旅에게 교부하였다.[144]

⑦ V₁＋V₂＋O : 'V₁＋OS＋V₂＋O'에서 겸어 OS를 생략한 것이다.

(1) <u>令</u>往邦, <u>乎</u>賜鑾旗.(《肆簋銘》) (肆를) 제후로 봉하시고, (肆를) 불러서 방울 달린 깃발을 하사하셨다.

(2) <u>卑(俾)</u>克厥啻(敵).(《致簋銘》) 적을 이기게 하셨다.

(3) 不憖遺一老, <u>俾</u>守我王.(《詩經·小雅·十月之交》) 억지로라도 한 원로를 남겨서 우리 왕을 지키게 하지 아니하고[145]

(4) 乃召司空, 乃召司徒, <u>俾</u>立室家.(《詩經·大雅·綿》) 이에 사공을 부르고, 이에 사도를 부르며, 室家를 세우게 하니[146]

(5) 志我共惡, <u>俾</u>從殷王紂.(《逸周書·度邑解》) 기억하라! 우리가 혐오하는 그 은나라의 사람들은 모두 은나라 주왕을 따르게 하라.

(6) <u>俾</u>中天下.(《逸周書·作雒解》) (사람들에게 시켜) 도읍을 천하의 중심에 짓게 하였다.

'V₁＋V₂＋O' 앞에 접속사나 부사어가 나올 수 있고 그 뒤에는 보어가 나올 수 있다.

(1) 乃命少昊淸爲烏師, 以正五帝之官, <u>故</u>名曰質.(《逸周書·嘗麥解》) 黃帝는 이에 소천을 오사로 임명하였고 이로써 오제의 관직을 바르게 하였기에 이름을 '질'이라 하였다.

(2) 伻來毖殷, <u>乃命</u>寧予以秅鬯二卣.(《尙書·洛誥》) 임금님께서는 사람을 보내시어 은나라 사

---

143) [역주] '王' 뒤의 글자의 원래 자형은 '𢓊'으로, 원서에서는 '過'으로 표기했으나, 학자에 따라 '徒', '[𧗿]', '[迷]' 등으로 보기도 한다.

144) [역주] 이것은 '王令省, 史南以即虢旅'으로 봐야 옳다. 즉, 겸어문으로 보기 어려우나, 여기서는 저자의 의도에 따라 표시한다.

145) [역주] '憖'은 '억지로'이다.

146) [역주] '室家'는 '집'이다.

람들을 삼가게 하시고, 또 명하여 검은 기장 술을 두 병 보내어 저를 위안하시고

⑧ V₁+AV+V₂+O : 이것은 'V₁+OS+AV+V₂+O'에서 겸어 OS를 생략한 것이다.

(1) 天位殷適, 使不挾四方.(《詩經·大雅·大明》) 천하의 지위에 있던 은나라 적손은 천하 사방을 소유하지 못하게 하느니라.

(2) 卑(俾)冊令免.(《免簋銘》) 史官으로 하여금 免에게 冊命을 내리게 했다.

⑨ V₁+OS+O+V₂ : 이것은 'V₁+OS+V₂+O'에서의 O를 V₂ 앞으로 이동시킨 것이다.

(예) 今蠢今翼日民獻有十夫予翼.(《尙書·大誥》) 이제 준동하는데 그 다음날 백성 중 10명의 어진이가 나를 보필하고[147)

⑩ V₁+OS+AV+V₂+O₁+O₂ : 이 형식에서 겸어 OS 뒤에 이중목적어가 있다. 이중목적어 구의 동사는 대개 삼가동사이다. 그리고 문장의 주어는 출현할 수도 있고 생략도 가능하다.

(1) 宮令宰僕賜曶白金十勻(鈞).(《曶鐘銘》) 왕실에서는 宰僕으로 하여금 曶에게 銀[148) 십 鈞을 하사케 하셨다.

(2) 王令士道歸(饋)貉子鹿三.(《貉子卣銘》) 왕께서 士道에게 명령하여 貉子에게 사슴 세 마리를 하사하게 하셨다.

(3) 王命仲致歸(饋)芾伯𧙈[149)裘.(《芾伯簋銘》) 왕께서 仲에게 명령하여 芾伯에게 여우 가죽 옷을 하사하게 하셨다.

(4) 王乎師朕賜師遽貝十朋.(《師遽簋銘》) 왕께서 師朕을 불러 師遽에게 貝 십 朋을 하사하게 하셨다.

(5) 王宜姜事(使)內史友員賜戜玄衣朱褖金.(《戜方鼎銘》) 王宜姜께서 內史右 員을 시켜

---

147) [역주] '獻'은 '현인, 어진 사람'이다.

148) [역주] '白金'을 '錫(주석)'으로 해석하는 견해도 있다.

149) [역주] 이 글자의 원래 자형은 '𤣥'으로, '𧙈' 외에 '縰', '𧜀', '貀', '貌', '貑'로 보는 견해가 있다. 이 중 '貑'는 '瓜'(왼쪽)와 '𧙈'의 初文(오른쪽)으로 구성된 글자로 보고, '狐'로 읽는 것으로, 여기서는 이 견해를 따르도록 하겠다.

臷에게 옷깃이 붉은 자수로 장식된 검붉은 색 命服을 하사하게 하셨다.

(6) 王乎宰曶賜大師䖒虎裘.(《大師䖒簋銘》) 왕께서 宰官 曶을 불러 大師 䖒에게 호피를 하사하게 하셨다.

이상 6개 예문에서 OS 뒤는 모두 일반적인 이중목적어구이다. 어떤 경우는 특수한 이중목적어구가 오기도 한다. 예컨대 다음과 같다.

(예) 丁卯, 王令靜司射學宮.(《靜簋銘》) 丁卯일에 왕께서 靜에게 學宮에서의 활쏘기를 관장하는 업무를 명령하셨다.

또한 '$V_1+OS+AV+V_2+O_1+O_2$' 앞에는 부사어가 출현할 수도 있다.

(1) 公乃命酉司徒弘[150]父、周人司工(空)殿、濡史、師氏、邑人奎父、畢人師同付永厥田.(《永盂銘》) 益公께서는 이에 鄭의 司徒인 𠨘父, 주나라 사람인 司空 殿·濡史·師氏·邑 사람인 奎父·畢 사람인 師同에게 명하여 師永에게 경작지를 교부하게 하셨다.

(2) 乃卑(俾)□[151]貽[152]曶酉彶羊.(《曶鼎銘》) 이에 □로 하여금 曶에게 술과 양을 주게 했다.

'$V_1+OS+AV+V_2+O_1+O_2$'의 OS도 생략이 가능하다.

(1) 王乎命女赤芾、朱黃、玄衣黹屯、鑾旗.(《即簋銘》) 왕께서 부르셔서 冊命을 내리셨다. "그대에게 적색 蔽膝, 붉은 腰帶, 가장자리가 자수로 장식된 검붉은 색 命服, 방울 달린 깃발을 (하사하도록) 명하노라."

(2) 天君蔑公姞歷, 事(使)賜公姞魚三百.(《公姞鬲銘》) 王后께서 公姞을 격려하시고, 公姞에게 생선 삼백 마리를 하사하게 하셨다.

⑪ **V_1+OS+병렬식** : 이 형식 중 겸어 OS 뒤는 용언성대등구이며, 겸어문과 병렬문의 융합문이라 할 수 있다. 여기서 겸어 뒤의 대등구는 세 가지 형식이 있다. 첫째는 'V_1+V_2(V

150) [역주] 원서에서 '弘'으로 표기한 이 글자는 ''으로, '𠨘'으로 隸定하는 것이 타당하다.

151) [역주] 원서에서는 '[限]'으로 표기되어 있는데, 원래 명문에서는 殘缺되어 정확한 자형을 알기 어려우므로, '□'으로 수정하였다.

152) [역주] 명문에서는 '以'로 되어 있다.

는 용언을 대표함)', 둘째는 'V₁ + 접속사 + V₂', 셋째는 'V₁ + V₂ + O'이다.

(1) 俾緝熙于純嘏.(《詩經‧周頌‧載見》) (나로 하여금) 이어 밝혀서 큰 복을 내리게 하다.[153]

(2) 俾爾單厚.(《詩經‧小雅‧天保》) 그대로 하여금 (백성들에 대해) 부하고 후하게 하시니[154]

(3) 天保定爾, 俾爾戩穀.(《詩經‧小雅‧天保》) 하늘이 그대를 안정시켜 그대로 하여금 복이 있고 녹이 있게 하도다.[155]

(4) 今余令(命)女(汝)啻(嫡)官司邑人.(《詢簋銘》) 지금 내가 그대에게 명하노니, 邑人을 관리하는 일을 계승토록 하라.

(5) 王令微䜌續[156]司九陂.(《微䜌鼎銘》) 왕께서 微䜌에게 아홉 개의 못을 관리하는 일을 계승하라고 명령하셨다.

(6) 唯王九月既望乙巳, 遣仲令絲續[157]司奠(甸)田.(《絲鼎銘》) 왕 재위 구월 既望의 乙巳일에 遣仲이 絲에게 甸人의 경작지 관리 업무를 계승할 것을 명령하셨다.

⑫ V₁ + OS + 연동식 : 이 형식 중 겸어 OS 뒤는 연동식이다. 연동식은 'V₁ + V₂(V₂ 뒤에 보어가 나올 수 있음)'가 가능하다.

(1) 辛卯, 王漁于敏[158]池, 乎井從漁, 攸賜漁(魚).(《井鼎銘》) 辛卯일에 왕께서 敏池에서 漁禮를 거행하셨고, 井을 불러 시종을 들게 하셨으며, (잡은) 생선을 하사해주셨다.

(2) 我戍未定, 靡使歸聘.(《詩經‧小雅‧采薇》) 우리의 수자리가 아직 끝나지 않았으니, 돌아가 안부를 전하게 할 자가 없도다.

(3) 王命南仲, 往城于方.(《詩經‧小雅‧出車》) 왕이 남중에게 명해 삭방에 가서 축성하게 하시니

(4) 師旋, 令女(汝)羞追于齊.(《五年師旋簋銘》) 師旋이여, 그대에게 齊로 진격할 것을 명하노라.

(5) 余命女御追于屖[159].(《不其簋銘》) 내가 그대에게 屖까지 兵車로 쫓을 것을 명령했다.

---

153) 여기서 '于'는 '而'의 의미 '緝熙'는 '光明', '純嘏'는 '大福이 있다'를 말한다. 이 문장에서 '俾' 뒤의 겸어가 생략되어 있다.

154) 單厚: 동의의 말로 '富厚'의 의미이다.

155) 戩: 福이 있음. 穀: 祿이 있음.

156) [역주] 이 글자의 원래 자형은 '䜌'으로, '續'으로 보는 견해 외에도 '繼', '畯', '駿', '姸', '兼', '攝', '攀', '幷' 등으로 考釋하는 견해도 있다.

157) [역주] '續'에 대해서는 위의 [역주] 156참조.

158) [역주] '敏'에 대해서는 제2장 제2절 [역주] 41 참조.

(6) 王命敔追𤾓160)于上洛乃161)谷至162)于伊班.(《敔簋銘》) 왕께서 敔에게 上洛과 乃谷으로 진격할 것을 명하셨고, 伊水에 이르러 회군을 하였다.

겸어 뒤 연동식이 'V₁+V₂+O'인 경우도 있다.

(예) 唯三月初吉庚午, 王在華宮, 王乎虢仲入右何.(《何簋銘》) 삼월 初吉 庚午일에 왕께서 華宮에 계실 때 虢仲을 불러들여 何를 인도하게 하셨다.

또한 'V₁+V₂+O'의 V₁ 뒤에 보어가 출현할 수도 있다.

(예) 王令雍伯啚于屮163)為宮. 雍伯作寶尊彝.(《雍伯鼎銘》) 왕께서 雍伯에게 屮에 나라를 세우고(屮의 주변을 수비하고) 宮室을 건축할 것을 명령하셨다. 雍伯은 (이를 기념하고자)제사를 올릴 때 사용할 귀중한 祭器를 제작하였다.

겸어 뒤 연동식이 'V₁+O+AV+V₂'인 경우도 있다.

(예) 王親令克遹涇東至于京師.(《克鐘銘》) 왕께서 친히 克에게 涇水 동쪽에서 京師까지 따를 것을 명하셨다.164)

겸어 뒤 연동식이 'V₁+O+V₂+O'인 경우도 있다('V₂+O' 뒤에 보어가 올 수 있다).

(1) 余旣令女疋(胥)師龢父司左右走馬.(《三年師兌簋銘》) 내가 예전에 그대에게 師龢父를 보좌하여 左右走馬를 관리하라고 명령했었다.

(2) 王用肇事(使)乃子㲋率虎臣御淮戎165).(《㲋方鼎銘》) 왕께서는 이로 인하여 그 아들인 㲋으로 하여금 무사들을 이끌고 淮戎을 물리치게 하셨다.

---

159) [역주] 원서에서는 '客'로 표기되었으나, 원래 자형을 隸定하여 제시한다.
160) [역주] '𤾓'을 원서에서는 '攔'으로 표기하고 있으며, '襲', '禦', '絕' 등으로 보는 견해도 있다.
161) [역주] '乃'로 표기된 이 글자의 정확한 자형은 '忽'이다.
162) [역주] 원서에서는 '于' 앞에 '至'가 누락되었으므로 보충하였다.
163) [역주] 원서에서는 '有'로 표기되었으나, 본래 자형에 가까운 '屮'로 바꿔 표기하도록 하겠다.
164) 遹: 살피다.
165) [역주] 원서에서는 '尸'로 표기되어 있는데 오타로 보인다.

(3) 殷, 令女(汝)更乃祖考友司東鄙五邑.(《殷簋銘》) 殷이여, 그대는 그대의 先祖先父를 계승하여 동쪽 교외의 五邑을 관리할 것을 명하노라.

(4) 恒, 令女(汝)更喬克司直鄙.(《恒簋蓋銘》) 恒이여, 그대는 喬를 계승하여 鄙師를 담당할 것을 명령하노라.

(5) 王召走馬膺, 令取䭴騅卅二匹賜大.(《大鼎銘》) 왕께서 走馬 膺을 불러 수컷 烏騅馬 서른 두 마리를 취하여 大에게 하사하도록 하셨다.

(6) 王令善夫豕曰朏䐗曰: 余旣易大乃里.(《大簋銘》) 왕께서 膳夫 豕을 시켜 朏䐗에게 고하여 말하였다. "나는 이미 그대의 里를 大에게 하사하였다."

(7) 王乎作冊尹冊令瘈曰: 更乃祖考司輔.(《輔師瘈簋銘》) 왕께서 作冊 尹을 불러 策命書로써 瘈에게 명령을 하달하게 하시며 말씀하셨다. "그대의 先祖先父를 계승하여 輔師의 직무를 맡도록 하라."

또한 'V₁＋O＋V₂＋O'에서 'V₂＋O' 앞에 부사어가 출현할 수도 있다.

(예) 俾百僚乃心率輔弼予一人.(《逸周書·祭公解》) 백관들로 하여금 마음을 다해 나를 보필하게 하라.

⑬ V₁＋OS＋겸어식 : 이것은 겸어 뒤에 또 하나의 겸어식이 출현하는 것으로 두 겸어식이 함께 결합된 형식이다.

(1) 王乎內史冊命趞更乃且考服.(《趞簋銘》) 왕께서 內史를 불러 趞에게 冊命을 내리게 하시며 말씀하셨다. "先祖先父의 직무를 계승하라."

(2) 王乎命尹封冊命伊 攝[166]官司康宮王臣妾百工.(《伊簋銘》) 왕께서 令尹 封을 불러 伊에게 冊命을 내리게 하시며 말씀하시길: 康宮 왕실의 남녀 노예들과 각종 匠人을 관리하도록 명하셨다.

(3) 王乎善(膳)夫𦚢[167]召大以乃友人玫.(《大鼎銘》) 왕께서 膳夫 𦚢로 하여금 大와 그의 僚友를 불러 호위 임무를 맡기게 하셨다.

(4) 王乎內史尹冊令師兌疋師龢父司左右走馬、五邑走馬.(《師兌簋銘》) 왕께서 內史 尹을

---

166) [역주] 이 글자의 원래 자형은 '䫾'으로, '攝'으로 보는 견해 외에도 '繼', '畯', '駿', '妍', '兼', '纘', '攀', '丼' 등으로 考釋하는 견해도 있다.

167) [역주] 원서에서는 '便'으로 표기되었으나, 원래 자형인 '𦚢'으로 제시한다.

불러 策命書로써 師兌가 師龢父를 보좌하여 左右走馬와 五邑走馬를 관리하도록 명령을 내리게 하셨다.

(5) 唯王令明公遣三族伐東或(國).(《明公簋銘》) 왕께서 明公에게 명하여 세 개 氏族을 보내 동쪽 나라를 정벌하라고 하셨다.

(6) 榮伯乎令(命)卯曰: ······ (《卯簋銘》) 榮伯이 卯를 불러 명령하시며 말씀하시길: ······

⑭ V₁+OS+복문형식 : 이것은 겸어 뒤에 복문형식이 출현한 것으로 이것은 비교적 복잡한 구문이다.

(1) 令女官司成周貯廿家, 監司新造貯.(《頌鼎銘》)[168] 그대는 成周의 상점 스무 곳을 관리하고 새로 지은 상점을 관리 감독하라.[169]

(2) 王令中先省南或(國)貫行, 蓺王位.(《中鼎銘》) 왕께서 中에게 명령하시길, 앞장서서 南國으로 가는 길을 시찰하고, 왕의 처소(행궁)를 설치하라고 하셨다.

(3) 今余唯緟[170]先王命, 命女(汝)亟一方, 弘[171]我邦我家.(《毛公鼎銘》) 이제 나는 선왕의 명령을 거듭하니 그대는 한 나라의 모범이 되어 나의 나라와 나의 가문을 영원하게 하라.

(4) 令乃鵙沈子乍(作)**絹**[172]于周公宗, 陟二公.(《沈子它簋銘》) 당신의 믿음직스러우며 진중한 아들에게 명하사 주공의 종묘에서 제사를 올려 조상님들께서 흠향하게 하셨습니다.

(5) 武公命多友率公車, 羞追于京師.(《多友鼎銘》) 武公께서 多友에게 兵車를 이끌고 京師로 출격하도록 명하셨다.

(6) 唯十月月吉癸未, 明公朝至于成周, 誕令舍三事令眾卿史寮眾者尹眾里君眾百工眾者侯: 侯、田、男, 舍四方令.[173](《令彝銘》) 시월 초하루인 癸未일에 明公께서 아침에

---

168) [역주] 원서에서는 《頌簋銘》으로 표기되었으나, 《頌鼎銘》으로 수정하였다.
169) '令女'는 '監司新造貯'까지 연결되며, 이하 모든 예가 이 유형에 해당한다.
     [역주] '新造'를 지명이나 관직명으로 보는 의견도 있고, '造'를 '도착하다'로 해석하는 견해도 있다. 만약 원서와 같이 '監司新造貯'로 끊어 읽는다면, '新造貯'는 '새로 지은 상점', '新造 지역의 상점' 혹은 '새로 도착한 물건'으로도 해석이 가능하다.
170) [역주] '緟'에 대해서는 제2장 제3절 [역주] 67 참조.
171) [역주] '弘'으로 표기된 글자의 원래 자형은 '胄'으로, '宏', '弘', '宖' 등으로 읽어야 한다고 보는 견해와 이 글자를 '振'으로 보고 '當', '長' 등과 통한다고 보는 견해가 있다.
172) [역주] 원서에서 '裸'으로 표기한 이 글자의 원래 자형은 '𥝢'으로, '絹'이나 '綯'으로 考釋하며, 자형과 의미에 대한 일치된 의견은 없지만, 문맥상 제사의 일종을 가리킴을 알 수 있다.
173) [역주] '舍三事令眾卿史寮眾者尹眾里君眾百工眾者侯侯、田、男, 舍四方令'이 부분의 끊어 읽

成周에 도착하셔서 명령하셨다: 卿事의 관료, 각급의 여러 관원들, 里의 수장들, 각종 직종을 관장하는 관리들, 侯服, 甸服과 男服을 포함한 제후들에게는 三事의 명을 공포하고, 사방에도 이 명령을 선포하였다.

⑭ **겸어연동혼합식** : 일부 겸어문 중의 V_1은 '돕다, 보조하다, 이끌다' 등의 의미가 있다. 이때 겸어 뒤 동사가 나타내는 동작행위는 단순히 '겸어'가 발출한 것만이 아니라 동시에 '주어'가 발출한 것이기도 하다. 이러한 형식을 '겸어연동혼합식'이라 한다.

(예) 於薦廣牡, <u>相予肆祀</u>.(《詩經·周頌·雝》) 아! 큰 희생 바쳐서 나를 도와 제사를 베푸니

이 예의 주어는 諸侯郡公이고, 대사 '予'는 '武王'을 가리킨다. '相予肆祀'는 곧 "제후군공들이 나 무왕을 도와 제사의 음식을 진열하고 문왕을 제사하다."라는 의미이다. 문왕을 제사할 때 물론 무왕도 움직일 것이다. 따라서 '肆祀'는 분명 제후군공과 무왕이 함께 발출하는 행위가 된다. 이와 유사한 예로 다음과 같은 예가 있다.

(1) 乃命太史尙太正卽居于戶西, 南向.(《逸周書·嘗麥解》) (성왕이) 이에 태사에게 명해 태정이 편문 서쪽에 거하게 보좌하게 하고 모두 남면하게 했다.

(2) 卑(俾)冊令免曰: 令女疋(胥)周師司廩.(《免簋銘》) 史官으로 하여금 免에게 冊命을 내리게 하시며 말씀하셨다. "그대는 周師를 보좌해 곡식 창고를 관리하도록 명하노라."

(3) 帥偶盩于成周.(《史頌簋銘》) 무리를 이끌고 成周로 왔다.

당연히 모든 위와 같은 V_1이 다 겸어연동혼합식을 구성하는 것은 아니다. 아래의 예문 속 V_1의 의미도 '돕다'이나 겸어 뒤 동작은 '주어'가 발출한 것이 아니다.

(예) 祖祭公, <u>次予小子虔虔在位</u>! (《逸周書·祭公解》) 조제공, 나 어린 사람을 도와 경건하게 재위하게 하십니다![174]

기에 대해서는 다음과 같이 대략 세 가지 견해가 있다: 첫 번째는 '舍三事令'의 대상은 '卿史寮, 者尹, 里君, 百工'으로 보고, '侯, 田, 男을 포함한 者侯'를 '舍四方令'의 대상으로 보는 것; 두 번째는 원서와 같이 '舍三事令'의 대상은 '卿史寮, 者尹, 里君, 百工, 侯, 田, 男를 포함한 者侯'로 보고, '舍四方令'의 대상은 다른 나머지를 모두 포함하는 것으로 보는 것; 세 번째는 '舍三事令'의 대상은 '卿史寮, 者尹, 里君, 百工, 者侯'이고, '侯, 田, 男'을 '舍四方令'의 대상으로 보는 것이다.

174) 次: 돕다.

9 판단문(判斷句)

이른바 판단문이란 주어의 성질, 상황에 대해 판단을 하는 문장을 말한다. 판단문의 위어는 일반적으로 명사성 성분으로 충당된다.

서주한어의 판단문에는 아래의 몇 가지 형식이 있다.

① S+V$_名$: 이 형식에서 'S'는 판단문의 주어를 대표하고, 'V$_名$'은 명사성 성분으로 충당된 판단문의 위어를 대표한다. 이러한 판단문은 가장 최초이자 가장 원시적인 형식으로, 아래와 같이 후세 문헌에서도 계속 등장하고 있다.

(예) 農, 天下之本.(《史記·孝文本紀》) 농사는 천하의 근본이다.

서주시대에 이러한 형식은 매우 흔하다(문장의 주어는 생략이 가능하다).

(1) 伯氏曰: 不其, 女(汝)小子.(《不其簋銘》) 伯氏께서 말씀하셨다. "不其여, 그대는 젊다."

(2) 余老止公僕墉土田多諫.[175](《五年琱生簋銘》) 내가 늙었구나. 公族의 부용국 토지와 관련하여 여러 차례 소송이 있다.

(3) 厥北疆陷人眔疆, 厥東疆官人眔疆, 厥南疆畢人眔疆, 厥西疆鎬姜眔疆.(《吳虎鼎銘》) 그 북쪽 경계는 陷人의 토지까지이고, 동쪽 경계는 官人의 토지까지이고, 남쪽 경계는 畢人의 토지까지이고, 서쪽 경계는 鎬京 姜姓人의 토지까지이다.

(4) 其壇東靑土, 南赤土, 西白土, 北驪土, 中央疊以黃土.(《逸周書·作雒解》) 그 社壇의 동쪽은 푸른 흙이고, 남쪽은 붉은 흙, 서쪽은 흰 흙, 북쪽은 검은 흙이며, 중앙과 지방이 만나는 지점엔 누런 흙이다.

(5) 墨辟疑赦, 其罰百鍰.(《尙書·呂刑》) 얼굴에 자묵을 하는 묵형이 의심스러우면 사면을 하되 그 벌금이 백환이다.

(6) 方叔元老.(《詩經·小雅·采芑》) 방숙은 원로이다(크게 늙었도다).

'S+V$_名$'의 'V$_名$' 앞에는 부사어가 출현할 수 있다.

(1) 淮尸(夷)舊我帛畮人.(《兮甲盤銘》) 淮夷는 과거에 우리에게 朝貢을 바치던 사람들이다.

---

175) [역주] 원서에서는 '余老止公僕墉土田'으로 제시되었으나, 뒤의 '多諫'까지 끊어 읽어야 한다.

(2) 淮尸(夷)繇我帛晦臣.(《師袁簋銘》) 淮夷는 과거에 우리에게 朝貢을 바치던 사람들이다.

(3) 時乃引惡.(《尙書·康誥》) 이는 곧 악을 자라게 하는 것이다.

한편, 접속사가 'S+V名' 사이에 삽입될 수 있다.

(예) 周雖舊邦, 其命維新.(《詩經·大雅·文王》) 주나라가 비록 오래된 나라이나 그 명은 새롭도다.

② S+維(惟, 隹)+V名 : 이 형식은 판단문의 위어 'V名' 앞에 판단어기를 나타내는 어기부사 '維(惟, 隹)'가 첨가된 것이다. '維(惟, 隹)'는 판단의 어기를 나타내며, '是'의 의미이다.176) 이것은 아래의 예를 통해 증명된다.

(예) 天非虐, 惟民自速辜.(《尙書·酒誥》) 하늘이 포악한 것이 아니고, 오직 백성들이 스스로 화를 자초한 것이다.

이 예에서 '非'는 곧 '不是'의 의미이고, '惟'는 '是'의 의미이다. 이러한 '維'는 '維, 惟, 隹'의 세 가지 자형이 있다. 《詩經》에서는 '維', 《尙書》에서는 '惟', 《逸周書》에서는 '惟'나 '維', 그리고 서주의 金文에서는 보통 '隹'로 되어 있다. 이러한 형식은 갑골문에서 이미 나타나고 있으며 서주한어에 이미 자주 출현하고 있다.

(1) 有, 余隹小子.(《胡簋銘》) 나는 부족한 사람이다.

(2) 戲, 厥隹顏林.(《九年衛鼎銘》) 아! 그것은 顏씨의 산림이다.

(3) 爾惟舊人.(《尙書·大誥》) 그대들은 옛 관리들이니

(4) 予惟小子.(《尙書·大誥》) 나는 어린 사람이고

(5) 汝惟小子.(《尙書·康誥》) 그대는 소자로다.

(6) 時惟爾初.(《尙書·多方》) 이것은 그대들의 시작이니

---

176) [역주] 최근 洪波의 연구에 의하면, 여기서의 '維' 등은 단순한 어기부사가 아니라 판단문을 구성하는 동사 즉, 계사였다고 한다. 그러나 周族 언어가 SOV 어순이었기 때문에 서서히 '維'가 문미로 가게 되었고, 결국 동주시기에 가서는 이것이 '也'가 되어 문미에 쓰이게 되었고 우리는 이것을 일종의 판단어기사로 인식하고 있다고 한다(「語言接觸視覺下的上古漢語形態句法問題 – 兼論'也' '矣'的來源」(古漢語研究 2021년 제1기) 참고).

'S + 維 + V名'에서 '維 + V名' 앞에는 부사어가 출현할 수 있다.

(1) 毛公旅鼎<u>亦</u>唯簋.(《毛公旅方鼎銘》) 毛公旅鼎 역시 簋이다.

(2) 天之所錫武王時疆土, <u>丕</u>維周之[基].(《逸周書·祭公解》) 하늘이 무왕에게 이 강토를 주었으니, (이는) 곧 주나라의 기틀이다.[177]

(3) 大人占之: 衆維魚矣, <u>實</u>維豊年, 旐維旟矣, 室家溱溱.(《詩經·小雅·無羊》) 태인이 점을 쳐보니, 사람이 떼로 물고기가 되어 실로 풍년 들 조짐이다. 작은 깃발이 큰 깃발 되니 실가가 풍성하도다.[178]

'S + 維 + V名'의 '維 + V名' 앞에는 감탄사가 출현할 수 있다.

(예) 爾, 有, 唯小子, 亡識.(《何尊銘》) 그대들은, 아! 小子여서 見識이 없다.[179]

③ S+伊+V名 : 이것은 판단문 속의 위어 'V名' 앞에 판단어기를 나타내는 어기부사 '伊'가 출현한 것이다. '伊'와 '維'는 동의어이다. 《爾雅·釋詁》에서는 "'伊'는 곧 '維'이다(伊, 維也).", "'伊, 維'는 곧 '侯'이다(伊, 維, 侯也)."라고 나온다. '伊'가 판단어기를 나타내는지 여부는 아래의 두 예를 통해 알 수 있다.

(예) 匪我伊蒿 아름다운 쑥이 아니라 나쁜 쑥이다.
　　 匪我伊蔚 아름다운 쑥이 아니라 제비쑥이다.(《詩經·小雅·蓼我》)

여기서 '匪'는 곧 '非'로, '不是'의 의미이다. 이에 대응하는 '伊'는 바로 '是'가 된다. 'S + 伊 + V'이란 문장의 주어는 출현할 수도 있고 생략도 된다.

(1) 我罪伊何?(《詩經·小雅·小弁》) 내 죄가 무엇인가?

(2) 爾勇伊何?(《詩經·小雅·巧言》) 너희들의 용맹이 무슨 소용이리요?

(3) 其饟伊黍, 其笠伊紕.(《詩經·周頌·良耜》) 그 밥은 기장이며, 그 삿갓이 가뿐하도다.[180]

---

177) [역주] '丕'는 '이에'의 의미이다.
178) [역주] '溱溱'은 '많은 모양'이다.
179) [역주] 원서에서는 '有'를 감탄사로 분석했으나, '或'이나 '雖'로 읽는 견해도 다수이다.
180) [역주] '紕'는 '삿갓이 가벼운 것'을 말한다.

(4) 爾酒既淸, 爾殽伊脯.(《詩經 · 大雅 · 鳧鷖》) 네 술이 이미 맑으며, 네 안주가 이미 포로구나.

(5) 彼有遺秉, 此有滯穗, 伊寡婦之利.(《詩經 · 小雅 · 大田》) 저기에는 버려진 볏단이 있고, 여기에는 버려진 이삭이 있으니, (이것은) 과부의 이익이로다.

(6) 豈伊異人? 兄弟匪他.(《詩經 · 小雅 · 頍弁》) 어찌 다른 사람이리오? 형제이지 남이 아니로다.

④ S+維伊+V名 : 이러한 판단문은 판단문의 위어 'V名' 앞에 이미 '維'가 출현한 상태에 또다시 '伊'가 출현한 것이다. '維'와 '伊'는 모두 판단어기를 나타내는 어기부사이다.

(예) 有頍者弁, 實維伊何?(《詩經 · 小雅 · 頍弁》) 우뚝한 고깔이여, 실로 무엇인가?[181]

이 예에서 '維伊+V名' 앞에 부사 '實'이 출현하고 있는데, '實'은 '정말로, 확실히' 등의 의미이다.

⑤ S+斯+V名 : 이것은 판단문 속 'V名' 앞에 '斯'를 첨가한 것이다.

(예) 彼爾維何? 維常之華. 彼路斯何? 君子之車.(《詩經 · 小雅 · 采薇》) 저 환한 꽃은 무엇인가? 상체의 꽃이로다. 저 융거는 무엇인가? 군자가 타는 수레로다.[182]

'彼路斯何'의 '斯'와 관련하여 두 가지 견해가 있다. 하나는 이를 대사로 보는 것이다. 즉, 문장 속에서 주어로 쓰여 앞에 있는 '彼路'를 전방조응하는 역할을 한다. 그 경우 '這是'로 번역된다.[183] 다른 하나는 이것을 '維'와 동일한 판단어기를 나타내는 것으로 보는 것이다. 馬瑞辰은 "'斯'는 語詞로 '斯何'는 곧 '爲何'이다."라고 말하고 있다. 또 余冠英은 "'斯'는 어조사이며 '維'와 같다."라고 하고 있다. 위의 '彼路斯何'와 '彼爾維何'는 마침 대구가 되고 있다. 이로 보건대, '斯何'는 곧 '維何'와 같은 것임을 알 수 있다. 이러한 '斯' 역시 판단어기를 나타내는 어기부사로 볼 수 있다.

⑥ S+非(匪)+V名 : 이것은 'S+維(惟, 隹)+V名'와 바로 대응하는 것으로, 후자는 긍정적

---

181) [역주] '頍'는 '머리를 들다, 우뚝 솟은 것'을 나타낸다. '弁'은 '皮弁(벼슬아치들의 관)'이다.
182) [역주] '爾'는 '풍성한 모습'이고, '常'은 '常棣'이다. '路'는 '戎車'이다.
183) 이와 관련하여 《古代漢語虛辭词典》(商務印書館, 1999년), 546쪽 참조.

인 판단을, 전자는 부정적인 판단을 나타낸다. 그리고 이 두 형식은 아래와 같이 서로 대구로 사용되기도 한다.

(예) 越則非朕, 負亂惟爾.(《逸周書·商誓解》) 법을 넘어서는 것은 내가 아니다, 세력을 등에 업고 난을 일으키는 것은 너희다.

'維(惟, 隹)'는 어기부사이며 '是'로 번역된다. '非(匪)'는 부정부사로 '不是'로 번역된다.

(1) 乓非正命.(《鑾盨銘》) 정당한 명령이 아니다.

(2) 越則非朕, 負亂惟爾.(《逸周書·商誓解》) 법을 넘어서는 것은 내가 아니다, 세력을 등에 업고 난을 일으키는 것은 너희다.

(3) 溥天之下, 莫非王土. 率土之濱, 莫非王臣.(《詩經·小雅·北山》) 너른 하늘 아래가 왕의 땅이 아닌 곳이 없고, 땅의 물가를 따라가면 왕의 신하가 아님이 없다.

(4) 四月維夏, 六月徂暑. 先祖匪人, 胡寧忍予?(《詩經·小雅·四月》) 사월 여름이 되니 유월에 더위가 물러간다. 선조는 타인이 아닌데, 어찌하여 나에게 이렇게 하는가?[184]

판단문의 위어는 기본적으로 모두 명사성 성분으로 충당된다. 그러나 어떤 경우엔 형용사성 성분, 동사성 성분도 판단문의 위어가 될 수 있는데 이러한 용언성 성분들은 모두 지칭화(指稱化)된 것이다. 예컨대, 다음과 같다.

(1) 周雖舊邦, 其命維新.(《詩經·大雅·文王》) 주나라가 비록 오래된 나라이나 그 명은 새롭도다.

(2) 稼穡維寶, 代食維好.(《詩經·大雅·桑柔》) 농사짓는 것이 보물이니, 녹식을 대신함이 좋도다.

(3) 大宗維翰, 懷德維寧, 宗子維城.(《詩經·大雅·板》) 대종은 나라의 기둥이며, 덕을 품어 하는 것은 은혜로운 것이니, 왕의 자손들이 나라를 번성하게 한다.[185]

(4) 其饟伊黍, 其笠伊糾.(《詩經·周頌·良耜》) 그 밥은 기장이며, 그 삿갓이 가뿐하도다.

(5) 已! 汝惟小子, 乃服惟弘王, 亦維助天宅天命作新民.(《尚書·康誥》) 아! 그대는 소자로다, 네가 할 일은 오직 임금이 덕을 넓게 하는 것이며, 또한 임금을 도와 하늘의 명을 헤아려 새로운 백성을 만드는 것이다.

---

184) 先祖匪人: 先祖不是外人.

185) [역주] '大宗'은 왕족이고, '宗子'는 왕의 자손이다.

(6) <u>時乃引惡, 惟朕憝</u>.(《尙書·康誥》) 이는 곧 악을 자라게 하는 것이니, 내가 미워하는 바이니라.

위에 인용한 예문에서 밑줄 친 부분이 절이며, 모두가 용언성 성분을 위어로 하고 있다. 다만 이들 모두를 판단문으로 봐야 한다. 예(3)의 경우 '大宗維翰', '宗子維城' 모두 전형적인 판단문이다. 그리고 이들 두 절과 연결된 '懷德維寧'의 '寧'이 비록 형용사이긴 하나 역시 판단문으로 봐야 한다. 또한 예(4)에서 '其饟伊黍'은 전형적인 판단문이고, 이와 대구되는 '其笠伊糾' 속의 '糾'는 동사이지만 역시 판단문으로 볼 수 있다. 기타 예 역시 모두 이와 동일하다.

서주한어 판단문의 표현 기능은 아래의 몇 가지가 있다.

첫째, 사물이 무엇과 같거나 무엇에 속함을 나타낸다. 이러한 판단문은 매우 흔한 것으로, 판단문 중 절대다수를 차지한다.

(1) 厥初生民, 時維姜嫄.(《詩經·大雅·生民》) 매 처음에 주나라 사람을 낳은 것은 이는 강원이니

(2) 思齊太任[186], 文王之母.(《詩經·大雅·思齊》) 엄숙한 태임이 문왕의 어머니이니

(3) 韓侯取妻, 汾王之甥, 蹶父之子.(《詩經·大雅·韓奕》) 한후가 아내를 취하니, 분왕의 생질이요, 궐부의 자식이로다.

(4) 吉日庚午.(《詩經·小雅·吉日》)길일인 경오 일에

(5) 毛公旅鼎亦唯簋.(《毛公旅公鼎銘》) 毛公旅鼎 역시 簋이다.

(6) 四月維夏.(《詩經·小雅·四月》) 사월이 여름이니

(7) 爾惟舊人.(《尙書·大誥》) 그대들은 옛관리들이니

(8) 已! 汝惟小子.(《尙書·洛誥》) 아! 그대는 소자로다.

둘째, 비유를 나타낸다.

(예) 價人維藩, 大師維垣, 大邦維屛, 大宗維翰, 懷德維寧, 宗子維城.(《詩經·大雅·板》) 대덕의 사람은 나라의 울타리이며, 많은 무리는 나라의 담이며, 큰 제후국은 나라의 병풍이며, 대종은 나라의 기둥이며, 덕을 품어 하는 것은 은혜로운 것이니, 왕의 자손들이 나라를 번성하게 한다.[187]

---

186) [역주] '思'는 어사이고, '齊'는 '엄숙하다'이다.

셋째, 사물의 존재를 나타낸다.

    (예) 其壇東靑土, 南赤土, 西白土, 北驪土, 中央釁以黃土.(《逸周書·作雒解》) 그 社壇의 동
        쪽은 푸른 흙이고, 남쪽은 붉은 흙, 서쪽은 흰 흙, 북쪽은 검은 흙이며, 중앙과 지방이 만나는
        지점엔 누런 흙이다.

넷째, 어떤 결과를 유발한 원인을 나타낸다.

    (예) 靡室靡家, 玁狁之故.(《詩經·小雅·采薇》) 집이 없으니, 이는 험윤 때문이다.[188]

다섯째, 사물의 성질 상태나 특징 작용 등에 대한 판단을 나타낸다.

    (1) 周雖舊邦, 其命維新.(《詩經·大雅·文王》) 주나라가 비록 오래된 나라이나 그 명은 새롭도다.
    (2) 其饟伊黍, 其笠伊糾.(《詩經·周頌·良耜》) 그 밥은 기장이며, 그 삿갓이 가뿐하도다.

🔟 주위위어문(主謂謂語句)

주위구로 위어가 충당되는 문장을 주위위어문이라 한다. 서주한어에서 주위위어문은 아래의 세 가지가 있다.

1) 위어 안에 대주어(大主語)를 전방조응(復指)하는 전방조응 성분이 있다.

① 전방조응 성분이 주위구의 목적어가 된다.

    (1) 濟濟辟王, 左右趣之.(《詩經·大雅·棫樸》) 아름다운 군왕이여, 좌우에서 달려오도다.[189]
    (2) 肅肅王命, 仲山甫將之.(《詩經·大雅·烝民》) 엄숙하신 임금님의 명은 중산보가 그것을 다
        맡으니
    (3) 信彼南山, 維禹甸之.(《詩經·小雅·信南山》) 진실로 저 종남산을 우임금이 다스리셨도다.

---

187) [역주] '價'는 '大'로 곧 '큰 덕이 있다'는 것이다.
188) [역주] '玁狁'은 주나라 때의 '흉노'를 말한다.
189) [역주] '濟濟'는 '용모가 아름다운 것'을 말한다.

(4) 畇畇原隰, 曾孫田之.(同上) 개간된 언덕과 습지를 증손이 농사를 짓는지라.[190]`

(5) 赫赫宗周, 襃姒滅之.(《詩經·小雅·正月》) 혁혁한 종주를 포사가 멸하리라.

(6) 奕奕寢廟, 君子作之. 秩秩大猷, 聖人莫之.(《詩經·小雅·巧言》) 크고 큰 침묘를 군자가 만들었으며, 질서정연한 도를 성인이 꾀하셨느니라.[191]

② 전방조응 성분이 주위구 내에서 목적어의 관형어가 된다.

(1) 丕顯文武, 皇天引厭厥德, 配我有周.(《毛公鼎銘》) 위대하신 文王과 武王께서는 하늘이 그 덕을 흡족해하사 우리 주나라를 天命에 합한 나라로 세우셨다.

(2) 維此王季, 帝度其心.(《詩經·大雅·皇矣》) 이 왕계님, 상제께서 그 마음을 헤아리시어

③ 전방조응 성분이 주위구 내의 주어가 된다.

(1) 豈弟君子, 莫不令儀.(《詩經·小雅·湛露》) 온화하신 군자시여, 아름다운 행실이 아님이 없구나.[192]

(2) 顯允君子, 莫不令德.(同上) 현명하고 성실한 군자여, 아름다운 덕이 아님이 없도다.[193]

(3) 凡今之人, 莫如兄弟.(《詩經·小雅·常棣》) 무릇 지금 사람들은 형제만한 이가 없다.

(4) 民莫不穀, 我獨不卒.(《詩經·小雅·蓼我》) 다른 사람들은 좋지 아니함이 없는데, 나만 홀로 마치지 못하는구나.

④ 전방조응 성분이 주위구 내 주어의 관형어가 된다.

(1) 疾威上帝, 其命多辟.(《詩經·大雅·蕩》) 포악한 상제는 그 명이 사악함이 많도다.[194]

(2) 淑人君子, 其德不猶.(《詩經·小雅·鼓鍾》) 맑은 군자여, 그 덕이 그러하지 아니 했도다.

(3) 其桐其椅, 其實離離.(《詩經·小雅·湛露》) 오동나무와 가래나무여, 그 열매가 주렁주렁 달려 있도다.

(4) 苕之華, 其葉青青.(《詩經·小雅·苕之華》) 능초의 꽃이여, 그 잎이 푸르고 푸르도다.

---

190) [역주] '畇畇'은 '개간한 모양'이다.
191) [역주] '奕奕'은 '큰 모습'이다. '莫'은 '꾀하다. 도모하다'이다.
192) 여기서 '莫'과 '豈弟君子'가 전방조응 관계가 된다.
193) [역주] '顯允'은 '영명하고 믿음직함'이다.
194) [역주] '疾威'는 '포악하다'는 의미이다. '辟'는 '나쁘다, 그르다'이다.

(5) 有杕之杜, 其葉萋萋.(《詩經·小雅·杕杜》)우뚝한 아가위여, 그 잎이 무성하고 무성하도다.

(6) 維柞之枝, 其葉蓬蓬.(《詩經·小雅·采菽》) 떡갈나무 가지여, 그 잎이 무성하도다.[195]

2) 대주어와 소주어(小主語) 간에 광의의 영속 관계가 있다.

(1) 節彼南山, 維石巖巖.(《詩經·小雅·節南山》) 높은 저 남산이여, 돌이 암암하도다.[196]

(2) 常棣之花, 鄂不韡韡.(《詩經·小雅·常棣》) 산앵도나무 꽃이여, 꽃받침이 활짝 폈도다.

(3) 殷末孫受, 德迷成湯之明.(《逸周書·克殷解》) 은나라 말 주임금은 그 덕이 성탕의 영명함을 혼란시키도다.

이러한 문장은 앞에서 든 "苕之華, 其葉青青" 류의 문장과 관계가 밀접하다. 만약 이 문장에서 전방조응 작용을 하는 '其'를 제거하면 '대주어와 소주어가 광의의 영속관계가 있는 문장'이 된다.

3) 대주어는 피동작주, 소주어는 행위주이다.

(1) 豈弟君子, 俾爾彌爾性, 百神爾主矣.(《詩經·大雅·卷阿》) 온화하신 군자시여, 그대로 하여금 그대의 성명을 마치게 할 것이오, 백신들은 그대가 주재하게 할 것이다.

(2) 爾受命長矣! 茀祿爾康矣.(同上) 네가 명을 받음이 길어, 복록을 네가 누리도다.[197]

(3) 豈弟君子, 俾爾彌爾性, 純嘏爾常矣.(同上) 온화하신 군자시여, 너로 하여금 너의 성명을 다하여 큰 복을 네가 항상 누리리로다.[198]

서주한어에서 또 '행위주＋피동작주＋동사'의 문장이 발견된다. 예컨대 "民具爾瞻(《詩經·小雅·節南山》) (백성들이 모두 너를 보도다.)"의 경우가 그러하다. 그러나 이러한 문장은 대개 목적어가 앞으로 전치된 것으로 보고 주위위어문으로 보지는 않는다.

---

195) [역주] '蓬蓬'은 '생기가 넘치는 모습'이다.
196) [역주] '節'은 '높은 모양'이다. '巖巖'은 '암석을 높이 쌓아올린 모양'이다.
197) 茀祿: 복록. 康: 누리다.
198) 純嘏: 큰 복. 常: 누리다.

이것은 주위구(主謂短語) 이외의 구나 단일한 단어로 구성된 문장을 말한다. 이러한 문장은 주어와 위어를 구분할 수가 없다. 특히 주의할 것이 있는데, '동사성비주위문(動詞性非主謂句)'과 '형용사성비주위문(形容詞性非主謂句)'은 주어를 생략한 '동사위어문(動詞謂語句)'이나 '형용사위어문(形容詞謂語句)'(이런 문장은 여전히 주위문이다)과 분명 다르다는 점이다. 일단, 후자의 생략된 주어는 다시 보충할 수가 있다. 그러나 전자의 주어는 보충할 필요도 없고 보충할 수도 없다. 그리고 '명사성비주위문(名詞性非主謂句)'과 위어 부분이 생략된 주위문 역시 다르다. 이것도 후자의 위어 부분은 보충이 가능하나 전자의 위어는 보충할 수 없다. 비주위문은 크게 네 가지 유형이 있다. 여기에는 명사성비주위문, 형용사성비주위문, 동사성비주위문, 감탄사성비주위문(感歎詞性非主謂句)이 있다.

1 명사성비주위문(名詞性非主謂句)

이것은 명사나 명사성구 하나로 구성되는 것이다. 이러한 문장은 다시 아래와 같이 세분할 수 있다.

1) 호칭어(呼應語, 또는 호응성분)

(1) 叔氏若曰: 逆! 乃祖考許政于公室.(《逆鐘銘》) 叔氏께서 이렇게 말씀하셨다. "逆이여, 그대의 先祖先父가 公室(제후의 가문)에서 정무를 보았다."

(2) 王若曰: 父𤸰! 不顯文武, 皇天引厭厥德, 配我有周, 膺受大命.(《毛公鼎銘》) 왕께서 이렇게 말씀하셨다. "父𤸰(毛公)이여! 위대하신 文王과 武王께서는 하늘이 그 덕을 흡족해하사 우리 주나라를 天命에 합한 나라로 세우셨고 (문왕과 무왕께서는) 천명을 받으셨다."

(3) 王曰: 𢦒! 令女作司土, 官司藉田.(《𢦒簋銘》) 왕께서 말씀하셨다. "𢦒여, 그대가 司徒가 되어 藉田을 관리하도록 명하노라."

(4) 不顯天子! 天子其萬年無疆, 保辪(乂)周邦, 畯尹四方.(《大克鼎銘》) 찬란히 빛나시고 영명하신 천자시여! 천자께서는 만년토록 영원하실 것이며, 주나라를 보우하고 다스리시고 천하의 모든 나라를 오랫동안 통치하시리라.

(5) 王若曰: 蔡!(《蔡簋銘》) 왕께서 이렇게 말씀하셨다. "蔡여!"

(6) 王若曰: 頌!(《頌簋銘》) 왕께서 이렇게 말씀하셨다. "頌이여!"

2) 족명(族名)

(1) 唯成王大禱[199]在宗周, 商獻侯口貝, 用作丁侯尊彝. 天黿.(《獻侯鼎銘》) 成王께서 宗周에서 禱祭를 성대하게 올리시고, 獻侯 口에게 貝를 하사하셨다. 獻侯는 丁侯께 제사를 올릴 때 사용할 祭器를 제작하였다. 天黿.

(2) 藝嬰從王南征, 伐楚荊, 又得, 用乍父戊寶尊彝. 吳.(《藝嬰簋銘》) 藝嬰는 왕의 남방 정벌을 수행하여 荊楚를 토벌하였고 수확이 있었다. 이에 先父 戊께 제사를 올리는 데 사용할 祭器를 제작하였다. 吳.

(3) 王令員執犬, 休善, 用作父甲將[200]彝. 析子孫[201].(《員鼎銘》) 왕께서 員에게 개를 관리하도록 명하셨는데, 員이 잘하였다. 父甲께 제사를 올리는 데 사용할 祭器를 제작하였다. 析子孫.

(4) 乃子作父辛寶尊彝. 先冊.(《乃子作父辛甗銘》) 乃子가 先父이신 辛께 제사를 올리는 데 사용할 귀중한 祭器를 先冊이 제작하였다.

(5) 吊. 父丁.(《吊父丁鬲銘》) 吊族이 先父 丁에게 제사를 올리기 위해 鬲을 제작하였다.

(6) 子孫. 父乙.(《子孫父乙鬲銘》) 黃族[202]이 先父 乙에게 제사를 올리기 위해 鬲을 제작하였다.

3) 괘명(卦名)

(1) 比.(《周易·比卦》) 比괘이다.

(2) 謙.(《周易·謙卦》) 謙괘이다.

(3) 乾.(《周易·乾卦》) 乾괘이다.

(4) 蒙.(《周易·蒙卦》) 蒙괘이다.

(5) 復.(《周易·復卦》) 復괘이다.

(6) 損.(《周易·損卦》) 損괘이다.

---

199) [역주] '禱'에 관해서는 제2장 제2절 [역주] 30 참조.

200) [역주] '將'에 관해서는 제3장 제2절 [역주] 119 참조.

201) [역주] 원서에서 '子孫'으로 표기되어 있는 族名의 원래 자형은 '鱉'이다.

202) [역주] 원서에서 '子孫'으로 표기되어 있는 族名의 원래 자형은 '黃'이다.

2 형용사성비주위문(形容詞性非主謂句)

이것은 형용사 또는 형용사구로 구성되는 것이다. 이러한 비주위문은 아래의 두 가지가 있다.

1) 하나의 형용사로 구성되는 것

(1) 包蒙.吉.(《周易·蒙卦》) 몽매함을 아울러야 길하다.

(2) 吉.(《周易·比卦》) (…는) 길하다.

(3) 凶.(同上) (우열을 정하지 않는 것은) 흉하다.

(4) 王曰: 休!(《匡卣銘》) 왕께서 말씀하셨다: 훌륭하도다!

(5) 同人于野.亨.(《周易·同人》) 사람들이 들에서 함께해야 형통한다.

(6) 謙.亨.(《周易·謙卦》) 겸손하면 형통한다.

(7) 亨.(《周易·蒙卦》) 형통한다.

(8) 厲.(《周易·乾卦》) 위태롭게 되나(허물이 없다.)

(9) 吝.(《周易·屯卦》) (가면) 어렵게 된다.

2) 하나의 부사어수식구로 구성되는 것

(1) 元吉.(《周易·坤卦》) 근본적으로 길하다.

(2) 元吉.(《周易·履卦》) 근본적으로 길하다.

(3) 元亨.(《周易·乾卦》) 크게 형통하니라.

(4) 終吉.(《周易·賁卦》) 마침내 길하다.

3 동사성비주위문(動詞性非主謂句)

이것은 동사성구로 구성되는 것이다. 이러한 비주위문에는 아래의 두 가지가 있다.

1) 술목구로 구성되는 것

(1) 有悔.(《周易·乾卦》) 후회함이 있다.

(2) 有凶.(《周易·臨卦》) 흉함이 있다.

(3) 無咎.(《周易·比卦》) 허물이 없다.

(4) 無悔.(《周易·同人》) 뉘우침이 없다.

(5) 無眚.(《周易·同人》) 재앙이 없다.

(6) 無不利.(《周易·剝卦》) 이롭지 않음이 없다.

(7) 雨我公田, 遂及我私.(《詩經·小雅·大田》) 비가 우리 공전에 내려, 마침내 우리 사전에도 미치도다.

2) 겸어구로 구성되는 것

(1) 有不速之客三人來.(《周易·需卦》) 청하지 않은 세 명의 손님이 찾아오다.

(2) 有鳥高飛.(《詩經·小雅·菀柳》) 새가 있어 높이 날다.

(3) 有鶖在梁.(《詩經·小雅·白華》) 두루미가 어량에 있거늘

(4) 靡使歸聘.(《詩經·小雅·采薇》) 돌아가 안부를 전하게 할 자가 없도다.

(5) 有客宿宿.(《詩經·周頌·有客》) 손님이 있어 유숙하다.

4 감탄사성비주위문(感歎詞性非主謂句)

이것은 감탄사로 구성되는 것이다.

(1) 王曰: 於!203) 令女盂井乃嗣且南公.(《大盂鼎銘》) 왕께서 말씀하셨다. "아! 그대 盂에게 명령하노니 그대가 계승한 조상인 南公을 본받으라."

(2) 烏虖! 效不敢不邁年夙夜奔走揚公休.(《效卣銘》) 오호라! 效는 삼가 만년토록 아침저녁으로 애쓰고 公의 은택을 찬양하노라.

(3) 王令彔茲曰: 戲! 淮尸敢伐内國, 女其以成周師氏戍于固師.(《彔茲卣銘》) 왕께서 彔茲에게 명령하여 말씀하셨다. "아! 淮夷가 감히 우리나라를 침범하였으니 그대는 成周의 師氏와 함께 固地의 군사 주둔지를 수호하라."

(4) 烏虖!(《沈子它簋銘》) 아!

---

203) [역주] 이 글자의 원래 자형은 '𣃁'으로, '而', '賊' 등으로 보는 견해도 있다.

(5) 王若曰: 猷! 大誥爾多邦越爾御事.(《尙書·大誥》) 임금님이 다음과 같이 말씀하셨다. "아, 옳다! 그대들의 여러 나라와 일을 맡은 사람들에게 널리 고하노라."

(6) 已! 汝乃其速由玆義率殺.(《尙書·康誥》) 아! 그대는 속히 합당한 법에 따라 그들을 처형토록 하라.

제3절 서주한어 생략문(省略句)

일정한 언어 환경 안에서 만약 오해를 유발하지 않는 조건이라면 사람들은 말을 할 때 일부 성분을 생략하기도 한다. 그리고 이것에 대해 보충을 할 경우 단지 한 가지 보충 가능성만이 있을 때 우리는 이를 '생략'이라고 부른다. 이렇게 생략 현상이 있는 문장을 '생략문(省略句)'이라고 한다. 생략은 나름의 목적이 있다. 그 이유는 대개 문장을 보다 간단히 하기 위한 전략이기도 하고 또 일종의 수사적 효과를 극대화하기 위한 방편이기도 하다. 이것은 일종의 언어를 정련시키는 수단이지 결코 언어의 결함은 아니다. 古今의 한어를 비교해 볼 때, 고대한어의 생략 현상은 더욱더 현저하다. 고대한어의 생략은 옛사람들 입장에서 볼 때 결코 이해하기 곤란한 것이 아니었다. 그러나 시간이 지나면서 그 당시 사람들에게는 어렵지 않았던 현상이 지금의 사람들에게는 이해하기 매우 어려운 것이 되어 버리고 말았다. 따라서 서주한어의 생략 현상과 관련하여 토론할 필요가 있다.

서주한어 생략의 방식은 대체로 아래의 몇 가지가 존재한다.

첫째, 대화생략(對話省) : 대화 쌍방이 공통의 상황(또는 문맥)을 공유하기 때문에 일부 성분을 생략할 수 있으며, 이는 의사소통에 영향을 주지 않는다. 예컨대 다음과 같다.

(예) 王乎內史冊命豆閉. 王曰: 閉! [ ]賜女(汝)戠(織)衣、雍[204]巿、鑾旗.(《豆閉簋銘》) 왕께서 內史를 불러 豆閉에게 책명을 내리게 하셨다. 왕께서 말씀하셨다. "閉여! 그대에게 채색의 命服, 황색 蔽膝, 방울 달린 깃발을 하사하노라."

204) [역주] 이 글자의 원래 자형은 '⚭'으로, 이 글자의 釋讀과 관련해서는 의견이 분분하다. 원서와 같이 '雍'으로 보는 경우, '緼'로 읽고, '黃'의 뜻으로 해석한다.

이는 周나라 임금이 豆閉에게 말하는 내용이다. 여기서 '賜' 앞의 주어 '余'가 생략되었다. 그러나 豆閉는 '賜'가 주 임금의 행위인 것을 이해할 수 있다.

둘째, 전참고생략(承前省略) : 일부 성분이 앞에서 이미 출현했다면, 오해가 없는 조건하에서 뒤에서는 이를 생략할 수 있다.

　(예) 子弗祗服厥父事, [ ]大傷厥考心.(《尙書·康誥》) 아들이 그 아버지의 일을 공경하고 복종하지 않으며 아버지의 마음을 크게 상하게 하면

여기서 뒷 절인 '大傷厥考心'의 주어는 분명 '子(아들)'이다. 앞 절 주어 '子'를 이어 생략하였다.

셋째, 후참고생략(蒙後省略) : 일부 성분은 뒤에 출현할 것이기에, 오해가 없는 상황하에 앞에서 이를 생략할 수 있다.

　(예) 弗問[ ]弗仕[ ], 勿罔君子.(《詩經·小雅·節南山》) 묻지도 않고 일 시키지도 않고 군자를 속이지 마라.

이 예의 '問'의 목적어와 '仕'의 목적어는 모두 '君子'여서 앞에서 이를 생략했다.

넷째, 전후참고생략(前後互依省略) : 이는 뒷 문장은 앞 문장을 참고해 생략하고, 앞 문장은 뒷 문장을 참고해 생략하는 것이다.

　(예) 他山之石, 可以爲錯.(一章)
　　　他山之石, 可以攻玉.(二章)(《詩經·小雅·鶴鳴》)
　　　다른 산의 돌도 숫돌로 쓸 수 있다네. 다른 산의 돌로 옥을 갈 수 있다네.

여기서 앞 문장 '可以爲錯'은 아래 문장을 참고하여 '攻玉'을 생략한 것이고, 뒷 문장 '可以攻玉'은 앞 문장을 참고하여 '爲錯'을 생략한 것이다. 즉 이 두 문장의 정확한 의미는 '他山之石, 可以爲錯, 攻玉'일 것이다.

생략된 문장성분의 차이에 따라 서주한어 생략문을 아래와 같이 분류할 수 있다.

1 주어 또는 위어의 생략

1) 주어 생략

주어가 생략되는 현상은 매우 빈번하다. 오히려 문장의 주어가 항시 출현하는 것이 드물 정도이다. 아래의 예는 주어가 모두 출현한 경우이다.

> (예) 爾惟舊人, 爾丕克遠省, 爾知寧王若勤哉!(《尙書·大誥》) 그대들 옛 관리들은 크게 멀리 살필 수 있으니, 그대들은 문왕께서 얼마나 근면하셨는지 알 것이다.

아래는 주어가 생략된 예들이다.

> (1) 天子其萬年無疆, [　]保薛(乂)周邦, [　]畯尹四方.(《大克鼎銘》) 천자께서는 만년토록 영원하실 것이며, 주나라를 보우하고 다스리시고 천하의 모든 나라를 오랫동안 통치하시 리라.

이 예의 두 군데에서 생략된 주어는 모두 '天子'이다.

> (2) 不顯文武, 皇天引厭厥德, [　]配我有周, [　]膺受大命.(《毛公鼎銘》) 위대하신 文王과 武王께서는 하늘이 그 덕을 흡족해하사 우리 주나라를 天命에 합한 나라로 세우셨고 (문왕과 무왕께서는) 천명을 받아 朝見하러 오지 않는 方國들을 회유하셨다.

이 예에서 첫 번째 생략된 주어는 '皇天'이고, 두 번째 생략된 주어는 '我有周' 또는 '丕顯文武'이다.

> (3) 王曰: 彀! [　]令女作司土, [　]官司耤田.(《彀簋銘》) 왕께서 말씀하셨다. "彀여, 그대에게 司徒의 직무를 담당할 것을 명하니, 耤田을 관리하도록 하라."

여기서 첫 번째 생략된 주어는 '余(王을 가리킴)'이고, 두 번째 생략된 주어는 '女(彀를 가리킴)'이다.

> (4) 王若曰: 往哉, 封! [　]勿替敬, [　]典聽朕告, 汝乃以殷民世享.(《尙書·康誥》) 왕이 다음 과 같이 말했다. "가거라, 봉아! 공경해야 할 법을 어기지 말고, 내가 너에게 한 말을 떳떳이

들으면 마침내 너는 은의 백성을 데리고 대대로 누리게 될 것이다."

여기서 생략된 두 주어는 모두 '汝(封을 가리킴)'이다.

　(5) 噫嘻成王, 旣昭假爾. [ ]率時農夫, 播厥百穀.(《詩經·周頌·噫嘻》) 아! 성왕이 이미 밝게
　　너희에게 임하셨으니, 이 농부들을 거느리고 백곡을 파종하여

여기서 생략된 주어는 '爾(즉 農官임)'이다.

　(6) [ ]有來雝雝, 至止肅肅, 相維辟公, 天子穆穆.(《詩經·周頌·雝》) 올 때는 화락하고, 와서
　　는 엄숙하도다. 제사 돕는 이는 辟公인데, 천자는 위엄이 있으시다.

여기서 생략된 주어는 '辟公'이며 뒤에 출현하기 때문에 생략했다.

2) 위어 생략

위어와 주어는 서로 대응하는 문장성분이다. 주어가 생략되는 것은 흔하지만 위어 전체
가 생략되는 경우는 흔하지 않다. 이는 위어가 새로운 정보를 전달하고 있는 반면 주어는
대개 구정보를 나타내기 때문이다. 그러나 묻고 답하는 문맥에서 위어는 생략이 가능하다.

　(예) 誰其尸之? 有齊季女[ ].(《詩經·召南·采蘋》) 누가 이것을 주관하는가? 공경스러운 막내딸
　　이로다.205)

여기서 생략된 위어는 '尸之'이다.

２ 술어(動語) 또는 목적어의 생략

1) 술어 생략

술어와 목적어는 서로 대응하는 문장성분이다. 어떤 경우엔 술어를 생략하고 목적어만

---

205) [역주] '齊'는 '공손하다, 공경스럽다'이다.

남기기도 한다.

(1) 癲趫趫, 夙夕聖爽, 追孝于高祖辛公、文祖乙公、皇考丁公, [　]龢林鐘.(《癲鐘銘》) 癲은 굳세고 용맹스러우며 주야로 사리에 밝고 총명하다. 遠祖 辛公, 문덕이 혁혁하신 乙公, 위대하신 先父 丁公을 추념하기 위해 음률이 조화로운 林鐘[206])을 제작하였다.

여기서 생략된 술어는 '作'이다.

(2) 貞婦人, 吉. [　]夫子, 凶.(《周易·恒卦》) 부인에 대해 점을 치니 길하고, 남편에 대해 점을 치니 흉하다.

여기서 생략된 술어는 '貞'이다.

(3) 其勿誤于庶獄, 惟有司之牧夫[　].(《尚書·立政》) 소송 안건과 안건의 심판에 대해 염려 마시고, 오직 형사를 담당하는 관리로 하여금 다스리게 하십시오.

여기서는 술어인 '乂(다스리다)'를 생략했을 뿐 아니라, 이를 전치된 목적어를 전방조응 하는 '是'도 생략했다.

(4) 藹藹王多吉士, 維君子使[　], 媚于天子.(《詩經·大雅·卷阿》) 애애히 왕께서 길사가 많으시니, 군자가 부리는지라, 천자를 사랑하도다.[207])

여기서는 술어 '聽'이 생략되었고, 또 전치된 목적어를 전방조응하는 '是'도 생략되었다 (즉, "군자가 이들(길사)을 부려 듣게 하다."의 의미이다).

2) 목적어 생략

목적어의 생략은 '일반 목적어의 생략'과 '이중목적어구조 중 간접목적어의 생략' 두 가 지 유형이 있다.

---

206) [역주] '林鐘'에 대해서는 제4장 제3절 [역주] 20 참조.
207) [역주] '藹藹'는 '신하가 충성을 다하는 모양, 또는 많은 모양'이다.

(1) 思皇多士, 克生王國. 王國克生[　], 維周之楨.(《詩經·大雅·文王》) 훌륭한 많은 선비들이
이 왕국에 태어났도다. 왕국에서 능히 길러내니, 주나라의 楨幹이로다.

여기서 '生' 뒤에 목적어 '多士'가 생략되었다.

(2) 師黃賓(儐)滿章(璋)一、馬兩, 吳姬賓(儐)[　]帛束.(《緐簋銘》) 師黃이 緐에게 玉璋 하나
와 말 두 마리를 주었고, 吳姬께서는 비단 한 속을 주셨다.

여기서 동사 '賓' 뒤에 간접목적어 '滿'이 생략되었다.

(3) 烈文辟公, 錫[　]玆祉福.(《詩經·周頌·烈文》) 훌륭한 제후들이 이 복을 주었네.

여기서 동사 '錫' 뒤에 간접목적어 '爾'가 생략되었다.

3) 술어와 목적어를 동시에 생략

(1) 王乎內史[　], 賜衛緇市、朱黃(衡)、鑾.(《廿七年衛簋銘》) 왕께서 內史를 불러 策命書로써
衛에게 명령을 하달하게 하시며, 衛에게 검정색 蔽膝, 붉은 腰帶, 깃발에 다는 방울을 하사하
셨다.

여기서 '冊命衛'가 생략되었다. 이것이 생략되지 않은 예로 "王乎內史尹氏冊命師緇,
賜女玄衣黹屯."(《弭伯師籍簋銘》) (왕께서 內史 尹氏를 불러 策命書로써 師察에게 명령
을 하달하게 하시며 말씀하시길: 그대에게 가장자리가 자수로 장식된 검붉은 색 命服을
하사하노라.)가 있다.

(2) 周公把大鉞[　], 召公把小鉞以夾王.(《逸周書·克殷解》) 주공은 큰 도끼를 쥐고, 소공은
작은 도끼를 쥐고는 무왕을 보좌했다.

여기서는 '以夾王'이 생략되었다. '以'는 접속사이다.

3 전치사 또는 전치사 목적어의 생략

전치사와 전치사 목적어는 서로 대응하는 성분이다. 어떤 경우 전치사만 생략되고 목적어만 남기도 하고, 어떤 경우엔 목적어가 생략되고 전치사가 남기도 한다.

1) 전치사 생략

전치사 '于'는 자주 생략된다.

> (1) 誕寘之[ ]隘巷, 牛羊腓字之.(《詩經·大雅·生民》) 좁은 골목에 그를 버려두자, 소와 양이 비호하고 사랑해주다.

여기서 '隘巷' 앞의 전치사 즉, '于'가 생략되었다.

> (2) 王命卿士, 南仲[ ]大祖.(《詩經·大雅·常武》) 왕께서 경사 남중을 태조묘에서 임명했다.

여기서 '卿士'와 '南仲'은 동격이다. 이 두 구절의 의미는 "宣王이 태조묘에서 경사 남중을 主帥로 임명했다."이다. 즉, '太祖' 앞의 전치사 '于'가 생략되었다.

2) 전치사 목적어의 생략

전치사 '用', '以', '與' 등의 목적어는 생략이 가능하다. 이러한 예는 서주시대에 매우 흔하게 발견된다.

> (1) 魯遼作龢鐘, 用[ ]享考.(《魯遼鐘銘》) 魯遼이 음률이 조화로운 종을 제작함으로써 제사를 지내는 데 사용할 것이다.
> (2) 柳拜稽首, 對揚天子休, 用[ ]作朕剌考尊鼎.(《南宮柳鼎銘》) 柳는 拱手하고 땅에 댄 후 그 위에 머리를 조아리는 예를 행하며, 천자의 은택을 찬양하며, 나의 위대하신 先父께 제사를 드릴 때 쓸 귀중한 鼎을 제작하였다.
> (3) 濟濟多士, 文王以[ ]寧.(《詩經·大雅·文王》) 수많은 선비들이여! 문왕은 그대들로 안녕하셨도다.

(4) 此邦之人, 不可與[ ]明.(《詩經·小雅·黃鳥》) 이 나라 사람들이 더불어 맹약을 할 수 없도다.[208]

4 겸어의 생략

문장에서 겸어는 항시 생략이 가능하다. 그 이유는 대부분의 겸어가 말하지 않아도 분명하기 때문이다.

(1) 穆穆王在鎬京, 乎[ ]漁于大池.(《遹簋銘》) 위엄과 덕망을 갖추신 왕께서 鎬京에 계실 때 (遹를)불러서 (辟雍의)큰 못에서 漁禮를 거행하게 하셨다.

(2) 俾[ ]嗣在王家.(《逸周書·皇門解》) (선왕의 신령이) 그들로 하여금 왕가를 계승하게 하여

(3) 式勿從謂, 無俾[ ]大怠.(《詩經·小雅·賓之初筵》) 이에 따라가 말하여 너무 태만히 하지 말라고 할 수 없겠는가!

(4) 令[ ]往邦, 乎[ ]賜鑾旗.(《肆簋銘》) (肆를)제후로 봉하시고, (肆를)불러서 방울 달린 깃발을 하사하셨다.

(5) 志我共惡, 俾[ ]從殷王紂.(《逸周書·度邑解》) 기억하라! 우리가 혐오하는 그 은나라 사람들은 모두 은나라 주왕을 따르게 하라.

(6) 天位殷適, 使[ ]不挾四方.(《詩經·大雅·大明》) 천하의 지위에 있던 은나라 적손은 천하 사방을 소유하지 못하게 하느니라.

5 관형어 또는 중심어의 생략

관형어수식구도 생략이 가능하다. 어떤 경우엔 관형어를 생략할 수 있고, 어떤 경우엔 중심어를 생략할 수 있다.

1) 관형어 생략

(1) 禴祠烝嘗, 于[ ]公先王. [ ]君曰卜爾, 萬壽無疆. (《詩經·小雅·天保》) 종묘제사인 약, 사와

---

208) 明: 盟.

증, 상을 선공과 선왕께 올리다. 임금께서 너에게 기약하노라 하시되, 만수무강으로 하시도다.

여기서 중심어 '公'과 '君' 앞에는 모두 관형어 '先'이 생략되었다.

(2) 先祖匪[　]人, 胡寧忍予? (《詩經·小雅·四月》) 선조는 타인이 아닌데, 어찌하여 나에게 이렇게 하는가?

여기서 중심어 '人' 앞에는 관형어 '他'가 생략되었다.

(3) 經營四方, 告成于[　]王.(《詩經·大雅·江漢》) 사방을 경영하여 우리 왕께 성공을 아뢰도다.

여기서는 중심어 '王' 앞에 관형어 '我'가 생략되었다.

2) 관형어 중심어의 생략

(1) 雨我公田, 遂及我私[　].(《詩經·小雅·大田》) 비가 우리 공전에 내려, 마침내 우리 사전에도 미치도다.
(2) 帝遷明德[　], 串夷載路.(《詩經·大雅·皇矣》) 상제가 명덕의 군주를 옮긴지라, 곤이가 길 가득히 도망가거늘[209]

여기서 관형어 '明德' 뒤에는 '之君' 또는 '者'가 생략되었다.

(3) 賜[　]于作一田.(《卯簋銘》) 乍地의 경작지 일 田을 하사한다.

이 예의 후치 관형어 '于作一田' 앞에는 중심어인 '田'이 생략되었다.

(4) 對揚王休[　].(《**趩**簋銘》) 왕의 은택을 찬양하노라.

이 예의 관형어 '休' 뒤에는 중심어 '命'이 생략되었다. 이것의 생략되지 않은 예는 "對揚王休命"(《害簋銘》) (왕의 은택을 찬양하노라.)이다.

---

209) [역주] '串夷'는 '混夷'로 고대 중국 서부의 소수민족 이름이다.

6 부사어 또는 중심어의 생략

부사어수식구도 생략이 가능하다. 어떤 경우엔 부사어가 생략이 되고, 어떤 경우엔 중심어가 생략된다.

1) 부사어의 생략

(예) 卿士邦君[　]麻冕蟻裳.(《尙書·顧命》) 경사와 제후들은 삼베 관에 검은 치마를 입고

여기서 중심어 '麻冕蟻裳' 앞에 부사어 '皆'가 생략되었다. 생략되지 않은 예가 "太保太史太宗皆麻冕蟻裳.(《尙書·顧命》) (태보, 태사, 태종 모두 삼베 관에 검은 치마를 입었다.)"가 있다.

2) 부사어 중심어의 생략

(1) 賜鈴勒. 咸[　], 王令毛公以邦冢君、土(徒)馭、或[210]人伐東或骨[211]戎.(《班簋銘》) 깃발에 다는 銅鈴과 말 재갈을 하사하셨다. 마치시고는 왕께서 毛公에게 邦國의 군장과 보병과 전차병 및 **或** 사람들을 이끌고 동쪽 지역의 반란을 일으킨 夷族을 정벌하라고 명하셨다.

이 예의 '咸' 뒤에는 중심어 '賜鈴勒'이 생략되었다. 생략되지 않은 예는 "史獸獻工于尹. 咸獻工, 尹賞史獸裸[212].(《史獸鼎銘》) (史獸가 尹에게 업무 보고를 하였고, 업무 보고를 모두 마쳤다. 尹께서 史獸에게 裸禮를 베풀어 주셨다.)가 있다.

(2) 初筮告, 再三[　]瀆.(《周易·蒙卦》) 처음 점을 치면 미래를 알려주지만, 계속 점을 치면 더럽혀진다.

여기서 부사어 뒤에 중심어 '筮'가 생략되었다.

---

210) [역주] 이 글자의 원래 자형은 '鐵'로 표기되어 있으나, 원래 자형은 '**或**'으로 隸定과 해석에 있어 견해가 분분하기에 여기서는 일단 자형 그대로 제시한다.

211) [역주] 정확한 자형은 '膚'이다.

212) [역주] '裸'에 관해서는 제2장 제4절 [역주] 103 참조.

7 보어 중심어의 생략

어떤 경우, 문장에서 보어의 중심어가 생략되고 단지 보어만 남기도 한다.

(1) 好言[ ]自口, 莠言[ ]自口.《詩經·小雅·正月》 좋은 말도 입으로부터 나오고, 나쁜 말도 입으로부터 나온다.

이 예에서 보어 '自口' 앞에는 중심어 '出'이 생략되었다. 생략되지 않은 예로 아래 같은 것이 있다.

(예) 蛇蛇碩言, 出自口矣.《詩經·小雅·巧言》 편안하고 느린 훌륭한 말은 입으로부터 나오는 것이다.213)

(2) 有卷者阿, 飄風[ ]自南.《詩經·大雅·卷阿》 굽이진 큰 언덕에 회오리바람이 남쪽에서 불어 온다.214)

여기서 보어 '自南' 앞에 원래 생략된 '來' 등과 같은 중심어가 있어야 한다.

(3) 彼何人斯? 其爲飄風. 胡不[ ]自北? 胡不[ ]自南?《詩經·小雅·何人斯》 저 어떤 사람인 가? 그는 회오리바람이로다. 어찌하여 북으로부터 아니 오고, 어찌하여 남으로부터 아니 오는가?

이 예는 위의 (2)와 유사하다.

제4절 서주한어 변형문(變式句)

변형문은 일반어순문(例程句)과 서로 대응한다. 일반어순문은 문장의 각 성분이 통상적

---

213) [역주] '蛇蛇'는 '편안하고 느리다'란 뜻이다.
214) [역주] '阿'는 '언덕'이다.

인 위치에 있는 문장을 가리킨다. 이에 비해 변형문은 어떤 문장성분을 강조하거나 부각시키기 위해 또는 통사를 변환시킬 목적으로 원래의 어순을 뒤바꾸는 문장을 가리킨다. 뒤바뀐 성분은 원래의 위치로 회복시킬 수 있는데 그 경우 문장의 의미는 변하지 않는다. 서주한어에서 자주 등장하는 변형문에는 주위도치문(主謂倒置句), 목적어전치문(賓語前置句), 관형어후치문(定語後置句), 부사어전치/후치문(狀語前置/後置句), 보어전치문(補語前置句)이 있다.

1 주위도치문(主謂倒置句)

서주한어의 주어/위어 순서는 현대한어와 유사하여 주어가 위어의 앞에 출현한다. 그러나 감탄문, 명령문, 의문문에서 어떤 경우 위어를 강조할 목적으로 위어를 주어 앞으로 놓을 수도 있다. 《詩經》에서는 진술문이라 하더라도 주어와 위어가 도치되기도 하는데, 이는 압운이나 시의 운율적 맛을 살리기 위한 것이다.

1) 감탄문(感歎句)의 主謂도치

이러한 형식은 먼저 감탄의 말을 하고 그러고 나서 누구를 감탄하는지, 무엇을 감탄하는지를 말하는 것이다.

(1) 祭公拜手稽首曰: 允, 乃詔!(《逸周書·祭公解》) 제공이 절을 올리며 머리를 조아려 말했다. "지당하십니다. 당신의 조서는!"[215]

(2) 樂只, 君子!(《詩經·小雅·南山有臺》) 즐겁도다, 군자여!

(3) 哿矣, 富人!(《詩經·小雅·正月》) 괜찮도다, 부자들이여!

(4) 哀哉, 爲猶!(《詩經·小雅·小旻》) 슬프도다, 계책을 내는 사람들이여!

(5) 允矣, 君子! 展也大成.(《詩經·小雅·車攻》) 믿음직하구나, 군자여! 참으로 크게 성공할 것이다.

(6) 鞠哉, 庶正! 疚哉, 冢宰!(《詩經·大雅·雲漢》) 궁지에 빠졌도다, 대신들이여! 병들었도다! 고관들이여!

---

215) '允, 乃詔'라는 말은 사실 "당신의 조서는 매우 지당합니다."라는 뜻이다.

2) 명령문(祈使句)의 主謂도치

이 형식은 먼저 '무엇을 해야 한다'라고 말하고 그러고 나서 '누가 해야 한다'는 것을 말한다.

- (1) 往近, 王舅! 南土是保.(《詩經·大雅·崧高》) 가시라, 임금의 외삼촌이여, 남쪽 땅을 보전하러 가시라.[216]
- (2) 肆哉, 爾庶邦君越爾御事.(《尙書·大誥》) 힘써주시오. 그대 여러 나라의 제후들과 그대 일을 맡은 사람들이여.[217]
- (3) 肆, 汝小子封!(《尙書·康誥》) 힘을 다할지니, 너 어린 사람 봉이여!
- (4) 王曰: 吁! 來, 有邦有土!(《尙書·呂刑》) 왕이 말했다. "아! 이리 와라, 나라를 소유하고 땅을 소유한 자들아!"[218]
- (5) 欽之哉, 諸正!(《逸周書·嘗麥解》) 그것을 공경하라, 여러 刑官들이여![219]

3) 의문문(疑問句)의 主謂도치

이 형식은 먼저 의문 내용을 말하고 나서 주어를 말한다.

(예) 王曰: 於乎! 何辜, 今之人?(《詩經·大雅·雲漢》) 아! 무슨 죄가 있는가, 지금 사람이?

4) 진술문(陳述句)의 主謂도치

이러한 문장은 주로 《詩經》에 출현한다. 즉 이러한 형식은 대부분 운문에 나오고 있다. 이러한 주위도치문의 목적은 압운이나 시의 운율을 위한 것이다.

① 형용사 위어 前置

아래의 몇 가지 유형으로 구분할 수 있다.

---

216) 近: 어기사이다.
217) 肆: 힘을 쓰다, 힘을 다하다.
218) 有邦有土: 곧 제후대신들이다.
219) 欽: '敬'의 의미.

a. 일반 형용사 위어의 전치

(1) 有客有客, 亦白其馬.(《詩經·周頌·有客》) 손님이 오네, 손님이 오네, 그 말은 흰색이라
네.220)

(2) 天難忱斯, 不易維王.(《詩經·大雅·大明》) 하늘은 믿기 어려우니, 왕의 지위 지키기 쉽지 않
도다.221)

(3) 宣哲維人, 文武維后.(《詩經·周頌》) 지혜롭도다, 그 사람이여, 문무겸전이로다 그 임금이
여.222)

(4) 崧高維岳, 駿極于天.(《詩經·大雅·崧高》) 높도다 산악이여, 높아 하늘에 닿도다.223)

b. 'AA식' 형용사 위어의 전치 : AA식 형용사는 중첩식의 상태형용사로, 이러한 형용사 위어는 전치가 가능하다.

(1) 喓喓草蟲 趯趯阜螽.(《詩經·小雅·出車》) 찍찍 풀벌레 울고 펄쩍펄쩍 여치가 뛰네.

(2) 蕭蕭馬鳴, 悠悠旆旌.(《詩經·小雅·車攻》) 히이잉 말이 울고, 펄러펄럭 깃발이 나부끼네.224)

(3) 鴻雁于飛, 肅肅其羽.(《詩經·小雅·鴻雁》) 기러기 날아, 날개 소리 푸드득 푸드득.225)

(4) 厭厭其苗.(《詩經·周頌·載芟》) 가지런하고 무성하도다, 그 새싹이여.226)

c. '有A식' 형용사 위어의 전치 : 앞에 접사인 '有'가 있어 '有A식'을 구성한다. 이 역시 일종의 상태형용사이다.

(1) 朱芾斯皇, 有瑲蔥珩.(《詩經·小雅·采芑》) 붉은 등갑이 휘황찬란하고, 푸른 패옥이 창창히
울리도다.227)

---

220) 여기서의 '亦白其馬'는 '其馬亦白'이다.
221) 여기서의 '不易維王'은 '維王不易'이다.
222) '宣哲維人'은 '維人宣哲'이다. '宣哲'은 '지혜로운 것'이다. '文武維后'는 '維后文武'이다. '后'는
곧 임금이다.
223) '崧高維岳'은 '維岳崧高'이다. '崧'은 높은 모양이다.
224) '悠悠旆旌'는 '旆旌悠悠'로, '悠悠'는 '깃발이 펄럭이는 모습'이다.
225) '肅肅其羽'는 '其羽肅肅'이다.
   [역주] '肅肅'은 '새 날개짓 하는 소리'이다.
226) [역주] '厭厭'은 '가지런하고 무성한 모양'이다.

(2) 有饛簋飧, 有捄棘匕.(《詩經·小雅·大東》) 가득한 그릇의 밥이요, 굽은 가시나무 수저로다.228)

(3) 有扁斯石.(《詩經·小雅·白華》) 낮은 이 돌은229)

(4) 節彼南山, 有實其猗.(《詩經·小雅·節南山》) 높은 저 남산이여, 그 언덕에 초목이 가득하도다.230)

(5) 魚在在藻, 有頒其首.(《詩經·小雅·魚藻》) 물고기가 마름풀에 있으니, 그 머리가 크기도 하여라.

(6) 有杕之杜, 有睆其實.(《詩經·小雅·杕杜》) 우뚝한 아가위여, 주렁주렁 달린 그 열매로다.

d. 'AB식' 형용사 위어의 전치 : 이른바 'AB식' 형용사란 연면 형용사를 말한다. 이러한 형용사가 위어로 쓰여 전치가 되는 예는 그리 많지 않다.

(예) 蔽芾其樗.(《詩經·小雅·我行其野》) (들의) 개똥나무가 우북하더라.231)

② 동사 위어 前置

(1) 依彼平林, 有集維鷮.(《詩經·小雅·車舝》) 무성한 저 평림에 꿩이 앉아 있도다.232)

(2) 考卜維王, 宅是鎬京.(《詩經·大雅·文王有聲》) 점을 친 무왕께서 이 호경에 거주하시도다.

(3) 執競武王, 無競維烈.(《詩經·周頌·执竞》) 강하신 무왕이시여, 그 공렬이 비할 데 없도다.

(4) 訪予落止.(《詩經·周頌·訪落》) 내 처음 시작할 때 물어서233)

③ 명사 위어의 前置

(예) 白華菅兮, 白茅束兮.(《詩經·小雅·白華》) 골풀에 하얀 꽃이니, 흰 띠풀로 묶는다.234)

---

227) '有瑲蔥珩'은 곧 '蔥珩有瑲'이다.

228) [역주] '饛'은 '가득한 모양'이다. '飧'은 '익힌 음식'이다. '捄'는 '굽은 모양'이다. '棘匕'는 가시나무로 만든 수저이다.

229) 扁: 낮은 모양.

230) 猗: 언덕.

231) 蔽芾: 풍성한 모양. 其: '들'을 말함.

232) 有集: 서식하다, 깃들다.

233) 落: 시작하다. 訪: 묻다.

234) [역주] '白華'는 하얀 꽃, '菅'은 골풀이다. 이는 곧, 골풀에 하얀 꽃이 핀 것을 형용한 것이다.

④ 수사 위어의 전치

《詩經》에서 수사가 위어로 사용되는 것은 매우 흔하다. 게다가 압운의 목적을 위해 전치되곤 한다.

(1) 誰謂爾無牛? 九十其犉.(《詩經·小雅·無羊》) 누가 너더러 소가 없다 하리오, 검은 입술의 소가 90마리나 되도다.

(2) 誰謂爾無羊? 三百維群.(《詩經·小雅·無羊》) 누가 너더러 양이 없다 하리오, 양떼가 삼백 마리나 되도다.

(3) 三十維物.(同上) 색깔이 삼십 가지나 되는지라.

(4) 十千維耦.(《詩經·周頌·噫嘻》) 짝한 이들이 만 명이로다.[235]

2 목적어전치문(賓語前置句)

서주한어의 목적어전치문은 '일반어순문'과 '변형문'의 둘로 구분된다. 일반어순문은 세 가지가 있다. 즉, "부정문 중 대사목적어가 전치되는 경우", "의문대사목적어가 전치되는 경우", 그리고 "'是'를 목적어로 하여 전치하는 경우"가 있다. 이 세 가지 목적어는 서주시대에 통상적으로 술어 앞에 전치되며 기본적으로 후치되지는 않는다. 변형문은 십여 가지가 있는데 여기에는 '唯＋O＋V'식, '唯＋O＋是＋V'식 등이 있다. 이러한 목적어의 전치는 결국 이 문장성분을 강조하거나 부각시키기 위한 것이다. 이러한 목적어의 원래 통상적인 위치는 동사의 뒤이다.

1) 부정문 대사목적어 전치식

이러한 형식은 殷商시대에 이미 자주 출현하였고, 서주시대에도 적지 않게 출현하고 있다. 하나의 술목구 앞에 부정부사 '不'가 출현하고 목적어는 또 인칭대명사 '我'가 되는 이러한 형식이 비교적 자주 등장한다. 이때, '我'는 전치한다.

(1) 不我能慉.(《周易·鼎卦》) 나를 능히 하지 못하니 (길하리라.)

---

235) 耦: 두 사람이 함께 밭을 가는 것. 十千: 곧 '1만'.

(2) 始者不如今, 云不我可.(《詩經·小雅·何人斯》) 처음에는 지금 같지 않았는데, 이제는 나를 옳다고 하지 않는구나.

(3) 此邦之人, 不我肯穀.(《詩經·小雅·黃鳥》) 이 나라 사람들이 나를 기꺼이 잘 대해주지 않을진대

(4) 天之扤我, 如不我克. 彼求我則, 如不我得. 執我仇仇, 亦不我力.(《詩經·小雅·正月》) 하늘이 나를 흔듦이요, 마치 나를 이기지 못할 듯이 하는구나. 저가 나를 구할 적에는 나를 얻지 못하듯이 안달을 하더니, 나를 붙잡기를 마치 원수처럼 하나 또한 등용함에 힘쓰지 않는구나.236)

(5) 爾不我畜, 復我邦家.(《詩經·小雅·我行其野》) 네가 나를 기르지 아니한데, 우리나라로 돌아가리다.

(6) 及爾如貫, 諒不我知.(《詩經·小雅·何人斯》) 너와 서로 연결되어 있는 것과 같은데, 진실로 나를 모른다고 하는구나.

'不' 뒤의 '爾', '汝', '卬'이 동사의 목적어로 쓰이면 전치해야 한다.

(1) 豈不爾受.(《詩經·小雅·巷伯》) 어찌 네 말을 받아주지 않으리오마는

(2) 如松柏之茂, 無不爾或承.(《詩經·小雅·天保》) 송백의 무성함 같아, 그대를 계승하지 않음이 없도다.

(3) 惟爾洪無度, 我不爾動.(《尚書·多士》) 그대들은 크게 법도가 없으니, 내가 그대들을 흔든 것이 아니다.

(4) 今予惟不爾殺.(同上) 지금 나는 그대들을 죽이지 않는다.

(5) 民寧, 不汝瑕殄.(《尚書·康誥》) 백성들과 더불어 편안하게 되어, 너를 멸하지 않을 것이다.

(6) 越予沖人不卬自恤.(《尚書·大誥》) 나 어린 사람은 나 스스로를 걱정할 겨를도 없소.237)

부정사 '莫' 뒤의 '我', '予', '之'가 동사의 목적어가 되면 역시 전치해야 한다.

(1) 寧莫我有.(《詩經·小雅·四月》) 어찌하여 나를 기억해두지 않는고

(2) 則莫我敢葵.(《詩經·大雅·板》) 우리를 감히 헤아려주는 이가 없나니

---

236) [역주] '扤'은 '動, 흔들다'이다.
237) [역주] '沖'은 '어리다'이다.

(3) 圭璧旣卒, 寧莫我聽.(《詩經·大雅·雲漢》) 규벽을 이미 모두 올렸거늘, 어찌하여 내 말을 들어주지 아니하는가?

(4) 無曰不顯, 莫予云覯.(《詩經·大雅·抑》) 밝지 않은지라, 나를 보는 이가 없다고 말하지 마라.

(5) 心之憂矣, 寧莫之知.(《詩經·小雅·小弁》) 마음의 근심함을 어찌 알지 못하는가!

(6) 執之用黃牛之革, 莫之勝說.(《周易·遯卦》) 황소 가죽으로 묶어두니 벗어나지 못함이라.[238]

부정부사 '毋(또는 '無'로도 씀)' 뒤의 대사목적어, 예컨대 '女(汝)', '我', '時' 역시 동사보다 전치한다.

(1) 世孫孫子子左右虞大父, 毋女(汝)又(有)閑, 對揚天子厥休.(《同簋銘》) 자손 대대 吳大父를 보좌할 것이며, 그대는 나태해서는 안 된다. 천자의 은택을 찬양하노라.

(2) 朕不敢有後, 無我怨.(《尙書·多士》) 나는 하늘의 명을 감히 뒤로 미루지 못하겠으니, 나를 원망하지 마시오.

(3) 不克敬與和, 則無我怨.(《尙書·多方》) 공경하고 화목하지 못한다면 나를 원망하지 마시오.

(4) 小子同未, 在位誕無我責收.(《尙書·君奭》) 어린 나이에 무지하고 우매한데도 벼슬자리에 있는 이들이 나를 책망하고 바로잡아주지 않으니[239]

(5) 無時或怨.(《尙書·無逸》) 아무도 이분을 원망하는 이가 없으니[240]

부정부사 '匪' 뒤의 대사목적어 '爾' 등 역시 동사에 전치한다.

(예) 莫匪爾極.(《詩經·周頌·思文》) 그대의 지극한 덕 아님이 없다.

2) 의문대사목적어 전치식

이러한 형식은 殷商시대의 자료에서는 보이지 않으며 서주 자료에서 발견할 수 있다.

(1) 王其效邦君越御事, 厥命曷以?(《尙書·梓材》) 임금이 제후와 관리들에게 힘쓰라고 하셨는

---

238) 여기서 '說'은 '脫'과 통한다.
239) 責: 질책하다. 收: 바로 잡다.
240) 여기서 '時'는 '이 사람'이다.

데, 그 명령 무엇 때문에 내리셨을까?

(2) 今爾何監?(《尙書·呂刑》) 지금 그대들은 무엇을 본받아야 하겠소?

(3) 天之生我, 我辰安在?(《詩經·小雅·小弁》) 하늘이 나를 낳으시니, 나의 좋은 때는 어디에 있는가?

(4) 云徂何往?(《詩經·大雅·桑柔》) 간들 어디로 가리요?

(5) 亦又何求?(《詩經·周頌·臣工》) 무엇을 챙겨야 할까?

(6) 有皇上帝, 伊誰云憎.(《詩經·小雅·正月》) 위대하신 상제가 누구를 미워하시리오.

(7) 伊誰云從?(《詩經·小雅·何人斯》) 저 누구를 따르는고?

(8) 君子來朝, 何錫予之?(《詩經·小雅·采菽》) 군자가 조회를 하러 오는데, 무엇을 내려줄꼬?

(9) 又何予之? 玄袞及黼.(《詩經·小雅·采菽》) 또 무엇을 줄꼬? 검은 곤룡 저고리에 보무늬 바지네

(10) 國旣卒斬, 何用不監?(《詩經·小雅·節南山》) 나라의 기운이 끊어지는데 어찌 살피지도 않는가.

위의 예(1)~(7)은 모두 일반 의문대사목적어 전치이다. 예(8), (9)는 의문대사를 직접목적어로 하는 것을 전치한 것이다. 예(10)은 의문대사를 전치사목적어로 하는 것을 전치한 것이다.

3) 대사 '是' 목적어 전치식

서주시대에 대사 '是'로 충당되는 목적어는 일반적으로 동사나 전치사 앞에 위치하는데 이것은 그것의 통상적인 어순이다.

① 대사 '是' 동사목적어의 전치

(1) 子孫是保.(《陳逆簋銘》) 자손들은 이것을(이 기물을) 귀중히 다룰지어다.

(2) 若卜筮罔不是孚.(《尙書·君奭》) 마치 거북점이나 시초점처럼 믿지 않는 이가 없다.[241]

(3) 吹笙鼓簧, 承筐是將.(《詩經·小雅·鹿鳴》) 젓대를 불고 생황을 울려 광주리를 받들어 폐백을 올리니

(4) 如賈三倍, 君子是識.(《詩經·大雅·瞻卬》) 마치 장사꾼이 세 배의 이익 보는 것을 군자가 이를 아는 것과 같다.

---

241) [역주] '孚'는 '미쁘다'이다.

(5) 喤喤厥聲, 肅雝和鳴, 先祖是聽.(《詩經·周頌·有瞽》) 황황한 그 소리가 엄숙하고 화하게 울리니 선조가 이를 들으신다.[242]

(6) 祀事孔明, 先明是皇.(《詩經·小雅·信南山》) 제사가 잘 갖추어져 선조께서 여기에 오시니

위의 예들은 모두 '是+V' 하나만을 사용하나, 아래의 예에서는 여러 개의 '是+V'를 병렬로 사용하고 있다.

(1) 是究是圖, 亶其然乎.(《詩經·小雅·常棣》) 이것을 연구하고 이것을 도모하면, 그것이 그러함을 믿게 될 것이다.[243]

(2) 視民不恌, 君子是則是效.(《詩經·小雅·鹿鳴》) 백성들을 가볍게 보지 않으시니, 군자도 이를 법받고 이를 본받는다.

(3) 是伐是肆, 是絕是忽, 四方以無拂.(《詩經·大雅·皇矣》) 이를 정벌하고 이를 풀어 놓으며, 이를 끊고, 이를 멸망시키니, 사방에서 어기는 이가 없다.

(4) 是烝是享.(《詩經·小雅·信南山》) 이를 제사하고 이를 흠향하니

(5) 是類是禡.(《詩經·大雅·皇矣》) 이에게 유제사 올리고, 이에게 마제사 올리니

(6) 是致是附.(《詩經·大雅·皇矣》) 이를 오게 하고, 이를 따르게 한다.

② 대사 '是', '自' 전치사 목적어의 전치

(1) 王賜乘馬, 是用左王.(《虢季子白盤銘》) 왕께서 말 네 필짜리 兵車를 하사하시고, 이것으로써 왕을 보좌하도록 하셨다.

(2) 是用壽老.(《毛公旅鼎銘》) 이로써 장수하다.

(3) 吉蠲爲饎, 是用孝享.(《詩經·小雅·天保》) 길일을 택해 정결히 밥을 지어, 이것으로 효성스럽게 제향하다.[244]

(4) 謀夫孔多, 是用不集.(《詩經·小雅·小旻》) 계획을 내는 사람은 많지만 이 때문에 이루지 못하도다.

(5) 我是用急.(《詩經·小雅·六月》) 내 이로써 급히 여기니

---

242) [역주] '喤喤'은 '시끄러운 소리'이다.
243) [역주] '亶'은 '믿다'이다.
244) [역주] '蠲'은 '깨끗하다'이고, '饎'는 '밥'이다.

대사 '自'가 목적어로 쓰이면 항시 전치된다.

(예) 楚公豪自鑄錫鐘, 孫孫子子其永寶.(《楚公豪鐘銘》) 楚公 豪가 붉은 銅鐘을 스스로 제작하였으니, 자자손손 영원히 귀중히 다룰지어다.[245]

4) '唯+O+V'식

이러한 전치식의 목적어 앞에는 또한 어기부사 '唯'가 첨가되어 어기를 강조하고 있다.

(1) 寧王惟卜用.(《尚書·大誥》) 문왕께서 점을 이용하시어
(2) 今天其相民, 矧亦惟卜用.(《尚書·大誥》) 지금 하늘이 백성들을 돕고 계시니, 또한 점을 따라야 할 것이오.
(3) 惟曰我民迪小子惟土物愛.(《尚書·酒誥》) 우리 백성들이 젊은이들을 인도할 때, 오직 땅에서 나는 물건을 아끼게 한다면
(4) 肆王惟德用.(《尚書·梓材》) 그러므로 왕께서는 오직 덕을 펴시어
(5) 迪惟前人光施于我沖子.(《尚書·君奭》) 오직 옛 분들의 빛을 우리 어린 분에게까지 미치게 할 뿐이오.
(6) 我道惟寧王德延.(《尚書·君奭》) 우리가 오직 문왕의 덕을 이어나가면

5) 'O+是+V'식

이러한 형식은 전치된 목적어와 동사 사이에 '是'가 출현한 것이다. 이 '是'는 전치된 목적어를 전방조응하는 것이다.

(1) 秉國之均, 四方是維, 天子是毗.(《詩經·小雅·節南山》) 나라의 공평함을 잡고 있을진대, 사방을 유지하며 천자를 도와[246]
(2) 舟人之子, 熊羆是裘.(《詩經·小雅·大東》) 사공의 자식은 곰 가죽으로 갖옷을 만들어 입고[247]

---

245) 錫: 붉은 동
246) 毗: 돕다.

(3) 私人之子, 百僚是試.(《詩經·小雅·大東》) 가신의 자식은 온갖 벼슬을 얻는구나.

(4) 靖共爾位, 正直是與.(《詩經·小雅·小明》) 네 지위를 조용히 하고 공손히 하여 정직한 사람을 도와주면248)

(5) 曾孫是若.(《詩經·小雅·大田》) 증손의 마음을 흡족하게 하도다.

(6) 德音是茂.(《詩經·小雅·南山有臺》) 덕음을 무성히 하도다.

6) 'O+之+V'식

이러한 형식은 전치된 목적어와 동사 사이에 '之'가 출현하는 것으로, '之'는 대사로서 전치된 목적어를 전방조응하고 있다.

(1) 王其德之用, 祈天永命.(《尙書·召誥》) 임금께서는 그 덕을 펴시니, 이는 명이 영원하기를 하늘에 비는 것입니다.

(2) 師干之試.(《詩經·小雅·采芑》) 군사들이 적을 막는 것을 익히도다.

(3) 維北有斗, 西柄之揭.(《詩經·小雅·大東》) 북쪽에 두성이 있으니 서쪽으로 자루를 들고 있도다.

(4) 漆沮之從, 天子之所.(《詩經·小雅·吉日》) 칠저를 따라가니 천자의 사냥터이로다.

(5) 止旅乃密, 芮鞫之卽.(《詩經·大雅·公劉》) 거주하는 무리가 **빽빽**하거늘 예수가로 나아가 살도다.249)

(6) 告汝德之說于罰之行.(《尙書·康誥》) 너에게 德에 관한 말과 형벌에 관한 행동을 말하는 것이다.

7) '維+O+是+V'식

이 형식은 '唯+O+V'식과 'O+是+V'식의 융합이다.

(1) 庶獄庶愼, 惟有司之牧夫是訓, 用違.(《尙書·立政》) 여러 소송안건과 안건의 심판은 그 일을 관장하는 관리와 목부를 따르고 어기지 않으셨다.250)

---

247) 裘: '求'와 통한다.
248) 與: 돕다. 靖: 조용히 하다.
249) [역주] '鞫'은 '물가'이다.

(2) 維德是用, 以昏求臣.(《逸周書·皇門解》) 오직 덕을 사용하는 것일 뿐이니 이는 우매함으로 신하를 구하기 때문이다.

(3) 王阜良, 乃惟不順之言[是][用].(《逸周書·皇門解》) 왕이 착하지 않으면 이에 순하지 않은 말을 쓰게 된다.251)

(4) 無維乃身之暴皆(是)恤.(《逸周書·皇門解》) 단지 너희들 자신의 괴로움만 살피지 마라.

(5) 唯酒食是議, 無父母貽罹.(《詩經·小雅·斯干》) 오직 술과 밥을 의논하여 부모에게 근심을 끼침이 없음이로다.

(6) 維邇言是聽, 維邇逐言是爭.(《詩經·小雅·小旻》) 오직 가까운 말만 듣고, 오직 가까운 말만 다툰다.

8) '維＋O＋之＋V'식

이러한 형식은 '唯＋O＋V'식과 'O＋之＋V'식의 융합으로 만들어진 것이다.

(1) 惟文王之敬忌.(《尙書·康誥》) 문왕을 존경하고 두려워하면

(2) 罔不惟進之恭.(《尙書·多方》) 재물을 바쳐 오지 않은 이가 없게 하고252)

(3) 以萬民惟正之供.(《尙書·無逸》) 만민과 더불어 정사를 처리하십시오.

(4) 惟耽樂之從.(《尙書·無逸》) 오직 지나치게 즐기는 것만 추구하다.

(5) 罔不惟德之勤.(《尙書·呂刑》) 덕을 부지런히 하지 않는 사람이 없다.

(6) 匪其止共, 維王之邛.(《詩經·小雅·巧言》) 맡은 일을 공손히 수행하는 것이 아니라 왕을 병 들게 할 뿐이로다.253)

9) 'O＋斯＋V'식

이러한 형식은 전치목적어와 동사 사이에 '斯'를 첨가한 것으로, '斯'는 대사로서 전치된 목적어를 전방조응한다.

---

250) 之: '~와'의 의미이다.
251) 阜: '弗'과 같다.
252) 進: 재물. 恭: 바치다.
253) 邛: 병들게 하다, 해를 끼치다.

(예) 弓矢斯張.(《詩經·大雅·公劉》) 활과 화살을 마련하여

10) 'O+攸+V'식

이러한 형식은 전치목적어와 동사 사이에 '攸'가 출현한 것이다. '攸'는 어기부사이다.

(1) 報以介福, 萬壽攸酢.(《詩經·小雅·楚茨》) 큰 복을 갚아주니, 만수무강을 바라노라.

(2) 萬福攸同.(《詩經·小雅·蓼蕭》) 만복을 모은다.[254]

(3) 風雨攸除.(《詩經·小雅·斯干》) 비바람을 제거하며

(4) 鳥鼠攸去.(同上) 새와 쥐를 제거하다.

11) 'O+于+V'식

이러한 형식은 전치목적어와 동사 사이에 '于'가 출현한다. '于'는 동사 접사이다.

(1) 赫赫南仲, 玁狁于襄.(《詩經·小雅·出車》) 혁혁한 남중이여, 험윤을 평정하였도다.[255]

(2) 赫赫南仲, 玁狁于夷.(《詩經·小雅·出車》) 성대한 남중이여, 험윤을 평정하였도다.[256]

(3) 四國于蕃, 四方于宣.(《詩經·大雅·崧高》) 사국이 둘러싸게 하고, 사방이 담장이 되게 하였다.[257]

(4) 天子明哲, 顯孝于申[258], 經念厥聖保祖師華父.(《大克鼎銘》) 천자께서는 명철하시고 조상신께 효심이 지극하시며, 그 聖明하신 조상이신 保氏 師華父를 늘 마음에 두고 계신다.

12) 'O+來+V'식

이러한 형식은 전치목적어와 동사 사이에 '來'가 출현한다. '來' 역시 동사 접사이다.

(1) 是用作歌, 將母來諗.(《詩經·小雅·四牡》) 이 때문에 노래를 지어, 어머니를 봉양함을 생각

---

254) 同: 聚(모으다).

255) 襄: 제거하다.

256) 夷: 평정하다.

257) 蕃: '藩'과 통하며 병풍이다. 宣: '垣'과 통하며 담장이다. 모두 동사로 쓰이고 있다.

258) [역주] 원서에서는 '申'을 동사로 보았으나, 일반적으로는 '神'으로 읽는다.

하노라.

(2) 顯允方叔, 征伐玁狁, 蠻荆來威.(《詩經·小雅·采芑》) 현명하고 진실한 방숙이여, 험윤을 정벌하니, 만형을 위협하는구나.

(3) 辰彼碩女, 令德來敎.(《詩經·小雅·車舝》) 제때에 알맞은 저 석녀가 좋은 덕을 가르쳐 준다.259)

(4) 萬福來求.(《詩經·小雅·桑扈》) 만복을 구하다.

(5) 旣之陰女, 反予來赫.(《詩經·大雅·桑柔》) 이미 그대를 비호해 주려 하였는데 도리어 내게 노여워하는구나.

(6) 匪安匪游, 淮夷來求.(《詩經·大雅·江漢》) 편안하며 한가히 놀려는 것이 아니라 회의를 찾으려함이다.

13) 'O+V'식

이것은 명사성 성분(비의문대사 포함)이 직접 동사 앞으로 전치한 것이다.

(1) 民獻有十夫予翼, 以于敉寧武圖功.(《尙書·大誥》) 백성 중 10명의 어진 이가 나를 보필하고 가서 어루만져 편안히 하여 선왕께서 도모하신 공을 잇게 하다.260)

(2) 王曰: 若昔朕其逝, 朕言艱日思.(《尙書·大誥》) 왕이 말했다. "옛날에 내가 무경을 정벌하러 갔을 때, 나 또한 날마다 이 어려움을 생각했다."261)

(3) 赫赫師尹, 民具爾瞻.(《詩經·小雅·節南山》) 혁혁한 태사 윤씨여, 백성들이 모두 당신을 바라봅니다.

(4) 豈不爾受, 旣其女遷.(《詩經·小雅·巷伯》) 어찌 네 말을 받아주지 않으리오마는, 화는 너에게 옮겨갈 것이다.

(5) 俾予靖之, 後予極焉.(《詩經·小雅·菀柳》) 나로 하여금 국정을 도모하게 하였으나 뒤에는 나를 미워하셨네.

(6) 我馬旣同.(《詩經·小雅·車攻》) 우리말을 가지런히 뽑아262)

---

259) [역주] '碩女'는 '어질고 덕있는 여인'이다.
260) 予翼: 곧 '翼予'이다.
261) 艱日思: 곧 '日思艱'이다.
262) 同: '齊(가지런히 하다)'임.

(7) 世德作求.(《詩經·大雅·下武》) 선대의 덕을 추구하셨다.

(8) 神之聽之, 式穀以女.(《詩經·小雅·小明》) 신이 네 소원을 들어 복록을 너에게 주리라.[263]

위의 (1)~(7)은 모두 일반 목적어이고, 예(8)의 '穀'은 직접목적어의 전치이다.

14) 전치사목적어 전치식

전치사 '以'와 '用'의 목적어는 어떤 경우 전치가 가능하다.

(1) 民之失德, 乾餱以愆.(《詩經·小雅·伐木》) 백성들이 덕을 잃는 것은 소홀한 음식 대접 때문이다.

(2) 元戎十乘, 以先啓行.(《詩經·小雅·六月》) 큰 수레 열 대로 앞장에서 길을 열어가네.[264]

(3) 醓醢以薦, 或燔或炙.(《詩經·大雅·行葦》) 육장과 젓갈을 올리며 혹은 불고기를 혹은 산적을 올린다.[265]

(4) 惟威惟虐, 大放王命, 乃非德用乂.(《尙書·康誥》) 위협하고 포악한 짓을 하여 크게 왕명을 어기면 덕으로 다스릴 수가 없다.

3 관형어후치문(定語後置句)

서주한어의 관형어는 일반적으로 중심어의 앞에 위치하며 이것은 후세 한어와 동일하다. 그러나 관형어수식구가 목적어로 쓰일 때, 일부 관형어는 중심어 뒤에 놓이기도 한다. 이러한 일부 관형어후치문은 일반어순문으로 볼 수 있는데, 여기에는 '수량구'가 관형어로 쓰이는 후치가 대표적이다. 殷商시대부터 西周까지, 수량구가 관형어로 쓰이면 일반적으로 후치하였고, 전치하는 것은 없었다. 따라서 이것은 일종의 통상적인 어순으로 볼 수 있다. 그러나 대다수 관형어후치문은 변형문으로 본다. 관형어가 후치된 후, 관형어수식구의 중심어는 바로 동사 뒤에 출현하여 간결한 술목관계를 형성하고, 이 중심어에 대해 보충설명을

---

263) 式: 어기부사이다, 穀: 복록. 以: 주다.
264) 이는 원래 '以元戎十乘先啓行'이다.
265) 원래 '以醓醢薦'이어야 한다.

하게 되는 것이다.

후치 관형어는 그 구성성분의 성질에 따라 아래의 몇 가지로 분류할 수 있다.

1) 수사 성분과 수량구가 후치관형어가 되는 경우

이러한 후치관형어는 수사, 수사구, 양사, 수량구로 구성된다. 특히나 수량구가 관형어가 될 때에는 모두가 후치하는데 이 점은 殷商시대와 동일하다. 그러나 수사가 관형어가 될 때는 앞이나 뒤 모두 가능하다.

  (1) 休王易效父呂三.(《效父簋銘》) 왕께서 效父에게 鋁 세 덩이를 하사하셨다.

  (2) 折首五百, 執訊五十, 是以先行266).(《虢季子白盤銘》) 오백 명을 참수하고 오십 명을 포로로 잡아 앞장서서 귀환하였다.

  (3) 今余賜女冊五、錫267)戈彤緌268).(《逆鐘銘》) 이제 내가 그대에게 방패 다섯 개와 붉은 술이 달린 銅戈를 하사한다.

  (4) 武王狩, 禽虎二十有二猫二.(《逸周書·世俘解》) 무왕은 사냥을 가서 호랑이 22마리, 삵 두 마리를 잡았다.

  (5) 俘人三億萬有二百三十.(同上) 포로 삼십만 이백삼십인269)

이상은 모두 수사와 수를 나타내는 구가 관형어로 쓰여 후치된 예들이다. 아래는 수량구가 관형어로 쓰여 후치된 예이다.

  (1) 賜彤弓一、彤矢百、馬四匹.(《應侯見工鐘銘》) 붉은 활 한 개, 붉은 화살 백 개, 말 네 필을 하사하셨다.

  (2) 王易金百守.(《禽簋銘》) 왕께서 銅 백 鈞을 하사하셨다.

----

266) [역주] '是以先行'에 관해서는 '앞서 승전보를 알렸다'로 해석하는 견해도 있다.

267) [역주] '錫'을 '銅'의 의미로 해석하기도 하지만, '今余賜女冊五錫、戈彤緌'와 같이 끊어 읽을 경우, '錫'을 '등쪽에 장식이 있는 방패'로 풀이한다.

268) [역주] 원서에서는 '蘇'로 썼으나, 이 글자의 원래 자형은 '𦀟'으로, 대개 '緌'으로 읽으므로, 이로 수정한다.

269) [역주] 고대 중국에서는 '10萬'을 '1億'이라 했다.

(3) 王姜商(賞)令貝十朋、臣十家、鬲百人.(《令簋銘》) 王姜께서 令에게 貝 십 朋, 臣 열 가구, 백성 백 명을 상으로 내리셨다.

(4) 易女邦司四白.(《大盂鼎銘》) 그대에게 우리 주나라의 관리 네 명을 하사한다.

(5) 匡眾厥臣廿夫寇智禾十秭.(《智鼎銘》270)과 그의 노예 이십 명이 智의 벼 十秭를 훔쳤다.

수량구의 수사가 '一'일 경우, 이는 생략이 가능하다. 이때 단지 양사 하나만 남아 후치관형어가 된다.

(1) 易女 …… 矢束.(《不其簋銘》) 그대에게 …… 화살 한 束을 하사하노라.

(2) 易守宮絲束 …… 馬匹 …… 琜朋.(《守宮盤銘》)271)(守宮에게 비단 한 묶음…… 말 한 필 …… 瓊玉 일 朋을 하사하셨다.

아래 예에서는 수사관형어, 양사관형어 그리고 수량구관형어 모두 후치하고 있다.

(예) 易女弓一、矢束、臣五家、272)田十田, 用從273)乃事.(《不其簋銘》) 그대에게 활 한 개, 화살 한 束, 노예 다섯 가구, 경작지 십 田을 하사하노니, 그대의 직책에 충성하여라.

2) 명사성 성분이 후치관형어가 되는 경우

(1) 易女 …… 旗五日.(《師𩰚簋銘》) 그대에게 …… 다섯 개의 태양이 그려진 깃발을 하사하노라.

(2) 易𩰚 …… 旗四日.(《𩰚簋銘》) 𩰚에게 …… 네 개의 태양이 그려진 깃발을 하사하노라.

(3) 賜緇芾、炯274)黃(衡)、玄衣黹屯(純)、戈琱葳、旂.(《師奎父鼎銘》) 검정색 蔽膝, 茼麻로 만든 腰帶, 가장자리가 자수로 장식된 검붉은 색 命服, 칼날에 무늬가 있는 창, 깃발을 하사하

---

270) [역주] '眾'의 신분에 관해서는 '농사에 종사하는 노예', '농경이나 전쟁에 동원되는 자유민' 등의 견해가 있다.

271) [역주] 원서에서는 《守宮尊銘》으로 표기되어 있으나, 《守宮盤銘》의 오타로 보인다.

272) [역주] 원서에서는 '臣五家' 뒤에 쉼표(,)를 표시했으나, 문장의 의미상 모점(、)이 되어야 하므로 수정하여 제시한다.

273) [역주] 원서에서는 '永'으로 표기되어 있으나, 이는 '從'의 誤字이므로 수정하여 제시한다.

274) [역주] 원서에서 '炯'으로 표기한 이 글자의 원래 자형은 '回'으로, 唐蘭(《唐蘭先生金文論集》, 紫禁城出版社, 1995年, 88쪽)은 '回'이 '茼麻'를 나타내는 '褮'·'㡊'·'絅'·'薁'의 初文이라고 주장했다.

셨다.

(4) 僑女冊五、錫登、盾生皇(凰)畫內(柄)、戈珮葳厚柲肜沙(蘇).(《五年師**旃**簋銘》) 그대에게 방패 다섯 개, 동 투구, 겉면에 봉황이 그려져 있고 채색된 자루가 있는 방패[275], 칼날에 무늬가 있고 붉은 술이 달린 긴 창을 하사하노라.

(5) 易女 …… 戈畫葳厚必肜沙(蘇).(《王臣簋銘》) 그대에게 …… 자루에 장식이 있고 붉은 술이 달린 긴 창을 하사하노라.

(6) 賜女玄衣黹屯(純)、素芾、金鈧(衡)、赤舃、戈珮葳肜沙(蘇)、鋚勒、鑾旗五日.[276] (《弭伯師藉簋銘》) 그대에게 가장자리가 자수로 장식된 검붉은 색 命服, 민무늬 蔽膝, 누른빛 腰帶, 붉은색 신발, 칼날에 무늬가 있고 붉은 술이 달린 창, 고삐와 재갈, 다섯 개의 태양이 그려진 방울 달린 깃발을 하사하노라.

위의 예(1)에서 '旗五日'은 '다섯 개의 태양을 그린 깃발'이다. 여기서 '五日'이 관형어가 되어 '旗' 뒤에 후치관형어로 나오고 있다. 예(2)의 '旗四日' 역시 이와 동일하다. 예(3)의 '戈珮葳'는 새김 장식이 있는 창몸의 창을 말하는데, '珮葳'자체가 관형어수식구이다. 예(4)의 '戈珮葳厚柲肜沙(蘇)'은 '새김 장식을 한 창몸, 긴 창 자루, 붉은 수술이 달린 창'을 말한다. 여기서 '厚柲', '肜沙'는 '珮葳'와 마찬가지로 모두 관형어수식구이다. 이것들이 함께 대등구를 구성하고 다시 '戈'의 후치관형어가 되고 있다. '厚柲'는 '긴 창자루'를 말하고, '肜沙'는 '창끝에 매는 수술'이다. 예(5)의 '戈畫葳厚必肜沙(蘇)'는 (4)의 '戈珮葳厚柲肜沙(蘇)'의 의미와 기본적으로 동일하다. 그리고 세 개의 관형어수식구가 '戈'의 후치관형어로 쓰이고 있다. 다만 '葳'앞의 수식어로 '珮'와 '畫'의 의미가 유사한 다른 수식어가 사용되었을 뿐이다. 예(6)의 '戈珮葳肜沙(蘇)'는 앞의 두 예와 비교할 때, 관형어수식구인 '厚柲'가 없을 뿐이다. 즉, '珮葳'와 '肜沙'가 함께 '戈'의 후치관형어로 쓰이고 있다.

3) 동사성 성분이 후치관형어가 되는 경우

(1) 唯十又三月辛卯, 王在斥, 賜遣采曰列[277], 賜貝五朋. 遣對王休.(《遣卣銘》) 십삼월 辛

---

275) [역주] '生皇'에 대해서는 '방패 머리에 깃털로 장식을 하다'라는 해석도 있고, '畫內'는 '內'를 '芮'로 읽어 '채색 끈'으로 풀이하는 견해도 있다.

276) [역주] 원서에서는 '鑾、旗五日'로 끊어 읽었으나, 금문에 보이는 하사품 중 '鑾旗'가 있으므로, '鑾旗五日'로 붙여 읽는 것이 타당하다.

277) [역주] 원서에서 '列'로 표기한 이 글자는 대개 '**趔**'로 隷定한다.

卯일에 왕께서 斥에 계실 때 遣에게 列이라 불리는 采地를 하사하시고, 貝 오 朋을 내리셨다. 遣은 왕의 은택을 찬양하노라.

(2) 伯買父乃以厥人戍漢中州曰叚曰克.(《中甗銘》) 伯買父가 이에 그 사람으로 叚라 하고 克이라 하는 漢水 가운데 섬을 지켰다.

(3) 用眾一夫曰嗌, 用臣曰疐[曰]朏曰奭, 曰用玆四夫稽首.(《曶鼎銘》) 嗌이라고 하는 眾[278]한 명과 疐·朏·奭이라고 불리는 노예를 넘겨주며 말하길: 이 네 사람으로 배상하고자 한다. (그리고는)땅에 머리를 조아리는 예를 행했다.

(4) 克其日賜休無疆, 克其萬年子子孫孫永寶用.(《善夫克盨銘》) 克은 매일 무한한 은택을 받을 것이며, 만년토록 자자손손 이 기물을 영원히 보배롭게 다룰지어다.

(5) 受福無疆, 四方之綱.(《詩經·大雅·假樂》) 끝없는 복을 받으시고 온 사방의 기강이 되셨도다.

(6) 伯懋父承王令, 賜師率征自五齵貝.(《小臣謎簋銘》) 伯懋父는 왕의 명령을 받아 五齵라는 지방으로부터 함께 정벌을 온 군대에게 貝를 하사하였다.[279]

(7) 乃明于刑之中, 率乂于民棐彝.(《尚書·呂刑》) 이에 형벌의 알맞음을 힘써, 법을 지키지 않는 백성들을 다스렸소.

예(1)의 '采曰列'은 "이름이 열이라 불리는 采邑"이다. 여기서 '曰列'은 후치관형어이고, '采'가 중심어이다. 예(2)의 '漢中州曰叚曰克'은 "이름이 '叚'와 '克'인 漢中州"이다. '曰叚'와 '曰克'은 모두 술목구로 둘 다 '漢中州'의 후치관형어가 된다. 예(4)의 '無疆'은 중심어 '休'의 후치관형어이다. 예(5)의 '無疆'은 중심어 '福'의 후치관형어이다. '無疆'이 관형어로 쓰인 경우 후치안할 수도 있다. 예컨대 "弭仲受無疆福"(《弭仲簋銘》) (弭仲이 무한한 복을 받다.)가 그러하다. 예(6)의 '率征自五齵'는 중심어 '師'의 후치관형어이다. '率征自五齵'의 의미는 "五齵라는 지방으로부터 함께 정벌을 온 군대"이다. 예(7)의 '民棐彝'는 "법을 지키지 않는 백성"이란 뜻으로, '棐彝'는 '民'의 후치관형어이다.

4) 전치사구가 후치관형어가 되는 경우

(1) 賜女田于野, 賜女田于渒, 賜女井家𤔲[280]田于峻, 以厥臣妾, 賜女田于康, 賜女田

---

278) [역주] '眾'의 신분에 관해서는 '농사에 종사하는 노예', '농경이나 전쟁에 동원되는 자유민' 등의 견해가 있다.

279) [역주] 이 문장을 '伯懋父는 왕의 명령을 받아 五齵로부터 탈취한 貝를 군대에 하사했다.'로 해석하기도 한다.

于匽, 賜女田于溥原, 賜女田于寒山.(《大克鼎銘》) 그대에게 埜 지방의 경작지를 하사하고, 淠 지방의 경작지를 하사하며, 峻 지방 井邑의 𤔲田과 (이를 경작하는)남녀 노예를 하사하노라. 康, 匽, 溥原과 寒山 지방의 경작지도 그대에게 하사한다.

(2) 戊子, 令作冊折兄(貺)聖[281]土于相侯.(《作冊折觥銘》) 戊子일에 (왕께서)作冊 折에게 相侯에 있는 聖土를 하사하도록 명령하셨다.[282]

(3) 朕文考眾毛公、遣仲征無需, 毛公賜朕文考臣自厥工.(《孟簋銘》) 나의 문덕이 빛나시는 先父께서 毛公 및 遣仲과 함께 無需를 정벌하셨고, 毛公께서 나의 위대하신 先父께 毛公의 工匠에서 차출된 노복을 하사하셨다.

예(1)의 '田于野'의 의미는 "들에 있는 밭"이며 다른 것들도 마찬가지이다. 예(2)의 '土于相侯'는 "相侯의 토지"이다. 예(3)의 '臣自厥工'은 "工匠에서 차출된 노복"이다. 이들 세 예는 모두 전치사구가 후치관형어로 쓰인 것들이다. 위의 예에서 후치된 관형어는 모두 중심어 바로 뒤에 출현하고 있고, 중심어와 후치관형어 사이에는 기타 문장성분이 삽입되지 않는다. 아래의 두 예는 중심어와 후치관형어 사이에 보어성분이 들어가 있다.

(1) 用牛于天于稷五百有四, 用小牲羊豕于百神水土社二千七百有一.(《逸周書·世俘解》) 천신, 지신에 제사지낼 때, 오백네 마리의 소를 사용하고 산천 토지의 제신들에게 제사할 때에는 이천칠백한 마리의 양, 돼지 등을 사용한다.

(2) 戎獻金于子牙父百車.(《屏敖簋蓋銘》) 淮夷가 子牙父에게 銅 백 수레를 바쳤다.

위의 든 예들은 모두 중심어 뒤에 하나의 후치관형어가 나오는 경우이다. 그런데 어떤 경우엔 후치관형어가 하나 이상일 수 있다.

(1) 王賜中馬自𤖣萬侯四鵻垂.[283](《中觶銘》) 왕께서 中에게 萬侯가 진상한 말 네 필을 하사하셨다.

(2) 賜女邦司四伯、人鬲自馭至于庶人六百又五十又九夫.(《大盂鼎銘》) 그대에게 우리 주나라의 관리 네 명과 백성 중 수레꾼부터 庶人까지 육백오십구 명을 하사한다.

---

280) [역주] 원서에서 '井' 뒤의 두 글자는 '寓□'로 표기되어 있으나, '家𤔲'로 수정 및 보충한다.

281) [역주] 원서에서 '聖'으로 표기한 이 글자의 원래 자형은 '壾'으로, '똘'으로 보는 견해도 있다.

282) [역주] 원서의 견해와 달리 '于相侯'를 '相侯에게'로 해석하는 견해도 다수이다.

283) [역주] 원서에서는 '𤖣'과 '鵻'가 '萬'과 '垂'로 표기되었으나, 여기서는 원래 자형으로 제시한다.

(3) 易田于**敄**五十田, 于旲五十田.(《敔簋銘》) **敄**에 있는 경작지 오십 田과 무에 있는 경작지 오십 田을 하사해주셨다.

(4) 王姜賜旟田三于待簟.(《旟鼎銘》) 王姜께서 旟에게 待簟에 있는 경작지 삼 田을 하사해주셨다.

(5) 懋父賞御正衛馬匹自王.(《御正衛簋》) 懋父께서 御正 衛에게 왕으로부터 받은 말 한 필을 상으로 주셨다.

(6) 匡乃稽首于智, 用五田, 用眾一夫曰嗌, 用臣曰疐[曰]朏曰奠, 曰用玆四夫稽首.(《智鼎銘》) 匡이 이에 智에게 머리를 조아리는 예를 행하고, 경작지 다섯 田을 넘겨주고, 嗌이라고 하는 眾[284) 한 명과 疐·朏·奠라고 불리는 노예를 넘겨주며 말하길: 이 네 사람으로 배상하고자 한다. (그리고는)땅에 머리를 조아리는 예를 행했다.

한편, 관형어가 여럿 일 경우, 어떤 관형어는 중심어 앞에 놓이고, 어떤 관형어는 중심어 뒤에 놓인다. 이렇게 관형어가 중심어 앞뒤로 놓일 때에는 일정한 규칙이 있다.

첫째, 앞에서 말한 대로 후치 가능한 관형어에는 네 가지 종류가 있는데, **수량성분, 명사성 성분, 동사성 성분, 전치사구**가 바로 그것이다. 관형어가 여럿일 경우 항상 후치되는 관형어는 후치되고 후치되지 못하는 관형어는 전치된다.

(1) 王拘駒**敵**, 易盠駒, ▓雷騅子.[285)](《盠駒尊銘》) 왕께서 **敵**에서 執駒禮를 행하시고, 盠에게 ▓雷 지방에서 생산된 푸르고 희며 검정색 털이 섞인 오추마 망아지를 하사하셨다.[286)]

(2) 賜女玄衣黹屯(純)、素芾、金鈧、赤舄、戈琱盛彤沙(蘇)、鋚勒、鑾旗五日.[287)](《弭伯師耤簋銘》) 그대에게 가장자리가 자수로 장식된 검붉은 색 命服, 민무늬 蔽膝, 누른빛 腰帶, 붉은색 신발, 칼날에 무늬가 있고 붉은 술이 달린 창, 고삐와 재갈, 다섯 개의 태양이 그려진 방울 달린 깃발을 하사하노라.

(3) 賜緇芾、炯[288)]黃(衡)、玄衣黹屯(純)、戈琱盛、旗.(《師奎父鼎銘》) 검정색 蔽膝, 경마(苘

---

284) [역주] '眾'의 신분에 관해서는 '농사에 종사하는 노예', '농경이나 전쟁에 동원되는 자유민' 등의 견해가 있다.

285) [역주] 원서에는 '王訊駒斥, 易盠駒, 鑄厥雷騅子.'로 되어 있으나, 위와 같이 수정하여 제시한다.

286) [역주] ▓雷를 지명으로 보는 견해도 있지만, 말의 종속명(種屬名)으로 보는 의견도 있다.

287) [역주] 원서에서는 '鑾, 旗五日'로 끊어 읽었으나, 금문에 보이는 하사품 중 '鑾旗'가 있으므로, '鑾旗五日'로 붙여 읽는 것이 타당하다.

瓱)로 만든 腰帶, 가장자리가 자수로 장식된 검붉은 색 命服, 칼날에 무늬가 있는 창, 깃발을 하사하셨다.

(4) 朕皇考叔旅魚父蓬薄²⁸⁹)降多福無疆.(《叔旅魚父鐘銘》) 나의 위대하신 先父이신 叔旅魚父께서 풍성하고 넉넉하게 많은 복을 무한히 내려주실 것이다.

위에서와 같이 '前置관형어'로는 대사와 형용사가 있으며 이러한 관형어는 후치한 것이 없다. 그리고 후치된 관형어에서 어떤 것은 명사구이고('雛子', '髥屯' 등), 어떤 것은 동사성 성분인데('無疆' 등), 이들은 모두 후치할 수 있다.

둘째, 처소와 재료를 나타내는 단음절 명사의 경우, 비록 명사성 성분에 속하지만 이들은 대개 **후치되지 않는다**. 후치되는 것은 역시 상술한 네 가지의 후치관형어뿐이다.

(1) 疑商民弗懷, 用辟厥辟.(《逸周書·商誓解》) 생각을 하지 않는 상의 백성들을 안정시켜 이로써 그들의 임금을 돕게 만든다.

(2) 魯人三效三遂, 峙乃楨幹.(《尙書·費誓》) 세 效와 세 遂의 노나라의 백성들이여, 그대들의 담틀을 세우시오.

(3) 易女井人奔于量.(《大克鼎銘》) 그대에게 量 지방에서 부역하는 井邑 사람들을 하사하노라.²⁹⁰)

(4) 今余賜女冊五、鍚²⁹¹)戈彤綏²⁹²).(《逆鐘銘》) 이제 내가 그대에게 방패 다섯 개와 붉은 술이 달린 銅戈를 하사한다.

(5) 牖間南嚮, 敷重篾席黼純, 華玉仍几.(《尙書·顧命》) 창 사이에는 남쪽을 향하여, 겹으로 된 검고 흰 비단으로 가선을 두른 대껍질 자리를 깔았고, 오색의 옥을 박은 왕께서 생전에 쓰시던 안석을 놓았다.

---

288) [역주] 원서에서 '炯'으로 표기한 이 글자의 원래 자형은 '同'으로, 唐蘭(《唐蘭先生金文論集》, 紫禁城出版社, 1995年, 88쪽)은 '同'이 '苘瓱'를 나타내는 '蘮'·'瑮'·'絅'·'蘔'의 初文이라고 주장했다.

289) [역주] '蓬薄'에 대해서는 제4장 제3절 [역주] 31 참조.

290) [역주] '量'을 地名이 아니라 '糧田'의 뜻으로 해서하는 견해도 있다.

291) [역주] '鍚'을 '銅'의 의미로 해석하기도 하지만, '今余賜女冊五鍚、戈彤綏'와 같이 끊어 읽을 경우, '鍚'을 '등쪽에 장식이 있는 방패'로 풀이한다.

292) [역주] 원서에서는 '蘇'로 썼으나, 이 글자의 원래 자형은 '𦦣'으로, 대개 '綏'으로 읽으므로, 이로 수정한다.

셋째, 한 중심어의 몇 개 관형어에서 수량사 관형어가 있다면 이 관형어는 반드시 후치시킨다. 전치된 관형어는 후치 불가능한 관형어일 수도 있고, 후치가 가능한 관형어일 수도 있다.

  (1) 天智玉五在火中不銷. (《逸周書·世俘解》) 그 다섯 개의 천지옥은 불에서 녹지 않았다.

  (2) 凡武王俘商舊玉有百萬.(《逸周書·世俘解》) 무릇 무왕은 상의 옛 구슬 백만 개를 획득했다.

  (3) 奪守人四百.(《敔簋銘》) 포로 사백 명을 잡았다.

  (4) 俘艾佚侯小臣四十有六.(《逸周书·世俘解》) 도망갔던 상왕조 제후의 신하 사십육 명을 포로로 잡았다.

  (5) 宮令宰僕賜曻白金十鈞.(《曻鐘銘》) 왕실에서는 '宰僕'으로 하여금 曻에게 銀[293] 십 鈞을 하사케 하셨다.

  (6) 王賜公貝五十朋, 公賜厥涉(世)子效王休貝廿朋.(《效卣銘》) 왕께서 公에게 貝 오십 朋을 하사하셨고, 公은 왕께 하사받은 貝 이십 朋을 세자 效에게 하사하셨다.

④ 부사어전치/후치문(狀語前置和後置句)

서주한어에서 부사어의 위치는 통상적으로 주어 뒤, 위어중심어의 앞이다. 그리고 서주한어에도 문두부사어(句首狀語)가 있다. 자세한 내용은 제5장 제4절의 "부사어의 위치"를 참고하기 바란다. 부사어의 변형문에는 아래의 두 가지가 있다.

1) 부사어전치문(狀語前置句)

일부 부사어는 대체로 주어와 위어의 사이에만 출현한다. 그러나 詩歌에서 격률적 요구를 맞추기 위해 또는 시가의 운율적인 맛을 증가시키기 위해 주어에 전치시키기도 한다.

  (1) 呦呦鹿鳴, 食野之苹.(《詩經·小雅·鹿鳴》) 유유하고 사슴이 우네, 들에서 대쑥을 뜯네.

  (2) 佌佌彼有屋, 蔌蔌方有穀. (《詩經·小雅·正月》) 보잘 것 없는 소인들은 저 집을 소유하며, 가난한 자들은 녹을 소유하거늘[294]

---

293) [역주] '白金'을 '錫(주석)'으로 해석하는 견해도 있다.
294) [역주] '佌佌'는 '작은 모양'이고, '蔌蔌'은 '허름한 모양'이다.

(3) 伴奐爾游矣, 優游爾休矣.(《詩經·大雅·卷阿》) 한적하게 노닐며, 유유히 쉰다.

2) 부사어후치문(狀語後置句)

‘부사어전치문'과 동일한 이유로 일부 부사어는 중심어의 뒤에 놓일 수 있다. 그러나 대개 이들을 보어로 분석하며 부사어로 보지 않는 편이다.

(1) 鳥鳴嚶嚶.(《詩經·小雅·伐木》) 새소리가 앵앵거리다.
(2) 伐鼓淵淵.(《詩經·小雅·采芑》) 북을 침에 둥둥 한다.

5 보어전치문(補語前置句)

보어는 대개 중심어의 뒤에 출현한다. 그러나 어떤 경우 중심어 앞에 놓이기도 한다.

(1) 篤公劉, 于京斯依.(《詩經·大雅·公劉》) 후덕하신 公劉, 京丘에 기거하시니
(2) 篤公劉, 于豳斯館.(《詩經·大雅·公劉》) 후덕하신 공류, 빈 땅에 관사를 정하다.

예(1),(2)의 ‘于京', ‘于豳'은 모두 동사에 전치하고 게다가 대사 ‘斯'을 이용해 전치된 보어를 전방조응하고 있다. 이는 목적어를 전치시키고 ‘斯'를 이용하여 전방조응하는 것과 동일하다.

(예) 朋酒斯饗.(《詩經·豳風·七月》) 두 동이의 술로 연향을 베풀어[295]

어떤 경우, 전치사구보어가 앞으로 전치한 후, 전치사의 목적어가 다시 전치하여 매우 희한한 형식을 구성하기도 한다.

(예) 申伯還南, 謝于誠歸.(《詩經·大雅·崧高》) 신백이 남쪽으로 돌아가니 謝읍으로 진실로 돌아가다.[296]

---

295) [역주] ‘朋'은 ‘한 쌍'의 의미이다.
296) 이는 원래 ‘誠歸于謝'이다.

| 주요 참고문헌 |

黃伯榮·廖序東主編:《現代漢語》(增訂二版)(下冊), 高等教育出版社, 1997年.

楊伯峻·何樂士:《古漢語語法及其發展》(修訂本) (上下), 語文出版社, 2001年.

張玉金:《甲骨文語法學》, 學林出版社, 2001年.

管燮初:《西周金文語法研究》, 商務印書館, 1981年.

楊合鳴:《詩經句法研究》, 武漢大學出版社, 1993年.

戴璉璋:〈殷周造句法初探〉,《國文學報》, 第八期, 1979年, 臺灣師範大學國文學系印行.

沈春暉:〈周金文中之雙賓語句式〉,《燕京學報》, 1936年, 第20期.

錢宗武:〈論今文〈尚書〉的句法特點〉,《中國語文》, 2001年, 第6期.

趙平安:〈論銘文中的一種特殊句型〉,《古漢語研究》, 1991年, 第4期.

陳初生:〈早期處置式略論〉,《中國語文》, 1983年, 第3期.

杜　敏:〈早期處置式的表現形式及其底蘊〉,《陝西師範大學學報》(哲社版), 1996年, 第4期.

楊五銘:〈西周金文被動句式簡論〉,《古文字研究》, 第七輯, 中華書局, 1982年.

周清海:〈兩周金文裏的被動式和使動句〉,《中國語文》, 1992年, 第6期.

唐鈺明等:〈論先秦漢語被動式的發展〉,《中國語文》, 1985年, 第4期.

제7장

서주한어 복문

본장에서는 서주한어에 있는 복문 문제를 토론하고자 한다. 복문의 유형, 종류, 층위 및 긴축 등의 문제를 중점적으로 논할 것이며, 복문과 관련이 있는 연결어(關聯詞語)의 문제도 다룰 것이다. 먼저 복문은 크게 대등복문(聯合句複句)과 종속복문(偏正複句)의 두 종류로 나눌 수 있으며, 이는 각각 다시 세분할 수 있다.

제1절 서주한어 대등복문

이러한 복문 중의 각 절(分句)은 의미상 평등하며, 주종(主從) 관계가 존재하지 않는다. 대등복문은 병렬복문(並列複句), 순접복문(順承複句), 해설복문(解說複句), 술평복문(按斷複句), 점층복문(遞進複句) 등을 포함한다.

1 병렬복문

이러한 복문의 전후 절은 각각 관련성이 있는 몇 가지 사건이나 동일한 사건의 여러 측면을 서술하거나 묘사한다. 각 절 간에는 병렬이나 대조 관계를 이룬다.

1) 병렬관계

병렬관계에서는 각 절 사이에 표현되는 몇 가지 사건이나 측면이 병존하며, 이를 표현하기 위해서는 의합법(意合法)을 쓸 수도 있고, 하나의 연결어나 짝을 이루는 연결어를 사용할 수도 있다.

① **의합법 사용** : 이런 유형의 병렬복문은 연결어를 사용하지 않으며, 오직 의미의 결합에만 의존한다.

(1) 在雩御事, 且[1]酉(酒)無敢酣[2], 有柴烝祀無敢擾[3].(《大盂鼎銘》) 정사를 처리하는 자들이 술에 있어서 감히 탐닉하지 않았고, 紫祭와 烝祭를 지낼 때 감히 술로 인해 소란을 피우지도 않았다.

(2) 勿法(廢)朕命, 毋墜[4]乃政.(《逆鐘銘》) 나의 명령을 폐하지 말며, 그대의 직무에 나태하지 말지어다.

(3) 雩乃訊庶右鄰, 毋敢不明不中不井(型); 乃専(敷)[5]政事, 毋敢不尹人不中不井.(《牧簋銘》) 여러 가지 법률 안건을 처리하는 데 있어 현명하고 공정하며 법도에 따라야 한다. 그대는 직무를 행함에 있어 정돈하고 공정하며 법도에 따라야 한다.

(4) 公賜蜆宗彝一肆, 賜鼎二, 賜貝五朋.(《蜆鼎銘》) 公께서 蜆에게 종묘 祭器 한 벌, 鼎 두 점, 貝 오 朋을 하사하셨다.

(5) 師黃賓滿章一、馬兩, 吳姬賓帛束.(《**蒲**簋銘》) 師黃이 **蒲**에게 玉璋 하나와 말 두 마리를 주었고, 吳姬께서는 비단 한 속을 주셨다.

(6) 大賓豖介章(璋)、馬兩, 賓睽介章、帛束.(《大簋銘》) 大가 豖에게 大璋과 말 두 마리를 선물로 주었고, 睽에게는 大璋과 비단 한 속을 선물로 주었다.

② **하나의 연결어만 사용** : 일반적으로 뒷 절의 앞이나 중간에 연결어를 사용하며, 연결

---

1) [역주] '且'의 원래 자형은 '虘'으로, 제2장 제7절에서는 감탄사로 분석했으나, 여기서는 뒤 구문과 붙여 읽었기에 원서 그대로 제시한다.

2) [역주] '酗'에 대해서는 제2장 제7절 [역주] 236 참조.

3) [역주] '擾'에 대해서는 제2장 제7절 [역주] 237 참조.

4) [역주] '墜'로 표기된 이 글자는 '**豙**(墜)'·'**彖**(弛)'·'豙(惰)' 등으로도 考釋한다.

5) [역주] 원서에서는 '毋(貫)'으로 표기하였으나, 동일 내용의 다른 명문과 비교해보면 '専(敷)'로 보는 것이 타당하므로 수정하였다.

기능이 있는 부사(副詞)나 접속사(連詞)도 쓸 수 있다. 주로 '亦', '又', '復', '衆', '于', '而', '越' 등이 쓰인다.

a. '亦'을 쓰는 경우

(1) 用天降大喪于下國, 亦唯噩侯馭方率南淮尸東尸, 廣伐南或東或, 至于歷內.(《禹鼎銘》) 하늘이 우리나라에 큰 재앙을 내리셨으니, 噩侯 馭方이 南淮夷와 東夷를 거느리고 남국과 동국을 대대적으로 침범하여 歷內까지 이르렀다.

(2) 于弟弗念天顯, 乃弗克恭厥兄, 兄亦不念鞠子哀, 大不友于弟.(《尙書·康誥》) 그리고 아우가 하늘이 밝힌 도리를 생각지 않고 그 형을 공경하지 않으면, 형 또한 부모가 자식을 기른 수고로움을 생각하지 않으며 크게 아우에게 우애롭지 못할 것이다.

(3) 怨不在大, 亦不在小.(同上) 백성들의 원망은 큰데 있지 않으며 또한 작은데 있지도 않다.

(4) 惟王受命, 無疆惟休, 亦無疆惟恤.(《尙書·召誥》) 왕께서 천명을 받은 것은 한없이 좋으며 또한 한없이 근심스럽습니다.

(5) 我不可不監于有夏, 亦不可不監于有殷.(同上) 우리는 하나라를 거울로 삼지 않을 수 없으며, 또한 은나라를 거울로 삼지 않을 수 없다.

(6) 王末有成命, 王亦顯.(同上) 왕께서 끝내 낙읍을 건설하라는 명령이 있으시니 왕께서는 빛나게 될 것이다.

b. '又'를 쓰는 경우

(1) 載易女**㦲**市素黃、**䜌**旗, 又⁶⁾今余曾乃令, 易女玄衣黹屯、赤市朱黃、戈彤沙琱戠、旗五日⁷⁾.(《輔師嫠簋銘》) 먼저 그대에게 검정색 蔽膝, 민무늬 腰帶, 방울 달린 깃발을 하사했고, 또 지금 내가 이 명령을 더하니 그대에게 가장자리가 자수로 장식된 검붉은색 命服, 붉은 蔽膝, 적색 腰帶, 칼날에 무늬가 있고 붉은 술이 달린 창, 다섯 개의 태양이 그려진 깃발을 하사하노라.

(2) 我卜河朔黎水, 我乃卜澗水東, 瀍水西, 惟洛食; 我又卜瀍水東, 亦惟洛食.(《尙書·洛

---

6) [역주] 앞 글자인 '旗'와 '又'를 하나의 글자로 묶어 '**旟**(旟)'로 보는 견해도 있다. 청동기 명문 중 보이는 하사품에는 '䜌旗'가 자주 보인다.

7) [역주] 원서에서는 '五' 뒤에 글자가 없으나, 청동기 명문 중 보이는 하사품 중 '旗五日'이 자주 보이는 점에 근거하면 다음 글자인 '日'까지 끊어 읽는 것이 타당하다.

誥》) 저는 황하 북쪽의 여수를 점쳐보았고, 이어서 간수 동쪽과 전수 서쪽을 점쳐보았으나 오직 낙읍만이 길하였습니다. 저는 또 전수 동쪽을 점쳐보았으나 또한 오직 낙읍만이 길하였습니다.

(3) 彼有旨酒, <u>又</u>有喜肴.(《詩經·小雅·正月》) 저들에겐 맛있는 술이 있고 또 좋은 안주도 있네.

c. '復'을 쓰는 경우

(예) 自瀗涉以南, 至于大沽, 一封, 以陟, 二封, 至于邊柳, <u>復</u>涉瀗, 陟雩.(《散氏盤銘》) 瀗水를 건너서부터 남쪽으로는 大沽에 이르는 곳까지가 첫 번째 경계이다. 올라가 두 번째 경계는 邊柳까지이며, 다시 瀗水를 건너 雩에 올랐다.

d. '眔'을 쓰는 경우

(1) 穀[8]百生豚, <u>眔</u>賞卣鬯貝.(《土上卣銘》) 백관들에게 새끼 돼지를 대접하였고, 한 항아리의 鬯酒와 貝를 하사하셨다.

(2) 小臣**謎**蔑歷, <u>眔</u>易貝.(《小臣**謎**簋銘》) 小臣**謎**은 왕으로부터 격려를 받고, 貝를 하사받았다.

(3) 賜君我, <u>眔</u>[9]賜壽.(《縣妃簋銘》) 남편과 나에게 賞賜를 내려주셨고, (나는)장수를 기원하노라.

e. '于'를 쓰는 경우

(1) 子弗祗服厥父事, 大傷厥考心, <u>于</u>父不能字厥子, 乃疾厥子, <u>于</u>弟弗念天顯, 乃弗克酒厥兄, 兄亦不念鞠子哀, 大不友于弟.(《尙書·康誥》) 아들이 그 아버지의 일을 공경하고 복종하지 않으며 아버지의 마음을 크게 상하게 하면, 아버지도 그 아들을 사랑하지 않고, 그 아들을 미워할 것이다. 그리고 아우가 하늘이 밝힌 도리를 생각지 않고 그 형을 공경하지 않으면, 형 또한 부모가 자식을 기른 수고로움을 생각하지 않으며 크게 아우에게 우애롭지 못할 것이다.

(2) 杜白乍寶盨, 其用享孝于皇申且孝, <u>于</u>好朋友.(《杜白盨銘》) 杜伯이 귀중한 盨를 제작하니, 上帝와 先祖先父께 제사를 드리고, 僚屬들을 즐겁게 하는 데 사용할 것이다.

---

8) [역주] 이 글자의 원래 자형은 '晉'으로, '豊', '禮', '穀(殼)' 등으로 考釋하는 견해가 있다.

9) [역주] 원서에서는 '眔'으로 되어 있으나, 실제 명문에서는 '隹'로 되어 있다. 그러므로 이 예문은 절 사이의 병렬접속사로 '眔'이 쓰인 예로 적합하지 않으나, '隹' 역시도 절 사이의 병렬접속사로써 쓰인 것으로 그 기능은 같다고 할 수 있다.

f. '而'를 쓰는 경우

(예) 戎獻金于子牙父百車, 而賜魯屛[10]放金十鈞.(《屛放簋蓋銘》) 淮夷가 子牙父에게 銅 백 수레를 바치자 노나라의 屛放에게 銅 십 鈞을 하사하셨다.

g. '越'을 쓰는 경우

(예) 天降威, 我民用大亂喪德, 亦罔非酒惟行; 越小大邦用喪, 亦罔非酒惟辜.(《尙書 · 酒誥》) 하늘이 벌을 내려서 우리 백성들이 크게 어지러워지고 덕을 잃은 것은 또한 술로써 행해짐이 아닌 것이 없다. 그리고 작은 나라 큰 나라들이 망하게 된 것도 술로써 잘못된 것이 아닌 것이 없다.

③ 짝을 이루는 연결어 사용

(1) 既其永懷, 又窘陰雨.[11](《詩經 · 小雅 · 正月》) 슬픔이 가슴에 가득 차 있는데 장맛비도 괴롭히네.

(2) 既右烈考, 亦有文母.(《詩經 · 周頌 · 雝》) 文王을 높이며, 또 태사를 높이게 하시네.

2) 대조관계

앞뒤절의 의미가 상반되거나 상대적인 관계로, 두 가지 상황이나 사건의 대비나 대립을 표시한다. 두 개의 절이 각각 긍정과 부정으로 서로 대비를 이룰 수도 있고, 두 개의 절이 각기 다른 내용으로 대조를 형성할 수도 있다.

① 긍정과 부정이 서로 대비되는 경우

한 절은 긍정을, 다른 절은 부정을 표시하므로, 변별이 쉽다. 부정문에서는 반드시 부정사(否定詞)가 사용되며, 아래의 몇 가지 상황으로 세분할 수 있다.

---

10) [역주] 원서에서는 '殿'으로 표기되었으나, 기물명에 보이는 作器者의 이름에 따라 '屛'으로 고쳐썼다.
11) [역주] 원서에는 '既其永懷, 又窘陰雨'로 되어 있으나, '既'는 '終'의 오기로 보인다. 다만 '終'은 여기에서 '既'의 의미로 본다.

a. 부정문에서 '非'가 사용된 경우 : '非'는 '惟'와 앞뒤로 호응하며, '~이 아니라 ~이다'라는 의미를 나타낸다.

(1) 天非虐, 惟民自速辜.(《尙書·酒誥》) 하늘이 포악한 것이 아니고, 오직 백성들이 화를 자초한 것이다.

(2) 非予罪, 時惟天命.(《尙書·多士》) 이것은 나의 죄가 아니라 이는 천명이다.

(3) 非我小國敢弋殷命, 惟天不畀允罔固亂, 弼我.(同上) 우리 조그만 나라가 감히 은나라 명을 빼앗은 것이 아니고, 오직 하늘이 아첨하고 속이고 숨기고 미혹시키는 사람에게 주지 않으시고 우리를 도우신 것이오.

(4) 非佞折獄, 惟良折獄.(《尙書·呂刑》) 간사한 사람이 옥사를 판결하게 하지 말고 오직 선량한 사람이 옥사를 판결하게 하다.

(5) 典獄非訖于威, 惟訖于富.(同上) 옥사를 맡음은 징벌하는 것에 목적이 있지 아니하고, 그들을 잘 살게 하는 데 있다.

'非'는 '乃惟'와 호응하기도 하는데, 이때도 '~가 아니라 ~이다'는 뜻을 표시한다.

(1) 人有小罪, 非眚, 乃惟終.(《尙書·康誥》) 사람이 작은 죄가 있더라도, 재앙으로 인한 죄가 아니면, 故意로 한 것이다.

(2) 非終, 乃惟眚災.(同上) 고의가 아니면 재앙으로 인한 죄이기 때문에

(3) 非我有周秉德不康寧, 乃惟爾自速辜.(《尙書·多方》) 우리 주나라가 지닌 덕이 안정되지 못하여 그런 것이 아니라 바로 그대들이 죄를 자초한 것 때문이다.

(4) 非天庸釋有夏, 非天庸釋有殷, 乃惟爾辟以爾多方大淫, 圖天之命, 屑不辭, 乃惟有夏圖厥政, 不集于享.(同上) 하늘이 하나라를 버린 것도 아니고, 하늘이 은나라를 버린 것도 아니며, 오히려 그대들의 군주가 그대들 여러 나라와 더불어 지나치게 하늘의 명을 가볍게 여기고 많은 죄를 지었기 때문이다. 즉 하나라는 그 정사를 경시하여 안락함을 누리는 길로 나아가지 않은 것이다.

때로는 부정문에서만 '非'를 사용하고, 긍정문에서는 '惟'나 '乃惟'를 쓰지 않는 경우도 있다.

(예) 予言非敢顧天命, 予來致上帝之威命明罰.(《逸周書·商誓解》) 나는 감히 천명에 반하지 않고 상제의 위엄 있는 명령과 엄격한 형벌을 집행할 것이다.[12]

b. 부정문에서 '匪'가 사용된 경우 : '匪'는 '非'로 통가된 것으로, 역시 '아니다'의 의미이다. '匪'와 '維'는 호응관계이며, '~이 아니라 ~이다'라는 의미를 나타낸다.

(예) 匪舌是出, 維躬是瘁.(《詩經·小雅·雨無正》) 말을 못 하는 것이 아니라 몸이 병들어서이다.13)

'匪'는 단독으로 사용 가능하며, 부정문에 출현하나, 이와 호응하는 '維'나 '乃維'가 긍정문에 보이지 않는 경우도 있다.

(1) 匪我求童蒙, 童蒙求我.(《周易·蒙卦》) 내가 어리석은 사람에게 가르침을 구하는 것이 아니라 어리석은 사람이 나에게 가르침을 구한다.

(2) 匪寇, 婚媾.(《周易·賁卦》) 도적질 하러 온 것이 아니라 신부를 얻기 위함이다.

(3) 亂匪降自天, 生自婦人.(《詩經·大雅·瞻卬》) 난은 하늘에서 내려오는 것이 아니라, 지어미로 인하여 생겨난 것이네.

c. 부정문에서 '不'이 사용된 경우 : '不惟'와 '惟'가 앞뒤로 호응하는 경우도 있으며, '~이 아니라 ~이다'의 뜻을 나타낸다. '不惟'는 '非'의 의미에 해당한다.

(예) 我不惟多誥, 我惟祗告爾命.(《尙書·多方》) 나는 여러 말로 고하지 않겠고, 다만 삼가 그대들에게 하늘의 명을 고할 뿐이다.

'不惠'와 '惟'가 전후로 짝을 이루기도 하며, '~이 아니라 ~이다'의 의미를 나타낸다.

(예) 予不惠若茲多誥, 予惟用閔于天越民.(《尙書·君奭》) 나는 이처럼 여러 말로 훈계하지 않겠고, 나는 오직 하늘과 백성을 걱정할 뿐이다.

'不'은 부정문에 단독으로 출현 가능하며, '~이 아니라 ~이다'의 뜻이다.

(1) 爾克敬, 天惟畀矜爾; 爾不克敬, 爾不啻不有爾土, 予亦致天之罰于爾躬.(《尙書·多

---

12) 言: 衍文. 顧: 반하다.
13) 出: 병이 나다. 瘁: 훼손하다.

土)) 그대들이 근신할 수 있다면 하늘이 그대들을 가엾이 여겨 주실 것이고, 그대들이 근신하지 못한다면, 그대들은 그대들의 땅을 가지지 못하게 될 뿐 아니라 나 또한 하늘의 벌을 그대들의 몸에 시행할 것이오.

(2) 不利爲寇, 利御寇.(《周易·蒙卦》) 도둑이 되는 것은 이롭지 않고 도둑을 막는 것이 이롭다.

(3) 利西南, 得朋; 東北, 喪朋.(《周易·坤卦》) 서남쪽이 길하여 벗(혹은 재물)을 얻을 것이고 동북쪽은 불길하니 벗(혹은 재물)을 잃을 것이다.[14]

d. 부정문에서 '無'가 사용된 경우:

(1) 人無於水監, 當於民監.(《尙書·酒誥》) 사람은 물에 모습을 비추지 말고, 마땅히 백성에 자신을 비추어야 한다.

(2) 兄及弟矣, 式相好矣, 無相犹矣.(《詩經·小雅·斯干》) 형과 아우는 사이좋게 지내며 서로 탓하는 일이 없네.

② 다른 내용이 서로 대비되는 경우

의합법을 사용하거나 연결어를 사용하는 두 가지 경우가 있다.

a. 의합법을 사용하는 경우

(1) 昔先王旣令女作司土, 今余唯或改.(《牧簋銘》) 예전에 선왕께서는 그대를 司土로 임명했었고, 이제 내가 다시 변경하였다.[15]

(2) 皇考嚴在上, 異(翼)在下.(《虢叔旅鐘銘》) 위대하신 先父께서 上帝의 곁에서 공손하게 계시고, 인간 세상에도 경건하게 왕래하신다.

(3) 惟聖罔念作狂, 惟狂克念作聖.(《尙書·多方》) 성인이라도 생각하지 않으면 어리석은 사람이 되고, 어리석은 사람이라도 생각하면 성인이 된다.[16]

(4) 太保率西方諸侯入應門左, 畢公率東方諸侯入應門右.(《尙書·康王之誥》) 태보가 서쪽 제후들을 인솔하고 응문 좌측으로 들어오고, 필공이 동쪽 제후들을 거느리고 응문 우측으로 들어왔다.[17]

---

14) '東北' 앞에는 '不利'가 생략되어 있음.
15) '昔'과 '今'이 서로 대비됨.
16) '聖'과 '狂'이 서로 대비됨.

(5) 周公、召公內弭公兄, 外撫諸侯.(《逸周書·作雒解》) 주공과 소공은 안으로는 父子兄弟들을 편안케 하고, 밖으로는 제후방국을 위로했다.[18]

(6) 朕身尙在茲, 朕魂在于天. (《逸周書·祭公解》) 내 몸은 여기에 있지만 내 영혼은 천상에 있다.[19]

b. 연결어를 사용하는 경우 : 앞뒤절 모두 '則'을 사용해서 '則 …… 則 …… '의 형식을 구성한다.

(1) 氐[20]則俾我賞馬, 效父則俾復厥絲束.(《曶鼎銘》) 나는 限이 (계약 위반을)인정하며 말하길: 氐한테는 내가 그 말을 상환하게끔 하였고, 效父한테는 내가 그 蠶絲를 되돌려 주게 하였다.

(2) 不(丕)顯王作(則)省, 不(丕)肆王作(則)庸.(《天亡簋銘》) 크게 빛나시는 왕께서는 살피시고, 크게 애쓰시는 왕께서는 공로가 있으시도다.[21]

(3) 三人行則損一人, 一人行則得其友.(《周易·損卦》) 세 사람이 갈 때는 한 사람을 잃게 되고, 한 사람이 갈 때는 벗을 얻게 된다.

(4) 出則銜恤, 入則靡至.(《詩經·小雅·蓼莪》) 나가서는 걱정만 하게 되고 들어와서는 기댈 곳이 전혀 없네.

2 순접복문

이 복문은 시간이나 사건의 순서에 따라 연속된 동작을 표현하는 것으로, 각 절 사이에 앞뒤로 이어지는 관계가 존재한다. 이런 유형의 복문은 순서를 바꿀 수 없으며, 바꾼다면 시간이나 논리상의 모순이 생긴다. 이런 의미 관계를 표현하기 위해서는 의합법이나 연결어를 사용할 수 있다.

---

17) '東'과 '西', '左'와 '右'가 서로 대비됨.
18) '內'와 '外'가 서로 대비됨.
19) '身'과 '魂'이 대비됨.
20) [역주] 원서에서는 '質'로 표기되었으나, 원래 자형대로 제시한다.
21) [역주] 두 번째 구문의 해석에 관해서는 많은 異說이 있다. 대표적으로 두 번째 '不' 뒤의 글자는 '𢎒'로, '不𢎒'를 '不僭'으로 해석하는 의견이 있으며, '庸'의 경우 '庚'으로 읽어 '계승한다'고 해석하기도 한다. 또, 제사 시 악기를 사용하던 상황과 연결하여 '乍省'과 '乍庸'은 각각 '作笙'과 '作鏞'으로 읽기도 한다.

1) 의합법 사용

(1) 王祀于天室, 降.(《天亡簋銘》) 왕께서 天室에서 제사를 지내시고 내려오셨다.

(2) 頌拜稽首. 受令冊, 佩以出, 反(返)入瑾璋.(《頌簋銘》) 頌은 拱手하고 땅에 댄 후 그 위에 머리를 조아리는 예를 행하고, 策命書를 받고 이를 간직하고 밖으로 나갔다가 다시 돌아와 朝覲할 때 사용한 玉章을 바쳤다.

(3) 司徒南仲右(佑)無惠, 內(入)門, 立中廷.(《無惠鼎銘》) 司徒 南仲이 無惠를 인도하여 문에 들어와 中廷에 섰다.

(4) 走作朕皇祖、文考寶龢鐘, 走其萬年子子孫孫永寶用.(《走鐘銘》) 走가 나의 영명하신 선조와 文德이 빛나시는 先父를 위해 귀중한 음률이 조화로운 종을 제작하였다. 走는 만년토록 자자손손 영원히 소중히 하며 제사에 사용할 것이다.

(5) 太保受同, 降, 盥.(《尙書·顧命》) 태보가 술잔을 받아 내려와 손을 씻었다.

(6) 太保受同, 祭, 嚌, 宅, 授宗人同, 拜.(《尙書·顧命》) 태보가 술잔을 받아 술을 뿌리고 술잔을 입에 살짝 대었다가 술잔을 놓는 자리에 놓았다가 종인에게 술잔을 주고 절을 했다.

2) 앞절에 연결어 사용

순접복문에서 연결어를 한 개만 사용할 경우, 앞절에 놓인다. '旣', '咸', '旣咸', '咸旣' 등이 여기에 해당한다.

① '旣'를 사용한 경우

(1) 今余旣一名典, 獻白氏.(《六年琱生簋銘》) 지금 나는 문서에 모두 서명하였고, 이를 白氏(召伯虎)에게 바쳤다.

(2) 旣受命, 還.(《尙書·顧命》) 이미 명을 받고 돌아갔다.

(3) 群公旣皆聽命, 相揖, 趨出.(《尙書·康王之誥》) 삼공과 제후들은 왕의 명령을 듣고 서로 읍하고 서둘러 나갔다.

(4) 王旣[誓], 以虎賁戎車馳商師, 商師大敗.(《逸周書·克殷解》) 무왕은 誓師를 하고서 虎賁과 戎車로 상나라 군대를 향하여 돌진하였고 그 군대를 크게 무찔렀다.

(5) 旣見君子, 庶幾說懌.(《詩經·小雅·頍弁》) 군자를 만나 뵈니 내 마음 기쁘네.

(6) 旣見君子, 賜我百朋.(《詩經·小雅·菁菁者莪》) 군자를 만나 뵈니 많은 재물이 들어온 듯하네.

② '咸'를 사용한 경우

(1) 史獸獻工(功)于尹. 咸獻工, 尹賞史獸祼22), 賜豕鼎一、爵一.(《史獸鼎銘》) 史獸가 尹에게 업무 보고를 하였고, 업무 보고를 모두 마쳤다. 尹께서 史獸에게 祼禮를 베풀어 주시고, 豕鼎 하나와 爵 하나를 하사하셨다.

(2) 王咸誥, 何賜貝卅朋.23)(《何尊銘》) 왕께서 훈계를 끝내시고 何는 貝 삼십 朋을 하사받았다.

(3) 咸禱24), 伯唐父告备.(《伯唐父鼎銘》) 禱祭가 끝나고, 伯唐父가 (뒤에 거행될 儀節의)모든 준비가 끝났음을 아뢰었다.

(4) 咸禱25), 王蔑歷, 賜秬鬯一卣、貝廿朋.(同上) 禱祭가 끝난 후, 왕께서 (伯唐父를) 격려하시고 격려하시고 秬鬯酒 한 항아리와 貝 이십 朋을 하사하셨다.

(5) 王宜人(夷)方無斁. 咸, 王商(賞)作冊般貝.(《作冊般甗銘》) 왕께서 人方을 치기 위해 宜祭를 거행하셨으니 (행사에 있어서)경솔함이 없었다. 모든 일이 끝나고, 왕께서 作冊 般에게 貝를 상으로 내리셨다.

(6) 王在鎬26)京濕宮, 親令史懋路筮. 咸, 王乎伊伯賜懋貝.(《史懋壺銘》) 왕께서 鎬京의 濕宮에 계시면서, 史懋에게 점대를 밖에 내놓으라고27) 친히 명하셨다. 일이 다 끝났다. 왕께서 伊伯을 부르셔서 懋에게 貝를 하사하게 하셨다.

③ '旣咸', '咸旣'를 사용한 경우

'旣'와 '咸'은 동의어로 붙여서 쓸 수 있다. 이 두 어휘는 병렬관계로 자리를 바꿔 쓸 수도 있다.

(1) 旣咸令, 甲申明公用牲于京宮.(《矢令方尊銘》) 명령을 다 내린 후 甲申일에 明公께서 京宮에서 희생물을 바치는 제사를 거행하셨다.

---

22) [역주] '祼'에 관해서는 제2장 제4절 [역주] 103 참조.

23) [역주] 원서에서는 '王咸誥何, 賜貝卅朋'으로 끊어 읽었으나, 王咸誥, 何賜貝卅朋'으로 수정하여 제시한다.

24) [역주] '禱'에 관해서는 제2장 제2절 [역주] 30 참조.

25) [역주] 위의 각주 참고.

26) [역주] '鎬'에 대해서는 제2장 제2절 [역주] 40 참조.

27) [역주] '路筮'에 대한 해석은 이견이 분분하며, 잠정적으로 方濬益(《綴遺齋彝器款識攷釋》, 北京圖書館出版社, 2004年, 卷十·八), 楊樹達(《積微居金文說》, 中華書局, 1997年, 224쪽), 馬承源(《商周青銅器銘文選》, 文物出版社, 1988年, 第三冊 159쪽)의 의견을 따르도록 하겠다.

(2) <u>咸旣</u>, 用牲于王[28].(同上) 다 마친 후, 王城에서 희생물을 사용하는 제사를 거행했다.

3) 뒷 절에 연결어를 쓰는 경우

복문의 뒷 절에는 사용하는 연결어로는 주로 '乃', '誕', '則', '斯', '遂', '爰', '因' 등이 있다.

① '乃'를 사용한 경우

(1) 王敦伐其至[29], 戜伐厥都, 報孚[30]<u>乃</u>遣間[31]來逆邵[32]王.(《胡鐘銘》) 왕의 토벌이 이르렀고 그 수도를 공격하였다. 報孚는 이에 間을 파견하여 왕을 맞아 알현하였다.

(2) 王令省史南以即虢旅, 虢旅<u>乃</u>事(使)攸衛牧誓.(《鬲从盨銘》) 왕이 조사를 명하시자 史南이 이로써 虢旅에게 나아가니, 虢旅는 이에 攸衛牧으로 하여금 맹세하게 했다.

(3) 雷吏厥友弘[33]以告于白懋父, 在鎬[34], 白懋父<u>乃</u>罰得孚[35]古三百守.(《師旂鼎銘》) 雷는 그의 僚屬인 弘을 보내 伯懋父에게 이 일을 고하였고, 鎬 지방에 있을 때, 伯懋父께서 이에 師旂에게 孚古(화폐의 일종)[36] 삼백 鋝을 벌금으로 취하였다.

(4) 明公賜亢師鬯、金、小牛, 曰: 用禱[37], 賜令鬯、金、小牛, 曰：用禱, <u>乃</u>令曰：今我唯令女二人亢众矢爽(尚)[38]左右于乃寮, 以乃友事.(《矢令方尊銘》) 明公께서 亢師에게

---

28) [역주] 원서에서는 '用牲于明公'으로 되어 있으나, '用牲于王'의 오타로 보인다.

29) [역주] 원서에서는 '王敦伐'을 主謂句로 봤으나, '至'를 '국경'의 의미로 보아 '왕께서 그 국경을 치셨다'는 뜻으로 해석하는 견해도 있다.

30) [역주] '報孚'에 대해서는 제2장 제4절 [역주] 88 참조.

31) [역주] '間'에 대해서는 제2장 제4절 [역주] 89 참조.

32) [역주] '邵'에 대해서는 제2장 제2절 [역주] 60 참조.

33) [역주] '弘'을 '引'으로 考釋하는 견해도 있다.

34) [역주] 원서에서 앞선 용례들에서는 원래 자형이 '蒿'인 글자를 '鎬'로 표기하고 있으나, 여기 '鎬'의 원래 자형은 '茻(芳)'으로 사실상 다른 글자로 봐야 한다.

35) [역주] 원서에서 '孚'으로 표기한 이 글자에 대해서는 '賏', '甾' 등으로 보는 견해도 있다.

36) [역주] '孚古'의 의미에 대해서는 '화폐의 일종', '지명', '노예의 이름', '연좌' 등 해석이 분분한데, 여기서는 잠정적으로 '화폐의 일종'이란 의견을 따르기로 하겠다.

37) [역주] '禱'의 원래 자형은 '禫'으로 '祓'로 보기도 한다.

38) [역주] 이 글자의 원래 자형은 '爽'으로, '爽' 외에도 '夾', '母', '奭', '林'으로도 考釋하는 아직 정설이 없다. 원서에서는 《令彝銘》 중의 이 글자에 대해서 '奭'으로 표기했는데, 동일 명문임에도 다르게 해석하고 있다. '爽'을 '尚'으로 읽는 것은 楊樹達(《積微居金文說》, 中華書局, 1997年, 6쪽)의 의견

鬯酒, 銅, 송아지를 하사하시고, 말씀하시길: "이를 사용해 禱祭를 거행하라."했고, 슈에게는
鬯酒, 銅, 송아지를 하사하시고, 말씀하시길: "이를 사용해 禱祭를 거행하라."했다. 곧 명령하
며 말씀하셨다. "지금 내가 亢과 矢 너희 두 사람에게 명령하노니, 서로 짝하여 너희의 官長
과 僚友의 일을 돕도록 하라."

(5) 乙亥, 王誥畢公, 乃易(賜)史話貝十朋.(《史話簋銘》) 乙亥일에 왕께서 畢公을 훈계하시고,
史話에게 貝 십 朋을 하사하셨다.

(6) 事(使)厥友妻農, 乃廩厥帑厥小子.(《農卣銘》) 그의 僚友를 農의 아내로 삼도록 하고, 그
의 노예와 小宗의 子弟에게 식량을 하사하셨다.

(7) 噩侯馭方内(納)壺于王, 乃祼之.(《噩侯鼎銘》) 鄂侯 馭方은 왕께 술을 헌상하고, (왕께서
는)鄂侯에게 祼饗의 예를 행하셨다.

(8) 王休假39), 乃射.(同上) 왕께서 연회를 베푸시고, 射禮를 거행하셨다.

(9) 武王克殷, 乃立王子祿父, 俾守商祀,(《逸周書·作雒解》) 무왕은 은나라를 멸한 후 紂王인
祿父를 세우고 상나라의 제사를 지키게 했다.

(10) 維王克殷國, 君諸侯, 乃徵厥獻民及九牧之師見王于殷郊.(《逸周書·度邑解》) 무왕이
은나라를 멸하고 제후들의 군주가 된 후, 은나라의 賢民들과 그들이 예전에 거느렸던 백성들
을 소집하여 朝歌의 교외에서 무왕을 알현하였다.

(11) 適王所, 乃克射之.(《逸周書·克殷解》) 商王 紂의 시신이 있는 곳으로 가서 주왕의 시신에
화살을 쏘았다.

(12) 周公再拜稽首, 乃出.(同上) 무왕이 다시 두 손을 겹쳐서 땅에 엎고, 그 손위에 머리를 조아
리며 궁에서 나왔다.40)

② '誕(延)'을 사용한 경우

(1) 王來伐商邑, 延(誕)令康侯鄙于衛.(《康侯簋銘》) 왕께서 商邑을 정벌하시고41) 康侯에게
衛에 나라를 세우도록 명하셨다.

(2) 唯王伐徠魚. 誕伐潮黑.(《郭伯捾簋銘》) 왕께서 徠魚를 정벌하시고, 潮黑도 치셨다.

으로, '명령이나 희망을 나타낸다'고 보았다.

39) [역주] 원서에서 '假'으로 표기한 이 글자는 청동기 명문에서 '宴'으로 새겨져 있다.

40) [역주] 《周本紀》에 근거하면 '周公'은 '武王'의 오기이다.

41) [역주] 뒤에 이어지는 康侯에 대한 명령이 정벌에서 돌아온 후의 일이므로, '來伐商邑'을 '商邑 정벌
에서 돌아오다'로 해석하는 견해도 있다.

(3) 王在周, 客(各)新宮, 王延(誕)正師氏.(《師遽簋銘》) 왕께서 宗周에 계셨을 때 新宮에 오셔서 師氏에 대해 근무 평정을 하셨다.[42]

(4) 井(邢)侯搏戎, 延(誕)令臣諫口口亞旅處于軝.(《臣諫簋銘》) 邢侯께서 戎을 치시고, 臣諫에게 口口亞旅를 이끌고 軝에 남아서 지키게 하셨다.

(5) 王省武王成王伐商圖, 延(誕)省東或(國)圖.(《宜侯夨簋銘》) 왕께서 武王과 成王이 商나라를 정벌한 지도를 살펴보시고, 동쪽 나라들의 지도를 살펴보셨다.

이 단어는 서주 전래문헌에서는 '誕'으로 쓴다.

(1) 天乃大命文王, 殪戎殷, 誕受厥命.(《尙書·康誥》) 하늘이 이에 문왕을 크게 명하여 강성한 은나라를 쳐서 멸망하게 하시고 그 명을 크게 받으시니

(2) 上帝不寧, 不康禋祀, 居然生子; 誕寘之隘巷, 牛羊腓字之; 誕寘之平林, 會伐平林; 誕寘之寒冰, 鳥覆翼之.(《詩經·大雅·生民》) 상제께서 편안히 보살펴 주시고 정결한 제사를 기뻐하사 의젓하게 아들을 낳도록 하셨다; 아기를 좁은 골목에 버렸으나 소와 양도 감싸고 비호해 주었고, 넓은 숲 속에 버렸으나 마침 숲의 나무 베러 온 이들이 돌보아 주었고, 찬 얼음판 위에 버렸으나 새들이 날개로 덮어주고 깔아 주었네.

③ '則'을 사용한 경우

(1) 虢旅乃事(使)攸衛牧誓曰: 敢弗具(俱)付爾从, 其且射分田邑, 則殺, 攸衛牧則誓.(《爾从簋銘》) 虢叔旅는 이에 攸衛牧으로 하여금 맹세하게 하여 말했다. "감히 爾从에게 모두 주지 않고 경작지와 촌락을 나누어 준다면, 죽임을 당할 것입니다." 攸衛牧은 이에 맹세하였다.

(2) 召伯虎曰: 余旣訊, 戾[43]我考我母命, 余弗敢亂, 余或致我考我母命. 瑚生則親圭.(《五年瑚生簋銘》) 召伯虎가 말했다. "내가 이미 자문을 구하였고, 내 부모의 명령에 따를 것이며, 감히 어지럽히지 않을 것이다. 나는 내 부모의 명령을 능히 관철할 것이다." 瑚生은 알현할 때 사용하는 圭를 바쳤다.

(3) 越五日甲子朝至, 接于商, 則咸劉商王紂, 執天惡臣百人.(《逸周書·世俘解》) 닷새가 지나고 갑자일 아침에 상나라 도읍에 도착한 뒤 상왕 주를 죽이고 사악한 대신 백 명을 체포하였다.

(4) 王朝步自周, 則至于豐.(《尙書·召誥》) 왕이 아침에 주나라 도읍인 鎬京으로부터 걸어서 풍

---

42) 正: 심사하다.

43) [역주] 원서에서는 '厚'로 되어 있지만, 정확하게는 '따르다'의 뜻으로 해석되는 '戾'이다.

땅에 이르렀다.

(5) 周公朝至于洛, 則達觀于新邑營.(《尚書·召誥》) 주공이 아침에 낙읍에 이르러 새로 닦은 도읍의 터를 두루 살펴보았다.

(6) 予不敢宿, 則禋于文王、武王.(《尚書·洛誥》) 저는 감히 하룻밤을 묵히지 않고, 문왕과 무왕 께 제사를 올렸습니다.

④ '斯'을 사용한 경우

(예) 朋至, 斯孚.(《周易·解卦》) 벗이 이르렀다면 이는 믿음이 있는 것이다.

⑤ '遂'을 사용한 경우

(예) 諸侯畢拜, 遂揖之.(《逸周書·克殷解》) 제후들이 예를 마치자 무왕이 읍으로써 답하였다.

⑥ '爰'을 사용한 경우

(1) 王各周廟宣榭, 爰卿.(《虢季子白盤銘》) 왕께서 주 왕실 太廟의 宣榭에 도착하셨고, 연회를 베푸셨다.

(2) 弓矢斯張, 干戈戚揚, 爰方啟行.(《詩經·大雅·公劉》) 활과 화살을 넉넉히 장만하시고 방패 와 창과 도끼를 들고, 비로소 길을 떠나셨네.

⑦ '因'을 사용한 경우

(예) 妊氏令蠆事保厥家, 因付厥且僕二家.(《蠆鼎銘》) 妊氏께서 蠆에게 그 집안을 섬기고 돌 보라고 명하시고, 蠆 조상의 노예 2가구를 하사하셨다.

4) 앞뒤절에 모두 연결어를 사용한 경우

앞절에 사용된 연결어에 따라 '旣 ……', '先 ……', '初 ……'의 세 종류로 분류될 수 있다.

① '旣 ……'류 : 앞절에서는 '旣'를 쓰고, 뒷 절에서는 '則', '乃', '不', '不乃', '不則' 등을 사용할 수 있다. 뒷절에서 '乃'와 '則'을 연속해서 쓸 수도 있다.

a. 旣 …… 則 …… : 가장 상용되는 형식이다.

    (1) 霋武王旣殺44)殷, 微史剌(烈)祖來見武王45), 武王則令周公舍宇, 以五十頌處46). 《癲鐘銘》 무왕께서 殷을 멸망시킨 후, 微國의 사관인 列祖께서 무왕을 알현하러 오셨고, 무왕께서는 이에 주공에게 명령하셔서 微氏 일가에게 거처를 주고 오십 가지 威儀를 관장하게 하셨다.

    (2) 唯武王旣克大邑商, 則廷告于天.《何尊銘》 武王께서 商을 이기신 후, 中庭에서 上帝께 아뢰었다.

    (3) 厥旣得卜, 則經營.《尙書·召誥》 그는 길한 점괘를 얻고 경영을 시작하였다.

    (4) 旣見君子, 我心則降.《詩經·小雅·出車》 군자를 만났더니 내 마음 가라앉았네.

    (5) 旣見君子, 我心則喜.《詩經·大雅·菁菁者莪》 군자를 만났더니 내 마음 기쁘도다.

    (6) 旣見君子, 我心則休.(同上) 군자를 만났더니 내 마음 안정되었도다.

b. 旣 …… 乃 ……

    (예) 其車旣載, 乃棄爾輔.《詩經·大雅·正月》 수레에 짐을 싣고 가다가 짐판을 떼어 버렸네.

c. 旣 …… 不 ……

    (예) 厥旣命殷庶, 庶殷丕作.《尙書·召誥》 이미 殷의 백성에게 명령하자 많은 은의 백성들이 크게 일하였다.

d. 旣 …… 不乃 ……

    (예) 旣畢, 不乃有利宗.《逸周書·祭公解》 끝까지 계승된다면 종족에 큰 이로움이 있을 것이다.

e. 旣 …… 不則 ……

    (예) 旣誕(延), 否則侮厥父母曰: "昔之人無聞知."《尙書·無逸》 시간이 지나고 나면 그 부모를 업신여기며 말하길, '옛사람들은 듣는 것도 아는 것도 없다'라고 한다.

---

44) [역주] '殺'에 대해서는 제2장 제2절 [역주] 43 참조.

45) [역주] 제2장 제4절 [역주] 136 참조.

46) [역주] '以五十頌處'의 의미에 대해서는 정설이 없으며, 지금까지 '오십 가지 점괘 해석에 의거하여 거처하게 되다', '오십 가지 威儀를 관장하다', '오십 개 城邑에 거주하다' 정도의 해석이 제시되어 왔다. 여기서는 잠정적으로 두 번째 해석을 취하기로 하겠다.

f. 旣 …… 乃 …… 則 ……

(예) 雩武王旣殺47)殷, 微史刺(烈)祖乃來見武王48), 武王則令周公舍(舍)宇于周.(《史墻盤銘》) 무왕께서 殷을 멸망시킨 후, 微國의 사관인 列祖께서 무왕을 알현하러 오셨고, 무왕께서는 이에 주공에게 명령하셔서 微氏 일가에게 거처를 주었다.

② '先 …… '류 : 앞절에서는 '先'을 쓰고, 뒷절에서는 '後', '而後', '乃' 등을 사용한다.

a. 先 …… 後 ……

(1) 先張之弧, 後說之弧.(《周易·睽卦》) 먼저 그를 향해 활을 당기고 그런 다음 그를 향해 활을 놓는다.

(2) 先迷, 後得主.(《周易·坤卦》) 먼저 길을 잃고, 나중에 주인을 만난다.

b. 先 …… 而後 ……

(예) 先號咷, 而後笑.(《周易·同人》) 처음에는 목 놓아 울고 나중에는 웃는다.

c. 先 …… 乃 ……

(예) 先稼穡之艱難, 乃逸.(《尙書·無逸》) 먼저 곡식을 심고 거두는 일의 어려움을 알고 편안함을 누린다.

③ '初 …… '류 : 앞절에서는 '初'를 쓰고, 뒷절에서는 '後', '乃' 등을 사용한다.

a. 初 …… 後 ……

(예) 初登于天, 後入于初.(《周易·明夷》) 처음에는 하늘에 오르고 나중에 땅에 들어간다.

b. 初 …… 乃 ……

(예) 維四月孟夏, 王初祈禱于宗廟, 乃嘗麥于太祖.(《逸周書·嘗麥解》) 맹하 사월 성왕이 처음으로 종묘에서 신명께 간구하고, 태조 문왕께 햇보리(가을 제사)를 바쳤다.

---

47) [역주] '殺'에 대해서는 제2장 제2절 [역주] 43 참조.
48) [역주] 제2장 제4절 [역주] 136 참조.

3 해설복문

이 복문의 각 절 간에는 해석이나 설명의 관계가 존재한다. 서주한어 중에 보이는 해설복문은 기본적으로 모두 뒷절을 이용해서 앞절을 해석하는 형태이다. 이러한 복문에서는 연결어를 쓰지 않으며, 모두 의합법을 사용한다.

(1) 多友右(有)折首執訊, 凡以公車折首二百又口又五人, 執訊廿又三人.(《多友鼎銘》) 多友는 (적을)참수하고 포로로 잡았는데, 그 총합이 참수한 자는 武公의 戰車를 기준으로 이백십오 명이었고, 이십삼 명을 포로로 잡았다.

(2) 伯大師小子伯公父作簠[49], 擇之金, 唯鐈唯盧.(《伯公父簠銘》) 白大師의 아들 伯公父가 簠를 제작하는데 청동을 선택함에 있어 검붉은 색의 질 좋은 銅과 누른 빛깔의 銅으로 하였다.

(3) 楚公逆自作大[50]雷鏄, 厥名曰身恤[51].(《楚公逆鐘銘》) 楚公 逆이 소리가 천둥과 같이 웅장한 큰 鏄을 제작하고, 그 이름을 身恤이라고 하였다.

(4) 司土南宮乎作大林協鐘, 玆鐘名曰無射.(《南宮乎鐘銘》) 司徒인 南宮乎가 음률이 조화로운 큰 林鐘[52]을 제작하였는데, 이 종의 律名은 無射이다.

(5) 賜土: 厥川(甽)三百口, 厥口百又廿, 厥宅邑卅又五, 厥口百又四十.(《宜侯夨簋銘》) 토지를 하사하노니, 산간의 비옥한 땅은 삼백 여를, 口는 백 이십을, 거주지는 삼십오를, 口은 백 사십이다.

(6) 魚麗于罶, 鱨鯊. 君子有酒, 旨且多.(《詩經·小雅·魚麗》) 고기가 통발에 걸렸는데, 날치와 모래무지로다. 군자에게 술이 있는데, 맛이 좋고 풍성하네.

4 술평복문

술평복문은 보통 두 부분으로 구성되는데, 앞절은 상황을 서술하므로 '술(按)'이라고 하

---

49) [역주] 원서에서는 '簋'로 표기했는데, 이 글자의 원래 자형은 '鑑'로 '簠'의 古字 중의 하나이다.
50) [역주] 원서에서는 '夜'로 표기하였으나, 여러 학자들의 견해를 종합해보면 '大'로 보는 것이 합리적이다.
51) [역주] 원서에서 '身'으로 표기한 글자에 대해서는 '殷', '盂' 등으로 보는 의견이 있고, '恤'에 대해서는 '其', '畑', '稟' 등으로 보는 견해도 있다. 또 두 글자 모두 인식이 불가한 글자로 처리한 학자들도 있다. 여기서는 원서의 의견대로 '身恤'로 표기하였다.
52) [역주] '林鐘'에 대해서는 제4장 제3절 [역주] 20 참조.

고, 뒷절은 앞절의 서술에 대해 평가 및 판단을 내리므로 '평(斷)'이라고 하며, 이 둘을 합쳐서 술평복문이라 칭한다. '술'의 부분은 절이 한 개 이상일 수도 있으며, '평'의 부분 역시 그럴 수 있지만, 두 절 사이의 경계는 명확하다. 술평복문은 서주 시대에 이미 출현하였으나, 자주 보이는 형식은 아니다.

(1) 乃別播敷, 造民大譽, 弗念弗庸, 瘝厥君, 時乃引惡, 惟朕憝.(《尙書·康誥》) 별도로 정책을 선포하여 백성들에게 큰 칭찬을 받으려 하면서, 나라를 생각하지 않고 힘쓰지 않아 그들의 임금을 아프게 함이겠느냐. 이는 바로 큰 죄악으로서 내가 가장 미워하는 바이다.

(2) 予惟時其遷居西爾, 非我一人奉德不康寧, 時惟天命.(《尙書·多士》) 나는 이제 거주지를 옮겨 그대들을 서쪽으로 옮겨 살게 하려 한다. 나 한 사람이 덕을 받들고 편안함을 누리지 못하기 때문이 아니라, 오직 천명 때문이다.

5 점층복문

이 종류의 복문은 뒷절의 의미가 앞절보다 의미가 한층 더 크고 강해지며, 그 반대일 수도 있다. 점층복문은 크게 일반점층과 하물며점층의 두 가지로 나눌 수 있다.

1) 일반점층

이런 복문에서 두 절은 모두 긍정을 표시하며, 의미가 점점 강화된다. 연결어를 쓰거나 의합법을 사용해서 이러한 관계를 나타낸다.

① 의합법을 사용한 경우

(1) 刑于寡妻, 至于兄弟, 以御于家邦.(《詩經·大雅·思齊》) 문왕이 正妻에 본을 보였을 뿐만 아니라, 형제에게도 본을 보였으며, 나라를 훌륭하게 다스리셨다.

(2) 出話不然, 爲猶不遠.(《詩經·大雅·板》) 나오는 말 맞지 않고, 계책이 원대하지 못하다.

② 의미가 더 가벼운 절에 연결어를 사용한 경우

(1) 匪手攜之, 言示之事.(《詩經·大雅·抑》) 손으로 이끌어 줄 뿐만 아니라 일의 옳고 그름을 알려주네.[53]

(2) 匪面命之, 言提其耳.(同上) 면전에서 명령할 뿐만 아니라 그들의 귀를 잡아끌어 주네.

(3) 人斯乃非維直以應, 維作誣以對, 俾無依無助.(《逸周書·皇門解》) 사람들이 정직하게 응하지 않을 뿐만 아니라 거짓을 만들어 답하여 군주가 의지할 데가 없게 하고 도움이 되지 못하게 한다.54)

의미가 가벼운(부차적인) 절이 주요 절의 앞에 출현하는 것이 일반적인 순서지만, 반대인 경우도 있다.

(예) 厥愆, 曰"朕之愆允若時", 不啻不敢含怒.(《尙書·無逸》) 그들의 허물이면 '나의 허물은 정말 이와 같다.'라고 말했다. 화를 내지 않았을 뿐만 아니라.

③ 의미상 더 중요한 절에 연결어를 사용한 경우

(1) 以御賓客, 且以酌醴.(《詩經·小雅·吉日》) 손님들에게 음식 올리고 게다가 잔술도 올려 대접한다.55)

(2) 旣順乃宣, 而無永嘆.(《詩經·大雅·公劉》) 그들과 잘 어울리고 정이 서로 통하는데다가 긴탄식할 일이 없네.56)

④ 각 절에 연결어를 사용한 경우 : '不惟 …… 亦 …… ', '不啻 …… 亦 …… '와 같은 형식을 이룬다.

(1) 不惟不敢, 亦不暇.(《尙書·酒誥》) 감히 하지 않았을 뿐 아니라 또한 그럴 틈도 없었다.

(2) 爾不啻不有爾土, 予亦致天之罰于爾躬.(《尙書·多士》) 그대들은 그대들의 땅을 가지지 못하게 될 뿐 아니라, 나 또한 하늘의 벌을 그대들의 몸에 시행할 것이오.

2) 하물며점층

이런 복문에서 의미가 약한 절은 의미가 강한 절을 두드러지게 한다. 이는 '강한 것으로

---

53) 匪: ~뿐만 아니라
54) 非維: ~뿐만 아니라
55) 且: 게다가
56) 而: 게다가

약한 것을 뒷받침하는' 기능을 하며, "어떤 일조차도 이러한데, 하물며 다른 일은 어떻겠느냐"라는 의미를 나타낸다. 두 번째 일(후자)이 첫 번째 일(전자)보다 더 큰 이유가 있음을 표시하며, 의미가 강한 절은 모두 연결어를 사용하고, 의미가 약한 절은 사용할 때도 있고, 사용하지 않을 때도 있다.

① 의미가 깊은 절에 연결어를 사용한 경우

(1) 不敢自暇自逸, 矧曰其敢崇飲?(《尚書·酒誥》) 감히 스스로 한가하고 스스로 편안하지 아니하였거늘, 하물며 감히 술 마시는 일을 숭상하였다고 하겠는가?

(2) 惟厥罪無在大, 亦無在多, 矧曰其尙顯聞于天?(《尚書·康誥》) 그 죄는 큰 데 있지 아니하고 많은 데도 있지 아니한데, 하물며 그러한 모든 것은 하늘에 분명히 알려진다고 하지 않던가?

(3) 耇造德不降我則, 鳴鳥不聞, 矧曰其有能格?(《尚書·君奭》) 연로하고 덕망이 높은 분이 치국의 법칙을 내려 주시지 않는다면 우는 새소리도 듣지 못하거늘 하물며 하늘을 감응시킬 수가 있겠습니까?

(4) 汝播食不遑暇食, 矧其有乃室?(《逸周書·度邑解》) 너는 음식을 차려놓고도 먹을 겨를이 없는데, 하물며 너의 집안을 어찌 돌보겠느냐?

(5) 神之格思, 不可度思, 矧可射思.(《詩經·大雅·抑》) 신이 강림하는 것은 미리 알 수 없는 것이거늘 하물며 소홀히 할 수 있겠는가!

② 각 절에 연결어를 사용한 경우

(1) 若考作室, 旣底法, 厥子乃弗肯堂, 矧肯構?(《尚書·大誥》) 마치 아버지가 집을 지으려 하여 이미 방법을 정했으나 그 아들이 집의 터도 닦으려 하지 않거늘 하물며 집을 지을 수 있겠는가?

(2) 厥父菑, 厥子乃弗肯播, 矧肯獲?(同上) 그 아버지가 땅을 일구어 놓았으나 그 아들이 씨도 뿌리려 하지 않거늘 하물며 거둬들이려 하겠는가?

(3) 相彼鳥矣, 猶求友聲; 矧伊人矣, 不求友生.(《詩經·小雅·伐木》) 새들을 봐도 벗을 찾는 소리 내거늘 하물며 사람이 친구를 찾지 않겠는가?

이 유형의 복문 속 각 절은 의미상 주종 관계가 있으며, 주절과 종속절이 있다. 주절은 복문의 주요한 의미가 존재하나, 종속절의 의미는 부차적이다. 서주한어 중의 종속복문에는 역접복문, 조건복문, 가설복문, 인과복문, 목적복문, 시간복문이 있다.

1 역접복문

이러한 복문의 앞뒷절의 의미는 상반되거나 상대적이다. 즉 뒷절이 앞절의 의미에 따라 전개되는 것이 아니라 전환이 있으며, 반대되는 방향으로 서술이 된다. 앞절의 의미는 종속적이며, 뒷절이 발화자가 나타내고 싶은 진정한 의미이다. 역접복문은 의합법을 쓰거나 연결어를 쓸 수 있는데, 주절이나 종속절 한 곳에만 사용할 수도 있고, 주절과 종속절 모두에 쓸 수도 있다.

1) 의합법을 사용하는 경우

(1) 女(汝)覓我田牧, 弗能許鬲从.[57](《鬲攸从鼎銘》) 당신(攸衛牧)이 나의 농지를 요구하여 (攸衛牧의 직책인) 牧의 관할지로 만들고서는 鬲从에 응할 수 없다고 한다.

(2) 天惟五年須暇之子孫, 誕作民主, 罔可念聽.(《尙書·多方》) 하늘이 5년 동안 그 자손에게 겨를을 주어 백성들의 군주가 되도록 하셨지만 잘 생각하고 따르지 않았다.

(3) 天惟求爾多方, 大動以威, 開厥顧天, 惟爾多方罔堪顧之.(同上) 하늘은 그대들 여러 나라를 문책하시고, 크게 위엄을 일으켜 하늘의 뜻을 돌아보도록 일깨우셨으나 그대들 여러 나라는 그것을 돌아보지 못했다.

(4) 汝維幼子, 大有智.(《逸周書·度邑解》) 그대는 젊으나 매우 지혜롭다.

(5) 爾天子嗣文·武業, 惟爾執政小子, 同先王之臣, 昏行[罔]顧, 道王不若.(《逸周書·芮良夫》) 천자께서는 문왕과 무왕의 基業을 계승하셨지만, 천자의 집정대신들은 선왕이신 夷王

---

57) [역주] 원서에서는 '女(汝)覓我田, 牧弗能許鬲从'으로 끊어 읽기가 되어 있으나, 동일 예문이 인용된 다른 쪽에서는 모두 '女(汝)覓我田牧, 弗能許鬲从'으로 끊어 읽었으므로 이를 따른다.

의 대신들과 마찬가지로 사리에 어둡고 염려함이나 꺼림이 없어서 왕을 옳지 못한 방향으로 인도하고 있다.

(6) 系小子, 失丈夫.(《周易·隨卦》) 어린아이를 좇다가 장부를 잃다.

2) 종속절에서 연결어를 사용하는 경우

① '雖'를 사용한 경우

(1) 有王雖小, 無子哉.(《尙書·召誥》) 임금께서는 비록 어리시지만 元子이시다.

(2) 雖爾身在外, 乃心罔不在王室.(《尙書·康王之誥》) 비록 그대들의 몸은 밖에 있으나 그대들의 마음은 왕실에 있지 않음이 없다.

(3) 雖無予之, 路車乘馬.(《詩經·小雅·采菽》) 비록 줄 것이 없다고 하셨으나 큰 수레와 말 내려주시네.

(4) 國雖靡止, 國聖或否. 民雖靡膴, 或哲或謀, 或肅或艾.(《詩經·小雅·小旻》) 나라는 비록 안정되지 못하였으나 어떤 이는 만사에 통달했고 어떤 이는 그렇지 않네. 백성들은 많지 않더라도 어떤 이는 현명하고 어떤 이는 꾀가 많고, 또 어떤 이는 삼가고, 어떤 이는 잘 다스리네.

② '雖則'를 사용한 경우

(1) 雖則七襄, 不成報章.(《詩經·小雅·大東》) 비록 일곱 번 자리를 바꾸나, 보답해줄 문장을 이루지 못하였네.

(2) 雖則劬勞, 其究安宅.(《詩經·小雅·鴻雁》) 비록 고생은 하였지만 마침내는 편히 살 곳 얻었네.

③ '每'를 사용한 경우

(예) 每有良朋, 況也永嘆.(《詩經·小雅·常棣》) 매번 좋은 벗이 있으나 더욱 길게 탄식할 뿐이니라.

④ '有'를 사용한 경우

(1) 有余佳小子, 余亡康晝夜, 經擁先王, 用配皇天.(《胡簋銘》) 나는 부족한 사람이지만, 나는 밤낮으로 안일하지 않고, 선왕을 늘 모범으로 삼아 따르고 옹호함으로써 하늘의 뜻에 부합하였다.

(2) 女[58]有佳小子, 余令女(汝)死(尸)我家.(《師獸簋銘》) 비록 그대가 젊으나 나는 그대가 우리 집안일을 주관할 것을 명령하노라.

3) 주절에서 연결어를 사용하는 경우

① '則'를 사용한 경우

(1) 謀之其臧, 則具是違. 謀之不臧, 則具是依.(《詩經·小雅·小旻》) 계책이 좋으면 모두 그것을 어기고, 계책이 좋지 않으면 그것을 모두 따른다.

(2) 武王乃禈千人求之, 四千庶玉則銷.(《逸周書·世俘解》) 무왕은 천인으로 하여금 그것을 찾아오도록 시켰으나, 사천의 서옥은 이미 불에 녹아버렸다.[59)]

② '而'를 사용한 경우

(예) 旣庶旣繁, 旣順乃宣, 而無永嘆.(《詩經·大雅·公劉》) 많은 백성들이 살고 있고, 잘 어울리고 정이 서로 통하는데다가 긴 탄식할 일이 없네.[60)]

③ '乃'를 사용한 경우

(1) 厥父母勤勞稼穡, 厥子乃不知稼穡之艱難.(《尙書·無逸》) 그들의 부모가 부지런히 일하며 곡식을 심고 거둬들여도 그들의 자식은 오히려 곡식을 심고 거둬들이는 어려움을 알지 못한다.

(2) 有斯明享, 乃不用我教辭.[61)](《尙書·酒誥》) 이와 같은 분명한 권고가 있어도 내 가르치는 말을 따르지 않는다.

④ '反'을 사용한 경우

(1) 人有土田, 女反有之.(《詩經·大雅·瞻卬》) 남에게 땅이 있다고 하면 그대는 오히려 그것을 빼앗아 가네.

(2) 旣之陰女, 反予來赫.(《詩經·大雅·桑柔》) 이미 그대를 비호해 주려 하였는데 도리어 내게 노여워하는구나.

⑤ '覆'을 사용한 경우

(1) 人有民人, 女覆奪之.(《詩經·大雅·瞻卬》) 남에게 백성이 있다고 하면 그대는 오히려 그것을

---

58) [역주] 원서에는 '余'로 되어 있으나, '女'로 바로 잡는다.

59) 禈: 하여금

60) [역주] 앞서 제7장 제1절 五.점층복문에서는 여기서와 다르게 '而'를 '而且(게다가)'로 해석했다.

61) [역주] 원서에는 '乃不用我教'로 끊어 읽었으나, 그 다음 글자인 '辭'까지 끊어 읽어야 맞다.

빼앗아 가네.

(2) 此宜無罪, 女反收之. 彼宜有罪, 女覆說之.(同上) 아무 죄 없는 사람들을 그대는 도리어 잡아 가두고, 분명 죄 많은 사람들을 그대는 오히려 그를 풀어주네.[62]

(3) 不懲其心, 覆怨其正.(《詩經·小雅·節南山》) 그들은 마음을 바로잡지 않고 도리어 올바른 이들을 원망하네.

(4) 庶曰"式臧", 覆出爲惡.(《詩經·大雅·雨無正》) 제발 잘 되길 바라지만, 도리어 더욱 악화되고 있네.

(5) 匪用其良, 覆俾我悖.(《詩經·大雅·桑柔》) 좋은 사람 쓰지 못하고 반대로 우리에게 그릇된 일 하는 자들 쓰네.

(6) 匪用爲教, 覆用爲虐.(《詩經·大雅·抑》) 가르침은 따르지 않고 반대로 장난치는 것으로 여기네.

⑥ '轉'을 사용한 경우

(예) 將安將樂, 女轉亦予.(《詩經·小雅·谷風》) 편히 즐겁게 살만하게 되자 그대는 도리어 나를 버리네.[63]

⑦ '亦'을 사용한 경우

(예) 借曰未知, 亦既抱子.(《詩經·大雅·抑》) 만약 알지 못했다고 한다면, 이 또한 이미 자식을 안은 것이다.

⑧ '猶'을 사용한 경우

(예) 如木既顚厥巢, 其猶有枝葉作休.(《逸周書·嘗麥解》) 마치 나무 위의 새 둥지는 이미 거꾸로 추락했지만, 그 가지와 잎은 아직 온전한 것과 같다.

4) 종속절과 주절 모두에 연결어를 사용한 경우

(1) 戎雖小子, 而式弘大.(《詩經·大雅·民勞》) 당신은 비록 소자지만 하는 일은 매우 크네.

(2) 潛雖伏矣, 亦孔之炤.(《詩經·小雅·正月》) 물속에 잠기어 있어도 매우 뚜렷이 드러나네.

---

62) 說: 놓아 주다
63) 轉: 오히려

(3) <u>雖</u>無老成人, <u>尙</u>有典型.(《詩經·大雅·蕩》) 비록 나이 많고 훌륭한 사람은 없다고 하나 여전히 법도는 있다.

(4) <u>雖</u>無旨酒, <u>式</u>飮庶幾.(《詩經·小雅·車舝》) 맛있는 술 없다고 해도 마셔 주기 바라네.

(5) <u>雖</u>無嘉肴, <u>式</u>食庶幾.(同上) 좋은 안주 없다고 해도 먹어 주기 바라네.

(6) <u>雖</u>無好友, <u>式</u>燕且喜.(同上) 비록 좋은 벗이 없으나 잔치하고 또 기뻐할지어다.

2 조건복문

이런 복문의 종속절에서는 조건을 제시하고, 주절에서는 조건을 만족하는 상황에서 생겨난 결과를 표시한다. 서주한어에서는 필요조건복문만 존재하며, 종속절에서 반드시 있어야 하는 조건을 표시하는데, 이 조건이 없으면 주절이 제시하는 결과를 만들어 낼 수 없다. 필요조건복문은 두 가지로 나뉜다.

1) '~해야만 ~하다(只有~才~)'로 해석될 수 있는 경우

① 의합법을 사용한 경우

(예) 唯敬德, 亡卣(攸)違.(《班簋銘》) 경건히 덕을 수양해야만 천명을 거역하지 않을 수 있다.

② 주절에서 연결어를 사용한 경우

(1) 爾大克羞耇惟君, 爾<u>乃</u>飮食醉飽.(《尙書·酒誥》) 그대들이 노인들과 군주에게 음식을 크게 드릴 수 있으면, 그대들은 그대들의 음식을 취하고 배부르게 마시고 먹어라.

(2) 譬若衆畋, 常扶予險, <u>乃</u>而予于濟.(《逸周書·皇門解》) 만약 모두 사냥을 가서 내가 위험에 처했을 때 늘 나를 도와주어야만 내가 위험을 건널 수 있다.[64]

(3) 克宅之, 克由繹之, 茲<u>乃</u>俾乂.(《尙書·立政》) 그들을 잘 가늠하고 잘 보살필 수 있어야 그들에게 정사를 다스리게 할 수 있다.[65]

(4) 我其克灼厥若, 不<u>乃</u>俾亂.(同上) 우리는 그들의 재능을 분명히 알아야 그들에게 정사를 다스리게 할 수 있다.[66]

---

64) 而: ~할 수 있다. 予于濟: 濟于予와 같다.
65) 由繹: 돕다, 보살피다.

2) '~그렇지 않으면~(~否則~)'으로 해석될 수 있는 경우

이런 복문은 은상 시대의 갑골문에 이미 출현하였으며, 서주 시대에 이르기까지 존재했다.

(1) 其唯我者(諸)侯、百生(姓), 厥貯(賈)毋不即市, 毋敢或入蠻宄貯. 則亦井(刑).(《兮甲盤銘》) 우리나라 제후와 백성들의 상품들은 시장에 오지 않으면 안 되며(시장에서만 거래가 이루어져야 하며), 淮夷에 다시 들어가 불법 거래를 해서는 안 된다. (그렇지 않다면)역시 형벌을 내릴 것이다.

(2) 無敢寇攘, 逾垣墻, 竊馬牛, 誘臣妾, 汝則有常刑.(《尙書·費誓》) 감히 약탈하거나 도적질을 하고 담을 넘어가 말과 소를 훔치며 남자 노예와 여자 노예를 꾀어내지 말라. 그렇게 한다면 그대들은 일정한 형벌을 받게 될 것이다.

(3) 無敢不逮, 汝則有大刑.(《尙書·費誓》) 감히 이르지 못함이 없게 하라. 그렇게 한다면 그대들은 일정한 형벌을 받게 될 것이다.

(4) 無敢不供, 汝則有無餘刑.(同上) 감히 공급하지 못함이 없게 하라. 그렇게 한다면 그대들은 일정한 형벌을 받게 될 것이다.

(5) 無敢不多, 汝則有大刑.(同上) 감히 부족함이 없게 하라. 그렇게 한다면 그대들은 일정한 형벌을 받게 될 것이다.

(6) 康子之攸保, 勖教誨之, 世祀無絶, 不, 我周有常刑.(《逸周書·祭公解》) 그대들이 맡은 일들에 대해 책임을 다하고 천자를 깨우치는 데 힘쓰며 후대에 제사가 끊이지 않게 해야 한다. 그렇지 않다면 우리 주나라는 분명 형벌을 받을 것이다.

예문 (1)에서 (5)까지는 종속절과 주절 간에 어떠한 연결어도 사용되지 않았고, (6)에서는 '그렇지 않으면', '그렇지 않으면'의 뜻을 지닌 '不'이 보인다. 이런 조건복문은 주절 앞에 종속절과 반대되는 의미의 절이 생략됨으로써 만들어진다. 때로는 상반된 의미의 절이 출현하기도 한다.

(예) 無敢傷牷, 牷之傷, 汝則有常刑.(《尙書·費誓》) 감히 (우리에서 풀어놓은)소와 말을 상하지 말라. 소와 말이 다친다면 그대들은 일정한 형벌을 받게 될 것이다.

이런 예에서는 조건복문 주절 중의 '則'이 종속절과의 관계를 표시하는 것이 아니라, 종속절의 의미와 반대되는 내용을 은연중에 내포함을 보여준다.

---

66) 灼: 이해하다. 若: 좋다. 亂: 다스리다.

3 가설복문

이런 유형의 복문 속 종속절은 가설을 제기하고, 주절은 가설이 실현된 후 생기는 결과를 나타낸다. 서주 시대에는 가설과 결과가 불일치하는 가설복문도 보인다.

(1) 媚夫先受殄罰, 國亦不寧.(《逸周書·皇門解》) 설사 아첨하는 자들이 처벌을 받고 멸절이 된 다하더라도 나라는 안녕하지 못할 것이다.[67]

(2) 遇其配主, 雖旬, 無咎.(《周易·豐卦》) 그 짝이 되는 주인을 만났으니 열흘이 지났어도 잘못 된 일이 없다.

그러나 이런 종류의 문장은 매우 드물며, 다수는 가설과 결과가 일치하는 가설복문이다. 아래에서는 가설과 결과가 일치하는 가설복문에 대해서 상세히 토론해보겠다.

1) 의합법을 사용한 경우

(1) 矧今民罔迪, 不適.(《尙書·康誥》) 더욱이 지금 백성들을 잘 이끌지 않으면 선량하게 되지 않을 것이다.[68]

(2) 惟吊茲, 不于我政人得罪, 天惟與我民彝大泯亂.(《尙書·康誥》) 이렇게 되면 이에 이르러 우리 관리들에게 죄를 짓지 않더라도 하늘이 우리 백성에게 내린 법이 크게 혼란해질 것이다.

(3) 儀不及物, 惟曰不享.(《尙書·洛誥》) 예절이 물건에 미치지 못하면 공물을 바치지 않음과 같다.

(4) 爾弗敬恤爾執, 以屛助予一人集天之顯, 亦爾子孫其能常慢恤乃事.(《逸周書·嘗麥解》) 그대들이 그대들의 직책에 애쓰지 않고, 나 한 사람을 보호하고 도와서 하늘의 명령을 이루려 한다면, 그대들의 자손이 또 어찌 그대들의 일을 늘 염려하고 애쓸 수 있겠는가?)

(5) 人之齊聖[69], 飮酒溫克.(《詩經·小雅·小宛》) 사람이 총명하고 지혜가 있으면 술 마셔도 온유 할 수 있다.

(6) 爾之遠矣, 民胥然矣.(《詩經·小雅·角弓》) 그대가 멀리하면 백성들도 따라 그렇게 했다.

---

67) 殄: 멸망하다.
68) 適: 선량하다.
69) [역주] 원서에는 '人之齊至'로 되어 있는데, '至'는 '聖'의 오기로 보인다.

2) 가설절에서 연결어를 사용한 경우

① '如'를 사용한 경우

(1) 君子如怒, 亂庶遄沮.(《詩經·小雅·巧言》) 군자가 만약 참언에 성을 냈다면, 난은 아마 막았을 것이다.[70]

(2) 君子如祉, 亂庶遄已.(同上) 군자가 만약 선한 말에 기뻐했다면, 난은 아마 빨리 종식되었을 것이다.

(3) 君子如屆, 俾民心闋.(《詩經·小雅·節南山》) 군자가 만약 지극히 한다면, 백성들의 나쁜 마음을 그치게 할 것이다.

(4) 君子如夷, 惡怒是違.(同上) 군자가 만약 마음을 공평히 했다면, 백성들의 미움과 노여움이 멀어질 것이다.

② '苟'를 사용한 경우

(예) 其善臣以至于分私子, 苟克有常, 罔不允通, 咸獻言在于王所.(《逸周書·皇門解》) 충신들부터 직분이 있는 서자에 이르기까지, 만약 능히 꾸준함이 있을 수 있다면 통달하지 못하는 바가 없고 모두 조정에 진언을 할 수 있다.

③ '其'를 사용한 경우

(1) 其有憲令, 求慈無遠.(《逸周書·度邑解》) 만약 중요한 법령이 있다면 하늘에 구하는 것도 요원한 일이 아니다.

(2) 其維哲人, 告之話言, 順德之行. 其維愚人, 覆謂我僭.(《詩經·大雅·抑》) 그 현명한 사람에게 훌륭한 말을 해주면 행동은 덕을 따른다네. 어리석은 사람들은 도리어 우리가 속인다고 하네.

④ '乃'를 사용한 경우

(1) 求乃人, 乃弗得, 女匡罰大.(《曶鼎銘》) 그대의 하인들을 찾아라. 만약 찾아내지 못한다면 그대 匡에게 큰 벌을 내릴 것이다.

(2) 乃有大罪, 非終, 乃惟眚災, 適爾; 既道極厥辜, 時乃不可殺.(《尙書·康誥》) 큰 죄를 저

---

70) 庶: 대부분. 遄: 빨리. 沮: 멈추다.

질렀더라도 고의가 아니면 재앙으로 인한 죄이기 때문에, 우연히 그렇게 된 것이니, 이미 그 죄를 다 말하면 죽이지 말아야 한다.[71]

(3) 爾乃自時洛邑, 尚永力畋爾田, 天惟畀矜爾.(《尚書·多方》) 그대들이 지금부터 이 낙읍에서 오래도록 그대들의 밭을 힘써 가꾼다면, 하늘은 이제 그대들에게 동정을 베풀 것이다.

(4) 爾乃瞶禍玩災, 逐弗悛, 余未知王之所定, 矧曰乃[小][子].(《逸周書·芮良夫》) 그대들이 재난에 대해 듣지 않고 소홀히 하며 잘못이 있어도 고치지 않는다면, 나도 왕을 안정시킬 바도 모르겠는데, 하물며 너희 같은 젊은이들은 어떻겠는가?

(5) 意乃懷厥妻子, 德不可追于上, 民亦不可答于下, 朕不賓在高祖.(《逸周書·度邑解》) 만약 너희들 마음속에 단지 너희 처자식만 그리워하여 덕행이 위로 상달되지 못하면 백성들도 아래에서 호응하지 않을 것이고 나도 고조에 열위 되지 못할 것이다.

(6) 乃生男子, 載寢之床.(《詩經·小雅·斯干》) 남자아이를 낳으면 침상에 누일 것이요.

⑤ '其乃'를 사용한 경우

'其乃'는 '其'와 '乃'를 붙여 쓴 것으로 모두 가설을 표시한다.

(예) 其乃先作, 我肆罪疾.(《逸周書·商誓解》) 만약 먼저 반역을 일으킨다면 내가 그를 벌할 것이다.

⑥ '斯'를 사용한 경우

(예) 人斯旣助厥勸勞王家, 先人神祇報職用休, 俾嗣在其家.(《逸周書·皇門解》) 사람이 만약 왕을 도와 나랏일에 힘써 일한다면, 선왕의 신령이 아름다움으로써 그 직분에 보답하고 왕가를 계승하게 한다.

⑦ '厥'를 사용한 경우

(1) 厥有見有即令, 厥非先告蔡, 母敢疾有入告.(《蔡簋銘》) 알현하고 명령을 기다림에 있어 蔡에게 먼저 보고하지 않았다면, 급하게 內宮에 아뢰어선 안 된다.

(2) 歷自今, 出入專命于外, 厥非先告父厝, 父厝舍命, 母又敢橐專命于外.(《毛公鼎銘》) 지금부터 이후 드나들며 대외에 명령을 공포함에 있어 父厝에게 먼저 고한 것이 아니면, 父厝이 명령을 내릴 때 감히 독단적으로 대외에 명령을 공포하지 말라.

---

71) [역주] '眚'는 '과실'이다. '適'은 '우연히'이다.

(3) 厥或誥曰“群飲”, 汝勿佚, 盡執拘以歸于周, 予其殺.(《尚書·酒誥》) 만약 누군가 “여럿이 술을 마시고 있다”고 말하거든, 너는 놓치지 말고 모두 붙들어 周나라로 보내거라. 나는 그들을 죽일 것이다.

(4) 厥愆, 曰“朕之愆允若時”, 不啻不敢含怒.(《尚書·無逸》) 그들의 허물이면 ‘나의 허물은 정말 이와 같다.’라고 말했다. 화를 내지 않았을 뿐만 아니라.

(5) 王厥有成命治民, 今休.(《尚書·召誥》) 왕께서 밝은 명령을 갖고 백성들을 다스리시면 아름다울 것이다.

⑧ ‘有’를 사용한 경우

(예) 余有爽變72), 鞭73)千罰千.(《散氏盤銘》) 우리에게 착오와 혼란이 생긴다면 천 대를 맞고 벌금 일천 鋝을 낼 것이다.

3) 결과절에서 연결어를 사용한 경우

① ‘則’을 사용한 경우

(1) 敢74)弗具付厲从, 其且射(厭)分田邑, 則殺.(《厲攸从鼎》) 감히 厲比에게 모두 주지 않고 앞으로 (서약을)어기고 경작지와 촌락을 나눈다면, 죽임을 당할 것이다.

(2) 非出五夫[債], [則]罰.75)(《曶鼎銘》) 만약 다섯 사람에 대한 빚을 주지 않으면 벌할 것이다.

(3) 公宕76)其參, 女則宕其貳; 公宕其貳, 女則宕其一.(《五年琱生簋銘》) 公室에서 三分을 갖게 되면 그대는 二分을 갖고, 公室에서 二分을 갖게 되면, 그대는 一分을 가진다.

(4) 敢不用令(命), 則即井(刑)撲伐.(《兮甲盤銘》) 명령을 따르지 않는다면, 형벌을 내리고 토벌을 할 것이다.

(5) 我既77)付散氏田器, 有爽, 實余有散氏心賊, 則鞭千罰千.(《散氏盤銘》) 우리는 이미 散

---

72) [역주] 이 글자의 원래 자형은 ‘䜌’으로, ‘變’ 외에 ‘亂’과 통하는 것으로 보는 견해도 있다.

73) [역주] 원서에서는 ‘隱’으로 표기되어 있으나, 원서의 다른 쪽 동일 명문에서는 ‘鞭’으로 쓰고 있다. 학자들의 견해도 ‘鞭’, ‘隱’, ‘爰’으로 분분하다. 여기서는 ‘鞭’으로 통일하여 제시한다.

74) [역주] 원서에서는 ‘弗’ 앞에 ‘我’로 표기되어 있으나, 같은 명문인 《厲从簋蓋銘》과 비교해보면, ‘敢’임을 알 수 있다.

75) [역주] ‘非出五夫’ 뒷부분에 缺字가 있는데, 학자마다 缺字의 개수와 무슨 글자인지에 대한 견해가 다르다. 여기서는 원서에 제시된 명문에 따라 해석하였다.

76) [역주] ‘宕’에 관해서는 제2장 제5절 [역주] 149 참조.

國에게 농기구를 교부하였는데, 착오가 생겨 실로 우리가 散國에 대하여 나쁜 마음을 품은 것이 된다면 천 대를 맞고 벌금 일천 鋝을 낼 것이다.

(6) 不迪, 則罔政在厥邦.(《尚書·康誥》) 백성들을 인도하지 아니하면 정사가 그 나라에 있지 않은 것이다.

② '乃'을 사용한 경우

(1) 乃師或以女告, 則致, 乃鞭千、薎劂78).(《儥匜銘》) 그대의 상관이 다시 그대를 고발하면 천대를 때리고 묵형에 처하도록 하겠다.

(2) 勿替敬典, 聽朕告, 汝乃以殷民世享.(《尚書·康誥》) 공경해야 할 법을 어기지 말고, 내가 너에게 한 말을 떳떳이 들으면 마침내 너는 은의 백성을 데리고 대대로 누리게 될 것이다.

(3) 時予, 乃或言爾攸居.(《尚書·多士》) 이렇게 내가 무엇이라 말하는 것은 그대들의 살 곳을 위해서요.

(4) 媚夫有邇無遠, 乃食蓋善夫.(《逸周書·皇門解》) 아첨하는 무리를 가까이 하고 멀리 하지 않는다면 어질고 착한 선비들을 덮어 감출 것이다.

(5) 害民, 乃非后, 惟其仇.(《逸周書·芮良夫》) 만약 백성에게 해를 끼친다면 이는 군주가 아니라 백성들의 원수이다.

(6) 無道, 左右臣妾乃違.(同上) 만약 무도하면 주변의 노비들도 배신을 할 것이다.

③ '斯'를 사용한 경우

(1) 爲謀爲毖, 亂況斯削.(《詩經·大雅·桑柔》) 계책을 신중히 세우면 어지러운 형편 나아지리라.

(2) 今毋播79), 斯80)又内于師旅.(《師旂鼎銘》) 지금 추방하지 않으면 師旂에게 벌금을 내야 한다.

④ '若'를 사용한 경우

(예) 用乂民, 若有功.(《尚書·召誥》) 이로써 백성을 다스리시면 공이 있을 것이다.81)

---

77) [역주] 원서에서는 '即'로 되어 있으나, '既'로 수정하였다.
78) [역주] 원서에서 '薎劂'으로 표기된 이 글자의 원래 자형은 '戳戳'이다.
79) [역주] '播'는 '殺', '敺'로 考釋하는 견해도 있다.
80) [역주] '斯'보다 '其'로 보는 의견이 다수이다.
81) 若: 이에

4) 가설절과 결과절에 모두 연결어를 사용한 경우

① 가설절에 '乃'를 사용한 경우: 이 때 결과절에는 '乃' 혹은 '則'을 사용하여 '乃 ……
乃 …… ', '乃 …… 則 …… '과 같은 형식을 구성하며 '만약 …… 라면 …… '의 의미를 나타
낸다.

(1) 乃有不用我降爾命, 我乃其大罰殛之.《尙書·多方》 내가 그대들에게 내린 명령에 복종
하지 않는 자가 있다면 나는 크게 벌하고 죽일 것이다.

(2) 汝乃是不蘉, 乃時惟不永哉!《尙書·洛誥》 만약 당신께서 이것을 힘쓰지 않는다면, 이것
(당신의 선정)은 길이 펼쳐지지 못할 것입니다.

(3) [乃]來歲弗賞(償), 則付四十秭.[82]《智鼎銘》 만약에 내년에 배상을 하지 않으면 사십 秭
를 교부해야 한다.

(4) 乃裕民曰: 我惟有及, 則予一人以懌.《尙書·康誥》 "나는 오직 문왕의 그러한 것을 계승
하고자 한다"라고 말하며 백성을 가르치고 인도하면 나 한 사람은 이로써 기뻐할 것이다.

(5) 乃越逐不復, 汝則有常刑.《尙書·費誓》 만약 대오를 넘어 추격하거나 돌려주지 않는다면
그대들은 일정한 형벌을 받게 될 것이다.

(6) 爾乃惟逸惟頗, 大遠王命, 則惟爾多方探天之威, 我則致天之罰, 離逖爾土.《尙書·
多方》 그대들이 방탕하고 비뚤어져서 임금의 명을 크게 멀리 한다면 그대들 여러 나라는
하늘의 위엄을 건드리는 것이니, 나는 하늘의 벌을 이루어서 그대들의 땅을 멀게 할 것이다.

② 가설절에 '厥'을 사용한 경우: 이 때 결과절에는 '乃' 혹은 '則' 혹은 '否則'을 쓸 수
있으며, '厥 …… 乃 …… ', '厥 …… 則 …… ', '厥 …… 乃 …… 乃 …… 否則 …… 否則' 등
의 형식을 구성한다.

(1) 此厥不聽, 人乃或譸張爲幻.《尙書·無逸》 이러한 말씀을 듣지 않으시면 사람들은 속이고
과장하여 미혹되게 할 것이다.

(2) 厥或告之曰"小人怨汝詈汝", 則是皇自敬德.(同上) 만약 누군가 그것을 알리며, "소인들
이 당신을 원망하고 당신을 책망합니다."라고 말한다면, 엄숙히 스스로 그 덕을 공경한다.

(3) 厥非正命, 乃敢疾訊人, 則唯輔天降喪.《蠱盨銘》 정당한 명령이 아닌데 심하게 사람을

---

82) [역주] 원서에서는 뒷부분이 '則倍'로 되어 있는데, 해당 부분의 명문은 '則付四十秭'이므로 수정하
여 제시한다.

심문하면 이는 하늘이 재앙을 내리게 하는 것이다.

(4) 此厥不聽, 人乃訓之, 乃變亂先王之正刑, 至於小大; 民否則厥心違怨, 否則厥口詛祝.(同上) 만약 이러한 말씀을 듣지 않으시면 사람들은 그것을 본받을 것이고, 이에 선왕들의 정치와 법령을 바꾸고 어지럽히어 크고 작은 것에까지 미칠 것이다. 백성들은 이에 그들의 마음속으로 원망할 것이며 그들이 입으로 저주할 것이다.

③ 가설절에 '則'을 사용한 경우: 이 때 결과절에는 '乃'를 사용할 수 있으며, '則 …… 乃 …… '와 같은 형식을 구성한다.

(예) 則乃宅人, 茲乃三宅無義民.(《尙書·立政》) 사람을 이렇게 가늠하여 임용하면 세 벼슬자리에는 어진 사람이 없을 것이다.

④ 가설절에 '有'를 사용한 경우 : 이 때 결과절에는 '乃'를 사용할 수 있으며, '有 …… 乃 …… '와 같은 형식을 구성한다.

(예) 有司事包, 乃多亂.[83](《牧簋銘》) 만약 음모를 품은 관리가 있다면, 많은 혼란이 생길 것이다.

⑤ 가설절에 '其斯'를 사용한 경우 : '其斯'는 '其'와 '斯'를 붙여 쓴 것이다. 이 때 결과절에는 '則'을 쓸 수 있으며, '其斯 …… 則 …… '과 같은 형식을 구성한다.

(1) 其斯弗用朕命, 予則[咸]劉災之.(《逸周書·商誓解》) 만약 나의 명을 따르지 않는다면 내가 모두 죽일 것이다.
(2) 其斯一話敢逸僭, 予則上帝之明命[是][行].(《逸周書·商誓解》) 만약 이 말을 감히 함부로 한다면 나는 상제의 밝은 명을 행할 것이다.

4 인과복문

이런 복문의 절 사이에는 원인과 결과의 관계가 존재하여, 종속절에서는 원인을 말하고,

---

83) 司事: 사사(司士), 신하
[역주] 牧簋 명문의 이 구문은 자형 확정부터 해석까지 여러 이견이 있는 부분이다. 여기서는 원서에서 제시한 자형과 의도한 해석을 따랐다.

주절에서는 결과를 표시한다. 인과복문은 크게 두 종류로 나뉘는데, 하나는 설명이고, 다른 하나는 추론이다. 추론 관계의 인과복문에서 종속절은 이유나 근거를 말하고, 주절은 이유나 근거에서 도출된 결론을 말한다. 이런 문장은 이미 서주한어에서 출현하고 있다.

(1) 旣勤敷菑, 惟其陳修, 爲厥疆畎.(《尙書·梓材》) 이미 부지런히 새로 개간한 밭에 씨를 뿌렸기에 땅을 다스리고 밭의 경계를 세우고 도랑을 판다.

(2) 旣勤垣墉, 惟其涂墍茨.(同上) 이미 부지런히 담을 쌓았기에 흙을 바르고 띠풀로 지붕을 잇는다.

(3) 旣勤朴斲, 惟其涂丹雘.(同上) 이미 부지런히 다듬고 깎았으니 붉은색 안료를 칠한다.

설명관계의 인과복문은 서주한어에서 가장 자주 보인다. 이런 인과복문은 다시 두 종류로 분류할 수 있는데, 하나는 '선원인후결과 복문'이고, 다른 하나는 '선결과후원인 복문'이다. 선결과후원인 복문은 서주한어에서는 매우 드물며, 아래의 몇 가지 용례만 보인다.

(1) 不(丕)顯文武, 膺受大令(命), 匍(撫)有[84]四方, 則緐唯乃先祖考又(有)勋[85]于周邦, 干(捍)害王身, 作爪牙.(《師克盨銘》) 위대하게 빛나시는 文王과 武王께서는 天命을 받으셨고, 천하를 널리 소유하셨으니, 그대의 先祖先父가 주나라에 공로가 있고, 왕을 호위하여 용맹한 신하가 되었기 때문이네.

(2) 不(丕)顯文武, 膺受天令(命), 亦則於女乃聖[86]祖考克尃(輔)右(佑)先王, 作厥玄(肱)殳(股).(《師詢簋銘》) 위대하게 빛나시는 文王과 武王께서는 천명을 받으셨으니, 그대의 훌륭한 先祖先父는 선왕을 보좌하여 힘 있는 신하가 되었기 때문이네.

(3) 不(丕)顯文武, 受令(命), 則乃祖奠周邦.(《詢簋銘》) 위대하게 빛나시는 文王과 武王께서는 천명을 받으셨으니, 그대의 선조는 주나라를 안정시켰기 때문이네.

(4) 君子無易由言, 耳屬于垣.[87](《詩經·小雅·小弁》) 군자는 말을 가벼이 따라서는 안 될 것이니 귀는 담에도 붙어 있다고 하였네.

---

84) [역주] '匍有'가 전래문헌 중의 '敷佑'로 보는 견해도 있다.

85) [역주] 이 글자의 원래 자형은 '勛'으로, 자형 판별이나 독법에 있어서 '勛' 외에 '揯', '登', '丞', '爵', '勞', '忞', '庸', '功' 등 여러 설들이 존재해왔다. 여기서는 원서의 의견에 따라 이 글자를 '勛'으로 표기하였으나, 역자의 의견으로는 '功'으로 읽는 것이 설득력이 있다고 생각하여 해석에 반영하였다.

86) [역주] 원서에서는 '聖'이 누락되었으므로 보충하였다.

87) [역주] 원서에서는 '垣'이 '墙'으로 표기되어 있다.

(5) 不諐不忘, 率由舊章.(《詩經·大雅·假樂》) 잘못도 실수도 없으니 모두 옛 법도를 따르기 때문이네.

(6) 無怨無惡, 率由群匹.(同上) 원망하는 이도 미워하는 이도 없으니 모두 사람들의 뜻을 따르기 때문이네.

선원인후결과 형태의 인과복문은 가장 흔한 형태이며, 아래의 네 가지로 나누어 설명해 보겠다.

1) 의합법을 사용한 경우

(1) 旅敢肇[88]帥井皇考威儀, 飮[89]御于天子, 卣天子多賜旅休.(《虢叔旅鐘銘》) 旅는 삼가 위대하신 先祖의 威儀를 본받아 천자를 섬기니, 이에 천자께서 旅에게 많은 은택을 내려주셨다.

(2) 王親令克遹涇東至于京師, 賜克佃車、馬乘.(《克鐘銘》) 왕께서 친히 克에게 涇水 동쪽에서 京師까지 따를 것을 명하시고, 克에게 (사냥할 때 타는)田車와 말 네 필을 하사하셨다.

(3) 師旂眾僕不從王征于方, 雷[90]使厥友弘[91]以告于伯懋父.(《師旂鼎銘》) 師旂의 많은 僕官들이 왕의 于方 정벌을 따르지 않았다. 雷는 그의 僚屬인 弘을 보내 伯懋父에게 이 일을 고하였다.

(4) 顯盅(淑)文祖、皇考, 克哲[92]厥德, 得屯(純)用魯, 永冬(終)于吉.(《井人侫鐘銘》) 찬란히 빛나시고 어지시며 文德이 혁혁하신 先祖와 위대하신 先父께서는 경건히 덕행에 힘쓰시어 완전무결하사 복을 받으셨으며 장구히 복락을 누리셨도다.

(5) 休天君弗望(忘)穆公聖粦明鈇事先王, 各于尹姞宗室繇林.(《尹姞鼎銘》) 훌륭하신 황태후께서는 穆公이 현명하고 사리 밝게 先王을 보필하여 모셨던 것을 잊지 않으시고, 繇林에 있는 尹姞의 宗室에 납시었다.

(6) 宮令宰僕賜甹白金十勻(鈞), 甹敢拜稽首.(《甹鐘銘》) 왕실에서는 宰僕으로 하여금 甹에

---

88) [역주] 원서에서는 '啟'로 표기되어 있으나, '肇'로 수정하여 제시한다.

89) [역주] 탁본이 선명치 못해서 그동안 '飮', '寵', '糞' 등의 考釋이 있었으나, 모두 자형에 부합하지는 않는다.

90) [역주] 원서에서는 '雷'를 앞 구문에 붙여 읽었으나, 《師旂鼎》 명문이 인용된 다른 곳에서는 '雷'를 뒤 구문에 붙여 읽었으므로 이를 따른다.

91) [역주] '弘'을 '引'으로 考釋하는 견해도 있다.

92) [역주] '哲'에 대해서는 제2장 제2절 [역주] 52 참조.

게 銀93) 십 鈞을 하사케 하셨다. 覃은 삼가 拱手하고 땅에 댄 후 그 위에 머리를 조아리는 예를 행하였다.

2) 원인절에서 연결어를 사용한 경우

연결어로는 '用'과 '唯'를 사용한다. '用'은 접속사로 '때문에'의 뜻이다. '唯'는 어기부사로서(혹자는 접속사로 분류한다) '바로 …… 이기 때문에'의 의미이다.

(1) 用嚴(玁)允(狁)放興, 廣伐京師, 告追于王, 命武公94)遣乃元士, 羞追于京師.(《多友鼎銘》) 험윤이 방자하게 군사를 일으켜 京師 지방을 대대적으로 침범하자 왕에게 격퇴하는 건에 대해 보고하였다. 왕께서 武公에게 "그대의 元士를 파견하여 京師로 출격하라"고 명하셨다.

(2) 唯朕有蔑95), 每(敏)啟96)王休于尊簋.(《天亡簋銘》) 나에게 (왕의)격려하심이 있으니, 왕의 은택을 귀중한 궤에 삼가 기록하노라.

3) 결과절에서 연결어를 사용한 경우

결과절에 출현할 수 있는 연결어는 매우 많으며, 단어와 구 모두 가능하다.

① '肆'를 사용한 경우

(1) 不(丕)顯趄趄皇祖穆公, 克夾召(紹)先王奠四方, 肆武公亦弗叚(遐)望(忘)朕聖祖考幽大叔, 懿叔, 命禹仦(肯)97)朕祖考, 政于井邦.(《禹鼎銘》) 위대하시고 용맹하신 皇祖穆公께서 선왕을 보필하여 천하를 안정시키셨다. 그러므로 武公께서도 나의 영명하신 先祖先父인 幽大叔과 懿叔을 잊지 않으시고, 나 禹에게 명령하셔서 나의 先父先祖를 본받아 邢國을 다스리게 하셨다.

(2) 昔在爾考公氏98), 克弼文王, 肆文王受玆大命.(《何尊銘》) 과거에 그대의 先父가 문왕을

---

93) [역주] '白金'을 '錫(주석)'으로 해석하는 견해도 있다.

94) [역주] 원서에는 '武王'으로 표기되어 있으나, '武公'으로 바로잡는다.

95) [역주] 이 글자의 원래 자형은 '𢔋'으로 '慶'으로 보는 견해도 있으며, 제5장 제2절과 제6장 제1절의 동일 명문에서는 '慶'으로 표기하고 있다.

96) [역주] 제5장 제2절과 제6장 제1절의 동일 명문에서는 '揚'으로 표기하고 있다.

97) [역주] '禹' 뒤의 이 글자에 대해서는 제5장 제4절 [역주] 227 참조.

98) [역주] 원서에서는 '式'으로 표기되어 있으나, '氏'로 보는 견해가 대다수이므로, 이로 수정하였다.

잘 보필하였기에 문왕께서 上帝로부터 大命을 받으실 수 있었다.

(3) 不顯朕烈祖考嘿明, 克事先王, 肆天子弗忘厥孫子, 付厥尙官[99].(《虎簋蓋銘》) 위대하신 나의 先祖先父께서 현명하시고 사리에 밝아 선왕을 잘 섬기셨으므로 천자께서 그의 후손을 잊지 않으시어 세습직을 하사하셨다.

(4) 皇天旣付中國民越厥疆土于先王, 肆王惟德用, 和懌先後迷民, 用懌先王受命.(《尙書·梓材》) 위대한 하늘께서 이미 중국의 백성과 그 땅을 선왕께 주셨으니 왕께서는 오직 덕을 펴시어 은나라 유민들을 화합시키고 기쁘게 하시며 인도하셔서 선왕들께서 받으신 명을 이루십시오.

(5) 我不能不眔縣伯萬年保, 肆敢隊于彝.[100](《縣妃簋銘》) 나는 반드시 縣伯과 함께 영원히 이 禮器를 소중히 할 것이니, 이에 삼가 彝器에 기록한다.

(6) 予亦念天, 卽于殷大戾, 肆不正.(《尙書·多士》) 나 역시 하늘이 은나라에 큰 벌을 주심을 생각하여 (그대들의)죄를 다스리지 않을 것이오.

'肆'가 연속해서 사용되는 경우도 있다.

(예) 穆穆朕文祖師華父, 聰[101]讓厥心, 㝩静于猷, 淑哲[102]厥德, 肆克恭保厥辟恭王, 諫[103]又王家, 惠于萬民, 揉遠能邇, 肆克口[104]于皇天, 琱于上下, 得屯亡愍, 賜釐[105]無疆, 永念于厥孫辟天子.(《大克鼎銘》) 위엄과 덕망을 갖추신 나의 조상 師華父께서는 생각이 지혜롭고 겸손하시며, 계획이 원대하고 동요가 없으셨으며, 경건하게 덕행에 힘쓰셨다. 그러므로 삼가 공손히 군주 恭王을 보위하실 수 있었고, 왕실을 잘 정돈하고 만민에게 은혜를 베푸셨으며, 멀리 있는 邦國과 가까이 있는 邦國을 안정시키사 하늘의 뜻을 깊이 헤아리실 수 있었다. 師華父께서는 上帝 옆과 인간 세상을 왕래하시며 완벽하고 실수

---

99) [역주] '尙官'을 '上官'(높은 벼슬)으로 읽는 견해도 있다.

100) [역주] 원서에서는 '肆'로 되어 있으나, 제5장 제5절과 제6장 제1절의 동일 명문에는 '隊'로 표기되어 있으므로 이를 따른다. '隊'에 대한 설명은 제5장 제5절 [역주] 368 참조.

101) [역주] 이 글자의 원래 자형은 '悤'으로, '沖'으로 읽고 '마음을 비우다' 혹은 '겸손하다'의 뜻으로 해석하는 견해도 있다.

102) [역주] '哲'에 대해서는 제2장 제2절 [역주] 52 참조.

103) [역주] 원서에서 이 글자를 '諫'로 표기하였으나, 대부분은 '諫'이나 '諫'으로 보며, 역자는 '諫'으로 보고 '敕'으로 읽는 견해를 취하였다.

104) [역주] 원서에 缺字로 처리한 이 글자에 대해서는 '智'로 추정하는 견해가 있는 바, 이에 준하여 해석을 하였다.

105) [역주] 원래 자형은 '釐'이다.

가 없으시고, 복을 무한히 내려 주시며, 그 후손의 군주이신 천자까지 늘 마음에 두고 계신다.

② '故(古)'를 사용한 경우

(1) 在雩御事, 歔106)酉無敢酖107), 有髭烝祀無敢擾108), 古(故)天異臨子, 法保先王, [匍]有四方.(《大盂鼎銘》) 정사를 처리하는 자들이 술에 있어서 감히 탐닉하지 않았고, 紫祭와 烝祭를 지낼 때 감히 술로 인해 소란을 피우지도 않았다. 그러므로 상제께서 그의 아들을 도와주시고 보살펴주시며, 선왕을 크게 보우하사 천하를 얻으시었다.

(2) 今日天疾畏(威)降喪, 首109)德不克畫, 古(故)亡承于先王.(《師詢簋銘》) 지금 백성을 긍휼히 여기시는 사납게 위엄을 보이시며 재앙을 내리셨으니, 덕으로 다스리지 못하여 선왕을 계승하지 못했다.

(3) 彝昧天令, 古110)亡.(《班簋銘》) 항상 하늘의 뜻에 우매하였기에 망하였다.

(4) 我西土棐徂邦君御事小子, 尙克用文王教, 不腆于酒, 故我至今, 克受殷之命.(《尙書·酒誥》) 우리 서쪽 땅의 그 제후들과 실무를 담당한 사람들과 젊은이들은 거의 문왕의 가르침을 따를 수 있어서 술에 빠지지 않았다. 그래서 우리들은 오늘에 이르러 은나라의 명을 받을 수 있게 된 것이다.

(5) 率惟兹有陳, 保乂有殷, 故殷禮陟配天, 多歷年所.(《尙書·君奭》) 이들을 따라 정사를 펼침이 있었기에 은나라가 보존되고 다스려졌다. 그래서 은나라의 예는 올라가 하늘의 뜻에 부합하여 오랫동안 유지될 수 있었다.

③ '則'을 사용한 경우

(1) 王夜(掖)功, 賜師俞金, 俞則對揚厥德.(《師俞尊銘》) 왕께서 공적을 치하하시고, 師俞에게 銅을 하사하셨으니, 俞는 이에 그 덕을 찬양하노라.

(2) 朕文考甲公、文母日庚弋111)休, 則尚(常)安永宕112)乃子致心.(《致方鼎銘》) 德이 빛나

---

106) [역주] 제2장 제7절에서는 '歔'를 감탄사로 분석했으나, 여기서는 뒤 구문과 붙여 읽었기에 원서 그대로 제시한다.

107) [역주] '酖'에 대해서는 제2장 제7절 [역주] 236 참조.

108) [역주] '擾'에 대해서는 제2장 제7절 [역주] 237 참조.

109) [역주] 師詢簋는 일찍이 소실되었고, 현재는 명문의 摹本만 남아있다. 자형상으로는 '首'에 가까워 보이나 '首德'의 의미에 대해서는 밝혀진 바가 없다.

110) [역주] 원서에서는 '古'로 표기되어 있으나, 실제 명문에서는 '故'로 새겨져 있다.

111) [역주] 원서에서는 '淑'으로 표기되었으나, 제2장 제7절의 동일 명문에는 '弋'으로 되어 있고, 현재

시는 나의 亡父 甲公과 文德이 높으신 亡母 日庚께서 보우하셔서 당신의 아들 㪍의 마음을 늘 넓게 열어주셨다.

④ '乃'를 사용한 경우

(예) 旅敢肇帥井(型)皇考威義(儀), 淄(祗)¹¹³)御于天子, 乃天子多賜旅休.(《虢叔旅鐘銘》)
旅는 삼가 위대하신 先祖의 威儀를 본받아 천자를 경건하게 섬기니, 이에 천자께서 旅에게 많은 은택을 내려주셨다.

⑤ '是用'을 사용한 경우

(1) 玁狁孔熾, 我是用急.(《詩經·小雅·六月》) 험윤 오랑캐들 매우 험악하여 내 이로써 급하게 여기니

(2) 如蠻如髦, 我是用憂.(《詩經·小雅·角弓》) 오랑캐들처럼 행동하니 나는 늘 걱정이네.

(3) 謀夫孔多, 是用不集.(《詩經·小雅·小旻》) 계획을 내는 사람은 많지만 이 때문에 이루지 못하도다.

(4) 君子屢盟, 亂是用長.(《詩經·小雅·巧言》) 군자께서 자주 맹세하시니 어지러움은 이 때문에 더해지네.

(5) 如匪行邁謀, 是用不得于道.(《詩經·小雅·小旻》) 마치 저 지나가는 사람의 계획과 같아, 이에 해내려고 해도 길을 잡을 수 없도다.

(6) 如彼築室于道謀, 是用不潰于成.(同上) 집을 지으려는 사람이 길 가던 사람과 설계하는 것 같이 하니, 그래서 끝내 잘되지 않는 것일세.

⑥ '是以'를 사용한 경우

(1) 折首五百, 執訊五十, 是以先行¹¹⁴).(《虢季子白盤銘》) 오백 명을 참수하고 오십 명을 포로로 잡아 앞장서서 귀환하였다.

(2) 我心寫兮, 是以有譽處兮.(《詩經·小雅·裳裳者華》) 내 마음 풀리니 이 때문에 명예와 안락

다수의 학자들 역시 '弋'으로 考釋하므로 이에 따라 수정하여 제시한다.

112) [역주] '宕'의 의미에 관해서는 '넓히다', '차지하다', '광대하다', '헤아리다' 등의 해석이 있다.

113) [역주] 원서에서 인용된 동일 명문에서는 모두 이 글자를 '歈'으로 표기하고 있다. 탁본이 선명치 못해서 그동안 '歆', '寵', '龏' 등의 考釋이 있었으나, 모두 자형에 부합하지는 않는다.

114) [역주] '是以先行'에 관해서는 '앞서 승전보를 알렸다'로 해석하는 견해도 있다.

함이 있구나.

(3) 懮心愈愈, <u>是以</u>有侮.(《詩經·小雅·正月》) 근심은 한이 없어 이 때문에 남의 업신여김까지 받게 되었네.

⑦ '用'을 사용한 경우

(1) 皇祖考其嚴在上, 蓬蓬薄薄, 降余大魯福亡斁, <u>用</u>奂[115]光梁其身, 擢[116]于永令(命).(《梁其鐘銘》) 위대하신 先祖先父께서 上帝의 곁에 삼가 계셔서 넉넉하고 풍성하게 나에게 크고 많은 복을 무한히 내려주시며, 梁其에게 특별한 은덕을 내려주셔서 관직이 영원히 높아지기를 기원하노라.

(2) 柞拜手, 對揚仲大師休, <u>用</u>作大林鐘.(《柞鐘銘》) 柞은 손을 모아 절하고 仲太師의 은택을 찬양하며, 큰 林鐘[117] 만들었다.

(3) 公賜旅貝十朋, 旅<u>用</u>作父丁尊彝.(《旅鼎銘》) 公께서 旅에게 貝 십 朋을 하사하셨으므로, 旅는 父丁께 제사를 올리는 데 사용할 귀중한 祭器를 제작하였다.

(4) 王賜圉貝, <u>用</u>作寶尊彝.(《圉甗銘》) 왕께서 圉에게 貝를 하사하셨으므로 귀중한 祭器를 제작하였다.

(5) 昔君文王, 武王宣重光, 奠麗陳教, 則肄肄不違, <u>用</u>克達殷集大命.(《尚書·顧命》) 선왕이신 문왕과 무왕께서는 밝고 밝으신 빛을 베푸시어, 법을 제정하고 가르침을 펴셨다. 백성들은 이것을 노력하여 익혔으며 어긋남이 없었다. 그로 인해 능히 은나라를 쳐서 대명을 이룰 수 있었다.

(6) 昔君文武丕平, 富不務咎, 厎至齊信, <u>用</u>昭明于天下.(《尚書·康王之誥》) 옛 임금 문왕과 무왕께서는 매우 공평하셨으며, 부유하게 하시면서도 책망에 힘쓰지 않으셨다. 지극히 모두가 믿도록 하셨으니 이로 인해 천하에 덕을 밝히셨도다.

⑧ '以'를 사용한 경우

(1) 亦越武王, 率惟敉功, 不敢替厥乂德, 率惟謀從容德, <u>以</u>並受此丕丕基.(《尚書·立政》) 무왕에 이르러서는 문왕의 사업을 완수하시고 감히 그분의 훌륭한 덕을 버리지 않으셨으며 힘써 너그러운 덕을 따르시어 이 크나큰 왕업을 (문왕과 무왕이) 함께 받으셨다.

---

115) [역주] 원서에서 '奂'로 표기한 이 글자의 考釋에 대해서는 '禹', '竉', '寅' 등 일치된 견해가 없다.
116) [역주] 이 글자의 원래 자형은 '勴'으로, '擢' 외에 '龢', '協', '嗣', '樂' 등으로 읽는 의견도 있다.
117) [역주] '林鐘'에 대해서는 제4장 제3절 [역주] 20 참조.

(2) 天保定爾, 以莫不興.(《詩經·小雅·天保》) 하늘이 그대를 안정시키사 흥성하지 않는 일이 없네.

(3) 曾是莫聽, 大命以傾.(《詩經·大雅·蕩》) 이러함에도 들어주지 않으니 이 때문에 나라의 운명이 기울어진 것이다.

(4) 惠此中國, 以綏四方.(《詩經·大雅·民勞》) 이 나라 안을 사랑하여 사방을 편안히 할지어다.

(5) 厥德不回, 以受方國.(《詩經·大雅·大明》) 그 덕은 도에 어긋나지 않아 천하와 백성을 받으셨네.

(6) 不明爾德, 時無背無側. 爾德不明, 以無陪無卿.(《詩經·大雅·蕩》) 그대의 덕이 밝지 않으니 등 뒤에도 옆에도 신하가 없고, 그대의 덕 밝지 않으니 따르는 경사가 하나도 없네.

⑨ '是'를 사용한 경우

(예) 天之所錫武王時疆土, 丕維周之[基], [大][維]后稷之受命, 是永宅之.(《逸周書·祭公解》) 하늘이 무왕에게 주신 이 강토는 실로 주나라의 기틀이자 后稷께서 천명을 받은 곳이니 영원히 이곳에 거하리라.

⑩ '時'를 사용한 경우

(예) 不明爾德, 時無背無側. 爾德不明, 以無陪無卿.(《詩經·大雅·蕩》) 그대의 덕이 밝지 않으니 등 뒤에도 옆에도 신하가 없고, 그대의 덕이 밝지 않으니 따르는 경사가 하나도 없네.

⑪ '惟時'를 사용한 경우

(1) 弗克庸帝, 大淫洪有辭, 惟時天罔念聽, 厥惟廢元命, 降致罰.(《尚書·多士》) 상제를 따르지 못하고 크게 지나치게 안일하니 죄가 있게 되었다. 이에 하늘이 생각도 동정도 아니하시고, 커다란 명을 거두시어 벌을 내리셨다.

(2) 誕淫厥洪, 罔顧于天顯民祗, 惟時上帝不保, 降若茲大喪.(同上) 그 즐김을 지나치게 하고 하늘의 도와 백성들의 고통을 거들떠보지도 않았으니 이에 상제께서 보호하여 주지 않으시고 이처럼 큰 멸망을 내리신 것이다.

(3) 聞于上帝, 惟時受有殷命哉!(《尚書·君奭》) 상제께 알려져 이에 문왕께서 은나라의 명을 받으시게 되었다.

(4) 天休滋至, 惟時我二人弗堪.(同上) 하늘의 복이 풍성하게 이르니 우리 두 사람으로는 감당하지 못할 것이다.

(5) 爾乃自作不典, 圖忱于正, <u>我惟時</u>其教告之, <u>我惟時</u>其教要囚之.(《尚書·多方》) 그대들은 스스로 법도에 어긋나는 짓을 하여 우두머리 관리들에게 신임을 얻으려 꾀하고 있다. 내가 이에 그대들을 가르쳐 일러주고 그대들을 모두 잡아 가둔 것이다.

(6) 至于厥後嗣, 弗見先王之明刑, <u>維時</u>乃胥學于非夷, 以家相[亂]厥家, 弗恤王國王家.(《逸周書·皇門解》) 그의 후손들에 이르러 선왕의 엄격한 형벌을 볼 수 없으므로 비정상적인 일을 서로 흉내 내며 가신으로 왕실을 어지럽히며 나라와 왕실을 염려하지 않았다.

⑫ '唯是'를 사용한 경우

(예) 雩之, 庶出入事于外, 專命專政, 蓺小大楚賦, 無唯正昏[118], 引其唯王智, 乃<u>唯是</u>喪我國.(《毛公鼎銘》) 백관들이 넘나들며 대외적으로 정무에 힘쓰고, 왕명을 공포하고 정책을 실행하여 부역과 조세를 설치하는 데에 있어서 어리석음을 바로 잡지 못하고 더군다나 왕의 지혜만 따른다면 이런 이유로 우리나라가 망하게 될 것이다.[119]

4) 원인절과 결과절에 모두 연결어를 사용한 경우

① 원인절에서 '惟(唯)'를 사용한 경우 : 이런 문형에서는 결과절에서 '古(故)'를 사용해서 '惟 …… 故 …… '과 같은 형식을 구성하기도 한다.

(1) <u>隹</u>殷邊侯田(甸)雩殷正百辟率肆于酉, <u>古</u>喪師.(《大盂鼎銘》) 殷 외곽지역의 侯服·甸服과 조정의 大小官員이 모두 술에 빠진 까닭에 군대를 상실했다고 한다.

(2) <u>隹</u>民亡延在彝, 昧天令(命), <u>故</u>亡.[120](《班簋銘》) 백성이 常法에 있어서 거짓되고 항상 하늘의 뜻에 우매하였기에 망하였다.

(3) <u>惟</u>茲惟德稱, 用乂厥辟, <u>故</u>一人有事于四方, 若卜筮罔不是孚.(《尚書·君奭》) 이런 까닭으로 덕 있는 자를 등용해서(稱) 그 임금을 다스렸다. 그래서 천자가 천하에 일이 있으면

---

118) [역주] '昏'의 원래 자형은 '聞'이다.
119) [역주] '事'는 '使'로 읽어 '사신으로 파견되다'로 보는 견해도 있다. '無唯正聞, 引其唯王智'에 대한 해석은 분분한데, '正'을 '正長'(각 급의 우두머리)으로 보고, '聞'을 '(일과 관련하여)들어서 알다, 즉 보고를 받아서 파악하고 있다'의 뜻으로 보아, 이 구문을 "각 급의 우두머리들이 (일과 관련하여) 들어서 알고 있는 것이 없는데, 하물며 왕이 알겠는가?"로 풀이하는 견해도 있다. 裘錫圭 〈說金文 "引"字的虛詞用法〉, 《古漢語研究》, 1988년 第1期 참고.
120) [역주] 이 명문을 같은 책 다른 두 곳에서는 '彝昧天令(命), 故亡'으로 다르게 끊어 읽고 있다. 여기서는 원서와 같이 끊어 읽기를 하는 견해를 참고하여 해석을 제시하였다.

마치 거북점과 시초점 같이, 그것을 믿지 않음이 없었다.

결과절에서 '肆'를 사용해서 '惟(唯) …… 肆 …… '과 같은 형식을 구성할 때도 있다.

(1) 予一人惟聽用德, 肆予敢求爾于天邑商, 予惟率肆矜爾.(《尚書·多士》) 나 한 사람은 덕이 있는 자를 들어 쓸 뿐이다. 그러므로 내 감히 그대들을 천읍인 商에서 구하는 것이다. 나는 그대들을 가엾게 여기고 있다.

(2) 唯天將集厥命, 亦唯先正襄[121]又厥辟, 勞[122]菫大命, 肆皇天亡斁, 臨保我有周, 丕巩先王配命.(《毛公鼎銘》) 하늘이 그 천명을 크게 내리셔서, 또한 옛 대신들이 그 군주를 보필하고, 천명에 대해 공손하며 부지런히 애썼다. 이에 하늘이 버리지 않으시고, 우리 주나라를 굽어살펴 보우하시어 선왕께서 하늘의 뜻에 합한 명령을 크게 공고히 하시게 되었다.

결과절에서 '乃'를 사용해서 '惟 …… 乃 …… '와 같은 형식을 구성할 때도 있다.

(1) 惟不敬厥德, 乃早墜厥命.(《尚書·召誥》) 그 덕을 공경하지 아니하였기 때문에 일찍이 그 명을 잃었습니다.

(2) 文王惟克厥宅心, 乃克立玆常事司牧人.(《尚書·立政》) 문왕께서는 능히 그 마음을 헤아리셨기 때문에 능히 항상 일을 맡을 목인을 세웠다.

결과절에서 '用'을 사용해서 '惟(隹) …… 用 …… ' 같은 형식을 구성할 때도 있다.

(1) 惟乃丕顯考文王, 克明德愼罰, 不敢侮鰥寡, 庸庸, 祗祗, 威威, 顯民, 用肇造我區夏越我一二邦, 以修我西土.(《尚書·康誥》) 너의 크게 밝으신 문왕께서는 덕을 밝히고 형벌을 삼가셨다. 감히 홀아비와 과부도 업신여기지 않았으며, 등용해야할 이를 등용하고, 공경하여야 할 사람을 공경하고, 위엄을 보여야 할 사람에게는 위엄을 보이고, 덕을 백성들에게 밝히셨다. 그리하여 우리 중원의 땅과 한두 나라의 구역을 처음 만드셨고 우리의 서쪽 땅도 닦으셨다.

(2) 王隹念䟒辟剌(烈)考甲公, 王用肇事(使)乃子䟒率虎臣御淮戎.(《䟒方鼎銘》) 왕께서 䟒의 존경하는 위대하신 先父 甲公을 추념하시어 그 아들인 䟒으로 하여금 무사들을 이끌고 淮戎을 물리치게 하셨다.

---

121) [역주] 이 글자의 원래 자형은 '𢆷'으로 '襄' 외에 '克', '罗' 등의 考釋 견해가 있지만 정확하지는 않다.

122) [역주] '勞'에 대해서는 제2장 제6절 [역주] 183 참조.

결과절에서 '是以' 혹은 '惟時'를 사용해서 '惟 …… 是以 …… '나 '惟 …… 惟時 …… ' 같은 형식을 구성할 때도 있다.

(1) 維其有章矣, 是以有慶矣.(《詩經·小雅·裳裳者華》) 몸가짐 의젓하시니 그래서 복이 있는 거라네.

(2) 亦惟有夏之民叨懫日欽, 劓割夏邑, 天惟時求民主, 乃大降顯休命于成湯, 刑殄有夏.(《尙書·多方》) 또한 하나라의 백성들은 탐욕과 원망이 날로 성하여 하나라 도읍을 해쳤다. 하늘이 이에 백성들의 군주를 구하시어 성탕에게 밝고 아름다운 명을 크게 내리시고 하나라를 멸망시키셨다.

② 원인절에서 '用'을 사용한 경우 : 결과절에서 '肆'나 '乃'를 사용해서 '用 …… 肆 …… '이나 '用 …… 乃 …… '와 같은 형식을 구성하기도 한다.

(1) 用夾召(紹)厥辟, 奠大令(命), 盩龢雫(于)政, 肆皇天亡斁, 臨保我有周雫四方民[123]. 亡不康靜(靖).(《師詢簋銘》) 그 임금을 보좌하고 왕명을 받들어 政事에 안정과 조화를 이루었도다. 이에 하늘이 버리지 않으시고, 우리 주나라와 천하 백성을 굽어살펴 보우하셔서 백성이 편안하고 안정되지 않음이 없었다.

(2) 用矢戡[124]散邑, 乃即散用田.(《散氏盤銘》) 矢國이 散國을 침략했기 때문에 경작지를 散國에 돌려주어야 한다.

③ 원인절에서 '用'과 '唯'를 같이 사용한 경우 : 이 때 결과절에서 '乃'를 사용해서 '用 …… 唯 …… 乃 …… '와 같은 형식을 구성하기도 한다.

(예) 用天降大喪于下或(國), 亦唯噩侯馭方率南淮尸(夷)、東尸, 廣伐南或、東或, 至于歷內, 王乃令西六師、殷八師曰: "撲伐噩侯馭方, 勿遺壽幼."(《禹鼎銘》) 하늘이 우리나라에 큰 재앙을 내리셨으니, 噩侯 馭方이 南淮夷와 東夷를 거느리고 남국과 동국을 대대적으로 침범하여 歷內까지 이르렀다. 왕께서 이에 西六師와 殷八師에 명하여 말씀하시길: 噩侯 馭方을 정벌하고 노인과 어린아이를 남기지 말라.

---

123) [역주] '雫四方民'은 많은 학자들이 뒤의 구문과 붙여 읽는다.

124) [역주] 원서에서는 '業'으로 표기되어 있으나, 원래 자형은 '戡'으로, '撲'(치다, 침략하다), '薄'(이르다), '踐'(밟다) 등과 통하는 것으로 본다.

5 목적복문

이런 복문의 종속절은 행위를 표시하고, 주절은 행위의 목적을 표시한다. 이러한 의미 관계를 나타내기 위해서는 의합법을 사용하거나 연결어를 사용할 수 있다.

1) 의합법을 사용한 경우

(1) 建管叔于東, 建蔡叔, 霍叔于殷, 俾監商臣.(《逸周書·作雒解》) 관숙을 은의 동쪽에 세우고 채숙과 곽숙을 은나라 도읍에 세움으로써 상나라의 옛 신하들을 감시하게 했다.

(2) 王命作冊逸祝冊, 惟告周公其後.(《尙書·洛誥》) 왕이 作冊인 逸에게 명령하여 축문을 책에 기록하였는데, 주공이 뒤에 남아 낙읍을 다스릴 것을 고하였다.

(3) 繼自今立政, 其勿以憸人, 其惟吉士用, 勵相我國家.125)(《尙書·立政》) 지금으로부터 관리를 세움에는 간사한 사람을 쓰지 마시고 오직 착한 사람만 쓰시어 힘써 우리나라를 다스리십시오.

(4) 王來紹上帝, 自服于土中.(《尙書·召誥》) 왕께서 오시어 하늘의 뜻을 점치셔서 洛邑에서 친히 다스리시려 한다.

(5) 乘馬班如, 求婚媾.(《周易·屯卦》) 말을 타고 주저하는 모습으로 맴돌며 배필을 구한다.

2) 주절에 연결어를 사용한 경우

① '用'을 사용한 경우

(1) 敢追明公賞于父丁, 用光父丁.(《令彝銘》) 삼가 明公의 賞賜로 인해 父丁을 추모하고(明公의 賞賜가 父丁의 보살피심 덕분임을 추념하고), 父丁을 크게 빛내고자 한다.

(2) 易女玄衣黹屯、赤芾、朱黃、鑾旂、攸勒, 用事.(《頌鼎銘》) 그대에게 가장자리가 자수로 장식된 검붉은색 命服, 붉은 蔽膝, 적색 腰帶, 방울 달린 깃발, 고삐와 재갈 등을 하사하노니 직무 수행에 힘쓰도록 하라.

(3) 叔作寶鐘, 用追孝于己伯, 用享大宗, 用樂好賓.(《叔鐘銘》) 叔이 귀한 종을 제작하였으니 己伯을 추념하고, 종실에 제사를 올리며 귀빈을 즐겁게 하는 데 사용할 것이다.

---

125) [역주] 대부분은 '其惟吉士, 用勵相我國家'으로 끊어 읽는다.

(4) 顯皇祖考司威儀, 用辟先王.(《癲簋銘》)126) 빛나고 위대하신 先祖先父께서는 위엄을 갖추시고 선왕을 섬기셨다.

(5) 奠井叔作靈龢鐘, 用妥賓.(《鄭井叔鐘銘》) 鄭井叔이 아름답고 음률이 조화로운 종을 제작하였으니 손님을 즐겁게 하는 데 사용할 것이다.

(6) 作朕皇考叔氏寶林鐘, 用喜侃皇考.(《士父鐘銘》) 나의 위대하신 先父 叔氏를 위해 귀중한 林鐘을 제작함으로써 위대하신 先父를 기쁘게 해드리는 데 사용할 것이다.

② '以'를 사용한 경우

(1) 太史、司寇蘇公式敬爾由獄, 以長我王國.(《尙書·立政》) 태사와 사구 蘇公이여! 그대의 소송 안건을 처리하는 것을 신중히 하여 우리 왕국을 오래가게 하시오.127)

(2) 爾尙敬逆天命, 以奉我一人.(《尙書·呂刑》) 그대들은 바라건대 하늘의 명을 공경히 맞이하여 나 한 사람을 받들어 주오.

(3) 王乃升汾之阜, 以望商邑.(《逸周書·度邑解》) 무왕이 汾地의 언덕에 오름으로써 상의 도읍을 조망했다.

(4) 夫明爾德, 以助予一人憂.(《逸周書·皇門解》) 그대들의 재주와 지혜를 충분히 발휘함으로써 내가 나라와 백성에 대해 근심하고 염려하는 것을 도우라.

(5) 家父作誦, 以究王訩.(《詩經·小雅·節南山》) 가보가 시를 지음으로써 왕의 난을 구명하노니

(6) 出此三物, 以詛爾斯.(《詩經·小雅·何人斯》) 이 세 물건 꺼내어 너와 맹약하리라.

6 시간복문

이런 복문의 종속절은 일반적으로 모두 주절이 대표하는 동작 행위가 발생한 시간을 표시한다. 즉 종속절이 표시하는 사건으로써 주절이 나타내는 사건이 발생한 시간을 나타낸다.

(1) 殷之未喪師, 克配上帝.(《詩經·大雅·文王》) 은나라가 민심을 잃지 않았을 적에는 하늘의

---

126) [역주] 원서에서는 《戲鐘銘》으로 표기되어 있으나 《癲簋銘》으로 수정하였다.

127) 長: 연장하다.

뜻에 부합할 수 있었다.

(2) 得敵, 或鼓, 或罷, 或泣, 或歌.(《周易·中孚》) 적을 얻음에, 어떤 이는 (북을)두드리고, 어떤 이는 전투를 끝내고(군대를 철수시키고), 어떤 이는 울고, 어떤 이는 노래하도다.

(3) 厥作祼將, 常服黼冔.(《詩經·大雅·文王》) 그가 강신제를 올리는데 항상 黼裳과 冔冠을 쓰고 있구나.

일부 복문에는 한 개의 구조 층위만 있는데, 이것을 '단순복문(一重複句)'이라고 부른다.

병렬
(1) 爾乃尚有爾土, | 爾乃尚寧干止.(《尚書·多士》) 그대들은 곧 그대들의 토지를 소유할 것이고, 그대들은 곧 거주지에서 편안하게 지낼 것이다.

순접
(2) 王祀于天室, | 降.(《天亡簋銘》) 왕께서 天室에서 제사를 지내시고 내려오셨다.

해설
(3) 君子有酒, | 旨且多.(《詩經·小雅·魚麗》) 군자에게 술이 있으니, 맛이 좋고도 풍성하네.

점층
(4) 匪面命之, | 言提其耳.(《詩經·大雅·抑》) 면전에서 명령할 뿐만 아니라 그들의 귀를 잡아끌어 주네.

역접
(5) 汝維小子, | 大有智.(《逸周書·度邑解》) 그대는 젊으나 매우 지혜롭다.

조건
(6) 爾大克羞者惟君, | 爾乃飲食醉飽.(《尚書·酒誥》) 그대들이 노인들과 군주에게 음식을 크게 드릴 수 있으면, 그대들은 그제야 마시고 먹어 취하고 배가 부르도록 하시오.

가설
(7) 君子如怒, | 亂庶遄沮.(《詩經·小雅·巧言》) 군자가 만약 참언에 성을 냈다면, 난은 아마 막

앗을 것이다.

(8) 商紂不道夏桀之虐, | 肆我有家.(《逸周書·芮良夫》) 商王 紂가 夏王 桀의 폭정을 바꾸지

인과
않아서 우리 周人들이 나라를 세울 수 있었다.

(9) 王命作冊逸祝冊, | 惟告周公其後.(《尚書·洛誥》) 왕이 作冊인 逸에게 명령하여 축문을

목적
책에 기록하여 주공이 뒤에 남아 낙읍을 다스릴 것을 고하였다.

(10) 殷之未喪師, | 克配上帝.(《詩經·大雅·文王》) 은나라가 민심을 잃지 않았을 적에는 하늘의

시간
뜻에 부합할 수 있었다.

여러 개의 구조 층위가 있는 복문은 '다중복문(多重複句)'이라고 부른다.

(예) 惟厥罪無在大, ‖ 亦無在多, | 矧曰其尙顯聞于天?(《尚書·康誥》) 그 죄는 큰 데 있지

병렬   점층
아니하고 많은 데도 있지 아니한데, 하물며 그러한 모든 것은 하늘에 분명히 알려진다고 하지
않던가?

아래에서는 다중복문에 대해서 중점적으로 토론을 해보겠다.

1 다중대등복문

다중병렬복문, 다중순접복문, 다중해설복문, 다중술평복문, 다층점층복문이 여기에 포함
된다.

1) 다중병렬복문

① 이중복문

(1) 公宕[128]其參, ‖ 汝則宕其貳; | 公宕其貳, ‖ 汝則宕其一.(《五年琱生簋銘》) 公室에서 三

가설   병렬   가설

---

128) [역주] '宕'에 관해서는 제2장 제5절 [역주] 149 참조.

分을 갖게 되면 그대는 二分을 갖고, 公室에서 二分을 갖게 되면, 그대는 一分을 가진다.

가설   병렬   가설

(2) 以言取人, ‖ 人飾其言; ｜ 以行取人, ‖ 人竭其行.(《逸周書·芮良夫》) 언사로써 사람을 채용하면 사람들은 자신의 언사를 수식할 것이다. 만약 행함으로써 사람을 채용하면 사람들은 그 행함에 정성을 다할 것이다.

② 삼중복문

가설   병렬   가설   점층

(1) 爾克敬, ‖ 天惟畀矜爾; ｜ 爾不克敬, ‖ 爾不啻不有爾土, ‖‖ 予亦致天之罰于爾躬. (《尙書·多士》) 그대들이 근신할 수 있다면 하늘이 그대들을 가엾이 여겨 주실 것이고, 그대들이 근신하지 못한다면, 그대들은 그대들의 땅을 가지지 못하게 될 뿐 아니라 나 또한 하늘의 벌을 그대들의 몸에 시행할 것이오.

병렬   해설

(2) 賜侵[129]鬯一卣、商瓚一口、彤弓一、彤矢百、旅弓十、旅矢千; ｜ 賜土: ‖ 厥川(甽)

병렬   병렬   병렬   병렬

三百口、‖‖ 厥口百又廿、‖‖ 厥宅邑卅又五、‖‖ 厥口百又卅[130]); ｜ 賜在宜王人十又七生(姓).(《宜侯矢簋銘》) 侵 지역의 鬯酒 한 항아리와 商나라 사람에게서 노획한 국자 한 개, 붉은색 활 한 개와 붉은색 화살 백 개, 검정색 활 열 개와 검정색 화살 천 개를 하사한다. 토지를 하사하노니, 산간의 비옥한 땅은 삼백 여를, ▢는 백 이십을, 거주지는 삼십오를, ▢은 백 사십이다. 宜 지방에 사는 열일곱 성씨의 왕실 노예를 하사하셨다.

2) 다중순접복문

① 이중복문

순접   병렬

(1) 史獸獻工于尹. 咸獻工, ｜ 尹賞史獸裸[131], ‖ 賜豕鼎一、爵一.(《史獸鼎銘》) 史獸가 尹에게 업무 보고를 하였고, 업무 보고를 모두 마쳤다. 尹께서 史獸에게 裸禮를 베풀어 주시고, 豕鼎 하나와 爵 하나를 하사해주셨다.

---

129) [역주] 원서에서는 '侵'으로 표기되어 있으나, 원래 자형은 '鬥'이다.

130) [역주] 원서에서는 '卅'으로 표기되어 있으나, '卅'의 오타로 보인다.

131) [역주] '裸'에 관해서는 제2장 제4절 [역주] 103 참조.

　　　　　　　　　　　　　병렬　　　　　순접
(2) 維王克殷國, ‖ 君諸侯, | 乃征厥獻民及九牧之師見王于殷郊.(《逸周書·度邑解》) 무왕
이 은나라를 멸하고 제후들의 군주가 된 후 은나라의 賢民들과 그들이 예전에 거느렸던 백성
들을 소집하여 朝歌 교외에서 무왕을 알현하였다.

② 삼중복문

　　　　　　　　　　　　병렬　　　　　　　병렬　　　　　　　병렬　　　　순접
(1) 明公賜亢師鬯、金、小牛, ‖‖ 曰"用禱[132]", ‖ 賜令鬯、金、小牛, ‖‖ 曰"用禱"; | 乃令
曰: "今我唯令女二人亢眾矢爽(尚)[133]左右于乃寮, 以乃友事."(《矢令方尊銘》) 明公께
서 亢師에게 鬯酒, 銅, 송아지를 하사하시고, 말씀하시길: "이를 사용해 禱祭를 거행하라."
令에게는 鬯酒, 銅, 송아지를 하사하시고, 말씀하시길: "이를 사용해 禱祭를 거행하라." 곧
명령하며 말씀하시길: 지금 내가 亢과 矢 너희 두 사람에게 명령하노니, 서로 짝하여 너희의
官長과 僚友의 일을 돕도록 하라.

　　　　　　　　　목적　　　　　　　　　병렬　　　　　　순접
(2) 兮仲作大林鐘, ‖‖ 其用追孝于皇考紀伯, ‖‖‖ 用侃喜前文人, | 子子孫孫永寶用享.
(《兮仲鐘銘》) 兮仲이 큰 林鐘[134]을 제작함으로써 위대하신 先父이신 紀伯을 추념하고 文德
이 혁혁하신 조상님들을 기쁘게 해드리는 데 사용하고자 한다. 자자손손 영원히 귀중히 하며
제사를 지내는 데 쓸지어다.

3) 다중해설복문

① 이중복문

　　　　　　　　　해설　　　　　　　　　　　　　　　　병렬
(1) 多友有折首執訊, | 凡以公車折首二百又口又五人, ‖ 執訊廿又三人.(《多友鼎銘》) 多
友는 (적을)참수하고 포로로 잡았는데, 그 총합이 참수한 자는 武公의 戰車를 기준으로 이백

---

132) [역주] '禱'의 원래 자형은 '𥘅'으로 '祋'로 보기도 한다.
133) [역주] 이 글자의 원래 자형은 '𠁣'으로, '爽' 외에도 '夾', '母', '奭', '赫'으로도 考釋하는 아직 정설
　　이 없다. 원서에서는 《令彝銘》 중의 이 글자에 대해서 '奭'으로 표기했는데, 동일 명문임에도 다르게
　　해석하고 있다. '爽'을 '尚'으로 읽는 것은 楊樹達(《積微居金文說》, 中華書局, 1997年, 6쪽)의 의
　　견으로, '명령이나 희망을 나타낸다'고 보았다.
134) [역주] '林鐘'에 대해서는 제4장 제3절 [역주] 20 참조.

십오 명이었고, 이십삼 명을 포로로 잡았다.

       해설   병렬   병렬   병렬

(2) 賜土, | 厥川(甽)三百口, ‖ 厥口百又卄, ‖ 厥宅邑卅又五, ‖ 厥口百又四十.(《宜侯矢簋銘》) 토지를 하사하노니, 산간의 비옥한 땅은 삼백 여를, ㅁ는 백 이십을, 거주지는 삼십오를, ㅁ은 백 사십이다.

4) 다중술평복문

① 이중복문

              술평   병렬

(1) 予惟時其遷居西爾, | 非我一人奉德不康寧, ‖ 時惟天命.(《尙書·多士》) 나는 이제 거주지를 옮겨 그대들을 서쪽으로 옮겨 살게 하려 한다. 나 한 사람이 덕을 받들고 편안함을 누리지 못하기 때문이 아니라, 오직 천명 때문이다.

② 삼중복문

           인과   병렬   인과   술평   병렬

(1) 乃別播敷, ‖‖ 造民大譽, ‖ 弗念弗庸, ‖‖ 瘝厥君, | 時乃引惡, ‖ 惟朕憝.(《尙書·康誥》) 별도로 정책을 선포하여 백성들에게 큰 칭찬을 받으려 하면서, 나라를 생각하지 않고 힘쓰지 않아 그들의 임금을 아프게 함이겠느냐. 이는 바로 큰 죄악으로서 내가 가장 미워하는 바이다.

5) 다중점층복문

① 이중복문

              병렬   점층

(1) 惟厥罪無在大, ‖ 亦無在多, | 矧曰其尙顯聞于天?(《尙書·康誥》) 그 죄는 큰 데 있지 아니하고 많은 데도 있지 아니한데, 하물며 그러한 모든 것은 하늘에 분명히 알려진다고 하지 않던가?

              병렬   점층

(2) 耈造德不降我則, ‖ 鳴鳥不聞, | 矧曰其有能格?(《尙書·君奭》) 연로하고 덕망이 높은 분이 치국의 법칙을 내려 주시지 않는다면 우는 새소리도 듣지 못하거늘 하물며 하늘을 감응시킬 수가 있겠습니까?

2 다중종속복문

다중역접복문, 다중조건복문, 다중가설복문, 다중인과복문, 다중목적복문, 다중시간복문이 여기에 포함된다.

1) 다중역접복문

① 이중복문

               역접   점층

(1) 厥父菑, ‖ 厥子乃弗肯播, ‖ 矧肯獲?(《尙書·大誥》) 그 아버지가 땅을 일구어 놓았으나 그 아들이 씨도 뿌리려 하지 않거늘 하물며 거둬들이려 하겠는가?

                  점층   역접   점층

(2) 若考作室, ‖ 旣底法, ‖ 厥子乃弗肯堂, ‖ 矧肯構(《尙書·大誥》) 마치 아버지가 집을 지으려 하여 이미 방법을 정했으나 그 아들이 집의 터도 닦으려 하지 않거늘 하물며 집을 지을 수 있겠는가?

② 삼중복문

                  인과   목적   역접

(1) 天惟求爾多方, ‖ 大動以威, ‖ 開厥顧天, ‖ 惟爾多方罔堪顧之.(《尙書·多方》) 하늘은 그대들 여러 나라를 문책하시고, 크게 위엄을 일으켜 하늘의 뜻을 돌아보도록 일깨우셨으나 그대들 여러 나라는 그것을 돌아보지 못했다.

                  역접   목적   목적

(2) 有余佳小子, ‖ 余亡康昼夜, ‖ 經擁先王, ‖ 用配皇天.(《胡簋銘》) 나는 부족한 사람이지만, 나는 밤낮으로 안일하지 않고, 선왕을 늘 모범으로 삼아 따르고 옹호함으로써 하늘의 뜻에 부합하였다.

2) 다중조건복문

① 이중복문

                                    병렬   조건

(1) 其唯我者(諸)侯、百生(姓), 厥貯毋不即市, ‖ 毋敢或人蠻宄貯, ‖ 則亦井(型).(《兮甲

盤銘》) 우리나라 제후와 백성들의 상품들은 시장에 오지 않으면 안 되며(시장에서만 거래가 이루어져야 하며), 淮夷에 다시 들어가 불법 거래를 해서는 안 된다. (그렇지 않다면)역시 형벌을 내릴 것이다.

             병렬   병렬   병렬   조건

(2) 無敢寇攘, ‖ 逾垣牆, ‖ 竊馬牛, ‖ 誘臣妾, | 汝則有常刑.(《尚書·費誓》) 감히 약탈하거나 도적질을 하고 담을 넘어가 말과 소를 훔치며 남자 노예와 여자 노예를 꾀어내지 말라. 그렇게 한다면 그대들은 일정한 형벌을 받게 될 것이다.

② 삼중복문

           목적   인과   조건

(1) 康子之攸保, ‖‖ 勖教誨之, ‖ 世祀無絶, | 不, 我周有常刑.(《逸周書·祭公解》) 그대들이 맡은 일들에 대해 책임을 다하고 천자를 깨우치는데 힘쓰며 후대에 제사가 끊이지 않게 해야 한다. 그렇지 않다면 우리 주나라는 분명 형벌을 받을 것이다.[135]

3) 다중가설복문

① 이중복문

             병렬   가설

(1) 厥有見有即令, ‖ 厥非先告蔡, | 毋敢疾有人告.(《蔡簋銘》) 알현하고 명령을 기다림에 있어 蔡에게 먼저 보고하지 않았다면, 급하게 內宮에 아뢰어선 안 된다.

             병렬   가설

(2) 勿替敬典, ‖ 聽朕告, | 汝乃以殷民世享.(《尚書·康誥》) 공경해야 할 법을 어기지 말고, 내가 너에게 한 말을 떳떳이 들으면 마침내 너는 은의 백성을 데리고 대대로 누리게 될 것이다.

② 삼중복문

             병렬   순접   가설

(1) 歷自今出入尃命于外, ‖ 厥非先告父𤾣, ‖‖ 父𤾣舍命, | 毋又敢憙尃命于外.(《毛公鼎銘》) 지금부터 이후 드나들며 대외에 명령을 공포함에 있어 父𤾣에게 먼저 고한 것이 아니면, 父𤾣이 명령을 내릴 때 감히 독단적으로 대외에 명령을 공포하지 말라.

---

135) 康: 秉

역접 가설 인과 병렬

(2) 厥非正命, || 乃敢疾訊人, | 則唯輔天降喪, || 不[盄][136], ||| 唯死.(《𤼈盨銘》) 정당한 명령이 아닌데 심하게 사람을 심문하면 이는 하늘이 재앙을 내리게 하는 것이며, 불행히 멸망할 뿐이다.

③ 사중복문

가설 병렬 점층 병렬 병렬

(1) 此厥不聽, | 人乃訓之, ||| 乃變亂先王之正刑, |||| 至于小大; || 民否則厥心違怨, ||| 否則厥口詛祝.(《尙書·無逸》) 만약 이러한 말씀을 듣지 않으시면 사람들은 그것을 본받을 것이고, 이에 선왕들의 정치와 법령을 바꾸고 어지럽히어 크고 작은 것에까지 미칠 것이다; 백성들은 이에 그들의 마음속으로 원망할 것이며 그들이 입으로 저주할 것이다.

역접 병렬 해설 가설 인과

(2) 乃有大罪, || 非終, ||| 乃惟眚災, |||| 適爾, | 既道極厥辜, || 時乃不可殺.(《尙書·康誥》) 큰 죄를 저질렀더라도 고의가 아니면 재앙으로 인한 죄이기 때문에, 우연히 그렇게 된 것이니, 이미 그 죄를 다 말하면 죽이지 말아야 한다.[137]

④ 오중복문

가설 병렬 해설 병렬 병렬

(1) 曰"小人怨汝詈汝", | 則信之, || 則若時: ||| 不永念厥辟, ||||| 不寬綽厥心, |||| 亂罰

병렬

無罪, ||||| 殺無辜.(《尙書·無逸》) '백성들이 당신을 원망하고 당신을 욕하고 있다'고 하면 그것을 믿게 될 것이며, 이렇게 하게 될 것이다. 그 국가의 법도를 멀리까지 생각하지 않고 그 마음을 너그럽게 하지 못하여 죄 없는 사람을 벌하고 허물없는 사람을 죽이게 될 것이다.

4) 다중인과복문

① 이중복문

병렬 인과

(1) 折首五百, || 執訊五十, | 是以先行[138].(《虢季子白盤銘》) 오백 명을 참수하고 오십 명을

136) [역주] '不' 다음의 글자는 확실치가 않다. 원서에서는 '盄'로 보충하였지만, '廷'으로 보는 견해도 있으며, 缺字로 처리하는 경우도 많다.

137) [역주] '眚'는 '과실'이다. '適'은 '우연히'이다.

포로로 잡아 앞장서서 귀환하였다.

(2) 顯嗇(淑)文祖、皇考克哲[139]厥德，│得屯(純)用魯，║永冬(終)于吉.(《井人佞鐘銘》) 찬
란히 빛나시고 어지시며 文德이 혁혁하신 先祖와 위대하신 先父께서는 경건히 덕행에 힘쓰
시어 완전무결하사 복을 받으셨으며 장구히 복락을 누리셨도다.

인과 — (over 克哲)
병렬 — (over 得屯(純)用魯)

② 삼중복문

(1) 用天降大喪于下或(國)，║亦唯噩侯馭方率南淮尸(夷)東尸廣伐南或東或，║║║至于
歷內，│王乃命西六師、殷八師曰：“撲伐噩侯馭方，勿遺壽幼.”(《禹鼎銘》) 하늘이 우리
나라에 큰 재앙을 내리셨으니，鄂侯 馭方이 南淮夷와 東夷를 거느리고 남국과 동국을 대대적
으로 침범하여 歷內까지 이르렀다. 왕께서 이에 西六師와 殷八師에 명하여 말씀하시길: 鄂侯
馭方을 정벌하고 노인과 어린아이를 남기지 말라.

병렬 — (over 亦唯...)
순접 — (over 至于)
인과 — (over 王乃命...)

(2) 不(丕)顯趄趄皇祖穆公克夾召(紹)先王奠四方，│肆武公亦弗叚(遐)望(忘)朕聖祖考幽
大叔、懿叔，║命禹仴(肖)[140](肖)朕祖考，║║║政于井邦.(《禹鼎銘》) 위대하시고 용맹하신
皇祖 穆公께서 선왕을 보필하여 천하를 안정시키셨다. 그러므로 武公께서도 나의 영명하신
先祖先父인 幽大叔과 懿叔을 잊지 않으시고, 나 禹에게 명령하셔서서 나의 先父先祖를 본받
아 邢國을 다스리게 하셨다.

인과 — (over 肆武公...)
인과 — (over 命禹仴)
목적 — (over 政于井邦)

③ 사중복문

(1) 穆穆朕文祖師華父，聰[141]讓厥心，嗇(宇)靜于猷，嗇(宇)哲[142]厥德，│肆克恭保厥辟恭

---

138) [역주] ‘是以先行’에 관해서는 ‘앞서 승전보를 알렸다’로 해석하는 견해도 있다.

139) [역주] ‘哲’에 대해서는 제2장 제2절 [역주] 52 참조.

140) [역주] ‘禹’ 뒤의 이 글자에 대해서는 제5장 제4절 [역주] 227 참조.

141) [역주] 이 글자의 원래 자형은 ‘悤’으로, ‘沖’으로 읽고 ‘마음을 비우다’ 혹은 ‘겸손하다’의 뜻으로
해석하는 견해도 있다.

병렬 병렬 병렬 병렬 병렬 인과

王, ||| 諫[143]乂王家, ||| 惠于萬民, ||| 柔遠能邇, || 肆克口[144]于皇天, |||| [illegible]于上下, ||| 得屯

병렬

(純)亡愍(愍), |||| 賜厘[145]無疆.(《大克鼎銘》) 위엄과 덕망을 갖추신 나의 조상 師華父께서는 생각이 지혜롭고 겸손하시며, 계획이 원대하고 동요가 없으셨으며, 경건하게 덕행에 힘쓰셨다. 그러므로 삼가 공손히 군주 恭王을 보위하실 수 있었고, 왕실을 잘 정돈하고 만민에게 은혜를 베푸셨으며, 멀리 있는 邦國과 가까이 있는 邦國을 안정시키사 하늘의 뜻을 깊이 헤아리실 수 있었다. 師華父께서는 上帝 옆과 인간 세상을 왕래하시며 완벽하고 실수가 없으시고, 복을 무한히 내려 주신다.

5) 다중목적복문

① 이중복문

목적 병렬

(1) 兮仲作大林鐘, | 其用追孝于皇考紀伯, || 用侃喜前文人.(《兮仲鐘銘》) 兮仲이 큰 林鐘[146]을 제작함으로써 위대하신 先父이신 紀伯을 추념하고 文德이 혁혁하신 조상님들을 기쁘게 해드리는 데 사용하고자 한다.

목적 병렬

(2) 師臾肇作朕刺(烈)祖虢季、宄公、幽叔、朕皇考德叔大林鐘, | 用喜侃前文人, || 用

병렬

祈屯(純)魚(魯)、永令(命), ||| 用匃眉壽無疆.(《師臾鐘銘》) 師臾가 나의 烈祖이신 虢季, 宄公, 幽叔와 나의 先父이신 德叔를 기리기 위한 큰 林鐘[147]을 제작함으로써 文德이 혁혁하신 조상님들을 기쁘게 해드리고, 큰 복과 영원한 생명을 빌고, 만수무강을 기원하노라.

142) [역주] ‘哲’에 대해서는 제2장 제2절 [역주] 52 참조.

143) [역주] 원서에서 이 글자를 ‘諫’로 표기하였으나, 대부분은 ‘諌’이나 ‘諫’으로 보며, 역자는 ‘誎’으로 보고 ‘敕’으로 읽는 견해를 취하였다.

144) [역주] 원서에 缺字로 처리한 이 글자에 대해서는 ‘智’로 추정하는 견해가 있는 바, 이에 준하여 해석을 하였다.

145) [역주] 원래 자형은 ‘釐’이다.

146) [역주] ‘林鐘’에 대해서는 제4장 제3절 [역주] 20 참조.

147) [역주] ‘林鐘’에 대해서는 제4장 제3절 [역주] 20 참조.

② 삼중복문

　　　목적　　　　　　　　　　병렬　　　　병렬

(1) 龢林鐘, | 用邵[148]各喜侃樂前文人, || 用禱[149]壽, ||| 匄永命、綽綰、猶[150]彔、屯(純)魯.(《[癲]鐘銘》) 음률이 조화로운 林鐘[151]을 제작하였으니, 문덕이 혁혁하신 조상님을 성심으로 감응시켜 강림하시게 하고 기쁘게 해드리며, 만수무강을 빌고, 장수와 부유함·복록·큰 복을 구하는 데 사용할 것이다.

6) 다중시간복문

① 이중복문

　　　시간　　　　　　　　　순접

(1) 我作御, | 祟祖乙妣乙、祖己妣癸, || 延礿𣪘二女(母).[152](《我方鼎銘》) 我가 禦祭를 드릴 때, 祖乙·妣乙·祖己·妣癸께는 血祭를 드리고, 妣乙과 妣癸 두 조모께는 礿祭와 𣪘祭도 드렸다.

　　　시간　　　조건

(2) 譬若衆畋, | 常扶予險, || 乃而予于濟.(《逸周書·皇門解》) 만약 모두 사냥을 가서 내가 위험에 처했을 때 늘 나를 도와주어야만 내가 위험을 건널 수 있다.

② 삼중복문

　　　시간　　　　　병렬　　　　　목적

(1) 繼自今立政, | 其勿以憸人, || 其惟吉士用, ||| 勵相我國家.(《尙書·立政》) 지금으로부터 관리를 세움에는 간사한 사람을 쓰지 마시고 오직 착한 사람만 쓰시어 힘써 우리나라를 다스리십시오.

---

148) [역주] '邵'에 대해서는 제2장 제2절 [역주] 60 참조.

149) [역주] '禱'의 원래 자형을 隷定하면 '𧙀'으로, 이 글자가 전래문헌 상의 어떤 글자인지에 관해서는 여러 견해가 있으나, 본 예문과 같이 '丏'와 호응하여 사용된 경우 그 의미는 '祈'나 '求'와 유사함을 알 수 있다.

150) [역주] '𤞞'로 隷定하기도 하며, '祓'로 읽는 것이 다수의 견해이다.

151) [역주] '林鐘'에 대해서는 제4장 제3절 [역주] 20 참조.

152) [역주] 원서에서는 '血祖乙妣乙、祖乙妣癸, 延礿縮福二垂、貝五朋'으로 되어 있으나, 자형 및 명문상의 오류로 인해 위와 같이 수정하였다.

제4절 서주한어 긴축복문

이런 문장은 복문이 긴축해서 형성된 것으로 절 사이에 어음상의 쉼이 없다. 병렬복문, 순접복문, 역접복문, 조건복문, 가설복문, 인과복문, 목적복문 모두 긴축문이 될 수 있다.

1 병렬긴축문

이 긴축문은 병렬복문이 긴축해서 만들어진 것이다.

(1) 蓼蓼者莪, 匪莪伊蒿.(《詩經·小雅·蓼莪》) 길고 큰 아름다운 쑥인가 했더니 아름다운 쑥이 아니고 저 나쁜 쑥이로다.

(2) 或群或友.(《詩經·小雅·吉日》) 떼를 지어 가기도 하고 짝을 지어 가기도 한다.

(3) 式歌且舞.(《詩經·小雅·車舝》) 그대와 함께 노래하고 춤을 추리.

(4) 彼疏斯粺.(《詩經·大雅·召旻》) 저 소인이 현미라면 이 군자는 백미이다.

2 순접긴축문

이 긴축문은 순접복문이 긴축해서 만들어진 것이다.

(1) 自時厥後, 立王生則逸, 生則逸.(《尙書·無逸》) 그 뒤로부터 즉위한 왕들은 태어나면서부터 편안함을 누렸고, 태어나면서부터 편안함을 누렸다.

(2) 舍矢如破.(《詩經·小雅·車攻》) 화살을 쏘아 적중하였다.

(3) 誰夙知而莫成?(《詩經·大雅·抑》) 누가 일찍이 깨달았음에도 늦게 이루는가?

(4) 旣備乃奏.(《詩經·周頌·有瞽》) 이미 갖추어져서 연주하니

3 점층긴축문

이 긴축문은 점층복문이 긴축해서 만들어진 것이다.

(예) 旨且有.(《詩經·小雅·魚麗》) 술이 맛 좋을 뿐만 아니라 종류가 많다.

4 역접긴축문

이 긴축문은 역접복문이 긴축해서 만들어진 것이다.

(1) 雖畏勿畏, 雖休勿休.(《尚書·呂刑》) 비록 두렵더라도 두려워하지 말 것이며 비록 기쁘더라도 기뻐하지 말라.

(2) 眇能視, 跛能履.(《周易·履卦》) 한쪽 눈이 멀어도 볼 수 있으며 다리를 절룩거려도 걸을 수 있다.

(3) 醉而不出.(《詩經·小雅·賓之初筵》) 취하고도 자리를 뜨지 않는다면

(4) 期逝不至.(《詩經·小雅·杕杜》) 기약한 날이 가도 오시지 않아

(5) 謀臧不從, 不臧覆用.(《詩經·小雅·小旻》) 좋은 계획은 따르지 않고 반대로 나쁜 계획만 쓰네.

(6) 愛莫助之.(《詩經·大雅·烝民》) 아끼지만 그를 도와줄 수가 없네.

(7) 云徂何往?(《詩經·大雅·桑柔》) 간들 어디로 가리오?

(8) 休茲知恤.(《尚書·立政》) 좋을 때라도 근심할 줄 안다.

5 조건긴축문

이 긴축문은 조건복문이 긴축해서 만들어진 것이다.

(예) 厥誥毖庶邦庶士越少正御事, 朝夕曰: "祀茲酒."(《尚書·酒誥》) 그분은 여러 나라 제후와 여러 관리들과 관청의 副官들과 실무를 담당하는 사람들에게 경계하여 아침저녁으로 말씀하시기를 "제사에만 술을 마셔라."라고 하셨다.

6 가설긴축문

이 긴축문은 가설복문이 긴축해서 만들어진 것으로, 두 가지로 분류할 수 있다.

1) 가설과 결과가 일치하는 경우

(1) 小子、小臣, 敬有佑153), 獲則取.(《柞伯簋銘》) 小子와 小臣들은 신중해야 하며, 과녁에 적중한다면 상을 얻을 것이다.

(2) 民歸于德154), 德則民戴, 否則民仇.(《逸周書·芮良夫》) 백성들이 덕이 있는 곳으로 모이니 덕이 있으면 백성들이 받들 것이요, 덕이 없다면 백성들이 원망할 것이다.

(3) 瀆則不告.(《周易·蒙卦》) 더렵혀지면 가르쳐주지 않아도 되느니라.

(4) 朋至, 斯孚.(《周易·解卦》) 벗이 이르렀다면 이는 믿음이 있는 것이다.

(5) 貞丈人吉.(《周易·師卦》) 바르고 丈人이라면(정도를 지키며 덕망이 높은 사람이 군대를 통솔한다면) 길하다.

(6) 厭厭夜飮, 不醉無歸.(《詩經·小雅·湛露》) 즐거운 이 밤의 술자리, 취하지 않으면 돌아가지 못하리라.

2) 가설과 결과가 일치하지 않는 경우

(1) 每懷靡及.(《詩經·小雅·皇皇者華》) 언제나 생각은 하면서도 맡은 사명 다하지 못할까 걱정하네.

(2) 不顯亦臨.(《詩經·大雅·思齊》) 어두운 곳이라 하더라도 마치 오셔서 보시는 듯하네.

(3) 人亦有言, 柔則茹之, 剛則吐之; 維仲山甫, 柔亦不茹, 剛亦不吐.(《詩經·大雅·烝民》) 옛말에 이르기를 부드러우면 삼키고, 강하면 뱉는다 하였네. 그러나 중산보는 부드러운 것이라 해도 먹지 않고 딱딱한 것이라 해도 뱉지 않았다.

7 인과긴축문

이 긴축문은 인과복문이 긴축해서 만들어진 것이다.

(1) 維憂用老.(《詩經·小雅·小弁》) 걱정으로 늙어만 간다.

(2) 癙憂以痒.(《詩經·小雅·正月》) 근심으로 병이 되네

---

153) [역주] 원서에서 '佑'로 표기한 이 글자에 대해서는 '佑'로 보는 견해 외에도 '又', '夫', '賢', '叉', '叚' 등 의견이 분분하며, 射禮에 임하는 태도나 자세와 관련된 의미로 추정하고 있다. '佑'의 경우, 자형상 부합하지 않고, 이를 주장한 학자들 역시 어떤 의미로 사용되었는지 밝히지 않았으므로, 해석은 잠정적으로 생략하기로 하겠다.

154) [역주] 원서에는 '民歸有德'으로 되어 있는데, '有'는 '于'의 오타로 보인다.

8 목적긴축문

이 긴축문은 목적복문이 긴축해서 만들어진 것이다.

(예) 我徂維求定, 時周之命.(《詩經·周頌·賚》) 내가 남국으로 가는 것은 만천하의 안정을 얻기 위함이다. 이것이 주나라가 받은 천명이네.

| 주요 참고문헌 |

黃伯榮·廖序東主編:《現代漢語》(增訂二版)(下冊), 高等教育出版社, 1997年.

楊伯峻·何樂士:《古漢語語法及其發展》(修訂本)(上下), 語文出版社, 2001年.

張玉金:《甲骨文語法學》, 學林出版社, 2001年.

管燮初:《西周金文語法研究》, 商務印書館, 1981年.

楊合鳴:《詩經句法研究》, 武漢大學出版社, 1993年.

戴璉璋:〈殷周造句法初探〉,《國文學報》, 第八期, 1979年, 臺灣師範大學國文學系 발행.

方麗嫣:《西周金文虛詞研究》, 臺灣師範大學國文研究所碩士論文, 1985年.

제8장

서주한어 문장의 유형

　문장은 일정한 기준에 따라 분류를 할 수 있으며, 어기(語氣)를 기준으로 문장의 유형(句類)을 나눌 수 있다. 서주한어 문장의 유형은 진술문(陳述句), 의문문(疑問句), 명령문(祈使句), 감탄문(感嘆句)의 네 가지가 있다.

제1절　서주한어 진술문

　진술문은 진술의 어조(語調)를 지닌 문장을 가리킨다. 진술문은 동작이나 변화를 서술하기도 하고, 성격이나 정황을 묘사하기도 하며, 판단을 나타내기도 한다. 진술문의 끝에는 문미어기사(句末詞氣詞)를 사용하기도 하고 사용하지 않기도 한다.

1 어기사를 사용하지 않은 진술문

　이러한 형식은 어기사를 사용하지 않으며, 어조만으로 진술의 어기를 표현한다. 서주한어에서 진술의 어기를 나타내는 실제 어조가 어떠한지에 대해서 확인할 방법은 없지만, 앞뒤 문장의 언어 환경을 통해 문장 어기의 종류를 판별해낼 수 있다. 아래의 문장은 모두 진술문이다.

(1) 予惟乙卯朝至于洛師.(《尚書・洛誥》) 저는 을묘일 아침에 낙읍에 이르렀습니다.

(2) 惟五月丁亥, 王来自奄.(《尚書・多方》) 오월 정해 일에 왕께서 엄 땅으로부터 오셨다.

(3) 王歸自成周.(《應侯見工鐘銘》) 왕께서 成周에서 돌아오셨다.

(4) 天尹作元奔.(《天尹鐘銘》) 天尹이 귀중한 기물을 제작하였다.

(5) 唯十又二¹⁾年正月初吉丁亥, 虢季子白作寶盤.(《虢季子白盤銘》) 십이년 정월 初吉 丁亥일에 虢季子白이 귀중한 盤을 제작했다.

(6) 西土人亦不静.(《尚書・大誥》) 서토인들은 또한 안정치 못할 것이다.

2 어기사를 사용한 진술문

일부 진술문의 문미에서는 어기사를 사용한다. 서주한어에서 진술문의 문미에 출현 가능한 어기사에는 '止', '也', '矣', '已', '焉', '而已' 등이 있다. 이러한 어기사는 진술의 어기를 표현해줌과 동시에 각각의 특징이 있다(제2장 제11절 참고).

(1) 曰歸曰歸, 歲亦莫止.(《詩經・小雅・采薇》) 돌아가세, 돌아가세, 이 해도 다 저물어 가네.

(2) 日月陽止, 女心傷止, 征夫遑止.(《詩經・小雅・杕杜》) 세월은 흘러 시월이 되어 여인의 마음 서글퍼지니 정벌하러 간 남편이 겨를이 있으려나.

(3) 薪是獲薪, 尚可載也.(《詩經・小雅・大東》) 마른나무를 땔나무로 여긴다면 실어 갈 수 있겠네.

(4) 哀我憚人, 亦可息也.(同上) 이 고생하고 있는 자를 가엾이 여긴다면 쉴 수 있도록 해주면 될 것이네.

(5) 嗚呼! 孺子王矣.(《尚書・立政》) 아! 어린 분이 왕이 되셨다.

(6) 秩秩斯干, 幽幽南山. 如竹苞矣, 如松茂矣.(《詩經・小雅・斯干》) 질서정연한 이 물가요, 그윽하고 그윽한 남산이로다. 대나무가 우거진 것 같고 소나무가 무성한 것과 같도다.

(7) 公定, 予往已(矣).(《尚書・洛誥》) 공이 이곳에 머물고, 나는 갈 것이오.

(8) 民至億兆, 后一而已.(《逸周書・芮良夫》) 백성이 십만, 백만에 이르더라도 군왕은 한 사람뿐이로다.

(9) 有菀者柳, 不尚息焉.(《詩經・小雅・菀柳》) 무성한 버드나무 그 아래서 쉬고 싶구나.²⁾

---

1) [역주] 원서에서는 '三'으로 표기되어 있는데 오타로 보인다.

(10) 上帝甚蹈, 無自瘵焉.(同上) 하늘이 하도 변화무쌍하니 화를 자초하지 말게.3)

③ 이중 부정 진술문

이러한 형식은 보통 하나의 문장 내에 서로 상쇄되는 두 개의 부정사가 사용되며, "이중 부정"으로써 긍정의 의미를 표시한다. 이중 부정 문장과 이에 상응하는 단순 긍정 문장은 그 의미상 완전히 상반되며, 후자보다 전자가 더 강한 긍정의 의미와 완곡한 느낌을 준다.

1) "不 …… 不 …… "

(1) 不敢不綏4).(《沈子它簋銘》) 마땅히 제사를 드려야 한다.

(2) 予不敢不極卒寧王圖事.(《尙書·大誥》) 나는 문왕께서 꾀하시던 일을 감히 서둘러 완수하지 않을 수가 없다.

(3) 不可不成乃寧考圖功.(《尙書·大誥》) 당신의 선친께서 꾀하시던 일을 이루지 않으면 안 된다.

(4) 公不敢不敬天之休.(《尙書·洛誥》) 공이여, 감히 하늘의 복을 공경하지 않을 수 없습니다.

(5) 我不能不眔縣白萬年保.(《縣妃簋銘》) 나는 반드시 縣伯과 함께 영원히 이 禮器를 소중히 할 것이다.

(6) 效不敢不萬年夙夜奔走揚公休.(《效尊銘》) 效는 삼가 만년토록 아침저녁으로 애쓰고 公의 은택을 찬양하노라.

2) "不 …… 弗 …… "

(1) 佞不敢弗帥用文祖、皇考穆穆秉德.(《井人佞鐘銘》) 佞은 문덕이 빛나는 선조와 위대하신 先父를 따라서 경건하게 덕을 갖출 것이다.

(2) 瘨不敢弗帥井祖考.(《瘨鐘銘》) 瘨은 先祖先父를 본받아야 한다.

---

2) [역주] '不尙息焉'을 대부분은 '쉬지 말라'는 뜻의 금지문으로 본다.
3) [역주] '無自瘵焉' 역시 금지문으로 본다면, 저자의 생각대로 진술문의 유형으로 분류하기는 어렵다고 할 수 있다.
4) [역주] 원서에서 '裸'으로 표기한 이 글자의 원래 자형은 '𥙩'으로, '綏'이나 '綏'으로 考釋하며, 자형과 의미에 대한 일치된 의견은 없지만, 문맥상 제사의 일종을 가리킴을 알 수 있다.

(3) 不敢弗帥用夙夕.(《癲簋》)5) 삼가 주야로 따르지 않음이 없었다.

3) "毋 …… 不 …… "

(1) 女(汝)毋敢不善.(《卯簋銘》) 그대는 잘 처리해야만 한다.

(2) 毋有不聞知.(《逆鐘銘》) 사리에 밝아야 한다.

(3) 毋敢不即次6)即市.(《兮甲盤銘》) 시장 관리 기구와 시장의 상점에 오지 않으면 안 된다(거래가 이루어지지 않으면 안 된다).

(4) 毋敢不善.(《諫簋銘》) 잘 처리하였다.

(5) 毋敢不尹.(《牧簋銘》) 정돈해야 한다.

(6) 厥貯毋不即市.(《兮甲盤銘》) 그 상품들은 시장에 오지 않으면 안 되며(시장에서만 거래가 이루어져야 한다).

4) "毋 …… 弗 …… "

(1) 女毋弗帥用先王作明井.(《毛公鼎銘》) 그대는 선왕께서 만드신 현명한 법도를 따르지 않으면 안 된다.

(2) 女毋弗善效姜氏人.(《蔡簋銘》) 그대는 姜氏의 內官들을 잘 지도해야 한다.

5) "無 …… 不 …… "

(1) 無敢不吊.(《尙書·費誓》) 감히 소홀함이 없도록 하라.

(2) 無敢不善.(同上) 감히 잘못됨이 없도록 하라.

(3) 無敢不逮.(同上) 감히 이르지 못함이 없게 하라.

(4) 無敢不供.(同上) 감히 공급하지 못함이 없게 하라.

(5) 無敢不多.(同上) 감히 부족함이 없게 하라.

---

5) [역주] 원서에서는 《癲鐘》으로 표기했으나, 《癲簋》로 수정한다.
6) [역주] '次'를 '시장 내의 관리 사무소'로 보는 견해 외에, '군대의 주둔지'로 보는 의견도 있다.

의문문은 크게 '일반의문문', '반어문', '추측의문문'의 세 가지로 나눌 수 있다. 일반의문문은 실제 의문이 있어서 묻는 의문문이고, 반어문은 의문은 없지만 묻는 형식이다. 또, 추측의문문은 추측을 해서 묻는 문장이다. 서주한어 자료 중에서 일반의문문과 반어문은 보이지만, 추측의문문은 아직까지 보이지 않는다.

1 일반의문문(詢問句)

일반의문문은 의문사의문문, 시비의문문, 정반의문문, 선택의문문의 네 가지로 나눌 수 있다. 현존하는 서주한어 자료 중 선택의문문은 보이지 않는다.

1) 의문사의문문(特指問句)

의문대명사 및 의문대명사로 이루어진 구를 이용해서 의문점을 분명하게 드러내는 의문문이다. 보통 묻는 부분에 대해 상대방이 답을 하길 요구하며, 답이 없는 경우에는 혼잣말로 하는 의문문이거나 대답을 요구하지 않는 의문문이다. 의문의 내용에 따라 아래와 같이 분류할 수 있다.

① **사람을 묻는 의문문** : 자주 쓰는 의문사로는 '誰', '疇', '何'가 있다. 문미에는 어기사를 사용할 때도 있으나, 일반적으로는 쓰지 않는다.

(1) 憂心如酲, 誰秉國成?(《詩經·小雅·節南山》) 마음의 시름 술병 난 듯 누가 나라를 제대로 다스릴 건가?

(2) 二人從行, 誰爲此禍?(《詩經·小雅·何人斯》) 두 사람이 함께 다니는데, 누가 이런 화근을 만들었나?

(3) 誰生厲階, 至今爲梗?(《詩經·大雅·桑柔》) 누가 화의 단초를 만들어, 지금에 이르러 병들게 하였는가?

(4) 瞻烏爰止, 于誰之屋?(《詩經·小雅·正月》)[7] 저 까마귀가 앉는 곳을 보건대 누구의 지붕에

앉을까.

(5) 有命, 無咎. 疇離祉?(《周易·否卦》) 천명을 받아 허물이 없으니 누가 복을 받았는가?8)

(6) 無父何怙? 無母何恃?(《詩經·小雅·蓼莪》) 아버지 안 계시니 누구를 의지할 것이며, 어머니 안 계시니 누구에게 기대겠나?

위의 여섯 용례에서는 문미에 어기사가 출현하지 않고 있으나, 아래의 예에서는 새로운 상황의 출현을 알리는 용도로 쓰인 어기사 '矣'가 보인다.

(예) 侯誰在矣? 張仲孝友.(《詩經·小雅·六月》) 그 자리에 누가 있는가? 효도와 우애에 뛰어난 장중이 있네.

② **사물을 묻는 의문문** : 사람 이외의 사물에 대한 의문으로, 의문대명사 '何'를 사용한다. 이런 형식의 의문문의 문미에는 일반적으로 어기사를 사용하지 않는다.

(1) 王曰: 嗚呼! 嗣孫, 今往何監? 非德?(《尙書·呂刑》) 왕께서 말씀하셨다. "아! 뒤를 이을 자손들이여, 지금 이후로 무엇을 거울로 삼을 것인가? 덕이 아닌가?"

(2) 四方司政典獄, 非爾惟作天牧? 今爾何監? 非時伯夷播刑之迪? 其今爾何懲? 惟時苗民匪察于獄之麗. 罔擇吉人, 觀于五刑之中; 惟時庶威奪貨, 斷制五刑, 以亂無辜.(《尙書·呂刑》) 사방에 정치를 맡아 옥을 주관하는 사람들! 그대들은 牧民官이 아닌가? 이제 그대들은 무엇을 본받아야 하겠는가? 이 백이가 형벌을 펴서 인도함이 아니겠는가? 이제 그대들은 무엇을 경계해야 하겠는가? 이 묘민은 옥사의 걸림을 살피지 않고 선한 사람을 골라 다섯 가지 형벌의 알맞음을 관찰하는 일이 없었으며 오직 이 여러 포학한 자와 재물을 약탈하는 자들로 다섯 가지 형벌을 판결하게 하여 죄 없는 사람을 어지럽혔다.

(3) 何辜于天? 我罪伊何?(《詩經·小雅·小弁》) 무슨 죄를 하늘에 졌는가? 내 죄가 무엇인가?

(4) 自昔何為? 我蓺黍稷.(《詩經·小雅·楚茨》) 옛날부터 무얼 하였나? 메기장과 차기장 심었지.

(5) 吉夢維何? 維熊維羆, 維虺維蛇.(《詩經·小雅·斯干》) 그 길몽 어떠한가? 곰과 말곰과 살무사와 뱀이로다.

(6) 君子來朝, 何錫予之? 雖無予之, 路車乘馬. 又何予之? 玄袞及黼.(《詩經·小雅·采菽》) 군자가 조회를 하러 오는데, 무엇을 내려주시려나? 비록 줄 것이 없다고 하셨으나 큰 수레와

---

7) [역주] 원서에는 〈雨無正〉으로 표기되어 있으나, 〈正月〉로 바로 잡는다.
8) 疇離祉: 누가 복을 받았는가. "疇"를 배필이나 무리로 해석하기도 한다.

말 내려 주시네. 또 무엇을 내리시는가? 검은 곤룡 저고리에 보 무늬 바지라네.

③ **장소를 묻는 의문문** : 이런 형식의 의문문에서는 의문대명사 '何', '胡'가 사용되며, 일반적으로 문미에 어기사는 사용하지 않는다.

(1) 靡所止疑, 云徂何往?(《詩經·大雅·桑柔》) 머물러 의지할 곳이 없으니, 간들 어디로 가리요?[9]

(2) 哀我人斯, 于何從祿?(《詩經·小雅·正月》) 슬프다, 우리 백성들! 어디서 먹고 살아야 하나?[10]

(3) 此日而食, 于何不臧?(《詩經·小雅·十月之交》) 이 해가 줄어듦은 무엇에 잘못이 있는가?

(4) 我視謀猶, 伊于胡底?(《詩經·小雅·小旻》) 내 계책을 보건대 어디에 이르겠는가.

(5) 握粟出卜, 自何能穀?(《詩經·小雅·小宛》) 곡식을 한 줌 내어 점쳐 묻노니 어디부터 하면 잘 될 수 있겠는가?

④ **시간을 묻는 의문문** : 이런 형식의 의문문에서는 의문대명사 '曷'이 사용되며, 일반적으로 문미에 어기사는 사용하지 않으나, '矣'를 쓸 때도 있다.

(1) 瞻卬昊天, 曷惠其寧?(《詩經·大雅·雲漢》) 넓은 하늘만 우러르나니 언제나 편안하여지려나?

(2) 我日構禍, 曷云能谷?(《詩經·小雅·四月》) 나는 매일 화를 당하고 있는데 언제면 잘 지내게 될 건가?

(3) 山川悠遠, 曷其没矣.(《詩經·小雅·漸漸之石》) 산천이 아득하니 언제나 끝날 건가?

⑤ **수량을 묻는 의문문** : 이런 형식의 의문문에서는 의문대명사 '幾何'가 사용되며, 일반적으로 문미에 어기사는 사용하지 않는다.

(예) 為猶將多, 爾居徒幾何?(《詩經·大雅·巧言》) 하는 짓이야 그래도 많고 크다지만, 너와 같이 있는 무리가 몇이나 되겠는가?[11]

⑥ **원인을 묻는 의문문** : 이런 형식의 의문문에서는 의문대명사 '割', '害', '何', '何以',

---

9) 何往: 去哪里.

10) 于何: 어디서, 어느 곳에서

11) 爾居徒幾何: 그대가 모으는 무리가 얼마나 되는가? 居: 저장하다.

'何用', '胡', '曷'이 사용되며, 일반적으로 문미에 어기사는 사용하지 않는다.

(1) 在昔上帝割申勸寧王之德, 其集大命于厥躬?(《尚書·君奭》) 옛날에 상제께서는 어찌하여 문왕의 덕을 거듭 권면하시어 大命을 그의 한 몸에 집중시켰겠습니까?

(2) 問: "害不寢?"(《逸周書·度邑解》) "어찌하여 안자고 있는가?"라고 물었다.

(3) 天何以刺? 何神不富?(《詩經·大雅·瞻卬》) 하늘은 어찌하여 꾸짖는가? 신령들은 어찌 부를 내리지 않는가?

(4) 國既卒斬, 何用不監?(《詩經·小雅·節南山》) 나라의 기운이 끊어지는데 어찌 살피지도 않는가?

(5) 父母先祖, 胡寧忍予?(《詩經·大雅·雲漢》) 부모님이나 조상님들께선 어찌 차마 저를 보시고만 계시나요?

(6) 匪言不能, 胡斯畏忌?(《詩經·大雅·桑柔》) 말할 줄 모르는 것도 아닌데 어째서 이렇게 두려워하며 말 못하나?

(7) 胡逝我梁, 不入唁我?(《詩經·小雅·何人斯》) 어찌 내 어량에는 가는데, 나에게 들어와 위문하지 않는가?

(8) 父母生我, 胡俾我瘉.¹²⁾(《詩經·小雅·正月》) 부모님은 날 낳으시어 어찌 나로 하여금 병들게 하는가.

(9) 哀今之人, 胡爲虺蜴?(《詩經·小雅·正月》) 슬프게도 지금 사람들은 어째서 독사나 도마뱀처럼 구는가?

(10) 曷予靖之, 居以凶矜.(《詩經·小雅·菀柳》) 왜 내가 그를 안정시키겠는가? 흉하고 가련한 상태로 있어서라네.

⑦ **방법을 묻는 의문문** : 이런 형식의 의문문에서는 의문대명사 '如何', '如之何'를 사용하며, 문미에 어기사는 사용하지 않는다.

(1) 生民如何? 克禋克祀, 以弗無子. 履帝武敏歆, 攸介攸止, 載震載夙, 載生載育, 時維后稷.(《詩經·大雅·生民》) 사람을 어떻게 낳으셨나? 정결하게 제사를 드려 아들 없는 나쁜 징조를 없애시고, 상제의 발자취 엄지발가락 밟자 감동을 받으시어 거기에 쉬어 머무셨네. 곧 아기를 배고 공경히 몸 간수하시어 아기 낳아 기르셨으니 이분이 바로 후직이시다.

(2) 誕我祀如何? 或舂或揄, 或簸或蹂. 釋之叟叟, 烝之浮浮.(同上) 우리 후직의 제사를 어

---

12) [역주] 원서에는 '愈'로 표기되어 있으나, '瘉'의 오기로 보인다.

떻게 지내는고? 방아를 찧고 절구에서 퍼내고는 키로 까부르고 절구에 당겨 넣으며, 쌀을 싹싹 씻어 김이 나게 푹 그것을 쪄놓네.

(3) 維莫之春, 亦又何求? 如何新畬?(《詩經·周頌·臣工》) 늦봄이 되었으니, 무엇을 챙겨야 할까? 새 밭과 일궈놓은 밭들은 어찌해야 할까?

(4) 心之憂矣, 云如之何?(《詩經·小雅·小弁》) 마음의 시름이여! 어찌하면 좋은가?

⑧ 상황이나 성질을 묻는 의문문 : 이런 형식의 의문문에서는 의문대명사 '何', '如何'를 사용한다. 문미에 어기사를 사용하지 않을 수도 있고, '斯', '其'를 쓸 수도 있다.

(1) 既見君子, 其樂如何?(《詩經·小雅·隰桑》) 우리 님을 만났으니 즐거움이 어떠한가?
(2) 彼何人斯? 居河之麋.(《詩經·小雅·巧言》) 저들은 어떤 자들인가? 황하 물가에 사네.[13]
(3) 夜如何其? 夜未央.(《詩經·小雅·庭燎》) 밤이 얼마나 되었는고, 밤이 아직 자정이 못되었네.

2) 시비의문문

이런 형식은 명제 전체에 대한 의문으로, 일반적으로 상대방에게 긍정이나 부정의 답만을 요구한다. 진술문과 비슷한 구조지만, 문장 중에 의문대명사가 없고(의문대명사가 있다 하더라도 의문을 나타내지 않는다) 대신 의문의 어조를 띠거나 어기사를 함께 쓴다. 이런 의문문 형식은 서주한어 자료 중에는 매우 드물다.

(예) 我有大事, 休?(《尙書·大誥》) 나에게 큰일이 있는데 길할 것인가?

3) 정반의문문

이런 의문문의 위어는 긍정 형식과 부정 형식을 병렬해서 만들어진다. 정반의 두 측면에서 의문이 제기되고, 긍정이나 부정의 대답을 해야 한다. 문장의 중간이나 문미에 반드시 부정부사가 출현하며, 문미에 일반적으로 어기사를 쓰지 않는다. 이런 형식의 의문문은 서주한어에서 매우 드물게 보인다.

---

13) 麋: '湄'와 통하며, 물가를 뜻한다.

(예) 正乃訊厲曰: 女(汝)貯田不?(《五祀衛鼎銘》) 바로 이에 厲를 심문하여 말하길: 그대는 경작지를 넘겨주기로 하지 않았는가?

2 반어문(反問句)

의문이 없으나 묻는 의문문 형식이다. 의문문 형식으로 확정(긍정 혹은 부정)의 의미를 표시하며, 형식상 긍정인 경우에는 부정을 의미하고, 반대의 경우에는 긍정의 의미를 나타낸다. 是非의문문 형식과 의문사의문문 형식의 두 가지로 나뉜다.

1) 是非의문문 형식의 반어문

형식상 시비의문문과 같으나 그 의미는 다르다. 시비의문문 형식의 일반의문문은 의문이 있어서 묻고 대답을 하는 것이고, 시비의문문형식의 반어문은 의문은 없으나 묻는 것으로 대답을 할 필요가 없다.

① **형식상 긍정인 경우**: 이런 형식의 반어문은 형식상으로는 긍정이지만 실제로는 부정의 의미를 나타내며, 문미에 일반적으로 어기사를 사용하지 않는다. 문장 앞에 반문을 표시하는 부사를 쓸 수 있으나, 쓰지 않아도 무방하다.

(1) 濡其首, 有孚, 失是?(《周易·未濟》) 그 머리를 적시면 믿음이 있더라도 바름을 잃겠는가?

(2) 豈敢憚行? 畏不能趨.(《詩經·小雅·綿蠻》) 어찌 감히 가기를 꺼리랴? 두려워 빨리 가지 못할 뿐이지.

(3) 豈伊異人, 兄弟匪他.(《詩經·小雅·頍弁》) 어찌 다른 사람이리오? 형제이지 남이 아니로다.

(4) 我其敢求位?(《尙書·多士》) 우리가 감히 (천자의)자리를 구했겠는가?

(5) 亦爾子孫其能常憂恤乃事?(《逸周書·嘗麥解》) 그대들의 자손이 또 어찌 그대들의 일을 늘 염려하고 애쓸 수 있겠는가?

(6) 厥考翼其肯曰: 予有后弗棄基?(《尙書·大誥》) 그 아버지가 기꺼이 말하길: 나는 후손이 있으니 터전을 버리지 않겠는가?

예(1)에서 '失是'는 반어문이며 문장 중에 반어부사를 사용하지 않았다. 예(2)와 (3)는 모두 반어부사 '豈'를 썼는데, 예(2)에서는 '豈'와 '敢'이 어울려 사용되었다. 예(4), (5), (6)은 반어부사 '其'를 사용했는데, 예(5)에서는 '其'와 '能'이 호응하고, 예(6)은 '其'와 '肯'이 호응한다.

② **형식상 부정인 경우** : 이런 형식의 반어문은 형식상으로는 부정문이지만 실제로는 긍정의 의미를 나타내며, 문미에 일반적으로 어기사를 사용하지 않으나 '而'를 쓸 수도 있다. 문두에는 반어부사인 '豈'를 사용하지만 사용하지 않을 수도 있다.

(1) 王曰: 嗚呼! 嗣孫! 今往何監? 非德?(《尙書·呂刑》) 왕께서 말씀하셨다: 아! 뒤를 이을 자손들이여, 지금 이후로 무엇을 거울로 삼을 것인가? 덕이 아닌가?

(2) 四方司政典獄, 非爾惟作天牧? 今爾何監? 非時伯夷播刑之迪?(同上) 사방에 정치를 맡아 옥을 주관하는 사람들아! 그대들은 牧民官이 아닌가? 이제 그대들은 무엇을 본받아야 하겠는가? 이 백이가 형벌을 펴서 인도함이 아니겠는가?

(3) 何擇? 非人? 何敬? 非刑? 何度? 非及?(同上) 무엇을 선택해야 하겠는가? 사람이 아니겠는가? 무엇을 신중해야 하겠는가? 형벌이 아니겠는가? 무엇을 헤아려야 하겠는가? 형벌에 미치는 범위가 아니겠는가?

(4) 我聞其聲, 不見其身. 不愧于人? 不畏于天?(《詩經·小雅·何人斯》) 나는 그의 목소리는 듣고 있지만 그의 몸은 보지 못하네. 사람들에겐 부끄럽지 않다 하더라도 하늘도 두렵지 않은가?

(5) 下民胥怨, 財單竭, 手足靡措, 弗堪戴上, 不其亂而?(《逸周書·芮良夫》) 백성들이 서로 원망하고 재력이 고갈되며 속수무책이어서 섬길 수가 없게 되니 어찌 반란을 일으키지 않겠는가?

위의 다섯 용례에서는 모두 문두에 반어부사가 보이지 않고 있으나, 아래에서는 '豈'가 출현하고 있다.

(1) 豈不懷歸? 畏此簡書.(《詩經·小雅·出車》) 어찌 돌아가고 싶지 않으리? 군령이 두려워 못가는 거지.

(2) 豈不懷歸? 畏此罪罟.(《詩經·小雅·小明》) 어찌 돌아가고 싶지 않으리? 법이 두려워 못가는 거지.

(3) 豈不日戒? 玁狁孔棘.(《詩經·小雅·采薇》) 어찌 매일 경계 않으리? 험윤 오랑캐 침략으로 다급한데.

(4) 武王豈不仕?(《詩經·大雅·文王有聲》) 무왕께서 어찌 일하지 않으시리?[14]

2) 의문사의문문 형식의 반어문

이런 의문문은 형식상 의문사의문문과 같으나 의문이 있어서 묻는 것이 아니라 의문이 없이 묻는 것을 나타낸다.

① 의문대명사 '誰'를 쓴 경우

(1) 莫肯念亂, 誰無父母?(《詩經·小雅·沔水》) 나라의 어지러움 생각도 않으려 드는데, 어느 누구인들 부모님 계시지 않는가?

(2) 誰夙知而莫成?(《詩經·大雅·抑》) 누가 일찍이 깨달았음에도 늦게 이루는가?

(3) 發言盈庭, 誰敢執其咎?(《詩經·小雅·小旻》) 발언하는 자들이 뜰에 가득하나 누가 감히 그 잘못 책임질 것인가?

(4) 誰謂爾無羊? 三百維群.(《詩經·小雅·無羊》) 누가 너더러 양이 없다 하리오, 양떼가 삼백 마리나 되도다.

(5) 其曰予聖, 誰知烏之雌雄?(《詩經·小雅·正月》) 모두가 내가 성인이라 말하지만 누가 까마귀의 암수를 알리오.

② 의문대명사 '何'를 쓴 경우

(1) 西土疾勤, 其斯有何重?(《逸周書·商誓解》) 서쪽 사람들이 힘들고 수고하는 것을 싫어하니 어찌 다시 군사를 일으키겠는가?

(2) 乃今我兄弟相後, 我筮龜其何所即?(《逸周書·度邑解》) 이제 우리 형제가 서로 이어나가니 내가 어찌 점을 칠 필요가 있겠는가?

(3) 我未定天保, 何寢能欲?(同上) 내가 아직 天保를 안정시키지 못했으니 어찌 잠을 잘 수 있겠는가?[15]

(4) 有孚在道, 以明, 何咎?(《周易·隨卦》) 믿음을 가지고 정도를 따르면 밝게 빛나리니 어찌 허물이 있으랴?

(5) 復自道, 何其咎?(《周易·小畜》) 자신의 길로 돌아왔으니 어찌 허물이 있겠는가?

(6) 赫赫師尹, 不平謂何?(《詩經·小雅·節南山》) 의젓하신 태사와 윤씨여! 잘 다스리지 않고 무얼 하는 것인가?

---

14) 仕: '事'와 통함.
15) '天保'는 '成周', 즉 지금의 洛陽을 가리킨다.

③ 의문대명사 '曷'을 쓴 경우

(1) 今我曷敢多誥?(《尚書·多方》) 지금 내가 어찌 여러 말로 훈계할 수 있는가?

(2) 予曷其不于前寧人圖功攸終?(《尚書·大誥》) 내 어찌 옛 나라를 편히 하신 분들이 꾀하던 일을 끝맺지 않을 수 있겠는가?

(3) 爾曷不忱裕之于爾多方?(《尚書·多方》) 그대들은 어찌하여 그대들 여러 나라에 그것을 권하지 않는가?

(4) 爾曷不惠王熙天之命?(《尚書·多方》) 그대들은 어찌하여 왕께 순종하여 하늘의 명을 빛내려 하지 않는가?

(5) 嗚呼! 曷其奈何弗敬?(《尚書·召誥》) 아! 어찌 공경하지 않을 수 있겠는가?

용례 (5)에서는 '曷'뿐 아니라 '奈何'도 사용하고 있다.

④ 의문대명사 '安'을 쓴 경우

(예) 難至而悔, 悔將安及?(《逸周書·芮良夫》) 재난이 닥치고 나서야 후회를 하니 후회가 어찌 늦지 않겠는가?

⑤ 의문대명사 '害'를 쓴 경우

(1) 啟天疾畏, 司余小子弗彶, 邦將害吉?(《毛公鼎銘》) 백성을 긍휼히 여기시는 하늘이 사납게 위세를 떨치심에도 왕위를 계승한 내가 빠르게 대처하지 못한다면, 나라에 장차 어찌 길함이 있겠는가?

(2) 越予小子考翼, 不可征, 王害不違卜?(《尚書·大誥》) 우리 이 소인들은 효도하고 공경해야 하니 정벌할 수 없습니다. 왕께서는 어찌하여 점을 어기려 하지 않으십니까?

⑥ 의문대명사 '遐'를 쓴 경우

(1) 樂只君子, 遐不眉壽?(《詩經·小雅·南山有臺》) 즐거워라, 군자는 어찌 눈썹 세도록 장수하지 않으시랴?

(2) 豈弟君子, 遐不作人?(《詩經·大雅·旱麓》) 온화하신 군자시여! 어찌 인재들을 키우지 않겠는가?

상대방에게 어떤 일을 하거나 하지 않을 것을 요구하는 문장을 명령문이라고 한다. 본서에서는 명령문을 '어떤 일을 할 것을 요구하는 것'과 '어떤 일을 하지 말 것을 요구하는 것'의 두 종류로 나누어 설명하도록 하겠다. 물론 이 두 가지를 모두 나타내는 문장도 있다.

1 명령청유문

상대방에게 어떤 일을 명령하거나 부탁하는 명령문이다. 이런 문장은 부정부사가 없는 것과 두 개의 부정부사를 사용하는 것의 두 종류로 분류할 수 있다.

1) 부정부사가 없는 명령청유문

문두에 명령을 나타내는 어기부사를 쓸 수도 있고 쓰지 않을 수도 있다; 문미에는 어기사가 있을 수도 있고 없을 수도 있다.

① 어기부사와 어기사가 모두 없는 경우

(1) (王)曰: 安! 予告汝.(《逸周書·度邑解》) 무왕이 말했다. "앉으시오! 그대에게 이르노라."

(2) 上帝弗顯, 乃命朕文考曰: 殪商之多罪紂!(《逸周書·商誓解》) 상제가 그에게 도움을 보이지 않으시고 나의 문왕께 명하셨다. "상의 죄 많은 주를 죽여라."

(3) 東宮乃曰: 求乃人!(《曶鼎銘》) 東宮이 이에 말하였다. "그대의 하인들을 찾아라!"

(4) 矧汝剛制于酒!(《尙書·酒誥》) 그리고 너는 술을 단단히 절제하라.

② 명령을 나타내는 어기부사를 사용하는 경우

(1) 王其疾敬德!(《尙書·召誥》) 왕께서는 속히 덕을 공경하도록 하십시오.

(2) 庶士有正越庶伯君子, 其爾典聽朕敎!(《尙書·酒誥》) 여러 관리들과 우두머리 관리들과 여러 제후들과 제후의 고위 관리들이여, 그대들인 항상 나의 가르침을 들으시오.

(3) 嗣王其監于玆!(《尙書·無逸》) 선왕을 계승하신 왕께서는 이것을 거울로 삼으십시오.

(4) 其汝克敬以予監于殷喪大否!(《尙書·君奭》) 그대는 삼가 나와 더불어 은나라 멸망의 큰 화를 거울로 삼으시오.

(5) 公其告予懿德!(《逸周書·祭公解》) 그대는 나에게 아름다운 미덕을 말해주시오.

③ 문미에 어기사를 사용하는 경우

(1) 燹, 敬哉!(《叔趩父卣銘》) 燹이여, 경건하며 공손하라.

(2) 今王敬之哉!(《尙書·康王之誥》) 이제 왕께서는 그것을 공경하시옵소서!

(3) 王曰: 嗚呼! 念之哉!(《尙書·呂刑》) 왕께서 말씀하셨다. "아! 유념하시오."

(4) 往哉, 封!(《尙書·康誥》) 가라, 봉이여!

(5) [王]箴大正曰: 欽之哉, 諸正!(《逸周書·嘗麥解》) 왕은 大正을 훈계하며 말하였다. "그것을 공경하라, 여러 刑官들이여!"

(6) 往近王舅! 南土是保!16)(《詩經·大雅·崧高》) 가거라, 왕의 외삼촌아. 남쪽 땅을 보전할지어다.

④ 어기부사와 어기사가 모두 있는 경우

(1) 予維不起朕疾17), 汝其皇敬哉!(《逸周書·祭公解》) 나는 내 병을 이길 수 없으니, 그대들은 아주 명심해야 한다.

(2) 自作不和, 爾惟和哉!(《尙書·多方》) 이는 스스로 화목하지 못함을 만드는 것이니 그대들은 화목하게 하라!

(3) 爾室不睦, 爾惟和哉!(同上) 그대들의 집안이 화목하지 않다면 그대들은 화목하라!

(4) 于民之中, 尙明聽之哉!(《尙書·呂刑》) 백성들의 소송 안건에 대하여 밝게 처리하십시오!

2) 두 개의 부정사를 사용하는 명령청유문

(1) 王曰: 牧! 女(汝)毋敢弗帥先王作明井(型)用18)!(《牧簋銘》) 왕께서 말씀하셨다. "牧이여, 그대는 선왕께서 만드신 현명한 법도를 준수하지 않음이 없도록 하라."

---

16) [역주] 원서에는 '往遠王舅, 南國是保'로 되어 있으나, '往近王舅, 南土是保'로 바로 잡는다.
17) [역주] 원서에는 '維'를 '惟'으로 표기되어 있다.
18) [역주] '用'을 뒤의 문장에 붙여서 읽어야 한다고 보는 견해도 있다.

(2) 汝毋敢不善于乃政.(《虎簋蓋銘》) 그대의 직무를 잘 처리해야 한다.

(3) 善敹乃甲胄、敿乃干, 無敢不吊!(《尙書·費誓》) 그대들의 갑옷과 투구를 잘 꿰매고 그대들의 방패를 동여매되 감히 소홀함이 없도록 하라.

(4) 備乃弓矢, 鍛乃戈矛, 礪乃鋒刃, 無敢不善!(同上) 그대들의 활과 화살을 잘 갖추고 그대들의 창과 긴 창을 벼리며 그대들의 칼날을 갈아 감히 잘못됨이 없도록 하라.

이런 이중부정 명령문은 명령의 어기를 완곡하게 표현해준다.

2 금지만류형

상대방에게 어떤 일을 하지 말 것을 요구하는 문장으로 금지나 만류를 나타낸다. 이런 형식의 문장에서는 부정부사 '無'나 '勿'이 있어야 하며, 문미에서는 '哉'를 사용할 수도 있고 그렇지 않을 수도 있다.

(1) 汝無作!(《逸周書·皇門解》) 그대들은 나를 속이지 말라.[19]

(2) 王曰: 公! 無困我哉!(《逸周書·祭公解》) 왕이 말했다. "제공이여! 나를 곤란하게 하지 말라."

(3) 矢于牧野: 維予侯興, 上帝臨女, 無貳爾心!(《詩經·大雅·大明》) 목야에서 군사들에게 훈시하시기를: 내가 들고 일어났다. 하늘이 그대들과 함께 하고 계시니 그대들 마음 변치 마라!

(4) 黃鳥黃鳥, 無集于谷! 無啄我粟!(《詩經·小雅·黃鳥》) 꾀꼬리야 꾀꼬리야! 닥나무에 떼 지어 앉지 말고 우리 조 쪼아 먹지 마라!

(5) 帝謂文王: 無然畔援! 無然歆羨!(《詩經·大雅·皇矣》) 하늘에서 문왕에게 이르셨네. "그처럼 인심이 떨어져 나가게 하지 말고, 그처럼 탐내는 일 없게 하라!"

(6) 無作怨! 勿用非謀非彝蔽時忱.(《尙書·康誥》) 원한을 만들지 말 것이요, 옳지 못한 계획과 올바르지 못한 법을 써서 실정이 가리어지게 하지 말라.

3 종합명령문

이런 종류의 명령문은 복문으로 명령청유를 나타내는 절과 금지만류를 나타내는 절이

---

19) 作: 속이다.

모두 있다. 명령청유절이 앞에 있고, 금지만류절이 뒤에 있을 수도 있고, 그 순서가 반대일 수도 있다.

(1) 唯女倏其敬乂乃身, 毋尙(常)爲小子!(《叔蘿父卣銘》) 倏 네가 네 자신을 경건하게 수양하기를 바라며, 아직 어리다고 여기지 말라.

(2) 王乃命西六師、殷八師曰: "撲伐噩侯馭方, 勿遺壽幼."(《禹鼎銘》) 왕께서 이에 西六師와 殷八師에 명하여 말씀하셨다. "噩侯 馭方을 정벌하고 노인과 어린아이를 남기지 말라!"

(3) 敬夙夜用事, 勿灋(廢)朕令(命)!(《大克鼎銘》) 아침저녁으로 몸가짐을 삼감으로써 직무 수행에 힘쓰며, 나의 명령을 폐하지 말라.

(4) 王曰: 盂, 若敬乃正, 勿灋朕令!(《大盂鼎銘》) 왕이 말씀하셨다. "盂여, 그대는 그대의 직무를 성실히 하고, 나의 명령을 폐하지 말라!"

(5) 胥聽朕言, 罔告!(《逸周書·商誓解》) 모두 나의 말을 들을 것이며, 더 이상 말하지 말라.

(6) 王親命之: 纘戎祖考, 無廢朕命!(《詩經·大雅·韓奕》) 천자께서 친히 이렇게 명하셨네: 그대 조상들을 계승하고 나의 명을 저버리지 말라.

(7) 公曰: 嗟! 人無嘩, 聽命!(《尙書·費誓》) 공이 말했다. "아! 사람들은 떠들지 말고 명령을 들으시오."

(8) 女毋弗善效姜氏人, 勿事(使)政乂(有)疾止從(縱)獄!(《蔡簋銘》) 그대는 姜氏의 內官들을 잘 지도해서 나쁜 일이 없게 하고 방종하여 형벌을 받는 일이 없게 하라.

(1)에서 (6)은 명령청유절이 앞에, 금지만류절이 뒤에 있는 용례이며, (7)은 반대의 경우이다. 용례 (8)에서는 앞절은 이중부정문으로 명령청유절로 볼 수 있고 뒷절은 금지만류절로 볼 수 있다.

제4절 서주한어 감탄문

슬픔, 놀람, 분노, 혐오, 공포, 기쁨 등의 깊은 감정을 표현하는 문장을 감탄문이라 한다. 감탄문에는 주로 다음과 같은 단어 표지가 보인다: 첫 번째는 문두에 '于', '嗚', '呼' 등을 쓰는 경우; 두 번째는 문장 중에 '允', '何', '何其' 등과 같은 특수한 부사를 쓰는 경우; 세 번째는 문미에 '哉', '矣' 등과 같은 어기사를 쓰는 경우이다. 서주한어의 감탄문에는 대개 상술한 단어 표지 중의 하나 혹은 두 개가 쓰이지만, 단어 표지가 없는 일부 소수 감탄문도 있다.

1 단어 표지가 있는 감탄문

이런 종류의 감탄문은 다음과 같은 양상을 보인다. 문두에 감탄사가 쓰인 경우; 문장 중간에 특수한 부사가 쓰인 경우; 문미에 어기사를 쓴 경우; 감탄사와 어기사를 동시에 쓴 경우; 부사와 어기사를 함께 쓴 경우이다.

1) 문두에 감탄사를 쓴 감탄문

감탄사가 단독으로 감탄문을 구성할 수도 있고, 감탄사가 감탄문 앞에 출현할 수도 있다 (이때 감탄사 자체를 하나의 감탄문으로 볼 수도 있다).

(1) 烏虖!(《叔趯父卣銘》) 오호라!

(2) 班拜[20]稽首曰: 烏虖!(《班簋銘》) 班이 拱手하고 땅에 댄 후 그 위에 머리를 조아리는 예를 행하며 말했다: 아!

(3) 嗚呼!(《尙書·康誥》) 아!

(4) 於乎! 不顯, 文王之德之純!(《詩經·周頌·維王之命》) 아! 밝기도 해라, 문왕의 덕의 순수함이여!

(5) 噫嘻! 成王! 旣昭假爾.(《詩經·周頌·噫嘻》) 아! 성왕이시여! 밝게 강림하셨네.

(6) 文王在上, 於! 昭于天!(《詩經·大雅·文王》) 문왕께선 하늘 위에 계시니, 아! 하늘에서 밝게 빛나시는 도다.

2) 문장 중에 부사를 쓴 감탄문

(1) 允王, 維后!(《詩經·周頌·時邁》) 정말로 임금님은 참다운 임금이실세.

---

20) [역주] 원서에서는 '拜'가 누락되었으므로 보충하였다.

(2) 允文, 文王!(《詩經·周頌·武》) 진실로 문덕 많으신 문왕이시여!

(3) 壹者之來, 云何其盱!(《詩經·小雅·何人斯》) 단 한 번만이라도 온다면 이처럼 애태우며 기다리진 않을 것을.[21)

3) 문미에 어기사를 사용한 감탄문

① '哉'를 쓴 경우

(1) 王曰: 師詢, 哀才(哉)!(《師詢簋銘》) 왕께서 말씀하셨다. "師詢이여, 슬프도다!"

(2) 爾知寧王若勤哉!(《尙書·大誥》) 그대들은 문왕께서 어떻게 부지런하셨는지를 알 것이다!

(3) 哀哉, 不能言!(《詩經·小雅·雨無正》) 슬프도다, 말 못함이여!

(4) 哀哉, 爲猶!(《詩經·小雅·小旻》) 슬프도다, 정책을 펴는 꼴이여!

(5) 永言孝思, 昭哉, 嗣服!(《詩經·大雅·下武》) 길이길이 조상께 효도를 다하여 밝고 밝게 유업을 이으셨네.

(6) 鞫哉, 庶正! 疚哉, 冢宰!(《詩經·大雅·雲漢》) 곤궁하도다. 여러 대신들이여! 병이 났네, 여러 장관들이!

② '矣'를 쓴 경우

(1) 哿矣, 能言!(《詩經·小雅·雨無正》) 괜찮도다, 말 잘하는 사람들이여!

(2) 皇矣, 上帝! 臨下有赫.(《詩經·大雅·皇矣》) 위대하시도다, 상제시여! 환하게 땅 위에 임하셨도다.

(3) 休矣, 皇考!(《詩經·周頌·訪落》) 아름다우시도다, 위대하신 아버지시여!

③ '止'를 쓴 경우

(예) 民亦勞止!(《詩經·大雅·民勞》) 백성들 매우 수고롭도다!

4) 감탄사와 어기사를 동시에 쓴 경우

(1) 烏虖! 哀哉!(《禹鼎銘》) 오호라! 슬프도다!

---

21) 盱: 걱정하다.

(2) 嗚呼! 允蠢鰥寡, 哀哉!(《尚書‧大誥》) 아! 정말로 홀아비 과부처럼 외롭고 의지할 데 없는 사람들을 괴롭힌다면 슬픈 일이다!

(3) 於乎! 哀哉! 維今之人, 不尙有舊.(《詩經‧大雅‧召旻》) 아! 슬프다! 지금 사람들은 그래도 옛 덕이 있는 사람이 있지 아니한가!

(4) 穆穆文王, 於! 緝熙敬止!(《詩經‧大雅‧文王》) 덕이 많은 문왕이시여! 아! 끊임없이 공경하셨네.

(5) 訪予落止, 率時昭考, 於乎! 悠哉!(《詩經‧周頌‧訪落》) 내 처음 시작할 때 물어서 선왕의 뒤를 좇으려고 하나 아! 참으로 그 길은 아득하기만 하네.

5) 부사와 어기사를 함께 쓴 경우

(예) 我不見兮, 云何盱矣!(《詩經‧小雅‧都人士》) 나 만나보지 못해, 얼마나 마음이 아픈지![22]

2 단어 표지가 없는 감탄문

이런 종류의 감탄문에는 문두의 감탄사, 문장 중간의 특수 부사, 문미의 어기사와 같은 단어 표지는 없으나, 어순에 있어서는 일반적으로 주술 도치(단어 표지가 있는 감탄문에서도 주술 도치가 사용될 수 있다)와 같은 어순상의 표지가 있을 수 있다. 그러나 주술 도치는 감탄문뿐만 아니라 의문문이나 명령문에서도 발견되는 현상이다. 그러므로 이런 종류의 감탄문을 판단할 때는 문맥에 따라 세밀한 의미를 파악해야 한다. 아래는 이러한 종류의 감탄문 용례이다.

(1) 祭公拜手稽首曰: 允, 乃詔!(《逸周書‧祭公解》) 제공이 절을 올리며 머리를 조아려 말했다. "지당하십니다. 당신의 조서는!"

(2) 篤, 公劉!(《詩經‧大雅‧公劉》) 후덕하시도다, 공류여!

(3) 假, 樂君子!(《詩經‧大雅‧假樂》) 아름답도다! 즐거운 군자시여!

(4) 維清緝熙, 文王之典!(《詩經‧周頌‧維清》) 맑고 밝게 끊이지 않고 이어오네. 문왕의 법도여!

(5) 明昭, 有周 빛나고 빛나는 도다, 주나라여!

---

22) 盱: 근심하고 슬퍼하다.

23) [역주] 원서에는 '昭明'으로 되어 있는데, '明昭'으로 바로 잡는다.

| 주요 참고문헌 |

黃伯榮·廖序東主編:《現代漢語》(增訂二版)(下冊), 高等教育出版社, 1997年.

楊伯峻·何樂士:《古漢語語法及其發展》(修訂本) (上下), 語文出版社, 2001年.

張玉金:《甲骨文語法學》, 學林出版社, 2001年.

管燮初:《西周金文語法硏究》, 商務印書館, 1981年.

楊合鳴:《詩經句法硏究》, 武漢大學出版社, 1993年.

戴璉璋:〈殷周造句法初探〉,《國文學報》, 第八期, 1979年, 臺灣師範大學國文學系印行.

方麗娜:《西周金文虛詞硏究》, 臺灣師範大學國文硏究所碩士論文, 1985年.

| 지은이 소개 |

張玉金

1958년생으로, 1988년 北京大學 중문과 고전문헌학 전공을 졸업한 후, 저명한 문자학자인 裘錫圭 선생의 제자로 박사학위를 취득하였다. 현재는 華南師範大學 文學院 교수로 재직 중이다. 주로 出土文獻 언어연구, 고문자학연구 등의 분야에 종사하고 있다. 주요 저서로《甲骨文虛詞詞典》,《甲骨文語法學》,《甲骨卜辭語法研究》,《20世紀甲骨語言學》,《西周漢語語法研究》 등이 있다. 그리고《中国語文》,《語言研究》,《古漢語研究》 등 주요 학술지에 120여 편의 논문을 게재한 바 있다. 중국 고문자학 분야의 대가로 학계에 큰 업적을 남겼으며 현재까지도 관련 분야 연구에 정진하고 있다.

| 옮긴이 소개 |(가나다순)

김성중

현 계명대학교 한문교육과 부교수. 중국 人民大學에서 박사학위를 취득한 후, 현재 漢文敎育學 방면에서 문법, 경학 등의 분야를 연구하고 있다. 역서로는《논어》,《채근담》이 있으며,〈한문 문법 교육의 현황과 과제〉,〈한문교과서에서 儒經, 諸子書의 제재 선정 수준과 범위〉,〈馬氏文通 參合助字 층차 분석에 대한 小考〉,〈魏伯珪의 論語箚疑에 대하여〉 등 다수의 논문이 있다.

김신주

현 서울여자대학교 중어중문학과 부교수. 중국 上海 復旦大學에서 박사학위를 취득한 후, 현재 中國文字學 방면에서 西周 시대 靑銅器 銘文과 관련 문화를 연구하고 있다. 논문으로는〈金文과《詩經》의 '是若'에 관한 고찰〉,〈西周 中期 金文 어휘와 이를 활용한 靑銅器 斷代 연구〉,〈西周 水射禮의 기록: 伯唐父鼎 銘文 研究〉,〈西周 '約劑' 銘文 研究〉 등 다수가 있다.

박원기

현 원광대학교 중국학과 교수. 중국 上海 復旦大學에서 박사학위를 취득한 후, 현재 漢語史 방면에서 근대한어어법, 중국어의 문법화, 중국어 구문문법, 상고한어형태 등의 분야를 연구하고 있다. 저역서로는 《중국어와 문법화》, 《백유경의 언어: 중고중국어의 세계》, 《상고한어의 비대격동사와 형태현상》, 《구문화와 구문문법》, 《구문문법연구》 등이 있고, 그 외 관련 분야 논문 다수가 있다.

윤순일

현 부산대학교 중어중문학과 조교수. 중국 上海 復旦大學에서 박사학위를 취득한 후, 현재 중국어사, 중국어문법, 중국어교육 등 방면에서 연구 활동을 하고 있다. 주요논문으로 〈상고중국어 양상표현의 공기 제약〉, 〈상고중국어 양상부사 연구〉, 〈언어유형론의 관점에서 본 중국어 도의류 양상표현의 기원〉, 〈고등학교 중국어 교과서 문법기술의 제문제 - 형태초점 교수법(FonF)을 중심으로〉 등 다수가 있다.

이소동

현 숙명여자대학교 중어중문학부 교수. 중국 北京大學에서 박사학위 취득 후 중국어역사, 고대중국어 어법, 경학 등의 분야를 연구하고 있다. 주요 논저로는 〈고대중국어 동사화 연구〉, 〈고대중국어 동사의 지칭성 연구 - 《사기(史記) · 열전(列傳)》 내 목적어 위치를 중심으로〉, 〈노자 대립구조의 NP VP유형별 함의분석〉 등 관련분야 논문 다수가 있다.

서주한어어법연구
西周漢語語法研究

초판 인쇄   2022년 11월 20일
초판 발행   2022년 11월 30일

지 은 이 | 張玉金
옮 긴 이 | 김성중·김신주·박원기·윤순일·이소동
펴 낸 이 | 하운근
펴 낸 곳 | 學古房

주   소 | 경기도 고양시 덕양구 통일로 140 삼송테크노밸리 A동 B224
전   화 | (02)353-9908 편집부 (02)356-9903
팩   스 | (02)6959-8234
홈페이지 | www.hakgobang.co.kr
전자우편 | hakgobang@naver.com, hakgobang@chol.com
등록번호 | 제311-1994-000001호

ISBN 979-11-6586-496-5   93720

값: 55,000원

■ 파본은 교환해 드립니다.